연해주 크라스키노 발해성 2017년도 발굴조사

АРХЕОЛОГИЧЕСКИЕ ИССЛЕДОВАНИЯ НА КРАСКИНСКОМ ГОРОДИЩЕ В ПРИМОРСКОМ КРАЕ РОССИИ В 2017 ГОДУ

대한민국 동북아역사재단
러시아과학원 극동지소 역사학고고학민속학연구소

ФОНД ИЗУЧЕНИЯ ИСТОРИИ СЕВЕРО-ВОСТОЧНОЙ АЗИИ
ИНСТИТУТ ИСТОРИИ, АРХЕОЛОГИИ И ЭТНОГРАФИИ
НАРОДОВ ДАЛЬНЕГО ВОСТОКА

연해주 크라스키노 발해성 2017년도 발굴조사

E.I. 겔만, E.V. 아스따쉔꼬바, Ya.E. 삐스까료바,
김은국, 정석배

АРХЕОЛОГИЧЕСКИЕ ИССЛЕДОВАНИЯ НА КРАСКИНСКОМ ГОРОДИЩЕ В ПРИМОРСКОМ КРАЕ РОССИИ В 2017 ГОДУ

Е.И. Гельман, Е.В. Асташенкова, Я.Е. Пискарева,

Ким Ын Кук, Чжун Сук-Бэ

2017년도 크라스키노 성 발굴조사단 모습
Краскинский археологический отряд, 2017 г.

발간사

동북아역사재단은 출범 이후 과거 발해의 영역이었던 곳에 남아있는 발해유적의 조사와 발굴을 진행하여 왔습니다. 그 중 연해주 크라스키노성은 현재까지 재단이 직접 발굴한 대표적인 발해유적입니다. 재단은 러시아 극동 역사학고고학민족학연구소와 공동으로 이곳의 발굴을 진행하고 발굴 결과를 보고서로 출간하여 왔습니다.

이번에 출간하는『연해주 크라스키노 발해성 2017년도 발굴조사』는 2017년 여름 한 달 동안 진행된 발굴의 성과를 담은 것입니다. 그동안 크라스키노 성 발굴 성과를 통해 재단은 발해의 고구려 계승성과 주변 국가와의 다양한 문화교류를 입증한 바 있습니다. 이번 2017년 발굴의 주안점은 성의 중심 건물을 확인해 나가는 것이었습니다. 그 결과 중심 건물군의 기초 부분을 발굴하였습니다. 또 성의 서쪽 성벽 안쪽으로 지나는 도로 유구를 발굴하여 크라스키노 성이 정연한 도로 구획을 갖추었다는 사실을 재확인하였습니다. 이외에도 성 안에 거주했던 발해인의 생활상을 보여주는 다양한 유물들을 발굴하였습니다.

이러한 발굴이 가능할 수 있었던 것은 다름 아닌 재단과 러시아 극동 역사학고고학민족학연구소 사이의 돈독한 학술교류의 결과였습니다. 재단의 성공적인 조사가 이어질 수 있도록 큰 협조를 해주신 러시아 극동 역사학고고학민족학연구소의 니콜라이 끄라딘 소장에게 감사의 말씀을 드립니다. 물론 공동발굴의 러시아 측 책임자인 E.I.겔만 박사를 비롯하여 V.I. 볼딘, A.L.이블리예프, E.V. 아스따쉔코바, Ya.E. 삐스까료바 등 러시아 고고학자와 학생 및 각자의 역할을 다해준 발굴단원 여러분에게 감사 인사를 드립니다.

그리고 해외 발굴이라는 어려운 여건 속에서도 발굴사업을 총괄하여 준 재단의 김은국 연구위원과 한국 측 발굴단원을 이끌어 준 한국전통문화대학교 정석배 교수와 단원 모두에게 특별한 감사를 드립니다.

재단과 러시아 극동 역사학고고학민족학연구소와의 학술 교류가 크라스키노 성 발굴에 머물지 않고 다양한 사업으로 이어질 수 있도록 하겠습니다. 마지막으로 이번 발굴 보고서 출간이 있기까지 편집과 교정에 수고를 아끼지 않으신 출판 관계자 여러분에게도 감사의 말씀을 드립니다.

2019년 9월

동북아역사재단

한국고중세사연구소 소장 이성제

이성제

ПРЕДИСЛОВИЕ

С момента своего создания Фонд изучения истории Северо-Восточной Азии проводит исследования и раскопки пальхэских памятников, которые остались там, где в прошлом находилось государство Пальхэ (Бохай). Одним из представительных памятников Пальхэ, раскопанных Фондом, является Краскинское городище в Приморье России. Фонд работал с Институтом истории, археологии и этнографии народов Дальнего Востока ДВО РАН, чтобы вести раскопки на этом памятнике, и их результаты публикуются в виде книг.

Публикуемая книга《Археологические исследования на Краскинском городище в Приморском крае России в 2017 году》представляет результаты раскопок, проведенных в течение одного месяца летом 2017 года. Посредством раскопок Краскинского городища Фонд доказывает преемственность Когурё и Пальхэ и наличие культурного обмена с соседними странами. Основным направлением раскопок 2017 года было выявить центральные здания городища. Результатом стали раскопки фундамента центральных строений. Кроме того, раскопки объекта дороги, проходившей внутри западной крепостной стены, подтвердили тот факт, что у Краскинского городища есть планировка, оно разделяется дорогой на кварталы. Кроме того, были найдены различные артефакты, которые показывают жизнь бохайцев, живших в городище.

Раскопки стали возможными благодаря тесному академическому обмену между Фондом и Институтом истории, археологии и этнографии ДВО РАН. Мы хотели бы поблагодарить Николая Крадина, директора Института истории, археологии и этнографии ДВО РАН, за содействие, которое он оказывал для того, чтобы исследования Фонда были успешными. Конечно, мы хотели бы поблагодарить и российских археологов: руководителя совместных раскопок с российской стороны Е.И. Гельман, В.И. Болдина, А.Л. Ивлиева, Е.В. Асташенкову, Я.Е. Пискареву, студентов и других участников раскопок.

Я хотел бы выразить свою особую благодарность Ким Ынгуку, научному сотруднику Фонда, который в сложных условиях курировал проект раскопок, профессору Чжун Сукбэ из Корейского университета культурного наследия, руководителю раскопок с корейской стороны, а также всем участникам корейской группы исследователей.

Мы будем стараться, чтобы академический обмен Фонда и Института истории, археологии и этнографии ДВО РАН не ограничился раскопками Краскинского городища, а привел и к другим различным проектам. В конце я хотел бы поблагодарить всех, кто не жалея сил занимался составлением и редактированием этого отчета о раскопках и готовит его к публикации.

Сентябрь 2019

Директор Института изучения древней и средневековой истории Кореи,

Фонд истории Северо-Восточной Азии Ли Сындже

발간사

러시아과학원 극동지소 역사학고고학민족학연구소는 오랫동안 동아시아 민족들의 역사와 문화를 다방면적으로 깊이 있게 연구해오고 있습니다. 그와 같은 연구는 아시아-태평양 지역 나라들의 학술기관들과 긴밀하게 상호협력할 때에 특히 효과적으로 진행됩니다.

역사학고고학민족학연구소와 동북아역사재단이 함께 진행한 크라스키노 발해성에 대한 공동 발굴조사는 러시아연방과 대한민국 사이의 국제적인 협력의 발전에 평가하기 힘들 정도로 커다란 기여를 하고 있습니다.

발굴조사에서 출토된 자료들과 모든 고고학 복합체들에 대한 분석 결과들은 매년 동북아역사재단의 지원으로 출판되고 있습니다. 이 자료들은 발해국의 역사를 객관적으로 연구하는 데 관심을 가진 모든 학술기관들에게 공개되고 있습니다. 이러한 접근은 여러 나라들의 역사학자들 및 고고학자들 사이에 아직도 남아있는 이견들을 좁힐 수 있게 합니다.

역사학고고학민족학연구소와 동북아역사재단 연구자들의 노력으로 새로운 책을 준비하였습니다. 이 책에는 발해의 역사에 대해 새로운 지식을 얻고자 하는 학자들의 공동작업 결과물이 반영되어 있습니다. 이 책의 성공적인 준비는 한국 측에서는 동북아역사재단 김도형 이사장, 동북아역사재단의 한국 측 발굴단장 김은국 박사, 한국전통문화대학교 정석배 교수 및 학생들, 러시아 측에서는 역사학고고학민족학연구소의 러시아 측 발굴단장 E.I.겔만 박사, E.V.아스따쉔꼬바 박사, Ya.E.뻬스까료바 박사 및 다른 러시아 측 팀원들 덕분에 가능하였습니다.

공동발굴조사의 성과를 높게 평가하면서 동아시아 지역의 중세 역사에 대한 새로운 지식을 얻고 양국의 우호와 상호이해의 발전을 위한 러시아와 대한민국의 고고학자들 및 역사학자들의 협력이 앞으로도 지속될 것임을 확신합니다.

2019년 9월

러시아과학원 극동지소 극동제민족 역사학고고학민족학연구소 소장

러시아과학원 객원회원, 역사학박사, 교수 끄라진 니꼴라이 니꼴라예비치

ПРЕДИСЛОВИЕ

Институт истории, археологии и этнографии народов Дальнего Востока Дальневосточного отделения Российской академии наук многие годы осуществляет деятельность, направленную на глубокое и всестороннее изучение истории и культуры народов Восточной Азии. Такие исследования осуществляются особенно эффективно, при тесном взаимодействии с научными организацями стран Азиатско-Тихоокеанского региона.

Примером плодотворного сотрудничества являются долговременные, на протяжении многих лет, совместные археологические изыскания Института и Фонда изучения истории Северо-Восточной Азии на уникальном памятнике бохайской культуры Краскинском городище. Российско-корейские раскопки вносят неоценимый вклад в развитие международного сотрудничества между Российской Федерацией и Республикой Кореей.

Полученные материалы из раскоп и результаты анализа всего комплекса археологических источиков ежегоно публикуются при поддержке Фонда. Они Становятся доступниыми всему научному собоществу, заинтересованному в объективном изучении истории государства Бохай. Такой подход, несомненно, способствует уменьшению пока еще сохраняющихся разногласий между историками и археологами разных стран.

Сотрудниками Института и Фонда подготовлена новая книга, в которой нашли отражение итоги совместной, направленной на получение новых знаний по истории Бохая работы коллекива авторов. Успешное завершение подготовки публикации стало возможным благодаря усилиям президента Фонда Ким До Хёнга, представителя этой организаци доктора Ким Ын Гука, профессора университета Корейского государственного университета культурного наследия Чжун Сук-Бэ и студентоп этого университета, с корейской строны, а также благодаря интенсивной работе, выполненной сотрудниками Института-руководителем экспедиции Е.И. Гельман, Е.В. Асташенковой, Я.Е. Пискаревой и другими членами российской команды.

Высоко оценивая результаты совместной работы, выражаю уверенность в дальнейшем продолжении сотрудничества археологов и историков России и Республики Корея для получения новых знаний по средневековой истории Восточной Азии, укрепленя дружбы и взаимопонимания между нашими странами.

Сентябрь 2019 г.

Директор Института истории, археологии
и этнографии народов Дальнего Востока ДВО РАН,
член-корр. РАН, доктор, исторических наук, профессор Крадин Николай Николаевич

목차
ОГЛАВЛЕНИЕ

도면 목록

모습, 위에서.

도면 85. 크라스키노 성, 2017년, 제51구역, 한자 명문이 있는 토기 저부편(No. 10, 레벨 -199cm), 제4인공층 정리조사 중 데(Д)-9방안 출토.

도면 86. 크라스키노 성, 2017년, 제51구역, 한자 명문이 있는 토기 저부편(No. 10, 레벨 -199cm) 실측도, 제4인공층 정리조사 중 데(Д)-9방안 출토.

도면 87. 크라스키노 성, 2017년, 제51구역, 시유 토기 동체부편(No. 11, 레벨 -190cm) 출토 모습, 제4인공층 정리조사 중 게(Г)-8방안 출토.

도면 88. 크라스키노 성, 2017년, 제51구역, 와당편(No. 12, 레벨 -193cm), 제4인공층 정리조사 중 붸(В)-7방안 출토.

도면 89. 크라스키노 성, 2017년, 제51구역, 와당편(No. 12, 레벨 -193cm) 실측도, 제4인공층 정리조사 중 붸(В)-7방안 출토.

도면 90. 크라스키노 성, 2017년, 제51구역, 문양이 있는 암키와편(No. 13, 레벨 -190cm), 제4인공층 정리조사 중 붸(В)-9방안 출토.

도면 91. 크라스키노 성, 2017년, 제51구역, 문양이 있는 암키와편(No. 13, 레벨 -190cm) 실측도, 제4인공층 정리조사 중 붸(В)-9방안 출토.

도면 92. 크라스키노 성, 2017년, 제51구역, 토제 장식편(No. 14, 레벨 -195cm), 제4인공층 정리조사 중 게(Г)-9방안 출토모습, 위에서.

도면 93. 크라스키노 성, 2017년, 제51구역, 토제 장식편(No. 14, 레벨 -195cm), 제4인공층 정리조사 중 게(Г)-9방안 출토.

도면 94. 크라스키노 성, 2017년, 제51구역, 토제 장식편(No. 14, 레벨 -195cm) 실측도, 제4인공층 정리조사 중 게(Г)-9방안 출토.

도면 95. 크라스키노 성, 2017년, 제51구역, 제5인공층 제거 후 방안선 포함 발굴구역 상면 모습, 동쪽에서.

도면 96. 크라스키노 성, 2017년, 제51구역, 제5인공층 정리조사 중 도로 돌 깐 층 제거 후의 제5인공층 상면 모습, 서쪽에서.

도면 97. 크라스키노 성, 2017년, 제51구역, 제5인공층 제거 후의 평면도 6.

도면 98. 크라스키노 성, 2017년, 제51구역, 제5인공층 정리조사 중 발굴구역 서쪽부분 모습, 남동쪽에서.

도면 99. 크라스키노 성, 2017년, 제51구역, 제5인공층 정리조사 중 발굴구역 동쪽부분 모습, 남쪽에서.

도면 100. 크라스키노 성, 2017년, 제51구역, 제5인공층(제6인공층 상면) 정리조사 중 노출 도로 돌 깐 층 모습, 서쪽에서.

도면 101. 크라스키노 성, 2017년, 제51구역, 제6인공층 상면 아(А), 아'(А')-8,9방안의 도로 돌 깐 층 모습, 방안선 포함, 서쪽에서.

도면 102. 크라스키노 성, 2017년, 제51구역, 제6인공층 상면 붸(В)-8방안의 도로 돌 깐 층 세부 모습, 방안선 포함, 북쪽에서.

도면 103. 크라스키노 성, 2017년, 제51구역, 제5인공층 정리조사 시 붸(В)-7방안 노출 숯 조각 모습, 위에서.

도면 104. 크라스키노 성, 2017년, 제51구역, 제5인공층 정리조사 시 줴(Ж)-7방안의 도로 돌 깐 층 노출 모습.

도면 105. 크라스키노 성, 2017년, 제51구역, 제5인공층 정리조사 시 이(И)-8방안 발견 뼈 모습, 위에서.

도면 106. 크라스키노 성, 2017년, 제51구역, 제5인공층 정리조사 데(Д)-6방안 발견 뼈 모습, 위에서.

도면 107. 크라스키노 성, 2017년, 제51구역, 제5인공층 정리조사 줴(Ж)-6방안 발견 뼈 모습, 위에서.

도면 108. 크라스키노 성, 2017년, 제51구역, 제5인공층 정리조사 이(И)-7방안 노출 지두문 암키와편 모습, 위에서.

도면 109. 크라스키노 성, 2017년, 제51구역, 제6인공층 상면의 제(З), 이(И)-6,7방안 도로 돌 깐 층 모습, 방안선 포함, 동쪽에서.

도면 110. 크라스키노 성, 2017년, 제51구역, 제6인공층 상면의 예(Е)-6방안 도로 돌 깐 층 모습, 방안선 포함, 북쪽에서.

도면 111. 크라스키노 성, 2017년, 제51구역, 제6인공층 상면의 줴(Ж)-7-8방안 돌들 노출 모습, 방안선 포함, 위에서.

도면 112. 크라스키노 성, 2017년, 제51구역, 제5인공층 정리조사 시(제6인공층 상면) 이(И)-7방안 발견 단단한 소토와 그을음이 포함된 적갈색 얼룩 모습, 위에서.

도면 113. 크라스키노 성, 2017년, 제51구역, 제5인공층 정리조사 시 출토 토기편의 무게 단위(kg) 분포 모식도.

도면 114. 크라스키노 성, 2017년, 제51구역, 제5인공층 정리조사 시 출토 토기편의 수량 단위 분포 모식도.

도면 115. 크라스키노 성, 2017년, 제51구역, 제5인공층 정리조사 시 제(З)-6방안 출토 지두문 암키와.

도면 116. 크라스키노 성, 2017년, 제51구역, 제5인공층 정리조사 시 붸(В)-8방안 출토 지두문 암키와.

도면 117. 크라스키노 성, 2017년, 제51구역, 제5인공층 정리조사 시 베(Б)-6방안 출토 지두문 암키와.

도면 118. 크라스키노 성, 2017년, 제51구역, 제5인공층 정리조사 시 이(И)-8방안 출토 지두문 암키와.

도면 119. 크라스키노 성, 2017년, 제51구역, 제5인공층 정리조사 시 출토 윤제 토기 구연부편들: 1 - 줴(Ж)-9방안, 2 - 게(Г)-8방안, 3 - 예(Е)-4방안, 4 - 데(Д)-6방안, 5 - 데(Д)-6방안, 6 - 데(Д)-4방안.

도면 120. 크라스키노 성, 2017년, 제51구역, 제5인공층 정리조사 시 게(Г)-9방안 출토 윤제 토기 상부편.

도면 121. 크라스키노 성, 2017년, 제51구역, 제5인공층 정리조사 시 데(Д)-5방안 출토 마연무늬가 있는 윤제 토기 구연부편.

도면 122. 크라스키노 성, 2017년, 제51구역, 제5인공층 정리조사 시 예(Е)-7,6방안 출토 뚜껑 구연부편(내면).

도면 123. 크라스키노 성, 2017년, 제51구역, 제5인공층 정리조사 시 출토 윤제 토기 구연부편들: 1 - 이(И)-6방안, 2 - 이(И)-8방안.

도면 124. 크라스키노 성, 2017년, 제51구역, 제5인공층 정리조사 시 제(З)-7방안 출토 지두문 암키와편.

도면 125. 크라스키노 성, 2017년, 제51구역, 제5인공층 정리조사 시 이(И)-6방안 출토 지두문 암키와편.

도면 126. 크라스키노 성, 2017년, 제51구역, 제5인공층 정리조사 시 이(И)-8방안 출토 문양이 있는 윤제 토기 대상파수.

도면 127. 크라스키노 성, 2017년, 제51구역, 제5인공층 정리조사 시 베(Б)-6

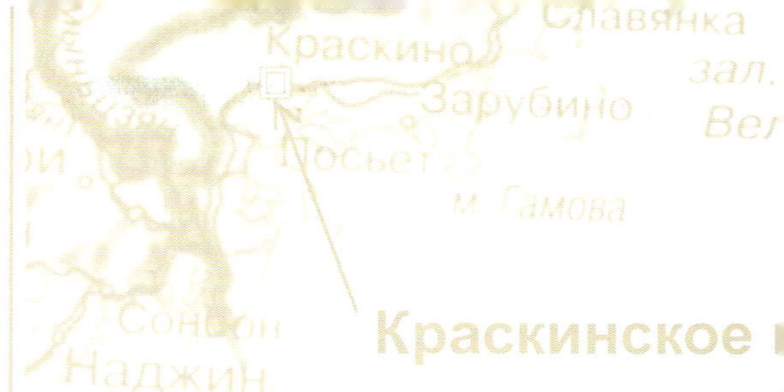

방안 출토 토제 뚜껑 장식(No. 42, 레벨 -204cm).

도면 166. 크라스키노 성, 2017년, 제51구역, 제5인공층 정리조사 시 붸(В)-8 방안 출토 토제 뚜껑 장식(No. 42, 레벨 -204cm) 실측도.

도면 167. 크라스키노 성, 2017년, 제51구역, 제5인공층 정리조사 시 붸(В)-9 방안 출토 시유기 뚜껑편(No. 43, 레벨 -203cm).

도면 168. 크라스키노 성, 2017년, 제51구역, 제5인공층 정리조사 시 붸(В)-9 방안 출토 시유기 뚜껑편(No. 43, 레벨 -203cm) 실측도.

도면 169. 크라스키노 성, 2017년, 제51구역, 제5인공층 정리조사 시 줴(Ж)-7 방안 발견 토제 고리편(No. 17, 레벨 -212cm) 출토모습, 위에서.

도면 170. 크라스키노 성, 2017년, 제51구역, 제5인공층 정리조사 시 줴(Ж)-7 방안 발견 토제 고리편(No. 17, 레벨 -212cm).

도면 171. 크라스키노 성, 2017년, 제51구역, 제5인공층 정리조사 시 줴(Ж)-7 방안 발견 토제 고리편(No. 17, 레벨 -212cm) 실측도.

도면 172. 크라스키노 성, 2017년, 제51구역, 제5인공층 정리조사 시 데(Д)-8 방안 출토 토제 구슬(No. 19, 레벨 -206cm).

도면 173. 크라스키노 성, 2017년, 제51구역, 제5인공층 정리조사 시 데(Д)-8 방안 출토 토제 구슬(No. 19, 레벨 -206cm) 실측도.

도면 174. 크라스키노 성, 2017년, 제51구역, 제5인공층 정리조사 시 이(И)-6 방안 발견 철제 유물편(No. 21, 레벨 -197cm) 출토모습, 위에서.

도면 175. 크라스키노 성, 2017년, 제51구역, 제5인공층 정리조사 시 이(И)-6 방안 발견 철제 유물편(No. 21, 레벨 -197cm).

도면 176. 크라스키노 성, 2017년, 제51구역, 제5인공층 정리조사 시 이(И)-6 방안 발견 철제 유물편(No. 21, 레벨 -197cm) 실측도.

도면 177. 크라스키노 성, 2017년, 제51구역, 제5인공층 정리조사 시 예(Е)-5 방안 발견 철제 유물편(No. 26, 레벨 -204cm).

도면 178. 크라스키노 성, 2017년, 제51구역, 제5인공층 정리조사 시 붸(В)-9 방안 발견 철제 유물편(No. 34, 레벨 -199cm) 출토모습, 위에서.

도면 179. 크라스키노 성, 2017년, 제51구역, 제5인공층 정리조사 시 붸(В)-9 방안 발견 철제 유물편(No. 34, 레벨 -199cm).

도면 180. 크라스키노 성, 2017년, 제51구역, 제5인공층 정리조사 시 붸(В)-9 방안 발견 철제 유물편(No. 34, 레벨 -199cm) 실측도.

도면 181. 크라스키노 성, 2017년, 제51구역, 제5인공층 정리조사 시 베(Б)-8 방안 발견 철제 유물편(No. 37, 레벨 -197cm) 출토모습, 위에서.

도면 182. 크라스키노 성, 2017년, 제51구역, 제5인공층 정리조사 시 베(Б)-8 방안 발견 철제 유물편(No. 37, 레벨 -197cm).

도면 183. 크라스키노 성, 2017년, 제51구역, 제5인공층 정리조사 시 베(Б)-8 방안 발견 철제 유물편(No. 37, 레벨 -197cm) 실측도.

도면 184. 크라스키노 성, 2017년, 제51구역, 제5인공층 정리조사 시 이(И)-8 방안 출토 철제 못(No. 22, 레벨 -207cm).

도면 185. 크라스키노 성, 2017년, 제51구역, 제5인공층 정리조사 시 이(И)-8 방안 출토 철제 못(No. 22, 레벨 -207cm) 실측도.

도면 186. 크라스키노 성, 2017년, 제51구역, 제5인공층 정리조사 시 이(И)-8 방안 발견 철제 못(No. 23, 레벨 -198cm) 출토모습, 위에서.

도면 187. 크라스키노 성, 2017년, 제51구역, 제5인공층 정리조사 시 이(И)-8 방안 발견 철제 못(No. 23, 레벨 -198cm).

도면 188. 크라스키노 성, 2017년, 제51구역, 제5인공층 정리조사 시 이(И)-8 방안 발견 철제 못(No. 23, 레벨 -198cm) 실측도.

도면 189. 크라스키노 성, 2017년, 제51구역, 제5인공층 정리조사 시 제(З)-7 방안 발견 철제 못(No. 24, 레벨 -200cm) 출토모습, 위에서.

도면 190. 크라스키노 성, 2017년, 제51구역, 제5인공층 정리조사 시 제(З)-7 방안 발견 철제 못(No. 24, 레벨 -200cm).

도면 191. 크라스키노 성, 2017년, 제51구역, 제5인공층 정리조사 시 제(З)-7 방안 발견 철제 못(No. 24, 레벨 -200cm) 실측도.

도면 192. 크라스키노 성, 2017년, 제51구역, 제5인공층 정리조사 시 줴(Ж)-7 방안 발견 철제 못(No. 25, 레벨 -198cm) 출토모습, 위에서.

도면 193. 크라스키노 성, 2017년, 제51구역, 제5인공층 정리조사 시 줴(Ж)-7 방안 발견 철제 못(No. 25, 레벨 -198cm).

도면 194. 크라스키노 성, 2017년, 제51구역, 제5인공층 정리조사 시 줴(Ж)-7 방안 발견 철제 못(No. 25, 레벨 -198cm) 실측도.

도면 195. 크라스키노 성, 2017년, 제51구역, 제5인공층 정리조사 시 예(Е)-6 방안 발견 철제 못(No. 27, 레벨 -212cm) 출토모습, 위에서.

도면 196. 크라스키노 성, 2017년, 제51구역, 제5인공층 정리조사 시 예(Е)-6 방안 발견 철제 못(No. 27, 레벨 -212cm).

도면 197. 크라스키노 성, 2017년, 제51구역, 제5인공층 정리조사 시 예(Е)-6 방안 발견 철제 못(No. 27, 레벨 -212cm) 실측도.

도면 198. 크라스키노 성, 2017년, 제51구역, 제5인공층 정리조사 시 예(Е)-8 방안 발견 철제 못(No. 28, 레벨 -211cm) 출토모습, 위에서.

도면 199. 크라스키노 성, 2017년, 제51구역, 제5인공층 정리조사 시 예(Е)-8 방안 발견 철제 못(No. 28, 레벨 -211cm).

도면 200. 크라스키노 성, 2017년, 제51구역, 제5인공층 정리조사 시 예(Е)-8 방안 발견 철제 못(No. 28, 레벨 -211cm) 실측도.

도면 201. 크라스키노 성, 2017년, 제51구역, 제5인공층 정리조사 시 데(Д)-5 방안 발견 철제 못(No. 29, 레벨 -206cm) 출토모습, 위에서.

도면 202. 크라스키노 성, 2017년, 제51구역, 제5인공층 정리조사 시 데(Д)-5 방안 발견 철제 못(No. 29, 레벨 -206cm).

도면 203. 크라스키노 성, 2017년, 제51구역, 제5인공층 정리조사 시 데(Д)-5 방안 발견 철제 못(No. 29, 레벨 -206cm) 실측도.

도면 204. 크라스키노 성, 2017년, 제51구역, 제5인공층 정리조사 시 데(Д)-6 방안 출토 철제 못(No. 30, 레벨 -208cm).

도면 205. 크라스키노 성, 2017년, 제51구역, 제5인공층 정리조사 시 데(Д)-6 방안 출토 철제 못(No. 30, 레벨 -208cm) 실측도.

도면 206. 크라스키노 성, 2017년, 제51구역, 제5인공층 정리조사 시 게(Г)-4 방안 발견 철제 못(No. 31, 레벨 -200cm) 출토모습, 위에서.

도면 207. 크라스키노 성, 2017년, 제51구역, 제5인공층 정리조사 시 게(Г)-4 방안 발견 철제 못(No. 31, 레벨 -200cm).

도면 208. 크라스키노 성, 2017년, 제51구역, 제5인공층 정리조사 시 게(Г)-4 방안 발견 철제 못(No. 31, 레벨 -200cm) 실측도.

도면 209. 크라스키노 성, 2017년, 제51구역, 제5인공층 정리조사 시 게(Г)-4

도면 253. 크라스키노 성, 2017년, 제51구역, 제6인공층 정리조사 시 아'(A') -9방안 출토 전이 달린 윤제 토기 동체부편.

도면 254. 크라스키노 성, 2017년, 제51구역, 제6인공층 정리조사 시 이(И)-6방안 출토 지두문이 있는 암키와편.

도면 255. 크라스키노 성, 2017년, 제51구역, 제6인공층 정리조사 시 아'(A') -9방안 출토 암키와편.

도면 256. 크라스키노 성, 2017년, 제51구역, 제6인공층 정리조사 시 베(Б)-6방안 출토 문양이 있는 윤제 토기 상부편.

도면 257. 크라스키노 성, 2017년, 제51구역, 제6인공층 정리조사 시 출토 윤제 토기 구연부편들: 1 - 게(Г)-8방안, 2 - 제(З)-9방안, 3 - 데(Д) -6방안, 4 - 아'(A')-7방안, 5 - 아(A)-9방안.

도면 258. 크라스키노 성, 2017년, 제51구역, 제6인공층 정리조사 시 아(A)-8방안 출토 암키와편.

도면 259. 크라스키노 성, 2017년, 제51구역, 제6인공층 정리조사 시 베(Б)-6방안 출토 암키와편.

도면 260. 크라스키노 성, 2017년, 제51구역, 제6인공층 정리조사 시 게(Г)-6방안 출토 암키와편.

도면 261. 크라스키노 성, 2017년, 제51구역, 제6인공층 정리조사 시 아'(A') -9방안 출토 지두문이 있는 암키와편.

도면 262. 크라스키노 성, 2017년, 제51구역, 제6인공층 정리조사 시 베(Б)-6방안 출토 암키와편.

도면 263. 크라스키노 성, 2017년, 제51구역, 제6인공층 정리조사 시 이(И)-5방안 출토 암키와편.

도면 264. 크라스키노 성, 2017년, 제51구역, 제6인공층 정리조사 시 제(З)-6방안 출토 지두문이 있는 암키와편.

도면 265. 크라스키노 성, 2017년, 제51구역, 제6인공층 정리조사 시 게(Г)-5방안 출토 지두문이 있는 암키와편.

도면 266. 크라스키노 성, 2017년, 제51구역, 제6인공층 정리조사 시 줴(Ж)-4, 5방안 출토 문양이 있는 암키와편.

도면 267. 크라스키노 성, 2017년, 제51구역, 제6인공층 정리조사 시 베(Б)-8방안 출토 문양이 있는 암키와편.

도면 268. 크라스키노 성, 2017년, 제51구역, 제6인공층 정리조사 시 게(Г)-7방안 출토 암키와편.

도면 269. 크라스키노 성, 2017년, 제51구역, 제6인공층 정리조사 시 게(Г)-7방안 출토 암키와편.

도면 270. 크라스키노 성, 2017년, 제51구역, 제4인공층(1, 2)과 제5인공층(3) 조사 시 출토 윤제 토기들 실측도: 1 - 예(E)-8방안, 2 - 아(A)-9방안, 3 - 아(A)-8방안.

도면 271. 크라스키노 성, 2017년, 제51구역, 제6인공층 정리조사 시 출토 와편(1, 3, 5~7)과 토기 동체부편(2, 4, 8)으로 만든 놀이 알들: 1 - 줴(Ж) -6방안, 레벨 -218cm, 2 - 게(Г)-6방안, 레벨 -215cm, 3 - 데(Д) -4방안, 레벨 -220cm, 4 - 아(A)-8방안, 레벨 -210cm, 5 - 아'(A') -8방안, 레벨 -208cm, 6 - 예(E)-6방안, 레벨 -210cm, 7 - 아(A) -7방안, 레벨 -205cm, 8 - 아'(A')-9방안, 레벨 -214cm.

도면 272. 크라스키노 성, 2017년, 제51구역, 제6인공층 정리조사 시 게(Г)-6방안 출토 상호 교차하는 구멍이 있는 토제유물(No. 50, 레벨 -215cm) 출토모습, 위에서.

도면 273. 크라스키노 성, 2017년, 제51구역, 제6인공층 정리조사 시 게(Г)-6방안 출토 상호 교차하는 구멍이 있는 토제유물(No. 50, 레벨 -215cm).

도면 274. 크라스키노 성, 2017년, 제51구역, 제6인공층 정리조사 시 게(Г)-6방안 출토 상호 교차하는 구멍이 있는 토제유물(No. 50, 레벨 -215cm) 실측도.

도면 275. 크라스키노 성, 2017년, 제51구역, 제6인공층 정리조사 시 베(Б)-8방안 출토 토제 전돌편(No. 61, 레벨 -205cm).

도면 276. 크라스키노 성, 2017년, 제51구역, 제6인공층 정리조사 시 베(Б)-8방안 출토 토제 전돌편(No. 61, 레벨 -205cm) 실측도.

도면 277. 크라스키노 성, 2017년, 제51구역, 제6인공층 정리조사 시 줴(Ж)-7방안 출토 토제 뚜껑 장식(No. 62, 레벨 -211cm).

도면 278. 크라스키노 성, 2017년, 제51구역, 제6인공층 정리조사 시 줴(Ж)-7방안 출토 토제 뚜껑 장식(No. 62, 레벨 -211cm) 실측도.

도면 279. 크라스키노 성, 2017년, 제51구역, 제6인공층 정리조사 시 예(E)-7방안 출토 토제 장식편(No. 69, 레벨 -220cm).

도면 280. 크라스키노 성, 2017년, 제51구역, 제6인공층 정리조사 시 예(E)-7방안 출토 토제 장식편(No. 69, 레벨 -220cm) 실측도.

도면 281. 크라스키노 성, 2017년, 제51구역, 제6인공층 정리조사 시 게(Г)-5방안 출토 와당편(No. 63, 레벨 -210cm).

도면 282. 크라스키노 성, 2017년, 제51구역, 제6인공층 정리조사 시 게(Г)-5방안 출토 와당편(No. 63, 레벨 -210cm) 실측도.

도면 283. 크라스키노 성, 2017년, 제51구역, 제6인공층 정리조사 시 붸(B)-7방안 출토 와당편(No. 64, 레벨 -210cm) 출토모습, 위에서.

도면 284. 크라스키노 성, 2017년, 제51구역, 제6인공층 정리조사 시 붸(B)-7방안 출토 와당편(No. 64, 레벨 -210cm).

도면 285. 크라스키노 성, 2017년, 제51구역, 제6인공층 정리조사 시 붸(B)-7방안 출토 와당편(No. 64, 레벨 -210cm) 실측도.

도면 286. 크라스키노 성, 2017년, 제51구역, 제6인공층 정리조사 시 제(З)-7방안 출토 와당편(No. 66, 레벨 -210cm).

도면 287. 크라스키노 성, 2017년, 제51구역, 제6인공층 정리조사 시 제(З)-7방안 출토 와당편(No. 66, 레벨 -210cm) 실측도.

도면 288. 크라스키노 성, 2017년, 제51구역, 제6인공층 정리조사 시 게(Г)-5방안 출토 가장자리를 깨뜨린 타원형 토기 동체부편(No. 65, 레벨 -210cm).

도면 289. 크라스키노 성, 2017년, 제51구역, 제6인공층 정리조사 시 게(Г)-5방안 출토 가장자리를 깨뜨린 타원형 토기 동체부편(No. 65, 레벨 -210cm) 실측도.

도면 290. 크라스키노 성, 2017년, 제51구역, 제6인공층 정리조사 시 베(Б)-8방안 출토 문양이 있는 암키와편(No. 67, 레벨 -208cm).

도면 291. 크라스키노 성, 2017년, 제51구역, 제6인공층 정리조사 시 베(Б)-8방안 출토 문양이 있는 암키와편(No. 67, 레벨 -208cm) 실측도.

도면 292. 크라스키노 성, 2017년, 제51구역, 제6인공층 정리조사 시 베(Б)-7

-5′ 선상 섹터 2와 섹터 3 사이의 둑 토층 모습, 북동쪽에서.

도면 337. 크라스키노 성, 2017년, 제53구역, 섹터 3, 떼(T)-5-떼(T)-5′ 선상 벽 토층 모습, 북동쪽에서.

도면 338. 크라스키노 성, 2017년, 제53구역, 섹터 3, 엔(H)-5-엔′(H′)-5 선상 섹터 2와 섹터 3 사이의 둑 토층도.

도면 339. 크라스키노 성, 2017년, 제53구역, 섹터 1과 섹터 2, 떼(T)-5-떼(T)-5′ 선상 벽 토층도.

도면 340. 크라스키노 성, 2017년, 제53구역, 발굴구역의 토층 상관관계도(Harris Matrix 원칙을 따름): 1 - 표토, 2 - 거친 입자의 모래가 섞인 단단한 갈색 사질토, 3 - 거친 입자의 모래가 섞인 갈색의 무르고 알록달록한 사질토, 4 - 굵은 입자의 모래와 잔돌이 섞인 갈색 사질토, 5 - 단단한 갈색 사질토, 6 - 작은 입자의 갈색 모래, 7 - 단단한 갈색 사질토, 8 - 거친 입자의 모래가 섞인 암갈색 사질토, 9 - 다양한 입자의 사립과 석립이 섞인 갈색의 무른 사질토, 10 - 다양한 크기의 회갈색 모래, 11 - 알록달록한 갈색 모래, 12 - 거친 입자의 모래가 섞인 갈색 사질토, 13 - 석립이 섞인 매우 단단한 갈색 사질토, 14 - 거친 입자의 밝은 황갈색 모래, 15 - 거친 입자의 황갈색 모래, 16 - 굵은 입자의 모래가 섞인 회황색의 단단한 사질토, 17 - 거친 입자의 모래와 쇄석이 섞인 단단한 갈색 사질토, 18 - 갈색 사질토, 19 - 거친 입자의 모래가 섞인 암갈색 사질토, 20 - 암갈색의 단단한 사질토, 21 - 작은 입자의 황갈색 모래, 22 - 작은 입자의 황갈색 모래, 23 - 작은 입자의 갈색 모래, 24 - 다양한 크기의 사립과 큰 사립이 섞인 갈색 사질토, 25 - 짙은 회갈색 사질토, 26 - 작은 입자의 모래가 섞인 갈색 사질토, 27 - 단단한 갈색 사질토, 28 - 갈색 사질토, 29 - 중간 크기와 큰 크기의 모래 간층들이 있는 무른 갈색 사질토, 30 - 거친 입자의 모래와 쇄석이 섞인 단단한 갈색 사질토, 31 - 거친 입자의 무른 황갈색 모래, 32 - 거친 입자의 모래가 섞인 무른 갈색 사질토, 33 - 무른 갈색 사질토, 34 - 작은 입자의 모래가 섞인 갈색 사질토, 35 - 무른 갈색 사질토, 36 - 작은 입자의 알록달록한 황색 모래가 섞인 갈색 사질토, 37 - 단단한 암갈색 사질토, 38 - 매우 단단한 갈색 사질토, 39 - 거친 입자의 모래가 섞인 무른 갈색 사질토, 40 - 짙은 회갈색 사질토, 41 - 굵은 모래와 작은 돌이 섞인 암갈색 사질토, 42 - 알록달록한 작은 입자의 황색 모래가 섞인 갈색 사질토, 43 - 중간 크기와 큰 크기의 모래 간층들이 섞인 무른 갈색 사질토, 44 - 단단한 갈색 사질토, 45 - 갈색 사질토, 46 - 다양한 크기의 모래가 섞인 단단한 갈색 사질토.

도면 341. 크라스키노 성, 2017년, 제53구역, 섹터 1과 섹터 2, 제1인공층 조사 후(제2인공층 상면)의 발굴구역 상면 모습, 방안선 포함, 북서쪽에서.

도면 342. 크라스키노 성, 2017년, 제53구역, 섹터 1, 제1인공층 조사 후(제2인공층 상면)의 평면도 2.

도면 343. 크라스키노 성, 2017년, 제53구역, 섹터 1, 베(Б)-붸(В)-5 방안의 단단한 갈색 사질토 얼룩과 돌 무지 모습, 남동쪽에서.

도면 344. 크라스키노 성, 2017년, 제53구역, 섹터 1, 제1인공층 제거 중 출토 토기 동체부편으로 만든 놀이 알들: 1 - 붸(В)-3방안, 2 - 데(Д)-2방안, 3 - 엘(Л)-2방안.

도면 345. 크라스키노 성, 2017년, 제53구역, 섹터 1, 제1인공층 제거 중 붸(В)-4방안 출토 단조 철제 못(No. 3, 레벨 -142cm).

도면 346. 크라스키노 성, 2017년, 제53구역, 섹터 1, 제1인공층 제거 중 붸(В)-4방안 출토 단조 철제 못(No. 3, 레벨 -142cm).

도면 347. 크라스키노 성, 2017년, 제53구역, 섹터 1, 제1인공층 제거 중 출토 윤제 토기 대상파수편들: 1 - 붸(В)-1′방안, 2 - 게(Г)-3방안.

도면 348. 크라스키노 성, 2017년, 제53구역, 섹터 1, 제1인공층 제거 중 데(Д)-1′방안 출토 윤제 토기 저부편.

도면 349. 크라스키노 성, 2017년, 제53구역, 섹터 1, 제1인공층 제거 중 출토 윤제 토기 구연부편들: 1 - 데(Д)-예(Е)-1′방안, 2 - 붸(В)-4′방안, 3 - 게(Г)-5방안.

도면 350. 크라스키노 성, 2017년, 제53구역, 섹터 1, 제1인공층 제거 중 출토 윤제 토기편들: 1 - 문양이 있는 동체부편, 게(Г)-2′방안, 2 - 저부편, 데(Д)-예(Е)-1′방안.

도면 351. 크라스키노 성, 2017년, 제53구역, 섹터 1, 제1인공층 제거 중 출토 윤제 토기 저부편들: 1 - 예(Е)-데(Д)-1방안, 2 - 베(Б)-붸(В)-1′방안.

도면 352. 크라스키노 성, 2017년, 제53구역, 섹터 1, 제1인공층 제거 중 출토 윤제 토기 대상파수편들: 1 - 데(Д)-예(Е)-3방안, 2 - 이(И)-2′방안.

도면 353. 크라스키노 성, 2017년, 제53구역, 섹터 1, 제1인공층 제거 중 출토 문양이 있는 윤제 토기 구연부편들: 1 - 이(И)-5방안, 2 - 이(И)-2′방안, 3 - 데(Д)-2′방안, 4 - 데(Д)-예(Е)-3방안.

도면 354. 크라스키노 성, 2017년, 제53구역, 섹터 1, 제1인공층 제거 중 출토 문양이 있는 윤제 토기 구연부편들: 1 - 베(Б)-1방안, 2 - 베(Б)-붸(В)-게(Г)-3방안.

도면 355. 크라스키노 성, 2017년, 제53구역, 섹터 1, 제1인공층 제거 중 출토 문양이 있는 윤제 토기 구연부편들: 1 - 데(Д)-예(Е)-4′방안, 2 - 데(Д)-예(Е)-5′방안.

도면 356. 크라스키노 성, 2017년, 제53구역, 섹터 1, 제1인공층 제거 중 출토 문양이 있는 윤제 토기 구연부편들: 1 - 엘(Л)-5방안, 2 - 까(К)-5′방안.

도면 357. 크라스키노 성, 2017년, 제53구역, 섹터 1, 제1인공층 제거 중 출토 토제 유물의 무게(kg) 단위 발견 분포도.

도면 358. 크라스키노 성, 2017년, 제53구역, 섹터 1, 제1인공층 제거 중 출토 토제 유물의 분포도(편의 수량 단위).

도면 359. 크라스키노 성, 2017년, 제53구역, 섹터 1, 제2인공층 정리조사 후(제3인공층 상면)의 발굴구역 상면 평면도 3.

도면 360. 크라스키노 성, 2017년, 제53구역, 섹터 1과 섹터 2, 제2인공층 정리조사 후(제3인공층 상면)의 발굴구역 상면 모습, 방안선 포함, 북서쪽에서.

도면 361. 크라스키노 성, 2017년, 제53구역, 섹터 1, 제2인공층 정리조사 중 베(Б)-붸(В)-5방안의 돌 무지 조사 모습, 남동쪽에서.

도면 362. 크라스키노 성, 2017년, 제53구역, 섹터 1, 제2인공층 정리조사 후 베(Б)-붸(В)-5방안의 돌 무지 모습, 남동쪽에서.

도면 363. 크라스키노 성, 2017년, 제53구역, 섹터 1, 제3인공층 상면의 베(Б)-

조사 모습. 남동쪽에서.

도면 404. 크라스키노 성. 2017년. 제53구역. 섹터 1과 섹터 2. 제3인공층 정리조사 後(제4인공층 상면)의 모습. 북서쪽에서.

도면 405. 크라스키노 성. 2017년. 제53구역. 섹터 1. 제3인공층 정리조사 後(제4인공층 상면)의 평면도 4.

도면 406. 크라스키노 성. 2017년. 제53구역. 섹터 1. 제3인공층 정리조사 後(제4인공층 상면)의 발굴구역 상면 모습. 남동쪽에서.

도면 407. 크라스키노 성. 2017년. 제53구역. 섹터 1. 제3인공층 정리조사 後(제4인공층 상면)의 게(Г)-데(Д)-2'-1'방안 노출 돌들 모습. 남쪽에서.

도면 408. 크라스키노 성. 2017년. 제53구역. 섹터 1. 제3인공층 정리조사 중 출토 토기 동체부편으로 만든 놀이 알들.

도면 409. 크라스키노 성. 2017년. 제53구역. 섹터 1. 제3인공층 정리조사 중 출토 와편으로 만든 놀이 알들.

도면 410. 크라스키노 성. 2017년. 제53구역. 섹터 1. 제3인공층 정리조사 後 베(Б)-5방안 주철제 바퀴 비녀못(No. 17. 레벨 -163cm)과 철제 화살촉(No. 18. 레벨 -167cm) 출토 모습. 남동쪽에서.

도면 411. 크라스키노 성. 2017년. 제53구역. 섹터 1. 제3인공층 정리조사 後 베(Б)-5방안 출토 주철제 바퀴 비녀못(No. 17. 레벨 -163cm).

도면 412. 크라스키노 성. 2017년. 제53구역. 섹터 1. 제3인공층 정리조사 後 베(Б)-5방안 출토 주철제 바퀴 비녀못(No. 17. 레벨 -163cm) 실측도.

도면 413. 크라스키노 성. 2017년. 제53구역. 섹터 1. 제3인공층 정리조사 後 베(Б)-5방안 출토 철제 화살촉(No. 18. 레벨 -167cm).

도면 414. 크라스키노 성. 2017년. 제53구역. 섹터 1. 제3인공층 정리조사 後 베(Б)-5방안 출토 철제 화살촉(No. 18. 레벨 -167cm) 실측도.

도면 415. 크라스키노 성. 2017년. 제53구역. 섹터 1. 제3인공층 정리조사 後 베(Б)-5방안 출토 철제 칼(No. 19. 레벨 -167cm).

도면 416. 크라스키노 성. 2017년. 제53구역. 섹터 1. 제3인공층 정리조사 後 베(Б)-5방안 출토 철제 칼(No. 19. 레벨 -167cm) 실측도.

도면 417. 크라스키노 성. 2017년. 제53구역. 섹터 1. 제3인공층 정리조사 後 예(Е)-1방안 출토 철제 칼(No. 20. 레벨 -167cm).

도면 418. 크라스키노 성. 2017년. 제53구역. 섹터 1. 제3인공층 정리조사 後 예(Е)-1방안 출토 철제 칼(No. 20. 레벨 -167cm) 실측도.

도면 419. 크라스키노 성. 2017년. 제53구역. 섹터 1. 제3인공층 정리조사 後 베(Б)-3'방안 출토 토제 고리편(No. 21. 레벨 -159cm).

도면 420. 크라스키노 성. 2017년. 제53구역. 섹터 1. 제3인공층 정리조사 後 베(Б)-3'방안 출토 토제 고리편(No. 21. 레벨 -159cm) 실측도.

도면 421. 크라스키노 성. 2017년. 제53구역. 섹터 1. 제3인공층 정리조사 後 예(Е)-4방안 출토 청동 핀셋(No. 22. 레벨 -165cm) 출토모습. 남서쪽에서.

도면 422. 크라스키노 성. 2017년. 제53구역. 섹터 1. 제3인공층 정리조사 後 예(Е)-4방안 출토 청동 핀셋(No. 22. 레벨 -165cm).

도면 423. 크라스키노 성. 2017년. 제53구역. 섹터 1. 제3인공층 정리조사 後 예(Е)-4방안 출토 청동 핀셋(No. 22. 레벨 -165cm) 실측도.

도면 424. 크라스키노 성. 2017년. 제53구역. 섹터 1. 제3인공층 정리조사 중 출토 문양이 있는 윤제 토기 동체부편들: 1 - 수평의 띠 모양 마연문양과 수직의 지그재그 모양 마연문양이 있는 것. 2 - 수직의 띠 모양 마연문양이 있는 것.

도면 425. 크라스키노 성. 2017년. 제53구역. 섹터 1. 제3인공층 정리조사 중 베(Б)-3'방안 출토 문양이 있는 윤제 토기 동체부편.

도면 426. 크라스키노 성. 2017년. 제53구역. 섹터 1. 제3인공층 정리조사 중 데(Д)-3'방안 출토 문양이 있는 윤제 토기 동체부편.

도면 427. 크라스키노 성. 2017년. 제53구역. 섹터 1. 제3인공층 정리조사 중 붸(В)-4방안 출토 문양이 있는 윤제 토기 대상파수편.

도면 428. 크라스키노 성. 2017년. 제53구역. 섹터 1. 제3인공층 정리조사 중 게(Г)-4방안 출토 문양이 있는 윤제 토기 대상파수편.

도면 429. 크라스키노 성. 2017년. 제53구역. 섹터 1. 제3인공층 정리조사 중 베(Б)-3'방안 출토 문양이 있는 윤제 토기 대상파수편.

도면 430. 크라스키노 성. 2017년. 제53구역. 섹터 1. 제3인공층 정리조사 중 출토 윤제 토기(시루) 저부편들: 1 - 붸(В)-5방안. 2 - 베(Б)-2방안.

도면 431. 크라스키노 성. 2017년. 제53구역. 섹터 1. 제3인공층 정리조사 중 게(Г)-2방안 출토 슬립을 입힌 수평의 띠 모양 마연문양이 있는 윤제 토기편.

도면 432. 크라스키노 성. 2017년. 제53구역. 섹터 1. 제3인공층 정리조사 중 붸(В)-5방안 출토 윤제 토기 저부편.

도면 433. 크라스키노 성. 2017년. 제53구역. 섹터 1. 제3인공층 정리조사 중 베(Б)-3'방안 출토 윤제 토기 저부편.

도면 434. 크라스키노 성. 2017년. 제53구역. 섹터 1. 제3인공층 정리조사 중 데(Д)-3방안 출토 물레에서 분리한 흔적이 남아있는 윤제 토기 저부편.

도면 435. 크라스키노 성. 2017년. 제53구역. 섹터 1. 제3인공층 정리조사 중 출토 토기편의 무게 단위(kg) 분포 모식도.

도면 436. 크라스키노 성. 2017년. 제53구역. 섹터 1. 제3인공층 정리조사 중 출토 토기편의 수량 단위 분포 모식도.

도면 437. 크라스키노 성. 2017년. 제53구역. 섹터 1. 제4인공층 정리조사 모습. 북서쪽에서.

도면 438. 크라스키노 성. 2017년. 제53구역. 섹터 1과 섹터 2. 제4인공층 정리조사 후 방안선 포함 발굴구역 상면(제5인공층 상면) 모습. 북서쪽에서.

도면 439. 크라스키노 성. 2017년. 제53구역. 섹터 1. 제4인공층 정리조사 후 방안선 포함 발굴구역 상면(제5인공층 상면) 모습. 북서쪽에서.

도면 440. 크라스키노 성. 2017년. 제53구역. 섹터 1. 제4인공층 정리조사 후(제5인공층 상면)의 평면도 5.

도면 441. 크라스키노 성. 2017년. 제53구역. 섹터 1. 제4인공층 정리조사 후 베(Б)-예(Е)-1'-5방안에서 노출된 암갈색의 단단한 사질토 얼룩 모습. 남쪽에서.

도면 442. 크라스키노 성. 2017년. 제53구역. 섹터 1. 제4인공층 정리조사 후 베(Б)-2'-1'방안 발견 동물의 턱뼈 모습. 남서쪽에서.

-2′방안 출토 자기 완편.

도면 484. 크라스키노 성. 2017년. 제53구역. 섹터 2. 제1인공층 제거 중 엘(Л)-까(К)-4′방안 출토 자기 완편.

도면 485. 크라스키노 성. 2017년. 제53구역. 섹터 2. 제1인공층 제거 중 출토 문양이 있는 윤제 토기 동체부편들: 1, 2 - 수평의 띠 모양 문양이 있는 것. 3 - 지그재그 모양의 마연문양이 있는 것.

도면 486. 크라스키노 성. 2017년. 제53구역. 섹터 2. 제1인공층 제거 중 출토 윤제 토기 구연부편들: 1 - 제(З)-이(И)-4′방안. 2 - 이(И)-2′방안. 3 - 제(З). 이(И)-1′방안.

도면 487. 크라스키노 성. 2017년. 제53구역. 섹터 2. 제1인공층 제거 중 출토 19-20세기의 한국 쌀 씻는 토기편들: 1 - 구연부편. 2 - 동체부 내면.

도면 488. 크라스키노 성. 2017년. 제53구역. 섹터 2. 제1인공층 제거 중 출토 윤제 토기 저부편들: 1 - 제(З)-2′방안. 2 - 까(К)-2방안. 3 - 까(К)-1방안. 4 - 제(З)-이(И)-4′방안.

도면 489. 크라스키노 성. 2017년. 제53구역. 섹터 1. 제1인공층 제거 중 출토 문양이 있는 대상파수편들: 1 - 까(К)-2방안. 2 - 이(И)-1방안. 3 - 까(К)-2′방안.

도면 490. 크라스키노 성. 2017년. 제53구역. 섹터 2. 제1인공층(1)과 제2인공층(2, 3) 정리조사 중 출토 윤제 토기 복원도들: 1 - 이(И)-3′, 4′방안. 2 - 제(З). 이(И)-1′방안. 3 - 제(З)-1′방안.

도면 491. 크라스키노 성. 2017년. 제53구역. 섹터 1. 제1인공층 제거 중 엠(М)-3′방안 출토 문양이 있는 와편.

도면 492. 크라스키노 성. 2017년. 제53구역. 섹터 1. 제2인공층 정리조사 중 출토 토기편의 무게 단위(kg) 분포 모식도.

도면 493. 크라스키노 성. 2017년. 제53구역. 섹터 1. 제2인공층 정리조사 중 출토 토기편의 수량 단위 분포 모식도.

도면 494. 크라스키노 성. 2017년. 제53구역. 섹터 2. 제2인공층 정리조사 모습. 북쪽에서.

도면 495. 크라스키노 성. 2017년. 제53구역. 섹터 2. 제2인공층 정리조사 후의 발굴구역 상면(제3인공층 상면) 모습. 북서쪽에서.

도면 496. 크라스키노 성. 2017년. 제53구역. 섹터 2. 제2인공층 정리조사 후(제3인공층 상면)의 평면도 3.

도면 497. 크라스키노 성. 2017년. 제53구역. 섹터 2. 제2인공층 정리조사 후의 거친 입자의 모래와 쇄석이 포함된 단단한 갈색 사질토층이 있는 제(З)-까(К)-1-3방안의 발굴구역 상면(제3인공층 상면) 모습. 북쪽에서.

도면 498. 크라스키노 성. 2017년. 제53구역. 섹터 2. 제2인공층 정리조사 중 출토 놀이 알들: 1, 2, 3, 5 - 토기 동체부편으로 제작(제(З)-1′방안, 레벨 -144cm; 제(З)-1방안, 레벨 -152cm; 이(И)-5방안, 레벨 -153cm; 제(З)-2방안, 레벨 -153cm). 4 - 와편으로 제작 엘(Л)-4방안, 레벨 -151cm. 6 - 돌로 제작6 이(И)-2방안, 레벨 -149cm.

도면 499. 크라스키노 성. 2017년. 제53구역. 섹터 2. 제2인공층 정리조사 중 엠(М)-4′방안 출토 주철제 바퀴 차관편(No. 11. 레벨 -141cm).

도면 500. 크라스키노 성. 2017년. 제53구역. 섹터 2. 제2인공층 정리조사 중 엠(М)-4′방안 출토 주철제 바퀴 차관편(No. 11. 레벨 -141cm) 실측도.

도면 501. 크라스키노 성. 2017년. 제53구역. 섹터 2. 제2인공층 정리조사 중 까(К)-1′방안 출토 철제 유물편(No. 12. 레벨 -146cm).

도면 502. 크라스키노 성. 2017년. 제53구역. 섹터 2. 제2인공층 정리조사 중 까(К)-1′방안 출토 철제 유물편(No. 12. 레벨 -146cm) 실측도.

도면 503. 크라스키노 성. 2017년. 제53구역. 섹터 2. 제2인공층 정리조사 중 이(И)-1′방안 출토 철제 유물편(No. 13. 레벨 -146cm).

도면 504. 크라스키노 성. 2017년. 제53구역. 섹터 2. 제2인공층 정리조사 중 이(И)-1′방안 출토 철제 유물편(No. 13. 레벨 -146cm) 실측도.

도면 505. 크라스키노 성. 2017년. 제53구역. 섹터 2. 제2인공층 정리조사 중 엠(М)-3방안 출토 판 모양 철제 유물편(No. 14. 레벨 -151cm).

도면 506. 크라스키노 성. 2017년. 제53구역. 섹터 2. 제2인공층 정리조사 중 제(З)-4′방안 출토 철제 버클편(No. 15. 레벨 -149cm).

도면 507. 크라스키노 성. 2017년. 제53구역. 섹터 2. 제2인공층 정리조사 중 제(З)-4′방안 출토 철제 버클편(No. 15. 레벨 -149cm) 실측도.

도면 508. 크라스키노 성. 2017년. 제53구역. 섹터 2. 제2인공층 정리조사 중 까(К)-2방안 출토 와당편(No. 16. 레벨 -151cm).

도면 509. 크라스키노 성. 2017년. 제53구역. 섹터 2. 제2인공층 정리조사 중 까(К)-2방안 출토 와당편(No. 16. 레벨 -151cm) 실측도.

도면 510. 크라스키노 성. 2017년. 제53구역. 섹터 2. 제2인공층 정리조사 중 출토 윤제 토기 구연부편들: 1 - 제(З)-1′방안. 2 - 제(З)-1′방안.

도면 511. 크라스키노 성. 2017년. 제53구역. 섹터 2. 제2인공층 정리조사 중 제(З)-1′방안 출토 윤제 토기 구연부편.

도면 512. 크라스키노 성. 2017년. 제53구역. 섹터 2. 제2인공층 정리조사 중 출토 윤제 토기 구연부편들: 1 - 제(З)-1방안. 2 - 제(З)-1′방안. 3 - 이(И)-1′방안.

도면 513. 크라스키노 성. 2017년. 제53구역. 섹터 2. 제2인공층 정리조사 중 제(З)-1′방안 출토 윤제 토기편.

도면 514. 크라스키노 성. 2017년. 제53구역. 섹터 2. 제2인공층 정리조사 중 출토 문양이 있는 윤제 토기 동체부편들: 1 - 까(К)-1′방안. 2 - 이(И)-1′방안. 3 - 까(К)-1방안. 4 - 제(З)-1′방안.

도면 515. 크라스키노 성. 2017년. 제53구역. 섹터 2. 제2인공층 정리조사 중 출토 문양이 있는 윤제 토기 동체부편들: 1 - 제(З)-1방안. 2 - 이(И)-4′방안. 3 - 까(К)-1′방안.

도면 516. 크라스키노 성. 2017년. 제53구역. 섹터 2. 제2인공층 정리조사 중 출토 윤제 토기 대상파수부편들: 1 - 이(И)-2′방안. 2 - 제(З)-5방안. 5 - 까(К)-1′방안.

도면 517. 크라스키노 성. 2017년. 제53구역. 섹터 2. 제2인공층 정리조사 중 제(З)-1′방안 출토 윤제 토기 저부편.

도면 518. 크라스키노 성. 2017년. 제53구역. 섹터 2. 제2인공층 정리조사 중 출토 윤제 토기 저부편들: 1 - 제(З)-3방안. 2 - 이(И)-3′방안.

도면 519. 크라스키노 성. 2017년. 제53구역. 섹터 2. 제2인공층 정리조사 중 제(З)-3방안 출토 윤제 토기 시루 저부편.

도면 520. 크라스키노 성. 2017년. 제53구역. 섹터 2. 제2인공층 정리조사 중

도면 560. 크라스키노 성, 2017년. 제53구역. 섹터 2. 제3인공층 정리조사 중 이(И)-5′방안과 까(К)-3′방안 출토 윤제 토기 저부편.

도면 561. 크라스키노 성, 2017년. 제53구역. 섹터 2. 제3인공층 정리조사 중 까(К)-1′방안 출토 윤제 토기 저부편.

도면 562. 크라스키노 성, 2017년. 제53구역. 섹터 2. 제3인공층 정리조사 중 출토 윤제 토기 시루 저부편들: 1 - 엘(Л)-2방안, 2 - 까(К)-3′방안, 3 - 제(З)-4방안.

도면 563. 크라스키노 성, 2017년. 제53구역. 섹터 2. 제3인공층 정리조사 중 출토 윤제 토기 시루 저부편들: 1 - 엠(М)-3′방안, 2 - 엠(М)-5′방안.

도면 564. 크라스키노 성, 2017년. 제53구역. 섹터 2. 제3인공층 정리조사 중 출토 윤제 토기 복원도들: 1 - 엔(Н)-1′방안, 2 - 엘(Л)-1′방안, 3 - 엠(М)-2방안, 4 - 엘(Л)-2′방안, 5 - 엘(Л)-2방안, 6 - 이(И)-5방안, 엘(Л)-2′방안, 까(К)-3, 5′방안, 제(З)-3′방안.

도면 565. 크라스키노 성, 2017년. 제53구역. 섹터 2. 제3인공층 정리조사 중 출토 윤제 토기 복원도들: 1 - 엠(М)-1, 2방안, 2 - 까(К)-1′방안.

도면 566. 크라스키노 성, 2017년. 제53구역. 섹터 2. 제3인공층 정리조사 중 출토 토기편의 무게 단위(kg) 분포 모식도.

도면 567. 크라스키노 성, 2017년. 제53구역. 섹터 2. 제3인공층 정리조사 중 출토 토기편의 수량 단위 분포 모식도.

도면 568. 크라스키노 성, 2017년. 제53구역. 섹터 2. 제4인공층 정리조사 모습. 남쪽에서.

도면 569. 크라스키노 성, 2017년. 제53구역. 섹터 2. 제4인공층 정리조사 후(제5인공층 상면)의 방안선 포함 발굴구역 상면 모습. 북서쪽에서.

도면 570. 크라스키노 성, 2017년. 제53구역. 섹터 2. 제4인공층 정리조사 후(제5인공층 상면)의 평면도 5.

도면 571. 크라스키노 성, 2017년. 제53구역. 섹터 2. 제4인공층 정리조사 후의 발굴구역 상면 모습. 남동쪽에서.

도면 572. 크라스키노 성, 2017년. 제53구역. 섹터 2. 제4인공층 정리조사 후 출토 놀이 알들: 1~3 - 토기 동체부편으로 제작(까(К)-4′방안, 레벨 -179cm, 줴(Ж)-1-2방안, 구덩이 3, 레벨 -184cm, 엘(Л)-1′방안, 레벨 -179cm), 4 - 와편으로 제작, 엘(Л)-1방안, 레벨 -181cm.

도면 573. 크라스키노 성, 2017년. 제53구역. 섹터 2. 제4인공층 정리조사 중 출토 토기 동체부편으로 만든 놀이 알들(이(И)-1방안, 레벨 -184cm).

도면 574. 크라스키노 성, 2017년. 제53구역. 섹터 2. 제4인공층 정리조사 시 제(З)-2방안 출토 철제 화살촉(No. 35, 레벨 -185cm).

도면 575. 크라스키노 성, 2017년. 제53구역. 섹터 2. 제4인공층 정리조사 시 제(З)-2방안 출토 철제 화살촉(No. 35, 레벨 -185cm) 실측도.

도면 576. 크라스키노 성, 2017년. 제53구역. 섹터 2. 제4인공층 정리조사 시 제(З)-2방안 출토 철제 화살촉(No. 37, 레벨 -185cm).

도면 577. 크라스키노 성, 2017년. 제53구역. 섹터 2. 제4인공층 정리조사 시 제(З)-2방안 출토 철제 화살촉(No. 37, 레벨 -185cm) 실측도.

도면 578. 크라스키노 성, 2017년. 제53구역. 섹터 2. 제4인공층 정리조사 시 아(А)-1′방안 출토 철제 유물편(No. 38, 레벨 -181cm).

도면 579. 크라스키노 성, 2017년. 제53구역. 섹터 2. 제4인공층 정리조사 시 아(А)-1′방안 출토 철제 유물편(No. 38, 레벨 -181cm) 실측도.

도면 580. 크라스키노 성, 2017년. 제53구역. 섹터 2. 제4인공층 정리조사 시 이(И)-1-이(И)-2방안 출토 토제 고리편(No. 39, 레벨 -185cm).

도면 581. 크라스키노 성, 2017년. 제53구역. 섹터 2. 제4인공층 정리조사 시 이(И)-1-이(И)-2방안 출토 토제 고리편(No. 39, 레벨 -185cm) 실측도.

도면 582. 크라스키노 성, 2017년. 제53구역. 섹터 2. 제4인공층 정리조사 시 이(И)-1방안 출토 철제 칼의 날편(No. 40, 레벨 -186cm).

도면 583. 크라스키노 성, 2017년. 제53구역. 섹터 2. 제4인공층 정리조사 시 이(И)-1방안 출토 철제 칼의 날편(No. 40, 레벨 -186cm) 실측도.

도면 584. 크라스키노 성, 2017년. 제53구역. 섹터 2. 제4인공층 정리조사 시 이(И)-4′방안 출토 토제 벽돌편(No. 41, 레벨 -178cm).

도면 585. 크라스키노 성, 2017년. 제53구역. 섹터 2. 제4인공층 정리조사 시 이(И)-4′방안 출토 토제 벽돌편(No. 41, 레벨 -178cm) 실측도.

도면 586. 크라스키노 성, 2017년. 제53구역. 섹터 2. 제4인공층 정리조사 시 엘(Л)-2방안 출토 사용 흔적이 있는 강돌(No. 42, 레벨 -164cm).

도면 587. 크라스키노 성, 2017년. 제53구역. 섹터 2. 제4인공층 정리조사 후 방안선 포함 이(И), 까(К)-1, 2방안의 구덩이 2 윤곽선 모습. 남서쪽에서.

도면 588. 크라스키노 성, 2017년. 제53구역. 섹터 2. 이(И), 까(К)-1, 2방안에 위치하는 구덩이 2의 붸(В)-게(Г)선 단면 토층 모습. 북쪽에서.(제4인공층 정리조사 후 발굴구역 상면)

도면 589. 크라스키노 성, 2017년. 제53구역. 섹터 2. 이(И), 까(К)-1, 2방안에 위치하는 구덩이 2의 내부조사 후 모습. 남서쪽에서.(제4인공층 정리조사 후 발굴구역 상면)

도면 590. 크라스키노 성, 2017년. 제53구역. 섹터 2. 이(И), 까(К)-1, 2방안에 위치하는 구덩이 2의 내부조사 후 모습. 북동쪽에서.(제4인공층 정리조사 후 발굴구역 상면)

도면 591. 크라스키노 성, 2017년. 제53구역. 섹터 2. 제4인공층 정리조사 중 엠(М)-2방안 출토 윤제 토기 구연부편.

도면 592. 크라스키노 성, 2017년. 제53구역. 섹터 2. 제4인공층 정리조사 중 엠(М)-2방안 출토 윤제 토기 구연부편.

도면 593. 크라스키노 성, 2017년. 제53구역. 섹터 2. 제4인공층 정리조사 중 줴(Ж)-1, 2방안 출토 윤제 토기 구연부편.

도면 594. 크라스키노 성, 2017년. 제53구역. 섹터 2. 제4인공층 정리조사 중 엘(Л)-4방안 출토 윤제 토기 상부편.

도면 595. 크라스키노 성, 2017년. 제53구역. 섹터 2. 제4인공층 정리조사 중 줴(Ж)-1, 2방안 출토 윤제 토기 구연부편.

도면 596. 크라스키노 성, 2017년. 제53구역. 섹터 2. 제4인공층 정리조사 중 이(И)-2방안 출토 문양이 있는 윤제 토기 동체부편.

도면 597. 크라스키노 성, 2017년. 제53구역. 섹터 2. 제4인공층 정리조사 중 출토 문양이 있는 윤제 토기 동체부편들: 1 - 엠(М)-3′방안, 2 - 엘(Л)-5′방안.

도면 598. 크라스키노 성, 2017년. 제53구역. 섹터 2. 제4인공층 정리조사 중

르(Р)-떼(Т)-1-4방안 수혈 구덩이 1 출토 윤제 토기 구상 동체부편.

도면 638. 크라스키노 성, 2017년, 제53구역, 섹터 3, 제1인공층 정리조사 중 출토 마연문양이 있는 윤제 토기 대상파수편들: 1 - 떼(Т)-4'방안, 2 - 수혈 구덩이 1, 에르(Р)-떼(Т)-1-4방안.

도면 639. 크라스키노 성, 2017년, 제53구역, 섹터 3, 제1인공층 정리조사 중 에르(Р)-떼(Т)-1-4방안 수혈 구덩이 1 출토 윤제 토기 저부편.

도면 640. 크라스키노 성, 2017년, 제53구역, 섹터 3, 에르(Р)-떼(Т)-1-4방안 수혈 구덩이 1 조사 후 모습. 북동쪽에서.

도면 641. 크라스키노 성, 2017년, 제53구역, 섹터 3, 제1인공층 정리조사 중 에르(Р)-2방안 출토 주철제 유물편(No. 44, 레벨 -154cm).

도면 642. 크라스키노 성, 2017년, 제53구역, 섹터 3, 제1인공층 정리조사 중 에르(Р)-2방안 출토 주철제 유물편(No. 44, 레벨 -154cm) 실측도.

도면 643. 크라스키노 성, 2017년, 제53구역, 섹터 3, 제1인공층 정리조사 중 떼(Т)-2-3방안 출토 철제 못(No. 47, 레벨 -151cm).

도면 644. 크라스키노 성, 2017년, 제53구역, 섹터 3, 제1인공층 정리조사 중 떼(Т)-2-3방안 출토 철제 못(No. 47, 레벨 -151cm) 실측도.

도면 645. 크라스키노 성, 2017년, 제53구역, 섹터 3, 제1인공층 정리조사 중 에르(Р)-4방안 출토 토제 삼족기 다리(No. 50, 레벨 -157cm).

도면 646. 크라스키노 성, 2017년, 제53구역, 섹터 3, 제1인공층 정리조사 중 에르(Р)-4방안 출토 토제 삼족기 다리(No. 50, 레벨 -157cm) 실측도.

도면 647. 크라스키노 성, 2017년, 제53구역, 섹터 3, 제1인공층 정리조사 후 발굴구역 상면 에르(Р)-떼(Т)-5'-1'방안 수혈 구덩이 2 윤곽선 모습. 북동쪽에서.

도면 648. 크라스키노 성, 2017년, 제53구역, 섹터 3, 제1인공층 정리조사 후 발굴구역 상면 에르(Р)-떼(Т)-5'-1'방안 수혈 구덩이 2 조사 후 모습. 동쪽에서.

도면 649. 크라스키노 성, 2017년, 제53구역, 섹터 3, (제1인공층 정리조사 후) 북서벽 구간 떼(Т)-5'방안 수혈 구덩이 2 토층 모습. 남동쪽에서.

도면 650. 크라스키노 성, 2017년, 제53구역, 섹터 3, (제1인공층 정리조사 후) 에르(Р)-떼(Т)-5'-1'방안 수혈 구덩이 2 바닥의 돌무지 모습. 북동쪽에서.

도면 651. 크라스키노 성, 2017년, 제53구역, 섹터 3, (제1인공층 정리조사 후) 에르(Р)-떼(Т)-5'-1'방안 수혈 구덩이 2 바닥의 돌무지 모습. 남서쪽에서.

도면 652. 크라스키노 성, 2017년, 제53구역, 섹터 3, 제1인공층 정리조사 중 떼(Т)-2'방안 출토 철제 못(No. 45, 레벨 -160cm).

도면 653. 크라스키노 성, 2017년, 제53구역, 섹터 3, 제1인공층 정리조사 중 떼(Т)-2'방안 출토 철제 못(No. 45, 레벨 -160cm) 실측도.

도면 654. 크라스키노 성, 2017년, 제53구역, 섹터 3,(제1인공층 정리조사 후) 수혈 구덩이 2의 내부퇴적토 조사 중 에쓰(С)-2'방안 출토 문양이 있는 전돌편(No. 50б, 레벨 -200cm).

도면 655. 크라스키노 성, 2017년, 제53구역, 섹터 3, (제1인공층 정리조사 후) 수혈 구덩이 2의 내부퇴적토 조사 중 에쓰(С)-2'방안 출토 문양이 있는 전돌편(No. 50б, 레벨 -200cm) 실측도.

도면 656. 크라스키노 성, 2017년, 제53구역, 섹터 3, 제1인공층 정리조사 후 발굴구역 상면 오(О)-에르(Р)-5'-4'방안 수혈 구덩이 3 윤곽선 모습. 남서쪽에서.

도면 657. 크라스키노 성, 2017년, 제53구역, 섹터 3, (제1인공층 정리조사 후) 오(О)-에르(Р)-5'방안 북서벽 수혈 구덩이 3 토층 모습. 남동쪽에서.

도면 658. 크라스키노 성, 2017년, 제53구역, 섹터 3, 제1인공층 정리조사 중 및 수혈 구덩이들 출토 윤제 토기 구연부편들: 1 - 에쓰(С)-2'방안, 2 - 떼(Т)-2, 3방안, 3 - 에르(Р), 에쓰(С)-4방안, 4 - 오(О)-뻬(П)-5'방안(수혈 구덩이 3), 5 - 떼(Т)-4'방안, 6 - 오(О)-3방안(수혈 구덩이 3).

도면 659. 크라스키노 성, 2017년, 제53구역, 섹터 3, 제1인공층 정리조사 중 떼(Т)-3'방안(수혈 구덩이 3) 출토 윤제 토기 구연부편.

도면 660. 크라스키노 성, 2017년, 제53구역, 섹터 3, 제1인공층 정리조사 중 오(О)-5'방안 출토 주철제 바퀴 차관편(No. 43, 레벨 -149cm).

도면 661. 크라스키노 성, 2017년, 제53구역, 섹터 3, 제1인공층 정리조사 중 오(О)-5'방안 출토 주철제 바퀴 차관편(No. 43, 레벨 -149cm) 실측도.

도면 662. 크라스키노 성, 2017년, 제53구역, 섹터 3, 제1인공층 정리조사 중 에르(Р)-5'방안 출토 한국 자기 완편(No. 50a, 레벨 -155cm) 출토 모습.

도면 663. 크라스키노 성, 2017년, 제53구역, 섹터 3, 제1인공층 정리조사 중 에르(Р)-5'방안 출토 한국 자기 완편(No. 50a, 레벨 -155cm).

도면 664. 크라스키노 성, 2017년, 제53구역, 섹터 3, 제1인공층 정리조사 후 및 수혈 구덩이들 내부 조사 후 방안선 포함 발굴구역 상면 모습. 남동쪽에서.

도면 665. 크라스키노 성, 2017년, 제53구역, 섹터 3, 제1인공층 정리조사 후 및 수혈 구덩이들 내부 조사 후의 평면도 3.

도면 666. 크라스키노 성, 2017년, 제53구역, 섹터 1과 섹터 2, 섹터 1과 섹터 2 사이의 둑 제거 모습. 북쪽에서.

도면 667. 크라스키노 성, 2017년, 제53구역, 섹터 1과 섹터 2, 제5인공층 정리조사 모습. 서쪽에서.

도면 668. 크라스키노 성, 2017년, 제53구역, 섹터 1과 섹터 2, 제5인공층 정리조사 후 방안선 포함 발굴구역 상면 모습. 서쪽에서.

도면 669. 크라스키노 성, 2017년, 제53구역, 섹터 1과 섹터 2, 제5인공층 정리조사 후 구들이 일부 남아있는 주거지 윤곽선을 포함하는 발굴구역 상면 모습. 남동쪽에서.

도면 670. 크라스키노 성, 2017년, 제53구역, 섹터 1과 섹터 2, 제5인공층 정리조사 후 제6인공층 상면의 평면도 6.

도면 671. 크라스키노 성, 2017년, 제53구역, 섹터 1과 섹터 2, 제5인공층 정리조사 후 발굴구역 남쪽 부분 예(Е)-제(З)-2-5방안 상면 모습. 북동쪽에서.

도면 672. 크라스키노 성, 2017년, 제53구역, 섹터 1과 섹터 2, 제5인공층 정리조사 후 구들을 포함하는 발굴구역 북쪽 부분 베(Б)-쥐(Ж)-5'-2'방안 상면 모습. 북서쪽에서.

레벨 -194cm) 실측도.

도면 707. 크라스키노 성. 2017년. 제53구역. 섹터 1. 제5인공층 정리조사 중 예(E)-5방안 출토 윤제 토기 상부편.

도면 708. 크라스키노 성. 2017년. 제53구역. 섹터 1. 제5인공층 정리조사 중 예(E)-3′방안 출토 윤제 토기 구연부편.

도면 709. 크라스키노 성. 2017년. 제53구역. 섹터 1. 제5인공층 정리조사 중 이(И)-3방안 출토 윤제 토기 구연부편.

도면 710. 크라스키노 성. 2017년. 제53구역. 섹터 1. 제5인공층 정리조사 중 베(Б)-2방안 출토 윤제 토기 구연부편.

도면 711. 크라스키노 성. 2017년. 제53구역. 섹터 1. 제5인공층 정리조사 중 출토 윤제 토기 대상파수편들: 1 - 게(Г)-데(Д)-2′방안. 2 - 데(Д)-1′방안. 3 - 붸(В)-3방안.

도면 712. 크라스키노 성. 2017년. 제53구역. 섹터 1. 제5인공층 정리조사 중 예(E)-1방안 출토 문양이 있는 윤제 토기 동체부편.

도면 713. 크라스키노 성. 2017년. 제53구역. 섹터 1. 제5인공층 정리조사 중 출토 문양이 있는 윤제 토기 동체부편들: 1 - 데(Д)-2′방안. 2 - 데(Д)-3′방안. 3 - 게(Г)-3′방안.

도면 714. 크라스키노 성. 2017년. 제53구역. 섹터 1. 제5인공층 정리조사 중 붸(В)-3방안 출토 문양이 있는 윤제 토기 동체부편.

도면 715. 크라스키노 성. 2017년. 제53구역. 섹터 1. 제5인공층 정리조사 중 베(Б)-5방안 출토 윤제 토기 저부편.

도면 716. 크라스키노 성. 2017년. 제53구역. 섹터 1. 제5인공층 정리조사 중 게(Г)-데(Д)-2′방안 출토 윤제 토기 시루 저부편.

도면 717. 크라스키노 성. 2017년. 제53구역. 섹터 1. 제5인공층 정리조사 중 예(E)-1′방안 출토 윤제 토기 저부편.

도면 718. 크라스키노 성. 2017년. 제53구역. 섹터 1. 제5인공층 정리조사 중 붸(В)-1방안 출토 수키와편.

도면 719. 크라스키노 성. 2017년. 제53구역. 섹터 1. 제5인공층 정리조사 중 출토 윤제 토기 복원도(1~3)와 단면도(4): 1 - 예(E)-5방안. 2 - 예(E)-3′방안. 3 - 이(И)-3방안. 4 - 베(Б)-2방안.

도면 720. 크라스키노 성. 2017년. 제53구역. 섹터 1. 제5인공층 정리조사 중 데(Д)-4방안 출토 암키와편.

도면 721. 크라스키노 성. 2017년. 제53구역. 섹터 1. 제5인공층 정리조사 중 데(Д)-5방안 출토 지두문이 있는 암키와편.

도면 722. 크라스키노 성. 2017년. 제53구역. 섹터 1과 섹터 2. 제5인공층 정리조사 중 출토 토기편의 무게 단위(kg) 분포 모식도.

도면 723. 크라스키노 성. 2017년. 제53구역. 섹터 1과 섹터 2. 제5인공층 정리조사 중 출토 토기편의 수량 단위 분포 모식도.

도면 724. 크라스키노 성. 2017년. 제53구역. 발굴구역 현장보존조치 모습. 북쪽에서.

도면 725. 크라스키노 성. 2017년. 제53구역. 발굴구역 현장보존조치 후 모습. 남서쪽에서.

СПИСОК ИЛЛЮСТРАЦИЙ

снятия 4-го пласта

Рис. 35. Краскинское городище, 2017 г. Раскоп LI. Вид с севера на фрагмент кости, обнаруженный в кв. А´-8 после снятия 4-го пласта

Рис. 36. Краскинское городище, 2017 г. Раскоп LI. Вид сверху на зубы животного в кв. З-7, обнаруженные после снятия 4-го пласта

Рис. 37. Краскинское городище, 2017 г. Раскоп LI. Вид сверху на зубы животного, обнаруженные в кв. Е-6 после снятия 4-го пласта

Рис. 38. Краскинское городище, 2017 г. Раскоп LI. Вид сверху на керамическую игральную фишку, изготовленную из черепицы и найденную в кв. В-4(н.о. -197 см) при снятии 4-го пласта

Рис. 39. Краскинское городище, 2017 г. Раскоп LI. Вид с запада на процесс разборки 4-го пласта в северо-западной части раскопа. Рабочий момент

Рис. 40. Краскинское городище, 2017 г. Раскоп LI. Вид с востока на процесс разборки 4-го пласта в юго-западной части раскопа. Рабочий момент

Рис. 41. Краскинское городище, 2017 г. Раскоп LI. Вид с юго-востока на процесс разборки 4-го пласта в юго-восточной части раскопа. Рабочий момент

Рис. 42. Краскинское городище, 2017 г. Раскоп LI. Вид с востока на новый уровень дорожного полотна, проявившийся в процессе разборки 4-го пласта. Рабочий момент

Рис. 43. Краскинское городище, 2017 г. Раскоп LI. Вид с юго-востока на новый уровень дороги в кв. И-7-8, проявившийся в процессе разборки 4-го пласта. Рабочий момент

Рис. 44. Краскинское городище, 2017 г. Раскоп LI. Вид с юго-запада на новый уровень дороги в западной части раскопа, проявившийся в процессе разборки 4-го пласта. Рабочий момент

Рис. 45. Краскинское городище, 2017 г. Раскоп LI. Вид с запада на каменное покрытие дорожного полотна на поверхности 5-го пласта

Рис. 46. Краскинское городище, 2017 г. Раскоп LI. Вид с запада каменно-керамическое покрытие дорожного полотна на поверхности 5-го пласта. Двухметровая рейка с красными и белыми делениями по 20 см указывает на север и маркирует ширину дороги

Рис. 47. Краскинское городище, 2017 г. Раскоп LI. Вид с востока на красновато-коричневое пятно обожженной обмазки с мелкими фрагментами угольков в кв. И-7-8, обнаруженное после снятия 4-го пласта (поверхность 5-го пласта)

Рис. 48. Краскинское городище, 2017 г. Раскоп LI. Вид с востока на пятно серовато-коричневой супеси с тонкозернистым песком и илистыми прослойками в кв. З-5, обнаруженное после снятия 4-го пласта (поверхность 5-го пласта)

Рис. 49. Краскинское городище, 2017 г. Раскоп LI. Вид с запада на пятна гумусированной и плотной коричневой супеси в кв. А´-Б-5-3, обнаруженные после снятия 4-го пласта(поверхность 5-го пласта)

Рис. 50. Краскинское городище, 2017 г. Раскоп LI. Схема распределения по весу(в кг) керамического материала, обнаруженного в процессе разборки 4-го пласта

Рис. 51. Краскинское городище, 2017 г. Раскоп LI. Схема распределения керамического материала (количество фрагментов), обнаруженного в процессе разборки 4-го пласта

Рис. 52. Краскинское городище, 2017 г. Раскоп LI. Образец верхней части кругового сосуда, обнаруженного в кв. Е-8 в процессе разборки 4-го пласта

Рис. 53. Краскинское городище, 2017 г. Раскоп LI. Образцы венчиков круговой керамики, обнаруженные в процессе разборки 4-го пласта: 1 - в кв. Д-9, 2 - в кв. Е-9, 3 - в кв. А-9

Рис. 54. Краскинское городище, 2017 г. Раскоп LI. Фрагмент крышки(внутренняя поверхность) керамического кругового сосуда, обнаруженного в кв. А-5 в процессе разборки 4-го пласта

Рис. 55. Краскинское городище, 2017 г. Раскоп LI. Образцы венчиков круговой керамики, найденные в процессе разборки 4-го пласта: 1, 2 - в кв. Д-7, 3 - в кв. Е-8

Рис. 56. Краскинское городище, 2017 г. Раскоп LI. Образец орнаментированной стенки кругового сосуда, обнаруженной в процессе разборки 4-го пласта

Рис. 57. Краскинское городище, 2017 г. Раскоп LI. Образцы круговой керамики, найденные в процессе разборки 4-го пласта: 1 - фрагмент горизонтально-ленточной ручки в кв. И-7, 2 - орнаментированная стенка сосуда в кв. Г-8, 3 - орнаментированная стенка сосуда в кв. Д-9

Рис. 58. Краскинское городище, 2017 г. Раскоп LI. Фрагменты доньев круговых сосудов, найденные в процессе разборки 4-го пласта: 1 - в кв. Б-8, 2 - в кв. В-7

Рис. 59. Краскинское городище, 2017 г. Раскоп LI. Фрагменты доньев круговых сосудов, обнаруженные в процессе разборки 4-го пласта: 1 - фрагмент дна пароварки в кв. Д-8, 2 - в кв. Е-8

Рис. 60. Краскинское городище, 2017 г. Раскоп LI. Образец полукруглой черепицы, найденный в кв. Д-5 в процессе разборки 4-го пласта

Рис. 61. Краскинское городище, 2017 г. Раскоп LI. Образец плоской черепицы, найденный в кв. И-9 в процессе разборки 4-го пласта

Рис. 62. Краскинское городище, 2017 г. Раскоп LI. Фрагменты плоской с пальчиковым орнаментом черепицы, обнаруженные в процессе разборки 4-го пласта: 1- в кв. Е-6, 2 - в кв. В-6, 3- в кв. И-7

Рис. 63. Краскинское городище, 2017 г. Раскоп LI. Игральная фишка, изготовленная из стенки сосуда, найдена в кв. З-8 в процессе разборки 4-го пласта

Рис. 64. Краскинское городище, 2017 г. Раскоп LI. Игральная фишка, изготовленная из черепицы, найденная в кв. А´-7 в процессе разборки 4-го пласта

Рис. 65. Краскинское городище. 2017 г. Раскоп LI. Игральная фишка, изготовленная из стенки сосуда, найдена в кв. И-8 в процессе разборки 4-го пласта

Рис. 66. Краскинское городище. 2017 г. Раскоп LI. Железный гвоздь(№3, н.о. -190 см), обнаруженный в кв. И-6 в процессе разборки 4-го пласта

Рис. 67. Краскинское городище. 2017 г. Раскоп LI. Рисунок железного гвоздя(№3, н.о. -190 см), обнаруженного в кв. И-6 в процессе разборки 4-го пласта

Рис. 68. Краскинское городище. 2017 г. Раскоп LI. Вид сверху на железный гвоздь(№4, н.о. -199 см), обнаруженный в кв. Д-9 в процессе разборки 4-го пласта

Рис. 69. Краскинское городище. 2017 г. Раскоп LI. Железный гвоздь(№4, н.о. -199 см), обнаруженный в кв. Д-9 в процессе разборки 4-го пласта

Рис. 70. Краскинское городище. 2017 г. Раскоп LI. Рисунок железного гвоздя(№4, н.о. -199 см), обнаруженного в кв. Д-9 в процессе разборки 4-го пласта

Рис. 71. Краскинское городище. 2017 г. Раскоп LI. Железный наконечник стрелы(№5, н.о. -193 см), обнаруженный в кв. Б-7 в процессе разборки 4-го пласта

Рис. 72. Краскинское городище. 2017 г. Раскоп LI. Рисунок железного наконечника стрелы(№5, н.о. -193 см), обнаруженного в кв. Б-7 в процессе разборки 4-го пласта

Рис. 73. Краскинское городище. 2017 г. Раскоп LI. Вид сверху на железный наконечник стрелы(№7, н.о. -192 см), обнаруженный в кв. А´-7 в процессе разборки 4-го пласта

Рис. 74. Краскинское городище. 2017 г. Раскоп LI. Железный наконечник стрелы(№7, н.о. -192 см), обнаруженный в кв. А´-7 в процессе разборки 4-го пласта

Рис. 75. Краскинское городище. 2017 г. Раскоп LI. Рисунок железного наконечника стрелы(№7, н.о. -192 см), обнаруженного в кв. А´-7 в процессе разборки 4-го пласта

Рис. 76. Краскинское городище. 2017 г. Раскоп LI. Вид сверху на фрагмент чугунного изделия(№6, н.о. -191 см), обнаруженного в кв. А-9 в процессе разборки 4-го пласта

Рис. 77. Краскинское городище. 2017 г. Раскоп LI. Фрагмент чугунного изделия(№6, н.о. -191 см), обнаруженный в кв. А-9 в процессе разборки 4-го пласта

Рис. 78. Краскинское городище. 2017 г. Раскоп LI. Рисунок фрагмента чугунного изделия(№6, н.о. -191 см), обнаруженного в кв. А-9 в процессе разборки 4-го пласта

Рис. 79. Краскинское городище. 2017 г. Раскоп LI. Вид сверху на фрагмент кричного железа(№8, н.о. -190 см), обнаруженного в кв. А´-9 в процессе разборки 4-го пласта

Рис. 80. Краскинское городище. 2017 г. Раскоп LI. Фрагмент кричного железа(№8, н.о. -190 см), обнаруженный в кв. А´-9 в процессе разборки 4-го пласта

Рис. 81. Краскинское городище. 2017 г. Раскоп LI. Рисунок фрагмента кричного железа(№8, н.о. -190 см), обнаруженного в кв. А´-9 в процессе разборки 4-го пласта

Рис. 82. Краскинское городище. 2017 г. Раскоп LI. Фрагмент донышка керамического сосуда с тамгой(№9, н.о. -194 см), обнаруженный в кв. Д-7 в процессе разборки 4-го пласта

Рис. 83. Краскинское городище. 2017 г. Раскоп LI. Рисунок фрагмента донышка керамического сосуда с тамгой (№9, н.о. -194 см), найденного в кв. Д-7 в процессе разборки 4-го пласта

Рис. 84. Краскинское городище. 2017 г. Раскоп LI. Вид сверху на фрагмент донышка керамического сосуда с иероглифом(№10, н.о. -199 см), обнаруженный в кв. Д-9 в процессе разборки 4-го пласта

Рис. 85. Краскинское городище. 2017 г. Раскоп LI. Фрагмент донышка керамического сосуда с иероглифом(№10, н.о. -199 см), обнаруженный в кв. Д-9 в процессе разборки 4-го пласта

Рис. 86. Краскинское городище. 2017 г. Раскоп LI. Рисунок фрагмента донышка керамического сосуда с иероглифом(№10, н.о. -199 см), обнаруженного в кв. Д-9 в процессе разборки 4-го пласта

Рис. 87. Краскинское городище. 2017 г. Раскоп LI. Фрагмент стенки керамического сосуда с глазурью(№11, н.о. -190 см), обнаруженный в кв. Г-8 в процессе разборки 4-го пласта

Рис. 88. Краскинское городище. 2017 г. Раскоп LI. Фрагмент концевого диска черепицы(№12, н.о. -193 см), обнаруженный в кв. В-7 в процессе разборки 4-го пласта

Рис. 89. Краскинское городище. 2017 г. Раскоп LI. Рисунок фрагмента концевого диска черепицы(№12, н.о. -193 см), обнаруженного в кв. В-7 в процессе разборки 4-го пласта

Рис. 90. Краскинское городище. 2017 г. Раскоп LI. Фрагмент плоской черепицы с орнаментом(№13, н.о. -190 см), обнаруженный в кв. В-9 в процессе разборки 4-го пласта

Рис. 91. Краскинское городище. 2017 г. Раскоп LI. Рисунок фрагмента плоской черепицы с орнаментом(№13, н.о. -190 см), обнаруженного в кв. В-9 в процессе разборки 4-го пласта

Рис. 92. Краскинское городище. 2017 г. Раскоп LI. Вид сверху на фрагмент керамического украшения(№14, н.о. -195 см), обнаруженного в кв. Г-9 в процессе разборки 4-го пласта

Рис. 93. Краскинское городище. 2017 г. Раскоп LI. Фрагмент керамического украшения(№14, н.о. -195 см), обнаруженный в кв. Г-9 в процессе разборки 4-го пласта

Рис. 94. Краскинское городище. 2017 г. Раскоп LI. Рисунок фрагмента керамического украшения(№14, н.о. -195 см), обнаруженный в кв. Г-9 в процессе разборки 4-го пласта

Рис. 95. Краскинское городище, 2017 г. Раскоп LI. Вид с востока на поверхность раскопа с растянутой метровой сеткой после снятия 5-го пласта

Рис. 96. Краскинское городище, 2017 г. Раскоп LI. Вид с запада на поверхность 5-го пласта без каменного покрытия дороги и процесс разборки 5-го пласта. Рабочий момент

Рис. 97. Краскинское городище, 2017 г. Раскоп LI. План 6 после снятия 5-го пласта

Рис. 98. Краскинское городище, 2017 г. Раскоп LI. Вид с юго-востока на процесс разборки 5-го пласта в западной части раскопа. Рабочий момент

Рис. 99. Краскинское городище, 2017 г. Раскоп LI. Вид с юга на процесс разборки 5-го пласта в восточной части раскопа. Рабочий момент

Рис. 100. Краскинское городище, 2017 г. Раскоп LI. Вид с запада на дорожное покрытие, проявившееся при разборке 5-го пласта(поверхность 6-го пласта)

Рис. 101. Краскинское городище, 2017 г. Раскоп LI. Вид с запада на дорожное покрытие кв. А,А´-8,9 на поверхности 6-го пласта с растянутой метровой сеткой

Рис. 102. Краскинское городище, 2017 г. Раскоп LI. Вид с севера на дорожное покрытие в кв. В -8 на поверхности 6-го пласта с растянутой метровой сеткой

Рис. 103. Краскинское городище, 2017 г. Раскоп LI. Вид сверху на фрагмент угля, найденного в кв. В-7 при разборке 5-го пласта

Рис. 104. Краскинское городище, 2017 г. Раскоп LI. Вид с юга на процесс зачистки дорожного полотна в кв. Ж-7 при разборке 5-го пласта. Рабочий момент.

Рис. 105. Краскинское городище, 2017 г. Раскоп LI. Вид сверху фрагмент кости, обнаруженной в кв. И -8 при разборке 5-го пласта

Рис. 106. Краскинское городище, 2017 г. Раскоп LI. Вид сверху фрагмент кости, обнаруженной в кв. Д-6 при разборке 5-го пласта

Рис. 107. Краскинское городище, 2017 г. Раскоп LI. Вид сверху на фрагмент кости, обнаруженной в кв. Ж-6 при разборке 5-го пласта

Рис. 108. Краскинское городище, 2017 г. Раскоп LI. Вид сверху фрагмент плоской черепицы с пальчиковым орнаментом, обнаруженной в кв. И-7 при разборке 5-го пласта

Рис. 109. Краскинское городище, 2017 г. Раскоп LI. Вид с востока на дорожное покрытие в кв. З,И-6,7 на уровне поверхности 6-го пласта с растянутой метровой сеткой

Рис. 110. Краскинское городище, 2017 г. Раскоп LI. Вид с севера на дорожное покрытие в кв. Е-6 на уровне поверхности 6-го пласта с растянутой метровой сеткой

Рис. 111. Краскинское городище, 2017 г. Раскоп LI. Вид сверху на камни в кв. кв. Ж-7-8 на уровне поверхности 6 пласта с метровой сеткой

Рис. 112. Краскинское городище, 2017 г. Раскоп LI. Вид с севера на красновато-коричневое пятно со следами твердой обмазки и сажи в кв. И-7, обнаружено в процессе разборке 5-го пласта(поверхность 6-го пласта)

Рис. 113. Краскинское городище, 2017 г. Раскоп LI. Схема распределения по весу керамического материала(в кг), обнаруженного в процессе разборки 5-го пласта

Рис. 114. Краскинское городище, 2017 г. Раскоп LI. Схема распределения керамического материала(количество фрагментов), обнаруженного в процессе разборки 5-го пласта

Рис. 115. Краскинское городище, 2017 г. Раскоп LI. Образец плоской с пальчиковым орнаментом черепицы, найденной в кв. З-6 в процессе разборки 5-го пласта

Рис. 116. Краскинское городище, 2017 г. Раскоп LI. Образец плоской с пальчиковым орнаментом черепицы, найденной в кв. В-8 в процессе разборки 5-го пласта

Рис. 117. Краскинское городище, 2017 г. Раскоп LI. Образец плоской с пальчиковым орнаментом черепицы, найденной в кв. Б-6 в процессе разборки 5-го пласта

Рис. 118. Краскинское городище, 2017 г. Раскоп LI. Образец плоской с пальчиковым орнаментом черепицы, найденной в кв. И-8 в процессе разборки 5-го пласта

Рис. 119. Краскинское городище, 2017 г. Раскоп LI. Образцы венчиков круговой керамики, обнаруженные в процессе разборки 5-го пласта: 1 - в кв. Ж-9, 2 - в кв. Г-8, 3 - в кв. Е-4, 4 - в кв. Д-6, 5 - в кв. Д-6, 6 - в кв. Д-4

Рис. 120. Краскинское городище, 2017 г. Раскоп LI. Фрагмент верхней части кругового сосуда, обнаруженного в кв. Г-9 в процессе разборки 5-го пласта

Рис. 121. Краскинское городище, 2017 г. Раскоп LI. Образец венчика кругового сосуда с лощёным орнаментом, обнаружен в кв. Д-5 в процессе разборки 5-го пласта

Рис. 122. Краскинское городище, 2017 г. Раскоп LI. Фрагмент венчика крышки(внутренняя поверхность), обнаруженоой в кв. Е-7,6 в процессе разборки 5-го пласта

Рис. 123. Краскинское городище, 2017 г. Раскоп LI. Образцы венчиков круговых сосудов, обнаруженные в процессе разборки 5-го пласта: 1 - в кв. И-6, 2 - в кв. И-8

Рис. 124. Краскинское городище, 2017 г. Раскоп LI. Образец плоской с пальчиковым орнаментом черепицы, найденной в кв. З-7 в процессе разборки 5-го пласта

Рис. 125. Краскинское городище, 2017 г. Раскоп LI. Образец

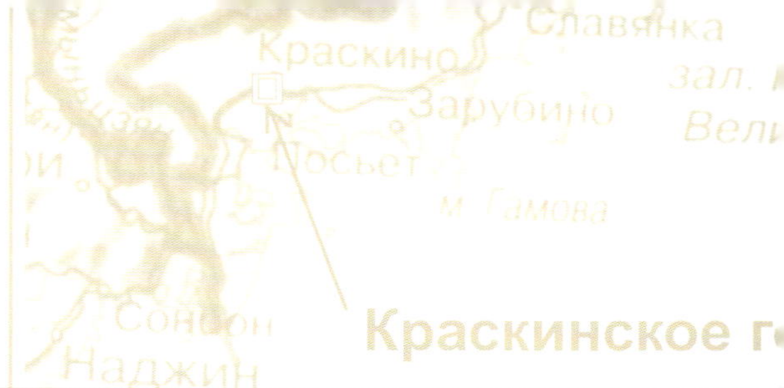

концевого диска черепицы(№40, н.о. -210 см), обнаруженный в кв. Ж-7 в процессе разборки 5-го пласта

Рис. 154. Краскинское городище, 2017 г. Раскоп LI. Рисунок фрагмента концевого диска черепицы(№40, н.о. -210 см), обнаруженного в кв. Ж-7 в процессе разборки 5-го пласта

Рис. 155. Краскинское городище, 2017 г. Раскоп LI. Фрагмент концевого диска черепицы(№44, н.о. -199 см), обнаруженный в кв. В-8 в процессе разборки 5-го пласта

Рис. 156. Краскинское городище, 2017 г. Раскоп LI. Рисунок фрагмента концевого диска черепицы(№44, н.о.-199 см), обнаруженного в кв. В-8 в процессе разборки 5-го пласта

Рис. 157. Краскинское городище, 2017 г. Раскоп LI. Фрагмент концевого диска черепицы(№45, н.о. -200 см), обнаруженного в кв. В-8 при разборке 5-го пласта

Рис. 158. Краскинское городище, 2017 г. Раскоп LI. Рисунок фрагмента концевого диска черепицы(№45, н.о. -200 см), обнаруженного в кв. В-8 в процессе разборки 5-го пласта

Рис. 159. Краскинское городище, 2017 г. Раскоп LI. Фрагмент концевого диска черепицы(№46, н.о. -200 см), обнаруженный в кв. Б-4 в процессе разборки 5-го пласта

Рис. 160. Краскинское городище, 2017 г. Раскоп LI. Рисунок фрагмента концевого диска черепицы(№46, н.о. -200 см), обнаруженного в кв. Б-4 в процессе разборки 5-го пласта

Рис. 161. Краскинское городище, 2017 г. Раскоп LI. Фрагмент концевого диска черепицы(№47, н.о. -197 см), обнаруженный в кв. А´-7 в процессе разборки 5-го пласта

Рис. 162. Краскинское городище, 2017 г. Раскоп LI. Рисунок фрагмента концевого диска черепицы(№47, н.о. -197 см), обнаруженного в кв. А´-7 в процессе разборки 5-го пласта

Рис. 163. Краскинское городище, 2017 г. Раскоп LI. Фрагмент изделия со взаимопересекающимися отверстиями (№41, н.о. -193 см), обнаруженный в кв. В-6 в процессе разборки 5-го пласта

Рис. 164. Краскинское городище, 2017 г. Раскоп LI. Рисунок фрагмента изделия со взаимопересекающимися отверстиями(№41, н.о. -193 см), обнаруженного в кв. В-6 в процессе разборки 5-го пласта

Рис. 165. Краскинское городище, 2017 г. Раскоп LI. Фрагмент керамического украшения крыши(№42, н.о. -204 см), обнаруженный в кв. В-8 в процессе разборки 5-го пласта

Рис. 166. Краскинское городище, 2017 г. Раскоп LI. Рисунок фрагмента керамического украшения крыши(№42, н.о. -204 см), обнаруженного в кв. В-8 в процессе разборки 5-го пласта

Рис. 167. Краскинское городище, 2017 г. Раскоп LI. Фрагмент крышки сосуда с глазурью(№43, н.о. -203 см), обнаруженный в кв. В-9 в процессе разборки 5-го пласта

Рис. 168. Краскинское городище, 2017 г. Раскоп LI. Рисунок фрагмента крышки сосуда с глазурью(№43, н.о. -203 см), найденного в кв. В-9 в процессе разборки 5-го пласта

Рис. 169. Краскинское городище, 2017 г. Раскоп LI. Вид сверху на фрагмент керамического кольца(№17, н.о. -212 см), обнаруженный в кв. Ж-7 в процессе разборки 5-го пласта

Рис. 170. Краскинское городище, 2017 г. Раскоп LI. Фрагмент керамического кольца(№17, н.о. -212 см), обнаруженный в кв. Ж-7 в процессе разборки 5-го пласта

Рис. 171. Краскинское городище, 2017 г. Раскоп LI. Рисунок фрагмента керамического кольца(№17, н.о. -212 см), обнаруженного в кв. Ж-7 в процессе разборки 5-го пласта

Рис. 172. Краскинское городище, 2017 г. Раскоп LI. Керамический шарик(№19, н.о. -206 см), обнаруженный в кв. Д-8 в процессе разборки 5-го пласта

Рис. 173. Краскинское городище, 2017 г. Раскоп LI. Рисунок керамического шарика(№19, н.о. -206 см), обнаруженного в кв. Д-8 в процессе разборки 5-го пласта

Рис. 174. Краскинское городище, 2017 г. Раскоп LI. Вид сверху на фрагмент железного изделия(№21, н.о.-197 см), обнаруженного в кв. И-6 в процессе разборки 5-го пласта

Рис. 175. Краскинское городище, 2017 г. Раскоп LI. Фрагмент железного изделия(№21, н.о.-197 см), обнаруженный в кв. И-6 в процессе разборки 5-го пласта

Рис. 176. Краскинское городище, 2017 г. Раскоп LI. Рисунок фрагмента железного изделия(№21, н.о.-197 см), обнаруженного в кв. И-6 в процессе разборки 5-го пласта

Рис. 177. Краскинское городище, 2017 г. Раскоп LI. Фрагмент железного изделия(№26, н.о. -204 см), обнаруженный в кв. Е-5 в процессе разборки 5-го пласта

Рис. 178. Краскинское городище, 2017 г. Раскоп LI. Вид сверху на фрагмент железного изделия(№34, н.о.-199 см), обнаруженный в кв. В-9 в процессе разборки 5-го пласта

Рис. 179. Краскинское городище, 2017 г. Раскоп LI. Фрагмент железного изделия(№34, н.о.-199 см), обнаруженный в кв. В-9 в процессе разборки 5-го пласта

Рис. 180. Краскинское городище, 2017 г. Раскоп LI. Рисунок фрагмента железного изделия(№34, н.о.-199 см), обнаруженного в кв. В-9 в процессе разборки 5-го пласта

Рис. 181. Краскинское городище, 2017 г. Раскоп LI. Вид сверху на фрагмент железного изделия(№37, н.о.-197 см), обнаруженный в кв. Б-8 в процессе разборки 5-го пласта

Рис. 182. Краскинское городище, 2017 г. Раскоп LI. Фрагмент железного изделия(№37, н.о.-197 см), обнаруженный

на железную накладку(№36, н.о. –199 см), обнаруженную в кв. Б–7 в процессе разборки 5–го пласта

Рис. 219. Краскинское городище, 2017 г. Раскоп LI. Железная накладка(№36, н.о. -199 см), обнаруженная в кв. Б–7 в процессе разборки 5–го пласта

Рис. 220. Краскинское городище, 2017 г. Раскоп LI. Рисунок железной накладки(№36, н.о. –199 см), обнаруженной в кв. Б–7 в процессе разборки 5–го пласта

Рис. 221. Краскинское городище, 2017 г. Раскоп LI. Вид сверху на железный наконечник стрелы(№38, н.о.–189 см), обнаруженный в кв.А´–7 в процессе разборки 5–го пласта

Рис. 222. Краскинское городище, 2017 г. Раскоп LI. Железный наконечник стрелы(№38, н.о.–189 см), обнаруженный в кв. А´–7 в процессе разборки 5–го пласта

Рис. 223. Краскинское городище, 2017 г. Раскоп LI. Рисунок железного наконечника стрелы(№38, н.о.–189 см), обнаруженного в кв.А´–7 в процессе разборки 5–го пласта

Рис. 224. Краскинское городище, 2017 г. Раскоп LI. Вид с юго–востока на последствия циклона

Рис. 225. Краскинское городище, 2017 г. Раскоп LI. Вид с северо–запада на процесс осушения раскопа после прошедшего циклона. Рабочий момент

Рис. 226. Краскинское городище, 2017 г. Раскоп LI. Вид с запада и сверху на водосборник в кв. З–9 на поверхности 6–го пласта

Рис. 227. Краскинское городище, 2017 г. Раскоп LI. Вид с запада на поверхность раскопа после разборки дорожного полотна на уровне поверхности 6–го пласта

Рис. 228. Краскинское городище, 2017 г. Раскоп LI. Вид с востока на процесс разборки 6–го пласта. Рабочий момент

Рис. 229. Краскинское городище, 2017 г. Раскоп LI. Вид с востока на поверхность 7–го пласта с растянутой метровой сеткой

Рис. 230. Краскинское городище, 2017 г. Раскоп LI. План 7 после снятия 6–го пласта

Рис. 231. Краскинское городище, 2017 г. Раскоп LI. Вид с юго–востока на проявившиеся остатки дорожного полотна в восточной части раскопа на уровне поверхности 7–го пласта. Рабочий момент

Рис. 232. Краскинское городище, 2017 г. Раскоп LI. Вид с запада на проявившиеся остатки дорожного полотна в кв. Г–5 на уровне поверхности 7–го пласта. Рабочий момент

Рис. 233. Краскинское городище, 2017 г. Раскоп LI. Вид с юго–запада на остатки дорожного полотна, проявившиеся в западной части раскопа при разборке 6–го пласта. Рабочий момент

Рис. 234. Краскинское городище, 2017 г. Раскоп LI. Вид с юга на остатки дорожного полотна, проявившиеся в кв. З–7 при разборке 6–го пласта с растянутой метровой сеткой

Рис. 235. Краскинское городище, 2017 г. Раскоп LI. Вид с севера на остатки дорожного полотна, проявившиеся в кв. Б–8 при разборке 6–го пласта с растянутой метровой сеткой

Рис. 236. Краскинское городище, 2017 г. Раскоп LI. Вид сверху на фрагменты кости животного, обнаруженные в кв. А–9 при разборке 6–го пласта

Рис. 237. Краскинское городище, 2017 г. Раскоп LI. Вид сверху на челюсть животного, обнаруженную в кв. Б–9 при разборке 6–го пласта

Рис. 238. Краскинское городище, 2017 г. Раскоп LI. Вид сверху на фрагмент кости животного, обнаруженный в кв. В–7 при разборке 6–го пласта

Рис. 239. Краскинское городище, 2017 г. Раскоп LI. Вид сверху на процесс зачистки дорожного покрытия в кв. А–9 при разборке 6–го пласта. Рабочий момент

Рис. 240. Краскинское городище, 2017 г. Раскоп LI. Вид с юго–запада на дорожное покрытие на уровне поверхности 7 пласта

Рис. 241. Краскинское городище, 2017 г. Раскоп LI. Вид с северо–запада на дорожное покрытие на уровне поверхности 7 пласта с растянутой метровой сеткой

Рис. 242. Краскинское городище, 2017 г. Раскоп LI. Схема распределения по весу(в кг) керамического материала, обнаруженного в процессе разборки 6–го пласта

Рис. 243. Краскинское городище, 2017 г. Раскоп LI. Схема распределения керамического материала(количество фрагментов), обнаруженного в процессе разборки 6–го пласта

Рис. 244. Краскинское городище, 2017 г. Раскоп LI. Фрагменты доньев круговых сосудов, обнаруженные в процессе разборки 6–го пласта: 1 – в кв. В–8, 2 – в кв. Ж–6

Рис. 245. Краскинское городище, 2017 г. Раскоп LI. Фрагменты доньев круговых сосудов, обнаруженные в процессе разборки 6–го пласта: 1 – в кв. Б–9, 2 – в кв. А´–8

Рис. 246. Краскинское городище, 2017 г. Раскоп LI. Фрагменты доньев круговых сосудов, обнаруженные в процессе разборки 6–го пласта: 1 – в кв. Г–6, 2 – в кв. Б–9

Рис. 247. Краскинское городище, 2017 г. Раскоп LI. Образцы орнаментированных стенок круговых сосудов, обнаруженные в процессе разборки 6–го пласта: 1 – стенка с ангобом, 2 – в кв. Б–6, 3 – в кв. А–7

Рис. 248. Краскинское городище, 2017 г. Раскоп LI. Образцы горизонтально–ленточных орнаментированных ручек, обнаруженные в процессе разборки 6–го пласта: 1 – в кв. А´–7, 2 – в кв. В–7

Рис. 249. Краскинское городище, 2017 г. Раскоп LI. Образцы горизонтально–ленточных ручек, обнаруженные в процессе разборки 6–го пласта: 1–в кв. Б–9, 2 – в кв. Г–5

Рис. 250. Краскинское городище, 2017 г. Раскоп LI. Образец полукруглой черепицы, найденный в кв. В–7 при разборке 6–го пласта

Рис. 251. Краскинское городище, 2017 г. Раскоп LI. Образец

плоской черепицы, обнаруженной в кв. А-7 в процессе разборки 6-го пласта

Рис. 252. Краскинское городище, 2017 г. Раскоп LI. Образец плоской черепицы, обнаруженной в кв. А-9 в процессе разборки 6-го пласта

Рис. 253. Краскинское городище, 2017 г. Раскоп LI. Образец стенки кругового сосуда с козырьковым выступом, обнаруженный в кв. А´-9 в процессе разборки 6-го пласта

Рис. 254. Краскинское городище, 2017 г. Раскоп LI. Образец плоской черепицы с пальчиковым орнаментом, обнаруженный в кв. И-6 в процессе разборки 6-го пласта

Рис. 255. Краскинское городище, 2017 г. Раскоп LI. Образец плоской черепицы, обнаруженный в кв. А´-9 в процессе разборки 6-го пласта

Рис. 256. Краскинское городище, 2017 г. Раскоп LI. Верхняя часть орнаментированного кругового сосуда, обнаруженного в кв. Б-6 в процессе разборки 6-го пласта

Рис. 257. Краскинское городище, 2017 г. Раскоп LI. Образцы венчиков круговых сосудов, обнаруженные в процессе разборки 6-го пласта: 1 – в кв. Г-8, 2 – в кв. З-9, 3 – в кв. Д-6, 4 – в кв. А´-7, 5 – в кв. А-9

Рис. 258. Краскинское городище, 2017 г. Раскоп LI. Образец плоской черепицы, обнаруженный в кв. А-8 в процессе разборки 6-го пласта

Рис. 259. Краскинское городище, 2017 г. Раскоп LI. Образец плоской черепицы, обнаруженный в кв. Б-6 в процессе разборки 6-го пласта

Рис. 260. Краскинское городище, 2017 г. Раскоп LI. Образец плоской черепицы, обнаруженный в кв. Г-6 в процессе разборки 6-го пласта

Рис. 261. Краскинское городище, 2017 г. Раскоп LI. Образец плоской черепицы с пальчиковым орнаментом, обнаруженный в кв. А´-9 в процессе разборки 6-го пласта

Рис. 262. Краскинское городище, 2017 г. Раскоп LI. Образец плоской черепицы, обнаруженный в кв. Б-6 в процессе разборки 6-го пласта

Рис. 263. Краскинское городище, 2017 г. Раскоп LI. Образец плоской черепицы, обнаруженный в кв. И-5 в процессе разборки 6-го пласта

Рис. 264. Краскинское городище, 2017 г. Раскоп LI. Образец плоской с пальчиковым орнаментом черепицы, обнаруженной в кв. З-6 в процессе разборки 6-го пласта

Рис. 265. Краскинское городище, 2017 г. Раскоп LI. Образец плоской с пальчиковым орнаментом черепицы, найденной в кв. Г-5 в процессе разборки 6-го пласта

Рис. 266. Краскинское городище, 2017 г. Раскоп LI. Образец плоской орнаментированной черепицы, обнаруженной в кв. Ж-4,5 в процессе разборки 6-го пласта

Рис. 267. Краскинское городище, 2017 г. Раскоп LI. Образец плоской орнаментированной черепицы, обнаруженный в кв. Б-8 в процессе разборки 6-го пласта

Рис. 268. Краскинское городище, 2017 г. Раскоп LI. Образец плоской черепицы, обнаруженный в кв. Г-7 в процессе разборки 6-го пласта

Рис. 269. Краскинское городище, 2017 г. Раскоп LI. Образец плоской черепицы, обнаруженный в кв. Г-7 в процессе разборки 6-го пласта

Рис. 270. Краскинское городище, 2017 г. Раскоп LI. Графические реконструкции круговых сосудов, найденных при снятии 4-го(1, 2) и 5-го(3) пластов: 1 – в кв. Е-8, 2 – в кв. А-9, 3 – в кв. А-8

Рис. 271. Краскинское городище, 2017 г. Раскоп LI. Игральные фишки, изготовленные из черепицы(1, 3, 5-7) и стенок сосудов(2, 4, 8) и обнаруженные в процессе разборки 6-го пласта: 1 – Ж-6(н.о. -218 см), 2 – кв. Г-6(н.о. -215 см), 3 – Д-4(н.о. -220 см), 4 – А´-8(н.о. -210 см), 5 – А -8(н.о. -208 см), 6 – Е-6(н.о. -210 см), 7 – А-7(н.о. -205 см), 8 – А´-9(н.о. -214 см)

Рис. 272. Краскинское городище, 2017 г. Раскоп LI. Вид сверху на фрагмент керамического изделия со взаимопересекающимися отверстиями(№50, н.о. -215 см), обнаруженный в кв. Г-6 в процессе разборки 6-го пласта

Рис. 273. Краскинское городище, 2017 г. Раскоп LI. Фрагмент керамического изделия со взаимопересекающимися отверстиями(№50, н.о. -215 см), обнаруженного в кв. Г-6 в процессе разборки 6-го пласта

Рис. 274. Краскинское городище, 2017 г. Раскоп LI. Рисунок фрагмента керамического изделия со взаимопересекающимися отверстиями(№50, н.о. -215 см), обнаруженного в кв. Г-6 в процессе разборки 6-го пласта

Рис. 275. Краскинское городище, 2017 г. Раскоп LI. Фрагмент керамического кирпича(№61, н.о. -205 см), обнаруженный в кв. Б-8 в процессе разборки 6-го пласта

Рис. 276. Краскинское городище, 2017 г. Раскоп LI. Рисунок фрагмента керамического кирпича(№61, н.о. -205 см), обнаруженный в кв. Б-8 в процессе разборки 6-го пласта

Рис. 277. Краскинское городище, 2017 г. Раскоп LI. Фрагмент керамического украшения крыши(№62, н.о. -211 см), обнаруженный в кв. Ж-7 в процессе разборки 6-го пласта

Рис. 278. Краскинское городище, 2017 г. Раскоп LI. Рисунок фрагмента керамического украшения крыши(№62, н.о. -211 см), обнаруженного в кв. Ж-7 в процессе разборки 6-го пласта

Рис. 279. Краскинское городище, 2017 г. Раскоп LI. Фрагмент керамического украшения(№69, н.о. -220 см), обнаруженный в кв. Е-7 в процессе разборки 6-го пласта

Рис. 280. Краскинское городище, 2017 г. Раскоп LI. Рисунок фрагмента керамического украшения(№69, н.о. -220 см), обнаруженного в кв. Е-7 в процессе разборки 6-го пласта

Рис. 281. Краскинское городище, 2017 г. Раскоп LI. Фрагмент концевого диска черепицы(№63, н.о. -210 см), обнаруженный в кв. Г-5 в процессе разборки 6-го пласта

Рис. 282. Краскинское городище, 2017 г. Раскоп LI. Рисунок фрагмента концевого диска черепицы(№63, н.о. -210 см), обнаруженного в кв. Г-5 в процессе разборки 6-го пласта

Рис. 283. Краскинское городище, 2017 г. Раскоп LI. Вид сверху на фрагмент концевого диска черепицы(№64, н.о. -210 см), обнаруженный в кв. В-7 в процессе разборки 6-го пласта

Рис. 284. Краскинское городище, 2017 г. Раскоп LI. Фрагмент концевого диска черепицы(№64, н.о. -210 см), обнаруженный в кв. В-7 в процессе разборки 6-го пласта

Рис. 285. Краскинское городище, 2017 г. Раскоп LI. Рисунок фрагмента концевого диска черепицы(№64, н.о. -210 см), обнаруженного в кв. В-7 в процессе разборки 6-го пласта

Рис. 286. Краскинское городище, 2017 г. Раскоп LI. Фрагмент концевого диска черепицы(№66, н.о. -210 см), обнаруженный в кв. З-7 в процессе разборки 6-го пласта

Рис. 287. Краскинское городище, 2017 г. Раскоп LI. Рисунок фрагмента концевого диска черепицы(№66, н.о. -210 см), обнаруженного в кв. З-7 в процессе разборки 6-го пласта

Рис. 288. Краскинское городище, 2017 г. Раскоп LI. Фрагмент стенки керамического сосуда овальной формы с оббитыми краями(№65, н.о. -210 см), обнаруженный в кв. Г-5 в процессе разборки 6-го пласта

Рис. 289. Краскинское городище, 2017 г. Раскоп LI. Рисунок фрагмента стенки керамического сосуда овальной формы с оббитыми краями(№65, н.о. -210 см), обнаруженного в кв. Г-5 в процессе разборки 6-го пласта

Рис. 290. Краскинское городище, 2017 г. Раскоп LI. Фрагмент плоской черепицы с орнаментом(№67, н.о. -208 см), обнаруженный в кв. Б-8 в процессе разборки 6-го пласта

Рис. 291. Краскинское городище, 2017 г. Раскоп LI. Рисунок фрагмента плоской черепицы с орнаментом(№67, н.о. -208 см), обнаруженного в кв. Б-8 в процессе разборки 6-го пласта

Рис. 292. Краскинское городище, 2017 г. Раскоп LI. Фрагмент плоской черепицы с орнаментом(№68, н.о. -209 см), обнаруженный в кв. Б-7 в процессе разборки 6-го пласта

Рис. 293. Краскинское городище, 2017 г. Раскоп LI. Рисунок фрагмента плоской черепицы с орнаментом(№68, н.о. -209 см), обнаруженного в кв. Б-7 в процессе разборки 6-го пласта

Рис. 294. Краскинское городище, 2017 г. Раскоп LI. Фрагмент плоской черепицы с орнаментом(№70, н.о. -208 см), обнаруженный в кв. А-7 в процессе разборки 6-го пласта

Рис. 295. Краскинское городище, 2017 г. Раскоп LI. Фрагмент плоской черепицы с орнаментом(№70, н.о. -208 см), обнаруженный в кв. А-7 в процессе разборки 6-го пласта

Рис. 296. Краскинское городище, 2017 г. Раскоп LI. Железный шарик(№48, н.о. -216 см), обнаруженный в кв. И-6 в процессе разборки 6-го пласта

Рис. 297. Краскинское городище, 2017 г. Раскоп LI. Вид сверху на железное кольцо(№49, н.о. -215 см), обнаруженное в кв. Д-5 в процессе разборки 6-го пласта

Рис. 298. Краскинское городище, 2017 г. Раскоп LI. Железное кольцо(№49, н.о. -215 см), обнаруженное в кв. Д-5 в процессе разборки 6-го пласта

Рис. 299. Краскинское городище, 2017 г. Раскоп LI. Рисунок железного кольца(№49, н.о. -215 см), обнаруженного в кв. Д-5 в процессе разборки 6-го пласта

Рис. 300. Краскинское городище, 2017 г. Раскоп LI. Вид сверху на фрагмент чугунного изделия(№51, н.о. -207 см), обнаруженного в кв. А-7 в процессе разборки 6-го пласта

Рис. 301. Краскинское городище, 2017 г. Раскоп LI. Фрагмент чугунного изделия(№51, н.о. -207 см), обнаруженный в кв. А-7 в процессе разборки 6-го пласта

Рис. 302. Краскинское городище, 2017 г. Раскоп LI. Рисунок фрагмента чугунного изделия(№51, н.о. -207 см), обнаруженного в кв. А-7 в процессе разборки 6-го пласта

Рис. 303. Краскинское городище, 2017 г. Раскоп LI. Железный гвоздь(№52, н.о. -198 см), обнаруженный в кв. А-8 в процессе разборки 6-го пласта

Рис. 304. Краскинское городище, 2017 г. Раскоп LI. Рисунок железного гвоздя(№52, н.о. -198 см), обнаруженного в кв. А-8 в процессе разборки 6-го пласта

Рис. 305. Краскинское городище, 2017 г. Раскоп LI. Фрагмент железного изделия(№53, н.о. - 203 см), обнаруженный в кв. А-8 в процессе разборки 6-го пласта

Рис. 306. Краскинское городище, 2017 г. Раскоп LI. Рисунок фрагмента железного изделия(№53, н.о. -203 см), обнаруженного в кв. А-8 в процессе разборки 6-го пласта

Рис. 307. Краскинское городище, 2017 г. Раскоп LI. Вид сверху на фрагмент железного изделия(№56, н.о. -202 см), обнаруженный в кв. А´-7 в процессе разборки 6-го пласта

Рис. 308. Краскинское городище, 2017 г. Раскоп LI. Вид сверху на фрагмент железного изделия(№55, н.о. -202 см), обнаруженный в кв. А´-7 в процессе разборки 6-го пласта

Рис. 309. Краскинское городище, 2017 г. Раскоп LI. Фрагмент железного изделия(№55, н.о. -202 см), обнаруженный в кв. А´-7 в процессе разборки 6-го пласта

Рис. 310. Краскинское городище, 2017 г. Раскоп LI. Рисунок

и щебнем; 18 – супесь коричневая; 19 – супесь темно-коричневая с грубозернистым песком; 20 – супесь темно-коричневая плотная, 21 – песок желтовато-коричневый тонкозернистый; 22- песок желтовато-коричневый тонкозернистый; 23 – песок коричневый тонкозернистый; 24 – супесь коричневая с разнозернистым до крупного песком; 25 – супесь серовато-коричневая темная; 26 – супесь коричневая с тонкозернистым песком; 27 – супесь коричневая плотная; 28 – супесь коричневая; 29 – супесь коричневая рыхлая с прослойками среднезернистого и крупнозернистого песка; 30 – супесь коричневая плотная с грубозернистым песком и щебнем; 31- песок желтовато-коричневый рыхлый крупнозернистый; 32 – супесь коричневая рыхлая с грубозернистым песком; 33 – супесь коричневая легкая; 34 – супесь коричневая с тонкозернистым песком; 35 – супесь коричневая легкая; 36 – супесь коричневая с пятнами мелкозернистого желтого песка; 37 – супесь темно-коричневая плотная; 38 – супесь коричневая очень плотная; 39 – супесь коричневая рыхлая с грубозернистым песком; 40 – супесь серовато-коричневая темная; 41- супесь темно-коричневая с крупнозернистым песком и мелкими камнями; 42 – супесь коричневая с пятнами мелкозернистого желтого песка; 43 – супесь коричневая рыхлая с прослойками среднезернистого и крупнозернистого песка; 44 – супесь коричневая плотная, 45 – супесь коричневая; 46 – супесь коричневая плотная с разнозернистым песком

Рис. 341. Краскинское городище, 2017 г. Раскоп LIII. Сектор 1, 2. Вид с северо-запада на поверхность раскопа с растянутой метровой сеткой после снятия пласта 1(поверхность 2-го пласта)

Рис. 342. Краскинское городище, 2017 г. Раскоп LIII. Сектор 1. План 2 после снятия пласта 1(поверхность 2-го пласта)

Рис. 343. Краскинское городище, 2017 г. Раскоп LIII. Сектор 1. Вид с юго-востока на пятно плотной коричневой супеси и скопление камней в кв. Б-В-5

Рис. 344. Краскинское городище, 2017 г. Раскоп LIII. Сектор 1. Игральные фишки, изготовленные из стенок сосудов, обнаружены в процессе снятия 1-го пласта: 1 – в кв. В-3, 2 – в кв. Д-2; 3 – в кв. Л-2

Рис. 345. Краскинское городище, 2017 г. Раскоп LIII. Сектор 1. Кованый железный гвоздь, обнаруженный в кв. В-4(№3, н.о.-142 см) при снятии 1-го пласта

Рис. 346. Краскинское городище, 2017 г. Раскоп LIII. Сектор 1. Кованый железный гвоздь(№3, н.о.-142 см), обнаруженный в кв. В-4, при снятии 1-го пласта

Рис. 347. Краскинское городище, 2017 г. Раскоп LIII. Сектор 1. Образцы горизонтально-ленточных ручек круговых сосудов, найденные при разборке 1-го пласта: 1 – в кв. В-1´, 2 – в кв. Г-3

Рис. 348. Краскинское городище, 2017 г. Раскоп LIII. Сектор 1. Образец дна кругового сосуда, найденный при снятии 1-го пласта в кв. Д-1´

Рис. 349. Краскинское городище, 2017 г. Раскоп LIII. Сектор 1. Образцы венчиков круговой керамики, обнаруженные при снятии 1-го пласта: 1 – в кв. Д-Е-1´, 2 – в кв. В-4´, 3 – в кв. Г-5

Рис. 350. Краскинское городище, 2017 г. Раскоп LIII. Сектор 1. Фрагменты круговой керамики, найденные при снятии 1-го пласта: 1 – орнаментированная стенка в кв. Г-2´, 2 – фрагмент дна в кв. Д-Е-1´

Рис. 351. Краскинское городище, 2017 г. Раскоп LIII. Сектор 1. Образцы доньев круговой керамики, обнаруженные при снятии 1-го пласта: 1 – в кв. Е-Д-1, 2 – в кв. Б-В-1´

Рис. 352. Краскинское городище, 2017 г. Раскоп LIII. Сектор 1. Образцы горизонтально-ленточных ручек круговых сосудов, найденные при разборке 1-го пласта: 1 – в кв. Д-Е-3, 2 – в кв. И-2´

Рис. 353. Краскинское городище, 2017 г. Раскоп LIII. Сектор 1. Образцы орнаментированных стенок круговых сосудов, обнаруженные при снятии 1-го пласта: 1 – в кв. И-5, 2 – в кв. И-2´, 3 – в кв. Д-2´, 4 – в кв. Д- Е-3

Рис. 354. Краскинское городище, 2017 г. Раскоп LIII. Сектор 1. Образцы венчиков орнаментированной круговой керамики, обнаруженные при снятии 1-го пласта: 1 – в кв. Б-1, 2 – в кв. Б-В-Г-3

Рис. 355. Краскинское городище, 2017 г. Раскоп LIII. Сектор 1. Образцы венчиков круговой керамики, обнаруженные при снятии 1-го пласта: 1 – в кв. Д-Е-4´, 2 – в кв. Д-Е-5´

Рис. 356. Краскинское городище, 2017 г. Раскоп LIII. Сектор 1. Образцы венчиков круговой керамики, обнаруженные при снятии 1-го пласта: 1 – в кв. Л-5, 2 – в кв. К-5´

Рис. 357. Краскинское городище, 2017 г. Раскоп LIII. Сектор 1. Схема распределения керамического материала по весу(в кг), обнаруженного в процессе разборки 1-го пласта

Рис. 358. Краскинское городище, 2017 г. Раскоп LIII. Сектор 1 Схема распределения керамического материала (количество фрагментов), обнаруженного в процессе разборки 1-го пласта

Рис. 359. Краскинское городище, 2017 г. Раскоп LIII. Сектор 1. План 3 поверхности раскопа после снятия 2-го пласта (поверхность 3-го пласта)

Рис. 360. Краскинское городище, 2017 г. Раскоп LIII. Сектор 1, 2. Вид с северо-запада поверхность раскопа с растянутой метровой сеткой после снятия 2-го пласта (поверхность 3-го пласта)

Рис. 361. Краскинское городище, 2017 г. Раскоп LIII. Сектор 1. Вид с юго-востока на зачистку скопления камней в кв. Б-В-5 в процессе снятия 2-го пласта

Рис. 362. Краскинское городище, 2017 г. Раскоп LIII. Сектор 1. Вид с юго-востока на скопление камней в кв. Б-В-5 после снятия 2-го пласта

Рис. 363. Краскинское городище, 2017 г. Раскоп LIII. Сектор 1. Вид с северо-востока на пятно со скоплением отдельных камней, древесных углей и шлака в кв. Б-В-1´-4 на

сосудов(с ангобом и горизонтально-полосчатым лощением), найденные при снятии 2-го пласта: 1 - в кв. Е-3´, 2 - в кв. Д-4, 3 - в кв. Б-1´

Рис. 395. Краскинское городище, 2017 г. Раскоп LIII. Сектор 1. Фрагмент крышки кругового сосуда, обнаруженный в процессе разборки 2-го пласта в кв. Д-3

Рис. 396. Краскинское городище, 2017 г. Раскоп LIII. Сектор 1. Образец дна кругового сосуда, найденный при снятии 2-го пласта в кв. Г-3´

Рис. 397. Краскинское городище, 2017 г. Раскоп LIII. Сектор 1. Образцы доньев круговых пароварок, обнаруженные при снятии 2 пласта: 1 - в кв. Г-3´, 2 - в кв. Г-5´, 3 - в кв. Б-3

Рис. 398. Краскинское городище, 2017 г. Раскоп LIII. Сектор 1. Фрагменты дна кругового сосуда со следами снятия с круга, найденные при снятии 2-го пласта в кв. Г-3´ и В-4

Рис. 399. Краскинское городище, 2017 г. Раскоп LIII. Сектор 1. Образцы доньев круговых сосудов, обнаруженные при снятии 2-го пласта: 1 - в кв. Д-1, 2 - в кв. Г-1

Рис. 400. Краскинское городище, 2017 г. Раскоп LIII. Сектор 1. Графические реконструкции круговых сосудов, найденных в процессе разборки 2(1, 2) и 3(3) пластов: 1 - в кв. Г-3´, 2 - в кв. Д-3´, 3 - в кв. Б-4

Рис. 401. Краскинское городище, 2017 г. Раскоп LIII. Сектор 1. Схема распределения по весу(в кг) керамического материала, обнаруженного в процессе разборки 2-го пласта

Рис. 402. Краскинское городище, 2017 г. Раскоп LIII. Сектор 1. Схема распределения керамического материала (количество фрагментов), обнаруженного в процессе разборки 2-го пласта

Рис. 403. Краскинское городище, 2017 г. Раскоп LIII. Сектор 1, 2. Вид с юго-востока на процесс снятия 3-го пласта

Рис. 404. Краскинское городище, 2017 г. Раскоп LIII. Сектор 1, 2. Вид с северо-запада на поверхность раскопа после снятия 3-го пласта (поверхность 4-го пласта)

Рис. 405. Краскинское городище, 2017 г. Раскоп LIII. Сектор 1. План 4 после снятия 3-го пласта (поверхность 4-го пласта)

Рис. 406. Краскинское городище, 2017 г. Раскоп LIII. Сектор 1. Вид с юго-востока на поверхность раскопа после снятия 3-го пласта (поверхность 4-го пласта)

Рис. 407. Краскинское городище, 2017 г. Раскоп LIII. Сектор 1. Вид с юга на скопление камней, найденных в кв. Г-Д-2´-1´ после снятия 3-го пласта(поверхность 4-го пласта)

Рис. 408. Краскинское городище, 2017 г. Раскоп LIII. Сектор 1. Игральные фишки, изготовленные из стенок сосудов, обнаружены в процессе разборки 3-го пласта

Рис. 409. Краскинское городище, 2017 г. Раскоп LIII. Сектор 1. Игральные фишки, изготовленные из черепицы, обнаружены в процессе разборки 3-го пласта

Рис. 410. Краскинское городище, 2017 г. Раскоп LIII. Сектор 1. Вид с юго-востока на чугунную чеку колеса(№17, н.о. -163 см) и железный наконечник стрелы(№18, н.о.-167 см), найденные в кв. Б-5 после снятия 3-го пласта

Рис. 411. Краскинское городище, 2017 г. Раскоп LIII. Сектор 1. Чугунная чека колеса(№17, н.о. -163 см), найденная в кв. Б-5 после снятия 3-го пласта

Рис. 412. Краскинское городище, 2017 г. Раскоп LIII. Сектор 1. Рисунок чугунной чеки колеса(№17, н.о. -163 см), найденной в кв. Б-5 после снятия 3-го пласта

Рис. 413. Краскинское городище, 2017 г. Раскоп LIII. Сектор 1. Железный наконечник стрелы(№18, н.о.-167 см), найденный в кв. Б-5 после снятия 3-го пласта

Рис. 414. Краскинское городище, 2017 г. Раскоп LIII. Сектор 1. Рисунок железного наконечника стрелы(№18, н.о.-167 см), найденный в кв. Б-5 после снятия 3-го пласта

Рис. 415. Краскинское городище, 2017 г. Раскоп LIII. Сектор 1. Железный нож(№19, н.о.-167 см), найденный в кв. Б-5 после снятия 3-го пласта

Рис. 416. Краскинское городище, 2017 г. Раскоп LIII. Сектор 1. Рисунок железного ножа(№19, н.о.-167 см), найденного в кв. Б-5 после снятия 3-го пласта

Рис. 417. Краскинское городище, 2017 г. Раскоп LIII. Сектор 1. Железный нож (№20, н.о. -167 см), найденный в кв. Е-1 после снятия 3-го пласта

Рис. 418. Краскинское городище, 2017 г. Раскоп LIII. Сектор 1. Рисунок железного ножа (№20, н.о. -167 см), найденного в кв. Е-1 после снятия 3-го пласта

Рис. 419. Краскинское городище, 2017 г. Раскоп LIII. Сектор 1. Фрагмент керамического кольца(№21, н.о.-159 см), найденного в кв. Б-3´ после снятия 3-го пласта

Рис. 420. Краскинское городище, 2017 г. Раскоп LIII. Сектор 1. Рисунок фрагмента керамического кольца(№21, н.о. -159 см), найденного кв. Б-3´ в после снятия 3-го пласта

Рис. 421. Краскинское городище, 2017 г. Раскоп LIII. Сектор 1. Вид с востока на бронзовый пинцет(№22, н.о.-165 см), найденный в кв. Е-4 после снятия 3-го пласта

Рис. 422. Краскинское городище, 2017 г. Раскоп LIII. Сектор 1. Бронзовый пинцет(№22, н.о.-165 см), найденный в кв. Е-4 после снятия 3-го пласта

Рис. 423. Краскинское городище, 2017 г. Раскоп LIII. Сектор 1. Рисунок бронзового пинцета(№22, н.о.-165 см), найденного в кв. Е-4 после снятия 3-го пласта

Рис. 424. Краскинское городище, 2017 г. Раскоп LIII. Сектор 1. Образцы орнаментированных стенок круговых сосудов, найденные при снятии 3-го пласта: 1 - с горизонтальным лощением и вертикальным лощеным зигзагом, 2 - с вертикальными лощеными полосами

Рис. 425. Краскинское городище, 2017 г. Раскоп LIII. Сектор 1. Образец орнаментированной стенки кругового сосуда, найденный при снятии 3-го пласта в кв. Б-3´

Рис. 426. Краскинское городище, 2017 г. Раскоп LIII. Сектор 1.

Рис. 458. Краскинское городище, 2017 г. Раскоп LIII. Сектор 1. Образцы венчиков круговой керамики, обнаруженные при снятии 4-го пласта: 1 - в кв. Е-1´, 2 - в кв. Б-3´

Рис. 459. Краскинское городище, 2017 г. Раскоп LIII. Сектор 1. Образцы венчиков круговой керамики, обнаруженные при снятии 4-го пласта: 1 - в кв. Б-5´, 2 - в кв. В-2´

Рис. 460. Краскинское городище, 2017 г. Раскоп LIII. Сектор 1. Образцы орнаментированных стенок круговых сосудов, найденные при снятии 4-го пласта: 1 - в кв. Е-4´, 2 - в кв. Б-1, 3 - в кв. Е-2, 4 - в кв. Б-5´

Рис. 461. Краскинское городище, 2017 г. Раскоп LIII. Сектор 1. Образцы орнаментированных горизонтально-ленточных ручек круговых сосудов, найденные при разборке 4-го пласта: 1 - в кв. Г-3´, 2 - в кв. Д-1

Рис. 462. Краскинское городище, 2017 г. Раскоп LIII. Сектор 1. Образцы стенок круговых сосудов с остатками горизонтально-ленточных ручек, найденных при разборке 4-го пласта: 1 - в кв. Б-3´, 2 - в кв. Б-2´

Рис. 463. Краскинское городище, 2017 г. Раскоп LIII. Сектор 1. Фрагмент стенки сосуда с козырьковым налепным выступом изнутри, обнаружен в кв. Б-4 в процессе разборки 4-го пласта

Рис. 464. Краскинское городище, 2017 г. Раскоп LIII. Сектор 1. Образцы доньев круговых сосудов, обнаруженные при снятии 4-го пласта: 1 - в кв. Б-3´, 2 - в кв. Е-1´

Рис. 465. Краскинское городище, 2017 г. Раскоп LIII. Сектор 1. Фрагмент дна кругового сосуда, найденный в кв. Г-5 при снятии 4-го пласта

Рис. 466. Краскинское городище, 2017 г. Раскоп LIII. Сектор 1. Фрагмент дна пароварки, найденной в кв. Д-1´ при снятии 4-го пласта

Рис. 467. Краскинское городище, 2017 г. Раскоп LIII. Сектор 1. Образец дна кругового сосуда, найденный при снятии 4-го пласта в кв. Е-2

Рис. 468. Краскинское городище, 2017 г. Раскоп LIII. Сектор 1. Фрагмент дна кругового сосуда, найденный в кв. Д-3´ при снятии 4-го пласта

Рис. 469. Краскинское городище, 2017 г. Раскоп LIII. Сектор 1. Фрагмент дна кругового сосуда, найденный в кв. Б-1´ при снятии 4-го пласта

Рис. 470. Краскинское городище, 2017 г. Раскоп LIII. Сектор 1. Образец плоской черепицы, найденный в кв. Б-5´ при снятии 4-го пласта

Рис. 471. Краскинское городище, 2017 г. Раскоп LIII. Сектор 1. Образец плоской черепицы с пальчиковым орнаментом, найденный в кв. Е-4 при снятии 4-го пласта

Рис. 472. Краскинское городище, 2017 г. Раскоп LIII. Сектор 1. Схема распределения по весу(в кг) керамического материала, обнаруженного в процессе разборки 4-го пласта

Рис. 473. Краскинское городище, 2017 г. Раскоп LIII. Сектор 1. Схема распределения керамического материала (количество фрагментов), обнаруженного в процессе разборки 4-го пласта

Рис. 474. Краскинское городище, 2017 г. Раскоп LIII. Сектор 1. Вид с юго-запада на контуры ямы 1 в кв. Б-В-2-3 на поверхности раскопа после снятия 4-го пласта

Рис. 475. Краскинское городище, 2017 г. Раскоп LIII. Сектор 1. Вид с запада на профиль ямы 1 по линии АБ в кв. Б-В-2-3 после снятия 4-го пласта

Рис. 476. Краскинское городище, 2017 г. Раскоп LIII. Сектор 2. Вид с юго-запада на поверхность раскопа с растянутой метровой сеткой после снятия 1-го пласта(поверхность 2-го пласта)

Рис. 477. Краскинское городище, 2017 г. Раскоп LIII. Сектор 2. План 2 после снятия 1-го пласта(поверхность 2-го пласта)

Рис. 478. Краскинское городище, 2017 г. Раскоп LIII. Сектор 2. Изделие из обсидиана(№1, н.о.-135 см), найденное в кв. М-5 при снятии 1-го пласта

Рис. 479. Краскинское городище, 2017 г. Раскоп LIII. Сектор 2. Каменное точило(№2, н.о.-125 см), найденное в кв. З-И-4 при снятии 1-го пласта

Рис. 480. Краскинское городище, 2017 г. Раскоп LIII. Сектор 2. Рисунок каменного точила(№2, н.о.-125 см), найденного в кв. З-И-4 при снятии 1-го пласта

Рис. 481. Краскинское городище, 2017 г. Раскоп LIII. Сектор 2. Фрагмент венчика круговой керамики, обнаруженный в кв. К-2´ при снятии 1-го пласта

Рис. 482. Краскинское городище, 2017 г. Раскоп LIII. Сектор 2. Фрагмент фарфоровидного сосуда XIX в., обнаруженный в кв. З-И-3 при снятии 1-го пласта

Рис. 483. Краскинское городище, 2017 г. Раскоп LIII. Сектор 2. Фрагмент фарфоровой чаши, обнаруженной в кв. М-2´ при снятии 1-го пласта

Рис. 484. Краскинское городище, 2017 г. Раскоп LIII. Сектор 2. Фрагменты фарфоровидной чаши, обнаруженные в кв. Л-К-4´ при снятии 1-го пласта

Рис. 485. Краскинское городище, 2017 г. Раскоп LIII. Сектор 2. Образцы орнаментированных стенок круговых сосудов, обнаруженные при снятии 1-го пласта: 1, 2 - с горизонтально-полосчатым лощением, 3 - с лощеным зигзагом

Рис. 486. Краскинское городище, 2017 г. Раскоп LIII. Сектор 2. Образцы венчиков круговой керамики, обнаруженные при снятии 1-го пласта: 1 - в кв. З-И-4´, 2 - в кв. И-2´, 3 - в кв. З,И-1´

Рис. 487. Краскинское городище, 2017 г. Раскоп LIII. Сектор 2. Образцы корейской рисомойки XIX-XX вв., найденные в процессе снятия 1-го пласта: 1 - фрагмент венчика, 2 - фрагмент стенки изнутри

Рис. 488. Краскинское городище, 2017 г. Раскоп LIII. Сектор 2. Образцы доньев круговой керамики, обнаруженные при снятии 1-го пласта: 1 - в кв. З-2´, 2 - в кв. К-2, 3 - в кв. К-1, 4 - в кв. З-И-4´

Рис. 489. Краскинское городище, 2017 г. Раскоп LIII. Сектор 1. Образцы орнаментированных горизонтально-ленточных ручек круговых сосудов, найденные при разборке 1-го пласта: 1 - в кв. К-2, 2 - в кв. И-1, 3 -

найденный в кв. Л-5´ в процессе разборки 2-го пласта

Рис. 521. Краскинское городище. 2017 г. Раскоп LIII. Сектор 2. Схема распределения по весу(в кг) керамического материала, обнаруженного в процессе разборки 2-го пласта

Рис. 522. Краскинское городище. 2017 г. Раскоп LIII. Сектор 2. Схема распределения керамического материала (количество фрагментов), обнаруженного в процессе разборки пласта 2.

Рис. 523. Краскинское городище. 2017 г. Раскоп LIII. Сектор 2. Вид с востока на процесс снятия 3-го пласта

Рис. 524. Краскинское городище. 2017 г. Раскоп LIII. Сектор 2. Вид с северо-запада на поверхность раскопа с растянутой метровой сеткой после снятия 3-го пласта(поверхность 4-го пласта)

Рис. 525. Краскинское городище. 2017 г. Раскоп LIII. Сектор 2. План 4 после снятия 3-го пласта(поверхность 4-го пласта)

Рис. 526. Краскинское городище. 2017 г. Раскоп LIII. Сектор 2. Вид с севера на пятно плотной коричневой супеси в кв. Е-Л-1´-4 после снятия 3-го пласта

Рис. 527. Краскинское городище. 2017 г. Раскоп LIII. Сектор 2. Вид с юго-востока на ряд камней, выявленных в кв. Л-М-2-4 после снятия 3-го пласта

Рис. 528. Краскинское городище. 2017 г. Раскоп LIII. Сектор 2. Вид с юго-запада на ряд камней в кв. Л-4, обнаруженных после снятия 3-го пласта

Рис. 529. Краскинское городище. 2017 г. Раскоп LIII. Сектор 2. Игральные фишки, изготовленные из черепицы и найденные при снятии 3-го пласта 3: 1 – в кв. К-4, н.о. -164 см, 2 – в кв. Ж-3, н.о. -165 см

Рис. 530. Краскинское городище. 2017 г. Раскоп LIII. Сектор 2. Игральные фишки, найденные при снятии 3-го пласта: 1,2 – изготовлены из черепицы(кв. К-1´, н.о. -165 см; кв. К-2, н.о. -166 см), 3 – изготовлена из стенки керамического сосуда(кв. Л-4´, н.о. -165 см)

Рис. 531. Краскинское городище. 2017 г. Раскоп LIII. Сектор 2. Каменные игральные фишки, найденные при снятии 3-го пласта: 1 – в кв. З-1 (н.о. -160 см), 2 – в кв. Л-1(н.о. -163 см)

Рис. 532. Краскинское городище. 2017 г. Раскоп LIII. Сектор 2. Игральная фишка, изготовленная из стенки керамического сосуда с отверстием и найденная при снятии 3-го пласта(кв. К-3, н.о. -160 см)

Рис. 533. Краскинское городище. 2017 г. Раскоп LIII. Сектор 2. Фрагмент железного гвоздя(№23, н.о. -169 см), найденного в кв. Ж-2 при снятии 3-го пласта

Рис. 534. Краскинское городище. 2017 г. Раскоп LIII. Сектор 2. Фрагмент железного гвоздя(№24, н.о.-163 см), найденного в кв. Л-3´при снятии 3-го пласта

Рис. 535. Краскинское городище. 2017 г. Раскоп LIII. Сектор 2. Фрагмент железного гвоздя(№25, н.о.-166 см), найденного в кв. К-1 при снятии 3-го пласта

Рис. 536. Краскинское городище. 2017 г. Раскоп LIII. Сектор 2. Фрагмент железной пластины(№26, н.о.-172 см), найденной в кв. К-1 в процессе снятия 3-го пласта

Рис. 537. Краскинское городище. 2017 г. Раскоп LIII. Сектор 2. Фрагмент бронзовой пряжки(№27, н.о.-172 см), найденной в кв. К-1 при снятии 3-го пласта

Рис. 538. Краскинское городище. 2017 г. Раскоп LIII. Сектор 2. Бронзовая поясная накладка(№28, н.о.-161 см), найденная в кв. Л-2 в процессе разборки 3-го пласта

Рис. 539. Краскинское городище. 2017 г. Раскоп LIII. Сектор 2. Рисунок бронзовой накладки(№28, н.о.-161 см), найденной в кв. Л-2 в процессе разборки 3-го пласта

Рис. 540. Краскинское городище. 2017 г. Раскоп LIII. Сектор 2. Фрагмент концевого диска черепицы(№29, н.о.-167 см), найденной в кв.Л-1 при снятии 3-го пласта

Рис. 541. Краскинское городище. 2017 г. Раскоп LIII. Сектор 2. Керамическая бусина(№30, н.о.-164 см), найденная в кв. Л-1´ при снятии 3-го пласта

Рис. 542. Краскинское городище. 2017 г. Раскоп LIII. Сектор 2. Рисунок керамической бусины(№30, н.о.-164 см), найденной в кв. Л-1´ при снятии 3-го пласта

Рис. 543. Краскинское городище. 2017 г. Раскоп LIII. Сектор 2. Вид с запада на фрагмент керамического сосуда в кв. Л-3 – Л-М-2, обнаруженный после снятия 3-го пласта

Рис. 544. Краскинское городище. 2017 г. Раскоп LIII. Сектор 2. Вид с юго-востока на крупный фрагмент черепицы с пальчиковым орнаментом, найденный возле остатков каменной кладки в кв. Л-3, обнаружен после снятия 3-го пласта

Рис. 545. Краскинское городище. 2017 г. Раскоп LIII. Сектор 2. Вид с северо-востока на остатки каменной ограды в кв. Л-3 – Л-М-2, расчищенной после снятия 3-го пласта

Рис. 546. Краскинское городище. 2017 г. Раскоп LIII. Сектор 2. Образцы венчиков круговой керамики, обнаруженные при снятии 3-го пласта: 1 – в кв. Л-1´, 2 – в кв. Л-3´, 3 – в кв. М-1

Рис. 547. Краскинское городище. 2017 г. Раскоп LIII. Сектор 2. Фрагмент венчика круговой керамики, обнаруженный при снятии 3-го пласта К-1´

Рис. 548. Краскинское городище. 2017 г. Раскоп LIII. Сектор 2. Верхняя часть кругового сосуда, найденная в процессе снятия 3-го пласта в кв. М-1

Рис. 549. Краскинское городище. 2017 г. Раскоп LIII. Сектор 2. Образцы венчиков круговой керамики, обнаруженные при снятии 3-го пласта: 1 – в кв. Л-3, 2 – в кв. М-2

Рис. 550. Краскинское городище. 2017 г. Раскоп LIII. Сектор 2. Образцы венчиков круговой керамики, обнаруженные при снятии 3-го пласта: 1 – в кв. Л-2´, 2 – в кв. М-2

Рис. 551. Краскинское городище. 2017 г. Раскоп LIII. Сектор 2. Образцы венчиков круговой керамики, обнаруженные при снятии 3-го пласта: 1 – в кв. Л-3, 2 – в кв. И-1´

Рис. 552. Краскинское городище. 2017 г. Раскоп LIII. Сектор 2. Образцы горизонтально-ленточных ручек круговых сосудов, найденные при разборке 3-го пласта: 1 – в кв. К-2, 2 – в кв. И-1, 3 – в кв. З-1, 4 – в кв. Л-3

Рис. 553. Краскинское городище. 2017 г. Раскоп LIII. Сектор 2. Образцы орнаментированных стенок круговых сосудов, найденные при снятии 3-го пласта: 1 – в кв. З-1, 2 – в кв. Л-1, 3 – в кв. З-1, 4 – в кв. Л-3

Рис. 554. Краскинское городище. 2017 г. Раскоп LIII. Сектор 2. Образцы орнаментированных стенок круговых сосудов, найденные при снятии 3-го пласта: 1 – с горизонтально-полосчатым лощением, 2 –с горизонтальным выступом

Рис. 555. Краскинское городище. 2017 г. Раскоп LIII. Сектор 2. Образец орнаментированной стенки сосуда, обнаруженный в процессе разборки 3-го пласта в кв. К-3

Рис. 556. Краскинское городище. 2017 г. Раскоп LIII. Сектор 2. Образец дна кругового сосуда со следами снятия с круга, найденный в кв. Л-3 при снятии 3-го пласта

Рис. 557. Краскинское городище. 2017 г. Раскоп LIII. Сектор 2. Образцы доньев круговых сосудов, обнаруженные при снятии 3-го пласта: 1 – в кв. З-1´, 2 – в кв. К-1´

Рис. 558. Краскинское городище. 2017 г. Раскоп LIII. Сектор 2. Фрагмент дна кругового сосуда, найденный в кв. К-2 при снятии 3-го пласта

Рис. 559. Краскинское городище. 2017 г. Раскоп LIII. Сектор 2. Образцы доньев круговых пароварок, обнаруженные при снятии 3-го пласта: 1 – в кв. И-1, 2 – в кв. З-1´

Рис. 560. Краскинское городище. 2017 г. Раскоп LIII. Сектор 2. Фрагмент дна кругового сосуда, найденный при снятии 3-го пласта в кв. И-5´ и К-3´

Рис. 561. Краскинское городище. 2017 г. Раскоп LIII. Сектор 2. Фрагмент дна кругового сосуда, найденный в кв. К-1´ при снятии 3-го пласта

Рис. 562. Краскинское городище. 2017 г. Раскоп LIII. Сектор 2. Образцы доньев круговых пароварок, обнаруженные при снятии 3-го пласта: 1 – в кв. Л-2, 2 – в кв. К-3´, 3 – в кв. З-4

Рис. 563. Краскинское городище. 2017 г. Раскоп LIII. Сектор 2. Образцы доньев круговых пароварок, обнаруженные при снятии 3-го пласта: 1 – в кв. М-3´, 2 – в кв. М-5´

Рис. 564. Краскинское городище. 2017 г. Раскоп LIII. Сектор 2. Графические реконструкции круговых сосудов, найденных при снятии 3-го пласта: 1 – в кв. Н-1´, 2 – в кв. Л-1´, 3 – в кв. М-2, 4 – в кв. Л-2´, 5 – в кв. Л-2, 6 – в кв. И-5, Л-2´, К-3,5´, З-3´

Рис. 565. Краскинское городище. 2017 г. Раскоп LIII. Сектор 2. Графические реконструкции круговых сосудов, найденных при снятии 3-го пласта: 1 – в кв. М-1,2, 2 – в кв. К-1´

Рис. 566. Краскинское городище. 2017 г. Раскоп LIII. Сектор 2. Схема распределения по весу(в кг) керамического материала, обнаруженного в процессе разборки 3-го пласта

Рис. 567. Краскинское городище. 2017 г. Раскоп LIII. Сектор 2. Схема распределения керамического материала (количество фрагментов), обнаруженного в процессе разборки 3-го пласта

Рис. 568. Краскинское городище. 2017 г. Раскоп LIII. Сектор 2. Вид с юга на процесс снятия 4-го пласта

Рис. 569. Краскинское городище. 2017 г. Раскоп LIII. Сектор 2. Вид с северо-запада на поверхность раскопа с растянутой метровой сеткой после снятия 4-го пласта(поверхность 5-го пласта)

Рис. 570. Краскинское городище. 2017 г. Раскоп LIII. Сектор 2. План 5 после снятия 4-го пласта(поверхность 5-го пласта)

Рис. 571. Краскинское городище. 2017 г. Раскоп LIII. Сектор 2. Вид с юго-востока на поверхность раскопа после снятия 4-го пласта

Рис. 572. Краскинское городище. 2017 г. Раскоп LIII. Сектор 2. Игральные фишки, найденные после снятия 4-го пласта: 1-3 – изготовленные из стенок керамических сосудов(в кв. К-4´, н.о. -179 см; в кв. Ж-1-2, яма 3, н.о. -184 см; в кв. Л-1´, н.о. -179 см); 4 – фишка, изготовленная из черепицы(кв. Л-1, н.о. -181 см)

Рис. 573. Краскинское городище. 2017 г. Раскоп LIII. Сектор 2. Игральные фишки, изготовленные из стенок керамических сосудов и найденные в процессе снятия 4-го пласта(кв.И-1, н.о. -184 см)

Рис. 574. Краскинское городище. 2017 г. Раскоп LIII. Сектор 2. Железный наконечник стрелы(№35, н.о. -185 см), найденный в кв. З-2 в процессе разборки 4-го пласта

Рис. 575. Краскинское городище. 2017 г. Раскоп LIII. Сектор 2. Рисунок железного наконечника стрелы(№35, н.о. -185 см), найденного в кв. З-2 в процессе разборки 4-го пласта

Рис. 576. Краскинское городище. 2017 г. Раскоп LIII. Сектор 2. Железный наконечник стрелы(№37, н.о. -185 см), обнаруженный в кв. З-2 при снятии 4-го пласта

Рис. 577. Краскинское городище. 2017 г. Раскоп LIII. Сектор 2. Железный наконечник стрелы(№37, н.о.-185 см), найденный в кв. З-2 в процессе разборки 4-го пласта

Рис. 578. Краскинское городище. 2017 г. Раскоп LIII. Сектор 2. Фрагмент железного изделия(№38, н.о. -181 см), обнаруженного в кв. А-1´ при снятии 4-го пласта

Рис. 579. Краскинское городище. 2017 г. Раскоп LIII. Сектор 2. Рисунок фрагмента железного изделия(№38, н.о. -181 см), обнаруженного в кв. А-1´ при снятии 4-го пласта

Рис. 580. Краскинское городище. 2017 г. Раскоп LIII. Сектор 2. Фрагмент керамического кольца(№39, н.о. -185 см), найденного в кв. И-1-И-2 в процессе разборки 4-го пласта

Рис. 581. Краскинское городище. 2017 г. Раскоп LIII. Сектор 2. Рисунок фрагмента керамического кольца(№39, н.о. -185 см), найденного в кв. И-1-И-2 в процессе разборки 4-го пласта

Рис. 582. Краскинское городище, 2017 г. Раскоп LIII. Сектор 2. Фрагмент лезвия железного ножа(№40, н.о. -186 см), найденного в кв. И-1 в процессе разборки 4-го пласта

Рис. 583. Краскинское городище, 2017 г. Раскоп LIII. Сектор 2. Сектор 2. Рисунок фрагмента лезвия железного ножа (№40, н.о. -186 см), найденного в кв. И-1 в процессе разборки 4-го пласта

Рис. 584. Краскинское городище, 2017 г. Раскоп LIII. Сектор 2. Фрагмент глиняного кирпича(№41, н.о. -178 см), найденного в кв. И-4´ при снятии 4-го пласта

Рис. 585. Краскинское городище, 2017 г. Раскоп LIII. Рисунок фрагмента глиняного кирпича(№41, н.о. -178 см), найденного в кв. И-4´ при снятии 4-го пласта

Рис. 586. Краскинское городище, 2017 г. Раскоп LIII. Сектор 2. Галька со следами работы(№42, н.о. -164 см), найденная в кв. Л-2 в процессе разборки 4-го пласта

Рис. 587. Краскинское городище, 2017 г. Раскоп LIII. Сектор 2. Вид с юго-запада на границы ямы 2 в кв. И,К-1,2 после снятия 4-го пласта на раскопе с растянутой метровой сеткой

Рис. 588. Краскинское городище, 2017 г. Раскоп LIII. Сектор 2. Вид с севера на разрез ямы 2 в кв. И,К-1,2 по линии В-Г(поверхность раскопа после снятия 4-го пласта)

Рис. 589. Краскинское городище, 2017 г. Раскоп LIII. Сектор 2. Вид с юго-запада на выбранную яму 2 в кв. И,К-1,2 (поверхность раскопа после снятия 4-го пласта)

Рис. 590. Краскинское городище, 2017 г. Раскоп LIII. Сектор 2. Вид с северо-востока на выбранную яму 2 в кв. И,К-1,2 (поверхность раскопа после снятия 4-го пласта)

Рис. 591. Краскинское городище, 2017 г. Раскоп LIII. Сектор 2. Фрагмент венчика кругового сосуда, обнаруженный в кв. М-2 при снятии 4-го пласта

Рис. 592. Краскинское городище, 2017 г. Раскоп LIII. Сектор 2. Фрагмент венчика кругового ссоуда, обнаруженный в кв. М-2 при снятии 4-го пласта

Рис. 593. Краскинское городище, 2017 г. Раскоп LIII. Сектор 2. Фрагмент венчика круговой керамики, обнаруженный в кв. Ж-1,2 при снятии 4-го пласта

Рис. 594. Краскинское городище, 2017 г. Раскоп LIII. Сектор 2. Фрагмент верхней части кругового сосуда, обнаруженный в кв. Л-4 при снятии 4-го пласта

Рис. 595. Краскинское городище, 2017 г. Раскоп LIII. Сектор 2. Фрагмент венчика кругового сосуда, обнаруженный в кв. Ж-1,2 при снятии 4-го пласта

Рис. 596. Краскинское городище, 2017 г. Раскоп LIII. Сектор 2. Фрагмент орнаментированной стенки кругового сосуда, найденный в кв. И-2 при снятии 4-го пласта

Рис. 597. Краскинское городище, 2017 г. Раскоп LIII. Сектор 2. Образцы орнаментированных стенок круговых сосудов, найденные при снятии 4-го пласта: 1 - в кв. М-3´, 2 - в кв. Л-5´

Рис. 598. Краскинское городище, 2017 г. Раскоп LIII. Сектор 2. Фрагмент орнаментированной стенки кругового сосуда, найденный в кв. И-1-2 при снятии 4-го пласта

Рис. 599. Краскинское городище, 2017 г. Раскоп LIII. Сектор 2. Фрагменты плоской черепицы с пальчиковым орнаментом, найденные в кв. М-2 при разборке 4-го пласта

Рис. 600. Краскинское городище, 2017 г. Раскоп LIII. Сектор 2. Фрагмент дна кругового сосуда, найденный в кв. И-3´ при снятии 4-го пласта

Рис. 601. Краскинское городище, 2017 г. Раскоп LIII. Сектор 2. Фрагмент дна кругового сосуда, найденный в кв. К-4 при снятии 4-го пласта

Рис. 602. Краскинское городище, 2017 г. Раскоп LIII. Сектор 2. Фрагмент дна круговой пароварки, найденный в кв. И-2 при снятии 4-го пласта

Рис. 603. Краскинское городище, 2017 г. Раскоп LIII. Сектор 2. Фрагмент дна круговой пароварки, найденный в кв. Ж-1-2 при снятии 4-го пласта

Рис. 604. Краскинское городище, 2017 г. Раскоп LIII. Сектор 2. Графические реконструкции круговых сосудов, найденных при снятии 4-го пласта: 1 - в кв. М-2, 2 - в кв. Л-4, 3 - в кв. М-2, 4 - в кв. Ж-2,1

Рис. 605. Краскинское городище, 2017 г. Раскоп LIII. Сектор 2. Графические реконструкции круговых сосудов, найденных при снятии 4-го(1) и 5-го(2, 3) пластов: 1 - в кв. Ж-1,2, 2 - в кв. К-5´, 3 - в кв. К-3´

Рис. 606. Краскинское городище, 2017 г. Раскоп LIII. Сектор 2. Схема распределения по весу(в кг) керамического материала, обнаруженного в процессе разборки 4-го пласта

Рис. 607. Краскинское городище, 2017 г. Раскоп LIII. Сектор 2. Схема распределения керамического материала (количество фрагментов), обнаруженного в процессе разборки 4-го пласта

Рис. 608. Краскинское городище, 2017 г. Раскоп LIII. Сектор 3. Вид с северо-запада на процесс снятия 1-го пласта

Рис. 609. Краскинское городище, 2017 г. Раскоп LIII. Сектор 3. Вид с юго-востока на поверхность раскопа с растянутой метровой сеткой после снятия 1-го пласта

Рис. 610. Краскинское городище, 2017 г. Раскоп LIII. Сектор 3. План 2 после снятия 1-го пласта(поверхность пласта 2)

Рис. 611. Краскинское городище, 2017 г. Раскоп LIII. Сектор 3. Вид с северо-востока на контуры котлована 1 и скопление камней в кв. Т-3-5 на поверхности раскопа после снятия 1-го пласта

Рис. 612. Краскинское городище, 2017 г. Раскоп LIII. Сектор 3. Фрагмент верхней части кругового сосуда, найденного в кв. О-3´ при снятии 1-го пласта

Рис. 613. Краскинское городище, 2017 г. Раскоп LIII. Сектор 3. Фрагмент орнаментированной стенки кругового сосуда, найденный в кв. О-П-5 при снятии 1-го пласта

Рис. 614. Краскинское городище, 2017 г. Раскоп LIII. Сектор 3.

пласта

Рис. 647. Краскинское городище, 2017 г. Раскоп LIII. Сектор 3. Вид с северо-востока на границы котлована 2 в кв. Р-Т-5´-1´ на поверхнсоти раскопа после снятия 1-го пласта

Рис. 648. Краскинское городище, 2017 г. Раскоп LIII. Сектор 3. Вид с востока на выбранный котлован 2 в кв. Р-Т-5´-1´ на поверхности раскопа после снятия 1-го пласта

Рис. 649. Краскинское городище, 2017 г. Раскоп LIII. Сектор 3. Вид с юго-востока на профиль котлована 2 в кв. Т-5´ на участке северо-западного борта(после снятия 1-го пласта)

Рис. 650. Краскинское городище, 2017 г. Раскоп LIII. Сектор 3. Вид с северо-востока на скопление камней на дне котлована 2 в кв. Р-Т-5´-1´ после его выборки(после снятия 1-го пласта)

Рис. 651. Краскинское городище, 2017 г. Раскоп LIII. Сектор 3. Вид с юго-запада на скопление камней на дне котлована 2 в кв. Р-Т-5´-1´ после его выборки(после снятия 1-го пласта)

Рис. 652. Краскинское городище, 2017 г. Раскоп LIII. Сектор 3. Железный гвоздь(№45, н.о. -160 см), найденный в кв. Т-2´ при снятии 1-го пласта

Рис. 653. Краскинское городище, 2017 г. Раскоп LIII. Сектор 3. Рисунок железного гвоздя(№45, н.о. -160 см), найденный в кв. Т-2´ при снятии 1-го пласта

Рис. 654. Краскинское городище, 2017 г. Раскоп LIII. Сектор 3. Фрагмент облицовочного кирпича с орнаментом (№50б, н.о. -200 см), обнаруженного в кв. С-2´ в процессе выборки заполнения котлована 2(после снятия 1-го пласта)

Рис. 655. Краскинское городище, 2017 г. Раскоп LIII. Сектор 3. Рисунок фрагмента облицовочного кирпича с орнаментом (№50б, н.о. -200 см), обнаруженного в кв. С-2´ в процессе выборки заполнения котлована 2(после снятия 1-го пласта)

Рис. 656. Краскинское городище, 2017 г. Раскоп LIII. Сектор 3. Вид с юго-запада на контуры котлована 3 в кв. О-Р - 5´-4´ на поверхности раскопа после снятия пласта 1

Рис. 657. Краскинское городище, 2017 г. Раскоп LIII. Сектор 3. Вид с юго-востока на профиль котлована 3 на участке северо-западного борта в кв. О-Р - 5´(после снятия 1-го пласта)

Рис. 658. Краскинское городище, 2017 г. Раскоп LIII. Сектор 3. Образцы венчиков круговой керамики, обнаруженные при снятии 1-го пласта и выборки котлованов: 1 - в кв. С-2´, 2 - в кв. Т-2,3, 3 - в кв. Р,С-4, 4 - в кв. О-П-5´(котлован 3), 5 - в кв. Т-4´, 6 - в кв. О-3(котлован 3)

Рис. 659. Краскинское городище, 2017 г. Раскоп LIII. Сектор 3. Фрагмент венчика кругового сосуда, найденный при снятии 1-го пласта в кв. Т-3´(котлован 3)

Рис. 660. Краскинское городище, 2017 г. Раскоп LIII. Сектор 3. Фрагмент чугунной втулки ступицы колеса(№43, н.о. -149 см), найденной в кв. О-5´ при снятии 1-го пласта

Рис. 661. Краскинское городище, 2017 г. Раскоп LIII. Сектор 3. Рисунок фрагмента чугунной втулки ступицы колеса (№43, н.о. -149 см), найденной в кв. О-5´ при снятии 1-го пласта

Рис. 662. Краскинское городище, 2017 г. Раскоп LIII. Сектор 3. Вид с северо-востока на фрагмент фарфоровой корейской чашечки(№50а, н.о.-155 см), найденной в кв. Р-5´ в процессе разборки 1-го пласта

Рис. 663. Краскинское городище, 2017 г. Раскоп LIII. Сектор 3. Фрагмент фарфоровой корейской чашечки(№50а, н.о.-155 см), обнаруженной кв. Р-5´ при снятии 1-го пласта

Рис. 664. Краскинское городище, 2017 г. Раскоп LIII. Сектор 3. Вид с юго-востока на поверхность раскопа с растянутой метровой сеткой после снятия 1-го пласта и выборки заполнения котлованов

Рис. 665. Краскинское городище, 2017 г. Раскоп LIII. Сектор 3. План 3 после снятия 1-го пласта и выборки заполнения котлованов

Рис. 666. Краскинское городище, 2017 г. Раскоп LIII. Сектор 1, 2. Вид с севера на процесс снятия бровки между секторами 1 и 2

Рис. 667. Краскинское городище, 2017 г. Раскоп LIII. Сектор 1, 2. Вид с запада на процесс снятия 5-го пласта в секторах 1 и 2

Рис. 668. Краскинское городище, 2017 г. Раскоп LIII. Сектор 1, 2. Вид с запада на поверхность раскопа с растянутой метровой сеткой после снятия 5-го пласта

Рис. 669. Краскинское городище, 2017 г. Раскоп LIII. Сектор 1, 2. Вид с юго-востока на поверхность раскопа с контурами остатков жилища с частично сохранившимся каном после снятия 5-го пласта

Рис. 670. Краскинское городище, 2017 г. Раскоп LIII. Сектор 1, 2. План 6 после снятия пласта 5, поверхность пласта 6

Рис. 671. Краскинское городище, 2017 г. Раскоп LIII. Сектор 1, 2. Вид с северо-востока на южный участок поверхности раскопа в кв. Е-З-2-5 после снятия 5-го пласта

Рис. 672. Краскинское городище, 2017 г. Раскоп LIII. Сектор 1, 2. Вид с северо-запада на участок поверхности раскопа в кв. Б-Ж-5´-2´ с остатками кана после снятия 5-го пласта

Рис. 673. Краскинское городище, 2017 г. Раскоп LIII. Сектор 1, 2. Вид с юго-запада на участок поверхности раскопа после снятия 5-го пласта в кв. Б-Ж-5´-2´ с остатками кана и на овальное пятно коричневой супеси с разнозернистым песком со скоплением некрупных камней в кв. В-Д-1-1´

Рис. 674. Краскинское городище, 2017 г. Раскоп LIII. Сектор 1, 2. Вид с северо-запада на пятно желтовато-коричневой плотной супеси с камнями в кв. Е-З-3-5 после разборки 5-го пласта

Рис. 675. Краскинское городище, 2017 г. Раскоп LIII. Сектор 2. Железный наконечник стрелы(№52, н.о.- 194 см), обнаруженный в кв. Ж-2´ при снятии 5-го пласта

Рис. 676. Краскинское городище. 2017 г. Раскоп LIII. Сектор 2. Рисунок железного наконечника стрелы(№52, н.о. −194 см), обнаруженного в кв. Ж-2´ при снятии 5-го пласта

Рис. 677. Краскинское городище. 2017 г. Раскоп LIII. Сектор 1. Обломок железного штыря(№53, н.о. −193 см), найденный кв. В-2´ в процессе разборки 5-го пласта

Рис. 678. Краскинское городище. 2017 г. Раскоп LIII. Сектор 1. Рисунок обломка железного штыря(№53, н.о. −193 см), найденного кв. В-2´ в процессе разборки 5-го пласта

Рис. 679. Краскинское городище. 2017 г. Раскоп LIII. Сектор 1, 2. Вид с северо-востока на пятно темно-коричневой супеси(яма 3) в кв. Е-Ж-1´-2 после снятия 5-го пласта

Рис. 680. Краскинское городище. 2017 г. Раскоп LIII. Сектор 1, 2. Вид с юга на остатки ямы 3 в кв. Е-Ж-1´-2 на поверхности раскопа после снятия 5-го пласта

Рис. 681. Краскинское городище. 2017 г. Раскоп LIII. Сектор 1, 2. Вид с северо-востока на кость и челюсть животного в заполнении ямы 3 в кв. Е-Ж-1´-2(после снятия 5-го пласта)

Рис. 682. Краскинское городище. 2017 г. Раскоп LIII. Сектор 1, 2. Вид с юго-запада на выбранную яму 3 в кв. Е-Ж-1´-2(после снятия 5-го пласта)

Рис. 683. Краскинское городище. 2017 г. Раскоп LIII. Сектор 1, 2. Фрагмент чугунного изделия(№60, н.о. −192 см), найденный в кв. Е-Ж-1´ в процессе разборки 5-го пласта

Рис. 684. Краскинское городище. 2017 г. Раскоп LIII. Сектор 1, 2. Фрагмент керамического кирпича(№61, н.о. −192 см), найденный в кв. Е-Ж-1´ в процессе снятия 5-го пласта

Рис. 685. Краскинское городище. 2017 г. Раскоп LIII. Сектор 1, 2. Рисунок фрагмента керамического кирпича(№61, н.о. −192 см), найденный в кв. Е-Ж-1´ в процессе снятия 5-го пласта

Рис. 686. Краскинское городище. 2017 г. Раскоп LIII. Сектор 2. Вид с северо-запада на пятно серо-коричневой супеси с мелкими углями и сажей в кв. И-4´, 3´(яма 4) на раскопе после снятия 5-го пласта

Рис. 687. Краскинское городище. 2017 г. Раскоп LIII. Сектор 2. Вид с северо-запада на профиль ямы 4 в кв. И-4´, 3´ на раскопе после снятия 5-го пласта

Рис. 688. Краскинское городище. 2017 г. Раскоп LIII. Сектор 2. Вид с северо-запада на выбранную яму 4 в кв. И-4´,3´ на поверхности раскопа после снятия 5-го пласта

Рис. 689. Краскинское городище. 2017 г. Раскоп LIII. Сектор 2. Игральная фишка, изготовленная из стенки керамического сосуда и найденная в кв. К-1´(н.о. −191 см) при снятии 5-го пласта

Рис. 690. Краскинское городище. 2017 г. Раскоп LIII. Сектор 2. Игральные фишки, найденные в процессе сянтия 5-го пласта: 1 – изготовлена из обломка черепицы (кв. К-5´, н.о. −193 см), 2,4 – изготовлены из стенок керамических сосудов(кв. М-1, н.о. −193 см; кв. И-1´, н.о. −192 см), 3 – изготовлена из камня(кв. Л-3, н.о. −194 см)

Рис. 691. Краскинское городище. 2017 г. Раскоп LIII. Сектор 1. Игральная фишка, изготовленная из обломка черепицы и найденная в кв. Б-1(н.о. −186 см) в процессе снятия 5-го пласта

Рис. 692. Краскинское городище. 2017 г. Раскоп LIII. Сектор 1. Игральная фишка, изготовленная из обломка черепицы и найденная в кв. В-4´(н.о. −194 см) при снятии 5-го пласта

Рис. 693. Краскинское городище. 2017 г. Раскоп LIII. Сектор 1. Игральные фишки, найденные в процессе разборки 5-го пласта: 1 – игральная фишка, изготовленная из стенки керамического сосуда в кв. В-5´(н.о. −187 см); 2 – каменная игральная фишка из кв. Б-1´(н.о. −190 см)

Рис. 694. Краскинское городище. 2017 г. Раскоп LIII. Сектор 1. Игральные фишки, найденные при снятии 5-го пласта: 1 – игральная фишка из камня из кв. Е-1´ (н.о. −187 см); 2-4 – игральные фишки, изготовленные из стенок керамических сосудов и обнаруженные в кв. В-4(н.о. −194 см), в кв. Б-1´(н.о. −190 см), в кв. В-´(н.о. −189 см)

Рис. 695. Краскинское городище. 2017 г. Раскоп LIII. Сектор 1. Железная накладка с прямоугольной прорезью (№51, н.о. −184 см), найденная в кв. Г-2´ в процессе снятия 5-го пласта

Рис. 696. Краскинское городище. 2017 г. Раскоп LIII. Сектор 1. Рисунок железной накладки с прямоугольной прорезью (№51, н.о. −184 см), найденной в кв. Г-2´ в процессе снятия 5-го пласта

Рис. 697. Краскинское городище. 2017 г. Раскоп LIII. Сектор 1. Фрагмент железной пластины(№54, н.о. −192 см), найденный в кв. В-2´ при снятии 5-го пласта

Рис. 698. Краскинское городище. 2017 г. Раскоп LIII. Сектор 1. Фрагмент керамического изделия со взаимопересекающимися отверстиями(№55, н.о. −194 см), найденный в кв. Д-2´ при снятии 5-го пласта

Рис. 699. Краскинское городище. 2017 г. Раскоп LIII. Сектор 1. Рисунок фрагмента керамического изделия со взаимопересекающимися отверстиями(№55, н.о. −194 см), найденного в кв. Д-2´ при снятии 5-го пласта

Рис. 700. Краскинское городище. 2017 г. Раскоп LIII. Сектор 1. Вид с северо-востока на фрагменты керамического кольца(№56, н.о. −191 см), найденного в кв. Б-3´ при снятии 5-го пласта

Рис. 701. Краскинское городище. 2017 г. Раскоп LIII. Сектор 1. Керамическое кольцо(№56, н.о. −191 см), найденное в кв. Б-3´ при снятии 5-го пласта

Рис. 702. Краскинское городище. 2017 г. Раскоп LIII. Сектор 1. Рисунок керамического кольца(№56, н.о. −191 см), найденного в кв. Б-3´ при снятии 5-го пласта

Рис. 703. Краскинское городище. 2017 г. Раскоп LIII. Сектор 1.

Четыре фрагмента керамического изделия со взаимопересекающимися отверстиями(№57, н.о. −195 см), найденные в кв. И−2´ в процессе разборки 5−го пласта

Рис. 704. Краскинское городище, 2017 г. Раскоп LIII. Сектор 1. Рисунок четырех фрагментов керамического изделия со взаимопересекающимися отверстиями(№57, н.о. −195 см), найденных кв. И−2´ при снятии 5−го пласта

Рис. 705. Краскинское городище, 2017 г. Раскоп LIII. Сектор 1. Фрагмент керамического изделия со взаимопересекающимися отверстиями(№58, н.о. −194 см), найденный в кв. К−2´ в процессе разборки 5−го пласта

Рис. 706. Краскинское городище, 2017 г. Раскоп LIII. Сектор 1. Рисунок фрагмента керамического изделия со взаимопересекающимися отверстиями(№58, н.о. −194 см), найденного в кв. К−2´ в процессе разборки 5−го пласта

Рис. 707. Краскинское городище, 2017 г. Раскоп LIII. Сектор 1. Верхняя часть кругового сосуда, обнаруженная в кв. Е−5 при разборке 5−го пласта

Рис. 708. Краскинское городище, 2017 г. Раскоп LIII. Сектор 1. Фрагмент венчика кругового сосуда, обнаруженный в кв. Е−3´ при разборке 5−го пласта

Рис. 709. Краскинское городище, 2017 г. Раскоп LIII. Сектор 1. Фрагмент венчика кругового сосуда, найденный в кв. И−3 при разборке 5−го пласта

Рис. 710. Краскинское городище, 2017 г. Раскоп LIII. Сектор 1. Фрагмент венчика кругового сосуда, найденный в кв. Б−2 при разборке 5−го пласта

Рис. 711. Краскинское городище, 2017 г. Раскоп LIII. Сектор 1. Образцы горизонтально−ленточных ручек круговых сосудов, обнаруженные в процессе разборки 5−го пласта: 1 − в кв. Г−Д−2´, 2 − в кв. Д−1´, 3 − в кв. В−3

Рис. 712. Краскинское городище, 2017 г. Раскоп LIII. Фрагмент орнаментированной стенки кругового сосуда, обнаруженный в кв. Е−1 при разборке 5−го пласта

Рис. 713. Краскинское городище, 2017 г. Раскоп LIII. Сектор 1. Образцы орнаментированных стенок круговых сосудов, обнаруженные в процессе разборки 5−го пласта: 1 − в кв. Д−2´, 2 − в кв. Д−3´, 3 − в кв. Г−3´

Рис. 714. Краскинское городище, 2017 г. Раскоп LIII. Сектор 1. Образец орнаментированной стенки кругового сосуда, обнаруженный в кв. В−3 при разборке 5−го пласта

Рис. 715. Краскинское городище, 2017 г. Раскоп LIII. Сектор 1. Фрагмент дна кругового сосуда, обнаруженный в кв. Б−5 в процессе разборки 5−го пласта

Рис. 716. Краскинское городище, 2017 г. Раскоп LIII. Сектор 1. Образец дна круговой пароварки, обнаруженный в кв. Г−Д−2´ в процессе разборки 5−го пласта

Рис. 717. Краскинское городище, 2017 г. Раскоп LIII. Сектор 1. Фрагмент дна кругового сосуда, обнаруженный в кв. Е−1´ в процессе разборки 5−го пласта

Рис. 718. Краскинское городище, 2017 г. Раскоп LIII. Сектор 1. Фрагмент полукруглой черепицы, найденный в кв. В−1 при разборке 5−го пласта

Рис. 719. Краскинское городище, 2017 г. Раскоп LIII. Сектор 1. Графические реконструкции(1−3) и профили(4) круговых сосудов, найденных в процессе снятия 5−го пласта: 1 − в кв. Е−5, 2 − в кв. Е−3´, 3 − в кв. И−3, 4 − в кв. Б−2

Рис. 720. Краскинское городище, 2017 г. Раскоп LIII. Сектор 1. Фрагмент плоской черепицы, найденный в кв. Д−4 при разборке 5−го пласта

Рис. 721. Краскинское городище, 2017 г. Раскоп LIII. Сектор 1. Фрагменты плоской с пальчиковым орнаментом черепицы, обнаруженные в кв. Д−5 при снятии 5−го пласта

Рис. 722. Краскинское городище, 2017 г. Раскоп LIII. Сектор 1, 2. Схема распределения керамического материала по весу(в кг) в процессе снятия 5−го пласта

Рис. 723. Краскинское городище, 2017 г. Раскоп LIII. Сектор 1, 2. Схема распределения керамического материала (количество фрагментов) в процессе снятия 5−го пласта

Рис. 724. Краскинское городище, 2017 г. Раскоп LIII. Вид с севера на процесс консервации раскопа

Рис. 725. Краскинское городище, 2017 г. Раскоп LIII. Вид с юго−запада на законсервированный раскоп

연해주 크라스키노 발해성 2017년도 발굴조사

Краскинское городище

서론

(김은국, 정석배, E.I. 겔만)

I. 크라스키노 성의 특징과 연구사

(E.I. 겔만)

II. 2017년도 크라스키노 성 발굴조사 내용

(김은국, E.I. 겔만, 정석배, E.V. 아스따쉔꼬바, Ya.E. 삐스까료바)

III. 유물 분석

(E.I. 겔만, E.V. 아스따쉔꼬바, Ya.E. 삐스까료바)

서론

김은국, 정석배, E.I. 겔만

2017년 7월 24일부터 8월 28일까지 러시아과학원 극동지소 극동제민족 역사학고고학민족학연구소와 대한민국 동북아역사재단은 동북아역사재단과 러시아학술재단의 지원으로 러시아연방 연해주 하산 지구에 위치하는 크라스키노 성에서 공동으로 고고학 발굴조사를 실시하였다(도면 1~4). 발굴조사는 두 지점에서 진행되었다(도면 5, 6).

- 성의 북서쪽 부분에서는 제51구역(56m²)에 대한 발굴조사를 계속해서 진행하였다. 제51구역은 사원지 남쪽에 위치한다.
- 성의 북쪽 가운데 부분에서는 제53구역(180m²)에 대해 발굴조사를 하였다. 제53구역은 제50구역의 남서벽과 인접한다.

발굴조사단은 여러 단계에 걸쳐 거주하였던 성 주민들의 물질적 및 정신적 문화, 발해 주민들과 자연환경 사이의 상호관계, 그리고 유적의 상대적 및 절대적 연대 등에 관한 포괄적이고 완전한 정보를 확보하기 위해 노력하였다.

2017년도 크라스키노 성 발굴 기간 동안의 기본 과제들은 다음과 같았다.

- 도로 유구를 계속해서 조사한다. 도로 유구의 위 건축면은 2015년에 발견되었다(2016년에는 이 구역이 발굴기간 동안 물에 완전히 침수되어 발굴조사가 불가능하였다).
- 조사 구역에서 아래 건축면들을 계속해서 발굴한다. 이는 성 존속 여러 단계에서의 성의 평면 배치를 밝혀내고, 사원지와 주거구역 사이의 건축면들의 상호관계와 성벽 윗부분의 축조, 수축, 증축의 각 단계들을 파악하기 위함이다.
- 제50구역의 남서쪽으로 확장을 한 제53구역에서는 2015년에 발견된 서-동 방향의 도로 남쪽으로 유적 북쪽 부분의 평면 배치 상태를 밝힐 수 있을 것으로 판단되었다.

러시아과학원 고고학연구소 야외조사부는 E.I. 겔만에게 발굴허가서 No. 771을 발급하였다.[1]

발굴조사는 236m² 면적을 대상으로 실시하였다. 제44구역(서쪽 섹터) 46m², 제47구역(섹터 2와 섹터 6) 각각 36m²와 40m², 제50구역 170m². 고고학 발굴조사를 통해 출토된 유물들과 관련 야외조사 서류들은 모두 러시아과학원 극동지소 극동제민족 역사학고고학민족학연구소 정치인류학 센터 및 박물관에 보관되어 있다.

크라스키노 발굴조사단의 구성은 다음과 같다.

- 러시아과학원 극동지소 역사학고고학민족학연구소(블라디보스토크) E.I. 겔만 박사(발굴단장), E.V. 아스따쉔꼬바 박사, Ya.E. 삐스까료바 박사, Yu.E. 보스뜨레초프 박사.
- 러시아과학원 극동지소 역사학고고학민족학연구소 E.V. 또로뽀바 도서관장.
- 동북아역사재단(대한민국, 서울) 김은국 박사, 한국전통문화대학교(대한민국, 부여) 정석배 교수.
- 한국전통문화대학교(부여) 이민영 석사, 김영길 석사과정, 최슬기 학생, 최재경 학생.
- 극동연방대학교 박사과정 R.A. 그리찌께비치.
- 블라디보스토크 극동연방대학교 석사과정 V.O. 뻰지엔꼬, A.S. 보루루예바, E.S. 렌쥐나, I.B. 보로딘, A.S. 이그나뗀꼬, T.V. 골로흐바스또바, M.V. 골로흐바스또프, A.L. 꼬즐로바, E.I. 란쩨바.
- 극동연방대학교 학생 A.I. 오시삐쉐바, T.A. 삐스까료바, R.E. 디까레프, S.P. 보그다놉스까야.
- 요리사 V.J. 안줄리스.
- 자원봉사자 D.A. 도브르이딘, A.Yu. 사나페예프, E.V. 뽈레뜨꼬프, A.A. 따라스낀, D.I. 올리페렌꼬, S.A. 됴민, O.A. 깔라체바.
- 블라디보스토크와 연해주의 중등학교 및 김나지움 학생 A.S. 됴미나, A.S. 라쉡스끼, M.A. 뻰축, I.V. 쉐브첸꼬, A.V. 알다노바.
- 운전기사 M.V. 부트.

발굴조사에 대한 본문 작업은 E.I. 겔만, E.V. 아스따쉔꼬바, Ya.E. 삐스까료바, 김은국, 정석배가 하였고, 본문에 대한 교열은 E.I. 겔만, 정석배, 김은국이 하였다. 도면 작성과 사진 촬영은 한국과 러시아 측 발굴단 학자들이 함께하였다. 토제 유물의 분석과 정리, 토기 유물 실측은 E.I. 겔만이, 발굴현장에서의 유물 정리 작업은 E.V. 또로뽀바, E.I. 겔만, A.L. 이블리예프가, 유물에 대한 사진촬영은 사진작가 L.A. 까라까가 각각 하였다. 유구 실측도면에 대한 컴퓨터 작업은 D.G. 또딜로프와 A.Yu. 사나페예프가, 유물 실측 및 유물 실측도면 컴퓨터 작업은 S.V. 리빠또바가 하였다. 자료 정리에는 극동연방대학교 조교 A.S. 보루루예바 및 석사과정 2학년 I.B. 보로딘이 함께 참여하였다.

2017년도 발굴조사에서 출토된 모든 대량 유물과 개별 유물들은 러시아과학원 극동지소 역사학고고학민족학연구소 박물관 수장고에 전달되었다. 실측도면들과 야장들은 연구소의 정치인류학 센터에 보관된다. 뼈 자료들과 식물유체들은 상응하는 연구를 위해 러시아과학원 극동지소 연구소들 및 러시아과학원 시베리아지소 연구소들에 전달되었다.

1　러시아 측에서 준비한 이 책의 러시아어본은 학술연구 프로젝트 No. 14-18-01165 〈극동지역 중세 제국의 도시들〉에 대한 지원의 일환으로 러시아 학술재단의 재정 지원을 통해 이루어졌다.

I 크라스키노 성의 특징과 연구사

E.I. 겔만

1. 유적의 입지와 특징

크라스키노 성은 연해주 남부지역 하산지구의 추카노프카(얀치헤) 강 우안 하구부분에 위치한다. 이곳은 해안선이 작은 만들로 이루어진 엑스페지치야 만의 북쪽에 해당된다(도면 1~4). 해안선과 엑스페지치야 만에서 크라스키노 성까지의 거리는 400m이며, 가장 가까운 작은 만에서 성까지의 거리는 약 100m이다. 성은 크라스키노 마을에서는 남서쪽으로 2km 떨어져 있다.

크라스키노 성의 평면 형태는 약간 어긋난 장방형이다. 북벽은 모양이 궁형이며, 남벽과 서벽이 만나는 부분도 궁형에 가깝다(도면 5, 6). 성벽의 전체 길이는 1,380m에 달한다. 성벽 내부의 면적은 약 12.6ha이다. 성벽의 현존 높이는 1.5~2m이다. 성벽은 표토로 덮여 있으나, 몇몇 장소에서는 성벽 능선을 따라 석축 골격이 확인된다. 성벽의 너비는 윗부분은 1m, 기저부는 10~12m이다. 성벽의 축선은 20도 편동한 북향이다. 성벽에는 3개의 문지(남문지, 동문지, 서문지)가 있는데, 모두 외측이 장방형의 옹성에 의해 방어되고 있다. 동문지와 서문지에는 출구가 남쪽을, 즉 엑스페지치야 만 쪽을 향하며, 남문지의 출구는 추카노프카 강 하구 쪽을 향한다.

성 내부에서 가장 높은 곳은 북서쪽 부분이다. 둔덕의 능선은 궁형을 이루며 서문지에서 북서쪽 부분을 지나 동문지까지 이어진다. 가장 낮은 곳은 남문지에 인접한 부분이다. 전체적으로 성 내의 가장 높은 곳과 가장 낮은 곳의 레벨 차이는 2~2.5m이다. 남문지에서 북벽 방향으로는 성 안을 동부와 서부 두 부분으로 나누는 넓은(너비 30m) 도로가 확인된다. 둔덕 부분에는 큰 돌들, 즉 초석 건축과 사찰 건축의 초석들이 집중되어 있다.

성은 두 번에 걸쳐 부분적으로 파괴되었다. 19세기 말에 한인 농민들이 성의 북쪽 부분에 농가를 세웠고,[1] 성의 많은 부분을 경작지로 사용하였다. 그 결과 옛 건축물에서 이동된 몇몇 초석들과 보다 작은 석재들이 돌무지를 이루어, 지금 성의 가운데에 작은 둔덕들이 형성되어 있다. 농민들은 성 내부로 물길을 내기 위해 성벽에 도랑을 파기도 하였다.

1930~1950년대에는 현지의 국경수비대 부대가 성에서 군사훈련을 실시하였는데, 그 결과 성의 북부, 서부, 남부, 그리고 성벽에 참호, 교통로, 엄폐부 등이 만들어졌다. 그럼에도 불구하고, 전체적으로 크라스키노 성은 연해주의 다른 발해 유적들과 비교할 때에 매우 잘 보존되어 있다고 볼 수 있다.

최근에 금속 탐지기를 가진 도굴꾼이 크라스키노 성을 지속적으로 방문하고 있다. 그들은 수차에 걸쳐 레벨 기준점을 훼손하였고, 부분적으로 문화층을 파괴하였다. 유적에 대한 정기적인 통제와 체계적인 조사가 필요하다.

2. 크라스키노 성 연구사

크라스키노 성에 대해서는 팔라디이 카파로프가 1870년 8월 23일자 제정러시아 지질학협회에 보내는 서한에서 처음으로 언급하였다. 그는 중국 문헌자료들을 참고하였을 때에 "포시예트에는 얀추(얀치헤) 강과 기찐(까진) 강 사이에 옛날 군항이 있었을 것이다"라고 지적하였다. 후에 제정러시아 지질학협회의 과제에 따라 러시아의 극동지역을 여행한 팔라디이 카파로프는 1871년 4월에 이 성을 답사하고는 이 성을 제염 저장소의 흔적이라고 잘못 판단하였다(카파로프 1871).

1958년에는 G.I. 안드레예브와 J.V. 안드레예바가 엑스페지치야 단 부근의 연해주 남부 극동고고학조사단 해안 팀의 일원으로 고고학 지표조사를 하면서 이 성을 조사하였다(안드레예브, 안드레예바 1958). 1960년도와 1963년도에는 E.V. 샤브꾸노프가 이 유적을 조사하였다. 그는 성벽에 대한 측량을 하였고, 수집 자료, 특히 기와를 토대로 이 유적을 8~9세기로 편년하였다. E.V. 샤브꾸노프는 크라스키노 성이 발해 염주의 중심지였고, 이곳에서 발해와 일본의 기본적인 교류가 이루어졌다고 생각하였다(샤브꾸노프 1966).

크라스키노 성에 대한 발굴조사는 1980년에 비로소 시작되었다. 1980~1981년, 1983년, 1990년, 1994~2007년에는 V.I. 볼딘의 책임하에(볼딘 1980, 1981, 1983, 1990, 1994~2007), 2008년부터는 E.I. 겔만의 책임하에(겔만 2008~2017) 각각 발굴조사가 실시되었다. 처음에는 발굴조사가 유적의 북서 부분에 집중되었다. 이곳에서는 발해의 사역이 발굴되었고, 금당지, 탑기단, 10기의 기와가마터, 우물, 사역과 성의 다른 부분을 구분하고 있는 석벽의 석축기초, 아래(下) 건축면의 승배건축물 기초, 그 주변의 석축기단, 다른 건축물 등이 조사되었다(도면 6). 1997~1998년도에는 성의 서쪽 부분에 위치하는 성벽 구조에 대한 조사가 실시되었다. 1998년부터는 동쪽 부분에 대한 조사도 시작되었는데, 동문지와 그 주변의 동벽에 대한 조사가 시작되었고 지금까지 계속 조사되고 있다. 대부분의 발굴 유구들은 후기에 속하지만, 최근(2005~2011년도)에는 유적의 이른 시기 건축면들도 조사되었다. 성 내의 문화층의 두께는 곳에 따라 2m 이상이다. 성의 주거구역인 제34구역(2005~2007년도)에서는 구역들 사이로 난 도로 흔적과 5개의 건축면에 속하는 6기의 주거지(1~6호)가 조사되었다. 크라스키노 성에서의 주민 거주 시기가 7세기 말~8세기 초임을 증명하는 방사성탄소연대들이 확보되었다.

2004년부터는 매년 크라스키노 성에서 지구물리학적 조사도 수행하고 있다. 크라스키노 성 내부와 그 주변에 대해 마이크로 자기 촬영이 이루어졌고, 성의 북동 부분에서는 전기측량도 실시되었다. 2008년부터는 모든 발굴구역들에 대해 층위적 지자기 조사를 실시한다. 조사 방법론이 개발되었고, 성 내부의 구획과 여러 부분에서의 건축물의 성격을 파악할 수 있게 하는 잠정적 결론들이 내려졌다(베스소노바, 이블리예프 2007, 베스스노바 외 2013).

2008년도에는 제37구역에 대한 발굴조사가 마무리되었다. 이곳에서는 불교 사역과 관련된 유구가 발견될 것으로 기대하였으나, 제사 성격의 유구 혹은 사역과 관련이 있는 유구가 전혀 확인되지 않았다. 제37구역 가장자리에서 서로 다른 건축면에 속하는 2기의 주거지가 부분적으로 조사되었다. 두 개의 발굴구역이 더 설정되었는데, 그중의 한 발굴구역은 북쪽 부분이 제37구역과 이어지고 그리고 이곳에서는 위(上) 건축면의 7호 주거지에 대한 조사가 계속해서 이루어졌다. 7호 주거지 아래에서는 파괴된 구들이 있는 8호 주거지가 발견되었다. 다른 발굴구역인 제40구역은 주거구역에 설정되었고 제34구역과 남쪽이 연결된다. 이곳에서는 위 건축면에서 초석 건물 벽의 석축기단과 일부가 제34구역에 포함되는 건물의 초석들, 그리고 폐기물 무지가 노출되었다. 2009년도에는 이 발굴구역에서 다시 네 개의 건축면이 조사되었는데, 이곳에서는 구덩이식의 노지와 지상식의 구들 난방 시스템이 있는 7기의 주거지, 여러 가지 용도의 경제 구덩이들 등이 발견되었다. 2009년도에는 처음으로 성의 남쪽 부분에 대해 조사를 실시하였는데, 여기에서는 흙을 덮은 도로의 흔적이 노출되었다.

2010년도에는 위 건축면의 구조물들 – 불교 사역에 인접한 곳의 구들이 있는 주거지 1기(제45구역)가 조사되었고, 궁전 유형 유구의 다른 부분과 그 안에 있는 석축기단 건물터(제44구역)에 대해 계속해서 조사가 실시되었고, 그 외에도 성 건축물의 대각선 방향 구조에 부합하는 석축기단 건물터가 더 조사되었다. 크라스키노 성의 조사 자료에 대해 러시아와 외국에서 100편 이상의 논저가 출간되었다.

2010년 9월에는 크라스키노 성 고고학 발굴조사 시작 30주년 기념 학술회의가 있었다(『발해: 역사와 고고학』, 2010). 이 학술회의에서 크라스키노 성의 조사내용에 대한 기초적 총괄작업이 이루어졌다. 1998년부터 2017년까지 일본 아오야마대학(도쿄)에서 크라스키노 성 조사와 관련하여 12회에 걸쳐 러-일 학술회의가 개최되었다(『크라스키노 성-성격과 기능』, 2017).

2011년도에는 성터의 북쪽 부분에서 3개 지점이 조사되었다. 그중의 2개 지점은 유적의 북서쪽 부분에 위치한다. 이 2개 지점은 2010년도에 시작된 조사의 연장선상에서 이루어졌다. 제 45구역의 경계들에서 성터 북쪽 부분의 문화층의 형성과 변화가 일률적이지 않았음을 보여 주었다. 서쪽 섹터와 동쪽 섹터에서는 층위가 물의 오랜 침수에 대해 증명하는 다양한 광물 구성의 강모래 및 뻘흙의 중첩이 존재함을 보여 주었다. 따라서 유적의 이 지점에서는 2010년도에 조사된 위 건축면만이 보존된 것이다. 제45구역의 남쪽 섹터에서는 두께 211~243cm의 퇴적층들이 조사되었는데 발해 성 주민들에 의한 이 지점의 부단한 사용에 대해 증명하는 것이다. 그 퇴적층들에는 제 2~5건축면에 속하는 수 개의 유구들이 포함되어 있었다. 파괴된 석축 구조물들, 석탄과 토기가 섞여 있는 폐기물 퇴적들, 노지가 있는 17호 주거지 일부, 완전히 파괴된 주거지의 노지 잔해, 경제구덩이, 아래(下) 건축면의 주거지의 잔해일 가능성이 있는 변형된 구덩이 등이 이에 해당된다.

제47구역은 크라스키노 성터에 대한 지리물리 조사 결과 발견된 지점에 설정되었다. 이곳에서는 위 건축면에 속하는 수 기의 유구가 확인되었다. 발굴구역에 일부만 노출된 석축기단 건축물, 석축기단 건축물에서 남동쪽으로 15m 거리에서 2줄 고래의 구들이 있는 18호 주거지, 18호 주거지에서 남동쪽으로 2m 거리에서 자갈을 깐 도로유구 등이 각각 조사되었다.

제48구역은 2010년도에 설정한 제44구역의 확장부인데 이곳에서는 제44구역의 남쪽으로 석축기단 건물이 위치할 가능성을 보여 주었다. 제48구역의 범위 내에서 위 건축면에 속하는 면적이 약 88m²인 건물터를 노출시켰고, 그리고 기단에서 북서쪽으로 기단과 나란히 다양한 크기의 건축용 돌 무지를 발견하였다. 돌들 중에는 길이가 1.5m에 달하는 것들도 있는데 아마도 파괴된 건물의 석축 구조물의 잔재들일 것이다.

2011년도에는 크라스키노 성터에서는 처음으로 탐침조사를 실시하였는데 전체 발해 유적조사에서 처음 적용된 것이다. 탐침은 지리물리학적 방법으로 확보된 자료들을 검증하기 위해 실시되었다. 탐침조사는 3개 지역에서 실시되었고, 그중 2개 지역에서 다양한 건축면에 속하는 11기 건물의 석축기단들이 확인되었다. 세 번째 지역에서는 성벽에서 서쪽으로 300m 떨어진 거리에서 석벽이 있는 추정 발해 무덤이 발견되었다. 따라서 지리물리학적 조사의 결과를 검증하였을 뿐만 아니라 유적 내의 층위양상이 지역에 따라 차이가 남도 밝히게 되었다. 이는 유적의 다양한 거주 성격과 홍수의 결과에 대해 말하는 것이다.

또한 2011년도에는 크라스키노 성터 주민들의 경제적 이용 지역에 대한 모든 측면에서의 연구 목적으로 러시아과학원 극동지소 태평양해양학연구소 및 극동지질학연구소들의 연구자들과 공동으로 9~10세기에 성의 주민들이 건축과 일상생활에 사용하였던 석재 자원에 대한 조사도 실시하였다(V.T. 스예딘 외, 「(연해주)크라스키노 성의 광물」, 2013). 석재 자원의 가능한 운송 경로들이 파악되었고, 인접 지역의 경제적 이용 지역의 추정 경계도 표시되었다.

2012년도에는 성의 주거구역에 해당되는 북서쪽 부분(제44구역과 제48구역)과 북쪽 중앙부분(제47구역), 그리고 서문지에서 서쪽으로 300m 거리 지점(제1구역과 제2구역) 등 모두 4개 지점에서 발굴조사를 실시하였다. 서문지에서 서쪽으로 300m 거리 지점에서는 발해의 무덤이 조사되었다. 제44구역과 제48구역의 경계 부분에서는 2010년도에 노출되었던 기단 건물터(상(上) 건축면)와 열주 유형의 기단 건물터가 정리 조사되었고, 일부가 잔존한 그리고 부분적으로 그 경계 안으로 들어간 20~22호 주거지의 흔적들 및 보다 작은 10기 이상의 유구가 조사되었다. 제47구역 내에서는 구들이 딸린 19호 주거지가 조사되었는데 이 주거지는 상건축면에 속한다. 크라스키노 성 주변에서는 무덤 2기의 잔재가 조사되었다.

2013년도에는 열악한 날씨 조건 속에서 제44구역 내의 거주 공간에 대해 일부 조사가 진행되었는데 이곳에서는 9호 주거지와 경제 마당의 잔재들이 조사 완료되었고, 21호 주거지에 대한 조사는 계속 이어졌으며, 제2건축면의 23호 주거지는 일부 노출 및 조사되었다. 유적의 북쪽 부분에서는 제47구역에서 섹터 6과 섹터 7을 확장하여 장축이 서-동 방향인 위 건축면의 도로 유구를 노출시켰다.

2014년도 발굴 기간에는 크라스키노 성 북서쪽 부분에 위치하는 그리고 2010년도와 2013년도에 이미 조사가 시작 및 진행된 바 있는 제44구역의 거주 공간에 대해 계속해서 조사를 하였다. 이곳에서는 13호, 14호, 15호, 24호 주거지를 포함하여 20기 이상의 유구가 조사되었다. 당시 이곳의 동쪽 섹터에서는 조사가 완전히 완료되었는데 제3~제6건축면에 속하는 퇴적층들이 확인되었다. 2014년도의 중요성과 중의 하나는 과거 다른 발굴구역들에서 확인된 5개 건축면 대신에 이 유적에 모두 6개의 건축면이 존재한다는 사실을 밝힌 점이다. 성의 북쪽 부분에서는 제49구역에서 2개의 도로 유구가 한꺼번에 교차점과 함께 확인되었다. 도로의 방향은 하나는 북-남 방향, 다른 하나는 서-동 방향이었다. 그 결과 한꺼번에 성 내 북쪽 부분에서 4개 구역의 일부만을 파악할 수 있게 되었고, 향후 도시 구획과 관련하여 발굴의 방향성을 설정할 수 있게 되었다.

2015년도에는 크라스키노 성의 북쪽 부분과 동쪽 부분에 설정한 6개 지점에서 조사를 진행하였다. 성의 북쪽 부분에서는 제44구역(서쪽 섹터), 제47구역(섹터 2), 제47구역(섹터 6), 제50구역 그리고 제51구역에서, 성의 동쪽 부분에서는 동문지 일대의 제52구역에서 각각 조사가 이루어졌다. 제44구역(서쪽 섹터)에서는 발굴조사를 완료하였는데, 2기의 경제 구조물 및 석축기단 건물을 포함하는 제6건축면의 잔재를 조사하였다. 성의 북서쪽에 위치하는 제51구역에서는 1995~1997년의 발굴구역 일부를 포함시켰고 그리고 2016년도 조사구역에서 확장을 하였다. 이 발굴구역 내에서는 성의 서벽과 사역을 따라 돌이 깔린 도로 유구가 조사되었다. 성의 북쪽 부분인 제47구역(섹터 2)에서는 2014년도 섹터 3의 도로 유구 퇴적물 조사 시에 드러난 것과 동일시기에 해당하는 제2~4건축면 퇴적물들이 조사되었다. 이곳의 제2건축면에서는 온돌 난방시스템의 잔재가 남아 있는 주거지가 조사되었다. 제47구역(섹터 6)에서는 제2건축면과 제3건축면의 유구들이 노출되었다. 경제 건축물의 잔재들과 초석이 부분적으로 남아 있는 흙 기단의 건물 잔재들이 발견되었다. 제50구역에서는 위 건축면에 속하는 몇몇 유구들이 노출되었다. 그 유구들 중에는 생활 폐기물들이 들어 있는 3기의 수혈 구덩이도 포함된다. 서-동 방향으로 나있는 새로운 도로 유구 구간이 발견되었는데 2014년도에 발견된 도로 유구의 연장선상에 있는 것이다. 다시 말해서, 이 도로는 상당히 긴 구간에 걸쳐 성을 횡단하고 있음이 확인된 것이다. 성의 동쪽 부분에서는 제52구역의 범위 내에서 크라스키노 성 동문지에 대한 발굴조사가 계속해서 진행되었고 그리고 동문지에서 성 안쪽으로의 통로의 경계를 밝혀낼 수 있었다.

2016년도의 발굴조사는 제48구역의 동쪽 섹터에서 진행되었다. 이곳에서는 이웃하는 발굴구역들 비교할 때에 제2~제4건축면에 해당하는, 다시 말해서 대략 750~830년에 해당하는 발해문화층 유구들이 조사되었다. 전체 면적이 27m² 이상인 석축기단(5×5.4m)을 가진 제2건축면의 주거지 잔재에 대한 조사를 마무리하였다.

제3건축면에서는 경제적 의미를 가진 유구들이 확인되었다. 주거지 아래의 북쪽 모서리 부분에서 거의 사각형인 구덩이 형태의 경제 구조물이 발견되었다. 이 구조물은 크기가 2.32×2.30m이고, 전체 면적이 5m² 이상이다. 수혈 구덩이 2~5로 명명된 유구들은 제4건축면에 해당된다. 그중에서 수혈 구덩이 2와 4는 아마도 주거지 구덩이의 잔재일 것이다.

1 1864년부터 포시예트 만 지역에 조선에서 이주한 한인 농민들의 마을 – 지진헤, 얀치헤, 시디미, 아디미, 끄라베, 푸르겔만 – 이 출현하였다(S.D. 아노소프, 『우쑤리주의 한인들』, 1928).

2017년도 크라스키노 성 발굴조사 내용

김은국, E.I. 겔만, 정석배, E.V. 아스따쉔꼬바, Ya.E. 삐스까료바

1. 발굴조사 방법

발굴조사는 "고고학 야외조사 실행순서에 관한 규정"(2013년 01월 30일자)에 따라 실시되었다. 발굴대상 구역의 선정에는 연해주 지역 발해문화의 표지유적인 이 성에 대한 다음의 당면과제들이 고려되었다: 건축견들의 범위, 평면배치 상태 및 편년, 그리고 해당 건축물들의 연구, 전체적인 유적의 지형 및 부분적인 주거구역의 지형 연구, 주거지들과 다른 건축물들, 경제 활동과 관련된 유구들에 대한 조사. 새로운 발굴구역은 이미 설정된 발굴구역들에서 확장하는 방식으로 설정하였고, 망상의 미터 단위의 방안을 사용하였다. 2017년도에는 이전에 조사를 시작하였던 발굴구역들에서 계속 조사를 진행하였다. 발굴구역들에 대한 번호는 과거 이 유적에 설정된 발굴구역들의 번호를 참고하여 부여하였다. 발굴조사는 일반적으로 인정된 과정을 통해 준비하였다. 레벨 측량에는 1980년도에 서문 가까이의 서벽 위에 세운 기준점을 기준으로 하였다. 기준점은 평면도에 표시되어 있다(도면 5).

2017년도에 발굴조사를 시작하기 전에 제51구역에 대해 전년도에 현장보존 조치한 것을 제거하였고 뒤이어 발굴구역의 표면을 깨끗하게 정리하였다. 발굴조사는 층위에 따라 실시하였으나, 층위들이 너무 두꺼울 경우에는 두께 5~10cm의 인공층으로 나누거나 혹은 상황에 따라 세부 정리조사를 하는 방식으로 조사를 진행하였다. 발굴조사 중 출토된 모든 유물들에 대해서는 층위와 인공층에 따라 평면도에 표시하였고, 사진 촬영을 하였다. 발굴구역 전체의 표면, 구덩이들의 단면, 대형 유구들의 단

면, 발굴구역의 벽과 둑 토층 등도 모두 실측(1/20 축적) 및 사진 촬영을 하였다.

토층의 색깔 표시에는 만셀라 색상표를 이용하였다. 토양과 암석의 성분 기술에는 지질학자들이 사용하는 도표를 활용하였다.

모든 토층과 인공층, 토층 경계, 유구, 레벨이 차이가 나는 곳, 개별 유물, 고고학 유물 및 생태 유물 집적지, 목탄 시료, (성의 주민들이 사용한) 석탄 집적지, 슬래그 등에 대해서는 레벨 표시를 하였다. 개별 유물들은 평면도에 특정 기호를 사용하여 순서대로 번호를 부여한 상태로 표시하였고 또한 레벨도 기입하였다. 대량 유물(놀이 알들, 부정형의 철편들, 슬래그들, 동물 뼈들, 물고기 뼈들)은 다른 특별 기호로 표시하였다(평면도 범례 참고 요망).

전체 발굴조사 중 확인된 다양한 유구들(재구덩이, 주거지 수혈 구덩이, 경제 구덩이)의 내부 퇴적토 일부는 처음에는 구멍의 직경이 0.25mm인 체로 물체질을 하였고, 그다음에는 구멍의 직경이 2mm인 체로 다시 물체질하였다. 야외조사의 조건에서 대부분의 개별 유물에 대해서는 유물 넘버링 작업, 실측, 보존 처리, 일부 유물에 대한 사진촬영을 하였고, 또한 부분적으로는 고고학 자료들에 대한 정리 작업과 분석도 실시하였다.

발굴조사 전 기간 동안 고고학 유물과 생태 유물에 대한 출토지점(발굴구역, 층위, 방안, 유구 등등) 기입을 병행한 목록 작성 및 야장 작업을 하였다. 대량 유물들도 층위, 인공층, 방안, 유구 등에 따라 수습하였고, 통계를 비롯하여 모든 방면에서 분석을 하였으며, 연구소의 연구실 조건에서의 작업을 위해 모두 운반하였다. 전체 발굴조사 기간 중에는 방사성탄소연대 측정을 위한 시료, 목재 수종 분석을 위한 탄화 목재 시료, 포유류, 조류, 어류의 모든 뼈, 연체동물의 패각들, 다양한 분석을 위한 토양 시료들 등을 수습하였다.

모든 출토 유물에 대한 분석, 모든 고고학 및 생태 유물들의 마무리 손질 작업 등 나머지 작업들은 세부 전공 분야의 전문가들(지구물리학자, 지질학자, 고지질학자, 연체동물학자, 고식물학자, 동물고고학자, 화학자 등등)의 도움을 받아 연구소 내에서 실시하였다. 그 결과물은 준비가 되는 대로 야외조사 보고서에 포함시켰다.

2. 성의 북서쪽 부분 발굴조사. 제51구역

2017년도에는 성의 북서쪽 부분 제51구역에서 계속해서 발굴조사를 하였다. 제51구역은 2015년에 사역 내와 거주구역에서 확인된 건축면들의 상호관계를 파악하기 위해 설정한 것인데 사역의 석축 담장에 인접하는 제12구역(1995~1996년 조사)과 성벽이 조사된 제14구역(1997년 조사)의 일부씩을 각각 포함한다(도면 7). 2015년에는 1995~1996년에 확인된 제12구역의 남쪽 부분에 있는 돌 '기단'이 사실은 사역 담장을 따라 서문지 쪽으로 나있는 위 건축면 도로의 돌을 깐 부분인 것으로 밝혀졌다. 제51구역에는 제12구역에 적용된 숫자(북쪽에서 남쪽 방향)와 문자(서쪽에서 동쪽 방향)를 방안 번호로 사용하였다.

발굴조사의 처음 단계에서는 전년도에 설치한 현장 보존 조치 시설을 해체하였다(도면 8~10). 발굴구역 제4인공층 상면의 현장 보존 조치시설 해체 후의 레벨 수치는 평균 -175/-197cm였다. 문화층에 대한 제토조사는 가능한 한 얇은 층으로 진행하였고 불가피한 경우에는 정밀 정리조사를 수반하였다. 전체적으로 2017년도 발굴조사기간 동안 제51구역에서는 모두 3개의 인공층에 대해 조사를 실시하였다.

(1) 층위

제51구역의 층위는 기본적으로 다음과 같은 퇴적양상을 보였다(도면 11~19).

- 표토와 부식토층(16~30cm)
- 갈색 사질토(12~30cm)
- 무르고 알록달록한 갈색 사질토(2~38cm)
- 회갈색 사질토(4~30cm)
- 다양한 크기의 모래가 섞인 회갈색 사질토(4~16cm)
- 단단한 갈색 사질토(5~80cm)
- 다양한 크기의 모래가 섞인 무른 갈색 사질토(12~18cm)
- 입자가 굵은 갈색 모래(4~28cm)
- 입자가 작은 갈색 모래(4~24cm)
- 황갈색 사질토(4~8cm)

동벽 토층은 2015년과 2017년 발굴조사 기간에 드러난 2개의 도로 돌 깐 층과 관련된 퇴적양상을 반영한다(도면 12, 14).

- 표토와 부식토의 두께는 이(И)-8-9방안의 경우 16~24cm이다.
- 그 아래에는 두께가 12~19cm인 갈색 사질토층이 위치한다.
- 그 아래에는 두께가 6~38cm인 거친 입자의 모래가 섞인 무르고 알록달록한 갈색 사질토층이 놓여 있다.
- 이(И)-6-8방안에는 두께가 4~15cm인 회갈색 사질토층이 있는데 첫 번째의 도로에서 돌 깔린 층과 관련된 작거나 중간 크기의 돌들을 포함한다.
- 이(И)-8방안 쪽에는 회갈색 사질토층 아래에 무르고 알록달록한 갈색 사질토층(두께 2~4cm)이, 이(И)-6-7방안 쪽에는 갈색의 입자가 굵은 모래층(4~28cm)이 각각 놓여 있다.
- 이(И)-7방안 아래로는 다음의 도로 층이 확인되었는데, 작은 돌들과 작게 깨어진 토기 및 기와 편들을 포함하는 다양한 크기의 모래가 섞인 회갈색 사질토였다. 이 층의 두께는 4~9cm이다.
- 그 다음의 회갈색 사질토층은 도로의 두 번째 층의 아래 부분에 해당하며 두께는 10~14cm이다.
- 이(И)-8-9방안에는 회갈색 사질토층과 갈색의 알록달록한 층 아래에 단단한 갈색 사질토층(두께 5~20cm)이 놓여 있다.

서벽 토층은 가장 복잡한 층위 양상을 반영한다(도면 13, 15).

- 표토와 부식토의 두께는 24~38cm이다.
- 그 아래에는 두께 18~30cm의 갈색 사질토층이 있고, 아'(A')-5방안에는 다양한 크기의 모래가 섞인 두께 18cm까지의 무른 명갈색 사질토층 및 단단한 갈색 사질토층이 있다. 갈색 사질토층은 이 방안에서 두께가 80cm까지 두텁고 그리고 크기가 30×8cm, 18×14cm, 20×2cm인 돌들을 포함하는데 1997년에 제14구역에서 성벽을 조사할 때에 훼손된 층위이다.
- 갈색 사질토층 아래에는 중간 및 큰 크기의 돌들을 포함하는 무른 회갈색 사질토층이 위치한다. 이 층은 도로유구의 제1면과 관련이 있으며 두께는 24~30cm이다.
- 회갈색 사질토층 아래에는 아'(A')-9-7방안의 경우 아래에 색깔과 질은 비슷하지만 다양한 입자의 모래와 중간 및 작은 크기의 돌들, 잘게 깨어진 토기편과 와편들이 섞여 있는 층이 위치한다. 이 층은 도로유구의 제2면과 관련이 있다고 생각된다. 이 층의 두께는 6~16cm이다. 이 층은 아'(A')-7-5방안에서 단단한 갈색 사질토층(두께 10~20cm)과 경계하고 있는데, 이 층은 아'(A')-7방안에서 두께 26cm까지의 암갈색 사질토층을 두 부분으로 나누고 있다.
- 아래로 아'(A')-9-8방안에는 두께가 6~10cm인 무른 회갈색 사질토층이 위치한다. 이 층은 아'(A')-8-6방안에서 다양한 크기의 모래가 다량 섞인 갈색 사질토층(두께

4~13cm)으로 바뀐다. 이 2개 층은 모두 도로유구의 제2면 아래 부분에 해당된다.

- 이 레벨의 도로 아래에는 아'(A')-9-5방안의 경우 토기편과 와편 그리고 크고 작은 돌들이 섞인 작은 입자의 갈색 모래층(두께 4~11cm)이 위치한다. 이 층은 아마도 도로에 일부러 깐 층을 것이다. 아'(A')-7-6방안에는 그 아래에 두께가 4~8cm인 황갈색 사질토층이 위치한다.

남벽 토층은 다음의 층위 양상을 보인다(도면 16, 18).

- 가장 위에는 발굴조사 시 생긴 흙들과 현장보존조치 시 덮은 흙들이 줴(Ж)-9방안과 데(Д)-붸(B)-9방안에 두께 2~6cm로 남아 있다.
- 표토와 부식토층은 두께가 20~38cm이다.
- 그 아래에는 두께 12~26cm의 갈색 사질토층이 위치하며, 제(З)-9방안에는 이 갈색 사질토층 아래에 다양한 크기의 모래가 섞인 황갈색 사질토층이 있다(두께 10~14cm).
- 갈색 사질토층 아래에는 이(И)-붸(B)-9방안의 경우 거친 입자의 모래가 섞인 무르고 알록달록한 갈색 사질토층(두께 20~32cm)이 위치하는데, 데(Д)-9방안에는 이 층 중간에 동-서로 띠 모양을 이루며 그을음 얼룩(두께 9~10cm)이 끼여 있다. 아'(A')-붸(B)-9방안에는 거친 입자의 모래가 섞인 무르고 알록달록한 갈색 사질토층이 작은 입자의 모래가 섞인 무른 갈색 사질토층(두께 10~30cm)으로 대체된다.
- 아'(A')-붸(B)-9방안에는 작은 입자의 모래가 섞인 무른 갈색 사질토층 아래에 색깔과 구성이 비슷한 다양한 입자의 모래가 섞인 사질토층(두께 10~16cm)이 위치한다.
- 서쪽의 아'(A')-9방안에는 몇 개의 층을 이루며 도로유구의 잔재들이 남아 있다. 두께 24cm까지의 회갈색 사질토층은 도로의 제1면과 관련이 있고, 다양한 크기의 모래가 많이 섞인 회갈색 사질토층(두께 14cm까지)과 잘게 깨어진 토기편과 와편들을 포함하는 회갈색 사질토층(두께 4~6cm)은 도로의 제2면과 각각 관련된다.
- 이(И)-제(З)-9방안에는 거친 입자의 모래가 섞인 무르고 알록달록한 갈색 사질토층 아래에 단단한 갈색 사질토층(두께 18cm)과 회색 얼룩들이 포함된 갈색 사질토층(두께 10~18cm)이 위치한다.

북벽 토층은 과거에 발굴조사를 한 사찰지역의 돌담장 기초 부분에 대한 (현장 보존조치와 자연적인 현상의 경과로 인해) 표면에 새로운 표토화가 진행되었는데 토층의 양상은 다음과 같다(도면 17, 19).

- 표토에는 돌담장의 기초를 이루는 큰 돌이 포함되어 있다(두께 4~16cm). 이 돌담장은 사찰지역과 성의 다른 부분을 구분한다.
- 돌담장 기초 아래에는 갈색의 작은 입자 모래층이 두께 4~26cm로 위치한다.
- 그 아래에는 갈색의 굵은 입자 모래층이 두께 6~16cm로 위치한다.

(2) 도로유구 조사

현장보존조치 한 것을 제거한 다음에 제4인공층 표면을 사진 촬영하였다(도면 10). 제51구역 현장보존조치 한 것을 제거하는 과정에서 줴(Ж)-9방안에서 끌 모양의 철제 화살촉(No. 1, 레벨 -200cm)(도면 20, 21), 붸(B)-9방안에서 철제 쌍각 미늘(No. 2, 레벨 -190cm)(도면 22, 23), 윤제 토기편들과 와편들(124점 혹은 2.73kg), 그리고 와편으로 만든 놀이 알들(도면 24~28)이 각각 발견되었다.

① 제4인공층

2017년도 제51구역에 대한 발굴조사는 현장보존조치 한 것을 제거한 다음 제4인공층을 두께 10~15cm로 정리조사하면서 시작되었다(도면 29). 제4인공층 정리조사 후에 작성한 평면도는 번호를 5번으로 하였는데 그것은 2017년도의 평면도 번호를 2015년도

것의 연속선상에서 부여하였기 때문이다(도면 30). 먼저 2015년도에 노출되었던 도로에 깐 돌들을 제거하였다(도면 31). 이 레벨에서는 도로가 회갈색 사질토층에 섞여 있는 크고 작은 크기의 돌들 및 와편들로 이루어져 있었음이 확인되었다(도면 32). 또한 이 층에서는 동물의 뼈와 이빨들, 철제 유물편들, 작은 벽토 쪼가리들, 금속과 세라믹 슬래그들, 놀이 알들 등등이 발견되었다(도면 33~38). 도로에 건축 폐기물과 생활 쓰레기를 버렸음이 분명하다. 돌들을 제거한 다음에 발굴구역 전체에서 제4인공층을 조사하였다(도면 39, 40). 이때 조사한 제4인공층 나머지 부분의 두께는 약 10cm였다(도면 41). 제5인공층 상면 레벨에서는 아′(A′)-7-8방안, 아(A)-6-8방안, 베(Б)-6-7방안~제(З)-6-7방안, 이(И)-6-8방안에서 새로운 도로 레벨(도로유구 제1면 제2레벨)이 노출되었다(도면 42). 발굴구역의 동쪽 부분인 이(И)-8-6방안과 제(З)-7-6방안에서 이 도로는 중간 크기와 작은 크기의 돌들로 덮여 있었고(12×8cm, 10×10cm, 10×8cm, 6×4cm, 4×2cm), 그 사이사이에는 다량의 와편들과 토기편들, 놀이 알들, 그리고 동물의 이빨과 뼈들로 된 생활 쓰레기들, 슬래그들 등이 섞여 있었다(도면 43). 발굴구역의 서쪽 부분인 아′(A′)-붸(B)-9-6방안에는 동일 레벨이지만 약간 다른 양상을 보였는데, 이곳에서는 다량의 큰 크기와 중간 크기의 돌들이 깔려 있었고(18×12cm, 16×14cm, 16×12cm, 12×10cm, 12×5cm), 그리고 작은 돌들과 와편들, 토기편들이 소량 섞여 있었다(도면 44). 모든 것을 통해 볼 때에 도로의 서쪽 부분은 레벨이 조금 더 높았던 것 같고 그리고 추가로 복토를 할 필요가 없었던 것 같다. 이에 대해서는 평균값이 -187/-190cm인 레벨의 수치가 말해 준다. 이와는 달리 도로의 동쪽 부분에는 제5인공층 상면에서 노출된 돌을 깐 도로유구의 (제1면) 제2레벨의 레벨 수치 평균값이 -190/-200cm이다(도면 30). 제2레벨의 도로에 깐 돌들은 무른 회갈색 사질토에 놓여 있었다. 제5인공층 상면 레벨에서의 돌을 깐 너비는 120~226cm였다. 발굴구역의 이 구간에서 동-서 방향으로 위치하는 도로는 북쪽으로 약간 굽었으며, 남쪽 가장자리 부분이 더 잘 남아 있었다(도면 45). 도로 돌 포장 부분의 남쪽에는 제5인공층 상면 레벨에서 무른 갈색 사질토층이 노출되었는데 이 사질토층에는 게(Г)-9방안과 데(Д)-이(И)-9-8방안에서 다량의 거친 입자 모래가(이로 인해 알록달록하게 보였다), 아′(A′)-9방안, 아(A)-붸(B)-9-8방안, 게(Г)-8-7방안, 데(Д)-7방안에서는 다량의 작은 입자의 모래가 각각 섞여 있었다(도면 30). 도로 돌 포장의 북쪽은 모래층이었는데, 도로의 모든 북쪽 가장자리를 따라 너비가 1m부터 2~3m까지인 갈색의 큰 입자 모래들이 띠를 이루고 있었다. 더 북쪽으로는 제51구역의 북쪽 경계에 해당하는 사찰구역의 돌담장까지 갈석의 작은 입자 모래들로 채워져 있었다(도면 46). 모래층으로 인해 도로의 가장자리가 보존되지 못하였음이 분명하다.

이(И)-7방안에서는 도로에 깐 돌들을 정리 조사할 때에 소토 덩이들과 작은 숯들이 포하된 20×26cm 크기의 적갈색 얼룩이 노출되었다(도면 47). 제(З)-5방안에 노출된 작은 입자의 모래와 뻘 간층들이 섞인 크기가 130×76cm인 회갈색 사질토 얼룩은 2016년에 발굴구역의 북쪽 부분이 물에 오랫동안 잠겨 있던 결과로 생긴 잔재들일 것이다(도면 48).

발굴구역의 북서쪽 도서리 부분인 아(A)-5방안, 베(Б)-4-3방안, 아′(A′)-6-5방안에서 발견된 부식토화된 단단한 갈색 사질토 얼룩은 사찰 담장과 성벽 일부에 대한 1995~1997년도 발굴조사 결과 형성된 것이다(도면 49).

토제 유물은 주로 도로 유구에 집중되어 있었고, 대부분이 잘게 깨어진 윤제 토기의 편들과 다량의 와편(882점 혹은 16.198kg), 와편 혹은 토기 동체부편으로 만든 놀이 알들이었다(도면 50~65). 제4인공층 조사 시에 모두 49점의 놀이 알이 발견되었다.

제4인공층 정리 조사 시에는 개별유물에 속하는 금속제 유물들과 토제 유물들도 출토되었다.

- 철제 못: 이(И)-6방안(No. 3, 레벨 -190cm), 데(Д)-9방안(No. 4, 레벨 -199cm)(도면 66~70)
- 철제 화살촉: 베(Б)-7방안(No. 5, 레벨 -193cm), 아'(А')-7방안(No. 7, 레벨 -192cm)(도면 71~75)
- 주철제 유물편: 아(А)-9방안(No. 6, 레벨 -191cm)(도면 76~78)
- 선철 유물편: 아'(А')-9방안(No. 8, 레벨 -190cm)(도면 79~81)
- 기호가 있는 토기 저부편: 데(Д)-7방안(No. 9, 레벨 -194cm)(도면 82, 83)
- 한자 명문이 있는 토기 저부편: 데(Д)-9방안(No. 3, 레벨 -190cm)
- 시유 토기 동체부편: 게(Г)-8방안(No. 10, 레벨 -199cm)(도면 87)
- 수키와 와당편: 붸(В)-7방안(No. 12, 레벨 -193cm)(도면 88, 89)
- 문양이 있는 암키와편: 붸(В)-9방안(No. 13, 레벨 -190cm)(도면 90, 91)
- 토제 장식편: 게(Г)-9방안(No. 14, 레벨 -195cm)(92~94)

② 제5인공층

다음 단계의 발굴조사에서는 제5인공층에서 노출된 도로 제1면 제2레벨을 정리 조사하였고, 제5인공층을 완전히 제거하였는데, 제5인공층의 전체 두께는 8~10cm이다(도면 95~97). 도로에 깔린 돌들과 회갈색 사질토층을 치우고 나자 그 아래에서 동일한 색깔(회갈색)의 사질토층이 노출되었다. 하지만 이 사질토층에는 훨씬 더 많은 다양한 크기의 모래가 섞여 있었는데(도로에 돌을 깔기 전에 모래를 깐 것이다), 여기에서 도로의 다음 면(面) 잔재들이 노출되었다(도면 98, 99). 다음 면의 도로는 위에서 드러났던 2개의 도로 면에 비해 잔존상태가 좋지 못하였다. 특히 가운데 부분과 동쪽 부분의 상태가 좋지 못하였다(도면 100). 도로 유구 각 부분의 상태는 서로 차이를 보였다. 북서쪽과 서쪽 부분에는 도로의 상면이 큰, 중간 및 작은 돌들(20×12cm, 20×7cm, 16×10cm, 14×8cm, 8×6cm)과 다량의 작은 토기편들, 와편들, 그리고 생활 폐기물들로 이루어져 있었다(도면 101~103). 남서쪽 부분(붸(В)-게(Г)-8방안)과 동쪽 부분(예(Е)-이(И)-6-7방안)에는 도로의 상면이 작은 돌들(10×6cm, 8×6cm, 6×4cm, 4×2cm)과 건축-생활 폐기물들로 이루어져 있었다(도면 104~108).

도로 상면의 높이가 이 깊이에서 서쪽 부분과 동쪽 부분이 평균 약 14cm의 레벨 차이를 보였다. 이 사실은 보다 높은 서쪽 부분과 북서쪽 부분에서 도로 유구가 더 잘 남아 있었다는 점으로 설명이 될 것이다.

전체적으로 도로의 이면에는 도로 포장을 한 것이 남아 있지 않은 구간이 많이 있고, 또 남아 있는 부분이라 하더라도 도로의 위 레벨들에 비해 매우 작게 깨어진 토기편들과 와편들이 많이 깔려 있었음을 지적할 필요가 있다(도면 109, 110).

이 레벨에서 도로의 포장 부분 너비는 166~200cm이다.

도로 유구 주변의 층위 양상은 큰 변화를 보이지 않았다. 발굴구역의 북쪽 부분에는 도로에서 북쪽으로 갈색의 작은 입자 모래층이 그대로 계속해서 노출되었다. 베(Б)-붸(В)-3-4방안에서는 갈색의 굵은 입자 모래층이 노출되었는데 이 층은 위의 레벨에서는 아′(А′)-6방안과 아(А)-베(Б)-5방안에서 발견되었던 것으로서 시간의 경과와 함께 작은 입자 모래층의 범위가 넓어진 것이다. 아′(А′)-6-7방안과 베(Б)-5방안에서는 남서-북동 방향으로 다양한 크기의 모래가 섞인 갈색 사질토 띠가 노출되었다. 이 층들이 도로의 북쪽으로 경계를 이루고 있었다. 남쪽으로 도로 유구와 경계를 이루는 것은 다양한 크기 및 큰 크기의 모래가 다량 섞여 있는 무른 갈색 사질토층들이었다. 이 사질토층은 가운데 부분과 동쪽 부분이 알록달록하다. 쥐(Ж)-7-8방안에서는 3개의 돌이 남동-북서 방향으로 노출되었다(도면 111). 이 돌들의 크기는 28~30×18cm와 20×18cm, 레벨은 -211/ -216cm이다. 이 돌들은 도로 유구와 회색 얼룩들이 포함된 갈색 사질토층 사이에 위치하는데 아마도 도로 남쪽 가장자리의 잔재일 것이다.

아′(A′)-5방안과 이(И)-9방안에는 단단한 갈색 사질토 얼룩들이 남아 있었다. 위의 레벨에서 소토와 숯들이 확인된 바 있는 이(И)-7방안에는 단단한 소토 흔적들이 있는 적갈색 얼룩이 분명하게 노출되었다. 이 소토 얼룩의 가장자리는 남쪽을 제외하고 모두 흑갈색이다(도면 112). 이 얼룩의 직경은 약 35cm이고, 두께는 약 10cm이다.

제5인공층에서 토제 유물은 주로 도로 유구에 집중되어 있었고, 특히 예(E)-6-이(И)-7방안, 붸(B)-게(Г)-8방안에 가장 많이 집중되어 있었다(도면 113, 114). 토제 유물은 대부분 잘게 깨어진 토기편들과 와편들(2,726점 혹은 64.638kg), 와편과 토기 동체부편으로 만든 놀이 알들이다. 놀이 알은 117점이 발견되었다(8점은 돌로, 14점은 토기 동체부편으로, 95점은 와편으로 만들었다)(도면 139, 140).

제5인공층 정리 조사 중에 개별유물에 해당하는 다음의 토제 유물들과 금속제 유물들도 출토되었다.

- 문양이 있는 암키와편: 제(З)-8방안(No. 15, 레벨 -209cm)(도면 141, 142)
- 수키와 와당편들: 쥐(Ж)-6방안(No. 15, 레벨 -209cm), 데(Д)-7방안(No. 18, 레벨 -206cm), 아(A)-5방안(No. 20, 레벨 -206cm), 베(Б)-7방안(No. 39, 레벨 -194cm), 쥐(Ж)-7방안(No. 40, 레벨 -210cm), 붸(B)-8방안(No. 44, 레벨 -199cm, No. 45, 레벨 -200cm), 베(Б)-4방안(No. 46, 레벨 -200cm), 아′(A′)-7방안(No. 47, 레벨 -197cm)(도면 143~162)
- 상호 교차하는 구멍이 있는 유물편: 붸(B)-6방안(No. 41, 레벨 -193cm)(도면 163, 164)
- 토제 지붕 장식편: 붸(B)-8방안(No. 42, 레벨 -204cm)(도면 165, 166)
- 시유 토기 뚜껑편: 붸(B)-9방안(No. 43, 레벨 -203cm)(도면 167, 168)
- 토제 고리편: 쥐(Ж)-7방안(No. 17, 레벨 -212cm)(도면 169~171)
- 토제 구슬: 데(Д)-8방안(No. 19, 레벨 -206cm)(도면 172, 173)
- 철제 유물편들: 이(И)-6방안(No. 21, 레벨 -197cm), 예(E)-5방안(No. 26, 레벨 -204cm), 붸(B)-9방안(No. 34, 레벨 -199cm), 베(Б)-8방안(No. 37, 레벨 -197cm)(도면 174~183)
- 철제 못들: 이(И)-8방안(No. 22, 레벨 -207cm, No. 23, 레벨 -198cm), 제(З)-7방안(No. 24, 레벨 -200cm), 쥐(Ж)-7방안(No. 25, 레벨 -198cm), 예(E)-6방안(No. 27, 레벨 -212cm), 예(E)-8방안(No. 28, 레벨 -211cm), 데(Д)-5방안(No. 29, 레벨 -206cm), 데(Д)-6방안(No. 30, 레벨 -208cm), 게(Г)-4방안(No. 31, 레벨 -200cm)(도면 184~208)
- 철제 고리: 게(Г)-4방안(No. 32, 레벨 -202cm)(도면 209~211)
- 철제 칼: 게(Г)-7방안(No. 33, 레벨 -210cm)(도면 212~214)
- 철제 판: 베(Б)-7방안(No. 35, 레벨 -196cm)(도면 215~217)
- 철제 띠꾸미개: 베(Б)-7방안(No. 36, 레벨 -199cm)(도면 218~220)
- 철제 화살촉: 아′(A′)-7방안(No. 38, 레벨 -189cm)(도면 221~223)

③ 제6인공층

발굴조사는 태풍으로 인해 일정 기간 중단되었다. 태풍은 엄청난 양의 비를 뿌렸고, 그 결과 발굴구역의 많은 부분이 물에 잠기었다(도면 224). 비가 그친 다음에는 발굴구역에 차 있던 물을 퍼낸 다음에(도면 225) 발굴조사를 재개하였다. 하지만 땅 속의 물로 인해 조사가 힘들어졌는데 특히 발굴구역의 남동쪽 부분에서는 물이 계속 나와 작은 물구덩이를 하나 파야만 하였다(도면 226). 다시 제6인공층 상면에 노출되어 있던 도로에 깐 것들을 제거하였으며(도면 227), 그리고 발굴구역 전체적으로 두께 10~15cm로 새로운 인공층을 조사하였다(도면 228~230).

이 레벨에서는 도로의 잔재들이 동쪽과 가운데 부분(게(Г)-데(Д)-5방안) 그리고 서쪽 부분(아(А)-9방안과 베(Б)-8방안)에서는 잘게 깨어진 토기 무더기들의 형태로서 노출되었다(도면 231~235). 도로를 나타내는 층은 회갈색 사질토였다. 심지어는 도로의 돌-토기편 포장이 남아 있지 않은 곳들에도 크라스키노 성의 도로에 특징적인 동물의 이빨과 뼈들, 철제 유물들, 슬래그들, 놀이 알들, 개별 토기편들과 와편들(1,225점 혹은 29.374kg) 등은 남아 있었다(도면 236~239). 이 레벨에서는 제6인공층 위의 레벨 줴(Ж)-7-8방안에서 이미 노출된 바 있는 3개의 돌이 그대로 윤곽선이 더욱 분명해진 채로 남아있었다.

제7인공층 상면 레벨에서의 도로 유구의 잔존 너비는 126~200cm이다. 이 레벨에서 도로의 굽은 부분이 더욱 분명하게 드러났다. 이(И)-7방안에서는 도로가 북서 방향으로 사찰 담장과 거의 평행하게 약 156cm의 거리를 두고 진행되며, 게(Г)-데(Д)-5방안에서는 도로가 남서쪽으로 방향을 틀며, 아′(А′)-9방안 쪽에서는 도로가, 위 레벨들에서 완만한 궁형으로 굽어진 것과는 달리, 사실상 직각을 이루며 굽어진다(도면 240, 241).

도로 유구를 남쪽에서 둘러싸고 있는 층들의 구성과 질은 사실상 바뀌지 않았는데, 위 레벨에서와 마찬가지로 다양한 크기와 거친 입자의 모래가 포함된 무른 갈색 사질토층이다. 도로의 북쪽에는 대부분의 구간에서 큰 입자의 갈색 모래층이 노출되었다. 이 층은 이(И)-5-6방안에서 작은 입자의 모래층으로 바뀐다.

제6인공층을 조사할 때에 수습된 토제 유물들은 주로 도로 유구에서 발견되었고, 특히 줴(Ж)-제(З)-5-7방안, 베(Б)-붸(В)-7방안, 베(Б)-8-9방안, 아′(А′)-7-8방안에 집중되어 있었다(도면 242, 243). 토제 유물은 다량의 잘게 깨어진 토기편들, 와편들, 와편과 토기 동체부편으로 만든 놀이 알들이었다(도면 244~270). 놀이 알은 모두 55점이 출토되었다(1점은 돌로, 5점은 토기 동체부편으로, 49점은 와편으로 각각 만들었다)(도면 271). 그 외에도 제6인공층을 정리 조사할 때에 토제, 금속제, 철제의 개별유물들도 출토되었다.

- 상호 교차하는 구멍이 있는 토제 유물편: 게(Г)-6방안(No. 50, 레벨 -215cm)(도면 272~274)
- 토제 벽돌편: 베(Б)-8방안(No. 61, 레벨 -205cm)(도면 275, 276)
- 토제 장식편들: 줴(Ж)-7방안(No. 62, 레벨 -211cm)(도면 277, 278), 예(Е)-7방안(No. 69, 레벨 -220cm)(도면 279, 280)
- 수키와 와당편들: 게(Г)-5방안(No. 63, 레벨 -210cm)(도면 281, 282), 붸(В)-7방안(No. 64, 레벨 -210cm)(도면 283~285), 제(З)-7방안(No. 66, 레벨 -210cm)(도면 286, 287)
- 가장자리를 깨어낸 타원형의 토기 동체부편: 게(Г)-5방안(No. 65, 레벨 -210cm)(도면 288, 289)
- 문양이 있는 암키와편들: 베(Б)-8방안(No. 67, 레벨 -208cm)(도면 290, 291), 베(Б)-7방안(No. 68, 레벨 -209cm)(도면 292, 293), 아(А)-7방안(No. 70, 레벨 -208cm)(도면 294, 295)

- 철제 구슬: 이(И)-6방안(No. 48, 레벨 -216cm)(도면 296)
- 철제 고리: 데(Д)-5방안(No. 49, 레벨 -215cm)(도면 297~299)
- 주철제 유물편: 아(A)-7방안(No. 51, 레벨 -207cm)(도면 300~302)
- 철제 못: 아(A)-8방안(No. 52, 레벨 -198cm)(도면 303, 304)
- 철제 유물편들: 아(A)-8방안(No. 53, 레벨 -203cm), 아'(A')-7방안(No. 55, 레벨 -202cm, No. 56, 레벨 -202cm), 붸(B)-5방안(No. 58, 레벨 -215cm)(도면 305~311)
- 철제 판편: 아(A)-8방안(No. 54, 레벨 -203cm)(도면 312)
- 철제 천공기: 아'(A')-8방안(No. 57, 레벨 -214cm)(도면 313~315)
- 철제 축편: 아(A)-7방안(No. 59, 레벨 -205cm)(도면 316, 317)
- 토제 고리편: 붸(B)-9방안(No. 60, 레벨 -210cm)(도면 318, 319)

제51구역에서의 발굴조사는 이 단계에서 마무리를 하였고, 바로 발굴구역에 대한 현장보존조치를 하였다(도면 320).

따라서 두 번의 발굴조사 기간(2015년과 2017년)에 걸쳐 돌과 토제 유물의 편들을 깐 도로 유구가 조사되었다. 2015년도 조사에서는 도로가 사찰의 담장을 따라 나 있었고 그리고 서쪽의 성벽을 따라 남쪽으로 방향을 바꾼 것이 확인되었는데, 아마도 도로는 서문지로 향하였을 것이다. 2017년도 발굴조사 결과 도로의 사용면이 2개 노출되었다. 도로 사용의 늦은 단계를 반영하는 첫 번째 사용면은 돌을 깐 도로의 모습을 하였다. 이 사용면에는 두 개의 레벨이 있었던 것 같다. 도로의 한 레벨은 2015년에 제3인공층을 조사할 때에, 다른 한 레벨은 2017년에 제4인공층을 조사할 때에 각각 노출되었다. 이 도로 사용면은 크라스키노 성에 특징적인 그리고 동문지와 성의 북쪽 부분 가운데에서 확인된 적이 있는 도로 건축의 규칙을 정확하게 지키면서 축조되었다. 도로를 큰 그리고 중간 크기의 돌들로 포장을 하였고, 그 위로 사이사이에 작은 자갈을 채워 넣었다. 도로를 사용하면서 훼손이 간 부분들에는 잘게 깨어진 토기편들, 와편들, 놀이 알들, 동물의 뼈와 이빨들, 자갈들, 슬래그들, 철제 유물편들 등등으로 된 건축 폐기물과 생활 폐기물들로 다시 채워 넣었다. 도로의 마지막 레벨(제1건축면)은 성 존속의 마지막 조금 전에 보수를 하였을 것인데, 아마도 그로 인해 도로가 잘 보존되었을 것이다. 도로를 마른 상태로 유지하고 그리고 큰 돌들 사이사이를 메우는 데에는 주변에서 바로 얻을 수 있는, 다시 말해서 사찰구역에서 얻은 생활 폐기물들이 사용되었을 것이다. 이에 대해서는 도로의 포장 부분에서 발견되는 치미 쪼가리나 지붕의 와당 쪼가리들과 같은 건축 장식품들이 증명한다. 치미와 와당은 행정-사찰 복합체를 발굴할 때에 다량이 발견된 바 있다.

도로 사용의 보다 이른 단계를 반영하는 두 번째 사용면은 제5인공층과 제6인공층을 정리 조사할 때에 확인되었다. 이것은 아마도 두 개의 레벨 혹은 도로에 대한 정기적인 보수의 흔적들과 관련이 있을 것이다. 두 번째 사용면 레벨에서는 도로에 깐 것이 다량의 작은 크기의 토기편들과 와편들, 다수의 놀이 알들, 철제 유물편들, 동물의 뼈와 이빨들, 개별적인 숯들 그리고 소토 쪼가리 등으로 이루어져 있었다. 이 경우 작은 크기와 중간 크기의 돌들이 첫 번째 (위) 사용면 발굴조사 대보다 더 적은 수량으로 발견되었다. 이 레벨에서도 다량의 건축 및 생활 폐기물을 사용하여 도로를 정기적으로 보수하였음이 분명하다. 다만 이 보수는 늦은 단계와는 달리 그렇게 잘 하지는 못하였다. 이 관찰은 크라스키노 성 존속의 서로 다른 시기들 동안에 도로와 관련된 일들이 항상 잘 조직된 것만은 아니었음을 추정할 수 있게 한다. 제2건축면 레벨에서는 도로 보수가 필요할 때마다 산

발적으로 있었고, 성 존속의 마지막 단계에는 도로 보수 작업이 매우 잘 이루어졌다. 이 구역에서 도로에 포장을 한 기술은 동문지와 유적의 다른 구역들에서 확인된 도로 포장 기술과는 약간 차이를 보이는데, 이 사실은 서로 다른 주민들이 도로를 포장하는 일에 종사하였음을 말할 것이다. 각 구역의 도로 작업에 성 내의 서로 다른 일정 구역 주민들이 동원되었을 것이다.

2017년도의 발굴조사는 도로가 고르지 못한 땅에 만들어졌다는 사실을 알게 하였다. 제6인공층 제거 후 제7인공층 상면에서의 레벨 차이가 도로의 서쪽과 동쪽 부분에서 8~10cm였다. 제7인공층 상면의 서쪽과 동쪽 부분 평균 레벨은 -208/ -216cm이다. 제6인공층 상면에서의 레벨 차이는 14cm이고, 평균 레벨은 -193/ -207cm이다. 제5인공층 상면에서의 레벨 차이는 약 11cm이고, 평균 레벨은 -183/ -194cm이다. 도로의 동쪽 부분에, 특히 제6인공층 상면에 잘게 깨어진 토기편과 와편이 집중되어 있었던 것(도면 113, 114)과 또한 도로의 동쪽 부분과 서쪽 부분의 잔존 상태가 차이가 나는 것은 아마도 도로가 고르지 못한 땅에 만들어졌기 때문일 것이다. 도로의 굽은 정도는 시간이 지남에 따라 변화를 보였다. 제7인공층 상면에서 도로의 굽은 정도가 보다 크다. 하지만 전체적으로 도로는 긴 기간 동안 동일한 곳을 지나갔고, '돌아다니지' 않았다.

도로를 보수하는데 사용한 건축 재료는 행정-사찰 복합체가 운용되었던 시기에 혹은 그 후에 최소한 2개 사용면의 도로가 기능을 하고 있었다고 추정할 수 있게 한다. 도로의 제1사용면에서는 가장 늦은 단계로 판단되는 문양의 와당들(제1형식)과 가장 이른 단계로 판단되는 문양의 와당들(제5형식)이 함께 발견된다. 다시 말해서, 위 건축면의 사찰이 운용되었을 시기에 상응하는 퇴적층에서 서로 다른 시기의 유물들이 출토된 것이다. 그와 함께 도로의 제2사용면에서는 아래 건축면의 사찰 건물 기단을 발굴할 때에 발견한 것과 동일한 와당들(제5, 7, 8형식)이 출토되었다. 사찰 구역 내에서의 시기적으로 이른 유물들의 그와 같은 퇴적 양상은 수차에 걸쳐 확인되었는데, 기와들이 절 건물이 파괴되기 전까지 계속 사용되었고, 또 지붕의 기와 교체가 점진적으로 이루어졌기 때문이었다. 지붕 기와 대부분의 사용 기간은 약 50~70년이었다. 파괴된 건물의 기와들은 흔히 다른 건축물의 기단이나 벽체를 단단하게 하는데 사용되었고, 이 건축물들이 파괴된 다음에는 혹은 재건축을 할 때에는 일부 제작시기와 비교하여 보다 늦은 건축면들로 쓸려 들어갔다.

3. 성의 북쪽 부분 발굴조사. 제53구역

성의 북쪽 부분에서 2017년도의 새로운 발굴 기간에는 2015년에 조사한 제50구역의 남쪽으로 확장을 하여 제53구역을 설정하였다. 2015년도 발굴조사에서는 동-서 방향의 도로를 노출시켰는데, 이 도로는 제49구역에서 발견된 도로가 계속 이어진 것이다. 때문에 제53구역에서의 발굴조사 주요 목적은 2015년도 제50구역에서 노출된 도로와 인접하는 구간에서의 성 건축물들의 배치 상태를 파악하는 것이었다.

2017년도의 제53구역은 북동-남서 방향으로 설정되었다. 처음에는 너비가 1m인 둑을 사이에 두고 두 개의 섹터로 구분하였다(각 섹터의 크기는 5×10m이다)(도면 321). 나중에 제3인공층을 제거한 다음에는 섹터 2의 남-서 벽 방향으로 확장을 하여 섹터 3을 다시 설정하기로 결정하였다. 섹터 2와 섹터 3 사이에는 너비 1m의 둑을 두었고, 섹터 3의 크기는 5×10m로 하였다(도면 322). 따라서 제53구역의 전체 면적은 두 개의 둑을 포함하여 170m²가 되었다(도면 323). 방안을 표시하는데 사용한 아라비아 숫자와 알파벳 문자는 크라스키노 성 북쪽의 제50구역과 다른 구역들에서 사용한 것의 연속선상에서 정하였다.

발굴조사를 시작하기 전에 먼저 섹터 1과 섹터 2에 자라는 풀과 관목을 제거하였고, 그다음에는 발굴구역에 대해 레벨 측량을 하였다. 제53구역의 방안에서 알파벳 문자는 제50구역과의 사이에 둔 둑을 기준으로 북동쪽에서 남서쪽 방향으로 정하였다(베(Б)-떼(Т) 방안). 방안에서 아라비아 숫자는 북서쪽에서 남동쪽 방향으로 정하였다(5-5′방안). 층위 조사를 위해 세 개의 섹터를 나누고 있는 두 개의 둑을 남겨 놓았다. 두 개의 둑은 쥐(Ж)-5′-5방안선과 엔(Н)-5′-5방안선을 따라 설정되었다(도면 323). 제53구역에서의 레벨 차이는 상대적으로 크지가 않으며 북동쪽에서 남서쪽으로 섹터 1에서는 10cm까지이고(-116/-126cm), 섹터 2에서는 북서쪽이 약간 높아지는 11cm까지이고(-109/ -121cm), 섹터 3에서는 남동쪽이 심하게 낮아지는 22cm까지이다(-115/ -137cm).

(1) 층위

2017년도 발굴조사를 통해 제53구역의 위 건축면 층위에 대한 정보를 얻을 수 있었다. 섹터 1과 섹터 2의 문화층의 두께는 전체적으로 0.9m까지, 섹터 3에서는 0.24m까지, 수혈 구덩이의 내부를 정리한 깊이까지 고려하면 1.2m까지였다(도면 324~340).

발굴조사가 된 부분의 전체 층위는 다음과 같은 양상을 보였다(도면 324~340).

- 표토와 부식토(두께 12~22cm)
- 거친 입자의 모래가 섞인 갈색의 알록달록한 무른 사질토(16~26cm)
- 단단한 갈색 사질토(38cm까지)
- 황갈색의 거친 모래(10~24cm)

섹터 1과 섹터 2의 베(Б)-5-엠(М)-5선 남동벽 토층은 다른 벽의 토층에 비해 더 두텁다(도면 324, 326).

- 표토와 부식토(14~34cm), 경작의 흔적이 잘 확인된다.
- 두꺼운 단단한 갈색 사질토층(10~42cm)이 베(Б)-제(З)-5방안에서 관찰된다. 이 사질토층과 표토 사이에는 게(Г)-데(Д)-5방안에서는 큰 입자의 모래가 섞인 암갈색 사질토층(10~20cm 이, 예(Е)-쥐(Ж)-5방안에서는 무르고 알록달록한 갈색 사질토층(10~20cm)이 각각 구분된다. 단단한 갈색 사질토층 아래에는 벽의 거의 모든 구간에 걸쳐 단단한 암갈색 사질트층(6~20cm)이 분포한다.
- 쥐(Ж)-엘(Л)-5방안에서는 표토 아래에 무르고 알록달록한 갈색 사질토층(12~27cm)이, 그 아래에는 두께가 10~16cm인 황갈색의 작은 입자 모래층이 각각 위치한다.
- 엘(Л)-5방안에는 모래 간층들과 다양한 입자의 모래가 섞인 사질토 간층들이 두께 10cm까지로 관찰되었다.

섹터 3에서는 오(О)-5-떼(Т)-5선의 남동벽 토층이 2개의 층으로 구분된다.

- 두께 14~20cm의 표토와 큰 입자의 모래가 섞인 알록달록하고 무른 갈색 사질토층(10~20cm)

섹터 1과 섹터 2의 엠(М)-베(Б)-5′선 북서벽 토층은 다음과 같은 층위 양상을 보인다(도면 328, 330).

- 표토와 부식토(15~25cm)
- 엠(М)-까(К)-5′방안에는 표토 아래에 큰 입자의 모래가 섞인 단단한 갈색 사질토층(7~22cm)이 위치하는데, 이 사질토층은 게(Г)-베(Б)-5′방안까지 이어져 있다. 까(К)-5′방안에서 이 사질토층은 다양한 크기의 모래가 섞인 무른 알록달록한 갈색 사질토층(두께 23cm까지)으로 바뀐다. 이 사질토층은 예(Е)-5′방안까지 이어진다. 이 사질토층의 아래로 이(И)-예(Е)-5′방안에는 큰 입자의 모래와 작은 돌들이 섞

인 갈색 사질토층(두께 10~14cm)이, 데(Д)-붸(В)-5'방안에는 알록달록한 갈색의 무른 사질토층이 각각 위치한다. 붸(В)-베(Б)-5'방안에는 이 사질토층이 두께 5cm까지의 황갈색 모래 간층으로 바뀐다.

- 엠(М)-까(К)-5'방안에는 큰 입자의 모래가 섞인 단단한 갈색 사질토층 아래에 조금 덜 단단한 갈색 사질토층(8~26cm)이, 그 아래에는 모래가 많이 포함된 얇은 무른 사질토 간층이 각각 위치한다. 이 사질토 간층은 엠(М)-까(К)-5'방안에서 상당히 두꺼운 단단한 갈색 사질토층(6~16cm)에 의해 교체된다.
- 까(К)-베(Б)-5'방안에는 황갈색의 밝은 굵은 입자 모래층이 두께 10~24cm로 길게 위치한다. 그 아래로 줴(Ж)-예(Е)-5'방안에는 무른 황갈색의 거친 입자 모래층이, 예(Е)-베(Б)-5'방안에는 거친 입자의 모래가 섞인 무른 갈색 사질토층(6~14cm)이 각각 위치한다. 다시 그 아래로 제(З)-베(Б)-5'방안에는 다양한 입자의 모래가 섞인 단단한 갈색 사질토층이 두께 12~24cm로 위치하면서 섹터 1의 구들 주거지 내부 퇴적토 윗부분을 이루고 있다.
- 베(Б)-5'방안에는 중간 크기와 큰 크기의 황색 모래 입자 간층들이 포함된 무른 갈색 사질토층(10~18cm) 가장 두꺼운 토층을 이루고 있다. 그 아래에는 작은 입자의 황색 모래 얼룩들이 포함된 갈색 사질토층(두께 10cm까지)이 위치한다.

섹터 3의 떼(Т)-5'-오(О)-5'선 북서벽 토층은 다음과 같은 층위 양상을 보인다(도면 329, 331).

- 표토와 부식토(12~24cm).
- 큰 입자의 모래가 섞인 알록달록한 무른 갈색 사질토층, 두께 6~12cm.
- 다음 토층들은 발굴구역의 벽에 그 단면이 조사된 수혈 구덩이의 내부 퇴적토를 반영한다. 수혈 구덩이 2(떼(Т)-5'방안)에는 알록달록한 갈색 사질토층 아래에 큰 입자의 모래가 섞인 암갈색 사질토층(6~12cm)이 위치한다. 수혈 구덩이 2의 기본 층위는 부식토화된 얼룩들과 모래들이 섞인 갈색 사질토층인데, 이 사질토층 안에는 암갈색과 회갈색의 사질토 간층들도 포함되어 있다.
- 수혈 구덩이 3(에르(Р)-오(О)-5'방안)에는 알록달록한 갈색 사질토층 아래에 부식토화한 얼룩들과 모래들이 섞인 갈색 사질토층이 두께 45cm까지로 위치하는데, 오(О)-5'방안에서 회갈색의 짙은 사질토층(6~26cm)과 경계한다. 이 두 토층 아래로는 회색 모래 얼룩들이 포함된 암갈색 사질토층(두께 48cm까지)과 황갈색 모래 간층들이 위치하였다.

섹터 1과 섹터 2의 베(Б)-5'-베(Б)-5선 북동벽 토층의 층위 양상은 다음과 같다(도면 332, 334).

- 표토와 부식토(두께 18~24cm).
- 북동벽에는 거의 전 구간에 걸쳐 표토와 부식토 아래로 거친 입자의 모래가 섞인 갈색의 알록달록한 무른 사질토층이 두께 5~22cm로 위치하였다. 다만 베(Б)-4-5방안에는 표토와 부식토 아래로 단단한 갈색 사질토층(14~40cm)이 있었다.
- 베(Б)-5'-4'방안에는 갈색의 알록달록한 사질토층 아래로 황갈색의 큰 입자 모래 간층들이 두께 6~24cm로 위치하였다. 베(Б)-4'-1'방안에는 거친 입자의 모래와 쇄석이 섞인 갈색의 단단한 사질토층(18~26cm)이 있었다. 이 사질토층은 베(Б)-2'-1'방안에서 갈색 사질토층(두께 23cm까지) 아래로 이어진다. 베(Б)-1'-4방안에는 거친 입자의 모래가 섞인 암갈색 사질토층이 베(Б)-4방안의 단단한 갈색 사질토층과 경계한다.
- 베(Б)-5'-3'방안에는 중간 크기와 큰 크기의 모래 입자 간층들이 섞인 갈색의 무른 사질토층(8~22cm) 아래에 작은 입자의 황색 모래 얼룩들이 섞인 갈색 사질토층(5~10cm)이 위치한다.
- 베(Б)-2'-베(Б)-3방안에서는 황갈색의 알록달록한 석립이 섞인 다양한 크기 모래 간층, 황갈색의 큰 입자 모래 간층, 거친 입자의 모래가 섞인 갈색의 무른 사질토간층 등 얇

은 간층들이 많이 구분되었다. 베(Б)-1′-4방안에는 이 간층들 아래에 부드러운 갈색의 사질토층(4~16cm)이 위치하였다.

- 베(Б)-4-5방안에서 가장 아래에 위치하는 토층은 두께가 4~10cm인 매우 단단한 갈색의 사질토층이었다. 이 사질토층은 베(Б)-1-3방안에서 암갈색의 단단한 사질토층(7~14cm)으로 교체되었다. 베(Б)-2′-1′방안에서는 두께 5~10cm의 작은 입자 모래들이 섞인 갈색의 사질토층이 아래 토층을 이루고 있었다.

섹터 1과 섹터 2 사이 쥐(Ж)-5-쥐(Ж)-5′선 둑의 토층 양상은 다음과 같다(도면 333, 335).

- 표토(14~22cm).
- 쥐(Ж)-5-2′방안의 둑 구간에는 표토 아래에 큰 입자의 모래들이 섞인 알록달록한 갈색의 무른 사질토층(10~34cm)이 위치하였다. 그 아래로 쥐(Ж)-5-4방안에는 단단한 갈색의 사질토층(10~20cm)이 있다. 이 사질토층은 쥐(Ж)-4방안에서 갈색의 무른 사질토층과 경계하는데, 황갈색의 다양한 입자 모래층(두께 15cm까지)이 그 두 토층을 갈라 놓고 있다. 쥐(Ж)-2-2′방안에는 거친 입자의 모래와 쇄석이 섞인 갈색의 단단한 사질토층이 두께 10cm까지로 위치한다. 이 토층은 쥐(Ж)-1′방안에서 거친 입자의 모래가 섞인 갈색의 무른 사질토층 아래로 들어가 있다. 가장 아래에 위치하는 토층은 단단한 암갈색의 사질토층(4~24cm)과 다양한 입자의 모래가 섞인 갈색의 단단한 사질토층(4~10cm)이다.
- 쥐(Ж)-2′-5′방안의 둑 일부는 보다 얇고 그리고 모래층들로 이루어져 있다. 쥐(Ж)-3′-4′방안에는 표토 바로 아래에 큰 입자의 황갈색 모래층(4~14cm)이 놓여 있었다. 이 모래층은 이전에 확인된바 있는 큰 입자의 모래가 섞인 알록달록한 갈색의 무른 사질토층(6~17cm)을 덮고 있었다. 그 아래에는 큰 입자의 모래와 잔돌들이 섞인 갈색의 사질토층(7~14cm)이 위치하였다. 그 아래에는 밝은 황갈색의 거친 입자 모래층(8~16cm), 거친 입자의 모래가 섞인 갈색 사질토층(12cm까지), 그리고 가장 아래에는 다양한 입자의 모래가 섞인 갈색의 단단한 사질토층(4~14cm)이 차례로 놓여 있었다.

섹터 2와 섹터 3 사이 엔(Н)-5-엔(Н)-5′선 둑의 토층 양상은 다음과 같다(도면 336, 338).

- 표토(12~24cm).
- 둑 전체적으로 표토 아래에는 큰 입자의 모래가 섞인 알록달록한 갈색의 무른 사질토층(10~40cm)이 위치한다. 엔(Н)-5방안에는 이 사질토층 아래에 갈색의 작은 입자 모래 간층(10cm까지), 무른 갈색의 사질토 간층(10~16cm), 그리고 작은 입자의 황색 모래 얼룩들이 섞인 갈색 사질토 간층(14~20cm)이 각각 있다. 그 아래로 엔(Н)-5-엔(Н)-4방안에는 작은 입자의 모래가 섞인 단단한 갈색의 사질토층(16~18cm)과 단단한 갈색 사질토층(8~18cm)이 놓여 있었다.
- 엔(Н)-3-엔(Н)-1방안에는 큰 입자의 모래가 섞인 알록달록한 갈색의 무른 사질토층 아래에 큰 입자의 모래와 잔돌들이 섞인 갈색의 사질토층(4~28cm)이 놓여 있었다. 이 사질토층은 엔(Н)-1방안에서 두께 18cm까지의 단단한 갈색 사질토층과 경계한다. 이 토층들 아래에는 중간 크기와 큰 크기의 모래 간층들이 섞인 갈색의 무른 사질토층(10~20cm)과 잔돌들과 무른 갈색 사질토 및 암갈색 사질토 간층들이 섞인 단단한 회갈색 사질토층(14~24cm)이 위치한다.
- 엔(Н)-2′-엔(Н)-5′방안에는 큰 입자의 모래가 섞인 알록달록한 갈색의 무른 사질토층 아래에 다음과 같은 많은 얇은 층들이 놓여 있다. 암갈색 사질토층(8~10cm), 무른 갈색 사질토층(2~6cm), 작은 입자 모래와 잔돌들이 섞인 갈색 사질토층(4~6cm), 황갈색의 큰 입자 모래층(5~10cm). 상대적으로 두꺼운 토층은 엔(Н)-3′-엔(Н)-5′방안의 중간 크기와 큰 크기의 모래 간층들이 섞인 갈색의 무른 사질토층(10~20cm)이다. 이 사질토층 아래에는 작은 입자의 모래와 잔돌들이 섞인 갈색의 사질토층(5~20cm)이 놓여 있다.

가장 아래의 토층은 단단한 철화 모래층인데 중간 크기와 큰 크기의 모래 간층들이 섞인 갈색의 무른 사질토층(두께 14cm까지)과 경계하고 있었다.

- 엔(Н)-5'방안에는 대부분 다음과 같은 얇은 간층들이 차지하고 있었다: 작은 입자 모래가 섞인 갈색 사질토 간층(두께 14cm까지), 철화 모래 간층(4~6cm), 단단한 갈색 사질토 간층(2~4cm).

섹터 3의 떼(Т)-5-떼(Т)-5′ 선 남서벽 토층의 양상은 다음과 같다(도면 337, 339). 기본 토층은 표토(10~28cm)와 큰 입자의 모래가 섞인 알록달록한 갈색의 무른 사질토층(5~10cm)이다. 남서벽에 남은 수혈 구덩이 2의 단면은 상당히 복잡한 토층 양상을 보여준다. 수혈 구덩이 2의 단면 문화층은 두께가 1.2m까지 노출되었다. 표토 아래에 거친 입자의 모래와 다양한 입자의 회갈색 모래 간층들과 알록달록한 갈색 모래 간층들이 섞인 암갈색 사질토층(10~16cm)이 위치하였다. 그 아래에는 회갈색의 짙은 사질토층(6~10cm)이 놓여 있었다. 수혈 구덩이의 기본 토층은 부식토 얼룩들이 섞인 갈색 사질토층이다. 이 토층에는 암갈색의 짙은 사질토 작은 얼룩들이 매우 많이 섞여 있었다.

문화층에 대한 정리조사는 각각의 섹터들에서 인공층 단위로 차례로 실시하였다. 인공층들의 두께는 평균 10~15cm로 하였다. 전체적으로 섹터 1과 섹터 2에서는 5개의 인공층을 조사하였고, 섹터 3에서는 1개의 인공층을 조사하였다. 섹터 1과 섹터 2에서는 4개의 구덩이가 조사되었다. 섹터 3에서는 문화층이 19세기 말~20세기 초에 한국 사람들이 남긴 저장 구덩이인 수혈 구덩이들로 인해 심하게 훼손되어 있었다.

(2) 위 건축면

① 섹터 1

지면의 잡초를 깨끗이 없애고 그리고 방안 설정 후 레벨 측량을 한 다음에 제1인공층인 표토와 부식토를 제거하였다. 표토와 부식토의 두께는 평균 약 20cm였다. 그 아래에는 거친 입자의 모래가 섞인 갈색의 알록달록한 무른 사질토층이 위치하였다(도면 341, 342). 이 층에서는 잘게 깨어진 토기편이 다량 발견되었다. 예(Е)-2방안, 데(Д)-2방안, 붸(В)-3′방안, 붸(В)-3방안에서는 토기 동체부편 혹은 와편으로 만든 놀이 알들이 출토되었다. 붸(В)-1방안에서는 크기가 50×26cm인 큰 돌이 하나 노출되었는데 구표토에 놓여 있는 것으로 생각되었다. 발굴구역의 남동벽 부분(베(Б)-예(Е)-4-5방안)에서는 토기편이 다수 포함된 단단한 갈색 사질토 얼룩(크기 4.5×1.6m)이 넓게 분포하고 있었다. 이 얼룩에서는 베(Б)-붸(В)-5방안에서 13개의 돌이 무더기로 발견되었는데 베(Б)-5방안에서 모서리를 이루고 있었고 그리고 발굴구역의 남동벽으로 계속 이어지고 있었다(도면 343). 이 무더기의 돌들은 크기가 12×10cm부터 24×18cm까지 작은 편이었다. 바로 이곳의 데(Д)-5방안에서는 토기 동체부편으로 만든 놀이 알이 1점 출토되었다. 이 얼룩의 범위 내인 게(Г)-데(Д)-5방안에서는 거친 입자의 모래가 섞인 암갈색 사질토 얼룩이 또 노출되었다. 이 얼룩은 크기가 1.3×0.6m이고, 벽 쪽으로 계속 이어지고 있다. 섹터 1의 북서쪽 부분에서는 게(Г)-데(Д)-5′-3-방안에서는 다양한 크기의 모래와 자갈들이 섞인 갈색의 사질토 얼룩(크기 2.4×1.7m)이 그리고 붸(В)-예(Е)-4′-2′방안에서는 황갈색의 큰 입자 모래 띠가 각각 노출되었다. 이후의 계속된 조사가 보여주었듯이 발굴구역의 이 부분은 위 건축면 전체적으로 모래가 많이 섞여 있는 부분이었다.

문화층이 경작으로 인해 파괴되었기 때문에 출토

유물 중에는 현대의 것도 있었고 또 발해의 것도 있었다. 붸(B)-4방안에서는 단조하여 만든 철제 못(No. 3, 레벨 -142cm)이 출토되었다(도면 345, 346). 제1인공층(표토와 부식토)에서는 와편과 토기 동체부편으로 만든 놀이 알은 모두 11점이 출토되었다(도면 344). 제1인공층에서 출토된 토기는 윤제 토기의 구연부편, 동체부편, 그리고 저부편이 있다(도면 347~356). 제1인공층에서 수습된 토기편의 수는 796점(혹은 무게 10.35kg)이다. 토기편들이 가장 집중되어 발견된 곳은 발굴구역의 동쪽 부분인 베(Б)-붸(B)-2-5방안과 서쪽 모서리 부분인 예(E)-5′-4-방안이다(도면 357, 358).

제2인공층을 두께 10~15cm로 조사할 때에 북동-남서 방향으로 섹터를 가로질러 너비 1~1.5m의 모래 혹은 모래가 많이 포함된 사질토 띠가 노출되었다(베(Б)-예(E)-5′-4′방안, 베(Б)-예(E)-5′-3′방안, 베(Б)-데(Д)-1-1′방안, 베(Б)-붸(B)-3-4방안)(도면 359, 360). 이 층들에서 토기 동체부편 혹은 와편으로 만든 놀이 알들이 출토되었다(붸(B)-4′방안, 데(Д)-3′-4′방안, 게(Г)-4′-3′방안, 베(Б)-2′방안, 게(Г)-2′방안). 발굴구역의 남동벽으로 계속 이어지는 단단한 갈색 사질토층은 이 레벨에서 베(Б)-예(E)-4-5방안을 포함하면서 넓어진다. 베(Б)-붸(B)-5방안의 돌무더기를 깨끗이 정리하였는데 돌의 수가 34개 이하였다. 아마도 이 돌무지의 돌들은 하나의 열을 이루고 있었을 것인데 일부가 열에서 떨어져 나왔을 것이다. 이 돌무지의 크기는 길이가 2m, 너비가 20~30cm이다. 데(Д)-5방안에서는 토기 동체부편으로 만든 놀이 알이 출토되었다. 거친 입자의 모래가 섞인 암갈색의 크고 반원형인 사질토 얼룩(크기 4×1.5cm)이 베(Б)-붸(B)-1′-4방안에서 발굴구역의 북동벽으로 계속 이어지고 있었다(도면 363). 이 얼룩에는 토기편들, 개별 돌들, 숯들, 그리고 슬래그들이 섞여 있었다. 이 층의 범위 내에서 토기편들 외에 토기 동체부편으로 만든 놀이 알과 슬래그(베(Б)-1방안)이 발견되었다. 이 얼룩은 남쪽 부분에서 알록달록한 갈색 사질토층과 경계한다. 이 층에서도 놀이 알들이 발견되었다(붸(B)-1방안, 데(Д)-1방안, 데(Д)-2방안).

제2인공층을 조사할 때에 토기편 혹은 와편으로 만든 모두 26점의 놀이 알들이 출토되었다(도면 364~367).

제2인공층에서 출토된 개별 유물들은 철, 청동, 돌, 그리고 흙으로 만든 것이다.

- 철제 판편(No. 4, 예(E)-2′방안, 레벨 -148cm)(도면 368, 369)
- 철제 화살촉(No. 5, 예(E)-2′방안, 레벨 -146cm)(도면 370, 371)
- 철제 화살촉(No. 6, 붸(B)-5′방안, 레벨 -136cm)(도면 372, 373)
- 청동제 띠꾸미개(No. 7, 붸(B)-3′방안, 레벨 -145cm)(도면 374~376)
- 청동 띠꾸미개(No. 8, 붸(B)-3방안, 레벨 -152cm)(도면 377, 378)
- 편암제 숫돌(No. 9, 예(E)-3방안, 레벨 -147cm)(도면 379, 380)
- 둘로 나누어진 토제 고리편(No. 10, 데(Д)-2′방안, 레벨 -149cm)(도면 381, 382)

섹터 1의 제2인공층에서 출토된 토기는 예외적으로 모두 윤제의 토기편들이었다(도면 383~400). 토기가 집중된 곳은 무게로 보나 수량으로 보나 섹터의 가운데 부분이었다(도면 401, 402).

제3인공층은 깊이 12~16cm로 조사하였다(도면 403). 이 레벨에서 토층의 양상은 큰 변화를 보이지 않았는데 위에 제2인공층과 거의 비슷하였다. 다양한 크기의 황갈색 모래 띠들과 모래가 많이 섞인 사질토 띠들이 반복되었다(베(Б)-예(E)-5′-4′방안, 베(Б)-

예(Е)-4′-2′방안, 베(Б)-게(Г)-2′-1′방안, 베(Б)-예(Е)-1-3방안)(도면 404~406). 이 층들에는 유물이 많지 않았다. 소량의 토기편, 토기 동체편으로 만든 놀이 알들(게(Г)-2방안, 데(Д)-2방안, 예(Е)-2방안), 부정형의 철제 유물편(게(Г)-2방안), 그리고 슬래그들(예(Е)-3방안, 베(Б)-1방안)이 발견되었다. 갈색의 부드러운 사질토층인 베(Б)-2-4방안에서는 11점의 놀이 알(베(Б)-2방안, 붸(В)-3방안, 베(Б)-3방안, 데(Д)-4방안)과 부정형의 철제 유물편들(베(Б)-3방안, 게(Г)-4방안)이 출토되었다. 베(Б)-예(Е)-4′-2′방안에서는 거친 입자의 모래와 쇄석이 섞인 단단한 갈색 사질토층이 노출되었는데 토기편이 많이 포함되어 있었다. 이곳에서는 또한 토기편과 와편으로 만든 놀이 알(게(Г)-2′방안, 게(Г)-4′방안, 붸(В)-2′방안, 데(Д)-2′방안, 데(Д)-1′방안, 예(Е)-2′방안)도 많이 출토되었다. 발굴구역의 남동벽으로 계속 이어지고 있던 단단한 갈색 사질토층은 이 레벨에서도 아직 남아있었지만 전체적으로 너비가 1m로 좁아졌는데 다만 남서쪽 부분(베(Б)-예(Е)-4-5방안)에서는 너비가 1.5m까지 넓어졌다. 이 층의 위 인공층에 놓여있는 돌들은 일부 제거하였다. 개별 돌들이 베(Б)-5′방안에서 새로이 발견되었고(작은 돌 3개는 크기가 8×10cm부터 10×20cm까지이다), 데(Д)-2′방안, 예(Е)-1방안, 베(Б)-2방안에서는 다른 돌들이 몇 개 더 노출되었다(도면 407). 데(Д)-4방안에서는 와편으로 만든 놀이 알이 1점 출토되었다. 제3인공층을 조사할 때에 와편 혹은 토기편으로 만든 놀이 알은 모두 33점이 수습되었다(도면 408, 409).

이 인공층에서 출토된 유물 중에는 금속제와 토제도 있다.

- 주철제 바퀴 비녀못(No. 17, 베(Б)-5방안, 레벨 -163cm)(도면 410~412)
- 철제 화살촉(No. 18, 베(Б)-5방안, 레벨 -163cm)(도면 413, 414)
- 철제 칼(No. 19, 붸(В)-1방안, 레벨 -164cm)(도면 415, 416)
- 철제 화살촉(No. 20, 예(Е)-1방안, 레벨 -167cm)(도면 417, 418)
- 토제 고리편(No. 21, 베(Б)-3′방안, 레벨 -159cm)(도면 419, 420)
- 청동 핀셋(No. 22, 예(Е)-4방안, 레벨 -165cm)(도면 421-423)

토기(도면 424~434). 제3인공층 조사 후에 토기가 집중된 곳은 섹터의 동쪽 부분(베(Б)-데(Д)-1-5방안)으로 이동이 되었으며, 그 외에도 많은 수량의 토기편이 베(Б)-붸(В)-4′-3′방안과 데(Д)-예(Е)-3′-2′방안에서도 발견되었다(도면 435, 436).

제4인공층은 두께 12~16cm로 조사하였다. 제4인공층에 대한 조사 후에 위의 층들에서 특징적이었던 '띠'들과 '모래'가 이 레벨에서 사라진 것이 확인되었다(도면 437). 대신에 거친 입자의 모래와 쇄석들이 포함된 단단한 갈색의 사질토 띠가 분명하게 구분되었는데 이 띠는 베(Б)-예(Е)-4′-1′방안에서 북쪽에서 남쪽으로 섹터를 가로지르고 있다. 이곳에서는 토기편들 이외에도 토기 동체부편과 와편으로 만든 놀이 알들도 출토되었다(예(Е)-1′방안, 데(Д)-1′방안, 게(Г)-2′방안, 붸(В)-3′방안, 베(Б)-3′방안). 여전히 모래는 얇은 간층들의 형태로 베(Б)-예(Е)-5′-4′방안의 갈색 사질토층에 섞여 있었다. 그 속에서는 유물이 조금만 출토되었는데 예를 들어 베(Б)-5′방안과 데(Д)-5′방안에서 놀이 알이 발견된 것을 지적할 수 있다. 베(Б)-데(Д)-5′-4′방안에는 거친 입자의 모래가 섞인 갈색의 무른 사질토 얼룩이 장방형 형태로 확인되었다. 이 얼룩의 크기는 3.3×1.4m이다. 예(Е)-5′-1′방안에는 황갈색의 모래가 위의 층과 비교하여 보다 무른 상태가 되었다. 섹터의 남동쪽 부분에 위치하는 단단한 갈색 사질토층은 암갈색의 넓고 단단한 사질토층으로 바뀌었고 그리고 섹터의 중간 부분까지 계속되었다(베(Б)-예(Е)-1′-5방안)(도면 441). 이곳에서는 토기 동체부편과 와편으로 만든 놀이 알이 수점 출토되었다(예(Е)-4방안, 예(Е)-2게(Г)-4게(Г)-2베(Б)-5방안). 베(Б)-2′-1′방안에서는 작은 동물의 턱뼈가 발견되었다(도면 442).

제4인공층에서는 놀이 알은 모두 21점이 출토되었는데 토기 동체부편으로 만든 것이 가장 많다(도면 443~446). 그중에는 직경이 6~7cm로 매우 큰 놀이 알들도 있다(도면 443, 444). 제4인공층에서 출토된 유물들 중에는 금속제와 토제 유물도 있다.

- 철제 유물편(No. 31, 게(Г)-1방안, 레벨 -168cm)(도면 447~449)
- 철제 못(No. 32, 베(Б)-3′방안, 레벨 -182cm)(도면 450, 451)
- 철제 칼편(No. 33, 게(Г)-2′방안, 레벨 -178cm)(도면 452~454)
- 토제 입방체편(No. 34, 게(Г)-2방안, 레벨 -180cm)(도면 455, 456)

토기(도면 457~471). 토기는 발굴구역의 북쪽 부분인 베(Б)-붸(В)-4′-1′방안에 가장 집중되어 출토되었다(도면 472, 473).

② 구덩이 1

황갈색 모래층(베(Б)-게(Г)-1-3방안)의 베(Б)-붸(В)-2-3방안에서 구덩이의 윤곽선이 드러났는데 평면이 타원형이고 크기가 1.3×0.6m인 회갈색 사질토 얼룩의 형태를 하고 있었다(도면 474). 구덩이는 깊이가 10cm까지로서 깊지 않았다. 구덩이의 내부 퇴적토에서 개별 돌들과 큰 입자의 모래들이 확인되었다(도면 475).

③ 섹터 2

제1인공층을 두께 15cm로 제거하고 난 다음에도 제2인공층의 상면에서는 넓은 범위에 걸쳐 부식 사질토가 아직 남아 있었고 또 깊게 파인 경작의 흔적들도 잘 관찰되었다(도면 341, 476, 477). 이 레벨에서는 섹터 1의 동일 레벨에서도 관찰된 바 있는 거친 입자의 모래가 섞인 알록달록한 갈색의 무른 사질토층이 섹터 2의 줴(Ж)-이(И)-5′-5방안의 모든 선들을 따라서도 노출되었다. 줴(Ж)-이(И)-4′-2′방안에서는 황갈색의 큰 입자 모래 띠가 아직 확인되었다.

섹터 2의 제1인공층에서 출토된 유물들 중에는 석제와 토제의 개별 유물도 있다.

- 흑요석 유물(No. 1, 엠(М)-5방안, 레벨 -135cm)(도면 478)
- 석제 숫돌(No. 2, 제(З)-이(И)-4방안, 레벨 -125cm)(도면 479, 480)
- 토제 고리편(No. 3a, 줴(Ж)-1방안, 레벨 -171cm)
- 시유토기편(No. 3b, 줴(Ж)-4방안, 레벨 -172cm)

토기 동체부편과 와편으로 만든 놀이 알은 10점이 출토되었다.

토기(도면 481~491). 토기는 소량이 출토되었으며, 섹터의 가운데 부분과 북쪽 모서리 부분에 주로 집중되어 있었다(도면 492, 493).

제2인공층은 7~10cm 두께로 조사하였다(도면 494). 제2인공층 조사 후의 발굴구역 상면은 특히 많이 '알록달록'하였다(도면 495, 496). 이 레벨에서의 발굴구역의 기본 토층은 거친 입자의 모래가 섞인 알록달록한 갈색의 무른 사질토층이었다. 이 층에서는 토기와 수개의 돌을 제외하고 토기 동체부편과 와편으로 만든 놀이 알들도 발견되었다(이(И)-5방안, 엘(Л)-5방안, 엘(Л)-4방안, 엠(М)-4방안, 엘(Л)-엠(М)-2′방안). 섹터의 북서쪽 부분에서는 모래 띠(줴(Ж)-까(К)-4′-2′방안)와 모래가 섞인 갈색 사질토 띠(쥐(Ж)-이(И)-5′-4′방안)가 관찰되었는데 이 띠들은 섹터 1에서도 확인된 것이었다. 거친 입자의 모래가 섞인 무른 갈색 사질토 띠(쥐(Ж)-엘(Λ)-2′-1방안)에서는 다량의 토기편과 중간 크기의 개별 돌들이 발견되었다. 발굴구역의 서쪽 모서리 부분 까(K)-엠(M)-5′방안에서는 거친 입자의 모래가 섞인 갈색의 단단한 사질토 얼룩(크기 2.5×1.2m)이 확인되었다. 다양한 입자의 모래와 작은 자갈이 섞인 둥글고 작은(0.7×0.7m) 갈색 사질토 얼룩은 발굴구역의 남벽 밖으로도 연결된다(엠(M)-2-3방안).

섹터 2의 가운데 부분에는 거친 입자의 모래와 쇄석이 섞인 단단한 갈색 사질토층이 넓게 분포하고 있는데, 그 안의 제(З)-까(K)-1-3방안에서 단단한 갈색 사질토 얼룩(1.85×2.1m)이 노출되었다. 이 얼룩은 동쪽으로 황갈색의 거친 입자 모래 띠와 경계하고 있다(도면 497). 이것은 구덩이 2의 윤곽 흔적으로서 제4인공층 조사 후에 어깨선이 분명하게 드러났다. 이곳에서 토기 동체부편과 와편으로 만든 놀이 알이 수점 발견되었다(이(И)-2방안, 엘(Λ)-1′방안, 이(И)-2′방안, 제(З)-1′방안, 제(З)-1방안, 제(З)-2방안, 이(И)-4방안, 제(З)-5방안).

제3인공층을 조사할 때에 토기 동체부편, 와편, 그리고 돌로 만든 놀이 알이 모두 48점 출토되었다(도면 498). 이 인공층에서 출토된 유물 중에는 금속제와 토제의 개별 유물도 있다.

- 주철제 유물편(No. 11, 엠(M)-4′방안, 레벨 -141cm)(도면 499, 500)
- 주철제 유물편(No. 12, 까(K)-1′방안, 레벨 -146cm)(도면 501, 502)
- 둘로 나뉜 철제 유물편(No. 13, 이(И)-1′방안, 레벨 -146cm)(도면 503, 504)
- 철제 판편(No. 14, 엠(M)-3방안, 레벨 -151cm)(도면 505)
- 철제 버클편(No. 15, 제(З)-4′방안, 레벨 -149cm)(도면 506, 507)
- 와당편(No. 16, 까(K)-2방안, 레벨 -151cm)(도면 508, 509)

토기(510~520). 제2인공층에서의 토기편들의 분포양상 분석은 분포 모식도에 나타난 바와 같다(도면 521, 522).

제3인공층은 10~15cm 두께로 조사하였는데(도면 523), 거친 입자의 모래가 섞인 알록달록한 갈색의 무른 사질토층은 분포범위가 크게 줄어들어 다만 까(K)-엠(M)-4′-1′방안의 남벽 부근에만 남아있는 것으로 확인되었다(도면 534, 535). 이 층에서는 유물이 조금만 발견되었다. 섹터의 서쪽 부분에는 밝은 황갈색의 거친 입자 모래층이 분포하고 있으면서 암갈색 사질토 띠(쥐(Ж)-4′-3′ - 이(И)-3′방안), 거친 입자의 모래가 섞인 갈색 사질토 띠, 그리고 매우 단단한 갈색 사질토 얼룩(까(K)-엘(Λ)-5′-4′방안)과 각각 경계하고 있다. 가운데 부분에는 단단한 갈색 사질토층이 분포하고 있는데 토기편들이 가장 많이 집중되어 있었고, 이 인공층 전체적으로도 이곳에서 가장 많은 유물이 발견되었다(도면 526). 이 층에서도 30점 이상의 놀이 알들이 출토되었다. 단단한 갈색 사질토 얼룩은 동쪽으로 황갈색의 작은 입자 모래층(쥐(Ж)-엘(Λ)-2-5방안)과 경계한다.

④ 석축 구조물(엘(Л)-엠(M)-2-4방안)

제3인공층 조사 후에 엘(Λ)-엠(M)-2-4방안에서 길이 약 3.3m의 좁은 석열이 노출되었다(도면 527). 엘(Λ)-4방안에는 4개의 작은 크기(5×10cm / 6×16cm) 납작한 돌들이 열을 이루고 있다. 이 돌들의 레벨은 -158cm부터 -163cm까지이다(도면 528). 이 석열의 돌들은 제4인공층 조사 후에 완전하게 노출되었다. 이 석열의 일부로 보이는 돌들이 엘(Λ)-3-엘(Λ)-엠(M)-2방안에서도 확인되었다. 이곳에는 크기가 10×12cm, 10×20cm 등인 돌들과 함께 토기편과 와편이 다수 놓여 있었다(도면 543, 544). 전체적으로 동-서 방향으로 엘(Λ)-4방안에서 엠(M)-2방안까지 약 25개의 돌이 확인되었다. 이곳 돌들의 윗부분 레벨은 -157cm부터 -162cm까지이고, 아래 부분 레벨은 -175cm부터 -178cm까지이다. 엘(Λ)-엠(M)-2방안에는 돌들이 두 겹으로 겹쳐진 상태로 남아 있었다(도면 545). 이 사실은 이 돌들이 석축 구조물의 잔재임을 말해 줄 것이다. 석축 구조물의 남쪽 부분인 엠(M)-3방안과 엠(M)-2방안, 엘(Λ)-5방안에 2점의 놀이 알이 놓여 있었다.

제3인공층을 조사할 때에 출토된 놀이 알들은 토기 동체부편, 와편, 그리고 사암으로 만든 것들이었다(도면 529~532).

이 인공층에서는 철제, 청동제, 토제, 그리고 석제의 개별유물도 출토되었다.

- 상호 교차하는 구멍들이 있는 유물편(No. 22a, 줴(Ж)-2방안, 레벨 -168cm)
- 주철제 유물편(No. 22b, 엘(Л)-3′방안, 레벨 -165cm)
- 철제 못편(No. 23, 줴(Ж)-2방안, 레벨 -169cm)(도면 533)
- 철제 못편(No. 24, 엘(Л)-3′방안, 레벨 -163cm)(도면 534)
- 철제 못편(No. 25, 까(K)-1방안, 레벨 -166cm)(도면 535)
- 철제 판편(No. 26, 까(K)-1방안, 레벨 -172cm)(도면 536)
- 청동 버클편(No. 27, 까(K)-1방안, 레벨 -172cm)(도면 537)
- 청동 띠꾸미개(No. 28, 엘(Л)-2방안, 레벨 -161cm)(도면 538, 539)
- 와당편(No. 29, 엘(Л)-1방안, 레벨 -167cm)(도면 540)
- 토제 목걸이 알(No. 30, 엘(Л)-1′방안, 레벨 -164cm)(도면 541, 542)

토기(도면 546~565). 토기편들이 가장 많이 발견된 곳은 섹터 2의 가운데 부분인데 그중에서 단단한 갈색 사질토층에 토기편들이 특히 많이 집중되어 있었다(도면 566, 567).

제4인공층을 조사하자(도면 568) 섹터 서쪽 부분(줴(Ж)-엠(M)-5′-2′방안)의 대부분 상면에서 거친 입자의 모래가 섞인 갈색 사질토층이 노출되었다(도면 569, 570). 이 사질토층의 범위 내에서 다음과 같은 몇 개의 얼룩이 발견되었다. 까(K)-엘(Λ)-4′방안의 철화 모래 얼룩(크기 1.5×1.1m), 엘(Λ)-엠(M)-5′방안의 작은 입자 모래가 섞인 갈색 사질토 얼룩(크기 1.6×1.2m), 이(И)-5′방안의 갈색 사질토 얼룩(크기 0.9×0.9m). 갈색 사질토 얼룩에서는 놀이 알들(까(K)-4′방안, 이(И)-5′방안), 동물의 이빨(까(K)-4′방안), 부정형의 철제 유물편(이(И)-4′방안) 등이 출토되었다. 섹터의 북서쪽 모서리 부분인 줴(Ж)-5′-3′방안에서는 황갈색의 무른 큰 입자 모래층이 노출되었는데 섹터 1이 동일 레벨에서와 같은 양상이다(도면 571).

섹터 2의 동쪽 부분은 섹터 1에서와 마찬가지로 암갈색의 단단한 사질토층이 점유하고 있다. 이 사질토층은 서쪽으로 줴(Ж)-엘(Λ)-2′-3방안에서는 경제활동으로 남겨진 구덩이 2와 관련된 층과 경계하고, 남쪽으로 까(K)-엘(Λ)-4-5방안에서는 거친 입자의 모래가 섞인 갈색의 무른 사질토 띠(크기 1.3×0.4m), 까(K)-엠(M)-4-5방안에서는 작은 입자의 모래가 섞인 갈색의 사질토 띠(크기 2.3×0.9m), 제(3)-엠(M)-3-4방안에서는 작은 입자의 황색 모래 얼룩들이 포함된 갈색의 사질토층(4.5×4m)과 각각 경계한다. 이 층들에서는 꽤 많은 수량의 놀이 알들이 발견되었다(이(И)-까(K)-1-2방안, 이(И)-1′방안). 전체적으로 제4인공층 조사에서는 모두 19점의 놀이 알이 출토되었다(도면 572, 573).

이 인공층에서는 철제유물들도 출토되었다.

- 철제 화살촉(No. 35, 제(3)-2방안, 레벨 -185cm)(도면 574, 575)
- 철제 판편(No. 36, 이(И)-5′방안, 레벨 -181cm)
- 철제 화살촉(No. 37, 제(3)-2방안, 레벨 -185cm)(도면 576,

577)

- 철제 유물편(No. 38, 아(A)-1′방안, 레벨 -181cm)(도면 578, 579)
- 토제 고리편(No. 39, 이(И)-1 / 이(И)-2방안, 레벨 -185cm)(도면 580, 581)
- 철제 판편(No. 40, 이(И)-1방안, 레벨 -186cm)(도면 582, 583)
- 토제 벽돌편(No. 41, 이(И)-4′방안, 레벨 -178cm)(도면 584, 585)
- 사용흔이 있는 자갈돌, 아마도 뼈를 부수는데 사용(No. 42, 엘(Л)-2방안, 레벨 -164cm)(도면 586)

⑤ 경제건축물 구덩이 2

구덩이 2의 첫 번째 징후는 섹터 2의 제(3)-까(K)-1-3방안에서 제2인공층을 조사한 다음에 이미 확인되었는데 거친 입자의 모래와 쇄석이 섞인 넓은 규모의 단단한 갈색 사질토층(4.7×5m) 내에서 자그마한 갈색의 단단한 사질토 얼룩(1.8×2.3m)의 형태로 확인되었다. 제(3)-까(K)-2-1방안의 이 얼룩은 동쪽으로 황갈색의 큰 입자 모래 띠(제(3)-까(K)-2-3방안)와 인접하고 있다. 다음 인공층을 조사한 다음에는 자그마한 단단한 갈색 사질토 얼룩이 규모가 커져(5×4.5m) 줴(Ж)-엠(M)-2′-4방안을 점유하였다.

구덩이 2의 윤곽선이 분명하게 드러난 것은 제4인공층을 조사하고 난 다음이었는데 작은 입자의 황색 모래가 섞인 둥그스름한 회갈색의 사질토 얼룩 모양을 하고 있었고 크기는 1.5×1.6m였다(도면 587). 이 얼룩의 범위 내에는 황갈색의 모래 간층들이 포함되어 있었다. 간층들은 이 구덩이가 토양에 의해 점차적으로 매몰된 과정을 잘 보여 주고 있는데 단면 토층에 그 과정이 잘 반영되어 있다(도면 588). 이 구덩이의 깊이는 54cm이고, 내부 퇴적토의 토층 양상은 다음과 같다.

- 작은 입자의 황색 모래가 섞인 회갈색 사질토층
- 황갈색의 큰 입자 모래층
- 황갈색의 단단한 사질토층

구덩이에는 단이 져있었다(도면 589). 구덩이 주변에는 3개의 크고 납작한 돌과 작은 돌들이 사각형의 구도를 이루고 있었다(도면 590). 이 돌들의 크기는 50×30cm(제(3)-2-3방안, 레벨 -185cm), 40×20cm(제(3)-이(И)-1′방안, 레벨 -185cm), 32×16cm(까(K)-1′방안, 레벨 -181cm), 20×16cm, 14×10cm(이(И)-3방안, 레벨 -190cm). 다른 한 개의 납작한 돌(크기 32×24cm)(까(K)-1-2방안, 레벨 -237cm)은 구덩이의 내부 퇴적토 안에 들어 있었는데 아마도 굴러 떨어졌을 것이다. 토기편들의 분포 양상을 분석한 결과 이 구덩이와 주변에서 제3인공층과 제4인공층 레벨에서 많은 토기편들이 집중되어 있었음을 보여 주었다.

따라서 구덩이 2는 경제활동과 관련된 건축물이었을 것이고, 아마도 돌 위에 놓은 기둥이 떠받치고 있던 차양이 있었을 것이다. 구덩이 2의 남쪽 가장자리에서 1m 떨어져 위치하는 돌담장 잔재는 아마도 이 경제 건축물과는 관련이 없을 것이다. 이에 대해서는 돌들의 윗부분(-157cm부터 -162cm까지)과 아랫부분(-175cm / -178cm)의 레벨을 통해 알 수 있는데, 돌담장은 구덩이 2보다 약간 높게 위치한다.

제4인공층 조사 중에 상당히 많은 수량의 토기편들이 수습되었다(도면 591~605). 토기편들이 가장 많이 집중된 곳은 구덩이 2 부분이었다(도면 606, 607).

⑥ 섹터 3

표토를 두께 20cm 정도로 제거하자(도면 608) 섹터 3의 상면에서 바로 규모가 상당히 큰 장방형의 수혈 구덩이 3개의 윤곽이 노출되었다. 이 수혈 구덩이들은 오(O)-에르(P)-5′-4방안, 에르(P)-떼(T)-5′-1방안, 에르(P)-떼(T)-1-4방안에 각각 위치한다(도면 609, 610). 그 외에도 떼(T)-3-5방안에서는 돌무지가 노출되었는데 이 돌무지는 사실 표토에서도 확인되었다(도면 611). 이 돌무지는 모서리 부분에서 노출되어 평면 모양이 삼각형을 이루고 있었고, 돌들은 크기가 10×6cm부터 22×16cm까지 중간 크기였다. 수혈 구덩이들과 함께 존속하였던 기단의 한쪽 모서리 부분이 모습을 드러냈을 수도 있다.

제1인공층 안과 제2인공층의 상면에서 모두 1743점의 토기편이 발견되었다(도면 612~623). 토기편들이 가장 집중된 곳은 돌무지와 수혈 구덩이 1이 있는 섹터의 동쪽 부분이었다(도면 624, 625). 제1인공층을 제거할 때에 놀이 알들은 엘(Λ)-5′방안, 에르(P)-1′방안, 에르(P)-4방안, 에쓰(C)-3′방안, 에쓰(C)-2′방안, 에쓰(C)-1-5방안에서 토기 동체부편과 와편 등으로 만든 것들이 모두 18점이 출토되었다. 놀이 알들은 토기 동체부편, 와편, 그리고 돌로 만들었다(도면 626). 오(O)-5방안과 에르(P)-1방안에서는 규화목의 편들이 발견되었다(도면 627, 628). 그 외에도 제1인공층을 조사할 때에 다음과 같은 개별 유물들도 출토되었다.

- 철제 판편(No. 46, 오(O)-5방안, 레벨 -150cm)(도면 629, 630)
- 철제 판편(No. 48, 오(O)-삐-4방안, 레벨 -156cm)
- 토제 고리편(No. 49, 에쓰(C)-1방안, 레벨 -153cm)(도면 631, 632)

⑦ 수혈 구덩이 1(에르(P)-떼(T)-1-4방안)

에르(P)-떼(T)-1-4방안에 위치하는 수혈 구덩이 1은 발굴구역 내에 전체가 들어가 있으며 평면 모양이 방형에 가깝다. 이 수혈 구덩이의 남쪽 부분에는 움푹 파인 곳이 있는데 크기가 30×40cm이고 단을 연상시킨다. 표토를 제거하자 이 수혈 구덩이의 윤곽이 다양한 크기의 황색 모래 얼룩들과 간층들이 포함된 회갈색 사질토 얼룩의 형태로 노출되었고 크기는 2.5×2.6m였다(도면 633). 수혈 구덩이의 내부 퇴적토는 모래가 많이 섞인 무른 갈색 사질토였는데 부식토 덩이가 다수 포함되어 있었다. 수혈 구덩이의 바닥에 가까워졌을 때에 사질토는 단단해졌고 그리고 여전히 부식토 덩이를 많이 포함하고 있었다. 수혈 구덩이의 깊이는 0.86m이다(도면 634). 내부 퇴적토에서 큰 돌들과 와편들 그리고 토기편들이 발견되었다(도면 635~639).

수혈 구덩이 내에서 와편으로 만든 놀이 알들도 수 점 출토되었다(에쓰(C)-2-4방안, 에르(P)-4방안). 그 외에도 수혈 구덩이에서 금속제와 토제의 개별 유물들도 발견되었다.

- 주철제 유물편(No. 44, 에르(P)-2방안, 레벨 -154cm)(도면 641, 642)
- 철제 못(No. 47, 떼(T)-2-3방안, 레벨 -151cm)(도면 643, 644)
- 토기 다리(No. 50, 에르(P)-4방안, 레벨 -157cm)(도면 645, 646)

⑧ 수혈 구덩이 2(에르(P)-떼(T)-5′-1방안)

수혈 구덩이 2(에르(P)-떼(T)-5′-1방안)는 발굴구역에 일부만 들어가 있다. 수혈 구덩이의 모양은 긴 장방형이며 너비는 약 2m이고, 길이는 3.5m 이상이다. 다양한 크기의 모래가 섞인 암갈색 사질토 얼룩의 형태를 가진 이 수혈 구덩이의 윤곽은 표토-부식토를 제거하고 난 다음에 바로 노출되었는데 갈색 모래 간층들과 회갈색 모래 간층들이 다수 포함되어 있었다(도면 647). 수혈 구덩이의 깊이는 1m이다. 내부 퇴적토는 작은 입자의 모래가 섞인 갈색 사질토가 기본 층위이고 그리고 부식토 덩이들이 다수 섞여 있었다. 이 층의 위로는 회갈색과 암갈색 사질토의 간층들 그리고 암갈색의 다양한 크기 모래 간층들이 얇게 형성되어 있다. 갈색 사질토 내에서는 암회갈색 사질토와 갈색 모래 렌즈층들도 섞여 있었다(도면 648, 649).

내부 퇴적토의 아래 부분에서는 작은 크기의 돌들도 섞여 있었다(도면 650, 651). 이 수혈 구덩이의 내부 퇴적토에서는 상당히 많은 수량의 토기편, 와편, 놀이 알들(에쓰(C)-3′방안, 에쓰(C)-떼(T)-2′방안, 떼(T)-4′-5′방안)이 발견되었다. 그 외에도 내부 퇴적토의 여러 깊이에서 금속제와 토제의 개별 유물들이 출토되었다.

- 철제 못(No. 45, 떼(T)-2′방안, 레벨 -160cm)(도면 652, 653)
- 문양이 있는 전돌편(No. 50b, 에쓰(C)-2′방안, 레벨 -200cm)(도면 654, 655)

⑨ 수혈 구덩이 3(오(O)-에르(P)-5′-4′ 방안)

수혈 구덩이 3은 발굴구역의 북서쪽 모서리 부분에서 발견되었다. 이 수혈 구덩이의 윤곽은 표토 바로 아래에서 작은 입자의 모래와 부식토 간층들이 섞인 갈색 사질토 얼룩의 형태로 노출되었다(도면 656). 수혈 구덩이의 노출된 부분 얼룩의 크기는 2.2×1.7m이다. 이 수혈 구덩이의 내부 퇴적토는 획일적이지가 않았다(도면 657). 윗부분은 작은 입자의 모래와 부식토 간층들이 섞인 갈색 사질토였고, 아래 부분은 회색의 다양한 크기 모래 얼룩들이 섞인 회갈색의 짙은 색 사질토층 및 암갈색 사질토층이었다. 그 외에도 곳곳에서 큰 입자의 황갈색 모래 덩이들이 섞여 있었다. 내부 퇴적토에서 깨어진 토기편들(도면 658, 659)과 와편들이 발견되었다. 발견 유물들은 시기가 다양하다. 수레바퀴 차관편(No. 43, 오(O)-5′방안, 레벨 -149cm)(도면 660, 661)도 있고, 한국의 자기편(No. 50a, 에르(P)-5′방안, 레벨 -155cm)(도면 662, 663)도 있다.

따라서 섹터 3에서는 모두 3기의 수혈 구덩이가 조사되었다(도면 664, 665). 아마도 이 수혈 구덩이들은 19세기 말~20세기 초에 한인 마을에서 만든 저장시설이었을 것이다. 발굴조사 기간이 끝나감에 따라 발굴조사는 이 깊이에서 중단하고 다음 발굴조사 기간에 계속해서 조사를 진행하기로 결정이 내려졌다.

(3) 제2건축면

제2건축면에 속하는 유구들은 섹터 1과 섹터 2에서 제5인공층을 조사한 다음에 노출되었다. 먼저 섹터 1과 섹터 2 사이에 남겨 놓은 둑을 제거하였고(도면 666), 그리고 제5인공층은 이 2개 섹터에서 전체적으로 함께 조사가 되었다(도면 667). 발굴구역의 이 깊이에서 가장 넓은 면적으로 발견된 토층은 암갈색의 단단한 사질토층이었는데 주로 북동쪽 부분의 베(Б)-까(K)-2′-5방안에서 분포하였다(도면 668, 670). 이 토층의 동쪽 부분(데(Д)-예(E)-2-4방안)에서는 상당히 많은 수량의 목탄과 석탄 쪼가리들이 발견되었다. 그 외에도 토기 동체부편과 와편으로 만든 놀이 알들도 출토되었다(붸(B)-4방안, 데(Д)-4방안, 예(E)-3방안, 데(Д)-2방안, 베(Б)-1방안, 데(Д)-1′방안, 베(Б)-1′방안). 북서쪽 부분의 베(Б)-줴(Ж)-5′-2′방안에서는 새로운 다양한 크기의 모래가 섞인 갈색의 단단한 사질토층(3.4×6m)이 노출되었다. 이 토층은 아마도 발굴구역의 서벽 밖으로 계속 이어지는 주거지의 내부 퇴적토 상면일 것이다. 이 토층의 가장자리에서는 난방 시스템인 구들의 잔재로 보이는 돌들이 발견되었다(도면 669). 이 토층은 북쪽으로 작은 크기의 황색 모래 얼룩들이 섞인 갈색 사질토와 경계한다. 이 토층의 붸(B)-데(Д)-1-1′방안에서는 다양한 크기의 모래가 섞인 갈색 사질토 얼룩이 길쭉한 타원형의 형태로 노출되었는데 여기에서 15개의 작은 돌들로 된 돌무지(돌들의 크기는 6×5cm부터 15×15cm까지이다)가 발견되었고(도면 671), 또한 토기 동체부편으로 만든 놀이 알(데(Д)-1방안)도 출토되었다. 그와 비슷한 외형을 가진 황갈색의 단단한 사질토 얼룩이 예(E)-제(З)-3-5방안에서도 발견되었다. 이 얼룩에서도 수개의 작은 돌들이 확인되었는데 구덩이 2 주변의 돌들 가까이에서 하나의 열을 이루고 있었다(도면 672). 북동쪽 모서리 부분에서는 아주 단단한 갈색 사질토층이 발견되었다. 이 사질토층에서는 크기가 24×18cm와 30×15cm인 두 개의 크고 납작한 돌이 놓여 있었다.

발굴구역의 남쪽 부분은 보다 알록달록하다. 이곳에는 위의 인공층들에 특징적이었던 '띠'들이 남아 있었다. 예를 들어, 발굴구역의 남벽 쪽에는 거친 입자의 모래가 섞인 갈색의 무른 사질토 띠(까(K)-엘(Л)-4-5방안, 크기 1.3×0.4m), 작은 크기의 모래가 섞인 갈색 사질토 띠(까(K)-엠(M)-4-5방안, 크기 2.3×0.9m), 단단한 갈색 사질토 띠(까(K)-엠(M)-3-4방안, 1×3m), 작은 입자의 모래 얼룩들이 섞인 갈색 사질토 띠(제(З)-엠(M)-3-4방안, 크기 4.5×4m) 등의 띠들이 확인되었다. 제5인공층을 조사할 때에 136점의 토기편들이 발견되었다(도면 707~721). 토기편들이 가장 집중된 곳은 주거지 범위 내와 그 주변 그리고 구덩이 2 부근 및 섹터의 남쪽 부분이었다(도면 722, 723). 놀이 알은 와편, 돌, 토기 동체부편으로 만든 것이 30점 출토되었다(도면 689~694). 그 외에도 석제, 금속제, 그리고 토제의 개별 유물들도 발견되었다.

- 장방형 투공이 있는 철제 띠꾸미개(No. 51, 게(Г)-2′방안, 레벨 -184cm)(도면 695, 696)
- 철제 판편(No. 54, 붸(B)-2′방안, 레벨 -192cm)(도면 697)
- 상호 교차하는 구멍들이 있는 유물편(No. 55, 데(Д)-2′방안, 레벨 -194cm)(도면 698, 699)
- 토제 고리(No. 56, 베(Б)-3′방안, 레벨 -191cm)(도면 700~702)
- 4개의 쪼가리로 깨어진 상호 교차하는 구멍들이 있는 유물편(No. 57, 이(И)-2′방안, 레벨 -195cm)(도면 703, 704)
- 상호 교차하는 구멍들이 있는 유물편(No. 58, 까(K)-2′방안, 레벨 -194cm)(도면 705, 706)
- 철제 유물편(No. 59, 데(Д)-2′방안, 레벨 -194cm)

① 주거지(베(Б)-줴(Ж)-5′-2′방안)

2017년에는 난방 구조인 구들이 있는 주거지의 흔적이 발견되었다. 베(Б)-줴(Ж)-5′-2′방안에서 노출된 이 구들 주거지는 발굴구역에 일부만 포함된 상태였다(도면 673, 674). 우리는 이 주거지의 윗부분에 대해서만 말할 수가 있는데 그것은 발굴조사가 이 단계에서 종료되었기 때문이다.

주거지의 윤곽은 다양한 크기의 모래가 섞인 단단한 갈색 사질토 얼룩의 형태를 하고 있었다. 이 얼룩의 크기는 5.7×3.5m이다. 이 얼룩의 북쪽과 서쪽 가장자리를 따라 작은 돌들이 놓여 있었다. 돌들 중 일부는 원래 자리에서 굴러 내렸지만 돌들이 두 개의 열을 이루고 있는 것이 잘 확인되었는데 주거지의 벽 안쪽으로 나있는 고래의 흔적이다. 이 열들의 길이는 대략 2.5~3m, 너비는 약 0.2m이다. 대부분의 돌들은 크기가 평균 10×15cm이고, 가장 큰 것들은 25×18cm, 26×20cm이며, 돌들 상면의 레벨은 -167cm부터 -195cm까지이다. 붸(B)-데(Д)-5′-3′방안에서는 돌 열들이 계속되는 곳에 작은 숯과 그을음 등 불탄 흔적들이 포함된 좁고 단단한 갈색의 사질토 얼룩이 노출되었다. 다양한 크기의 모래가 섞인 단단한 갈색 사질토층에서는 철제 화살촉(No. 52, 줴(Ж)-2′방안, 레벨 -194cm)(도면 675, 676)과 금속제 심봉(No. 53, 붸(B)-2′방안, 레벨 -193cm)(도면 677, 678)이 출토되었다. 그 외에도 놀이 알들(예(E)-3′방안, 붸(B)-5′방안, 붸(B)-4′방안, 베(Б)-4′방안)과 슬래그(게(Г)-4′방안)도 발견되었다.

② 구덩이 3(예(E)-줴(Ж)-1′-2방안)

구덩이 3은 예(E)-줴(Ж)-1′-2방안에 위치한다. 이 구덩이 3의 윤곽은 모서리들이 둥그스름한 장방형의 암갈색 사질토 얼룩 형태로 노출되었다(도면 679). 이 얼룩의 크기는 1.4×1.1m이다. 얼룩 가장자리에는 너비가 10~20cm인 황갈색의 모래 띠가 일부 두르고 있었다. 구덩이 3의 깊이는 14~15cm이며, 내부 퇴적토에서 작은 숯들과 뼈들(도면 680)이 발견되었는데 그 중에는 동물의 턱뼈(도면 681)도 있었다. 내부 퇴적토를 모두 조사한 다음에 이 구덩이는 모양이 둥그스름하고 그 가장자리에 일부 황갈색 모래들이 분포하는 것이 확인되었다(도면 682). 구덩이에서 수점의 토기편, 토기 동체부편으로 만든 놀이 알(예(E)-줴(Ж)-1′방안), 주철제 유물편(No. 60, 예(E)-줴(Ж)-1′방안, 레벨 -192cm)(도면 683), 그리고 토제 벽돌편(No. 61, 예(E)-줴(Ж)-1′방안, 레벨 -192cm)(도면 684, 685)이 출토되었다.

③ 구덩이 4(이(И)-4′-3′방안)

제5인공층을 조사하고 난 다음에 이(И)-4′-3′방안에서 작은 숯과 그을음들이 섞인 회갈색의 작은 얼룩이 노출되었다(도면 686). 이 구덩이 4의 얼룩은 크기가 0.4×0.5m이다. 구덩이의 깊이는 약 10cm로서 깊지가 않다(도면 687). 내부 퇴적토를 조사한 다음에 구덩이의 모양은 둥그스름하고 그리고 그 바닥은 렌즈 모양인 것이 확인되었다(도면 688).

발굴조사 종료 후에는 발굴구역을 현장보존 조치하였다(도면 724, 725).

4. 맺음말

2017년도에 제51구역에서는 자갈이 깔린 도로유구가 계속해서 조사되었다. 2015년도에는 도로가 사찰구역 담장과 성벽을 따라 서문지 방향으로 나있는 것이 확인되었었다. 2015년과 2017년 두 발굴조사 기간에는 도로의 2개 건축면을 조사하고 그리고 제3 건축면의 상면을 노출시킬 수 있게 하였다. 도로의 상면은 지속적으로 보수를 하였는데 사찰구역에서 나온 생활 폐기물과 건축 폐기물도 도로 보수에 사용하였다.

2017년도에 제53구역에서는 위 건축면이 조사되었고 그리고 제2 건축면에 대한 조사가 시작되었다. 섹터 1과 섹터 2에서는 위 건축면에서 하나의 주거지들 중의 하나에 속하는 것으로 생각되는 마당 유구가 확인되었다. 제1 건축면의 유구들은 현대의 경제활동(경작과 건축행위)으로 인해 심하게 훼손된 상태였다. 섹터 1과 섹터 2에서는 하나의 마당에 위치한 것으로 보이는 구덩이들과 석축 구조물이 발견되었는데 바로 베(Б)-붸(В)-2-3방안의 구덩이 1과 제(З)-까(К)-1-3방안의 구덩이 2 그리고 엘(Л)-엠(М)-2-4방안의 석축 구조물이다. 제53구역은 도로유구가 저장 구덩이들이 조사된 제50구역이 확장된 것이다. 따라서 새로운 발굴조사를 통해 도로의 양쪽으로 큰 건축복합체에 속하는 마당들이 위치하였다고 추정할 수 있게 되었다.

섹터 3에서는 표토를 제거하자 바로 3개의 큰 수혈 구덩이 윤곽이 드러났다. 이 수혈 구덩이들은 20세기에 한인 농부들이 만들었을 것이다.

제2건축면은 2017년도에 그 상면만이 조사되었다. 제5인공층을 조사한 다음에 구들 난방 구조를 가진 주거지의 윤곽이 노출되었다. 다만 그 다음 단계의 조사는 다음 발굴조사 기간에 계속될 것이다.

2017년도 크라스키노 성 출토 유물 목록

제51구역

No	출토 위치, 유물 번호	유물 명칭	크기	재질	레벨, 기타
현장보존 조치 흙 제거 시 발견 유물					
1	K-17, 제51구역, Ж(줴)-9방안, No. 1	화살촉	길이 53mm, 슴베 크기 6×6mm, 촉 몸 너비 13mm, 촉 몸 두께 3mm	철제	레벨 -200cm
2	K-17, 제51구역, B(붸)-9방안, 제4인공층 상면, No. 2	쌍각 미늘	전체 길이 39mm, 너비 21mm, 높이 13mm, 미늘 단면 3×5mm	철제	레벨 -190cm
제4인공층					
3	K-17, 제51구역, 제4인공층, И(이)-6방안, No. 3	못	길이 58mm, 단면 6×6mm, 대가리 단면 9~11mm	철제	레벨 -190cm
4	K-17, 제51구역, 제4인공층, E(예)-7방안	금속제 유물편	18×15×8mm	철제	레벨 -196cm
5	K-17, 제51구역, 제4인공층, Д(데)-9방안, No. 4	못	길이 54mm, 단면 7~8mm	철제	레벨 -199cm
6	K-17, 제51구역, 제4인공층, Б(베)-7방안, No. 5	화살촉?	길이 67mm, 촉 몸 너비 15mm, 촉 몸 두께 6mm, 슴베 단면 7×7mm	철제	레벨 -193cm
7	K-17, 제51구역, 제4인공층, A(아)-9방안, No. 6	금속제 유물편	41×42×19mm	주철제	레벨 -191cm
8	K-17, 제51구역, 제4인공층, A'(아')-7방안, No. 7	화살촉	길이 49mm, 촉 몸 너비 7~14mm, 슴베 6×4mm	철제	레벨 -192cm
9	K-17, 제51구역, 제4인공층, A'(아')-9방안, No. 8	선철 쪼가리	128×41- 59×22~31mm	철제	레벨 -190cm

No	출토 위치, 유물 번호	유물 명칭	크기	재질	레벨, 기타
10	K-17, 제51구역, 제4인공층, Д(데)-7방안, No. 9	기호가 있는 토기 저부편	직경 73mm, 너비 35mm, 두께 6mm	토제	레벨 -194cm
11	K-17, 제51구역, 제4인공층, Д(데)-9방안, No. 10	한자 명문이 있는 토기 저부편	34×43×6mm	토제	레벨 -199cm
12	K-17, 제51구역, 제4인공층, Г(게)-8방안, No. 11	시유 토기 동체부편	39×22×8mm	토제	레벨 -190cm
13	K-17, 제51구역, 제4인공층, B(붸)-7방안, No. 12	와당편	48×49×9mm, 주연부 높이 19mm, 너비 14mm	토제	레벨 -193cm
14	K-17, 제51구역, 제4인공층, B(붸)-9방안, No. 13	문양이 있는 암키와편	73×62×22mm	토제	레벨 -190cm
15	K-17, 제51구역, 제4인공층, Г(게)-9방안, No. 14	토제 장식편	92×67×23-25mm	토제	레벨 -195cm
16	K-17, 제51구역, 제4인공층, Д(데)-7방안	석제 구슬	30×27×27mm	석제	레벨 -202cm, 백색, 가장자리 갈아서 조정
		제5인공층			
17	K-17, 제51구역, 제5인공층, З(제)-8방안, No. 15	문양이 있는 암키와편	80×53×22mm	토제	레벨 -209cm
18	K-17, 제51구역, 제5인공층, Ж(줴)-6방안, No. 16	와당편	66×58×16mm, 주연부 높이 20mm, 두께 8mm	토제	레벨 -205cm
19	K-17, 제51구역, 제5인공층, Ж(줴)-7방안, No. 17	토제 고리편	직경 38mm, 단면 크기 15×17mm	토제	레벨 -212cm
20	K-17, 제51구역, 제5인공층, Д(데)-7방안, No. 18	와당편	60×53mm, 두께 12mm, 주연부 두께 14mm	토제	레벨 -206cm
21	K-17, 제51구역, 제5인공층, Д(데)-8방안, No. 19	갈색 토제 구슬	직경 16mm, 두께 15mm	토제	레벨 -206cm
22	K-17, 제51구역, 제5인공층, A(아)-5방안, No. 20	와당편	69×36mm, 두께 9mm, 주연부 두께 17mm, 주연부 너비 14mm	토제	레벨 -206cm
23	K-17, 제51구역, 제5인공층, И(이)-6방안, No. 21	금속제 유물편	23×13×9mm	철제	레벨 -197cm
24	K-17, 제51구역, 제5인공층, И(이)-8방안, No. 22	못	38×4×5mm, 대가리 10×7mm	철제	레벨 -207cm
25	K-17, 제51구역, 제5인공층, И(이)-8방안, No. 23	못	54×8×7mm	철제	레벨 -198cm
26	K-17, 제51구역, 제5인공층, З(제)-7방안, No. 24	못	50×9×7mm	철제	레벨 -200cm
27	K-17, 제51구역, 제5인공층, Ж(줴)-7방안, No. 25	못(고리 모양으로 굽음)	24×29×7mm	철제	레벨 -198cm
28	K-17, 제51구역, 제5인공층, E(예)-5방안, No. 26	금속제 유물편	22×10×9mm	철제	레벨 -204cm
29	K-17, 제51구역, 제5인공층, E(예)-6방안, No. 27	못	43×9×6mm	철제	레벨 -212cm
30	K-17, 제51구역, 제5인공층, E(예)-8방안, No. 28	못	33×9×7mm	철제	레벨 -211cm

No	출토 위치, 유물 번호	유물 명칭	크기	재질	레벨, 기타
31	K-17, 제51구역, 제5인공층, Д(데)-5방안, No. 29	금속제 심봉(못)	44×10×10mm	철제	레벨 -206cm
32	K-17, 제51구역, 제5인공층, Д(데)-6방안, No. 30	못	59×5×5mm, 대가리 9×6mm	철제	레벨 -208cm
33	K-17, 제51구역, 제5인공층, Г(게)-4방안, No. 31	못	65×5×5mm	철제	레벨 -200cm
34	K-17, 제51구역, 제5인공층, Г(게)-4방안, No. 32	굽은 심봉+부정형 판 3점	65×7×8mm	철제	레벨 -202cm
35	K-17, 제51구역, 제5인공층, Г(게)-7방안, No. 33	테가 있는 칼(2개의 편 상태)	1) 길이 132mm, 슴베 길이 64mm, 단면 6×5mm 2) 10×7mm, 등 너비 4mm, 날 너비 3mm 칼 몸 너비 16~20mm	철제	레벨 -210cm
36	K-17, 제51구역, 제5인공층, В(붸)-9방안, No. 34	철제 유물	1) 40×7×8mm 2) 5×5mm 3) 16×9mm	철제	레벨 -199cm
37	K-17, 제51구역, 제5인공층, Б(베)-7방안, No. 35	길쭉한 판 모양 유물편	44×9×3mm	철제	레벨 -196cm
38	K-17, 제51구역, 제5인공층, Б(베)-7방안, No. 36	유물(띠꾸미개?)	47×37×9mm	철제	레벨 -199cm
39	K-17, 제51구역, 제5인공층, Б(베)-8방안, No. 37	금속제 유물편	40×26×10mm	철제	레벨 -197cm
40	K-17, 제51구역, 제5인공층, A'(아')-7방안, No. 38	화살촉	62×4×4mm, 촉 몸 너비 9mm, 두께 1~5mm	철제	레벨 -189cm
41	K-17, 제51구역, 제5인공층, Б(베)-7방안, No. 39	와당편	52×36×11mm	토제	레벨 -194cm
42	K-17, 제51구역, 제5인공층, Ж(줴)-7방안, No. 40	와당편	28×27×11mm	토제	레벨 -210cm
43	K-17, 제51구역, 제5인공층, В(붸)-6방안, No. 41	상호 교차하는 구멍이 있는 유물편(1개의 구멍 흔적이 잔존)	41×35×31mm	토제	레벨 -193cm
44	K-17, 제51구역, 제5인공층, В(붸)-8방안, No. 42	토제 유물편	102×31×15mm, 기저부분 크기 56×36mm	토제	레벨 -204cm
45	K-17, 제51구역, 제5인공층, В(붸)-9방안, No. 43	시유(삼채?) 토기 뚜껑편	23×18×5mm	토제	레벨 -203cm
46	K-17, 제51구역, 제5인공층, В(붸)-8방안, No. 44	와당편	52×30×12mm	토제	레벨 -199cm
47	K-17, 제51구역, 제5인공층, В(붸)-8방안, No. 45	와당편	68×23×38mm	토제	레벨 -200cm
48	K-17, 제51구역, 제5인공층, Б(베)-4방안, No. 46	와당편	34×28×11mm	토제	레벨 -200cm
49	K-17, 제51구역, 제5인공층, A'(아')-7방안, No. 47	와당편	43×35×15mm	토제	레벨 -197cm
제6인공층					
50	K-17, 제51구역, 제6인공층, И(이)-6방안, No. 48	금속제 구슬	22×19×16mm	철제	레벨 -216cm
51	K-17, 제51구역, 제6인공층, И(이)-6방안, No. 48	금속제 구슬	22×19×16mm	철제	레벨 -216cm
52	K-17, 제51구역, 제6인공층, Д(데)-5방안, No. 49	고리	26×27×12mm, 직경 7mm	철제	레벨 -215cm

No	출토 위치, 유물 번호	유물 명칭	크기	재질	레벨, 기타
53	K-17, 제51구역, 제6인공층, Г(게)-7방안, No. 50	상호 교차하는 구멍이 있는 유물편, 3개의 구멍이 잔존	33×29×16mm	토제	레벨 -215cm
54	K-17, 제51구역, 제6인공층, A(아)-7방안, No. 51	둥그스름한 모양의 주철제 유물편	44×26×19mm	주철제	레벨 -206cm
55	K-17, 제51구역, 제6인공층, A(아)-8방안, No. 52	둥근 대가리가 있는 미니어처 못	길이 30mm, 몸 3×4mm, 13×10mm	철제	레벨 -198cm
56	K-17, 제51구역, 제6인공층, A(아)-8방안, No. 53	금속제 유물편	길이 36mm, 다리 4×5mm, '머리' 29mm, 두께 10mm	철제	레벨 -203cm
57	K-17, 제51구역, 제6인공층, A(아)-8방안, No. 54	금속제 판 모양 유물편	29×16×5mm	철제	레벨 -203cm
58	K-17, 제51구역, 제6인공층, A'(아')-7방안, No. 55	철사편	44×4×4mm	철제	레벨 -202cm
59	K-17, 제51구역, 제6인공층, A'(아')-7방안, No. 56	금속제 유물편	32×9×7mm	철제	레벨 -202cm
60	K-17, 제51구역, 제6인공층, A'(아')-8방안, No. 57	금속제 유물편(천공기), 2개의 편 상태	1) 61×5×5mm 2) 160×4×5mm	철제	레벨 -214cm
61	K-17, 제51구역, 제6인공층, B(붸)-5방안, No. 58	금속제 유물편	30×12×5mm	철제	레벨 -215cm
62	K-17, 제51구역, 제6인공층, A(아)-7방안	금속제 축편	길이 63mm, 단면 8×7mm	철제	레벨 -205cm
63	K-17, 제51구역, 제6인공층, B(붸)-9방안	토제 고리편	28×10×11mm	토제	레벨 -210cm
64	K-17, 제51구역, 제6인공층, Б(베)-8방안	전돌편	24×23×11mm	토제	레벨 -205cm
65	K-17, 제51구역, 제6인공층, Ж(줴)-7방안	장식편	80×54×20mm	토제	레벨 -211cm
66	K-17, 제51구역, 제6인공층, Г(게)-5방안	와당편	92×51×17mm, 주연부 높이 23mm, 너비 15mm	토제	레벨 -210cm
67	K-17, 제51구역, 제6인공층, B(붸)-7방안	와당편	128×40×15mm, 주연부 높이 16mm, 너비 15mm	토제	레벨 -210cm
68	K-17, 제51구역, 제6인공층, Г(게)-5방안, No. 65	타원형으로 가장자리를 타날한 토기 동체부편	103×83×15mm	토제	레벨 -210cm
69	K-17, 제51구역, 제6인공층, З(제)-7방안, No. 66	와당편	36×39×11mm	토제	레벨 -210cm
70	K-17, 제51구역, 제6인공층, Б(베)-8방안, No. 67	하단부에 문양이 있는 암키와편	76×59×17mm	토제	레벨 -208cm
71	K-17, 제51구역, 제6인공층, Б(베)-7방안, No. 68	하단부에 문양이 있는 암키와편	40×26×20mm	토제	레벨 -209 cm
72	K-17, 제51구역, 제6인공층, E(예)-7방안, No. 69	토제 장식편	44×26×28mm	토제	레벨 -220cm
73	K-17, 제51구역, 제6인공층, A(아)-7방안, No. 70	하단부에 문양이 있는 암키와편	56×47×20mm	토제	레벨 -208cm

제53구역

No	출토 위치, 유물 번호	유물 명칭	크기	재질	레벨, 기타
		제1인공층			
74	K-17, 제53구역, 섹터 2, 제1인공층, M(엠)-5방안	흑요석제 유물	19×12×6mm	흑요석	레벨 -135cm
75	K-17, 제51구역, 섹터 2, 제1인공층, З(제)-И(이)-4방안	숫돌	67×41×13~6mm	석제	레벨 -125cm
76	K-17, 제53구역, 섹터 1, 제1인공층, В(붸)-4방안	단조 못	길이 60mm, 단면 8×8mm, 대가리 33×33mm	철제	레벨 -142cm
77	K-17, 제53구역, 둑, 제1인공층, Ж(줴)-1방안, No. 3A	단면 원형의 토제 고리편	14×10×10mm	토제	레벨 -142cm
78	K-17, 제53구역, 둑, 제1인공층, Ж(줴)-4방안, No. 3Б	시유 토기편	14×16×5mm	토제	레벨 -142cm
		섹터 1, 제2인공층			
79	K-17, 제53구역, 섹터 1, 제2인공층, E(예)-2'방안, No. 2	철제 판 모양 유물편	38×23×2mm	철제	레벨 -148cm
80	K-17, 제53구역, 섹터 1, 제2인공층 2, E(예)-2'방안, No. 5	화살촉	길이 42mm, 단면 7×6mm	철제	레벨 -146cm
81	K-17, 제53구역, 섹터 1, 제2인공층, В(붸)-5'방안, No. 6	화살촉	53×5×6mm	철제	레벨 -136cm
82	K-17, 제53구역, 섹터 1, 제2인공층, В(붸)-3'방안, No. 7	상형 투공이 있는 장방형 띠꾸미개, 4개의 고정 심봉 부착	29×28mm, 주연부 높이 5mm, 두께 2mm, 투공 길이 19mm	청동	레벨 -145cm
83	K-17, 제53구역, 섹터 1, 제2인공층, В(붸)-3방안, No. 8	타원형 미니어처 띠꾸미개, 2개의 심봉	12×9×3mm	청동	레벨 -152cm
84	K-17, 제53구역, 섹터 1, 제2인공층, E(예)-3방안, No. 9	구멍이 있는 숫돌	1) 길이 117mm, 너비 49~40mm, 최대 두께 13mm 2) 9×3mm, 구멍 직경 5mm	Сла нец	레벨 -147cm
85	K-17, 제53구역, 섹터 1, 제2인공층, Д(데)-2'방안, No. 10	토제 고리편 (2개로 나뉜 상태)	41×24×12mm	토제	레벨 -149cm
		섹터 2, 제2인공층			
86	K-17, 제53구역, 섹터 2, 제2인공층, M(엠)-4'방안, No. 11	주철제 유물편	42×16×17mm	주철제	레벨 -141cm
87	K-17, 제53구역, 섹터 2, 제2인공층, K(까)-1'/И(이)-1'방안, No. 12	주철제 유물편	39×8mm, 두께 20~12mm	주철제	레벨 -146cm
88	K-17, 제53구역, 섹터 2, 제2인공층, З(제)-1'방안, No. 13	철제 유물편 (2개의 편 상태)	79×21×7mm	철제	레벨 -146cm
89	K-17, 제53구역, 섹터 2, 제2인공층, M(엠)-3방안, No. 14	철제 판 모양 유물편	25×20×3mm	철제	레벨 -151cm
90	K-17, 제53구역, 섹터 2, 제2인공층, З(제)-4'방안, No. 15	버클편	31×7×3mm	철제	레벨 -149cm
91	K-17, 제53구역, 섹터 2, 제2인공층, K(까)-2방안, No. 16	와당편	58×44×10mm	토제	레벨 -151cm
		섹터 1, 제3인공층			
92	K-17, 제53구역, 섹터 1, 제3인공층, Б(베)-5방안, No. 17	바퀴 비녀못	94×32×16mm	주철제	레벨 -163cm
93	K-17, 제53구역, 섹터 1, 제3인공층, Б(베)-5방안, No. 18	화살촉	42×8×5mm	철제	레벨 -167cm
94	K-17, 제53구역, 섹터 1, 제3인공층, В(붸)-1방안, No. 19	칼편	82×13~8mm, 두께 5~3mm	철제	레벨 -164cm

No	출토 위치, 유물 번호	유물 명칭	크기	재질	레벨, 기타
95	K-17, 제53구역, 섹터 1, 제3인공층, E(예)-1방안, No. 20	화살촉	길이 61mm, 촉 몸 너비 8mm, 두께 4mm, 슴베 5~3mm	철제	레벨 -167cm
96	K-17, 제53구역, 섹터 1, 제3인공층, Б(베)-3′방안, No. 21	토제 고리편	28×9×8mm	토제	레벨 -159cm
97	K-17, 제53구역, 섹터 1, 제3인공층, E(예)-4방안, No. 22	핀셋(2개의 편 상태)	길이 90mm, 너비 5mm, 두께 2mm, 코 5mm	청동	레벨 -165cm
98	K-17, 제53구역, 섹터 1, 제3인공층, Ж(줴)-2방안, No. 22A	상호 교차하는 구멍이 있는 유물편 (구멍 1개의 흔적이 잔존)	23×15×21mm	토제	레벨 -168cm
99	K-17, 제53구역, 섹터 1, 제3인공층, Ж(줴)-2방안, No. 22Б	유물편	50×38×23mm	주철제	레벨 -169cm
	섹터 2, 제3인공층				
100	K-17, 제53구역, 섹터 2, 제3인공층, Л(엘)-3′방안, No. 23	철제 못편	23×8×6mm, 두께 4mm	철제	레벨 -165cm
101	K-17, 제53구역, 섹터 2, 제3인공층, Л(엘)-3′방안, No. 24	못(+1개의 편)	61×7~10×4mm	철제	레벨 -163cm
102	K-17, 제53구역, 섹터 2, 제3인공층, K(까)-1′방안, No. 25	못	28×단면- 2×5×5mm	철제	레벨 -166cm
103	K-17, 제53구역, 섹터 2, 제3인공층, K(까)-1방안, No. 26	판 모양 유물편	60×58×5mm	철제	레벨 -172cm
104	K-17, 제53구역, 섹터 2, 제3인공층, И(이)-2′방안, No. 27	버클	35×10×4~3mm	청동	레벨 -166cm
105	K-17, 제53구역, 섹터 2, 제3인공층, Л(엘)-2방안, No. 28	상형 띠꾸미개, 2개의 심봉과 뒷면에 철제 받침이 잔존	20×22×2mm	청동	레벨 -161cm
106	K-17, 제53구역, 섹터 2, 제3인공층, Л(엘)-1방안, No. 29	와당편	97×24mm, 주연부 높이 15mm, 주연부 너비 10mm	토제	레벨 -167cm
107	K-17, 제53구역, 섹터 2, 제3인공층, Л(엘)-1′방안, No. 30	구슬	직경 8mm, 구멍 직경 2mm	토제	레벨 -164cm
108	K-17, 제53구역, 섹터 2, 제3인공층, И(이)-1′방안	시유 토기편	35×22×5mm	토제	레벨 -167cm
	섹터 1, 제4인공층				
109	K-17, 제53구역, 섹터 1, 제4인공층, Г(게)-1방안, No. 31	철제 유물편	40×13×6mm	철제	레벨 -168cm
110	K-17, 제53구역, 섹터 1, 제4인공층, Б(베)-3′방안, No. 32	못	37×10×8mm	철제	레벨 -182cm
111	K-17, 제53구역, 섹터 1, 제4인공층, Г(게)-2방안, No. 33	끌 모양 화살촉	56×5~13×4mm	철제	레벨 -178cm
112	K-17, 제53구역, 섹터 1, 제4인공층, Г(게)-2방안, No. 34	입방체 유물편	25×32×16mm	토제	레벨 -180cm
	섹터 2, 제4인공층				
113	K-17, 제53구역, 섹터 2, 제4인공층, З(제)-2방안, No. 35	화살촉	56×7×8mm	철제	레벨 -185cm
114	K-17, 제53구역, 섹터 2, 제4인공층, И(이)-5′방안, No. 36	판 모양 유물편	29×27×4mm	철제	레벨 -181cm
115	K-17, 제53구역, 섹터 2, 제4인공층, Л(엘)-5방안, No. 37	화살촉	62mm, 촉 몸 34×14mm, 슴베 6×6mm	철제	레벨 -178cm
116	K-17, 제53구역, 섹터 2, 제4인공층, Л(엘)-1방안, No. 38	금속제 유물편	57×8×5mm	철제	레벨 -181cm

No	출토 위치, 유물 번호	유물 명칭	크기	재질	레벨, 기타
117	K-17, 제53구역, 섹터 2, 제4인공층, И(이)-2방안, И(이)-1방안, 구덩이 2	토제 고리편(단면 납작 혹은 장방형)	50×17×12mm	토제	레벨 -185cm
118	K-17, 제53구역, 섹터 2, 제4인공층, И(이)-1방안, 구덩이 2, No. 40	철제 칼편	43×23×3mm	철제	레벨 -186cm
119	K-17, 제53구역, 섹터 2, 제4인공층, И(이)-4′방안, No. 41	전돌편	83×67×21mm	토제	레벨 -178cm
120	K-17, 제53구역, 섹터 2, 제4인공층, Л(엘)-2방안	사용 흔적이 있는 자갈돌	88×79×50mm	석제	레벨 -164cm
		섹터 3, 제1인공층			
121	K-17, 제53구역, 섹터 3, 제1인공층, O(오)-5′방안, No. 43	수레바퀴 차관(편)	54×37×10mm, 날개 높이 24mm, 두께 13mm	주철제	레벨 -149cm
122	K-17, 제53구역, 섹터 3, 제1인공층, P(에르)-2방안, No. 44	주철제 유물편	길이 76mm, 1) 단면 13×13mm, 2) 12×8mm	주철제	레벨 -154cm
123	K-17, 제53구역, 섹터 3, 제1인공층, T(떼)-2′방안, No. 45	못	42mm, 단면 6×6mm, 20×15mm	철제	레벨 -160cm
124	K-17, 제53구역, 섹터 3, 제1인공층, П(뻬)-5방안, No. 46	판 모양 유물편	43×21×2mm	철제	레벨 -150cm
125	K-17, 제53구역, 섹터 3, 제1인공층, T(떼)-2-3방안, K(까)-H′(엔′)방안, No. 47	못	길이 60mm, 단면 8×10mm	철제	레벨 -151cm
126	K-17, 제53구역, 섹터 3, 제1인공층, O(오)-4방안, П(뻬)-4방안, No. 48	판 모양 유물편	23×21×4mm	철제	레벨 -156cm
127	K-17, 제53구역, 섹터 3, 제1인공층, C(에쓰)-1방안, No. 49	고리편(단면 원형)	43×14×13mm	토제	레벨 -153cm
128	K-17, 제53구역, 섹터 3, 제1인공층, P(에르)-4방안, No. 50	토기 다리	42×(기저부 높이) 15×21mm, 윗부분 25×21mm	토제	레벨 -157cm
129	K-17, 제53구역, 섹터 3, 제1인공층, O(오)-5방안	규화목편	93×24×13mm	나무	레벨 -157cm
130	K-17, 제53구역, 섹터 3, 제1인공층, P(에르)-5′방안, 수혈 구덩이 3, No. 50A	시유 한국 토기편	38×48×6mm	토제	레벨 -155cm
131	K-17, 제53구역, 섹터 3, 제1인공층, P(에르)-2′방안, No. 50Б	문양이 있는 전돌편	129×78×44mm	토제	레벨 -200cm
132	K-17, 제53구역, 섹터 3, 제1인공층, P(에르)-1방안	규화목편		나무	레벨 -153cm
		섹터 1, 제5인공층			
133	K-17, 제53구역, 섹터 1, 제5인공층, Г(게)-2′방안, No. 51	장방형 투공이 있는 장방형 띠꾸미개	30×32×7mm, 투공 10×2mm	철제	레벨 -184cm
134	K-17, 제53구역, 섹터 1, 제5인공층, Ж(줴)-2′방안, No. 52	화살촉	길이 51mm, 슴베 단면 7×6mm, 촉 몸 12×10mm	철제	레벨 -194cm
135	K-17, 제53구역, 섹터 1, 제5인공층, B(붸)-3′방안, No. 53	심봉편	46×7×7mm	철제	레벨 -193cm
136	K-17, 제53구역, 섹터 1, 제5인공층, B(붸)-2′방안, No. 54	판 모양 유물편	34×20×6mm	철제	레벨 -192cm
137	K-17, 제53구역, 섹터 1, 제5인공층, Г(게)-2′방안, Д-2′방안, No. 55	상호 교차하는 구멍이 있는 유물편 (1개의 구멍 흔적 잔존)	44×27×17mm	토제	레벨 -194cm
138	K-17, 제53구역, 섹터 1, 제5인공층, Б(베)-3′방안, No. 56	토제 고리(복원 가능), 단면 장방형	직경 59mm, 단면 크기 19×15mm	토제	레벨 -191cm

No	출토 위치, 유물 번호	유물 명칭	크기	재질	레벨, 기타
139	K-17, 제53구역, 섹터 1, 제5인공층, Е(예)-Ж(쥐)-1′방안, 구덩이 3, No. 61	토제 전돌편	80×53×42mm	토제	레벨 -191cm
	섹터 2, 제5인공층				
140	K-17, 제53구역, 섹터 2, 제5인공층, И(이)-2′방안, No. 57	상호 교차하는 구멍이 있는 유물편 (4개의 쪼가리로 깨진 상태)	1) 32×21×16mm 2) 39×28×15mm 3) 48×30×21mm	토제	레벨 -195cm
141	K-17, 제53구역, 섹터 2, 제5인공층, К(까)-2′방안, No. 58	상호 교차하는 구멍들이 있는 유물	44×27×25mm	토제	레벨 -194cm
142	K-17, 제53구역, 섹터 2, 제5인공층, Л(엘)-1′방안, No. 59	유물편	11×11×9mm	철제	레벨 -191cm
143	K-17, 제53구역, 섹터 2, 제5인공층, Е(예)-Ж(쥐)-1-1′방안, 구덩이 3, No. 60	금속제 유물편	71×60×10mm	주철제	레벨 -192cm

II 유물 분석

E.I. 겔만, E.V. 아스따쉔꼬바, Ya.E. 삐스까료바

1. 청동 유물

(1) 청동 띠꾸미개

2017년도에 5점의 청동 유물이 출토되었는데 모두 제53구역의 제1건축면에 속하는 제2~3인공층에 놓여 있었다. 그중의 3점은 청동 띠꾸미개편이다. 청동 띠꾸미개 2점은 섹터 1의 제2인공층을 조사할 때에 출토되었다. 붸(B)-3′방안에서 출토된 띠꾸미개(No. 7, 레벨 -145cm)는 약간 넓어지는 방형의 형태를 하고 있다. 이 띠꾸미개에는 4개의 심봉과 상형의 투공이 남아 있다(도면 375, 376). 크기는 29×28mm이고, 주연부의 높이는 5mm, 두께는 2mm, 토공의 길이는 19mm이다. 약간 손상된 상태이다. 두 번째의 띠꾸미개는 붸(B)-3방안에서 발견되었다(No. 8, 레벨 -152cm). 이 유물은 크기가 작고 타원형이며, 2개의 심봉이 잔존한다(도면 377, 378). 크기는 12×9×3mm이다. 다른 1점은 상형의 띠꾸미개로서 제3인공층을 조사할 때에 엘(Л)-2방안에서 출토되었다(No. 28, 레벨 -161cm)(도면 538, 539). 이 유물에는 2개의 심봉과 철제 받침의 흔적이 남아 있다. 이 띠꾸미개의 크기는 20×22×2mm이다. 이 3점의 청동 띠꾸미개와 동일한 모양의 띠꾸미개들이 이미 크라스키노 성의 다른 발굴구역들과 극동 중세 유적들에서 발견된 바 있다.

(2) 청동 핀셋

제53구역의 예(E)-4방안에서 제3인공층을 조사할 때에 청동 핀셋(No. 22, 레벨 -165cm)이 두 개의 편 상태로 출토되었다(도면 421~423). 이 핀셋에는 집게의 아래 부분이 부러져 나갔지만 전체적으로 보존 상태가 매우 양호하다. 핀셋의 길이는 90mm, 각 집게의 너비는 5mm, 각 집게의 두께는 2mm이고, 직경이 5mm인 핀셋 구멍이 있다. 이와 비슷한 핀셋이 다른 발해 유적들에서 발견된 바 있다. 2017년에는 동일하게 생긴 핀셋이 스따로레첸스크 성터에서도 출토되었다.

(3) 버클

청동 버클(No. 27, 레벨 -172cm)은 제53구역의 까(K)-1방안에서 제3인공층을 조사할 때에 출토되었다(도면 537). 이 버클의 크기는 35×10×4~3mm이다.

2. 철제 유물

(1) 쌍각 미늘

제51구역에서 현장보존을 위해 덮은 흙을 치울 때에 뤠(B)-9방안에서 철제 쌍각 미늘(No. 2, 레벨 -190cm)이 발견되었다. 이 유물은 등에 높이 1.3cm의 돌기가 있는 꺾쇠 모양을 하고 있다. 한쪽 가지의 아래 부분은 결실되었다. 이 유물의 전체 높이는 3.9cm, 너비는 2.1cm, 두께는 0.6cm, 가지 단면의 장방형 단면은 크기가 0.3×0.5cm이다(도면 22, 23). 이와 유사한 유물이 과거 크라스키노 성에서 출토된 바 있다. 전체적으로 이 형태 유물은 발해유적과 여진유적에서 발견된다.

(2) 띠꾸미개

철제 띠꾸미개는 모두 2점이 출토되었다. 그중의 1점(No. 36, 레벨 -199cm)은 제51구역의 베(Б)-7방안에서 제5인공층을 조사할 때에 출토되었다. 이 유물은 아래 부분이 절단된 반원형의 모양을 하고 있으며 투공이 없고 주연부가 넓다(도면 218~220). 이 띠꾸미개의 정면은 문양이 없이 매끈하다. 뒷면에는 고정용 심봉이 하나 남아 있다. 띠꾸미개의 높이는 4.3cm, 너비는 3.3cm, 두께는 0.2~0.4cm, 주연부 높이는 0.5cm, 심봉 길이는 0.1cm이다.

두 번째의 철제 띠꾸미개(No. 51, 게(Г)-2′방안, 레벨 -184cm)는 제53구역의 게(Г)-2′방안에서 제5인공층을 조사할 때에 출토되었다. 이 띠꾸미개는 평면 모양이 장방형이고 장방형의 투공이 있다(도면 695, 696). 크기는 30×32×7mm이고, 투공의 크기는 10×2mm이다.

(3) 버클

철제 버클편(No. 15, 제(3)-4′방안, 레벨 -149cm)은 제53구역 제(3)-4′방안에서 제2인공층을 조사할 때에 출토되었다(도면 506, 507). 이 유물의 크기는 31×7×3mm이다.

고리. 철제 고리(No. 49, 레벨 -215cm)는 제51구역의 데(Д)-5방안에서 제6인공층을 조사할 때에 발견되었다. 크기는 직경 2.7cm, 두께 0.8cm이다(도면 297~299).

(4) 화살촉

2017년도 발굴조사에서는 모두 10점의 철제 화살촉이 출토되었다. 제51구역에서는 3점의 화살촉이 출토되었다. 그 중의 1점은 줴(Ж)-9방안에서 현장보존을 위해 덮은 흙 속에서 발견되었는데 철제 화살촉(?) 혹은 칼(No. 1, 레벨 -200cm)이다(도면 20, 21). 이 유물은 전체 잔존 길이가 5.3cm, 두께가 0.3cm이다. 잔존 슴베의 길이는 2cm, 두께는 0.6cm, 너비는 0.6cm이다. 잔존 몸체의 길이는 3.3cm, 너비는 0.9~1.4cm이다. 다른 1점의 화살촉(No. 5, 레벨 -193cm)은 모양이 유엽형인데 베(Б)-7방안에서 제4인공층을 조사할 때에 발견되었다(도면 71, 72). 이 화살촉은 길이가 6.7cm, 촉 몸의 너비가 1.5cm, 촉 몸의 두께가 0.3~0.4cm이다. 다른 1점의 유엽형 화살촉(No. 7, 레벨 -192cm)은 아′(A′)-7방안에서 제4인공층을 조사할 때에 출토되었다(도면 73~75). 이 화살촉은 길이가 4.9cm, 촉 몸의 크기가 0.7×1.4cm, 슴베의 크기가 0.4×0.6cm이다. 세 번째의 끌 모양 화살촉(No. 38, 레벨 -189cm)은 아′(A′)-7방안에서 제5인공층을 조사할 때에 출토되었다(도면 221~223). 이 화살촉은 잔존 길이가 6.2cm, 슴베의 방형 단면은 크기가 0.3×0.3cm, 촉 몸 단면의 크기는 0.4×0.7cm이다.

제53구역에서는 7점의 화살촉이 출토되었는데 모두 슴베가 있는 유경식이고, 보존상태가 나빠 화살촉의 단면을 전부 다 파악하지는 못하였다. 몇몇 화살촉은 촉 몸이 좁은 유엽형이다. 이 형식의 화살촉 1점(No. 5, 에(E)-2′방안, 레벨 -146cm)은 에(E)-2′방안에서 제2인공층을 조사할 때에 출토되었다(도면 370, 371). 이 화살촉은 길이가 42mm, 단면 크기가 7×6mm이다. 다른 1점(No. 6, 붸(B)-5′방안, 레벨 -136cm)은 붸(B)-5′방안에서 동일한 제2인공층을 조사할 때에 출토되었다(도면 372, 373). 이 화살촉은 크기가 53×5×6mm이다. 세 번째의 화살촉(No. 35, 제(3)-2방안, 레벨 -185cm)은 제(3)-2방안에서 제4인공층을 조사할 때에 출토되었고, 크기는 56×7×8mm이다(도면 574, 575).

게(Г)-2′방안에서는 제4인공층을 조사할 때에 네 번째의 화살촉(No. 33, 게(Г)-2′방안, 레벨 -178cm)이 출토되었는데 끌 모양이었다(도면 452~454). 이 화살촉은 크기가 56×5~13×4mm이다.

다섯 번째의 화살촉(No. 52, 줴(Ж)-2′방안, 레벨 -194cm)은 능형이며 줴(Ж)-2′방안에서 제5인공층을 조사할 때에 출토되었다(도면 675, 676). 이 화살촉은 길이가 51mm, 슴베 단면의 크기는 7×6mm, 촉 몸의 단면 크기는 12×10mm이다.

다른 2점의 화살촉은 보존상태가 나쁘다. 그중의 1점(No. 18, 베(Б)-5방안, 레벨 -163cm)은 베(Б)-5방안에서 제3인공층을 조사할 때에 출토되었다(도면 413, 414). 이 화살촉은 모양이 분명하지 못하다. 크기는 42×8×5mm이다. 이와 비슷한 화살촉(No. 37, 제(3)-2방안, 레벨 -185cm)이 제(3)-2방안에서 제4인공층을 조사할 때에도 출토되었다(도면 576, 577). 이 화살촉은 크기가 길이 62mm, 촉 몸 34×14mm, 슴베 6×6mm이다.

(5) 천공기

철제 천공기(No. 57, 레벨 -214cm)는 제51구역의 아′(A′)-8방안에서 제6인공층을 조사할 때에 출토되었다. 양쪽의 끝 부분이 각각 결실되었으며, 단면은 방형이다(도면 313~315). 이 유물의 크기는 길이 21.6cm, 단면 크기 0.4×0.4cm이다. 꼬챙이 모양의 이 유물은 한쪽 끝 부분이 점차 좁아지는 것으로 보아 천공기의 역할을 하였을 것이다.

(6) 판상 유물

철제 판 모양의 유물편 2점이 제51구역에서 출토되었다. 그중의 1점(No. 35, 레벨 -196cm)은 얇고 길쭉한데 단면이 장방형이며 약간 굽은 상태이다. 이 판상 유물은 베(Б)-7방안에서 제5인공층을 조사할 때에 발견되었다. 이 유물의 길이는 4.4cm, 너비는 0.7cm, 두께는

0.2cm이다.

다른 1점의 판상 유물편(No. 54, 레벨 -203cm)은 얇고 단면이 장방형이며 아(A)-8방안에서 제6인공층을 조사할 때에 출토되었다(도면 312). 이 유물은 길이가 2.9cm, 너비가 1.6cm, 두께가 0.5cm이다.

(7) 축 모양 유물

제51구역에서 철제 축 모양 유물편 3점이 제5인공층을 조사할 때에 출토되었다. 그중 데(Д)-5방안에서 출토된 1점(No. 29, 레벨 -206cm)은 약간 굽었고 단면이 장방형이다(도면 201~203). 이 유물은 길이가 4.2cm이고 단면 크기는 0.8×0.6cm이다.

다른 1점(No. 32, 레벨 -202cm)은 휘어졌고 단면은 둥그스름하며 한쪽 끝 부분이 점차 얇아진다. 이 유물은 게(Г)-4방안에서 출토되었다. 크기는 11×6cm, 단면 크기는 0.5×0.5cm이다(도면 209~211).

세 번째의 축 모양 유물편(No. 34, 레벨 -199cm)은 단면이 방형이며 붸(B)-9방안에서 출토되었다. 이 유물은 길이가 4cm, 단면 크기는 0.5×0.5cm이다(도면 178~180).

양쪽의 끝 부분이 결실된 네 번째의 축 모양 유물편(No. 59, 레벨 -205cm)은 아(A)-7방안에서 제6인공층을 조사할 때에 출토되었다. 약간 굽었다. 유물의 크기는 6.3×0.8×0.9cm이다(도면 316, 317).

(8) 철사

철사편(No. 55, 레벨 -202cm)이 아′(A′)-7방안에서 제6인공층을 조사할 때에 출토되었다. 잔존 길이는 4.5cm, 단면 직경은 0.3cm이다(도면 308~310).

(9) 철제 구슬

철제 구슬(No. 48, 레벨 -216cm)은 제51구역의 이(И)-6방안에서 제6인공층을 조사할 때에 출토되었다(도면 296). 구슬의 크기는 2.2×1.9×1.6cm이다.

(10) 못

못은 유구의 종류에 따라 차이는 나지만 가장 흔히 발견되는 철제 유물이다. 예를 들어, 2017년도에는 제51구역에서는 보존 상태가 서로 차이가 나는 12점의 못이, 발굴조사 면적이 더 넓은 제53구역에서는 7점의 못이 각각 출토되었다.

(11) 칼

제53구역에서 철제 칼의 날편이 3점 출토되었다. 붸(B)-1방안에서는 제3인공층을 조사할 때에 상당이 큰 칼편(No. 19, 붸(B)-1방안, 레벨 -164cm)이 발견되었다(도면 415, 416). 이 칼편은 크기가 82×8~13mm이고, 두께는 3~5mm이다. 예(E)-1방안에서는 제3인공층에서 칼날의 끝 부분(No. 20, 예(E)-1방안, 레벨 -167cm) 발견되었다. 이 유물은 길이가 61mm, 너비가 8mm, 두께가 4mm이다(도면 417, 418). 이(И)-1방안에서는 제4인공층을 조사할 때에 칼의 날편(No. 40, 이(И)-1방안, 레벨 -186cm)이 출토되었다(도면 582, 583).

No.	출토 위치	기술 내용	크기	유물 번호, 레벨	도면 번호
1	제51구역, 제4인공층, И(이)-6방안	굽은 대가리가 있는 못, 단면 장방형	길이 5.8cm, 너비 0.3~1.1cm, 두께 0.4~0.7cm	No. 3, 레벨 -190cm	66, 67
2	제51구역, 제4인공층, Д(데)-9방안	양쪽이 결실된 단면 방형의 철제 못편	유물 길이 5.4cm 단면 크기 0.4×0.4cm	No. 4, 레벨 -199cm	68~70
3	제51구역, 제5인공층, Е(예)-6방안	단면 장방형의 철제 못편	유물 길이 4.3cm, 단면 크기 0.9×0.6cm	No. 27, 레벨 -212cm	195~197
4	제51구역, 제5인공층, Е(예)-8방안	단면 장방형의 철제 못편	유물 길이 3.3cm, 단면 크기 0.9×0.7cm	No. 28, 레벨 -211cm	198~200
5	제51구역, 제5인공층, Д(데)-6방안	양쪽이 결실된 못편, 단면 방형	유물 길이 5.9cm, 방형 단면 크기 0.5×0.5cm	No. 30, 레벨 -208cm	204, 205
6	제51구역, 제5인공층, З(제)-7방안	단면 장방형의 못	유물 길이 4.9cm, 단면 크기 0.6×0.5cm	No. 24, 레벨 -200cm	189~191
7	제51구역, 제5인공층, Г(게)-4방안	단면 방형의 못	유물 길이 6.5cm, 단면 크기 0.4×0.4cm.	No. 31, 레벨 -200cm	206~208
8	제51구역, 제5인공층, И(이)-8방안	대가리가 결실된 못, 단면 장방형	유물 길이 5.4cm, 단면 크기 0.4×0.6cm	No. 22, 레벨 -207cm	184, 185
9	제51구역, 제5인공층, И(이)-8방안	대가리가 결실된 미니어처 못	유물 길이 5cm, 단면 크기 0.9×0.7cm	No. 23, 레벨 -198cm	189~191
10	제51구역, 제5인공층, Ж(줴)-7방안	고리 모양으로 굽은 못	유물 길이 2.8cm, 너비 2.2cm, 단면 크기 0.6×0.4cm	No. 25, 레벨 -198cm	192~194
11	제51구역, 제6인공층, А(아)-8방안	굽은 대가리가 있는 미니어처 못	유물 길이 3.4cm, 단면 크기 0.4×0.2cm	No. 53, 레벨 -203cm	305, 306
12	제51구역, 제6인공층, А(아)-8방안	굽은 둥근 대가리가 있는 못	유물 길이 3.2cm, 단면 크기 0.3×0.5cm	No. 52, 레벨 -203cm	303, 304
13	제53구역, 제4인공층, Б(베)-3′방안	굽은 대가리가 있는 못	유물 길이 37mm, 장방형 단면 크기 10×8mm	No. 32	450, 451
14	제53구역, 제1인공층, Б(베)-3′방안	굽은 대가리가 있는 못	유물 길이 42mm, 장방형 단면 6×20mm	No. 45, 레벨 -160cm	652, 653
15	제53구역, 제1인공층, В(붸)-4방안	반구상의 대가리가 있는 못	유물 길이 60mm, 방형 단면 8×8mm, 대가리 크기 33×33mm	No. 3, 레벨-142cm	345, 346
16	제53구역, 제3인공층, Л(엘)-3′방안	철제 못편	길이 23mm, 장방형 단면 8×6mm	No. 23, 레벨 -169cm	533
17	제53구역, 제3인공층, Л(엘)-3′방안	철제 못편	길이 61mm, 장방형 단면 7×10mm	No. 24, 레벨 -163cm	534
18	제53구역, 제3인공층, К(까)-1방안	철제 못편	길이 28mm, 방형 단면 5×5mm	No. 25, 레벨 -166cm	535
19	제53구역, 제1인공층, Т(떼)-2,3방안	철제 못편	길이 60mm, 방형 단면 6×6mm	No. 47, 레벨 -151cm	643, 644

3. 주철제 유물

(1) 수레바퀴 차관

제53구역에서 2점의 수레바퀴 차관편이 발견되었다. 그중의 1점은 엠(M)-4′방안에서 제2인공층을 조사할 때에 출토되었는데 크기가 42×16×17mm이다(도면 499, 500). 이 차관의 날개는 높이가 17mm이고 너비는 7mm이다. 다른 1점은 조금 더 큰데 크기가 54×37×10mm이다. 이 유물은 오(O)-5방안에서 제1인공층을 조사할 때에 출토되었다(도면 660, 661). 이 차관의 날개는 단면이 삼각형이고, 높이는 24mm, 두께는 13mm이다.

(2) 수레바퀴 비녀못

이 유물은 베(Б)-5방안에서 제3인공층을 조사할 때에 출토되었다(도면 410~412). 이 비녀못은 단면이 장방형인 축 모양이며 둥글고 고랑이랑모양의 문양으로 장식된 머리가 있다. 비녀못의 길이는 94mm, 너비는 32×16mm이다.

(3) 주철제 유물편

2017년도에 조사된 두 곳의 발굴구역에서는 모양과 용도가 분명하지 못한 주철제 유물편들도 출토되었다. 제53구역에서 출토된 주철제 유물편들은 크기가 작다. 그중에서 크기가 가장 큰 것은 에르(P)-2방안에서 발견된 것인데 길이가 76mm, 단면 크기가 한쪽은 13×13mm, 다른 한쪽은 12×8mm이다(도면 641, 642). 다른 것들은 크기가 더 작다(도면 683).

제51구역에서는 주철제 유물편이 2점이 출토되었다. 아(A)-9방안에서 제4인공층을 조사할 때에 발견된 단면 타원형의 주철제 유물편(No. 6, 레벨 -191cm)은 크기가 40×42×18mm이다(도면 76~78).

아(A)-7방안에서 제6인공층을 조사할 때에는 단면 원형의 주철제 유물편(No. 51, 레벨 -206cm)이 출토되었다(도면 300~302). 이 유물은 길이가 44mm, 단면 직경이 19mm이다.

4. 석제 유물

돌로 만든 유물은 수량이 많지 않으며, 그중의 대부분은 제53구역의 문화층 윗부분에서 출토되었다. 예(E)-3방안에서는 편암으로 만든 한쪽에 구멍이 뚫려 있는 숫돌(No. 9, 예(E)-3방안, 레벨 -147cm)이 발견되었다(도면 379, 380). 이 숫돌은 길이가 117mm, 너비가 40~49mm, 등 부분의 두께가 7~17mm, 구멍의 직경이 5mm이다.

다른 숫돌 1점(No. 2, 제(3)-이(И)-4방안, 레벨 -125cm)은 제(3)-이(И)-4방안에서 제1인공층을 조사할 때에 출토되었다(도면 479, 480). 이 숫돌은 크기가 67×41×6~13mm이다.

엠(M)-5방안에서는 제1인공층을 조사할 때에 흑요석 유물(No. 1, 엠(M)-5방안, 레벨 -135cm)이 출토되었다(도면 478). 이 유물은 크기가 19×12×6mm이다. 엘(Λ)-2방안에서는 사용을 한 흔적이 있는 자갈돌(No. 42, 엘(Λ)-2방안, 레벨 -164cm)이 발견되었다(도면 586). 이 유물은 신석기 시대로 편년된다.

5. 토제 유물

(1) 토제 고리

흙으로 만든 고리는 크라스키노 성에서 정기적으로 발견되는 유물 중의 하나이다. 2017년도에는 두 구역에서 7개체의 토제 고리편이 출토되었다.

제53구역에서는 5개체의 고리에 깨어져 나온 편들이 발견되었다. 보존 상태가 가장 좋은 토제 고리(No. 56, 레벨 -191cm)는 베(Б)-3′방안에서 제5인공층을 조사할 때에 출토되었다(도면 700, 701). 이 유물은 직경이 59mm이고, 구멍의 직경이 2.8×2.6cm이다. 고리의 단면은 사다리꼴이며 크기는 1.1×1.6×1.3cm이다. 표면과 속심은 색깔은 갈색이다. 표면은 납작하고 매끈하게 정면되었다. 표면을 단단하고 날카로운 도구로 정면을 하여 표면에 고르지 못한 각들이 남아 있다.

다른 토제 고리편(No. 39, 이(И)-1/이(И)-2방안, 레벨 -185cm)은 이(И)-1/이(И)-2방안에서 제4인공층을 조사할 때에 출토되었다(도면 580, 581). 고리의 직경은 5.2cm이고, 구멍의 직경은 2.6cm이며, 사다리꼴 단면의 크기는 1×1.6×1.2cm이다. 표면의 색깔은 오렌지-갈색인데 정면 흔적이 남아 있다.

세 번째 토제 고리의 2개로 나뉜 편(No. 10, 데(Д)-2′방안, 레벨 -149cm)은 데(Д)-2′방안에서 출토되었다(도면 381, 382). 고리의 표면은 오렌지색이고, 심하게 무디어졌다. 이 고리는 직경이 약 5cm이며, 사다리꼴 단면의 크기는 1×2×1.3cm이다.

네 번째와 다섯 번째의 토제 고리는 단면이 원형이며, 직경은 각각 대략 5cm이다. 그 중의 1점(No. 21, 레벨 -159cm)은 갈색인데 베(Б)-3′방안에서 제3인공층을 조사할 때에 출토되었다(도면 419, 420). 이 토제 고리편의 잔존 크기는 28×9×8cm이다. 다른 1점(No. 49, 레벨 -153cm)은 회색이고 에쓰(C)-1방안에서 제1인공층을 조사할 때에 출토되었다. 이 유물은 잔존 크기가 43×14×13cm이다(도면 631, 632).

제51구역에서는 다른 2개체의 토제 고리편들이 출토되었다. 단면이 타원형이 토제 고리편 1점(No. 17, 레벨 -212cm)은 줴(Ж)-7방안에서 제5인공층을 조사할 때에 출토되었다(도면 169~171). 이 유물은 잔존 길이가 38mm, 단면 크기가 15×17mm이다. 색깔은 명갈색이다.

다른 1점의 토제 고리편(No. 60, 레벨 -210cm)은 붸(В)-9방안에서 제6인공층을 조사할 때에 출토되었다(도면 318, 319). 이 유물은 잔존 길이가 27mm이고, 둥근 단면의 크기는 9×10mm이다. 색깔은 표면과 속심이 모두 회색이다.

(2) 토제 구슬

토제 구슬(No. 19, 레벨 -206cm)은 데(Д)-8방안에서 제5인공층을 조사할 때에 출토되었다(도면 172, 173). 이 구슬은 직경이 15mm이고, 갈색이다.

(3) 상호 교차하는 구멍들이 있는 유물 (발해 입방체)

다른 한 범주의 자주 발견되는 유물 중의 하나는 상호 교차하는 구멍들이 있는 토제 유물이다. 2017년도에는 두 발굴구역에서 이 유물은 모두 7점의 편들이 출토되었다. 그중 2점은 제51구역에서 발견된 것이다. 제51구역에서는 제5인공층을 조사할 때에 1개의 구멍 흔적이 남아 있는 '발해 입방체'의 편(No. 41, 레벨 -193cm)이 1점 발견되었다(도면 163, 164). 이 유물은 잔존 크기가 41×35×31mm이다. 유물의 색깔은 암회색이며, 속심은 선명한 갈색이다. 구멍의 추정 직경은 20mm이다. '입방체'에 남아 있는 2개의 측면은 거의 직각을 이루며, 다듬은 흔적이 없다. 아마도 이 '입방체'는 중축선이 약간 굽은 양면 지붕을 한 집 모양이었을 것이다.

제51구역에서는 게(Г)-7방안에서 제6인공층을 조사할 때에 다른 1점의 '입방체' 편(No. 50, 레벨 -215cm)이 출토되었다(도면 272~274). 이 유물의 잔존 크기는 3.3×2.9×1.6cm이다. 구멍 흔적인 3개가 남아 있는데 그 중의 2개는 서로 평행하게 배치되어 있고, 1개는 그 2개와는 직교하는 방향으로 배치되어 있다. 이 유물은 색깔이 표면은 암회색이고 속심은 명갈색이다.

제53구역에서는 5개체에 속하는 작은 편들이 출토되었다. 그중의 1점에는 구멍 흔적들이 잘 남아 있는데 직경이 28mm와 17mm로서 서로 차이를 보인다(도면 703, 704). 나머지 편들은 잔존 상태가 더 나쁘다(도면 455, 456; 도면 697, 698; 도면 705, 706).

(4) 전돌

얼마 전까지만 하여도 크라스키노 성에서는 전돌이 매우 드물게 발견되었다. 하지만 최근 몇 년 동안에는 이 건축자재 전돌이 거의 매년 출토되었다. 2017년도에는 4개체의 전돌에 해당하는 편들이 출토되었다. 제53구역에서는 수혈 구덩이 2의 내부 퇴적토(한인 농부들이 19세기 말~20세기 초에 판 커다란 구덩이의 교란된 내부 퇴적토)에서 문양이 있는 전돌편(No. 50b, 에쓰(C)-2′방안, 레벨 -200cm)이 발견되었다(도면 654, 655). 이 전돌의 문양은 양식화된 식물의 줄기 문양이다. 전돌의 잔존 크기는 129×78×44mm이다. 이와 유사한 전돌은 이전에도 크라스키노 성에서 출토된 적이 있다. 이런 전돌은 행정관청이나 사찰건물에 사용하였을 것이다.

서로 다른 2개체에 해당하는 2점의 전돌편은 제53구역의 위 건축면에서 출토되었다. 이 2점의 전돌은 표면이 모두 매끈하며 문양이 없다(도면 584, 585; 도면 684, 685). 전돌의 표면에 소성 시에 불탄 유기물의 흔적들이 다수 확인된다. 그중의 1점은 제4인공층을 조사할 때에, 다른 1점은 제5인공층을 조사할 때에 각각 발견되었다.

1점의 전돌편(No. 61, 레벨 -205cm)은 제51구역의 베(Б)-8방안에서 도로의 제6인공층을 조사할 때에 출토되었다(도면 275, 276). 이 전돌은 잔존 크기가 2.4×2.3×1.1cm이다. 색깔은 명갈색이다. 각이 분명하게 남아 있고 잔존하는 표면은 매끈하다. 이와 같은 유물들은 크라스키노 성에서 과거에도 발견된 적이 있다. 예를 들어, 2001년도에 사찰구역을 조사할 때에 식물문양이 있는 전돌이, 2009년에는 제47구역에서 아무런 문양장식이 없는 전돌편이 각각 출토된 적이 있다(겔만 외, 2013: 209).

(5) 목걸이 알

토제 목걸이 알(No. 30, 엘(Л)-1′방안, 레벨 -164cm)은 제53구역의 엘(Л)-1′방안에서 출토되었다(도면 541, 542). 이 목걸이 알은 직경이 8mm, 구멍 직경이 2mm이다.

(6) 놀이 알

2017년도에는 모두 453점의 놀이 알이 출토되었다. 제53구역에서는 다양한 재질로 만든 226점의 놀이 알이 수습되었다. 그중 다수를 차지하는 것은 와편으로 만든 것으로서 125점을 차지한다. 토기의 동체부편과 저부편으로 만든 놀이 알은 85점으로 수량이 적은 편이다. 수량이 가장 적은 것은 16점이 발견된 돌로 만든 놀이 알이다(모두 사암으로 만들었다). 놀이 알의 직경은 18mm부터 82mm까지 차이를 보이며 평균 25~30mm이다. 돌로 만든 놀이 알은 직경이

18~23mm로 크기가 작다. 놀이 알은 재질에 따라 색깔과 크기가 차이가 난다. 예를 들어, 와편으로 만든 것은 두께가 2cm까지로서 일반적으로 다른 재질로 만든 것보다 두꺼우며 색깔은 대부분 회색이다. 토기 동체부편으로 만든 놀이 알은 두께가 약 1cm 정도이고, 표면의 색깔은 회색, 갈색, 오렌지색 등 다양하다.

제51구역에서는 발굴면적이 제53구역에 비해 3배나 적음에도 불구하고 도로유구에서 모두 227점의 놀이 알이 출토되었다. 그중의 184점은 와편으로, 32점은 토기 동체부편으로, 그리고 11점은 돌로 만들었다. 이 경우 현장보존을 위해 덮은 흙 속에서 4점이, 제4인공층에서 51점이, 제5인공층에서 117점이, 제6인공층에서 55점이 각각 출토되었다. 제51구역에서 출토된 놀이 알들의 평균적인 크기는 직경이 2.5~3cm이다. 가장 큰 놀이 알들은 직경이 60×62mm부터 73×63mm까지이다(제4인공층, 제(3)-6방안; 제5인공층, 제(3)-7방안). 색깔과 두께는 어떤 재질로 만들었는가에 따라 차이가 난다. 와편으로 만든 놀이 알은 대부분이 회색이고, 두께는 평균 12~20mm이다. 토기 동체부편으로 만든 놀이 알은 원래의 토기 소성 상태에 따라 차이를 보인다. 제51구역에서 출토된 토기 동체부편으로 만든 놀이 알은 색깔이 회색 혹은 암회색이며 속심은 갈색인 경우도 있다. 두께는 평균 5~15mm이다. 대부분의 놀이 알은 원형이거나 둥그스름하며, 가장자리는 타날된 것이 일반적이지만 매끈하게 갈은 것도 있다(제5인공층, 아(А)-5방안, 제(3)-7방안, 줴(Ж)-6방안, 데(Д)-7방안, 데(Д)-8방안; 제6인공층, 아(А)-8방안, 베(Б)-7방안 등등).

놀이 알은 발해 유적들을 발굴할 때에 매우 자주 발견되는 다량으로 출토되는 유물의 범주에 속한다. 이 유물이 다량으로 발견되는 것은 아마도 성 내 주민들이 일정하게 구획을 한 놀이판과 놀이 알을 필요로 하는 놀이가 크게 유행하였음을 말할 것이다. 이 놀이는 중세 시대에 유럽과 아시아에서 널리 유행하였는데 여러 민족들에게서 멜니짜, 키르카트, 레즈 등등 다양한 명칭으로 불리었다. 한국에서는 이와 비슷한 놀이가 고누로 알려져 있다.

제51구역에서 이 놀이 알이 매우 많은 수량으로 발견된 것은 이 유물들이 다른 생활 및 건축 폐기물들과 함께 도로를 덮는 데에도 사용되었음을 말할 것이다. 가장 많은 수량의 놀이 알들이 '손에 집히는 물건들'로 도로 수리 공사를 한 제5인공층을 조사할 때에 발견된 것은 결코 우연이 아닐 것이다. 이와는 반대로 도로의 제3인공층과 제4인공층에서는 주로 돌이 깔려 있었다.

(7) 토제 지붕장식

대부분의 토제 지붕장식은 제51구역에서 도로 유구를 조사할 때에 출토되었다. 제4인공층을 조사할 때에 게(Г)-9방안에서는 토제 장식편(No. 14, 레벨 -195cm)이 발견되었다(드면 92~94). 이 유물은 잔존 크기가 98×67×20~27mm이다. 색깔은 회색인데 속심은 안이 갈색인 명회색이다. 아마도 치미의 쪼가리일 것이다. 이 장식편은 토제의 판 모양을 하고 있으며, 외면에는 융기대가 굽은 상태로 표현되어 있는데 문양이다. 융기대의 높이는 9mm, 융기대 기저부의 너비는 9~10mm이다. 이와 같은 치미의 편들은 크라스키노 성에서 사찰구역을 조사할 때에 다수 발견된 바 있다(볼딘 외, 2005: 295, 도편 14). 때문에 사찰구역 바로 가까이에 위치하는 도로를 보수하면서 건축 자재 폐기물을 사용한 것은 놀라운 일이 아니다.

다른 토제 장식편(No. 42, 레벨 -204cm)은 제5인공층을 조사할 때에 붸(В)-8방안에서 출토되었다(도면 165, 166). 이 유물은 색깔이 표면과 속심 모두 암회색이다. 이 장식편은 타원형의 기초부분에 단면 장방형의 띠가 연결되어 있는 것 같은 모습을 하고 있다. 이 유물의 크기는 102×53×20~34mm이고, 장방형 단면의 크기는 31×14~16mm이다. 잔존하는 기초 부분의 안쪽 표면은 살짝 오목하며 그 어떤 노란색의 안료 흔적이 남아 있다.

다른 2점의 토제 장식편은 도로를 조사할 때에 제6인공층의 상면에서 출토되었다. 그중의 1점(No. 62, 레벨 -211cm)은 쥐(Ж)-7방안에서 발견되었다(도면 277, 278). 이 유물의 잔존 크기는 80×54×20~18mm이다. 색깔은 표면은 암갈색이고, 속심은 암회색과 갈색이다. 이 유물은 판 모양을 하고 있으면 외형이 귀 모양이다. 양면이 모두 매끈하고 단면은 장방형이다. 굽은 측면은 오목한 흔적들로 인해 표면이 파상이다. 곧은 측면 부분의 흔적들은 이 유물이 깨어진 것임을 말한다.

다른 1점의 토제 장식편(No. 69, 레벨 -220cm)은 예(E)-7방안에서 출토되었다(도면 279, 280). 이 유물은 색깔이 표면은 암회색이고, 속심은 명갈색이다. 잔존 크기는 45×28×26mm이다. 한쪽 표면에는 융기대의 흔적이 남아 있는데, 이로 미루어 이 유물은 치미에서 깨어져 나온 쪼가리로 추정된다.

(8) 와당

2017년도에는 와당편들이 제51구역과 제53구역 2개의 발굴구역 모두에서 출토되었지만, 대부분은 사찰구역 바로 곁의 제51구역에서 출토되었다.

제53구역에서는 까(K)-2방안(제2인공층)과 엘(Λ)-1방안(제3인공층)에서 모두 2점의 와당편이 발견되었다(도면 508, 509; 도면 540). 까(K)-2방안에서 출토된 와당편은 문양의 일부가 남아 있는데 크라스키노 성 출토 와당에 제5형식에 해당되는 문양이다. 이 와당에는 좁은 부분이 가운데로 향하는 심엽형의 연판이 반복되고 그 사이에 3개의 잎사귀로 이루어진 삼엽형 간식이 배치되어 있다. 이 유물의 잔존 크기는 58×44×10mm이다. 두 번째 와당편에는 주연부와 일부 원판이 남아 있는데 문양은 거의 보이지 않는다. 잔존 크기는 97×24mm이고, 주연부의 높이는 15mm, 주연부 너비는 10mm이다.

제51구역에서는 와당편들이 제4~제6인공층에서 출토되었다.

① 제4인공층

1점의 와당편(No. 12, 레벨 -193cm)은 도로 유구를 조사할 때에 제4인공층의 상면에서 출토되었다(도면 88, 89). 이 와당편은 잔존 크기가 48×49×9mm이다. 주연부는 너비가 14mm, 높이가 10mm이고, 원판의 두께는 10~11mm, 주연부와 원판을 합한 두께는 19mm이다. 일부 잔존하는 문양의 형태는 문양의 형식을 파악할 수 있게 한다. 이 문양은 크라스키노 성에서 가장 많이 발견되는 제1형식의 문양이다. 이 문양은 연구자들에 의해 가장 늦은 단계에 속하는 것으로 간주되고 있으며, 발해의 도성들에서 출토된 와당 문양들에서도 비슷한 것을 많이 찾을 수 있다(아스따쉔꼬바, 볼딘 2004: 122~129).

② 제5인공층

제5인공층을 조사할 때에 여러 가지 서로 다른 문양을 가진 와당편들이 출토되었다. 그 중 첫 번째 와당편(No. 39, 레벨 -194cm)은 도로 유구를 조사할 때에 베(Б)-7방안에서 출토되었다(도면 151, 152). 이 와당편은 잔존 크기가 52×36×9~11mm이다. 중앙 돌기의 직경은 15mm이다. 중앙 돌기 주변으로 4개의 작은 연자(직경 5mm)가 남아 있으며, 그 둘레로 융기선으로 된 권선이 일부 남아 있고, 권선에서 뻗어 나온 융기선 하나가 심엽형 연판의 일부와 연결되어 있다. 이 모양의 와당 문양은 크라스키노 성에서 가장 늦은 제1형식에 해당하는 것이다. 두 번째의 와당편(No. 16, 레벨 -205cm)은 쥐(Ж)-6방안에서 출토되었다(도면 143~145). 잔존 크기는 66×58×16mm이고, 주연부는 너비 9mm, 높이 4~5mm이다. 원판의 두께는 15mm, 주연부를 포함한 두께는 20mm이다. 와당 가운데 부분을 감싸고 있는 권선의 일부가 잔존한다. 권선의 바깥 부분에는 자그마한 반구 모양의 연주 2개와 돌기 2개가 각각 남아 있다. 연주는 크기가 직경 3mm이다. 돌기는 모양이 하나는 원형이고 다른 하나는 타원형인데 모두 융기선에 의해 둘러싸여 있다. 원판의 가장자리를 따라서는 직경이 2~3mm인 반구 형태의 연자들이 한 줄 더 배치되어 있는데, 이 연자들은 다시 융기선으로 된 원권에 의해 구분되고 있다. 이 문양은 제6형식에 해당하며 연구자들에 의해 크라스키노 성에서 가장 늦은 문양의 한 형식으로 간주된다. 뒷면에는 와당을 수키와 부분에 고정시킨 흔적이 남아 있다. 세 번째의 와당편(No. 45, 레벨 -200cm)은 붸(B)-8방안에서 출토되었다(도면 157, 158). 잔존 크기는 68×23×33mm이다. 주연부는 너비 13~14mm, 높이 3mm이다. 와당의 두께는 41mm이다. 주연부의 뒤쪽은 바로 수키와 부분과 연결된다. 주연부 안쪽에 남은 직경 5mm의 연주 1개를 제외하고는 아무런 문양도 남아 있지 않다. 하지만 주연부 안쪽에 연주가 있는 와당은 두 개 형식에서만 보이는데 이 와당편은 아마도 제6형식 혹은 제7형식에 해당될 것이다(아스따쉔꼬바, 볼딘 2004: 122~129).

다른 1점의 와당편(No. 44, 레벨 -199cm)은 붸(B)-8방안에서 출토되었다(도면 155, 156). 이 유물은 와당의 가운데 부분에 해당된다. 잔존 크기는 52×28~30×12~13mm이다. 중앙 돌기와 그 바깥쪽에 배치된 2개의 잔존하는 긴 융기 삼각형 문양으로 볼 때에 이 와당은 제8형식에 해당한다. 제8형식 와당은 사찰구역에서 이른 단계와 늦은 단계의 유구들에서 함께 발견된 바 있다(아스따쉔꼬바, 볼딘 2004: 125~126).

다른 3점의 작은 와당편들은 베(Б)-4방안(No. 46, 레벨 -200cm)(도면 159, 160), 아′(A′)-7방안(No. 47, 레벨 -197cm)(도면 161, 162), 그리고 줴(Ж)-7방안(No. 40, 레벨 -210cm)(도면 153, 154)에서 각각 출토되었다. 잔존 크기는 첫 번째의 것은 34×28×11mm, 두 번째의 것은 43×35×15mm, 세 번째의 것은 28×27×11mm이다. 첫 번째 와당편의 문양은 확정하기가 힘든데 제6형식에 해당될 것으로 추정할 수 있을 뿐이다. 두 번째 와당편은 문양이 뒤집어진 심엽형 연판과 삼엽형의 간식을 가진 제5형식에 속한다. 세 번째 와당편에는 권선으로 둘러싸인 직경 16mm의 중앙돌기만 확인된다. 때문에 이 와당편은 문양이 어떤 형식에 속하는지 판단하기가 힘들다. 다만 이 문양은 제1형식과 제5형식에는 해당되지 않는 것이 분명하다.

제5인공층을 조사할 때에 다른 2점의 와당편이 발견되었는데 좁은 쪽이 안쪽으로 향하고 있는 심엽형 연판과 삼엽형 간식이 있는 것이다. 그 중 첫 번째의 와당편(No. 20, 레벨 -206cm)은 아(A)-5방안에서 출토되었다(도면 148~150). 이 유물은 잔존 크기가 69×36×9mm이다. 주연부는 너비가 12~14mm, 높이가 6~9mm이다. 원판의 두께는 11mm, 주연부를 포함하는 원판의 두께는 17mm이다. 뒷면에는 주연부 쪽으로 짧게 선들이 그어져 있는데 와당을 수키와 몸통에 고정시키기 위한 것이다. 이 형식 와당의 문양은 얇은 융기선으로 되어 있다. 이와 비슷한 제5형식의 문양을 가진 와당은 크라스키노 성의 사찰구역에서 아래 건축면의 건물 기단과 종각을 조사할 때에 발견된 바 있는데, 이 사실은 이 형식 와당이 제8형식 와당과 함께 이른 단계는 물론이고 늦은 단계의 건축면에서도 사용이 되었음을, 다시 말해서 오랜기간에 걸쳐 사용이 되었음을 말한다. 이 형식 와당은 위 건축면의 19호 주거지 구들에서도 출토된 바 있다.

③ 제6인공층

제5형식 문양으로 장식된 와당편들이 수점 제6인공층을 조사할 때에 발견되었다. 그 중의 1점(No. 63, 레벨 -210cm)은 게(Г)-5방안에서 출토되었다(도면 281, 282). 이 유물은 잔존 크기가 52×92mm이고, 주연부는 너비가 15mm, 높이는 17mm이며, 원판의 두께는 16mm, 주연부를 포함하는 원판의 두께는 22mm이다. 다른 1점(No. 64, 레벨 -210cm)은 붸(B)-7방안에서 출토되었다(도면 283~285). 이 유물은 잔존 크기가 129×34~45mm이다. 주연부의 크기는 너비가 13~16mm, 높이가 6mm이다. 원판의 두께는 15mm, 주연부를 포함하는 원판의 두께는 14~18mm이다. 비슷한 문양이 있는 다른 1점의 와당편(No. 66, 레벨 -210cm)은 제(3)-7방안에서 출토되었다. 이 유물은 잔존 크기가 36×39×11mm이다.

(9) 문양이 있는 암키와

문양이 있는 암키와는 대부분이 제51구역에서 출토되었다.

① 제4인공층

하단부에 문양이 있는 암키와편 중의 1점(No. 13, 레벨 -190cm)은 제4인공층을 조사할 때에 붸(B)-9방안에서 출토되었다(도면 90, 91). 이 유물은 잔존 크기가 73×62×22mm이다. 하단부는 2줄의 깊에 파인 홈선에 의해 3개의 문양대로 구분되어 있다. 가운데 문양대에는 특별한 시문구로 문양을 낸 장방형의 구멍들이 배치되어 있다. 양 측면의 문양대는 소위 '전나무무늬'(약간 사선 방향으로 배치된 빗금들)로 장식되어 있다.

② 제5인공층

하단부에 문양이 있는 암키와편(No. 15, 레벨 -209cm)이 제5인공층에서는 제(3)-8방안에서 출토되었다(도면 141, 142). 이 암키와편의 잔존 크기는 80×53×22mm이다. 하단부에는 2줄의 깊은 홈선에 의해 3개의 문양대가 만들어져 있다. 가운데 문양대에는 둥근 구멍들이 배치되어 있고, 양 측면에는 얕은 눈금들, 즉 전나무 문양이 새겨져 있다.

③ 제6인공층

하단부에 문양이 있는 암키와편(No. 70, 레벨 -208cm)이 제6인공층을 조사할 때에는 아(A)-7방안에서 출토되었다(도면 294, 295). 이 유물은 잔존 크기가 55×47×20mm이다. 하단부 문양은 양쪽 가장자리에 얕게 새긴 눈금들로 되어 있는데 양쪽의 눈금들이 모두 한쪽 방향으로 나있다.

하단부에 문양이 있는 다름 암키와편(No. 67, 레벨 -208cm)은 제6인공층을 조사할 때에 베(Б)-8방안에서 출토되었다(도면 290, 291). 이 유물은 잔존 크기가 76×59×17mm이다. 하단부는 2줄의 깊은 홈선에 의해 3개의 문양대로 구분되어 있다. 가운데 문양대는 둥근 고리 모양의 대롱무늬로 장식되어 있다. 양쪽 가장자리 중의 하나에는 훼손으로 인해 문양이 남아 있지 않는데, 아마도 다른 쪽 가장자리에 시문되어 있는 눈금무늬, 즉 전나무무늬와 동일한 문양이 있었을 것이다. 다른 1점의 하단부에 문양이 있는 암키와편(No. 68, 레벨 -209cm)은 베(Б)-7방안에서 출토되었다(도면 292, 293). 이 암키와편은 잔존 크기가 40×26×20mm이다. 하단부의 가운데 문양대에는 준장방형의 구멍들이 배치되어 있고, 양쪽 가장자리는 눈금무늬로 장식되어 있다.

표 1 | 2017년도 제51구역 도로유구 출토 와편과 토기편*의 수량과 무게

인공층	편의 수량 (n=)	무게 (kg)
현장보존용 흙	124	2.73
제4인공층	882	16.698
제5인공층	2,726	64.638
제6인공층	1,225	29.274
합계	4,957	113.34

*(전체 수의 1%)

(10) 시유 토기

시유 토기편 2점이 제51구역에서 제4인공층과 제5인공층을 조사할 때에 출토되었다. 제4인공층 조사 때에 게(Γ)-8방안에서 출토된 것은 납유를 시유한 토기 동체부편(No. 11, 레벨 -190cm)이다(도면 87). 유약은 잔존 상태가 나쁜데 황갈색 유약층의 두께는 0.1mm이다. 이 유물의 잔존 크기는 3.9×2.2×0.8cm이다.

다른 1점은 삼채 납유를 시유한 토기의 뚜껑편(No. 43, 레벨 -203cm)인데 제5인공층을 조사할 때에 붸(B)-9방안에서 출토되었다(도면 167, 168). 이 유물은 잔존 크기가 24×18×5.5mm이다. 융기대의 너비는 2mm, 높이는 1mm이다. 유약은 기면의 안과 바깥면을 모두 덮고 있는데 바깥쪽은 두께가 약 0.1mm이고, 안쪽은 0.1mm 이하이다.

(11) 토기 개별 유물

① 기호가 있는 토기편

제51구역에서는 도로유구를 조사할 때에 제4인공층에서 기호 혹은 한자 명문이 있는 토기편들이 출토되었다. 그 중의 1점은 데(Δ)-7방안에서 발견된 것인데 토기의 저부 절반에 해당하는 편으로서 바닥의 외면에 곡선으로 표시된 '해 기호'가 새겨져 있다(No. 9, 레벨 -194cm)(도면 82, 83). 잔존 크기는 저경이 6cm, 기벽 두께가 0.6cm, 바닥 두께가 0.6~0.7cm이다.

다른 1점은 데(Δ)-9방안에서 출토된 것인데 바닥의 외면에 한자 명문이 새겨져 있다(No. 10, 레벨 -199cm)(도면 84~86). 이 토기 저부편의 크기는 저경이 5.5cm, 바닥 두께가 0.5~0.6cm이다. 색깔은 표면은 암회색이고, 속심은 명회색이다. 바닥의 외면에 새겨져 있는 명문은 한자의 '日'과 닮았다.

② 삼족기편

토기 삼족기의 다리(No. 50, 레벨 -157cm)가 제53구역의 에르(P)-4방안에서 제1인공층을 조사할 때에 출토되었다(도면 645~646). 이 다리는 크기가 높이 42mm, 기저부 15×21mm, 윗부분 25×21mm이다.

표 2 | 2017년도 제53구역 출토 와편과 토기편의 수량과 무게

인공층	편의 수량 (n=)	무게(kg)
섹터 1		
제1인공층	796	49,329
제2인공층	1,080	16,194
제3인공층	2,541	18,239
제4인공층	1,248	14,241
제5인공층	713	968
합계		
섹터 2		
제1인공층	1,245	12,188
제2인공층	935	12,812
제3인공층	1,341	19,164
제4인공층	404	5,075
제5인공층	630	8,368
합계		
섹터 3		
제1인공층	1,743	26,206
총합	13,472	191,496

No	출토 위치	크기	문양	태토와 기면 특징	도면번호
1	K-17, 제51구역, 제4인공층, E(예)-8방안	구경 18cm, 경경 16.4cm		주로 작은 입자의 모래(0.5mm 이하) 포함. 표면 흑색, 속심 회색.	52, 270: 1
2	K-17, 제51구역, 제4인공층, 아(A)-9방안	구경 17.2cm, 경경 14.8cm		주로 작은 입자의 모래 포함. 전체적으로 오렌지 갈색.	53: 3, 270: 2
3	K-17, 제51구역, 제4인공층, 아(A)-9방안	저경 9.2cm, 두께 8cm		주로 작은 입자의 모래 포함. 표면 회색, 속심 흑색	270: 3
4	K-17, 제53구역, 제2인공층, 게(Г)-3′방안	구경 12cm, 경경 10.7cm		석립(1mm 이상)을 포함하는 다양한 크기의 모래. 표면과 속심 모두 회색	400: 1
5	K-17, 제53구역, 제2인공층, 데(Д)-3′방안	구경 12cm, 저경 6cm, 높이 5.6cm	수평-띠 마연무늬	주로 작은 입자의 모래 포함. 표면과 속심 모두 흑색	400: 2
6	K-17, 제53구역, 제3인공층, 베(Б)-4방안	구경 14cm, 경경 11.4cm		주로 작은 입자의 모래 포함. 표면 회색, 속심 흑색, 유기물 흔적	400: 3
7	K-17, 제53구역, 섹터 2, 제1인공층, 이(И)-3-4방안	구경 13cm	수평-띠 마연무늬	주로 작은 입자의 모래 포함. 표면과 속심 모두 회색	490: 1
8	K-17, 제53구역, 섹터 2, 제2인공층, 제(3)-이(И)-1′방안	구경 17.6cm		거친 입자의 모래 포함. 외면과 속심 암회색. 내면과 구연부에 유기물 흔적	486: 3, 490: 2
9	K-17, 제53구역, 섹터 2, 제1인공층, 제(3)-1′방안	구경 22.8cm, 높이 약 14.8cm, 저경 16.4cm	수평-띠 마연무늬	석립(1mm 이상)을 포함하는 다양한 크기의 모래. 속심 오렌지-갈색의 노출부분이 있는 회색, 표면 흑색	490: 3

No	출토 위치	크기	문양	태토와 기면 특징	도면번호
10	K-17, 제53구역, 섹터 2, 제3인공층, 엠(M)-1방안	구경 13.2cm		주로 작은 입자의 모래 포함. 전체적으로 암회색	546: 3, 564: 1
11	K-17, 제53구역, 섹터 2, 제3인공층, 엘(Л)-1'방안	구경 12.4cm	조밀한 수평 마연	주로 작은 입자의 모래 포함. 전체적으로 회색	546: 1, 564: 2
12	K-17, 제53구역, 섹터 2, 제3인공층, 엠(M)-2방안	구경 8.3cm	수평-띠 마연무늬	주로 큰 입자의 모래 포함. 속심 오렌지-갈색, 표면 흑색	549: 2, 564: 3
13	K-17, 제53구역, 섹터 2, 제3인공층, 이(И)-5방안, 엘(Л)-2'방안, 까(K)-3-5'방안, 제(3)-3'방안	저경 9cm		주로 큰 입자의 모래 포함. 속심과 표면 회색	560, 564: 6
14	K-17, 제53구역, 섹터 2, 제3인공층, 엠(M)-1-2방안	구경 10.6cm		주로 큰 입자의 모래 포함. 속심 회색, 표면 흑색	548, 565: 1
15	K-17, 제53구역, 섹터 2, 제3인공층, 까(K)-1'방안	구경 13cm, 높이 9.7cm, 저경 7.4cm		주로 큰 입자의 모래 포함. 전체적으로 회색	547, 565: 2
16	K-17, 제53구역, 섹터 2, 제4인공층, 엠(M)-2방안	구경 47.2cm		석립까지의 다양한 크기 모래 포함. 속심과 표면 모두 회색	591, 604: 1
17	K-17, 제53구역, 섹터 2, 제4인공층, 엘(Л)-4방안	구경 24cm	수평-띠 마연무늬	주로 거친 입자의 모래 포함. 속심과 표면 모두 회색	594, 604: 2
18	K-17, 제53구역, 섹터 2, 제4인공층, 엠(M)-2방안	구경 17.2cm		주로 거친 입자의 모래 포함. 속심 회색, 표면 원래 흑색	592, 604: 3
19	K-17, 제53구역, 섹터 2, 제4인공층, 줴(Ж)-1-2방안	구경 35cm	수평-띠 마연무늬	주로 큰 입자의 모래 포함.	593, 604: 4
20	K-17, 제53구역, 섹터 2, 제4인공층, 줴(Ж)-1-2방안	구경 28cm	수평-띠 마연무늬	석립까지의 다양한 크기 모래 포함. 속심 오렌지색 가장자리가 있는 회색, 표면 회색	595, 605: 1
21	K-17, 제53구역, 섹터 2, 제5인공층, 까(K)-5'방안	구경 16.8cm		주로 작은 입자의 모래 포함. 속심 회색, 표면 암회색	605: 2
22	K-17, 제53구역, 섹터 2, 제5인공층, 까(K)-3'방안	구경 13.6cm		주로 작은 입자의 모래 포함. 전체적으로 암회색	605: 3
23	K-17, 제53구역, 제5인공층, 예(E)-5방안	구경 22.4cm, 동체부 직경 22.2cm	수평-수직-띠 마연무늬, 수평 침선무늬	석립까지의 다양한 크기 모래 포함. 속심과 표면 회색	707, 719: 1
24	K-17, 제53구역, 제5인공층, 예(E)-3'방안	구경 23cm		주로 작은 입자의 모래 포함. 속심과 표면 회색	708, 719: 2
25	K-17, 제53구역, 제5인공층, 이(И)-3방안	구경 24cm		석립(1mm 이상)까지의 다양한 크기 모래 포함. 속심과 표면 회색	709, 719: 3

참고문헌

- Андреев Г.И., Андреева Ж.В. Отчет об археологических исследованиях Прибрежного отряда Дальневосточной экспедиции в Лазовском, Ольгинском и Хасанском районах Приморского края в 1958 г. // Архив ИА РАН. – Р-1, №1777. – 46 л.; Альбом к отчету 27 л., 97 илл. (안드레예프 G.I., 안드레예바 J.V., 『1958년도 연해주 라조지구, 올가지구, 하산지구에서의 극동조사단 해안 팀의 고고학조사보고서』. 러시아과학원 고고학연구소 문서보관소, P-1, No. 1777, 46쪽; 보고서 앨범 27쪽, 97개 도면.)
- Аносов С.Д. Корейцы в Уссурийском крае. – Хабаровск-Владивосток: изд-во《Книжное дело》, 1928.- 86 с. (아노소프 S.D., 『우쑤리주의 한인들』, 하바롭스크 - 블라디보스토크, "끄니즈노예 젤로" 출판사, 1928, 86쪽.)
- Архимандрит Палладий Кафаров. Пребывание во Владивостоке и посещение южноуссурийских портов в 1871 году. Архив Русского географического общества. Разряд 60, опись 1, №11. Л. 8. (아르히만드리트 빨라디이 까파로프, 『1871년도의 블라디보스토크 방문과 유즈노우쑤리스크 항만들 방문』, 러시아지질학협회 문서보관소, 라즈랴드 60, 오삐시 1, No. 11, 리스트 8.)
- Асташенкова Е.В., Болдин В.И. Декор концевых дисков Краскинского городища // Россия и АТР. – Владивосток, 2004. – №1. – С. 122 –129. (아스따쉔꼬바 E.V., 볼딘 V.I., 「크라스키노 성의 와당 장식」, 『러시아와 아시아태평양지역』, 블라디보스토크, 2004, No. 1, 122~129쪽.)
- Бессонова Е.А., Ивлиев А.Л. Результаты применения магниторазведки для решения археологических задач на Краскинском городище // Вестник ДВО РАН. 2007. - №5. - С. 92-101. (베스소노바 E.A., 이블리예프 A.L., 「크라스키노 성에서의 고고학 과제 해결을 위한 자기탐사의 결과들」, 『러시아과학원 극동지소 베스뜨니끄』, 2007, No. 5, 92~101쪽.)
- Бессонова Е.А., Гельман Е.И., Николаевна Н.А. Применение каппаметрии поверхности почвы для картирования археологических объектов, погребенных в паводковых наносах // Вестник ДВО РАН, 2013, №4. - С. 70-77. (베스소노바 E.A., 겔만 E.I., 니꼴라예브나 N.A., 「범람 퇴적물에 묻힌 고고학 유구들의 분포파악을 위한 토양 상면에 대한 지자기탐사」, 『러시아과학원 극동지소 베스뜨니끄』, 2013, No. 4, 70~77쪽.)
- Болдин В.И. Отчет об археологических исследованиях на Краскинском городище в Приморском крае в 1980 году // Архив ИА РАН. Р-1, №7775. (볼딘 V.I., 『1980년 연해주 크라스키노 성터 고고학조사 보고서』, 러시아과학원 고고학연구소 문서보관소, P-1, No. 7775.)
- Болдин В.И. Отчет об археологических исследованиях на Краскинском городище в Приморском крае в 1981 году // Архив Института истории, археологии и этнографии народов Дальнего Востока ДВО РАН (в дальнейшем: ИИАЭНДВ ДВО РАН). Ф.1, оп.2, №171. (볼딘 V.I., 『1981년 연해주 크라스키노 성터 고고학조사 보고서』, 러시아과학원 극동지소 극동제민족 역사학고고학민족학연구소 문서보관소, 폰드 1, 오삐시 2, No. 171.)
- Болдин В.И. Отчет об археологических исследованиях на Краскинском городище в Приморском крае в 1983 году // Архив ИА РАН. Р-1, №9822. (볼딘 V.I., 『1983년 연해주 크라스키노 성터 고고학조사 보고서』, 러시아과학원 고고학연구소 문서보관소, P-1, No. 9822.)
- Болдин В.И. Отчет об археологических исследованиях на Краскинском городище в Приморском крае в 1990 году // Архив ИИАЭН

ДВ ДВО РАН. Ф.1, оп.2, №361. (볼딘 V.I., 『1990년 연해주 크라스키노 성터 고고학조사 보고서』, 러시아과학원 극동지소 극동제민족 역사학고고학민족학연구소 문서보관소, 폰드 1, 오삐시 2, No. 361.)

- Болдин В.И. О результатах полевых исследований на Краскинском городище в Приморском крае в 1994 году // Архив ИИАЭН ДВ ДВО РАН. Ф.1, оп.2, №385. (볼딘 V.I., 『1994년 연해주 크라스키노 성터 야외조사 결과에 대하여』, 러시아과학원 극동지소 극동제민족 역사학고고학민족학연구소 문서보관소, 폰드 1, 오삐시 2, No. 385.)
- Болдин В.И. О результатах полевых исследований на Краскинском городище в Приморском крае в 1995 году // Архив ИИАЭН ДВ ДВО РАН. Ф.1, оп.2, №391. (볼딘 V.I., 『1995년 연해주 크라스키노 성터 야외조사 결과에 대하여』, 러시아과학원 극동지소 극동제민족 역사학고고학민족학연구소 문서보관소, 폰드 1, 오삐시 2, No. 391.)
- Болдин В.И. О результатах полевых исследований на Краскинском городище в Приморском крае в 1996 году // Архив ИИАЭН ДВ ДВО РАН. Ф.1, оп.2, №399. (볼딘 V.I., 『1996년 연해주 크라스키노 성터 야외조사 결과에 대하여』, 러시아과학원 극동지소 극동제민족 역사학고고학민족학연구소 문서보관소, 폰드 1, 오삐시 2, No. 399.)
- Болдин В.И. О результатах полевых исследований на Краскинском городище, городище Синельниково 1 и в Анучинском районе Приморского края в 1997 году // Архив ИИАЭН ДВ ДВО РАН. Ф.1, оп.2, №407. (볼딘 V.I., 『1997년 연해주 크라스키노 성터, 씨넬니꼬보 1 성터, 아누치노 구역의 야외조사 결과에 대하여』, 러시아과학원 극동지소 극동제민족 역사학고고학민족학연구소 문서보관소, 폰드 1, 오삐시 2, No. 407.)
- Болдин В.И. О результатах полевых исследований на Краскинском городище и городище Синельниково 1 в Приморье в 1998 году // Архив ИИАЭН ДВ ДВО РАН. Ф.1, оп.2, №418. (볼딘 V.I., 『1998년 연해주 크라스키노 성터 및 씨넬니꼬보 1 성터 야외조사 결과에 대하여』, 러시아과학원 극동지소 극동제민족 역사학고고학민족학연구소 문서보관소, 폰드 1, 오삐시 2, No. 418.)
- Болдин В.И. О результатах полевых исследований на городищах Краскинское и Синельниково 1 в Приморском крае в 1999 году // Архив ИИАЭН ДВ ДВО РАН. Ф.1, оп.2, №427. (볼딘 V.I., 『1999년 연해주 크라스키노 성터 및 씨넬니꼬보 1 성터 야외조사 결과에 대하여』, 러시아과학원 극동지소 극동제민족 역사학고고학민족학연구소 문서보관소, 폰드 1, 오삐시 2, No. 427.)
- Болдин В.И. О результатах полевых исследований на Краскинском и Новогордеевском городище в Приморском крае в 2000 году // Архив ИИАЭН ДВ ДВО РАН. Ф.1, оп.2, №437. (볼딘 V.I., 『2000년 연해주 크라스키노 성터 및 노보가르제예브까 성터 야외조사 결과에 대하여』, 러시아과학원 극동지소 극동제민족 역사학고고학민족학연구소 문서보관소, 폰드 1, 오삐시 2, No. 437.)
- Болдин В.И. Результаты полевых исследованийна Краскинском городище в Приморье в 2001 году // Архив ИИАЭН ДВ ДВО РАН. Ф.1, оп.2, №615. (볼딘 V.I., 『2001년 연해주 크라스키노 성의 야외조사 결과들』, 러시아과학원 극동지소 극동제민족 역사학고고학민족학연구소 문서보관소, 폰드 1, 오삐시 2, No. 615.)
- Болдин В.И. Отчет о результатах полевых исследований на Краскинском городище в Приморском крае в 2002 году // Архив ИИАЭН ДВ ДВО РАН. Ф.1, оп.2, №531. (볼딘 V.I., 『2002년 연해주 크라스키노 성터 야외조사 결과에 대하여』, 러시아과학원 극동지소 극동제민족 역사학고고학민족학연구소

문서보관소, 폰드 1, 오삐시 2, No. 531.)

- Болдин В.И. Результаты полевых исследованийна Краскинском городище в Приморье в 2003 году // Архив ИИАЭН ДВ ДВО РАН. Ф.1, оп.2, №546. (볼딘 V.I., 『2003년 연해주 크라스키노 성의 야외조사 결과들』, 러시아과학원 극동지소 극동제민족 역사학고고학민족학연구소 문서보관소, 폰드 1, 오삐시 2, No. 546.)
- БолдинВ.И. Результаты археологических исследованийна Краскинском городище в Приморье в 2004 году // Архив ИИАЭН ДВ ДВО РАН. Ф.1, оп.2, №564. (볼딘 V.I., 『2004년도 연해주 크라스키노 성터 고고학조사 결과들』, 러시아과학원 극동지소 극동제민족 역사학고고학민족학연구소 문서보관소, 폰드 1, 오삐시 2, No. 564.)
- Болдин В.И. Результаты полевых исследованийна Краскинском городище в Приморье в 2005 году // Архив ИИАЭН ДВ ДВО РАН. Ф. 1, оп 2, №505. (볼딘 V.I., 『2005년 연해주 크라스키노 성의 야외조사 결과들』, 러시아과학원 극동지소 극동제민족 역사학고고학민족학연구소 문서보관소, 폰드 1, 오삐시 2, No. 505.)
- Болдин В.И. Результаты полевых исследованийна Краскинском городище в Приморье в 2006 году // Архив ИИАЭН ДВ ДВО РАН. Ф. 1, оп 2, №602. (볼딘 V.I., 『2006년 연해주 크라스키노 성의 야외조사 결과들』, 러시아과학원 극동지소 극동제민족 역사학고고학민족학연구소 문서보관소, 폰드 1, 오삐시 2, No. 615.)
- Болдин В.И. Результаты полевых исследованийна Краскинском городище в Приморье в 2007 году // Архив ИИАЭН ДВ ДВО РАН. Ф. 1, оп 2, №615. (볼딘 V.I., 『2007년 연해주 크라스키노 성의 야외조사 결과들』, 러시아과학원 극동분소 역사고고민속학연구소 문서보관소, 폰드 1, 오삐시 2, No. 615.)
- Болдин В.И., Гельман Е.И., Ивлиев А.Л., Никитин Ю.Г. Результаты исследований на Краскинском городище в 1998 г. В кн.: В.И. Болдин, Мун Мун-дэ, Ли Нам-сок. Об археологических исследованиях на бохайском храмовом комплексе в Краскинском городище Приморья РФ. Сеул: Фонд исследования Когурё. 2005. С. 271-318. Русс. и кор. яз. (볼딘 V.I., 겔만 E.I., 이블리예프 A.L., 니끼친 Yu.G., 「1998년도 크라스키노 성 발굴조사 결과」, 볼딘 V.I., 문명대, 이남석, 『러시아 연해주 크라스키노 발해 사원지 발굴 보고서』.
- Бохай: история и археология (в ознаменование 30-летия с начала археологических раскопок на Краскинском городище). Тез. межд. научн. конф. 4-9 сентября 2010 г. – Владивосток, 2010. – 101 с. (『발해: 역사와 고고학』, 크라스키노 성 고고학조사 시작 30주년 기념, 국제학술회의 발표요지문, 블라디보스토크, 2010, 101쪽.)
- Гельман Е.И. Отчет об археологических исследованиях на Краскинском городище в Хасанском районе Приморского края в 2008 году // Архив ИИАЭН ДВ ДВО РАН. Ф. 1, оп 2, №632. (겔만 E.I., 『2008년 연해주 하산지구 크라스키노 성터 고고학조사 보고서』, 러시아과학원 극동지소 역사학고고학민족학연구소 문서보관소, 폰드 1, 오삐시 2, No. 632.)
- Гельман Е.И. Отчет об археологических исследованиях на Краскинском городище в Хасанском районе Приморского края в 2009 году // Архив ИИАЭН ДВ ДВО РАН. Ф. 1, оп 2, №653. (겔만 E.I., 『2009년 연해주 하산지구 크라스키노 성터 고고학조사 보고서』, 러시아과학원 극동지소 역사학고고학민족학연구소 문서보관소, 폰드 1, 오삐시 2, No. 653.)

- Гельман Е.И. Археологические исследования на Краскинском городище в 2010 году // Архив ИИАЭН ДВ ДВО РАН. Ф. 1, оп 2, №670. (겔만 E.I., 『2010년도 크라스키노 성터 고고학 조사』, 러시아과학원 극동지소 역사학고고학민족학연구소 문서보관소, 폰드 1, 오뻬시 2, No. 670.)
- Гельман Е.И. Археологические исследования на Краскинском городище в 2011 году // Архив ИИАЭН ДВ ДВО РАН. Ф. 1, оп 2, №690. (겔만 E.I., 『2011년도 크라스키노 성터 고고학 조사』, 러시아과학원 극동지소 역사학고고학민족학연구소 문서보관소, 폰드 1, 오뻬시 2, No. 690.)
- Гельман Е.И. Археологические исследования на Краскинском городище в 2012 году. Т. I-III. // Архив ИИАЭН ДВ ДВО РАН. Ф. 1, оп 2, №713. (겔만 E.I., 『2012년도 크라스키노 성터 고고학 조사』, 권 I-III, 러시아과학원 극동지소 역사학고고학민족학연구소 문서보관소, 폰드 1, 오뻬시 2, No. 715.)
- Гельман Е.И. Археологические исследования на Краскинском городище в 2013 году. // Архив ИИАЭН ДВО РАН. Ф. 1, оп 2, №743. (겔만 E.I., 『2013년도 크라스키노 성터 고고학 조사』, 러시아과학원 극동지소 역사학고고학민족학연구소 문서보관소, 폰드 1, 오뻬시 2, No. 743.)
- Гельман Е.И. Археологические исследования на Краскинском городище в 2014 году. // Архив ИИАЭ ДВО РАН. Ф. 1, оп 2, №744. Т. I-IV. (겔만 E.I., 『2013년도 크라스키노 성터 고고학 조사』, 러시아과학원 극동지소 역사학고고학민족학연구소 문서보관소, 폰드 1, 오뻬시 2, No. 743, 권 I-IV.)
- Гельман Е.И. Археологические исследования на Краскинском городище в Хасанском районе Приморского края в 2015 году. Т.1-4. // Архив ИИАЭ ДВО РАН, Р-1, д. №840. (겔만 E.I., 『2015년도 연해주 하산지구 크라스키노 성터 고고학 조사』 권 1-4, 러시아과학원 극동지소 역사학고고학민족학연구소 문서보관소 에르(P)-1, 젤로 No. 840.)
- Гельман Е.И. Археологические исследования на Краскинском городище в Хасанском районе Приморского края в 2016 году. // Архив ИИАЭ ДВО РАН, Р-1, д. №841. 302 л. (겔만 E.I., 『2016년도 연해주 하산지구 크라스키노 성터 고고학 조사』, 러시아과학원 극동지소 역사학고고학민족학연구소 문서보관소 에르(P)-1, 젤로 No. 841, 302쪽.)
- Гельман Е.И., Ивлиев А.Л. Новый метод археологической разведки (на примере Краскинского городища) // Вестник Дальневосточного отделения Российской Академии наук, №1(167). -С. 117-124. (겔만 E.I., 이블리예프 A.L., 「새로운 고고학 지표조사 방법(크라스키노 성의 예를 통해)」, 『러시아과학원 극동지소 베스뜨니끄』, No. 1(167), 2013, 117~124쪽.)
- Гельман Е.И., Ким Ынгук, Чжун-Сук-Бэ, Асташенкова Е.В., Пискарева Я.Е., Ким Ынок, Болдин В.И. Археологические исследования Российско-корейской археологической экспедиции на Краскинском городище Российском Приморье в 2012 году. Сеул: Фонд изучения истории Северо-Восточной Азии, ИИАЭ ДВО РАН, 2013. 481 с. (김은국, 겔만 E.I., 정석배, 아스따쉔꼬바 E.V., 삐스까료바 Ya.E., 김은옥, 볼딘 V.I., 『연해주 크라스키노 발해성 2012년도 발굴조사』, 동북아역사재단 · 러시아과학원 극동지소 역사학고고학민족학연구소, 2013.)
- Краскинское городище – характер и функциональное назначение. – Токио: Университет Аояма гаккуин, Институт истории, археологии и этнографии народов Дальнего Востока ДВО РАН, 2013. Яп. и англ. яз.; Ворота и дверные замки с ключами на древних и средневековых городищах в Восточной Азии. Мат-лы XII российско-японской конф-ции,

Аояма гаккуин, Токио. Токио, 2017. Яп. и русс. яз. (크라스키노 성 - 성격과 기능. - 도쿄 "아오야마 학원대학, 러시아과학원 극동지소 역사학고고학민족학연구소, 2013. 일본어와 영어; 동아시아 중세 성들의 성문과 열쇠가 딸린 자물쇠들. 제12차 러-일 학술회의 자료집, 아오야마 학원대학, 도쿄, 2017. 일본어와 러시아어.)

- Съедин В.Т., Бессонова Е.А., Гельман Е.И., Зверев С.А., Коптеп М.А., Ноздрачев Е.А. Минеральное сырье Краскинского городища (Приморский край) // Вестник Дальневосточного отделения Российской Академии наук, №1(167). 2013. -С. 131-140. (스예딘 V.T., 베스소노바 E.A., 겔만 E.I., 즈베레프 S.A., 꼬쁘떼쁘 M.A., 노즈드라체프 E.A., 「(연해주) 크라스키노 성의 광물」, 『러시아과학원 극동지소 베스뜨니끄』, No. 1(167), 2013, 131~140쪽.)
- Шавкунов Э.В. Бохайское городище близ пос. Краскино в Приморье // Записки Приморского филиала Географического Общества СССР. Т.25. 1966. С.141-144. (샤브꾸노프 E.V., 「연해주 크라스키노 마을 부근의 발해 성터」, 『소련 지질학협회 연해주지부의 메모』 권 25, 1966, 141~144쪽.)

АРХЕОЛОГИЧЕСКИЕ ИССЛЕДОВАНИЯ НА КРАСКИНСКОМ ГОРОДИЩЕ В ПРИМОРСКОМ КРАЕ РОССИИ В 2017 ГОДУ

ВВЕДЕНИЕ

(отв. редакторы Е.И. Гельман, Ким Ын Кук, Чжун Сук-Бэ)

I. ХАРАКТЕРИСТИКА И ИСТОРИЯИЗУЧЕНИЯ КРАСКИНСКОГО ГОРОДИЩА

(Е.И. Гельман)

II. Археологические исследования на Краскинском городищев 2017 году

(Е.И. Гельман, Е.В. Асташенкова, Я.Е. Пискарева, Ким Ын Кук, Чжун Сук-Бэ)

III. АНАЛИЗ АРТЕФАКТОВ

(Е.И. Гельман, Е.В. Асташенкова, Я.Е. Пискарева)

ВВЕДЕНИЕ

отв. редакторы Е.И. Гельман, Ким Ын Кук, Чжун Сук-Бэ

В период с 24 июля по 28 августа 2017 г. при поддержке гранта РНФ Краскинским археологическим отрядом Института истории, археологии и этнографии народов Дальнего Востока ДВО РАН совместно с Фондом изучения истории Северо-Восточной Азии проводились археологические исследования на Краскинском городище в Хасанском районе Приморского края Российской Федерации (рис. 1~4). Работы велись на двух участках (рис. 5, 6):

- в северо-западной части городища продолжены исследования на раскопе LI (56 м^2). Раскопе LI находится к югу от территории храмового комплекса;
- и в центре северной части памятника на раскопе LIII (180 м^2). Раскоп LIII примыкает к юго-западному борту раскопа L.

Вся работа была направлена на получение максимально всесторонней и полной информации о материальной и духовной культуре бохайского населения на разных этапах существования памятника, взаимодействии бохайского населения и его природного окружения, относительной и абсолютной хронологии памятника и др.

Основными задачами полевого сезона 2017 г. на Краскинском городище стали следующие:

- продолжить исследования остатков отложений дороги, верхний горизонт которой обнаружен в 2015 г. (в 2016 г. этот участок был полностью затоплен весь полевой сезон и раскопки были не возможны);
- на изучаемом участке продолжить раскопки нижних строительных горизонтов для выяснения планировки городища на разных этапах его существования и установления соответствия строительных горизонтов храмового комплекса и жилых кварталов, а также этапов строительства, ремонта и наращивания верхней части крепостной стены;
- на раскопе LIII, который был прирезан к юго-западу от раскопа L, предполагалось выяснить планировку в северной части памятника к югу от ранее обнаруженного в 2015 г. участка дороги, ориентированной по линии запад-восток.

Отделом полевых исследований Института археологии РАН был выдан Открытый лист № 771 на имя к.и.н. Е.И. Гельман.[1]

Раскопки осуществлялись на площади 236 м^2. Весь полученный в процессе археологических исследований материал, а также полевая документация хранятся в Секторе раннесредневековой археологии и Музее Института истории, археологии и этнографии народов Дальнего Востока ДВО РАН.

В работе отряда приняли участие:

- научные сотрудники ИИАЭ ДВО РАН(г. Владивосток) к.и.н. Е.И. Гельман (начальник отряда), к.и.н. Е.В. Асташенкова, к.и.н. Я.Е. Пискарева, д.и.н. Ю.Е. Вострецов;
- зав. библиотекой ИИАЭ ДВО РАН Е.В. Торопова;
- представитель Фонда изучения истории Северо-Восточной Азии (Республика Корея, г. Сеул) доктор Ким Ын Гук; проф. Корейского Государственного университета культурного наследия (Республика Корея, г. Пуё) Чжун Сук-бэ,
- студентки Корейского государственного университета культурного наследия (г. Пуё) Ли Мин Ёнг, Ким Ён Гиль, Чой Сыл Ги, Чой Джэ Гён;
- сотрудник службы информационных программ Приморья («Вести: Приморье», ТГРТК «Владивосток») В.С. Циновкин; аспирант ДВФУ Р.А. Грицкевич,
- магистранты ДВФУ г. Владивостока В.О. Пензиенко, А.С. Боруруева, Е.С. Ренжина, И.Б. Бородин, А.С. Игнатенко, Т.В. Голохвастова, М.В. Голохвастов, А.Л. Козлова, Е.И. Ланцева;
- бакалавры А.И. Оспищева, Т.А. Пискарева, Р.Е. Дикарев, С.П. Богдановская.
- повар В.Ж. Анзулис;
- волонтеры Д.А. Добрыдин, А.Ю. Санафеев, Э.В. Полетков, А.А. Тараскин, Д.И. Олиференко, С.А. Дёмин, О.А. Калачева.
- ученики школ и гимназий г. Владивостока и Приморского края: А.С. Дёмина, А.С. Лящевский, М.А. Пинчук, И.В. Шевченко, А.В. Алданова.
- водитель М.А. Бут.

Подготовку текста о проведении исследований выполнили Е.И. Гельман, Е.В. Асташенкова, Я.Е. Пискарева, Ким Ын Гук, Чжун Сук-Бэ; научными редакторами текста являются Е.И. Гельман, Чжун Сук-Бэ, Ким Ын Гук; подготовка чертежей, фотофиксация осуществлялись всеми научными сотрудниками с российской и корейской сторон; обработка и анализ керамического материала, технические рисунки керамики, выполнены Е.И. Гельман; камеральная обработка материала в поле велась Е.В. Тороповой, Е.И. Гельман, А.С Боруруевой; фотографии археологического материала сделаны Л.А. Карака, компьютерная обработка полевых чертежей выполнена Д.Г. Томиловым; рисунки всех артефактов и их компьютерная обработка выполнены С.В. Липатовой. В подготовке рабочих материалов участвовали ст. лаборант А.С. Боруруева и магистрант 2-го курса Гуманитарной Школы ДВФУ И.Б. Бородин.

Все коллекции массовых и индивидуальных находок, полученные в период раскопок 2017 г., переданы на хранение в Музей ИИАЭ ДВО РАН. Рабочие чертежи и полевые дневники хранятся в Центре политической антропологии Института. Костные и ботанические остатки переданы для исследований соответствующим специалистам в институты ДВО РАН и СО РАН.

1 Подготовка русского варианта книги к печати российской стороной осуществлялась при финансовой поддержке Российского научного фонда (РНФ) в рамках научно-исследовательского проекта № 14-18-01165 «Города средневековых империй Дальнего Востока».

I Характеристика и история изучения Краскинского городища

Е.И. Гельман

1. Местоположение и характеристика памятника

Краскинское городище находится в Хасанском районе на юге Приморского края в приустьевой правобережной части долины р. Цукановки (Яньчихэ), изрезанной со стороны бухты Экспедиции узкими заливчиками (рис. 1–4). От берега и бухты городище отстоит на 400 м, от ближайшего залива – примерно на 100 м, а от пос. Краскино на 2 км к юго-западу.

Городище имеет форму, близкую к прямоугольнику с некоторыми отклонениями от этой фигуры. Северный вал имеет дугообразную форму, близок к дуге и участок стыковки южного и западного валов (рис. 5, 6). Периметр вала достигает 1380 м. Площадь поверхности, ограниченной гребнем вала составляет около 12,6 га. В настоящее время вал возвышается на высоту 1,5-2 м. Вал задернован, в некоторых местах на его вершине прослеживается каменный остов. Ширина вала по верху 1 м, а в его основании – 10–12 м. Осевая линия городища ориентирована на север с отклонением на 20° к востоку. Имеются трое ворот (южные, восточные и западные), которые защищены с внешней стороны прямоугольными предвратными укреплениями. Выходы из укреплений восточных и западных ворот обращены на юг, т.е. в сторону бухты Экспедиции, а выход из южных ворот – в сторону устья реки Цукановки.

Внутри городища наиболее возвышенной является северо-западная часть. Гребень всхолмления проходит дугой через неё от западных ворот до восточных. Наиболее низкая часть примыкает к южным воротам. В целом, перепад высот внутри городища составляет 2–2,5 м. От южных ворот в направлении северной крепостной стены прослеживается широкая (до 30 м) улица, делящая город на две части – восточную и западную. На возвышенных участках сосредоточены большие камни – базы дворцовых и храмовых построек.

Городище дважды подвергалось частичному разрушению. В конце XIX в. корейские крестьяне устроили усадьбу в северной части городища[1] и большую часть его площади разработали под поле. В результате некоторые каменные базы и более мелкие камни от древних построек были снесены в кучи и сейчас представляют собой небольшие насыпи в центральной части городища. Для водостоков на городище и в крепостном валу крестьянами были вырыты дренажные канавы.

В 30-50-х гг. прошлого века подразделения местного воинского гарнизона проводили здесь учения, от которых сохранились следы окопов, землянок и блиндажей в северной, западной и южной частях городища, а также в крепостном валу. Тем не менее, в целом Краскинское городище сохранилось достаточно хорошо, по сравнению с другими бохайскими памятниками Приморья.

Последние годы городище постоянно посещают черные копатели с металлоискателями. Они неоднократно уничтожали репер, частично нарушали культурный слой. Требуются регулярный контроль и систематические исследования на памятнике.

2. История изучения Краскинского городища

Впервые о памятнике упоминает Палладий Кафаров в письме Императорскому Русскому Географическому Обществу (РГО) от 23 августа 1870 г. Он отметил, что судя по материалам китайских летописей, "в Посьете, между реками Яньчу (Яньчихе) и Гицинь (Казинь) долженствовал быть в старину военный порт." Позднее, путешествуя по заданию РГО по российскому Дальнему Востоку, в апреле 1871 года Палладий Кафаров осмотрел это городище, но ошибочно определил его как остатки хранилища солеварен (Кафаров 1871).

В 1958 г. это городище обследовали Г.И.Андреев и Ж.В.Андреева во время археологических поисков в составе Прибрежного отряда Дальневосточной археологической экспедиции на юге Приморья близ бухты Экспедиции (Андреев, Андреева 1958). В 1960 и 1963 годах памятник обследовал Э.В.Шавкунов. Он осуществил инструментальную съемку крепостных укреплений и на основе собранного материала, в первую очередь черепицы, датировал памятник VIII–X вв. Э.В.Шавкунов предположил, что городище является центром бохайского округа Янь, откуда осуществлялась основная связь Бохая с Японией (Шавкунов 1966).

Раскопки на памятнике были начаты только в 1980 году. В 1980-81, 1983, 1990, 1994-2007 гг. исследования на городище проводились под руководством В.И.Болдина (Болдин 1980, 1981, 1983, 1990, 1994-2007), а с 2008 г. – под руководством автора настоящего отчета Е.И. Гельман (Е.И Гельман 2008-2017). Сначала раскопки были сосредоточены в северо-западной части памятника. Здесь были раскопаны руины буддийского храмового комплекса, вскрыты главный храм, фундамент башни, 10 печей для обжига черепицы, колодец, каменный фундамент стены, отделявшей храмовый комплекс от остальной части города, а также остатки фундамента культовой постройки нижнего строительного горизонта, каменный фундамент платформы вокруг неё и другие сооружения (рис. 6). В 1997–1998 гг. подверглась исследованию конструкция крепостной стены на западном участке вала. А с 1998 года начались раскопки и его восточной части, где было начато изучение восточных ворот и крепостной стены, которые продолжаются до настоящего времени. Большая часть раскопанных объектов относятся к позднему периоду, однако, последние годы (2005–201[illegible] гг.) исследовались и ранние горизонты памятника. Общая толщина культурных отложений на памятнике превышает 2 м на отдельных участках. В жилом квартале городища, в пределах раскопа XXXIV (2005-2007 гг.) были вскрыты остатки межквартальной дороги и 6 жилищ (№1-6) относящихся к пяти строительным горизонтам, были получены даты по радиоуглероду, свидетельствующие о заселении памятника в конце VII – начале VIII вв.

С 2004 г. на памятнике ежегодно ведутся геофизические исследования. Выполнены микромагнитная съемка внутренней части Краскинского городища и за его пределами, электрометрия в его северо-восточной части. С 2008 г. на всех раскопах выполняется послойная каппаметрия. Отработана методика исследования, получены предварительные результаты, дающие представления о планировке города и характере застройки его разных частей (Бессонова, Ивлиев 2007; Бессонова и др. 2013).

В 2008 г. были закончены работы на раскопе XXXVII,

где предполагалось обнаружить объекты, относящиеся к территории храмового комплекса. Однако исследования показали отсутствие каких-либо построек культового характера или непосредственно связанных с обслуживанием храмового комплекса. В пределах раскопа были частично изучены вошедшие в него остатки двух жилищ, относящихся к разным строительным горизонтам. Были начаты еще два раскопа, один из которых с севера примыкал к раскопу XXXVII – на нем были продолжены раскопки жилища №7 верхнего горизонта, а под ним обнаружены остатки жилища №8 с признаками использования кановой отопительной системы. Другой раскоп XL был заложен в жилом квартале, путем прирезки с юга к XXXIV раскопу. На этом участке в верхнем строительном горизонте обнаружены остатки каменного фундамента стены дворика и частично вошедшие в раскоп каменные базы здания, а также остатки мусорной кучи. В 2009 г. в границах раскопа XL изучены еще четыре строительных горизонта, в которых найдены остатки семи жилищ – углубленных с очагами и наземных с кановой отопительной системой, а также хозяйственные ямы различного назначения. В 2009 г. также впервые проводились исследования в южной части городища, где были выявлены остатки дороги с грунтовым покрытием.

В 2010 г. изучены остатки конструкций верхнего строительного горизонта – жилище с каном на территории, прилегающей к храмовому комплексу (раскоп XLV), остатки дворика и здания на каменном фундаменте внутри него (раскоп XLIV), а также обнаружены остатки здания на каменном фундаменте, которое вписывается в общую диагональную систему застройки городища. По материалам исследования памятника в российских и зарубежных изданиях опубликовано более 100 работ.

В сентябре 2010 г. в г. Владивостоке была проведена международная конференция (Бохай 2010), посвященная тридцатилетию с начала археологических раскопок Краскинского городища, где были подведены основные итоги исследований этого уникального памятника. С 1998 по 2017 гг. включительно были проведены 12 российско-японских конференций в Японии в университете Аояма гакуин (г. Токио), посвященных исследованиям Краскинского городища (Краскинское городище 2017).

В 2011 г. были изучены три участка в северной части городища. Два из них расположены в северо-западной части памятника. Они являлись продолжением начатых исследований в 2010 г. В границах раскопа XLV прослежена неоднородность формирования и модификации культурных отложений. В западном и восточном секторах стратиграфия показала наличие переслоенных речных песков разного гранулометрического состава и илистых прослоек, свидетельствующих о длительном застое воды. Таким образом, на этом участке памятника сохранился лишь верхний строительный горизонт, изученный в 2010 г. В южном секторе раскопа XLV исследованы отложения мощностью до 211–243 см, которые свидетельствуют о непрерывном использовании этого участка под жилые застройки населением бохайского города. Они содержали остатки нескольких объектов, относящихся ко 2-5 строительным горизонтам: разрушенные каменные конструкции и древние мусорные отложения, насыщенные каменным углем и керамикой; частично сохранившееся жилище №17 с очагом; остатки очага полностью разрушенного жилища и хозяйственную яму; в нижнем горизонте – деформированный котлован сооружения, которое, возможно, является остатками жилища.

Раскоп XLVII был заложен на участке, обнаруженном в результате геофизических исследований на Краскинском городище. Здесь выявлены остатки нескольких объектов 1-го строительного горизонта: фрагмент каменного фундамента, вошедший в границы раскопа частично; в 15 метрах к юго-востоку от края фундамента обнаружено частично сохранившееся жилище №18 с остатками двухканального канна; в двух метрах к юго-востоку от жилища №18 проявились остатки дороги с галечным покрытием.

Раскоп XLVIII являлся продолжением раскопа XLIV 2010 г., где были получены данные, позволяющие предположить, что к югу от раскопа XLIV, вероятно располагается здание с каменным фундаментом. В пределах раскопа XLVIII удалось расчистить остатки здания верхнего горизонта площадью около 88 м², а также к северо-западу от платформы, обнаружено скопление строительного камня разного размера, некоторые достигали в длину 1,5 м и, вероятно, являлись остатками каменных конструкций разрушенного здания.

В 2011 г. на городище впервые предприняты исследования бурением, что также впервые было применено и в изучении бохайских памятников. Бурение было использовано для заверки данных полученных геофизическими методами. Работы велись в трех районах, в в двух из них были обнаружены остатки каменных фундаментов 11-ти зданий, относящихся к разным строительным горизонтам. В третьем районе найдены предполагаемые границы бохайского погребения с каменными стенками – в 300 м к западу от городища. Т.е., удалось уточнить не только результаты геофизических работ, но и выяснить, что стратиграфия на памятнике различается на его разных участках, что отражает различный характер заселения памятника и последствия наводнений.

Также в 2011 году с целью изучения зоны хозяйственного использования населения городища, совместно с сотрудниками ТОИ и ДВГИ ДВО РАН, проведено исследование природных источников горного сырья, которые в IX–X вв. использовались жителями для строительства и бытовых нужд (Съедин и др. 2013). Определены возможные пути его доставки, обозначены предполагаемые границы зоны хозяйственного использования прилегающей территории.

Археологические исследования в 2012 году велись на четырех участках, расположенных в жилом квартале городища в его северо-западной части (раскопы XLIV и XLVIII), в центре северной части (раскоп XLVII) , а также в 300 м к западу от западных ворот (раскопы 1 и 2), где изучалось бохайское погребение. В границах раскопов XLIV и XLVIII разобраны остатки здания на платформе, выявленного в 2010 г. (верхний горизонт), часть здания колоннадного типа на платформе, исследованы остатки частично сохранившихся и фрагментарно вошедших в его границы жилищ №20-22 и более десятка мелких объектов. В границах раскопа XLVII изучены остатки жилища №19 с каном, которое относится к верхнему строительному горизонту. В окрестностях Краскинского городища были исследованы остатки погребения 2.

В 2013 г., в период неблагоприятных погодных условий, частично изучен участок жилого квартала в пределах ракопа XLIV, где были закончены исследования жилища №9 и остатков хозяйственного двора, продолжены раскопки жилища №21, расчищены и частично раскопаны остатки жилища № 23 2-го строительного горизонта. В северной части памятника в раскопе XLVII (2011 г.), были прирезаны сектора 6 и 7, где обнаружен участок дороги верхнего строительного горизонта с ориентировкой по линии запад-восток.

В период полевого сезона 2014 г. продолжено изучение жилого квартала Краскинского городища в его северо-западной части в пределах раскопа XLIV, начатые в 2010, 2013 гг. Исследованы остатки более 20-ти построек, включая продолжение жилищ №13,14,15,24. На участке восточного сектора раскопки полностью завершены, выявлены отложения 3-6 строительных горизонтов. Открытием 2014 г. является установление 6-ти строительных горизонтов, вместо 5-ти, выявленных ранее в границах других раскопов. В северной части городища на раскопе XLIX выявлен участок с двумя дорогами и место их пересечения. Одна тянулась в направлении север-юг, другая – запад-восток. В результате удалось частично выявить границы четырех кварталов городища в его северной части и наметить дальнейшие перспективы исследований застройки города.

Исследования на городище в 2015 г. проходили в северной и восточной частях памятника на 6-ти раскопах: в северной части памятника - раскопах XLIV (западный сектор), XLVII (секторе 2), XLVII (секторе 6), L и LI; в районе восточных ворот – на раскопе LII. На раскопе XLIV (западном секторе) завершены исследования, изучены остатки 6-го строительного горизонта, включавшие две хозяйственные постройки и здание с каменным фундаментом. Раскоп LI на северо-западном участке городища, включал часть раскопов 1995-1997 гг. и прирезку 2016 г. В границах раскопа изучены остатки дороги с каменным покрытием, пролегавшей вдоль ограды храма и западного участка крепостной стены. В центре северной части городища в границах раскопа XLVII (сектор 2) изучены отложения 2-4 строительных горизонтов, синхронных с теми, что выявлены при раскопках отложений дорожного полотна в секторе 3 в 2014 г. Обнаружены остатки жилища с остатками кановой отопительной системы во 2-м строительном горизонте. В раскопе XLVII (секторе 6) выявлены остатки конструкций 2-го и 3-го строительных горизонтов. Найдены остатки хозяйственной постройки и остатки здания на земляной платформе с частично сохранившимися каменными базами. На раскопе L выявлены несколько объектов, относящихся к верхнему строительному горизонту. Среди них – три котлована, которые были заполнены хозяйственным мусором. Раскопан новый участок дороги, ориентированной по линии запад-восток, он является продолжением дороги, выявленной в 2014 г. Т.е., подтвердилось, что эта дорога пересекает городище в этом направлении на значительном участке. В восточной части городища в границах раскопа LII продолжены исследования восточных ворот Краскинского городища и удалось выяснить границу прохода в воротах с внутренней стороны города.

Археологические исследования 2016 г. осуществлялись в границах восточного сектора раскопа XLVIII, где были изучены остатки бохайского культурного слоя, соответствующие по сравнению с соседними раскопанными участками 2-4 строительным горизонтам, т.е. примерно 750 – 830 гг. Закончено изучение остатков жилища 2-го строительного горизонта с каменным фундаментом (5×5,4 м), общей площадью не менее 27 м^2.

В третьем строительном горизонте выявлены объекты хозяйственного назначения. Под жилищем, в его северном углу проявились остатки хозяйственной постройки в виде ямы почти квадратной формы 2,32×2,30 м, общей площадью более 5 м2. К четвертому строительному горизонту отнесены объекты, получившие название котлованов 2-5. Из них котлованы 2 и 4, скорее всего, являются остатками котлованов жилищ.

1 С 1864 г. в районе залива Посьета появились поселки корейских крестьян – переселенцев из Кореи – Тизинхэ, Янчихэ, Сидими, Адими, Краббе, Фуругельма (Аносов 1928.).

Археологические исследования на Краскинском городище в 2017 году

Е.И. Гельман, Е.В. Асташенкова,
Я.Е. Пискарева, Ким Ын Кук, Чжун Сук-Бэ

1. Методика раскопок

Работы проводились в соответствии с «Положением о порядке проведения археологических полевых работ» (от 27.11.2013 г.). Выбор места для закладки раскопов все предыдущие полевые сезоны определялся наиболее актуальными задачами исследований этого эталонного памятника бохайской культуры на территории Приморья: изучение территории, планировки, хронологии строительных горизонтов и относящихся к ним построек; изучение топографии памятника в целом и жилых кварталов в частности, исследование жилищ и других строений, остатков хозяйственной деятельности. Новые раскопы разбивались исключительно путем прирезок к уже существующим раскопам с использованием метровой сетки. В 2017 г. были продолжены исследования, начатые в предыдущие годы. Сохранялась сплошная нумерация раскопов с учетом предыдущих лет исследований памятника. Выполнялась общепринятая процедура подготовительных работ. Для нивелировки использовался репер, установленный в 1980 году вблизи западных ворот на крепостном валу. Местоположение репера отмечено на плане (рис. 5).

Перед началом раскопок в 2017 г. произведена расконсервация раскопа LI с последующей зачисткой поверхности раскопа. Раскопки велись по слоям, а если они были значительной толщины, то делились на пласты толщиной 5-10 см или разбирались несколькими зачистками в зависимости от ситуации. Все получаемые материалы в процессе раскопок фиксировались на плане, согласно их положению в этих слоях и пластах, а также фотографировались. Зарисовывались и фотографировались также: поверхность раскопа в целом, все разрезы ям, крупных объектов и профили бортов раскопа и бровок (в масштабе 1:20).

Для обозначения окраски почвенных отложений использовалась шкала Манселла. При описании почвы и гранулометрического состава обломков горных пород использовались определения и шкалы, принятые в геологии. Проводилась нивелировка каждого слоя и пласта, границы слоев, объектов, перепада высот, а также всех индивидуальных находок, места скопления артефактов и экофактов, все образцы карбонизированной древесины, скопления каменного угля (использовавшегося населением памятника), шлаков. Индивидуальные находки отмечались на планах порядковым номером в сочетании со специальным обозначением и сопровождались на планах нивелировочной отметкой (далее н.о.), а массовые находки (игральные фишки, бесформенные куски железа, шлаки, кости животных и рыб) – специальным значком (см. условные обозначения к планам).

Часть почвы заполнения различных объектов (зольников, котлованов жилищ, хозяйственных ям), проявлявшихся на протяжении всего хода раскопок, сначала подвергалась водной флотации через сито с диаметром отверстий 0,25 мм, а затем водной сепарации – промывке почвы через сито с диаметром отверстий 2 мм. В полевых условиях производились шифровка, зарисовка. консервация и частично фотографирование находок, также частично проводилась обработка и анализ археологического материала, в том числе статистика массового материала.

В течение всех работ велась опись артефактов и экофактов с соответствующими пояснениями их происхождения (по раскопам, слоям, квадратам, объектам и т.д.) и полевой дневник. Весь массовый материал также собирался по слоям, пластам, квадратам и объектам, всесторонне анализировался и полностью вывозился для последующей обработки в лабораторных условиях в Институте. На протяжении всех работ отбирались пробы для радиоуглеродного анализа, образцы карбонизированной древесины на определение породы дерева, все костные остатки млекопитающих, птиц, рыб, створки раковин моллюсков, а также образцы почвы для различных анализов.

Все остальные работы выполнялись в стенах института, включая анализ всех полученных полевых материалов, окончательную обработку всех артефактов и экофактов, с привлечением узких специалистов (геофизиков, геологов, палеогеографов, малаколога, археоботаника, зооархеолога, химика и др.). Результаты их работы по мере готовности включаются в полевой отчет.

2. Исследования в северо-западной части городища. Раскоп LI

В 2017 году в северо-западной части городища были продолжены исследования на раскопе LI. Он был заложен в 2015 г. с целью изучения соотношения строительных горизонтов, выявленных на территории храмового комплекса и в жилых кварталах, и включал в себя участок раскопа XII (1995-1996 гг.), прилегавшего к каменному основанию ограды храмового комплекса, и участок раскопа XIV (1997 г.), в границах которого изучалась крепостная стена (рис. 7). В 2015 г было установлено, что выявленная в 1995-1996 гг. в южной части раскопа XII часть каменной «платформы» являлась частью каменного покрытия дороги верхнего строительного горизонта, пролегавшей вдоль храмовой ограды по направлению к западным воротам. Для него были продолжены цифровые (с севера на юг) и буквенные (с запада на восток) обозначения, использованные в XII раскопе.

На начальном этапе работы раскоп был расконсервирован (рис. 8-10). Нивелировочные отметки на поверхности 4-го пласта раскопа после расконсервации составили в среднем -175/-197 см. Разборка культурного слоя шла по возможности тонкими слоями, а в случае необходимости – зачистками. Всего в ходе работ 2017 г. на раскопе LI было снято 3 пласта.

Стратиграфия

Стратиграфия на раскопе LI была представлена следующими основными отложениями (рис. 11-19):

- дерн и гумусный слой (16-38 см);
- супесь коричневая (12-30 см);
- супесь коричневая рыхлая пятнистая (2-38 см);
- супесь серовато-коричневая (4-30 см);
- супесь серовато-коричневая с разнозернистым песком (4-16 см);
- супесь коричневая плотная (5-80 см);
- супесь коричневая рыхлая с разнозернистым песком (12-18 см);
- песок коричневый крупнозернистый (4-28 см);
- песок коричневый тонкозернистый (4-24 см);

- супесь желтовато-коричневая (4-8 см).

Профиль восточного борта отражает отложения, связанные с двумя горизонтами дорожного покрытия, выявленными в полевые сезоны 2015 и 2017 гг. (рис. 12, 14):

- мощность дерна и гумуса в кв. И-8,9 составляет 16-24 см;
- под ними находится слой коричневой супеси, толщина которого 12-19 см;
- подстилает предыдущий слой рыхлая пятнистая коричневая супесь с грубозернистым песком мощностью 6-38см;
- в кв. И-6-8 лежит слой серовато-коричневой супеси мощностью 4-15 см, с мелкими и среднего размера камнями, связанный с первым горизонтом дорожного полотна;
- слой серовато-коричневой супеси подстилают со стороны кв. И-8 слой рыхлой пятнистой коричневой супеси (толщина слоя 2-4 см), а со стороны кв. И-6,7 – слой коричневого крупнозернистого песка (толщина 4-28 см);
- ниже в кв. И-7 зафиксирован следующий горизонт дороги, представленный серовато-коричневой супесью с разнозернистым песком, с включением мелких камней и фрагментов мелкодробленой керамики и черепицы, мощность данного слоя составляет 4-9 см;
- следующий слой серовато-коричневой супеси представляет собой нижнюю часть второго горизонта дорожного полотна, его мощность 10-14 см;
- в кв. И-8,9 подстилает слой серовато-коричневой супеси и коричневой пятнистой супеси плотная коричневая супесь (толщиной от 5 до 20 см).

Профиль западного борта отражает наиболее сложную стратиграфическую ситуацию (рис. 13, 15):

- мощность дерна и гумуса составляет 24-38 см;
- ниже лежит слой коричневой супеси мощностью 18-30 см, а в кв. А -5 – слои рыхлой светло-коричневой супеси с разнозернистым песком мощностью до 18 см и плотной коричневой супеси, которая в этом квадрате достигает мощности до 80 см и включает в себя крупные камни – 30×8см, 18×14 см, 20×2 см, что является следствием нарушения слоя в результате археологических работ 1997 г. на раскопе XIV, когда проводились исследования крепостной стены городища
- под слоем коричневой супеси находится слой рыхлой серовато-коричневой супеси с камнями среднего и крупного размера, связанный с первым горизонтом дорожного полотна, мощность этого слоя достигает 24-30 см;
- слой серовато-коричневой супеси в кв. А -9-7 подстилает аналогичный по цвету и качеству слой, но с большим количеством разнозернистого песка, среднего и мелкого размера камней, мелкодробленой керамики и черепицы, связанный, по нашему мнению, со вторым горизонтом дорожного полотна. Мощность данного слоя достигает 6-16 см. Этот слой граничит в кв. А´-7-5 с плотной коричневой супесью (толщина ее 10-20 см), которую в кв. А´-7 делит на две части слой однородной темно-коричневой супеси мощностью до 26 см, маркирующей углубление, нарушившее порядок слоев в этом квадрате;
- ниже в кв. А´-9,8 находится слой рыхлой серовато-коричневой супеси, мощность которого составляет 6-10 см, который в кв. А´-8-6 переходит в коричневую супесь со значительным количеством разнозернистого песка (толщина ее 4-13 см), оба слоя маркируют нижний уровень второго горизонта дорожного полотна;
- подстилает этот уровень дороги в кв. А´-9-5 слой коричневого тонкозернистого песка с фрагментами керамики, черепицы и отдельными от мелкого до крупного размера камнями (мощность его составляет 4-11 см), который, вероятно, является подсыпкой дорожного полотна, а в кв. А´-7-6 под ним находится желтовато-коричневая супесь, толщина которой 4-8 см;

В **профиле южного борта** наблюдается следующая стратиграфическая ситуация (рис. 16, 18):

- остатки отвала и слоя консервации толщиной 2-6 см сохранились в кв. Ж-9, Д-В-9;
- дерн и гумусный слой составили 20-38 см;
- ниже лежит слой коричневой супеси мощностью 12-26 см, который в кв. З-9 подстилает слой желтовато-коричневой супеси с разнозернистым песком (толщина 10-14 см);

- подстилает предыдущий слой в кв. И-В-9 рыхлая пятнистая коричневая супесь с грубозернистым песком (толщина ее 20-32 см), в кв.Д-9 она включает вытянутое с востока на запад пятно сажи (толщина его 9-10 см), а в кв. А´-В-9 переходит в рыхлую коричневую супесь с мелкозернистым песком, мощность которой 10-30 см;
- в кв. А´-В-9 ниже рыхлой коричневой супеси с мелкозернистым песком находится аналогичная по цвету и структуре супесь с разнозернистым песком (толщина ее 10-16 см);
- в западной части кв. А -9 сохранились следы дорожного полотна в виде нескольких слоев: серовато-коричневой супеси, мощностью до 24 см, связанной с первым горизонтом дороги, серовато-коричневой супеси со значительным количеством разнозернистого песка (толщиной до 14 см) и серовато-коричневой супеси с включением фрагментов мелкодробленой керамики и черепицы мощностью 4-6 см, имеющим отношение ко второму горизонту дороги;
- в кв. И,З - 9 под слоем рыхлой пятнистой коричневой супеси с грубозернистым песком находятся слой коричневой плотной супеси (мощность его 18 см) и коричневой супеси с серыми пятнами мощностью 10-18 см.

Профиль **северного борта**, который начинается на уровне задернованной поверхности (следствие консервации и природных процессов) ранее раскопанного каменного основания ограды храмового комплекса, демонстрирует следующую картину (рис. 17, 19):

- дерн с крупными камнями, представляющие собой основание ограды, которая отделяла территорию храмового комплекса от остальной части городища (мощность его составила 4-16 см);
- ниже каменной кладки находится слой коричневого тонкозернистого песка мощностью от 4до 26 см;
- под ним залегает слой коричневого крупнозернистого песка толщиной от 6 до 16 см.

Исследования дорожного полотна

Поверхность 4-го пласта после расконсервации была сфотографирована (рис. 10). В процессе расконсервации раскопа LI были найдены фрагмент железного долотовидного наконечника стрелы в кв. Ж-9 (№1, н.о. -200 см) (рис. 20, 21), железный ледоходный шип в кв. В-9 (№2, н.о. -190 см) (рис. 22, 23), фрагменты круговых керамических сосудов и черепицы (124 фрагмента или 2,73 кг), а также игральные фишки, изготовленные из черепицы (рис. 24-28).

4 пласт

Археологические исследования полевого сезона 2017 года на раскопе LI после расконсервации начались с разборки 4-го пласта слоем толщиной в 10-15 см (рис. 29). План, подготовленный после снятия 4-го пласта, получил номер 5, т.е. нумерация планов 2015 г. получила продолжение в 2017 г. (рис. 30). Сначала было снято каменное покрытие дороги, выявленное в процессе исследований 2015 г. (рис. 31). Выяснилось, что на этом уровне оно было сложено из крупных и среднего размера камней и обломков черепицы, лежащих в слое серовато-коричневой супеси (рис. 32). Также в этом слое обнаружены фрагменты костей и зубов животных, обломки железных изделий, мелкие куски обмазки, металлического и керамического шлака, игральные фишки (рис. 33-38). Очевидно, что на дорогу выбрасывался строительный и бытовой мусор. После того, как были удалены камни с поверхности дороги, приступили к снятию 4-го пласта по всей поверхности раскопа (рис. 39, 40). Мощность его составила около 10 см (рис. 41). На уровне поверхности 5-го пласта в кв. А´-7,8, А-6-8, Б-6,7 – З-6,7, И-6-8 проявился новый уровень дороги (второй уровень первого горизонта дороги) (рис. 42). В восточной части раскопа в кв. И-8-6 и З-7,6 он представлял собой покрытие, состоящее из среднего и мелкого размера камней (12×8 см, 10×10 см, 10×8 см, 6×4 см, 4×2 см), дополнительно забутованное значительным количеством мелких фрагментов черепицы и керамических сосудов, игральными фишками, бытовым мусором в виде остатков зубов и костей животных, шлака (рис. 43). Тот же уровень дороги в западной части раскопа в кв. А´-В-9-6 имел другой вид – здесь присутствовало значительно больше крупных и среднего размера камней (18×12 см, 16×14 см, 16×12см, 12×10 см, 12×5 см) и меньше забутовки в виде мелких камней, обломков черепицы и керамических сосудов (рис. 44). По всей видимости, западный участок дороги был выше и не требовал дополнительной подсыпки.

Об этом свидетельствуют нивелировочные отметки, средние значения которых – -187/-190 см, в то время как в восточной части второй уровень дорожного покрытия (первого горизонта дороги), проявившийся на поверхности 5-го пласта, имеет нивелировочные отметки – -190/-200 см (рис. 30). Камни дорожного полотна второго уровня были также уложены в рыхлой серовато-коричневой супеси. Ширина каменной вымостки на уровне поверхности 5-го пласта составила 120-226 см. Располагаясь на данном участке раскопа по линии восток-запад, дорога имела незначительный изгиб в северном направлении, при этом ее южный край сохранился лучше (рис. 45). С южной стороны от дорожного покрытия на уровне поверхности 5-го пласта проявилась рыхлая коричневая супесь, которая в кв. Г-9 и кв. Д-И-9,8 имела значительное количество грубозернистого песка (отчего выглядела пятнистой), а в кв. А´-9, А-В-9,8, Г-8,7, Д-7 – мелкозернистого (рис. 30). С северной стороны дорожное покрытие граничило со слоем песка: вдоль всего северного края дороги прослеживалась полоса коричневого крупнозернистого песка, ширина которой составляла от 1 м до 2-3 см. Далее все пространство вплоть до каменной стенки ограды административно-храмового комплекса, которая является северной границей раскопа LI, было заполнено коричневым тонкозернистым песком (рис. 46). Очевидно, песчаный слой не способствовал сохранению края дороги.

В кв. И-7 в процессе зачистки покрытия дорожного полотна проявилось красновато-коричневое пятно 20×26 см с кусочками обожженной обмазки и мелкими фрагментами угольков (рис. 47). Пятно серовато-коричневой супеси с тонкозернистым песком и илистыми прослойками размером 130×76 см, проявившееся в кв. З-5, вероятно, является остатками слоя, образовавшегося в северной части раскопа в результате длительного его пребывания в воде в 2016 году (рис. 48).

В северо-западной углу раскопа в кв. А-5, Б-4,3 и А´- 6,5 пятна гумусированной и плотной коричневой супеси образовались вследствие раскопок 1995-1997 гг., когда проводились исследования ограды административно-храмового комплекса и части крепостной стены (рис. 49).

Керамический материал сосредоточен преимущественно в районе дорожного покрытия и представлен мелкими разрозненными фрагментами круговой посуды и многочисленными обломками черепицы (882 фрагмента или 16,198 кг), игральными фишками, изготовленными из черепицы и стенок сосудов (рис. 50-65). Всего во время разборки 4-го пласта было найдено 49 фишек.

При снятии 4-го пласта были обнаружены также изделия из металла и керамики, относящиеся к категории индивидуальных находок, в том числе:

- железные гвозди в кв. И-6 (№3, н.о. -190 см) и Д-9 (№4, н.о. -199 см) (рис. 66-70);
- железные наконечники стрел в кв. Б-7 (№5, н.о. -193 см) и А´-7 (№7, н.о. -192 см) (рис. 71-75);
- фрагмент чугунного изделия в кв. А-9 (№6, н.о. -191 см) (рис. 76-78);
- фрагмент кричного железа в кв. А´-9 (№8, н.о. -190 см) (рис. 79-81);
- фрагмент дна сосуда с тамгой в кв. Д-7 (№9, н.о. -194 см) (рис. 82, 83);
- фрагмент дня сосуда с иероглифом в кв. Д-9 (№10, н.о. -199 см) (рис. 84-86);
- фрагмент стенки сосуда с глазурью в кв. Г-8 (№11, н.о. -190 см) (рис.87);
- фрагмент концевого диска черепицы в кв. В-7 (№12, н.о. -193 см) (рис.88, 89);
- фрагмент плоской черепицы с орнаментом в кв. В-9 (№13, н.о -190 см) (рис.90, 91);
- фрагмент керамического украшения в кв. Г-9 (№14, н.о. -195 см) (рис.92-94).

5 пласт

На следующем этапе работ был разобран 2-ой уровень первого горизонта дороги, проявившийся на поверхности 5-го пласта, и полностью снят 5-ый пласт, общая мощность которого составила 8-10 см (рис. 95-97). После того, как были убраны камни и снята серовато-коричневая супесь, на месте дорожного полотна проявился слой такого же цвета супеси (серовато-коричневой), но со значительно большим количеством разнозернистого песка (подсыпка под каменную насыпь), и в нем остатки следующего горизонта дорожного покрытия (рис. 98, 99). Сохранность его была, в целом, существенно хуже двух предыдущих уровней, особенно в центральной и восточных частях (рис. 100). Заполнение на разных участках дороги отличалось. В северо-западной и западной оно состояло преимущественно из крупных, средних и мелких камней (20×12 см, 20×7 см, 16×10 см, 14×8 см, 8×6 см) значительного количества обломков керамики, черепицы и бытового мусора (рис. 101-103). В юго-западной (в кв. В,Г-8) и восточной частях (кв. кв. Е-И-6,7) оно было представлено мелкими камнями (10×6см, 8×6 см, 6×4 см, 4×2 см) и забутовкой из строительно-бытового мусора (рис.104-108). Очевидно, что и на этом уровне дороги наблюдался перепад высот между ее западной и восточной частями, который составлял в среднем около 14 см. Этим можно объяснить лучшее состоянии дороги на ее более высоком западном и северо-западном участках.

При этом следует отметить, что для этого уровня дороги, в целом, характерно наличие значительных участков, где дорожное покрытие не сохранилось вовсе (хотя его маркировал слой серовато-коричневой супеси с разнозернистым песком), а там, где его удалось зафиксировать, оно было представлено сильно фрагментированными обломками и фрагментами керамики и черепицы, гораздо более мелкими, по сравнению с вышележащими уровнями дороги (рис. 109, 110).

Ширина сохранившейся части дорожного полотна составляла 166- 200 см.

Ситуация с окружающими дорогу слоями не претерпела значительных изменений. В северной части раскопа с северной стороны от дороги сохранился слой коричневого тонкозернистого песка. В кв. Б,В-3,4 проявился слой коричневого крупнозернистого песка, который на предыдущем уровне был зафиксирован в кв. А´-6, А,Б-5 и, очевидно, со временем был затянут слоем тонкозернистого песка. Полоса коричневой супеси с разнозернистым песком проявилась полосой в направлении юго-запада – северо-восток из кв. А´-6,7 в кв. Б-5. Эти слои ограничивали дорогу с севера. С юга границей дорожного полотна служили слои коричневой супеси, довольно рыхлой из-за значительного количества разнозернистого и грубозернистого песка. В центральной и восточной частях эта супесь была пятнистой. В кв. Ж-7,8 проявились три камня, лежащие по линии юго-восток – северо-запад (рис. 111). Размеры их составили 28-30×18см и 20×18 см, н.о. -211/ -216 см. Камни лежат на границе дорожного полотна и слоя коричневой супеси с серыми пятнами, являясь, вероятно, сохранившимися остатками южного края дороги.

В кв. А´-5 и кв. И -9 сохранились пятна плотной коричневой супеси. В кв. И-7, где на предыдущем уровне были зафиксированы следы сгоревшей обмазки и угля, отчетливо проявилось красновато-коричневое со следами твердой обмазки пятно, с черно-коричневыми краями со всех кроме южной сторон (рис. 112). Диаметр пятна составил около 35 см, а мощность заполнения около 10 см.

Керамический материал 5-го пласта был сосредоточен преимущественно в районе дорожного покрытия, наибольшая его концентрация наблюдалась в кв. Е-6 – И-7, В, Г-8 (рис. 113, 114). Он представлен отдельными мелкими разрозненными фрагментами круговой посуды, многочисленными обломками черепицы (2726 фрагментами или 64, 638 кг) и игральными фишками, изготовленными из черепицы и стенок сосудов (рис. 115-138). Количество фишек составило 117 экз. (из них 8 изготовлено из камней, 14 – из стенок сосудов и 95 – из черепицы) (рис. 139, 140).

В процессе разборки 5-го пласта были обнаружены керамические и металлические изделия, относящиеся к категории индивидуальных находок, в том числе:

- фрагмент плоской черепицы с орнаментом в кв. З-8 (№15, н.о. -209 см) (рис. 141, 142);
- фрагменты концевых дисков черепицы в кв. Ж-6 (№16, н.о. -205 см), в кв. Д-7 (№18, н.о. -206 см), в кв. А-5 (№20, н.о. -206 см), в кв. Б-7 (№39, н.о.-194 см), в кв. Ж-7 (№40, н.о.-210 см), в кв. В-8 (№44, н.о.-199 см, №45, н.о.-200 см), в кв. Б-4 (№46, н.о.-200 см), в кв. А´-7 (№47, н.о.-197 см) (рис. 143-162);
- фрагмент изделия со взаимопересекающимися отверстиями в кв. В-6 (№41, н.о.-193 см) (рис. 163, 164);
- фрагмент керамического украшения крыши в кв. В-8 (№42, н.о.-204 см) (рис. 165, 166);
- фрагмент крышки сосуда с глазурью в кв. В-9 (№43, н.о.-203 см) (рис. 167, 168);
- фрагмент керамического кольца в кв. Ж-7 (№17, н.о. -212 см) (рис. 169-171);
- керамический шарик в кв. Д-8 (№19, н.о. -206 см) (рис. 172, 173);
- фрагменты железных изделий в кв. И-6 (№21, н.о. -197 см), в кв. Е-5 (№26, н.о. -204 см), в кв. В-9 (№34, н.о. -199 см), в кв. Б-8 (№37, н.о. -197 см) (рис. 174-183);
- железные гвозди в кв. И-8 (№22, н.о. -207 см; №23, н.о.

-198 см), в кв. З-7 (№24, н.о. -200 см), в кв. Ж-7 (№25, н.о. -198 см), в кв. Е-6 (№27, н.о. -212 см), в кв. Е-8 (№28, н.о. -211 см), в кв. Д-5 (№29, н.о. -206 см), в кв. Д-6 (№30, н.о. -208 см), в кв. Г-4 (№31, н.о. -200 см) (рис. 184-208);
- железный крюк в кв. Г-4 (№32, н.о. -202 см) (рис. 209-211);
- железный нож в кв. Г-7 (№33, н.о. -210 см) (рис. 212-214);
- железная пластина в кв. Б-7 (№35, н.о. -196 см) (рис. 215-217);
- железная накладка в кв. Б-7(№36, н.о. -199 см) (рис. 218-220);
- железный наконечник стрелы в кв.А´-7 (№38, н.о. -189 см) (рис. 221-223).

6 пласт

Работы на раскопе были прерваны на некоторое время циклоном, который принес значительное количество осадков, и большая часть раскопа, в результате, оказалась под водой (рис. 224). После того, как дожди прекратились, и раскоп осушили (рис. 225), исследования были продолжены, но были осложнены постоянно поступающими грунтовыми водами, особенно в юго-восточной части раскопа, где, в итоге, пришлось выкопать небольшой водосборник (рис. 226). В процессе работ снова было разобрано покрытие дорожного полотна, обнаруженное на уровне поверхности 6-го пласта (рис. 227) и по всему раскопу сняли слой, толщина которого составила 10-15 см (рис. 228- 230).

На этом уровне остатки дороги проявились в виде скоплений мелкодробленой керамики в восточной, центральной (в кв. ГД-5) и западной (в кв. А-9 и Б-8) частях раскопа (рис. 231-235). Слой, который маркировал дорогу, был представлен серовато-коричневой супесью. Даже там, где каменно-керамическое покрытие дорожного полотна не сохранилось, осталось заполнение, характерное для дорог Краскинского городища – фрагменты зубов и костей животных, железных изделий, шлаков, игральные фишки, отдельные обломки керамических сосудов и черепицы (1225 фрагментов или 29,274 кг) (рис. 236-239). На этом уровне сохранились три камня, выявленные на уровне предыдущего 6-го пласта в кв. Ж-7-8, контуры которых проявились более четко.

Ширина сохранившегося дорожного полотна на уровне поверхности 7-го пласта составила 126-200 см. На этом уровне дорога имеет более очевидный изгиб: из кв. И-7 полотно расположено в северо-западном направлении почти параллельно каменной ограде храмового комплекса, отстоя от него на расстояние около 156 см, а в кв. Г-Д-5 оно поворачивает в юго-западном направлении, в сторону кв. А´-9, практически, образуя прямой угол, а не плавную дугу, как это было уровнями выше (рис. 240, 241).

Структура и качество слоев, которые оконтуривали дорожное полотно с юга практически не изменились – это рыхлые коричневые супеси с разнозернистым и грубозернистым песком. С северной стороны от дороги на большей части проявился коричневый крупнозернистый песок, который с северо-западной стороны и в кв. И-5,6 переходил в тонкозернистый.

Керамический материал, обнаруженный при разборке 6-го пласта, был сосредоточен преимущественно в районе дорожного покрытия, со значительной концентрацией в кв. Ж,З-5-7, Б,В-7, Б-8,9, А´-7,8 (рис. 242, 243). Он представлен многочисленными мелкими разрозненными фрагментами круговой посуды, черепицы и игральными фишками, изготовленными из черепицы и стенок сосудов (рис. 244-270). Всего было найдено 55 фишек (из них 1 из камня, 5 из стенок сосудов и 49 из черепицы) (рис. 271). Кроме того, в процессе разборки 6-го пласта были обнаружены керамические, металлические и каменные изделия, в том числе:

- фрагмент керамического изделия со взаимопересекающимися отверстиями в кв. Г-6 (№50, н.о. -215 см) (рис. 272-274);
- фрагмент керамического кирпича в кв. Б-8 (№61, н.о. -205 см) (рис. 275, 276);
- фрагменты керамических украшений в кв. Ж-7 (№62, н.о. -211 см) (рис. 277, 278), в кв. Е-7 (№69, н.о. -220 см) (рис. 279, 280);
- фрагменты концевых дисков черепицы в кв. Г-5 (№63, н.о. -210 см) (рис. 281, 282), в кв. В-7 (№64, н.о. -210 см) (рис. 283-285), в кв. З-7 (№66, н.о. -210 см) (рис. 286, 287);
- фрагмент стенки керамического сосуда овальной формы с оббитыми краями в кв. Г-5 (№65, н.о. -210 см) (рис. 288, 289);
- фрагменты черепицы с орнаментом в кв. Б-8 (№67, н.о. -208 см) (рис. 290, 291), в кв. Б-7 (№68, н.о. -209 см) (рис. 292, 293), в кв. А-7 (№70, н.о. -208 см) (рис.294, 295);

- железный шарик в кв. И-6 (№48, н.о. -216 см) (рис. 296);
- железное кольцо в кв. Д-5 (№49, н.о. -215 см) (рис. 297-299);
- фрагмент чугунного изделия в кв. А-7 (№51, н.о. -207 см) (рис. 300-302);
- железный гвоздь в кв. А-8 (№52, н.о. -198 см) (рис. 303, 304);
- фрагменты железных изделий в кв. А-8 (№53, н.о. -203 см), в кв. А´-7 (№55, н.о. -202 см; №56, н.о. -202 см), в кв. В-5 (№58, н.о. -215 см) (рис. 305-311);
- фрагмент железной пластины в кв. А-8 (№54, н.о. -203 см) (рис. 312);
- железное сверло в кв. А´-8 (№57, н.о. -214 см) (рис. 313-315);
- фрагмент железного стержня в кв. А-7 (№59, н.о. -205 см) (рис. 316, 317);
- фрагмент керамического кольца в кв. В-9 (№60, н.о. -210 см) (рис. 318, 319).

На этом этапе работа на раскопе была завершена и проведена его консервация (рис. 320).

Таким образом, в итоге двух полевых сезонов (2015 и 2017 гг.) были изучены остатки дороги с каменно-керамическим покрытием. Исследования 2015 г. позволили установить, что дорога пролегала вдоль ограды храма и поворачивала на юг вдоль западного участка крепостного вала, вероятнее всего, она вела к западным воротам. В результате археологических работ 2017 г. были выявлены два горизонта дороги. Первый горизонт, отражающий поздний этап существования данного объекта, представлял собой дорогу с каменным покрытием. Вероятно, существовало два уровня этого горизонта. Один был выявлен при разборке третьего пласта в 2015 году, второй – во время снятия четвертого пласта в полевом сезоне 2017 года. Этот горизонт дороги возводился, практически, с точным соблюдением правил дорожного строительства, характерных для Краскинского городища и выявленных во время исследований дорожного полотна в районе восточных ворот и в центре северной части памятника. Дорогу мостили крупными и среднего размера камнями, а сверху забутовывали мелкой галькой. В процесе использования дороги места повреждений засыпались строительным и бытовым мусором, роль которого выполняли обломки керамических сосудов, черепицы, игральных фишек, костей и зубов животных, галек, шлаков, фрагментов металлических изделий и т.п. Очевидно, что последний уровень дороги (первого строительного горизонта) ремонтировался незадолго до окончания существования города, что обеспечило хорошую сохранность полотна. При этом для осушения дороги и забутовки промежутков между крупными камнями использовался бытовой мусор, который был в ближайшем доступе, а именно, на территории храмового комплекса. Об этом свидетельствуют встречающиеся среди заполнения дорожного полотна, обломки архитектурных украшений, в частности, фрагменты чивэя и концевых дисков кровельной черепицы, которые в значительных количествах находили во время работ на территории административно-храмового комплекса.

Второй горизонт, отражающий более ранний этап функционирования дороги, был выявлен при разборке 5-го и 6-го пластов. При этом, вероятно, и здесь мы имеем дело с двумя уровнями или со следами периодических ремонтных работ дорожного полотна. На уровне второго горизонта дорожное покрытие характеризуется заполнением в виде мелких и среднего размера камней и значительного количества мелкофрагментированной керамики и черепицы, большого количества фишек, обломков железных изделий, костей и зубов животных, отдельных угольков и кусочков обмазки. При этом, камней мелких и среднего размера зафиксировано существенно меньше, чем при раскопках дороги первого (верхнего) горизонта. Видимо, и на этом уровне дорогу периодически ремонтировали, используя в большей степени строительный и бытовой мусор, но не так качественно и полноценно, как это делалось позднее. Эти наблюдения позволяют выдвинуть предположение, что на разных этапах существования Краскинского городища организация дорожных работ не всегда осуществлялась должным образом. На уровне второго строительного горизонта, ремонт осуществлялся спорадически, от случая к случаю, а на последнем этапе функционирования городища, эта работа была выполнена оыень качественно. То, что технология производства дорожного покрытия на данном участке немного отличается от той, что зафиксирована на участке с восточными воротами и на других участках памятника, позволяет сделать вывод, что занимались этой работой разные категории населения. Возможно, каждый участок был закреплен за жителями определенного района городища.

Исследования 2017 года позволили установить также, что дорога возводилась на местности, имеющей неровный рельеф. Перепад высот на уровне поверхности 7-го пласта после снятия 6-го пласта между западной и восточной частями дороги составил порядка 8-10 см при средних нивелировочных отметках данной поверхности -208/-216 см. На уровне поверхности 6-го пласта – порядка 14 см, при средних нивелировочных отметках -193/-207 см. На уровне поверхности 5-го пласта – около 11 см при средних нивелировочных отметках -183/-194 см. Видимо, этим, отчасти, и объясняется большая концентрация мелкофрагментированной керамики и черепицы в восточной части дорожного полотна, особенно на уровне поверхности 6-го пласта (рис. 113, 114), а так же разница в степени сохранности западной и восточной участков дороги. Более низкие приходилось постоянно подсыпать. Изгиб дорожного полотна со временем незначительно менялся. На уровне поверхности 7-го пласта он более значительный. Но, в целом, дорога на протяжении длительного периода проходила в одном и том же месте, не «гуляла».

Строительный материал, использовавшийся для реконструкции дорожного полотна, позволяет нам высказать предположение о том, что как минимум два горизонта дороги функционировали уже во времена существования административно-храмового комплекса или после него. На уровне первого горизонта встречаются диски с теми типами декора, которые предварительно отнесены исследователями к наиболее поздним (I тип) и к ранним (V тип). То есть, разновременный материал найден в отложениях, которые соответствуют времени функционирования храма верхнего строительного горизонта. Вместе с тем, при исследовании второго горизонта дороги обнаружены обломки дисков (типы V,VII, VIII), которые исследователи находили при раскопках платформы здания храма нижнего строительного горизонта. Такое переотложение ранних артефактов на территории храмового комплекса наблюдалось неоднократно, так как черепица использовалась до тех пор, пока не разрушалась, а замена ее на крышах происходила постпенно. Время использования основного массива черепицы на крышах составляла около 50-70 лет. Очень часто черепица разрушенных зданий использовалась при забутовке платформ разных сооружений, стенок некоторых построек, а после их разрушения или перестроек оказывалась частично в более поздних горизонтах по сравнению со временем их изготовления.

3. Исследования в северной части городища. Раскоп LIII

В новом полевом сезоне 2017 г. в северной части городища, к югу от раскопа L, исследовавшегося в 2015 г., путем прирезки был разбит раскоп LIII. Раскопки 2015 г. позволили выявить продолжение дороги, ориентированной по линии восток-запад, которая в свою очередь была продолжением участка дороги, обнаруженной в границах раскопа XLIX. Поэтому основной целью археологических работ на раскопе LIII стало изучение планировки застройки городища на участке, прилегающем к дороге, выявленной в 2015 г. на раскопе L.

Раскоп LIII 2017 г. ориентирован по линии северо-восток – юго-запад. Изначально были разбиты два сектора (каждый размерами 5×10 м), разделенные метровой бровкой (рис. 321). Впоследствие, после снятия 3-го пласта, было решено сделать прирезку – сектор 3 – к юго-западному борту 2-го сектора. Между 2-ым и 3-им секторами была оставлена бровка шириной 1 м, а размеры 3-го сектора составила 5×10 м (рис. 322). Таким образом, общая площадь раскопа, включая две бровки, составила 170 м^2 (рис. 323). Буквенные и цифровые обозначения стали продолжением принятых для раскопа L и других раскопов в северной части Краскинского городища.

Перед началом работ поверхность 1-го и 2-го секторов была очищена от травы и кустарника, а затем проведена разметка раскопа. Буквенное обозначение метровых квадратов раскопа LIII с учетом бровки между ним и раскопом L использовалось для линии квадратов с северо-востока на юго-запад (кв. Б-Т), числовые обозначения - для линии квадратов по направлению с северо-запада на юго-восток (кв. 5-5´). Для контроля за стратиграфией были оставлены две бровки, разделившие раскоп на три сектора: по линии кв. Ж-5´-5 и кв. Н-5´-5, (рис. 323). Перепады высот на раскопе LIII относительно незначительны и составили с северо-востока на юго-запад в 1-ом секторе до 10 см (-116/-126 см), во 2-ом секторе – до 11 см (-109/-121 см), с небольшим повышением на северо-запад, а в 3-ем секторе – 22 см (-115/-137 см), с сильным понижением в его юго-восточной части.

Стратиграфия

Исследования 2017 г. позволили получить представление о стратиграфии верхнего строительного горизонта на раскопе LIII. Мощность культурных отложений в 1-ом и 2-ом секторах в целом составила до 0,9 м, в секторе 3 – до 0,24 м, а с учетом выбранных котлованов до 1,2 м (рис. 324-340).

Общая стратиграфия на раскопанном участке была представлена следующими основными отложениями (рис. 324-340):

- дерн и гумус (толщина 12-22 см);
- коричневая пятнистая рыхлая супесь с грубозернистым песком (16-26 см);
- плотная коричневая супесь (до 38 см);
- желтовато-коричневый грубозернистый песок (10-24 см);

Профиль юго-восточного борта секторов 1 и 2 по линии Б-5-М-5 (рис. 324, 326) представлен более мощными, по сравнению с другими бортами, отложениями:

- дерн и гумус (14-34 см), в котором хорошо были видны следы пахоты;
- мощный слой плотной коричневой супеси (10-42 см) наблюдается в кв. Б-З-5. Между ним и дерном в кв. Г-Д-5 выделяется слой темноватой коричневой супеси с крупнозернистым песком (10-20 см), а в кв. Е-Ж-5 – слой рыхловатой пятнистой коричневой супеси (10-20 см). Под слоем плотной коричневой супеси почти по всей длине борта залегала плотная темно-коричневая супесь (6-20 см);
- в кв. Ж-Л-5 под дерном залегал слой рыхловатой пятнистой коричневой супеси (12-27 см), под которой находился желтовато-коричневый тонкозернистый песок толщиной 10-16 см;
- в кв. Л-5 наблюдались песочные прослойки и прослойки супеси, насыщенные разнозернистым песком, толщиной до 10 см.

В секторе 3 профиль **юго-восточного борта** по линии О-5-Т-5 (рис. 325, 327) представлен двумя слоями: дерном, мощностью 14-20 см и пятнистой коричневой рыхлой супесью с крупнозернистым песком (10-20 см).

Профиль северо-западного борта по линии М-Б-5´ в секторах 1 и 2 (рис. 328, 330) представлен следующими слоями:

- дерн и гумус (15-25 см);
- в кв. М-К-5´ под дерном залегала плотная коричневая супесь с крупнозернистым песком (7-22 см), продолжающийся в кв. Г-Б-5´. В кв. К-5´ этот слой сменяется на рыхловатую пятнистую коричневую супесь с разнозернистым песком (толщиной до 23 см), тянущуюся до кв. Е-5´. Этот слой в кв. И-Е-5´ подстилался коричневой супесью с крупнозернистым песком и мелкими камнями (10-14 см), которая, в свою очередь, в кв. Д-В-5´ залегала под слоем пятнистой коричневой рыхловатой супеси. В кв. В-Б-5´ этот слой переходил в прослойку желтовато-коричневого песка толщиной до 5 см;
- в кв. М-К-5´ плотную коричневую супесь с крупнозернистым песком подстилал слой менее плотной коричневой супеси (8-26 см), под которым залегали тонкие прослойки рыхловатых супесей, насыщенных песком, сменяющиеся довольно мощным слоем плотной коричневой супеси (6-16 см) в кв. М-К-5´;
- в кв. К-Б-5´ протянулся слой желтовато-коричневого светлого грубозернистого песка мощностью 10-24 см, под которым в кв. Ж-Е-5´ залегал рыхлый желтовато-коричневый крупнозернистый песок, а в кв. Е-Б-5´- рыхлая коричневая супесь с грубозернистым песком (6-14 см). Под ними, в кв. З-Б-5´ слой плотной коричневой супеси с разнозернистым песком, мощностью 12-24 см, маркировал верхнюю часть заполнения жилища с каном в секторе 1;
- в кв. Б-5´ наиболее мощным был слой рыхлой коричневой супеси с прослойками среднезернистого и крупнозернистого желтого песка (10-18 см), под ним залегал слой коричневой супеси с пятнами мелкозернистого желтого песка (до 10 см).

Профиль северо-западного борта в секторе 3 по линии Т-5´-О-5´ (рис. 329, 331) представлен следующими слоями:

- дерн и гумус 12-24 см;
- пятнистая рыхлая коричневая супесь с крупнозернистым песком, мощностью 6-12 см;
- следующие слои отражают заполнение котлованов, профиль которых попал в борт раскопа. В котловане 2 (кв. Т5´) пятнистую коричневую супесь подстилает темно-коричневая супесь с крупнозернистым песком (6-12 см). Основной слой в котловане 2 - это коричневая супесь с гумусированными пятнами и песком, в которой присутствуют прослойки темно-коричневой и серо-коричневой супеси;
- в котловане 3 (кв. Р-О-5´) под слоем пятнистой коричневой супеси залегала коричневая супесь с гумусированными пятнами и песком, мощностью до 45 см, в кв. О-5´ граничащая с серо-коричневой темной супесью (6-26 см). Ниже этих двух слоев находилась темно-коричневая супесь с пятнами серого песка (толщина до 48 см) и прослойками желтовато-коричневого песка.

Профиль северо-восточного борта в секторах 1 и 2 по линии Б-5´ – Б-5 (рис. 332, 334) представлен следующими слоями:

- дерн и гумус (толщина 18-24 см);
- под слоем дерна и гумуса почти по всему борту залегала коричневая пятнистая рыхлая супесь с грубозернистым песком мощностью 5-22 см, а в кв. Б-4-5 – плотная коричневая супесь (14-40 см);
- прослойки желтовато-коричневого крупнозернистого песка толщиной от 6 до 24 см наблюдались в кв. Б-5´-4´ под слоем коричневой пятнистой супеси. В кв. Б-4´-1´ залегал слой коричневой плотной супеси с грубозернистым песком и щебнем (18-26 см), который «нырял» под коричневую супесь в кв. Б-2´-1´ (мощность слоя до 23 см). Слой темно-коричневой супеси с грубозернистым песком в кв. Б-1´-4 ограничивается плотной коричневой супесью в кв. Б-4;
- в кв. Б-5´-3´ супесь коричневая рыхлая с прослойками среднезернистого и крупнозернистого песка (8-22 см) подстилалась слоем коричневой супеси с пятнами мелкозернистого желтого песка в тех же квадратах (5-10 см);
- В кв. Б-2´-Б-3 выделяются множество тонких прослоек желтовато-коричневого пятнистого разнозернистого до гравелитового песка, желтовато-коричневого крупнозернистого песка, коричневой рыхлой супеси с грубозернистым песком. Все эти прослойки подстилали легкую коричневую супесь в кв. Б-1´-4 (4-16 см);
- самым нижним слоем в кв. Б-4-5 была очень плотная коричневая супесь толщиной 4-10 см, которая в кв. Б-1-3 сменялась темно-коричневой плотной супесью (7-14 см). В кв. Б-2´-1´ нижним слоем была коричневая супесь с тонкозернистым песком, толщиной 5-10 см.

В **профиле бровки между секторами 1 и 2** (рис. 333, 335) по линии Ж-5-Ж-5´ наблюдается следующая стратиграфическая ситуация:

- дерн (14-22 см);
- на участке бровки в кв. Ж-5-2´ под дерном залегала пятнистая коричневая рыхлая супесь с крупнозернистым песком (10-34 см). Под ней в кв. Ж-5-4 находился слой плотной коричневой супеси (10-20 см). Этот слой в кв. Ж-4 граничил с коричневой легкой супесью, их разделял желто-коричневый разнозернистый песок (до 15 см). В кв. Ж-2-2´ протянулся слой плотной коричневой супеси с грубозернистым песком и щебнем, мощностью до 18 см. Этот слой «уходил» под коричневую рыхлую супесь с грубозернистым песком в кв. Ж-1´. Самыми нижними были слои плотной темно-коричневой супеси (4-24 см) и коричневой плотной супеси с разнозернистым песком (4-10 см);
- часть бровки в кв. Ж-2´-5´ представлена более тонкими и песчанистыми слоями: в кв. Ж-3´-4´ сразу под дерном залегал крупнозернистый желто-коричневый песок (4-14 см). Этот песок «перекрывал» ранее встречавшийся слой пятнистой коричневой рыхлой супеси с крупнозернистым песком (6-17 см), под ним располагалась коричневая супесь с крупнозернистым песком и мелкими камнями (7-14 см). Ниже находились слои светлого грубозернистого желтовато-коричневого песка (8-16 см), коричневой супеси с грубозернистым песком (до 12 см) и самым нижним был слой коричневой плотной супеси с разнозернистым песком (4-14 см).

Профиль бровки между секторами 2 и 3 по линии Н-5-Н-5´ (рис. 336, 338) представлен следующими отложениями:

- дерн (12-24 см);
- по всей длине борта под дерном залегал слой пятнистой коричневой рыхлой супеси с крупнозернистым песком (10-40 см). Этот слой в кв. Н-5 подстилался прослойкой коричневого мелкозернистого песка (до 10 см), рыхлой коричневой супеси (10-16 см) и коричневой супеси с пятнами мелкозернистого желтого песка (14-20 см). Ниже, в кв. Н-5-Н-4 залегали плотная коричневая супесь с мелкозернистым песком (16-18 см) и плотная коричневая супесь (8-18 см);
- в кв. Н-3-Н-1 под пятнистой коричневой рыхлой супесью с крупнозернистым песком располагалась коричневая супесь с крупнозернистым песком и мелкими камнями (4-28 см), граничащая в кв. Н-1 с плотной коричневой супесью, мощностью до 18 см. Под этими слоями залегала коричневая рыхлая супесь с прослойками среднезернистого и крупнозернистого песка (10-20 см) и плотная серо-коричневая супесь с мелкими камнями (14-24 см) и прослойками рыхлой коричневой супеси и темно-коричневой супеси;
- в кв. Н-2´-Н-5´ под пятнистой коричневой рыхлой супесью с крупнозернистым песком залегало множество тонких слоев: темно-коричневая супесь (8-10 см), рыхлой коричневой супеси (2-6 см), коричневой супеси с мелкозернистым песком и мелкими камнями (4-6 см), желтовато-коричневого крупнозернистого песка (5-10 см). Относительно мощный слой - это коричневая рыхлая супесь с прослойками среднезернистого и крупнозернистого песка в кв. Н-3´-Н-5´ (10-20 см). Этот слой подстилала коричневая супесь с мелкозернистым песком и мелкими камнями (5-20 см). Самым нижним слоем был очень плотный ожелезненный песок, граничащий с коричневой рыхлой супесью с прослойками среднезернистого и крупнозернистого песка (до 14 см);
- в кв. Н-5´ большую часть занимали тонкие прослойки: коричневой супеси с тонкозернистым песком (до 14 см), ожелезненного песка (4-6 см), плотной коричневой супеси (2-4 см).

В секторе 3 **юго-западный борт по линии Т-5-Т5´** (рис. 337, 339) представлен дерном (10-28 см) и пятнистой коричневой рыхлой супесью с крупнозернистым песком (5-10 см). Большее разнообразие слоев представлено в разрезе котлована 2, где мощность культурного слоя достигала 1,2 м: под дерном залегал слой темно-коричневой супеси с грубозернистым песком (10-16 см) и прослойками разнозернистого серовато-коричневого песка и пятнистого-коричневого песка. Его подстилала серо-коричневая темная супесь (6-10 см). Основной слой в котловане - коричневая супесь с гумусированными пятнами. В пределах этого слоя присутствовало большое количество мелких пятен серо-коричневой темной супеси.

Разборка культурных отложений велась по пластам, поочередно в каждом из секторов; толщина пластов в среднем составила 10-15 см. В общей сложности было снято пять пластов в 1-ом и 2-ом секторах и один пласт в 3-ем секторе. В 1-ом и 2-ом секторах были выбраны четыре ямы. В третьем секторе слой был сильно нарушен поздними котлованами, являющимися остатками корейских хранилищных ям конца XIX - начала XX вв.

Верхний строительный горизонт

Сектор 1

После очистки поверхности от травы и проведения метровой разметки был снят первый пласт – дерн и гумус. Мощность этого слоя в среднем составила около 20 см. Под ним залегал слой коричневой пятнистой рыхлой супеси с грубозернистым песком (рис. 341, 342). В этом слое обнаружено большое количество мелких разрозненных фрагментов керамических сосудов. В кв. Е-2, Д-2, В-3´, В-3 найдены игральные фишки, изготовленные из стенок керамических сосудов и черепицы. В кв. В-1 был расчищен крупный камень, размерами 50×26 см, просматривавшийся еще на дневной поверхности. В юго-восточный борт раскопа (кв. Б-Е-4-5) распространилось обширное пятно плотной коричневой супеси, размерами 4,5×1,6 м, насыщенной фрагментами керамических сосудов. В этом пятне, в кв. Б-В-5, проявилось скопление из 13-ти камней, образующих угол в кв. Б-5 и уходящих в юго-восточную стенку раскопа (рис. 343). Камни в этом скоплении небольших размеров от 12×10 см до 24×18 см. Здесь же, в кв. Д-5, найдена фишка из стенки сосуда. В пределах этого же пятна, в кв. Г-Д-5 расчищено пятно темно-коричневой супеси с грубозернистым пятном, размерами 1,3×0,6 м, уходящее в борт. В северо-западной части сектора проявилось пятно коричневой супеси насыщенной разнозернистым песком и галькой (кв. Г-Д-5´-3´), размерами 2,4×1,7 м и полоса желтовато-коричневого крупнозернистого песка (кв. В-Е-4´-2´). Как показали дальнейшие исследования, эта часть раскопа на протяжении всего верхнего горизонта была более «запесоченной».

Культурный слой нарушен вспашкой, поэтому среди находок встречались как современные изделия, так и бохайские артефакты. В кв. В-4 найден кованный железный гвоздь (№3, н.о.-142 см) (рис. 345, 346). Всего в 1-ом пласте (дерне и гумусе) найдено 11 игральных фишек, изготовленных из черепицы и стенок керамических сосудов (рис. 344). Керамика из 1-го пласта представлена венчиками, стенками и донышками круговых сосудов (рис. 347-356). Общее количество обломков составило 796 фрагментов или 10,35 кг). Наибольшая концентрация керамики наблюдалась в восточной части раскопа, в кв. Б-В-2-5, а также в западном углу, в кв. Е-5´-4´ (рис. 357, 358).

В процессе снятия 2-го пласта мощностью 10-15 см выяснилось, что в направлении северо-восток – юго-запад сектор пересекали полосы песка или сильно запесоченной супеси, шириной 1-1,5 м (кв. Б-Е-5´-4´; кв. Б-Е-5´-3´; Б-Д-1-1´; кв. Б-В-3-4) (рис. 359, 360). В этих слоях обнаружены игральные фишки, изготовленные из стенок сосудов и черепицы (кв. В-4´, Д-3´-4´, Г-4´-3´, Б-2´, Г-2´). Слой плотной коричневой супеси, уходящей в юго-восточный борт раскопа, на этом уровне расширился, включая кв. Б-Е-4-5. Скопление камней в кв. Б-В-5 было расчищено (рис. 361, 362), количество камней увеличилось до 34. Вероятно, камни лежали в один ряд, часть из них скатилась. Длина этого скопления 2 м, ширина 20-30 см. В кв. Д-5 обнаружена игральная фишка, изготовленная из стенки сосуда. Крупное полукруглое пятно темно-коричневой супеси с грубозернистым песком (размером 4×1,5 м) с включениями фрагментов керамики, отдельных камней, древесных углей и шлака уходило в северо-восточный борт раскопа в кв. Б-В-1´-4 (рис. 363). В пределах этого слоя кроме фрагментов керамических сосудов обнаружена игральная фишка, изготовленная из стенки сосуда и шлак (кв. Б-1). В своей южной части это пятно граничило со слоем пятнистой коричневой супеси. В этом слое также были обнаружены игральные фишки (кв. В-1, Д-1,Д-2).

Всего при снятии 2-го пласта найдены 26 игральных фишек, изготовленных из керамики и черепицы (рис. 364-367).

Индивидуальные находки из 2-го пласта представлены изделиями из железа, бронзы, камня и керамики:

- фрагмент железной пластины (№4, кв. Е-2´, н.о. -148 см) (рис. 368, 369);
- железный наконечник стрелы (№5, кв. Е-2´, н.о. -146 см) (рис. 370, 371);
- железный наконечник стрелы (№6, кв. В-5´, н.о. -136 см) (рис. 372, 373);
- бронзовая поясная накладка (№7, кв. В-3´, н.о. -145 см) (рис. 374-376);
- бронзовая поясная накладка (№8, кв. В-3, н.о. -152 см) (рис. 377, 378);
- каменное точило из сланца (№9, кв. Е-3, н.о. -147 см) (рис. 379, 380);
- два фрагмента керамического кольца (№10, кв. Д-2´, н.о. -149 см) (рис. 381, 382).

Керамика из 2-го-пласта в 1-ом секторе представлена обломками исключительно круговой посуды (рис. 383-400). Концентрация керамики и по весу и по количеству приходится преимущественно на центральную часть сектора (рис. 401, 402).

Третий пласт снимался на глубину 12-16 см (рис. 403). На этом уровне структура отложений мало изменилась, наблюдалась такая же полосчатость слоев, как и ранее: чередовались полосы желтовато-коричневого песка разной размерности и запесоченной супеси (кв. Б-Е-5´-4´; кв. Б-Е-4´-2´; Б-Г-2´-1´; кв. кв. Б-Е-1-3) (рис. 404-406). Материала в этих слоях было немного, незначительное количество керамических фрагментов, игральные фишки, изготовленные из стенок сосудов (в кв. Г-2, Д-2 и Е-2), фрагменты бесформенного железа (в кв. Г-2), шлаки (в кв. Е-3, кв. Б-1). В слое коричневой легкой супеси, в кв. Б-2-2-4 найдено 11 игральных фишек (кв. Б-2, В-3, Б-3, Д-4), куски бесформенного железа (в кв. Б-3, Г-4). В кв. Б-Е-4´-2´ проявился слой плотной коричневой супеси с грубозернистым песком и щебнем, насыщенный фрагментами керамики. Также здесь было обнаружено большое количество игральных фишек, изготовленных из керамики и черепицы (кв. Г-2´, Г-4´, В-2´, Д-2´, Д-1´, Е-2´). Слой плотной коричневой супеси, уходящей в юго-восточный борт сохранился на этом уровне, но сузился до 1 м с расширением до 1,5 м в юго-западной части (в кв. Б-Е-4-5). Камни, залегавшие в этом слое пластом выше, частично были убраны. Отдельные камни найдены в кв. Б-5´ (три небольших камня размерами от 8×10 см до 10×20 см), еще несколько камней в кв. Д-2´, кв. Е-1, кв. Б-2, кв. Е-1 (рис. 407). В кв. Д-4 обнаружена игральная фишка из черепицы. Всего в процессе снятия 3-го пласта обнаружено 33 фишки из черепицы и керамики (рис. 408, 409).

Находки, обнаруженные в этом пласте, представлены изделиями из металла и керамики:

- чугунная чека колеса (№17, кв. Б-5, н.о.-163 см) (рис. 410-412);
- железный наконечник стрелы (№18, кв. Б-5, н.о.-163 см) (рис. 413, 414);
- железный нож (№19, кв. В-1, н.о.-164 см) (рис. 415, 416);
- железный наконечник стрелы (№20, кв. Е-1, н.о.-167 см) (рис. 417, 418);
- фрагмент керамического кольца (№21, кв. Б-3´, н.о.-159 см) (рис. 419, 420);
- бронзовый пинцет (№22, кв. Е-4, н.о.-165 см) (рис. 421-423).

Керамика (рис. 424-434). После снятия 3-го пласта зона концентрации керамики сместилась в восточную часть сектора (кв. Б-Д-1-5), кроме того большой объем фрагментов обнаружен в кв. Б-В-4´-3´, кв. Д-Е-3´-2´(рис. 435, 436).

Пласт 4 снимался мощностью 12-16 см. После его снятия (рис. 437) обнаружилось, что «полосчатость» и «запесоченность», характерные для вышележащих слоев на этом уровне исчезают (рис. 438-440). Более четкие границы обрела полоса плотной коричневой супеси с грубозернистым песком и щебнем, пересекающая сектор с севера на юг в кв. Б-Е-4´-1´. Здесь, кроме фрагментов керамических сосудов найдены игральные фишки из стенок сосудов и черепицы (кв. Е-1´, Д-1´, Г-2´, В-3´, Б-3´). Песок все еще проявлялся в слое коричневой супеси в кв. Б-Е-5´-4´ в виде тонких прослоек. В нем обнаружено немного материала, можно отметить игральную фишку в кв. Б-5´ и кв. Д-5´. В кв. Б-Д-5´-4´ оконтурилось прямоугольное пятно коричневой рыхлой супеси с грубозернистым песком, размерами 3,3×1,4 м. В кв. Е-5´-1´желто-коричневый песок стал более рыхлым, по сравнению с вышележащим слоем. Слой плотной коричневой супеси в юго-восточной части сектора сменился на обширный слой темно-коричневой плотной супеси, протянувшийся до середины сектора (кв. Б-Е-1´-5) (рис. 441). В нем найдено несколько игральных фишек из стенок сосудов и из черепицы (кв. Е-4, Е-2Г-4Г-2Б-5). В кв. Б-2'-1' обнаружена челюсть некрупного животного (рис. 442).

В 4-ом пласте обнаружена в общей сложности 21 игральная фишка, среди них преобладают фишки, изготовленные из стенок сосудов (рис. 443-446). В том числе, встречались и очень крупные фишки, диаметром 6-7 см (рис. 443, 444). Находки из 4-го пласта представлены изделиями и фрагментами изделий из металла и керамики:

- фрагмент железного изделия (№31, кв. Г-1, н.о. -168 см) (рис. 447-449),
- железный гвоздь (№32, кв. Б-3´, н.о. -182 см) (рис. 450, 451),
- фрагмент железного ножа (№33, кв. Г-2´, н.о. -178 см) (рис. 452-454),
- фрагмент керамического кубика (№34, кв. Г-2, н.о. -180 см) (рис. 455,456).

Керамика (рис. 457-471). Наибольшая концентрация фрагментов керамических сосудов приходилась на северную часть раскопа, кв. Б-В-4´-1´ (рис. 472,473).

Яма 1

В кв. Б-В-2-3, в слое желтовато-коричневого песка (кв. Б-Г-1-3) проявились контуры ямы - овального в плане пятна серовато-коричневой супеси размерами 1,3×0,6 м (рис. 474). Яма оказалась неглубокой – до 10 см. В заполнении присутствовали отдельные камни и крупнозернистый песок (рис. 475).

Сектор 2

После снятия 1-го пласта мощностью до 15 см, на большей части поверхности пласта 2 сохранилась гумусированная супесь, отчетливо были видны следы глубокой вспашки (рис. 341, 476, 477). На этом уровне обширный слой пятнистой коричневой рыхлой супеси с грубозернистым песком, прослеженный и в секторе 1 на этом уровне, проявился и в секторе 2 по всей линии кв. Ж-И-5´-5. В кв. Ж-И – 4´-2´ сохранилась полоса желтовато-коричневого крупнозернистого песка.

Находки из 1-го пласта во 2-ом секторе представлены изделиями из камня и керамики:

- изделие из обсидиана (№1, кв. М-5, н.о.-135 см) (рис. 478);
- каменное точило (№2, кв. З-И-4, н.о.-125 см) (рис. 479, 480);
- фрагмент керамического кольца (№3а, кв. Ж-1, н.о. -171 см)
- фрагмент глазурованной керамики (№3б, кв. Ж-4, н.о.-172 см)

Игральные фишки представлены 10-ью экземплярами, изготовленными из стенок сосудов и черепицы.

Керамика (рис. 481-491). Керамики найдено немного, ее относительная концентрация приходится на центральную часть сектора и его северный угол (рис. 492, 493).

Второй пласт снимался мощностью 7-10 см (рис. 494). После его снятия обнажившаяся поверхность раскопа оказалась чрезвычайно «пестрой» (рис. 495, 496). Основной слой в раскопе на этом уровне – пятнистая коричневая рыхлая супесь с грубозернистым песком. В этом слое кроме керамики и нескольких камней обнаружены игральные фишки, изготовленные из стенок сосудов и черепицы (кв. И-5, Л-5, Л-4, М-4, Л-М-2´). В северо-западной части сектора прослеживались полосы песка (кв. Ж-К-4´-2´) и запесоченной коричневой супеси (кв. Ж-И-5´-4´), которые были видны также в секторе 1. В полосе рыхлой коричневой супеси с грубозернистым песком (кв. Ж-Л-2´-1) присутствовало значительное количество фрагментов керамических сосудов и отдельные камни средних размеров. В западный угол раскопа (кв. К-М-5´) продолжалось пятно коричневой плотной супеси с грубозернистым песком, размерами 2,5×1,2 м. Небольшое (0,7×0,7 м) округлое пятно коричневой супеси с разнозернистым песком и мелкой галькой «уходило» в южный борт раскопа (кв. М-2,3).

В центральной части 2-го сектора распространился обширный слой плотной коричневой супеси с грубозернистым песком и щебнем, в котором, в кв. З-К-1-3 проявилось пятно плотной коричневой супеси (1,85×2,1 м), с востока граничащее с полосой желтовато-коричневого крупнозернистого песка (рис. 497) – это были первые признаки ямы 2, контуры которой окончательно были расчищены после снятия 4-го пласта. Здесь обнаружено несколько фишек, изготовленных из стенок сосудов и черепицы (кв. И-2, Л-1´, И-2´, З-1´, З-1, З-2, И-4, З-5).

При снятии пласта 3 обнаружено 48 игральных фишек из разных материалов, в том числе из стенок керамических сосудов, черепицы и камня (рис. 498). Находки этого пласта представлены фрагментами металлических и керамических изделий:

- фрагмент чугунного изделия (№11, кв. М-4', н.о.-141 см) (рис. 499, 500),
- фрагмент чугунного изделия (№12, кв. К-1', н.о.-146 см) (рис. 501, 502),
- два фрагмента железного изделия (№13, кв. И-1', н.о.-146 см) (рис. 503, 504),
- фрагмент железной пластины (№14, кв. М-3, н.о.-151 см) (рис. 505),
- фрагмент железной пряжки (№15, кв. З-4', н.о.-149 см) (рис. 506, 507),
- фрагмент концевого диска черепицы (№16, кв. К-2, н.о.-151 см) (рис. 508, 509).

Керамика (рис. 510-520). Анализ распространения керамических фрагментов во 2-ом пласте показал наибольшую их концентрацию на данном участке (рис. 521, 522).

После снятия 3-го пласта мощностью 10-15 см (рис. 523) выяснилось, что слой пятнистой коричневой рыхлой супеси с грубозернистым песком существенно сократился и сохранился лишь возле южного борта, в кв. К-М – 4´-1´ (рис. 524 525). Слой был слабо насыщен находками. В западной части сектора значительный участок занимает светлый грубозернистый желтовато-коричневый песок, граничащий с полосами темно коричневой супеси (кв. Ж-4´-3´ – И-3'), коричневой супеси с грубозернистым песком и пятном очень плотной коричневой супеси (кв. К-Л – 5´-4´). На всю центральную часть распространилась плотная коричневая супесь, в которой наблюдалась наибольшая концентрация керамических фрагментов, здесь же сосредоточено большинство находок этого пласта (рис. 526). Игральные фишки обнаружены в этом слое (более 30-ти экземпляров). С востока пятно плотной коричневой супеси граничит с желтовато-коричневым тонкозернистым песком (в кв. Ж-Л-2-5).

Остатки каменной конструкции в кв. Л-М-2-4

После снятия пласта 3 в кв. Л-М-2-4 была выявлена узкая цепочка камней, длиной около 3,3 м (рис. 527). В кв. Л-4 в ряд располагалось четыре плоских камня небольших размеров (5×10 см /6×16 см), их нивелировочные отметки находятся в пределах от -158 до -163 см. (рис. 528). Окончательно эти камни были расчищены после снятия 4-го пласта. Еще одно скопление камней, возможно, являвшихся продолжением этого ряда расчищено в кв. Л-3 – Л-М-2. Здесь вместе с довольно крупными камнями, размером 10×12 см-10×20 см залегали и большие фрагменты керамических сосудов и черепицы (рис. 543, 544). Всего обнаружено около 25 камней, протянувшихся в направлении восток-запад из кв. Л-4 в кв. М-2. Нивелировочные отметки поверхности камней составляли от -157 до -162 см, а их оснований от -175 до -178 см. В кв. Л-М-2 сохранился участок, где камни лежали в 2 ряда, один на другом (рис. 545). Этот факт может указывать на то, что данные камни являются остатками каменной ограды. С южной стороны ограды, в кв. М-3 и М-2, Л-5 залегали две игральные фишки.

Игральные фишки, обнаруженные при снятии 3-го пласта изготовлены из стенок керамических сосудов, черепицы и песчаника (рис. 529-532).

Находки на этом уровне представлены изделиями из железа, бронзы, керамики и камня:

- фрагмент изделия со взаимопересекающимися отверстиями (№22а, кв. Ж-2, н.о. -168 см),
- фрагмент чугунного изделия (№22б, кв. Л-3´, н.о. -165 см),
- фрагмент железного гвоздя (№23, кв. Ж-2, н.о. -169 см) (рис. 533),
- фрагмент железного гвоздя (№24, кв. Л-3´, н.о. -163 см) (рис. 534),
- фрагмент железного гвоздя (№25, кв. К-1, н.о. -166 см) (рис. 535),
- фрагмент железной пластины (№26, кв. К-1, н.о. -172 см) (рис. 536),
- фрагмент бронзовой пряжки (№27, кв. К-1, н.о. -172 см) (рис. 537),
- бронзовая накладка (№28, кв. Л-2, н.о. -161 см) (рис. 538, 539),
- фрагмент концевого диска черепицы (№29, кв. Л-1, н.о. -167 см) (рис. 540),
- керамическая бусина (№30, кв. Л-1´, н.о.-164 см) (рис. 541, 542).

Керамика (рис. 546-565). Наибольшая концентрация керамики приходилась на центральную часть 2-го сектора, в плотной коричневой супеси обнаружено наибольшее скопление керамических фрагментов (рис. 566, 567).

После снятия 4-го пласта (рис. 568) большой участок поверхности западной части сектора (кв. Ж-М-5´-2´) занимала коричневая супесь с грубозернистым песком (рис. 569, 570). В пределах этого слоя наблюдалось несколько небольших пятен: ожелезненного песка (размеры 1,5×1,1 м) в кв. К-Л-4´; коричневой супеси с тонкозернистым песком (размеры 1,6 ×1,2 м) в кв. Л-М-5´; коричневой супеси (размеры 0,9×0,9 м) в кв. И-5´. Также в коричневой супеси найдены игральные фишки (кв. К-4´, И-5´), зуб животного (кв. К-4´), бесформенное железо (кв. И-4´). В северо-западном углу сектора, в кв. Ж-5´-3´ прослеживался слой желтовато-коричневого рыхлого крупнозернистого песка, как и в секторе 1 на этом же уровне (рис. 571).

Восточный участок сектора 2, как и в секторе 1, занимает темно-коричневая плотная супесь. С запада ее ограничивают слои, связанные с остатками хозяйственной постройки с ямой 2 в кв. Ж-Л-2´-3, а с юга в кв. К,Л-4,5 - полосы коричневой рыхлой супеси с грубозернистым песком (размеры 1,3×0,4м), коричневой супеси с тонкозернистым песком (размеры 2,3×0,9 м) в кв. К-М-4,5, плотной коричневой супеси в кв. К-М-3-4 (размеры 1×3 м), коричневой супеси с пятнами мелкозернистого желтого песка в кв. З-М-3-4 (размеры 4,5×4 м). В этих слоях обнаружено довольно много игральных фишек (в кв. И-К-1,2, И-1´). Всего после снятия 4-го пласта найдено 19 игральных фишек (рис. 572, 573).

Находки на этом уровне представлены изделиями из металла:

- железный наконечник стрелы (№35, кв. З-2, н.о. -185 см)

(рис. 574, 575),

- фрагмент железной пластины (№36, кв. И-5´, н.о. -181 см)
- железный наконечник стрелы (№37, кв. З-2, н.о. -185 см) (рис. 576, 577),
- фрагмент железного изделия (№38, кв. А-1´, н.о. -181 см) (рис. 578, 579),
- фрагмент керамического кольца (№39, кв. И-1/И-2, н.о. -185 см) (рис. 580, 581),
- фрагмент железной пластины (№40, кв. И-1, н.о. -186 см) (рис. 582, 583),
- фрагмент глиняного кирпича (№41, кв. И-4´, н.о. -178 см) (рис. 584, 585),
- галька со следами использования, предположительно для раскалывания кости (№42, кв. Л-2, н.о. -164 см) (рис. 586).

Хозяйственная постройка(яма 2)

Первые признаки ямы 2 показались уже после снятия 2-го пласта в секторе 2 (кв. З-К-1-3) в виде небольшого пятна плотной коричневой супеси (1,8×2,3 м), проявившегося в обширном слое плотной коричневой супеси с грубозернистым песком и щебнем (4,7×5 м). С востока к пятну в кв. З-К-2-1 примыкала полоса крупнозернистого желтовато-коричневого песка (кв. З-К-2-3). После снятия следующего пласта небольшое пятно плотной коричневой супеси существенно расширилось и заняло кв. Ж-М-2'-4 (5×4,5 м).

Окончательные контуры ямы 2 были выявлены только после снятия 4-го пласта в виде округлого пятна серовато-коричневой супеси с тонкозернистым желтым песком, размерами 1,5×1,6 м (рис. 587). В пределах пятна зафиксированы прослойки желтовато-коричневого песка. Конфигурация прослоек указывает на процесс постепенного затягивания ямы почвой, что хорошо видно в ее разрезе (рис. 588). Глубина ямы составила 54 см, в ее заполнении выявлены следующие слои:

- серовато-коричневая супесь с тонкозернистым желтым песком,
- желтовато-коричневый крупнозернистый песок,
- желтовато-коричневая плотная супесь.

Конструкция ямы оказалась ступенчатой (рис. 589). Рядом с ямой образуя четырехугольник, залегали три крупных плоских камня и скопление из камней поменьше (рис. 590). Размеры камней составили: 50×30 см (кв. З-2-3, н.о. -185 см) 40×20 см (кв. З-И-1´, н.о. -185 см), 32×16 см (кв. К-1´, н.о. -181 см), 20×16 см, 14×10 см (кв. И-3, н.о. -190 см). Еще один плоский камень размерами 32×24 см, оказался в заполнении ямы, возможно, он в нее скатился (кв. К-1-2, н.о. -237 см). Анализ распространения фрагментов керамических сосудов показал мощное скопление керамики в пределах данного объекта и вокруг него на уровне 3-го и 4-го пластов.

Таким образом, яма 2 представляет собой хозяйственное сооружение, вероятно имевшее навес, поддерживающие столбы которого опирались на камни. Остатки каменной ограды, расположенной в 1 м от южного края ямы 2, вероятно, не являются частью этой хозяйственной постройки. Об этом свидетельствуют нивелировочные отметки поверхности камней (от -157 до -162 см) и их основания (-175/-178 см), указывающие на то, что каменная ограда, скорее всего, располагалась чуть выше.

В процессе 4-го пласта собрано значительное количество керамики (рис. 591-605). Область наибольшей концентрации керамики приходится на яму 2 (рис. 606, 607).

Сектор 3

Сразу после снятия дерна (рис. 608), мощность которого составляла до 20 см, на поверхности сектора были хорошо видны контуры трех крупных котлованов прямоугольной формы: в кв. Э-Р – 5´-4´, в кв. Р-Т-5´-1´ и в кв. Р-Т-1-4 (рис. 609, 610). Кроме того, в кв. Т-3-5 обнаружено скопление камней, причем камни начали проявляться еще в дерне (рис. 611). Скопление имело треугольную форму и состояло преимущественно из камней среднего размера: от 10×6 до 22×16 см. Возможно, так проявился угол насыпной платформы, существовавшей одновременно с котлованами.

В первом пласте и на поверхности второго, обнаружено 1743 фрагментов керамических сосудов (рис. 612-623). Наибольшая концентрация керамики приходится на восточную часть сектора, рядом со скоплением камней и котлованом 1 (рис. 624, 625). При снятии 1-го пласта обнаружено 18 игральных фишек, изготовленных из стенок сосудов и черепицы в кв. Р-5´, Р-1´ Р-4, С-3´, С-2´ С-1-5. Фишки изготовлены из разных материалов: стенок керамических сосудов, черепицы, камня (рис. 626). В кв.

О-5 и Р-1 найдены фрагменты окаменелого дерева (рис. 627, 628). Также при снятии 1-го пласта обнаружены следующие находки:

- фрагмент железной пластины (№46, кв. О-5, н.о. -150 см) (рис. 629, 630),
- фрагмент железной пластины (№48, кв. О-П-4, н.о. -156 см),
- фрагмент керамического кольца (№49, кв. С-1, н.о. -153 см) (рис. 631, 632).

Котлован 1(кв. Р-Т-1-4)

Котлован 1 в кв. Р-Т-1-4 полностью попал в границы раскопа, его форма близка к квадратной. С южной стороны котлована есть углубление, размерами 30×40 см, похожее на ступеньку. После снятия дерна очертания котлована проявились в виде пятна серовато-коричневой супеси, с мелкими пятнами и прослойками разнозернистого желтого песка, размерами 2,5×2,6 м (рис. 633). Заполнением котлована была рыхловатая коричневая супесь, насыщенная песком, с гумусированными пятнами. Ближе ко дну котлована супесь уплотнилась, но пятна гумуса в ней все еще оставались. Глубина котлована составила 0,86 м (рис. 634). В заполнении встречались крупные камни, фрагменты черепицы и керамики (рис. 635-639). Размеры котлована после окончательной зачистки составили 2,7×2,1 м (рис. 640).

В котловане обнаружено несколько игральных фишек, изготовленных из черепицы (кв. С-2-4, Р-4). Кроме того, находки из котлована представлены артефактами из металла и керамики:

- фрагмент чугунного изделия (№44, кв. Р-2, н.о. -154 см) (рис. 641, 642);
- железный гвоздь (№47, кв. Т-2-3, н.о. -151 см) (рис. 643, 644);
- ножка керамического сосуда (№50, кв. Р-4, н.о.-157 см) (рис. 645, 646).

Котлован 2 в кв. Р-Т-5´-1´

Этот объект попал в раскоп частично. Форма котлована – вытянутая прямоугольная, ширина около 2 м, длина не менее 3,5 м. Контуры котлована в виде пятна темно коричневой супеси с разнозернистым песком, с прослойками коричневого песка и серовато-коричневого песка стали видны сразу после снятия дерново-гумусного слоя (рис. 647). Глубина котлована составила 1 м. Основной слой в заполнении это коричневая супесь с мелкозернистым песком и отдельными гумусированными включениями. Сверху этот слой перекрывают тонкие прослойки серовато-коричневой и темно-коричневой супеси, разнозернистого серовато-коричневого песка. В толще коричневой супеси также встречались линзы темной серовато-коричневой супеси и коричневого песка (рис. 648, 649).

В нижней части заполнения также залегали отдельные камни небольших размеров (рис. 650, 651). В заполнении котлована обнаружено значительное количество разрозненных фрагментов керамических сосудов и обломков черепицы, игральные фишки (кв. С-3´, С-Т-2´Т-4´-5´). Также на разной глубине обнаружены изделия из металла и керамики.

- железный гвоздь (№45, кв. Т-2´, н.о. -160 см) (рис. 652, 653).
- фрагмент облицовочного кирпича с орнаментом (№50б, кв. С-2´, н.о. -200 см) (рис. 654, 655).

Котлован 3 в кв. О-Р – 5´-4´

Котлован 3 обнаружен в северо-западном углу раскопа: сразу под дерном его контуры проявились в виде пятна коричневой супеси с мелкозернистым песком и отдельными гумусированными прослойками (рис. 656). Размеры попавшей в котлован части объекта составляют 2,2×1,7 м. Заполнение котлована было неоднородным (рис. 657): верхняя часть это коричневая супесь с мелкозернистым песком и отдельными гумусированными прослойками, а нижняя это слои серо-коричневой темной супеси и темно-коричневой супеси с пятнами серого разнозернистого песка. Также во множестве присутствовали линзы крупнозернистого желто-коричневого песка. В заполнении встречались фрагменты разрозненной керамики (рис. 658, 659) и черепицы. Находки разновременные, представлены фрагментом втулки ступицы колеса (№43, кв. О-5´, н.о. -149 см) (рис. 660, 661) и фрагментом фарфоровой корейской чашечки (№50а, кв. Р-5´, н.о.-155 см) (рис. 662, 663).

Таким образом, в секторе 3 выявлены остатки трех котлованов (рис. 664, 665). Вероятно, это были хозяйственные хранилищные постройки сооруженные корейскими поселенцами в конце XIX – начале XX вв. В связи с тем, что экспедиция подходила к концу, было решено остановиться на этом уровне и продолжить исследования в следующем сезоне.

Второй строительный горизонт

Объекты второго строительного горизонта проявились после снятия 5-го пласта в 1-ом и 2-ом секторах. Предварительно в раскопе была убрана бровка между секторами 1 и 2 (рис. 666) и пласт 5 снимался по всей поверхности этих секторов (рис. 667). Основной слой, распространившийся на большей части раскопа – темно коричневая плотная супесь, занимающая северо-восточный участок в кв. Б-К-2´-5 (рис. 668, 670). В восточной части этого слоя обнаружено довольно много фрагментов древесного и каменного угля (кв. Д-Е-2-4). Также встречались игральные фишки из стенок сосудов и черепицы (кв. В-4, Д-4, Е-3,Д-2 В-1, Д-1´, Б-1´). В северо-западной части (кв. Б-Ж-5´-2´) проявился новый слой – коричневой плотной супеси с разнозернистым песком (3,4×6 м). Этот слой, вероятно, является верхней частью заполнения жилища, уходящего в западный борт раскопа. В пределах этого слоя также выявлены камни, являвшиеся остатками отопительной системы – кана (рис. 669). С севера этот слой граничит с коричневой супесью с пятнами мелкозернистого желтого песка. В основном слое, в кв. В-Д-1-1´ выявлено вытянутое овальное пятно коричневой супеси с разнозернистым песком, в котором расчищено скопление из 15 некрупных камней (размеры камней от 6×5 см до 15×15 см) (рис. 671), также в нем залегала игральная фишка из стенки сосуда (кв. Д-1). Пятно желтовато-коричневой плотной супеси, похожей конфигурации, располагалось в кв. Е-З-3-5. В нем также залегали несколько некрупных камней, расположенных в одну линию, примыкающую к камням возле ямы 2 (рис. 672). В северо-восточный угол уходил слой очень плотной коричневой супеси. В нем найдены два крупных плоских камня, размерами 24×18 см и 30×15 см.

Южная часть раскопа выглядит более пестрой: здесь сохранилась 《полосчатость》, характерная для вышележащих пластов. Так, в южный борт раскопа уходили полосы коричневой рыхлой супеси с грубозернистым песком (кв. К,Л-4,5, размеры 1,3×0,4м), коричневой супеси с тонкозернистым песком (кв.К-М-4,5, размеры 2,3×0,9 м), плотной коричневой супеси (кв. К-М-3-4; размеры 1×3 м), коричневой супеси с пятнами мелкозернистого желтого песка (кв.З-М-3-4; размеры 4,5×4 м). При снятии 5-го пласта найдено 136 фрагментов керамических сосудов (рис. 707-721). Наибольшая концентрация керамических фрагментов наблюдалась в пределах границ жилища (рис. 722, 723) и рядом с ним, а также возле ямы 2 и в южной части сектора 2. Обнаружено 30 игральных фишек, изготовленных из черепицы, камня и стенок сосудов (рис. 689-694). Также были обнаружены изделия из камня, металла и керамики:

- железная накладка с прямоугольной прорезью (№51, кв. Г-2´, н.о.-184 см) (рис. 695, 696),
- фрагмент железной пластины (№54, кв. В-2´, н.о.-192 см) (рис. 697),
- фрагмент изделия со взаимопересекающимися отверстиями (№55, кв. Д-2´, н.о.-194 см) (рис. 698, 699),
- керамическое кольцо (№56, кв. Б-3´, н.о.-191 см) (рис. 700-702),
- 4 фрагмента изделия со взаимопересекающимися отверстиями (№57, кв. И-2´, н.о. -195 см) (рис. 703, 704),
- фрагмент изделия со взаимопересекающимися отверстиями (№58, кв. К-2´, н.о.-194 см) (рис. 705, 706),
- фрагмент железного изделия (№59, кв. Д-2´, н.о.-194 см).

Жилище в кв. Б-Ж-5´-2´

В 2017 г. были обнаружены остатки жилища с отопительной системой (каном), попавшего в раскоп неполностью (рис. 673, 674). На данном этапе исследования мы можем делать выводы лишь о верхней части заполнения сооружения, так как в связи с окончанием экспедиции работы были прекращены.

Контуры жилища проявились в виде пятна плотной коричневой супеси с разнозернистым песком. Размеры пятна 5,7×3,5 м. Вдоль северного и западного края этого слоя залегали некрупные камни. Часть из них скатилась, но отчетливо прослеживались два ряда камней, вероятно маркирующих дымоходные каналы, расположенные вдоль стенок жилища. Длина этих рядов составляла примерно 2,5-3 м, ширина около 0,2 м. Размеры большинства камней составляли в среднем 10×15 см, самые крупные - 25×18 см,

26×20 см, нивелировочные отметки поверхности камней – от -167 до-195 см. В кв. В-Д-5´-3´, продолжая ряды камней, присутствовали узкие пятна плотной коричневой супеси с горелостями – мелким углем и сажей. В пределах слоя плотной коричневой супеси с разнозернистым песком найдены железный наконечник стрелы (№52, кв. Ж-2', н.о.-194 см) (рис. 675, 676) и обломок металлического штыря (№53,кв. В-2', н.о.-193 см) (рис. 677, 678). Также обнаружены игральные фишки (кв. Е-3´,В-5´, В-4´, Б-4´), шлак (кв. Г-4´).

Яма 3 в кв. Е-Ж-1´-2

Контуры ямы 3 проявились в виде прямоугольного со скругленными углами пятна темно-коричневой супеси (рис. 679). Размеры пятна 1,4×1,1 м. Пятно окаймляла полоса желтовато-коричневого песка шириной 10-20 см. Глубина ямы составила 14-15 см, в заполнении встречались мелкие угли, кости (рис. 680), в том числе челюсть животного (рис. 681). После выборки заполнения, выяснилось, что яма округлая по форме, а ее края были частично затянуты желто-коричневым песком (рис. 682). Также обнаружено немного керамики, фишка из стенки сосуда (кв.Е,Ж-1´), фрагмент чугунного изделия (№60, кв. Е-Ж-1', н.о.-192 см (рис. 683) и фрагмент керамического кирпича (№61, кв. Е-Ж-1', н.о.-192 см) (рис. 684, 685).

Яма 4 в кв. И-4´-3´

В кв. И-4´-3´после снятия пласта 5 было выявлено небольшое пятно серо-коричневой супеси с мелкими углями и сажей (рис. 686). Размеры пятна 0,4×0,5 м. Глубина ямы небольшая – около 10 см (рис. 687). после выборки заполнения ямы выяснилось, что форма ее округлая дно линзовидное (рис. 688).

После окончания работ раскоп был законсервирован (рис. 724, 725).

4. Заключение

В 2017 году на раскопе LI продолжены исследования дорожного полотна с галечным покрытием. В 2015 году было установлено, что дорога проходила вдоль ограды храма и крепостной стены по направлению к западным воротам. Два полевых сезона позволили изучить два строительных горизонта дороги и выявить поверхность третьего строительного горизонта. Покрытие дороги постоянно ремонтировалось, в том числе с использованием бытового мусора и строительных отходов, собиравшихся на территории храмового комплекса.

В 2017 году в раскопе LIII был исследован верхний строительный горизонт и начаты раскопки второго строительного горизонта. В верхнем строительном горизонте в секторе 1 и 2 нами выявлены остатки сооружений хозяйственного двора, вероятно примыкавшего к одному из жилищ. Объекты первого строительного горизонта сильно разрушены современной хозяйственной деятельностью (вспашка, строительство). В секторах 1 и 2 обнаружены лишь остатки сооружений, возможно относящихся к одному хозяйственному двору: яма 1 в кв. Б-В-2-3, яма 2 в кв. З-К-1-3, каменная ограда в кв. Л-М-2-4. Раскоп LIII продолжил раскоп L, в котором были исследованы остатки дороги и хозяйственные котлованы. Таким образом, с учетом новых исследований, можно предположить, что по обеим сторонам дороги, располагались хозяйственные дворы, примыкающие к крупным усадьбам.

В секторе 3 сразу после снятия дерна были видны очертания трех крупных объектов – котлованов, вероятно, сооруженных корейскими крестьянами в н. XX в.

Что касается второго строительного горизонта, то в 2017 г. мы вышли лишь на его поверхность. После снятия 5-го пласта проявились контуры жилища с остатками кановой отопительной системы. Исследования на раскопе будут продолжены в следующем полевом сезоне.

Список находок из Краскинского городища 2017 г.

раскоп LI

№	Шифр	Наименование предмета	Размер	Материал	Примечания
			расконсервация		
1	К-17, Р-LI, расконсерв., кв. Ж-9, №1	Наконечник стрелы	Длина 53 мм, размер черешка 6×6 мм, ширина пера 13 мм, толщина пера 3 мм	Железо	Н.о. -200 см
2	К-17, Р-LI, расконсерв., кв. В-9, пов-ть 4 пл., №2	Ледоходный шип	Общая длина 39 мм, ширина 21 мм высота 13 мм, сечение шипа 3×5 мм	Железо	Н.о. -190 см
			пласт 4		
3	К-17, Р-LI, пл. 4, кв. И-6, №3	Гвоздь	Длина 58 мм, сечение 6×6 мм, сечение шляпки 9-11 мм	Железо	Н.о. -190 см
4	К-17, Р-LI, пл. 4, кв. Е-7	Фрагмент металлического изделия	18×15×8 мм	Железо	Н.о. -196 см
5	К-17, Р-LI, пл. 4, кв. Д-9, №4	Гвоздь	Длина 54 мм, сечение 7-8 мм	Железо	Н.о. -199 см
6	К-17, Р-LI, пл. 4, кв. Б-7, №5	Наконечник стрелы?	Длина 67 мм, ширина пера 15 мм, толщина пера 6 мм, сечение черешка 7×7 мм	Железо	Н.о. -193 см
7	К-17, Р-LI, пл. 4, кв. А-9, №6	Фрагмент металлического изделия	41×42×19 мм	Чугун	Н.о. -191 см
8	К-17, Р-LI, пл. 4, кв. А'-7, №7	Наконечник стрелы	Длина 49 мм ширина пера 7-14 мм, черенок 6×4 мм	Железо	Н.о. -192 см
9	К-17, Р-LI, пл. 4, кв. А'-9, №8	Кусок кричного железа	128×41-59×22-31 мм	Железо	Н.о. -190 см

№	Шифр	Наименование предмета	Размер	Материал	Примечания
10	К-17, Р-LI, пл. 4, кв. Д-7, №9	Фрагмент дна сосуда с тамгой	Диаметр 73 мм, ширина 35 мм, толщина 6 мм	Керамика	Н.о. -194 см
11	К-17, Р-LI, пл. 4, кв. Д-9, №10	Фрагмент дна сосуда с иероглифом	34×43×6 мм	Керамика	Н.о. -199 см
12	К-17, Р-LI, пл. 4, кв. Г-8, №11	Фрагмент стенки сосуда с глазурью	39×22×8 мм	Керамика	Н.о. -190 см
13	К-17, Р-LI, пл. 4, кв. В-7, №12	Фрагмент концевого диска черепицы	48×49×9 мм, высота борта 19 мм, ширина 14 мм	Керамика	Н.о. -193 см
14	К-17, Р-LI, пл. 4, кв. В-9, №13	Фрагмент плоской черепицы с орнаментом	73×62×22 мм	Керамика	Н.о. -190 см
15	К-17, Р-LI, пл. 4, кв. Г-9, №14	Фрагмент керамического украшения	92×67×23-25 мм	Керамика	Н.о. -195 см
16	К-17, Р-LI, пл. 4, кв. Д-7	Каменный шарик	30×27×27 мм	Камень	Н.о. -202 см. Цвет белый, края обточены
раскоп LI, пласт 5					
17	К-17, Р-LI, пл. 5, кв. З-8, №15	Фрагмент нижней черепицы с орнаментом	80×53×22 мм	Керамика	Н.о. -209 см
18	К-17, Р-LI, пл. 5, кв. Ж-6, №16	Фрагмент концевого диска черепицы	66×58×16 мм, высота бортика 20 мм, толщина 8 мм	Керамика	Н.о. -205 см
19	К-17, Р-LI, пл. 5, кв. Ж-7, №17	Фрагмент керамического кольца	38 мм, размер сечения 15×17 мм	Керамика	Н.о. -212 см
20	К-17, Р-LI, пл. 5, кв. Д-7, №18	Фрагмент концевого диска черепицы	60×53 мм, толщина 12 мм, толщина бортика 14 мм	Керамика	Н.о. -206 см
21	К-17, Р-LI, пл. 5, кв. Д-8, №19	Керамический шарик коричневого цвета	Диаметр 16 мм, толщина 15 мм	Керамика	Н.о. -206 см
22	К-17, Р-LI, пл. 5, кв. А-5, №20	Фрагмент концевого диска черепицы	69×36 мм, толщина 9 мм, толщина рамки 17 мм, ширина рамки 14 мм	Керамика	Н.о. -206 см
23	К-17, Р-LI, пл. 5, кв. И-6, №21	Фрагмент металлического изделия	23×13×9 мм	Железо	Н.о. -197 см
24	К-17, Р-LI, пл. 5, кв. И-8, №22	Гвоздик	38×4×5 мм, шляпка 10×7 мм	Железо	Н.о. -207 см
25	К-17, Р-LI, пл. 5, кв. И-8, №23	Гвоздь	54×8×7 мм	Железо	Н.о. -198 см
26	К-17, Р-LI, пл. 5, кв. З-7, №24	Гвоздь	50×9×7 мм	Железо	Н.о. -200 см
27	К-17, Р-LI, пл. 5, кв. Ж-7,№25	Гвоздь(изогнут в кольцо)	24×29×7 мм	Железо	Н.о. -198 см
28	К-17, Р-LI, пл. 5, кв. Е-5, №26	Фрагмент металлического изделия	22×10×9 мм	Железо	Н.о. -204 см

№	Шифр	Наименование предмета	Размер	Материал	Примечания
29	К-17, Р-LI, пл. 5, кв. Е-6, №27	Гвоздь	43×9×6 мм	Железо	Н.о. -212 см
30	К-17, Р-LI, пл. 5, кв. Е-8, №28	Гвоздь	33×9×7 мм	Железо	Н.о. -211 см
31	К-17, Р-LI, пл. 5, кв. Д-5, №29	Металлический штырь(гвоздь)	44×10×10 мм	Железо	Н.о. -206 см
32	К-17, Р-LI, пл. 5, кв. Д-6, №30	Гвоздь	59×5×5 мм, шляпка 9×6 мм	Железо	Н.о. -208 см
33	К-17, Р-LI, пл. 5, кв. Г-4, №31	Гвоздь	65×5×5 мм	Железо	Н.о. -200 см
34	К-17, Р-LI, пл. 5, кв. Г-4, №32	Загнутый штырь + 3 фрагмента бесформенного железа	65×7×8 мм	Железо	Н.о. -202 см
35	К-17, Р-LI, пл. 5, кв. Г-7, №33	Нож (2 фрагмента) с обоймицей	1) Длина 132 мм, длина черешка 64 мм, сечение 6×5 мм 2) 10×7 мм, ширина спинки 4 мм, ширина лезвия 3 мм, ширина пера 16-20 мм	Железо	Н.о. -210 см
36	К-17, Р-LI, пл. 5, кв. В-9, №34	Железное изделие	40×7×8 мм 5×5 мм 16×9 мм	Железо	Н.о. -199 см
37	К-17, Р-LI, пл. 5, кв. Б-7, №35	Фрагмент вытянутой пластины	44×9×3 мм	Железо	Н.о. -196 см
38	К-17, Р-LI, пл. 5, кв. Б-7, №36	Изделие(накладка?)	47×37×9 мм	Железо	Н.о. -199 см
39	К-17, Р-LI, пл. 5, кв. Б-8, №37	Фрагмент металлического изделия	40×26×10 мм	Железо	Н.о. -197 см
40	К-17, Р-LI, пл. 5, кв. А′-7, №38	Наконечник стрелы	62×4×4 мм, ширина пера 9 мм, толщина 1-5 мм	Железо	Н.о. -189 см
41	К-17, Р-LI, пл. 5, кв. Б-7, №39	Фрагмент концевого диска черепицы	52×36×11 мм	Керамика	Н.о. -194 см
42	К-17, Р-LI, пл. 5, кв. Ж-7, №40	Фрагмент концевого диска черепицы	28×27×11 мм	Керамика	Н.о. -210 см
43	К-17, Р-LI, пл. 5, кв. В-6, №41	Фрагмент изделия со взаимопересекающимися отверстиями(со следами одного отверстия)	41×35×31 мм	Керамика	Н.о. -193 см
44	К-17, Р-LI, пл. 5, кв. В-8, №42	Фрагмент керамического изделия	102×31×15 мм, размер основания 56×36 мм	Керамика	Н.о. -204 см
45	К-17, Р-LI, пл. 5, кв. В-9, №43	Фрагмент крышки сосуда с глазурью(саньцай)	23×18×5 мм	Керамика	Н.о. -203 см
46	К-17, Р-LI, пл. 5, кв. В-8, №44	Фрагмент концевого диска черепицы	52×30×12 мм	Керамика	Н.о. -199 см

№	Шифр	Наименование предмета	Размер	Материал	Примечания
47	К-17, Р-LI, пл. 5, кв. В-8, №45	Фрагмент концевого диска черепицы	68×23×38 мм	Керамика	Н.о. -200 см
48	К-17, Р-LI, пл. 5, кв. Б-4, №46	Фрагмент концевого диска черепицы	34×28×11 мм	Керамика	Н.о. -200 см
49	К-17, Р-LI, пл. 5, кв. А′-7, №47	Фрагмент концевого диска черепицы	43×35×15 мм	Керамика	Н.о. -197 см
раскоп LI, пласт 6					
50	К-17, Р-LI, пл. 6, кв. И-6, №48	Металлический шарик	22×19×16 мм	Железо	Н.о. -216 см
51	К-17, Р-LI, пл. 6, кв. И-6, №48	Металлический шарик	22×19×16 мм	Железо	Н.о. -216 см
52	К-17, Р-LI, пл. 6, кв. Д-5, №49	Кольцо	26×27×12 мм, диаметр 7 мм	Железо	Н.о. -215 см
53	К-17, Р-LI, пл. 6, кв. Г-7, №50	Фрагмент изделия со взаимопересекающимися отверстиями, со следами трех отверстий.	33×29×16 мм	Керамика	Н.о. -215 см
54	К-17, Р-LI, пл. 6, кв. А-7, №51	Фрагмент чугунного изделия округлой формы	44×26×19 мм	Чугун	Н.о. -206 см
55	К-17, Р-LI, пл. 6, кв. А-8, №52	Гвоздь миниатюрный с круглой шляпкой	Длина 30 мм, ножка 3×4 мм, 13×10 мм	Железо	Н.о. -198 см
56	К-17, Р-LI, пл. 6, кв. А-8, №53	Фрагмент металлического изделия	Длина 36 мм, ножка 4×5 мм, 《головка》 29 мм, толщина 10 мм	Железо	Н.о. -203 см
57	К-17, Р-LI, пл. 6, кв. А-8, №54	Фрагмент металлической пластины	29×16×5 мм	Железо	Н.о. -203 см
58	К-17, Р-LI, пл. 6, кв. А′-7, №55	Фрагмент проволоки	44×4×4 мм	Железо	Н.о. -202 см
59	К-17, Р-LI, пл. 6, кв. А′-7, №56	Фрагмент металлического изделия	32×9×7 мм	Железо	Н.о. -202 см
60	К-17, Р-LI, пл. 6, кв. А′-8, №57	Металлическое изделие(сверло), 2 фрагмента	61×5×5 мм 160×4×5 мм	Железо	Н.о. -214 см
61	К-17, Р-LI, пл. 6, кв. В-5, №58	Фрагмент металлического изделия	30×12×5 мм	Железо	Н.о. -215 см
62	К-17, Р-LI, пл. 6, кв. А-7	Фрагмент металлического стержня	Длина 63 мм, сечение 8×7 мм	Железо	Н.о. -205 см
63	К-17, Р-LI, пл. 6, кв. В-9	Фрагмент керамического кольца	28×10×11 мм	Керамика	Н.о. -210 см
64	К-17, Р-LI, пл. 6, кв. Б-8	Фрагмент кирпича	24×23×11 мм	Керамика	Н.о. -205 см
65	К-17, Р-LI, пл. 6, кв. Ж-7	Фрагмент украшения	80×54×20 мм	Керамика	Н.о. -211 см

№	Шифр	Наименование предмета	Размер	Материал	Примечания
66	К-17, Р-LI, пл. 6, кв. Г-5	Фрагмент концевого диска черепицы	92×51×17 мм, высота бортика 23 мм, ширина 15 мм	Керамика	Н.о. -210 см
67	К-17, Р-LI, пл. 6, кв. В-7	Фрагмент концевого диска черепицы	128×40×15 мм, высота бортика 16 мм, ширина 15 мм	Керамика	Н.о. -210 см
68	К-17, Р-LI, пл. 6, кв. Г-5, №65	Оббитая стенка сосуда овальной формы	103×83×15 мм	Керамика	Н.о. -210 см
69	К-17, Р-LI, пл. 6, кв. З-7, №66	Фрагмент концевого диска черепицы	36×39×11 мм	Керамика	Н.о. -210 см
70	К-17, Р-LI, пл. 6, кв. Б-8, №67	Фрагмент черепицы с орнаментом на торце	76×59×17 мм	Керамика	Н.о. -208 см
71	К-17, Р-LI, пл. 6, кв. Б-7, №68	Фрагмент черепицы с орнаментом на торце	40×26×20 мм	Керамика	Н.о. -209 см
72	К-17, Р-LI, пл. 6, кв. Е-7, №69	Фрагмент керамического украшения	44×26×28 мм	Керамика	Н.о. -220 см
73	К-17, Р-LI, пл. 6, кв. А-7, №70	Фрагмент черепицы с орнаментом на торце	56×47×20 мм	Керамика	Н.о. -208 см

раскоп LIII

		пласт 1			
74	К-17, Р-LIII, С. 2, пл. 1, кв. М-5	Изделие из обсидиана	19×12×6 мм	Обсидиан	Н.о. -135 см
75	К-17, Р-LIII, С. 2, пл. 1, кв. З-И-4	Точило	67×41×13-6 мм	Камень	Н.о. -125 см
76	К-17, Р-LIII, С. 1, пл. 1, кв. В-4	Кованый гвоздь	Длина 60 мм, сечение 8×8 мм, шляпка 33×33 мм	Железо	Н.о. -142 см
77	К-17, Р-LIII, бровка, пл. 1, кв. Ж-1, №3А	Фрагмент кольца, круглое в сечении	14×10×10 мм	Керамика	Н.о. -142 см
78	К-17, Р-LIII, бровка, пл. 1, кв. Ж-4, №3Б	Фрагмент глазурованной керамики	14×16×5 мм	Керамика	Н.о. -142 см
		сектор 1, пласт 2			
79	К-17, Р-LIII, С. 1, пл. 2, кв. Е-2′,№2	Фрагмент железной пластины	38×23×2 мм	Железо	Н.о. -148 см
80	К-17, Р-LIII, С. 1, пл. 2, кв. Е-2 ′, №5	Наконечник стрелы	Длина 42 мм сечение 7×6 мм	Железо	Н.о. -146 см
81	К-17, Р-LIII, С. 1, пл. 2, кв. В-5 ′, №6	Наконечник стрелы	53×5×6 мм	Железо	Н.о. -136 см
82	К-17, Р-LIII, С. 1, пл. 2, кв. В-3′, №7	Накладка прямоугольная с фигурным вырезом, 4 штырька для крепления	29×28 мм, высота бортика 5 мм, толщина 2 мм, длина отверстия 19 мм	Бронза	Н.о. -145 см

№	Шифр	Наименование предмета	Размер	Материал	Примечания
83	К-17, Р-LIII, С. 1, пл. 2, кв. В-3, №8	Овальная миниатюрная накладка, два штырька	12×9×3 мм	Бронза	Н.о. -152 см
84	К-17, Р-LIII, С. 1, пл. 2, кв. Е-3, №9	Точило с отверстием	1) Длина 117 мм, ширина 49-40 мм, максимальная толщина 13 мм 2) 9×3 мм, диаметр отверстия 5 мм	Сланец	Н.о. -147 см
85	К-17, Р-LIII, С. 1, пл. 2, кв. Д-2′, №10	Фрагмент керамического кольца(2 фрагмента)	41×24×12 мм	Керамика	Н.о. -149 см
сектор 2, пласт 2					
86	К-17, Р-LIII, С. 2, пл. 2, кв. М-4′, №11	Фрагмент чугунного изделия	42×16×17 мм	Чугун	Н.о. -141 см
87	К-17, Р-LIII, С. 2, пл. 2, кв. К-1′/И-1′, №12	Фрагмент чугунного изделия	39×8 мм, толщ. 20-12 мм	Чугун	Н.о. -146 см
88	К-17, Р-LIII, С. 2, пл. 2, кв. З-1′, №13	Фрагмент железного изделия (2 фрагмента)	79×21×7 мм	Железо	Н.о. -146 см
89	К-17, Р-LIII, С. 2, пл. 2, кв. М-3, №14	Фрагмент железной пластинки	25×20×3 мм	Железо	Н.о. -151 см
90	К-17, Р-LIII, С. 2, пл. 2, кв. З-4′, №15	Фрагмент пряжки	31×7×3 мм	Железо	Н.о. -149 см
91	К-17, Р-LIII, С. 2, пл. 2, кв. К-2, №16	Фрагмент диска	58×44×10 мм	Керамика	Н.о. -151 см
сектор 1, пласт 3					
92	К-17, Р-LIII, С. 1, пл. 3, кв. Б-5, №17	Чека колеса	94×32×16 мм	Чугун	Н.о. -163 см
93	К-17, Р-LIII, С. 1, пл. 3, кв. Б-5, №18	Наконечник стрелы	42×8×5 мм	Железо	Н.о. -167 см
94	К-17, Р-LIII, С. 1, пл. 3, кз. В-1, №19	Обломок ножа	82×13-8, толщина 5-3 мм	Железо	Н.о. -164 см
95	К-17, Р-LIII, С. 1, пл. 3, кв. Е-1, №20	Наконечник стрелы	Длина 61 мм, ширина пера 8 мм, толщина 4 мм, черешок 5-3 мм	Железо	Н.о. -167 см
96	К-17, Р-LIII, С. 1, пл. 3, кв. Б-3′, №21	Фрагмент керамического кольца	28×9×8 мм	Керамика	Н.о. -159 см
97	К-17, Р-LIII, С. 1, пл. 3, кв. Е-4, №22	Пинцет(2 фрагмента)	Длина 90 мм, ширина каждой ножки 5 мм, толщина каждой ножки 2 мм, петелька 5 мм	Бронза	Н.о. -165 см
98	К-17, Р-LIII, С. 1, пл. 3, кв. Ж-2, №22А	Фрагмент изделия со взаимопересекающимися отверстиями(со следами одного отверстия)	23×15×21 мм	Керамика	Н.о. -168 см

№	Шифр	Наименование предмета	Размер	Материал	Примечания
99	К-17, Р-LIII, С. 1, пл. 3, кв. Ж-2, №22Б	Фрагмент изделия	50×38×23 мм	Чугун	Н.о. -169 см
		сектор 2, пласт 3			
100	К-17, Р-LIII, С. 2, пл. 3, кв. Л-3', №23	Обломок железного гвоздя	23×8×6 мм, толщина 4 мм	Железо	Н.о. -165 см
101	К-17, Р-LIII, С. 2, пл. 3, кв. Л-3', №24	Гвоздь(+1 фрагмент)	61×7-10×4 мм	Железо	Н.о. -163 см
102	К-17, Р-LIII, С. 2, пл. 3, кв. К-1', №25	Гвоздь	28×сеч.-2×5×5 мм	Железо	Н.о. -166 см
103	К-17, Р-LIII, С. 2, пл. 3, кв. К-1 , №26	Пластина	60×58×5 мм	Железо	Н.о. -172 см
104	К-17, Р-LIII, С. 2, пл. 3, кв. И-2', №27	Пряжка	35×10×4-3 мм	Бронза	Н.о. -166 см
105	К-17, Р-LIII, С. 2, пл. 3, кв. Л-2, №28	Накладка фигурная с 2 шпеньками, с остатками железной подложки	20×22×2 мм	Бронза	Н.о. -161 см
106	К-17, Р-LIII, С. 2, пл. 3, кв. Л-1, №29	Фрагмент концевого диска	97×24×высота кольца рамки-15 мм, ширина-10 мм	Керамика	Н.о. -167 см
107	К-17, Р-LIII, С. 2, пл. 3, кв. Л-1', №30	Бусина	Диаметр -8 мм, диаметр отверстия 2 мм	Керамика	Н.о. -164 см
108	К-17, Р-LIII, С. 2, пл. 3, кв. И-1'	Фрагмент стенки глазурованного сосуда	35×22×5 мм	Керамика	Н.о. -167 см
		сектор 1, пласт 4			
109	К-17, Р-LIII, С. 1, пл. 4, кв. Г-1, №31	Фрагмент железного изделия	40×13×6 мм	Железо	Н.о. -168 см
110	К-17, Р-LIII, С. 1, пл. 4, кв. Б-3', №32	Гвоздь	37×10×8 мм	Железо	Н.о. -182 см
111	К-17, Р-LIII, С. 1, пл. 4, кв. Г-2, №33	Долотовидный наконечник стрелы	56×5-13×4 мм	Железо	Н.о. -178 см
112	К-17, Р-LIII, С. 1, пл. 4, кв. Г-2, №34	Фрагмент кубика	25×32×16 мм	Керамика	Н.о. -180 см
		сектор 2, пласт 4			
113	К-17, Р-LIII, С. 2, пл. 4, кв. З-2, №35	Наконечник стрелы	56×7×8 мм	Железо	Н.о. -185 см
114	К-17, Р-LIII, С. 2, пл. 4, кв. И-5', №36	Фрагмент пластины	29×27×4 мм	Железо	Н.о. -181 см
115	К-17, Р-LIII, С. 2, пл. 4, кв. Л-5, №37	Наконечник стрелы	62 мм, перо-34×14 мм, черешок 6×6 мм.	Железо	Н.о. -178 см
116	К-17, Р-LIII, С. 2, пл. 4, кв. Л-1, №38	Фрагмент металлического изделия	57×8×5 мм	Железо	Н.о. -181 см

№	Шифр	Наименование предмета	Размер	Материал	Примечания
117	К-17, Р-LIII, С. 2, пл. 4, кв. И-2, И-1, ЯМА 2	Фрагмент керамического кольца(уплощенное и прямоугольное в сечении)	50×17×12 мм	Керамика	Н.о. -185 см
118	К-17, Р-LIII, С. 2, пл. 4, кв. И-1, ЯМА 2 №40	Фрагмент железного ножа	43×23×3 мм	Железо	Н.о. -186 см
119	К-17, Р-LIII, С. 2, пл. 4, кв. И-4′ №41	Фрагмент кирпича	83×67×21 мм	Керамика	Н.о. -178 см
120	К-17, Р-LIII, С. 2, пл. 4, кв. Л-2	Галька со следами обработки	88×79×50 мм	Камень	Н.о. -164 см
		сектор 3, пласт 1			
121	К-17, Р-LIII, С. 3, пл. 1, кв. О-5′, №43	Втулка ступицы колеса (фрагмент)	54×37×10 мм, высотка ребра 24 мм, толщина 13 мм	Чугун	Н.о. -149 см
122	К-17, Р-LIII, С. 3, пл. 1, кв. Р-2, №44	Фрагмент чугунного изделия	Длина 76 мм, 1) сечение 13×13 мм, 2) 12×8 мм	Чугун	Н.о. -154 см
123	К-17, Р-LIII, С. 3, пл. 1, кв. Т-2′, №45	Гвоздь	42 мм, сечение ножки 6×6 мм, 20×15 мм	Железо	Н.о. -160 см
124	К-17, Р-LIII, С. 3, пл. 1, кв. П-5, №46	Фрагмент пластины	43×21×2 мм	Железо	Н.о. -150 см
125	К-17, Р-LIII, С. 3, пл. 1, кв. Т-2-3, К-Н′, №47	Гвоздь	Длина 60 мм, сечение 8×10 мм	Железо	Н.о. -151 см
126	К-17, Р-LIII, С. 3, пл. 1, кв. О-4, П-4, №48	Фрагмент пластины	23×21×4 мм	Железо	Н.о. -156 см
127	К-17, Р-LIII, С. 3, пл. 1, кв. С-1, №49	Фрагмент кольца(круглое в сечении)	43×14×13 мм	Керамика	Н.о. -153 см
128	К-17, Р-LIII, С. 3, пл. 1, кв. Р-4, №50	Ножка сосуда	42×высота основание 15×21 мм, верх 25×21 мм	Керамика	Н.о. -157 см
129	К-17, Р-LIII, С. 3, пл. 1, кв. О-5	Фрагмент окаменелого дерева	93×24×13 мм	Дерево	Н.о. -157 см
130	К-17, Р-LIII, С. 3, пл. 1, кв. Р-5′, КОТЛ.3, №50А	Фрагмент глазурованной корейской керамики	38×48×6	Керамика	Н.о. -155 см
131	К-17, Р-LIII, С. 3, пл. 1, кв. Р-2′, №50Б	Фрагмент орнаментированного облицовочного кирпича	129×78×44	Керамика	Н.о. -200 см
132	К-17, Р-LIII, С. 3, пл. 1, кв. Р-1	Фрагмент окаменелого дерева		Дерево	Н.о. -153 см
		сектор 1, пласт 5			
133	К-17, Р-LIII, С. 1, пл. 5, кв. Г-2′, №51	Прямоугольная накладка с прямоугольной прорезью	30×32×7 мм, отверстие 10×2 мм	Железо	Н.о. -184 см

№	Шифр	Наименование предмета	Размер	Материал	Примечания
134	К-17, Р-LIII, С. 1, пл. 5, кв. Ж-2', №52	Наконечник стрелы	Длина 51 мм, сечение черешка 7×6 мм, пера 12×10 мм	Железо	Н.о. -194 см
135	К-17, Р-LIII, С. 1, пл. 5, кв. В-3', №53	Обломок штыря	46×7×7 мм	Железо	Н.о. -193 см
136	К-17, Р-LIII, С. 1, пл. 5, кв. В-2', №54	Фрагмент пластины	34×20×6 мм	Железо	Н.о. -192 см
137	К-17, Р-LIII, С. 1, пл. 5, кв. Г-2', Д-2', №55	Фрагмент изделия со взаимопересекающимися отверстиями(со следами одного отверстия	44×27×17 мм	Керамика	Н.о. -194 см
138	К-17, Р-LIII, С. 1, пл. 5, кв. Б-3', №56	Керамическое кольцо (археологически целое), прямоугольное в сечении	Диаметр 59 мм, размер сечение 19×15 мм	Керамика	Н.о. -191 см
139	К-17, Р-LIII, С. 1, пл. 5, кв. Е-Ж-1', ЯМА.3, №61	Фрагмент керамического кирпича	80×53×42 мм	Керамика	Н.о. -191 см
сектор 2, пласт 5					
140	К-17, Р-LIII, С. 2, пл. 5, кв. И-2', №57	Изделие со взаимопересекающимися отверстиями(4 фрагмента)	32×21×16 мм 39×28×15 мм 48×30×21 мм	Керамика	Н.о. -195 см
141	К-17, Р-LIII, С. 2, пл. 5, кв. К-2', №58	Изделие со взаимопересекающимися отверстиями	44×27×25 мм	Керамика	Н.о. -194 см
142	К-17, Р-LIII, С. 2, пл. 5, кв. Л-1', №59	Фрагмент изделия	11×11×9 мм	Железо	Н.о. -191 см
143	К-17, Р-LIII, С. 2, пл. 5, кв. Е-Ж-1-1', ЯМА.3, №60	Фрагмент металлического изделия	71×60×10 мм	Чугун	Н.о. -192 см

III АНАЛИЗ АРТЕФАКТОВ

Е.И. Гельман, Е.В. Асташенкова, Я.Е. Пискарева

1. Бронзовые изделия

Бронзовые накладки

В 2017 г. было найдено пять бронзовых предметов, все они залегали в пластах 2-3, относящихся к первому строительному горизонту раскопа LIII. Из них три – это фрагменты бронзовых накладок. Две бронзовые накладки найдены при снятии пласта 2 в секторе 1. Накладка из кв. В-3´ (№7, н.о. -145 см) слегка расширяющейся квадратной формы. У изделия сохранились четыре шпенька и фигурное отверстие (рис. 375, 376). Размеры накладки: 29×28 мм, высота бортика 5 мм, толщина 2 мм, длина отверстия 19 мм. Изделие слегка повреждено. Вторая накладка найдена в кв. В-3 (№8, н.о. -152 см) она меньших размеров и овальной формы, у нее сохранились два шпенька (рис. 377, 378). Размеры изделия 12×9×3 мм. Фрагмент фигурной бронзовой накладки также найден в кв. Л-2 при разборке пласта 3 (№28, н.о.-161 см) (рис. 538, 539). У изделия сохранились 2 шпенька и остатки железной подложки. Размеры накладки 20×22×2 мм. Все накладки находят аналогии в материалах других раскопов Краскинского городища, а также в материалах средневековых памятников Дальнего Востока.

Бронзовый пинцет

В кв. Е-4 раскопа LIII при разборке 3 пласта найдены два фрагмента бронзового пинцета (№22, н.о.-165 см) (рис. 421-423). У изделия обломаны ножки, но в целом оно очень хорошо сохранилось. Длина пинцета 90 мм, ширина каждой ножки 5 мм, толщина каждой ножки 2 мм, присутствует петелька диаметром 5 мм. Подобные пинцеты известны на бохайских памятниках. В 2017 году такое изделие найдено на Старореченском городище.

Пряжка

Бронзовая пряжка обнаружена в раскопе LIII в кв. К-1 при снятии 3 пласта (№27, н.о.-172 см) (рис. 537). Ее размеры составили 35×10×4-3 мм.

2. Железные изделия

Ледоходный шип

При расконсервации раскопа LI в кв. В-9 найден железный ледоходный шип (№2, н.о. -190 см). Он представляет собой железную скобку, на спинке которой имеется выступ-шип высотой 1,3 см. Конец одного острия обломан. Общая высота изделия 3,9 см, ширина 2,1 см, толщина 0,6 см, размеры прямоугольного сечения острого конца 0,3×0,5 см (рис. 22, 23). Аналогичные изделия ранее были найдены на территории Краскинского городища. В целом же, они встречаются и на бохайских, и на чжурчжэнских памятниках.

Накладки

Найдены два экземпляра накладок. Одна из них обнаружена при разборке 5-го пласта раскопа LI в кв. Б-7 (№36, н.о. -199 см) и представляет собой миниатюрное изделие полукруглой формы со срезанной нижней частью без прорези и с широким бортиком (рис. 218-220). Лицевая сторона изделия гладкая, без орнамента. На тыльной стороне изделия сохранились остатки одного крепежного штифта. Высота накладки 4,3 см, ширина 3,3 см, толщина 0,2-0,4 см, высота бортика 0,5 см, длина штифта 0,1 см.

Вторая железная прямоугольная накладка с прямоугольной прорезью найдена в раскопе LIII в кв. Г-2′ при разборке 5-го пласта (№51, кв. Г-2′, н.о.-184 см) (рис. 695, 696). Ее размеры 30×32×7 мм, размеры отверстия 10×2 мм.

Пряжка

Фрагмент железной пряжки (№15, кв. З-4′, н.о.-149 см) обнаружен в раскопе LIII в кв. З-4′ при снятии 2-го пласта (рис. 506, 507). Размеры обломка сотсавляют 31×7×3 мм.

Кольцо

Железное кольцо найдено в раскопе LI при разборке 6-го пласта в кв. Д-5 (№49, н.о. -215 см). Диаметр его 2,7 см, толщина 0,8 см (рис. 297-299).

Наконечники стрел

В период раскопок 2017 г. найдены 10 железных наконечников стрел. В том числе, в раскопе LI обнаружены три наконечника стрел. Один из них найден в процессе расконсервации в кв. Ж-9 (№1, н.о. -200 см) (рис. 20, 21). Общая длина 5,3 см, толщина 0,3 см. Длина сохранившегося черенка 2 см, толщина 0,6 см, ширина 0,6 см. Длина пера 3,3 см, ширина от 0,9 см до 1,4 см. Другой иволистный наконечник стрелы найден при разборке 4-го пласта в кв. Б-7 (№5, н.о. -193 см) (рис. 71, 72). Длина 6,7 см, ширина пера 1,5 см, толщина пера 0,3-0,4 см. Еще один иволистный наконечник был обнаружен в кв. А′-7 во время разборки 4-го пласта (№7, н.о. -192 см) (рис. 73-75). Длина изделия 4,9 см, размеры пера 0,7×1,4 см, размеры черенка 0,4×0,6 см. Третий долотовидный наконечник, обломанный с двух сторон, обнаружен при разборке 5-го пласта в кв. А′-7 (№38, н.о. -189 см) (рис. 221-223). Длина изделия 6,2 см, размеры квадратного сечения черешка 0,3×0,3 см, размеры сечения пера 0,4×0,7 см.

В раскопе LIII найдено семь наконечников стрел, все они черешковые, из-за плохой сохранности не у всех можно определить сечение. Несколько наконечников можно отнести к типу листовидных с узким пером. Подобный наконечник стрелы найден в кв. Е-2 при снятии 2-го пласта (№5, кв. Е-2′, н.о. -146 см) (рис. 370, 371). Его длина 42 мм, сечение 7×6 мм. Другой обнаружен в этом же пласте в кв. В-5′ (№6, кв. В-5′, н.о. -136 см) (рис. 372, 373). Его размеры 53×5×6 мм. Третий экземпляр листовидного наконечника из кв. З-2, найденного при разборке 4-го пласта (№35, кв. З-2, н.о.-185 см) составили 56×7×8 мм (рис. 574, 575).

В кв. Г-2´ при снятии 4-го пласта найден четвертый экземпляр – долотовидный наконечник (№33, кв. Г-2´, н.о.-178 см) (рис. 452-454). Его размеры 56×5-13×4 мм.

Пятый ромбовидный наконечник стрелы обнаружен в кв. Ж-2´ во время разборки 5-го пласта (№52, кв. Ж-2´, н.о.-194 см) (рис. 675, 676). Длина наконечника 51 мм, сечение черешка 7×6 мм, пера 12×10 мм.

Еще два наконечника имеют плохую сохранность. Один найден в кв. Б-5 при разборке 3-го пласта (№18, кв. Б-5, н.о. -163 см) (рис. 413, 414), установление его формы затруднено. Размеры изделия 42×8×5 мм. Такой же наконечник обнаружен в кв. З-2 при разборке 4-го пласта (№37, кв. З-2, н.о. -185 см) (рис. 576, 577), его размеры: длина 62 мм, перо-34×14 мм, черешок 6×6 мм.

Сверло

Железный штырь, обломанный с двух сторон, квадратный в сечении, обнаружен в раскопе LI при разборке 6-го пласта в кв. А´-8 (№57, н.о. -214 см) (рис. 313-315). Длина изделия 21,6 см, размеры сечения 0,4×0,4 см. Судя по тому, что штырь постепенно сужается к одному концу, он выполнял функцию сверла.

Пластины

Два фрагмента железных пластин найдены в раскопе LI. Один фрагмент вытянутой тонкой прямоугольной в сечении и слегка изогнутой пластины обнаружен при разборке 5-го пласта в кв. Б-7 (№35, н.о. -196 см) (рис. 215-217). Длина изделия 4,4 см, ширина 0,7 см, толщина 0,2 см.

Другой фрагмент тонкой прямоугольной в сечении пластины обнаружен при разборке 6-го пласта в кв. А-8 (№54, н.о. -203 см) (рис. 312). Длина изделия 2,9 см, ширина 1,6 см, толщина 0,5 см.

Стержни

Три обломка железных стержней найдены в раскопе LI при разборке 5-го пласта. Обломок одого из них, слегка изогнутого, прямоугольного в сечении, найден в кв. Д-5(№29, н.о. -206 см). Длина его 4,2 м, размеры сечения 0,8×0,6 см (рис. 201-203).

Другой экземпляр, загнутый, округлый в сечении стержень, сужающийся от одного конца к другому, обнаружен в кв. Г-4 (№32, н.о. -202 см). Размеры изделия 11×6 см, размеры сечения 0,5×0,5 см (рис. 209-211).

Фрагмент третьего стержня, квадратного в сечении, найден в кв. В-9 (№34, н.о. -199 см). Длина изделия составила 4 см, размеры сечения 0,5×0,5 см (рис. 178-180).

Обломанный с двух сторон четвертый стержень, прямоугольный в сечении, обнаружен при разборке 6-го пласта в кв. А-7 (№59, н.о. -205 см). Стержень слегка изогнут. Размеры изделия 6,3×0,8×0,9 см (рис. 316, 317).

Проволока

Фрагмент железной проволоки найден в кв. А´-7 при разборке 6 пласта (№55, н.о. -202 см). Длина сохранившейся части 4,5 см, диаметр сечения 0,3 см (рис. 308-310).

Железный шарик

Железный шарик обнаружен в раскопе LI в кв. И-6 (№48, н.о. -216 см) (рис. 296). Размеры его 2,2×1,9×1,6 см.

Гвозди

Гвозди – наиболее часто встречающиеся железные изделия, хотя их количество может зависеть от типа объекта. Так, например, в 2017 году на раскопе LI были найдены 12 экземпляров разной сохраности, а в раскопе LIII, со значительно большей площадью, всего 7 экземпляров.

Ножи

Обнаружены обломки лезвий трех железных ножей в раскопе LIII. В кв. В-1 найден довольно крупный фрагмент ножа при снятии пласта 3 (№19, кв. В-1, н.о.-164 см) (рис. 415, 416), его размеры 82×8-13 мм, толщина 3-5 мм. Обломанный кончик ножа залегал в кв. Е-1 в пласте 3 (№20, кв. Е-1, н.о.-167 см), его длина 61 мм, ширина 8 мм, толщина 4 мм (рис. 417, 418). Фрагмент лезвия ножа найден в кв. И-1 при разборке пласта 4 (№40, кв. И-1, н.о. – 186 см) (рис. 582, 583).

№	Раскоп, пласт, квадрат	Описание	Размеры	№ находки, н.о.	Рис.
1	Раскоп LI, пл.4, кв. И-6	Гвоздь с загнутой шляпкой прямоугольный в сечении	Длина 5,8 см, ширина 0,3-1,1 см, толщина 0,4-0,7 см	№3, н.о. -190 см	66, 67
2	Раскоп LI, пл.4, кв. Д-9	Фрагмент железного гвоздя в виде квадратного в сечении стержня обломанного с двух сторон	Длина изделия 5,4 см, размеры сечения 0,4×0,4 см	№4, н.о. -199 см	68-70
3	Раскоп LI, пл.5, кв. Е-6	Фрагмент железного гвоздя прямоугольного в сечении	Длина изделия 4,3 см, размеры сечения 0,9×0,6 см	№27, н.о. -212 см	195-197
4	Раскоп LI, пл.5, кв. Е-8	Фрагмент железного гвоздя прямоугольного в сечении	Длина изделия 3,3 см, размеры сечения 0,9×0,7 см	№28, н.о. -211 см	198-200
5	Раскоп LI, пл.5, кв. Д-6	Гвоздь, обломанный с двух сторон и квадратным в сечении	Длина изделия 5,9 см, размеры квадратного сечения 0,5×0,5 см	№30, н.о. -208 см	204, 205
6	Раскоп LI, пл.5, кв. З-7	Гвоздь, прямоугольный в сечении	Длина изделия 4,9 см, сечение 0,6×0,5 см	№24, н.о. -200 см	189-191
7	Раскоп LI, пл.5, кв. Г-4	Гвоздь, квадратный в сечении	Длина изделия 6,5 см, размеры сечения 0,4×0,4 см.	№31, н.о. -200 см	206-208
8	Раскоп LI, пл.5, кв. И-8	Гвоздь с обломанной шляпкой и прямоугольный в сечении	Длина изделия 5,4 см, размеры сечения 0,4×0,6 см	№22, н.о. -207 см	184, 185
9	Раскоп LI, пл.5, кв. И-8	Миниатюрный гвоздик с обломанной шляпкой	Длина изделия 5 см, размеры сечения 0,9×0,7 см	№23, н.о. -198 см	189-191
10	Раскоп LI, пл.5, кв. Ж-7	Гвоздь, изогнутый в кольцо	Длина изделия 2,3 см, ширина 2,2 см, размеры сечения 0,6×0,4 см	№25, н.о. -198 см	192-194
11	Раскоп LI, пл.6, кв. А-8	Миниатюрный железный гвоздь с загнутой шляпкой	Длина изделия 3,4 см, размеры сечения 0,4×0,2 см	№53, н.о. -203 см	305, 306
12	Раскоп LI, пл.6, кв. А-8	Гвоздь с загнутой круглой шляпкой	Длина изделия 3,2 см, размеры сечения 0,3×0,5 см	№52, н.о. -203 см	303, 304
13	Раскоп LIII, пл.4, кв. Б-3′	Гвоздь с загнутым концом-шляпкой	Длина изделия 37 мм, прямоугольное сечение - 10×8 мм	№32	450, 451
14	Раскоп LIII, пл.1, кв. Б-3′	Гвоздь с загнутым концом-шляпкой	Длина изделия 42 мм, прямоугольное сечение 6×20 мм	№45, н.о. -160 см	652, 653
15	Раскоп LIII, пл.1, кв. В-4	Гвоздь с полусферической шляпкой	Длина изделия 60 мм, квадратное сечение 8×8 мм, размеры шляпки 33×33 мм	№3, н.о.-142 см	345, 346
16	Раскоп LIII, пл.3, кв. Л-3′	Фрагмент железного гвоздя	Длина 23 мм, прямоугольное сечение 8×6 мм	№23, н.о. -169 см	533
17	Раскоп LIII, пл.3,кв.Л-3′	Фрагмент железного гвоздя	Длина 61 мм, прямоугольное сечение 7×10 мм	№24, н.о.-163 см	534
18	Раскоп LIII, пл.3,кв.К-1	Фрагмент железного гвоздя	Длина 28 мм, квадратное сечение 5×5 мм	№25, н.о.-166 см	535
19	Раскоп LIII, пл.1,кв.Т-2,3	Фрагмент железного гвоздя	Длина 60 мм, квадратное сечение 6×6 мм	№47, н.о. -151 см	643, 644

3. Чугунные изделия

Втулки ступицы тележного колеса

Найдены фрагменты двух чугунных втулок колес в раскопе LIII. Один из них - в кв. М-4´ (2-ой пласт). Обломок небольших размеров - 42×16×17 мм (рис. 499, 500), у него сохранилось ребро высотой 17 мм и шириной 7 мм. Другой фрагмент чуть больше - 54×37×10 мм. Он обнаружен при снятии 1-го пласта в кв. О-5 (рис. 660, 661). Ребро треугольное в сечении, его высота 24 мм, толщина 13 мм,

Чека колеса тележной оси

Чугунная чека колеса тележной оси найдена в кв. Б-5 на уровне 3-го пласта (рис. 410-412). По форме это прямоугольный в сечении стержень с округлой декорированной головкой. Длина чеки составляет 94 мм, ширина 32×16 мм.

Фрагменты чугунных изделий

Кроме тогов в обоих раскопах, исследовавшихся в 2017 году, найдены обломки чугунных изделий, не ясных по форме и назначению. В раскопе LIII фрагменты таких изделий имеют небольшие размеры. У самого крупного из кв. Р-2 длина 76 мм, одно сечение 13×13 мм, другое 12×8 мм (рис. 641, 642). Остальные имеют меньшие размеры (рис.683).

Еще два обломка обнаружены в раскопе LI. Фрагмент овального в сечении чугунного изделия найден при разборке 4 пласта в кв. А-9 (№6, н.о. -191 см) (рис. 76-78). Размеры его 40×42×18 мм.

Фрагмент чугунного изделия круглого в сечении найден в кв. А-7 при разборке 6 пласта (№51, н.о. -206 см) (рис. 300-302). Длина изделия 44 мм, диаметр сечения 19 мм.

4. Каменные изделия

Изделий из камня найдено немного, почти все они залегали в верхней части культурных отложений раскопа LIII. В кв. Е-3 обнаружено каменное точило с отверстием, изготовленное из сланца (№9, кв. Е-3, н.о. -147 см) (рис. 379, 380). Его размеры составили: длина 117 мм, ширина 40-49 мм, толщина спинки 7-17 мм, диаметр отверстия 5 мм.

Другое каменное точило обнаружено при снятии 1-го пласта в кв. З-И-4 (№2, кв. З-И-4, н.о. -125 см) (рис. 479, 480). Размеры изделия 67×41×6-13 мм.

Также в первом пласте, в кв. М-5 найден фрагмент изделия из обсидиана (№1, кв. М-5, н.о.-135 см) (рис. 478), его размеры 19×12×6 мм. Галька со следами обработки обнаружена в кв. Л-2 (№42, кв. Л-2, н.о. – 164 см) (рис. 586). Изделие датируется эпохой неолита.

5. Керамические изделия

Керамические кольца

Кольца, изготовленные из глины, являются регулярной находкой на городище. В 2017 году на двух участках обнаружены фрагменты от семи керамических колец.

В раскопе LIII обнаружены фрагменты от пяти экземпляров. Лучшей степенью сохранности отличается керамическое кольцо из кв. Б-3´, найденное при снятии 5-го пласта (№56, н.о.-191 см) (рис. 700, 701). Диаметр изделия составялет 59 мм, диаметр отверстия – 2,8×2,6 см. Сечение кольца трапециевидной формы, размером 1,1×1,6×1,3 см. Цвет поверхности и в изломе коричневый. Поверхность уплощена и заглажена. Причем заглаживали твердым и острым инструментом, отчего на поверхности видны неровные грани.

Фрагмент другого, аналогичного кольца, найден в кв. И-1/И-2 (№39, кв. И-1/И-2, н.о. – 185 см) на уровне пласта 4 (рис. 580, 581). Диаметр кольца составлял 5,2см, диаметр внутреннего отверстия 2,6 см, размер трапециевидного сечения 1×1,6×1,2 см. Цвет поверхности – оранжево-коричневый, видны следы заглаживания.

Два обломка третьего кольца обнаружены в кв. Д-2´ (пласт 2) (№10, кв. Д-2´, н.о. -149 см) (рис. 381, 382). Поверхность кольца оранжевого цвета, сильно окатана. Диаметр изделия около 5 см, размеры трапециевидного сечения 1×2×1,3 см.

Четвертое и пятое кольца имели круглое сечение, их

диаметр составляет около 5 см. Одно из них коричневого цвета обнаружено в кв. Б-3´ в процессе зачистки после снятия 3-го пласта (№21, н.о.-159 см) (рис. 419, 420). Размеры сохранившегося обломка составили 28×9×8 мм. Другой экземпляр серого цвета найден в кв. С-1 при снятии 1-го пласта (№49, н.о. -153 см). Размеры сохранившегося фрагмента составляют 43×14×13 мм (рис. 631, 632).

В раскопе LI обнаружены обломки еще двух изделий. Фрагмент керамического кольца овального в сечении найден в кв. Ж-7 при разборке 5-го пласта (№17, н.о. -212 см) (рис. 169-171). Длина сохранившейся части 38 мм, размеры сечения 15×17 мм. Цвет светло-коричневый.

Фрагмент керамического кольца найден в кв. В-9 при разборке 6 пласта (№60, н.о. -210 см) (рис. 318,319). Длина сохранившейся части 27 мм, размеры округлого сечения 9×10 мм. Цвет изделия серый как на поверхности, так и в изломе.

Керамический шарик

Керамический шарик найден в кв. Д-8 при разборке 5 пласта (№19, н.о. -206 см) (рис. 172, 173). Диаметр 15 мм. Цвет коричневый.

Изделия с взаимопересекающимися отверстиями («бохайские кубики»)

Еще одна довольно распространенная категория находок - изделия со взаимопересекающимися отверстиями. В двух раскпах обнаружены обломки семи артефактов этого вида. Остатки двух таких изделий найдены в раскопе LI. При разборке 5-го пласта обнаружен один фрагмент «бохайского кубика», со следами одного отверстия (№41, н.о.-193 см) (рис. 163, 164). Размеры сохранившейся части изделия 41×35×31 мм. Цвет изделия темно-серый, в изломе ярко коричневый. Предполагаемый диаметр отверстия 20 мм. Две боковые грани «кубика» сходятся почти под прямым углом, без следов сглаживания. Вероятно, «кубик» имел форму домика с двускатной крышей, которая имела небольшой изгиб по центральной оси.

Еще один фрагмент «кубика» найден при разборке 6-го пласта в кв. Г-7 (№50, н.о. -215 см) (рис. 272-274). Размеры сохранившейся части изделия 3,3×2,9×1,6 см. Сохранились следы трех отверстий – два расположены параллельно друг другу и одно перпендикулярно относительно них. Цвет изделия темно-серый, в изломе светло-коричневый.

В раскопе LIII обнаружены небольшие фрагменты, принадлежавшие пяти изделиям. У одного из них хорошо видны отверстия, причем разных диаметров: 28 мм и 17 мм (рис. 703, 704). Остальные сохранились хуже (рис. 455, 456; рис.697, 698;рис. 705, 706).

Кирпичи

До недавнего времени кирпичи встречались очень редко на Краскинском городище. Однако, последние несколько лет фрагменты этой категории строительного материала стали встречаться регулярно. В 2017 году найдены фрагменты от четырех экземпляров кирпичей. В раскопе LIII (в переотложенных слоях в заполнении ям, вырытых корейскими крестянами в конце XIX - начале XX вв.) в заполнении котлована 2 обнаружен фрагмент облицовочного кирпича с орнаментом (№506, кв. С-2´, н.о. -200 см) (рис. 654, 655). Орнамент растительный, в виде стилизованных стеблей растений. Размеры изделия 129×78×44 мм. Фрагменты подобных изделий и ранее встречались на памятнике. Такими кирпичами могли облицовывать административные здания, или храмовые постройки.

Еще два фрагмента от двух изделий найдены в верхнем строительном горизонте этого раскопа. У двух из них поверхность гладкая, без орнамента (рис. 584, 585; рис. 684, 685). На поверхности видны многочисленные следы от выгорания органических примесей при обжиге. Первый фрагмент найден при снятии 4-го пласта, а второй при снятии 5-го пласта.

Один фрагмент кирпича найден в раскопе LI при разборке покрытия дороги на уровне 6 пласта в кв. Б-8 (№61, н.о. -205 см) (рис. 275,276). Размеры сохранившейся части 2,4×2,3×1,1 см. Цвет изделия светло-коричневый. Грани четко моделированы, сохранившиеся поверхности гладкие. Такие находки на территории Краскинского городища были и ранее. Так, в 2001 году, в процессе исследований на территории храмового комплекса был обнаружен декоративный кирпич с растительным орнаментом, а в 2009 году во время работ на раскопе XLVII – фрагмент изделия без каких-либо декоративных украшений (Е.И. Гельман и др. 2013: 209).

Бусина

Керамическая бусина найдена в раскопе LIII в кв. Л-1′ при снятии пласта 3 (№30, кв.Л-1′, н.о.-164 см) (рис. 541, 542), ее диаметр 8 мм, диаметр отверстия -2 мм.

Игральные фишки

Всего в 2017 году найдено 453 игральные фишки. В раскопе LIII собрано 226 игральных фишек, изготовленных из разного материала. Большинство составляют фишки, изготовленные из черепицы, их найдено 125 экземпляров. Фишек, изготовленных из стенок и донышек керамических сосудов меньше – 85. Самую малочисленную категорию составляют каменные фишки (как правило, изготовленные из песчаника) – 16 экземпляров. Диаметры фишек варьируют от 18 до 82 мм, в среднем 25-30 мм. Небольшими размерами отличаются каменные фишки, их диаметр от 18 до 23 мм. В зависимости от материала варьируют цвет и толщина фишек. Так, фишки из черепицы обычно толще остальных, до 2 см, цвет их чаще всего серый. Толщина керамических фишек, как правило, составляет около 1 см, цвет поверхности может быть серый, коричневый, оранжевый.

На раскопе LI, по размерам более, чем в три раза меньше раскопа LIII, в заполнении дорожного покрытия всего было найдено 227 изделий, относящихся к категории «игральных фишек». Из них 184 изготовлено из черепицы, – 32 из стенок сосудов, и 11 из камня. При этом, при расконсервации обнаружено 4 изделия, при разборке 4 пласта – 51 экз., 5 пласта – 117 экз., 6 пласта – 55 экз. Средние размеры изделий варьируют в пределах 2,5-3 см в диаметре. Наиболее крупные имеют размеры от 60×62 до 73×63 мм (пл.4, кв. З-6, З-8; пл.5, кв. З-7). Цвет и толщина изделий зависят от того, что было исходным материалом для их производства. Так, фишки, изготовленные из черепицы, преимущественно серые, толщина их в среднем 15-20 мм. Цвет фишек, изготовленных из стенок сосудов зависит от обжига исходного изделия. В раскопе LI они серые или темно-серые, некоторые коричневые в изломе. Толщина их в среднем составляет 5-15 мм. Большая часть фишек имеет круглую или близкую к ней форму, края их оббиты, но есть экземпляры, выполненные очень тщательно, с гладко обточенными краями (пл.5, кв. А-5, кв. З-7, Ж-6, Д-7, Д-8; пл. 6, кв. А-8, Б-7 и др.).

Игральные «фишки» очень часто встречаются при раскопках бохайских памятников и относятся к категории массового материала. Большое количество этих изделий связано, вероятно, с популярностью среди населения городища логической игры, для которой требовались расчерченное определенным образом игровое поле и фишки. Эта игра была широко распространена в эпоху средневековья, как в Европе, так и в Азии и имела у разных народов свои названия – мельница, киркат, рез и т.п. Аналогичная народная игра в Корее известна как гону.

Значительное количество этих изделий в раскопе LI объясняется еще и тем, что они, наряду с другим бытовым и строительным мусором использовались для подсыпки дорожного полотна. Не случайно, наибольшее количество фишек зафиксировано при разборке 5 пласта, когда дорогу интенсивно ремонтировали «подручными средствами», в то время как на уровне 3 и 4 пластов дорога имела преимущественно каменное покрытие.

Керамические украшения крыши

Большинство фрагментов лепных керамических украшений крыши было обнаружено в заполнении дорожного полотна на раскопе LI. При разборке 4-го пласта в кв. Г-9 (№14, н.о. -195 см) найден фрагмент керамического украшения (рис. 92-94). Размеры изделия 98×67×20-27 мм. Цвет изделия серый в изломе светло-серый с коричневой серединой. Возможно, это обломок чивэя. Украшение представляет собой керамическую пластину. С внешней стороны находились рельефные изогнутые валики, являющиеся элементами декора. Высота валиков 9 мм, ширина их основания 9-10 мм. Многочисленные фрагменты такого типа чивэй были найдены на Краскинском городище во время раскопок территории храмового комплекса (Болдин и др. 2005: 293, рис.14), поэтому неудивительно, что этот фрагмент обнаружен при исследовании дорожного полотна, для реконструкции которого использовали строительные материалы с территории близлежащего храма.

Фрагмент керамического лепного украшения найден при разборке 5-го пласта в кв. В-8 (№42, н.о. -204 см) (рис.165, 166). Цвет темно-серый и снаружи, и в изломе. Изделие представляет собой обломок в виде остатков основания овальной формы с отходящей от него прямоугольной в сечении ленты. Размеры изделия 102×53×20-34 мм, размеры прямоугольного сечения 31×14-16 мм. Внутренняя поверхность оставшегося основания украшения слегка вогнута, на ней сохранились следы какого-то желтоватого красителя.

Два фрагмента лепных керамических украшений обнаружены при разборке дорожного полотна на уровне поверхности 6-го пласта. Один фрагмент найден в кв. Ж-7 (№62, н.о. -211 см) (рис. 277, 278). Размеры сохранившейся части изделия 80×54×20-18 мм. Цвет темно-коричневый на поверхности, в изломе чередуются темно-серые и коричневые полосы. Изделие представляет собой керамическую пластину в форме уха, гладкую с обеих сторон, прямоугольную в сечении. В изогнутой торцовой части украшения сохранились следы продольных вмятин, которые образуют слегка волнистую поверхность. Следы со стороны прямой торцовой части свидетельствуют, что изделие было обломано.

Второй фрагмент керамического украшения найден в кв. Е-7 (№69, н.о. -220 см) (рис. 279, 280). Цвет изделия темно-серый в изломе светло-коричневый. Размеры сохранившейся части 45×28×26 мм. Сохранились следы валика на одной из сторон, что позволяет предположить, что это обломок от украшения типа чивэй.

Концевые диски черепицы

Концевые диски черепицы в виде фрагментов обнаружены в обоих раскопах 2017 г., но подавляющее большинство в LI, рядом с храмовым комплексом.

В раскопе LIII найдены два фрагмента концевых дисков черепицы в кв. К-2 (2-ой пласт) и кв. Л-1 (3-ий пласт) (рис. 508, 509; рис. 540). Фрагмент из кв. К-2 сохранился с частью орнамента, который позволяет отнести его к типу 5 концевых дисков Краскинского городища. На них присутствует орнамент в виде чередования сердцевидных фигур, обращенных зауженной частью к центру диска, и стеблевидных трилистников. Его размеры 58×44×10 мм. От второго диска сохранилась кольцевая рамка и часть стенки без орнамента. Его размеры: 97×24, высота кольца рамки-15 мм, ширина-10 мм.

В LI раскопе находки фрагментов концевых дисков соответствуют пластам 4-6.

4 пласт

Фрагмент одного концевого диска был найден при разборке дорожного полотна на уровне поверхности 4-го пласта (№12, н.о. -193 см) (рис. 88, 89). Размеры сохранившейся части 48×49×9 мм. Ширина бортика 14 мм, высота 10 мм, толщина диска 10-11 мм, толщина диска с бортиком 19 мм. Сохранившиеся элементы орнамента позволяют установить его тип. Это один из самых распространённых декоров дисков Краскинского городища (тип 1), который исследователи считают одним из самых поздних, и именно он имеет многочисленные аналогии среди декоров дисков из столичных центров Бохая (Е.В. Асташенкова, Болдин 2004: 122-129).

5 пласт

При разборке 5-го пласта найдены фрагменты дисков с разными типами декоров. Первый фрагмент обнаружен в кв. Б-7 при разборке заполнения дороги (№39, н.о. -194 см) (рис. 151, 152). Размеры сохранившейся части 52×36×9-11 мм. Диаметр центральной выпуклины 15 мм. Сохранившиеся элементы декора, а именно четыре небольшие полусферы (диаметр 5 мм) вокруг центральной, обрамленные окружностью в виде рельефного валика, от которого отходит черенок с сердцеобразным лепестком, позволяют отнести данный тип декора к наиболее позднему, выделенному исследователями для Краскинского городища (тип 1). Второй фрагмент найден в кв. Ж-6 (№16, н.о. -205 см) (рис. 143-145). Размеры сохранившейся части 66×58×16 мм, ширина бортика 9 мм, высота 4-5 мм. Толщина диска 15 мм, толщина с бортиком 20 мм. Сохранились остатки рельефного валика-окружности, обрамлявшей середину. С ее внешней стороны сохранились две небольшие полусферы, диаметр которых 3 мм, и две выпуклины – круглая и овальная, каждая из которых заключена в рамку из рельефного валика. Вдоль бортика диска расположены небольшие полусферы-жемчужины, диаметр которых 2-3 мм, которые отделены от основной композиции еще одной рельефной линией, образующей окружность. Этот тип декора (тип 6) также отнесен исследователями к поздним типам дисков Краскинского городища. С обратной стороны фрагмента сохранились следы крепления диска к полуцилиндрической черепице. Третий фрагмент диска найден в кв. В-8 (№45, н.о. -200 см) (рис. 157, 158). Размеры сохранившейся части 68×23×33 мм. Ширина бортика 13-14 мм, высота 3 мм, толщина изделия 41 мм. Кольцевая рамка диска сразу переходит в поверхность цилиндрической черепицы. Никаких других элементов декора, кроме небольшой выпуклины диаметром 5 мм у бортика диска не сохранилось. Но, поскольку только два типа декора имеют подобную локализацию данного элемента (вдоль кольцевой рамки), можно предположить, что мы имеем дело с 6 или 7 типом диска (Е.В. Асташенкова, Болдин 2004: 122-129).

Еще один фрагмент центральной части концевого диска обнаружен в кв. В-8 (№44, н.о. -199 см) (рис.155,156). Размеры сохранившейся части 52×28-30×12-13 мм. Судя по сохранившимся элементам орнамента – центральной выпуклине двух рельефных треугольников расположенных вокруг нее, это 8 тип декора диска, который рассматривается исследователями как промежуточный и встречается как на ранних, так и на поздних объектах храмового комплекса (Е.В. Асташенкова, Болдин 2004: 125-126).

Три небольших фрагмента концевых дисков обнаружены в кв. Б-4 (№46, н.о. -200 см) (рис. 159,160), кв. А′-7 (№47, н.о. -197 см) (рис. 161, 162) и в кв. Ж-7 (№40, н.о. -210 см) (рис. 153, 154). Размеры первого 34×28×11 мм, размеры второго 43×35×15 мм, третьего – 28×27×11 мм. Декор первого фрагмента сложного идентифицировать, можно лишь предположить, что это 6-й тип. Декор второго диска представляет собой 5-й тип с перевернутыми сердцеобразными фигурами и трилистниками между ними. От третьего диска сохранился только лишь обломок центральной выпуклины, диаметр которой 16 мм, обрамленной рельефным валиком, поэтому судить о типе декора сложно, хотя очевидно, что это не первый и пятый.

При разборке 5-го пласта были найдены еще два фрагмента дисков с орнаментом в виде чередования сердцевидных фигур, обращенных зауженной частью к центру диска, и стеблевидных трилистников. Первый обнаружен в кв. А-5 (№20, н.о. -206 см) (рис. 148-150). Размеры сохранившейся части 69×36×9 мм. Ширина бортика 12-14 мм, высота бортика 17 мм. Второй фрагмент найден в кв. Д-7 (№18, н.о. -206 см) (рис. 146, 147). Размеры сохранившейся части 60×53 мм. Ширина бортика 14 мм, высота бортика 6-9 мм, толщина диска 11 мм, толщина диска с бортиком 17 мм. На тыльной стороне диска вдоль бортика нанесены короткие радиальные бороздки, служившие лучшему сцеплению диска и полуцилиндра черепицы. Декор данного типа дисков выполнен тонкой рельефной линией. Диски с аналогичным орнаментом (5-й тип декора) находили на территории Краскинского городища при раскопках платформы здания нижнего горизонта и павильона, что позволило предварительно отнести их к промежуточному типу, который, наряду с восьмым типом использовался довольно длительное время и встречается как в ранних горизонтах, так и в поздних. В верхнем строительном горизонте подобного типа диски также были обнаружены в районе кана жилища №19.

6 пласт

Фрагменты нескольких фронтальных дисков черепицы с аналогичным типом декора (5 тип) обнаружены при разборке 6-го пласта. Один найден в кв. Г-5 (№63, н.о. -210 см) (рис. 281, 282). Размеры сохранившейся части 52×92 мм, ширина кольцевой рамки 15 мм, высота 17 мм, толщина диска 16 мм, толщина вместе с бортиком 22 мм. Второй фрагмент диска с тем же типом декора обнаружен в кв. В-7 (№64, н.о. -210 см) (рис. 283-285). Размеры сохранившейся части 129×34-45мм. Ширина бортика (кольцевой рамки) 13-16 мм, высота 6 мм. Толщина диска 15 мм, толщина вместе с бортиком 14-18 мм. Еще один фрагмент аналогичного по типу декора диска найден в кв. З-7 (№66, н.о. – 210 см). Размеры сохранившейся части 36×39×11 мм.

Орнаментированная плоская черепица

Подавляющее большинство фрагментов плоской черепицы с орнаментом было обнаружено в раскопе Ц.

4 пласт

Фрагмент плоской фронтальной черепицы с орнаментом на торце обнаружен при разборке 4-го пласта в кв. В-9 (№13, н.о. -190 см) (рис. 90, 91). Размеры сохранившейся части 73×62×22 мм. Торец разделен двумя глубокими продольными бороздками на три орнаментальные зоны. В центральной части расположена цепочка из глубоких прямоугольных ямок, оттиснутых специальным штампом. Боковые зоны украшены т.н. «елочным орнаментом» (насечки, расположенные под небольшим углом).

5 пласт

Фрагмент плоской фронтальной черепицы с орнаментом на торце обнаружен при разборке 5-го пласта в кв. З-8 (№15, н.о. -209 см) (рис. 141, 142). Размеры сохранившейся части 80×53×22 мм. Торцовая часть черепицы разбита глубокими продольными бороздками на три орнаментальных зоны. В центральной расположена цепочка круглых ямок, а боковые заполнены неглубокими насечками - т.н. «елочным орнаментом».

6 пласт

Фрагмент плоской фронтальной черепицы с орнаментом на торце обнаружен при разборке 6 пласта в кв. А-7 (№70, н.о. -208 см) (рис. 294, 295). Размеры сохранившейся части 55×47×20 мм. Орнамент представляет собой насечки с двух сторон торцовой части, при этом ориентированы они в одном направлении.

Фрагмент плоской фронтальной черепицы с орнаментом на торце обнаружен при разборке 6 пласта в кв. Б-8 (№67, н.о. -208 см) (рис. 290, 291). Размеры сохранившейся части 76×59×17 мм. Торец разделен двумя глубокими продольными бороздками на три орнаментальные зоны. В центральной части расположена цепочка из оттиснутых колечек (мелких окружностей). В одной из боковых зон орнамент не сохранился, но, вероятно, он был идентичен декору второй боковой зоны, которая украшена т.н. «елочным орнаментом» (насечки, расположенные под небольшим углом). Еще один фрагмент плоской фронтальной с похожим орнаментом на торце обнаружен в кв. Б-7 (№68, н.о. -209 см) (рис. 292, 293). Размеры сохранившейся части 40×26×20 мм. Отличие орнамента заключается в том, что в центральной орнаментальной зоне расположена цепочка подпрямоугольной формы ямок.

Глазурованная керамика

Два фрагмента стенок глазурованной керамики обнаружены в раскопе LI при разборке 4-го и 5-го пластов. Фрагмент стенки сосуда со свинцовой глазурью обнаружен при разборке 4-го пласта в кв. Г-8 (№11, н.о. -190 см) (рис. 87). Глазурь плохой сохранности, толщина глазурного слоя желтовато-коричневого цвета достигает 0,1 мм. Размеры фрагмента составляют 3,9×2,2×0,8 см.

Фрагмент крышки сосуда со свинцовой глазурью сорта саньцай обнаружен при разборке 5 пласта в кв. В-9 (№43, н.о.-203 см) (рис. 167, 168). Размеры изделия 24×18×5,5 мм. Ширина сохранившегося рельефного валика 2 мм, высота – 1 мм. Глазурь покрывала изделие с обеих сторон, снаружи около 0,1 мм, изнутри менее 0, 1 мм.

Керамическая неглазурованная посуда

Керамика со знаками

В процессе исследований отложений дороги в раскопе LI в 4-ом пласте найдены фрагменты керамики тамгообразными и иероглифическими знаками. Половина дна сосуда обнаружен при разборке 4-го пласта в кв. Д-7 (№9, н.о. -194 см) (рис. 82, 83). Диаметр донышка 6 см, толщина стенок 0,6 см, толщина донца 0,6-0,7 см. Цвет изделия на поверхности серый, в изломе светло-серый. На внешней стороне донышка сохранились остатки прочерченного солярного знака.

Фрагмент дна сосуда обнаружен при разборке 4-го пласта в кв. Д-9 (№10, н.о. -199 см) (рис. 84-86). Диаметр донышка 5,5 см, толщина донца 0,5-0,6 см. Цвет изделия темно-серый, в изломе светло-серый. На внешней стороне донышка сохранились следы прочерченного иероглифического знака, похожего на иероглиф «день», «солнце».

Фрагмент трипода

Ножка керамического трипода обнаружена в раскопе LIII в кв. Р-4 при снятии 1-го пласта (№50, кв.Р-4, н.о.-157 см) (рис. 645, 646). Ее размеры составили: высота 42 мм, основание 15×21 мм, верхняя часть 25×21 мм.

Таблица 1 | Количество и вес обломков керамического материала (черепицы и керамики*) из отложений дорожного полотна Раскопа LI, 2017 г.

Пласт	Количество фрагментов (n=)	Вес (в кг)
Расконсервация	124	2,73
Пласт 4	882	16,698
Пласт 5	2726	64,638
Пласт 6	1225	29,274
ИТОГО	4957	113,34

*(1% от общего числа)

Таблица 2 | Количество и вес обломков керамики из Раскопа LIII, 2017 г.

Сектор 1		
Пласты	Количество фрагментов (n=)	Вес (в кг)
1	796	49,329
2	1080	16,194
3	2541	18,239
4	1248	14,241
5	713	9,68
Всего		
Сектор 2		
1	1245	12,188
2	935	12,812
3	1341	19,164
4	404	5,075
5	630	8,368
Всего		
Сектор 3		
1	1743	26,206
ИТОГО	13472	191,496

№ п/п	Шифр	Размеры	Орнамент	Характеристика черепка	№ рисунка
1	К-17, Р-LI, пл.4, кв. Е-8	Диаметр венчика 18 см, диаметр горловины 16,4 см		Содержит преимущественно мелкозернистый песок (менее 0,5 мм). Черепок серого цвета в изломе, черный на поверхности	Рис. 52, 270: 1
2	К-17, Р-LI, пл.4, кв. А-9	Диаметр венчика 17,2 см, диаметр горловины 14,8 см		Содержит преимущественно мелкозернистый песок. Черепок полностью оранжево-коричневый	Рис. 53: 3, 270: 2
3	К-17, Р-LI, пл.4, кв. А-9	Диаметр дна 9,2 см, толщина 8 см		Содержит преимущественно мелкозернистый песок. Черепок в изломе черный, серый наповерхности	Рис. 270: 3
4	К-17, Р-LIII, пл.2, кв. Г-3′	Диаметр венчика 12 см, диаметр горловины 10,7 см		Содержит разнозернистый до гравелитового (более 1 мм) песок. Черепок серый в изломе и на поверхности	Рис. 400: 1
5	К-17, Р-LIII, пл.2, кв. Д-3′	Диаметр венчика 12 см, диаметр дна 6 см, высота 5,6 см	Горизонтально-полосчатое лощение	Содержит преимущественно мелкозернистый песок. Черепок черный в изломе и на поверхности	Рис. 400: 2
6	К-17, Р-LIII, пл. 3, Б-4	Диаметр венчика 14 см, диаметр горловины 11,4 см		Содержит преимущественно мелкозернистый песок. Черепок серый на поверхности и черный в изломе, имеется нагар	Рис. 400: 3
7	К-17, Р-LIII, с. 2, пл.1, кв. И-3,4′	Диаметр венчика 13 см.	Горизонтально-полосчатое лощение	Содержит преимущественно мелкозернистый песок. Черепок серый в изломе и на поверхности	Рис. 490: 1
8	К-17, Р-LIII, с. 2, пл.2, кв. З,И-1′	Диаметр венчика 17,6 см		Содержит грубозернистый песок. Черепок темно-серый в изломе и снаружи. Нагар изнутри и на венчике	Рис. 486: 3, 490: 2
9	К-17, Р-LIII, с. 2, пл.1, кв. З-1′	Диаметр венчика 22,8 см, высота ок. 14,8 см, диаметр дна 16,4 см	Горизонтально-полосчатое лощение	Содержит разнозернистый до гравелитового (более 1 мм) песок. Черепок в изломе серый с орнажево-коричневой окантовкой, на поверхности черный	Рис. 490: 3
10	К-17, Р-LIII, с. 2, пл.3, кв. М-1	Диаметр венчика 13,2 см		Содержит преимущественно мелкозернистый песок. Черепок полностью темно-серого цвета	Рис. 546: 3, 564: 1
11	К-17, Р-LIII, с. 2, пл.3, кв. кв. Л-1′	Диаметр венчика 12,4 см	Сплошное горизонтальное лощение	Содержит преимущественно мелкозернистый песок. Черепок полностью серого цвета	Рис. 546: 1, 564: 2
12	К-17, Р-LIII, с. 2, пл.3, кв. М-2	Диаметр венчика 8,3 см	Горизонтально-полосчатое лощение	Содержит преимущественно крупнозернистый песок. Черепок оранжево-коричневый в изломе и черный на поверхости	Рис. 549: 2, 564: 3
13	К-17, Р-LIII, с. 2, пл.3, кв. И-5, Л-2′, К-3,5′, З-3′	Диаметр дна 9 см		Содержит преимущественно крупнозернистый песок. Черепок серого цвета в изломе и на поверхности	Рис. 560, 564: 6

- Болдин В.И. Результаты археологических исследований на Краскинском городище в Приморье в 2006 году // Архив ИИАЭНДВ ДВО РАН. Ф. 1, оп. 2, № 602.
- Болдин В.И. Результаты археологических исследований на Краскинском городище в Приморье в 2007 году. Архив ИИАЭНДВ ДВО РАН. Ф. 1, оп. 2, № 615.
- Болдин В.И., Гельман Е.И., Ивлиев А.Л., Никитин Ю.Г. Результаты исследований на Краскинском городище в 1998 г. В кн.: В.И. Болдин, Мун Мун-дэ, Ли Нам-сок. Об археологических исследованиях на бохайском храмовом комплексе в Краскинском городище Приморья РФ. Сеул: Фонд исследования Когурё. 2005. С. 271-318. Русс. и кор. яз.
- Бохай: история и археология (в ознаменование 30-летия с начала археологических раскопок на Краскинском городище). Тез. межд. научн. конф. 4-9 сентября 2010 г. Владивосток, 2010. 101 с.
- Гельман Е.И. Отчет об археологических исследованиях на Краскинском городище в Хасанском районе Приморского края в 2008 году. Архив ИИАЭНДВ ДВО РАН. Ф.1, оп. 2, № 632.
- Гельман Е.И. Отчет об археологических исследованиях на Краскинском городище в Хасанском районе Приморского края в 2009 году. Архив ИИАЭ ДВО РАН. Ф.1, оп. 2, № 653.
- Гельман Е.И. Археологические исследования на Краскинском городище в 2010 году. Архив ИИАЭ ДВО РАН. Т. 1, ф. 1, оп. 2, № 669; Т.2, ф.1, оп. 2, № 670.
- Гельман Е.И. Археологические исследования на Краскинском городище в 2011 году. Архив ИИАЭ ДВО РАН. Т. I-III. Ф. 1, оп. 2, д. № 690.
- Гельман Е.И. Археологические исследования на Краскинском городище в 2012 году. Архив ИИАЭ ДВО РАН. Т. I-III. Ф. 1, оп.2, д. №715.
- Гельман Е.И. Археологические исследования на Краскинском городще в 2013 г. Архив ИИАЭ ДВО РАН. Ф. 1, оп.2, д. № 743.
- Гельман Е.И. Археологические исследования на Краскинском городище в 2014 году. Архив ИИАЭ ДВО РАН. Т. I-IV. Ф. 1, оп.2, д. 774.
- Гельман Е.И. Археологические исследования на Краскинском городище в Хасанском районе Приморского края в 2015 году. Т.1-4. Архив ИИАЭ ДВО РАН, Р-1, д. №840.
- Гельман Е.И. Археологические исследования на Краскинском городище в Хасанском районе Приморского края в 2016 году. Архив ИИАЭ ДВО РАН, Р-1, д. №841. 302 л.
- Гельман Е.И., Ивлиев А.Л. Новый метод археологической разведки (на примере Краскинского городища). Вестник Дальневосточного отделения Российской Академии наук, № 1 (167). 2013. С. 117-124.
- Гельман Е.И., Ким Ынгук, Чжун-Сук-Бэ, Асташенкова Е.В., Пискарева Я.Е., Ким Ынок, Болдин В.И. Археологические исследования Российско-корейской археологической экспедиции на Краскинском городище Российском Приморье в 2012 году. Сеул: Фонд изучения истории Северо-Восточной Азии, ИИАЭ ДВО РАН, 2013. 481 с.
- Краскинское городище – характер и функциональное назначение. – Токио: Университет Аояма гаккуин, Институт истории, археологии и этнографии народов Дальнего Востока ДВО РАН, 2013. Яп. и англ. яз.; Ворота и дверные замки с ключами на древних и средневековых городищах в Восточной Азии. Мат-лы XII российско-японской конф-ции, Аояма гаккуин, Токио. Токио, 2017. Яп. и русс. яз.
- Съедин В.Т., Бессонова Е.А., Гельман Е.И., Зверев С.А., Коптев М.А., Ноздрачев Е.А. Минеральное сырье Краскинского городища (Приморский край). Вестник Дальневосточного отделения Российской Академии наук, № 1 (167). 2013. - С. 131-140.
- Шавкунов Э.В. Бохайское городище близ пос. Краскино в Приморье // Записки Приморского филиала Географического Общества СССР. Т.25. 1966. С.141-144.

도면
Рисунки

0
1 км

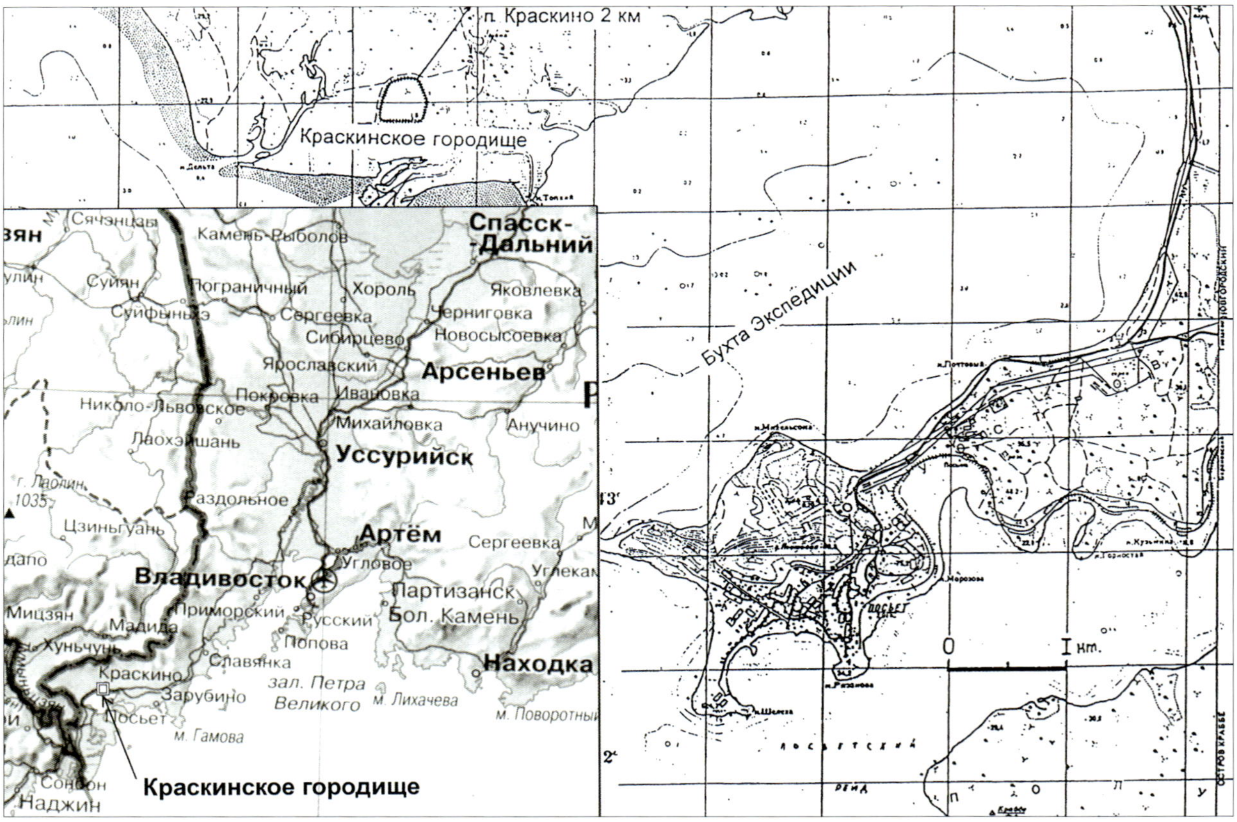

도면 1 | 크라스키노 성 위치도.

Рис 1 | Местонахождение Краскинского городища

도면 2 | 인공위성에서 본 추카노프카 강 하구 지역의 크라스키노 성 원경(좌표 포함).

Рис 2 | Местонахождение Краскинского городища на спутниковой фотографии местности в устье реки Цукановка (с координатами)

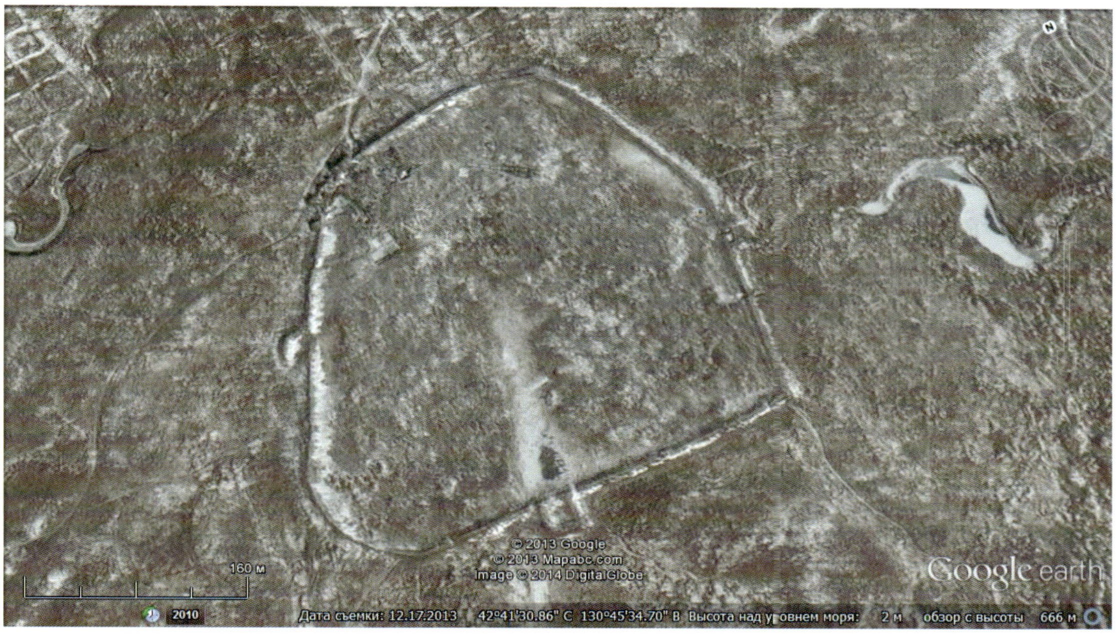

도면 3 | 인공위성에서 본 추카노프카 강 하구 지역의 크라스키노 성 근경(좌표 포함).

Рис 3 | Местонахождение Краскинского городища(крупный план) на спутниковой фотографии местности в устье реки Цукановка(с координатами)

도면 4 | 크라스키노 성과 주변 고분군 위치도.

Рис 4 | Местоположение Краскинского городища и могильника

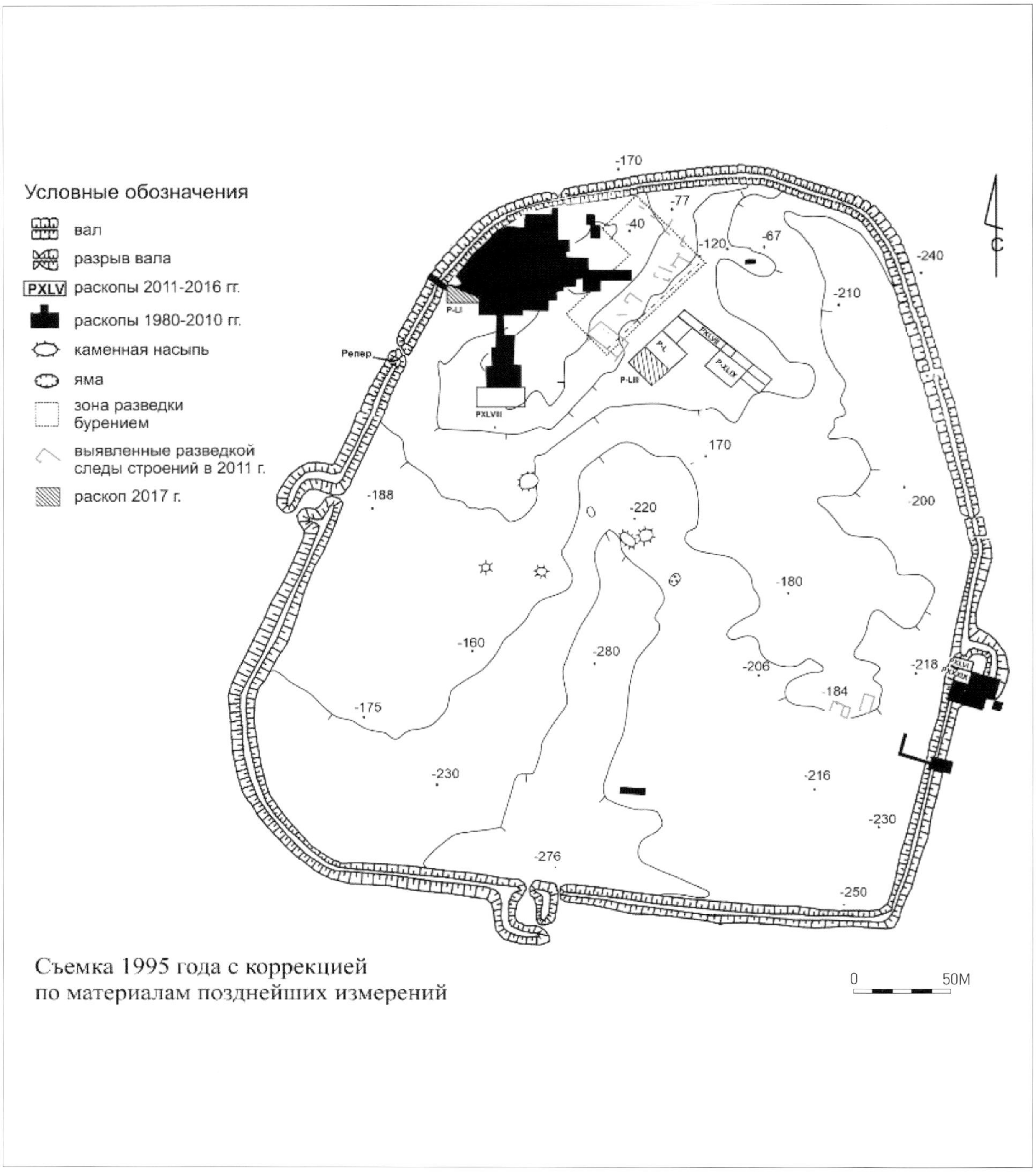

도면 5 | 크라스키노 성 평면도.

Рис 5 | План Краскинского городища

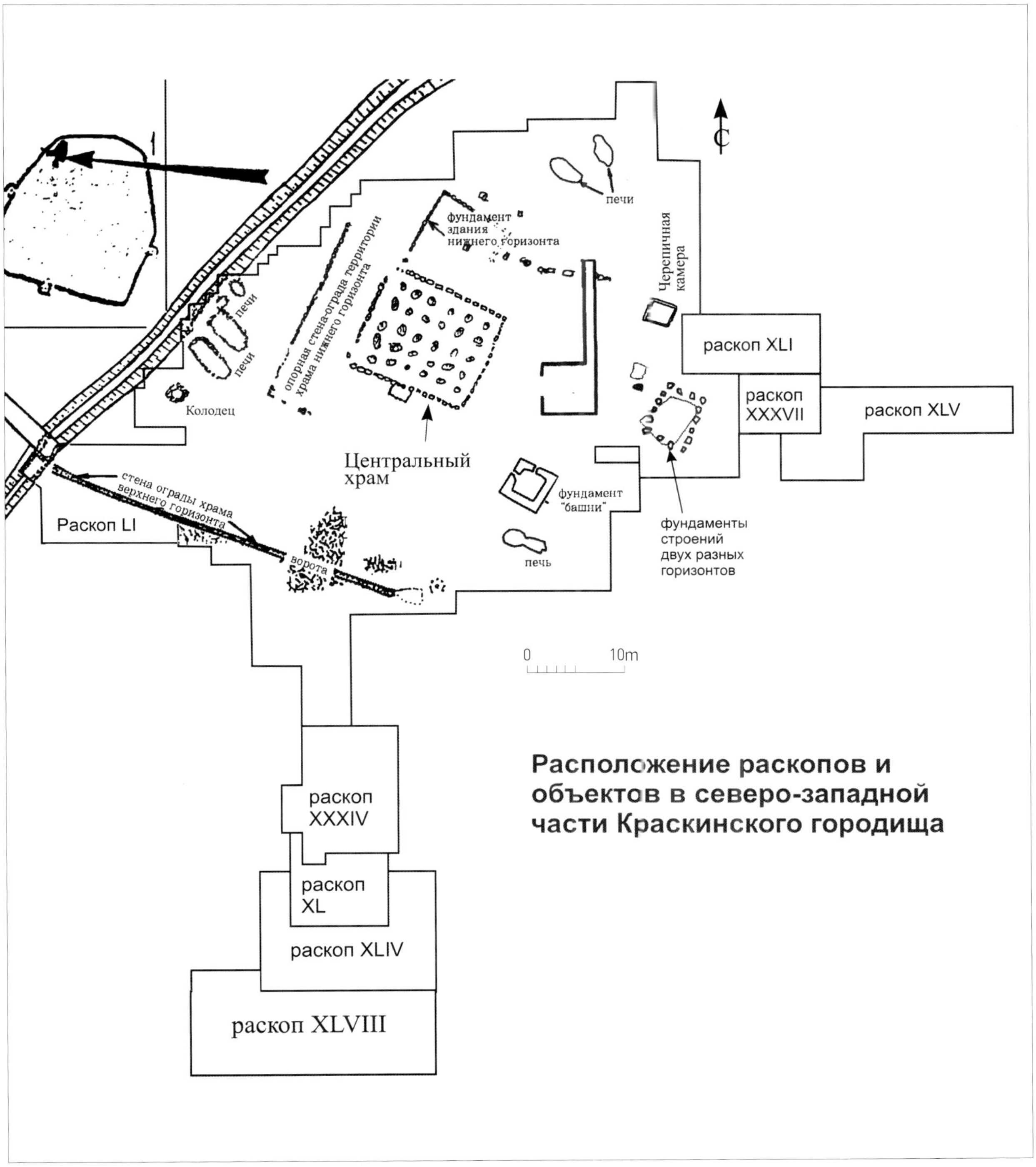

도면 6 | 크라스키노 성 북서쪽 부분 발굴구역들 및 유구들의 배치도. 숫자는 성 북서쪽 부분 2007~2016년도 발굴구역의 번호를 표시한 것임.

Рис 6 | Ситуационный план раскопов и объектов, расположенных в северо-западной части городища. Цифрами обозначены номера раскопов 2007-2016 гг. в северо-западной части городища

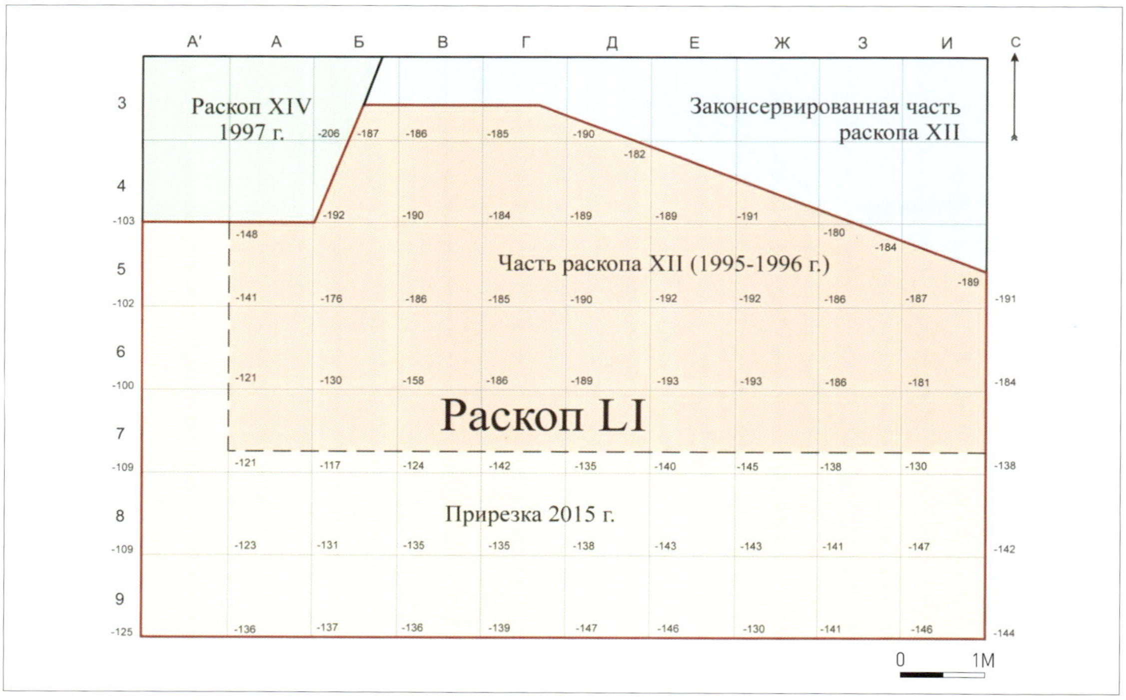

도면 7 | 크라스키노 성, 2017년, 제51구역. 이전 년도 발굴구역들과 확장 발굴구역 평면도.

Рис 7 | Краскинское городище, 2017 г. Раскоп LI. План дневной поверхности и привязки раскопа к раскопам предыдущих лет исследования

도면 8 | 크라스키노 성, 2017년, 제51구역. 발굴구역 현장보존조치시설 제거 작업 모습, 남서쪽에서.

Рис 8 | Краскинское городище, 2017 г. Раскоп LI. Вид с юго-запада на процесс расконсервации раскопа

도면 9 | 크라스키노 성. 2017년. 제51구역. 현장보존조치시설 제거 후의 제4인공층 상단 정리조사 모습. 동쪽에서.

Рис 9 | Краскинское городище. 2017 г. Раскоп LI. Вид с востока на процесс зачистки поверхности 4 пласта после расконсервации раскопа. Рабочий момент

도면 10 | 크라스키노 성. 2017년. 제51구역. 현장보존조치시설 제거 후의 발굴구역 상면(2015년도 조사 시 제4인공층 상면) 모습. 동쪽에서. 뒤쪽에 5m 길이 함척이, 앞쪽에 뾰족한 끝이 북쪽을 향하고 있는 20㎝ 단우 의 적색-백색 2m 길이 폴대가 보인다.

Рис 10 | Краскинское городище. 2017 г. Раскоп LI. Вид с востока на поверхность раскопа после расконсервации (поверхность 4-го пласта на период раскопок 2015 г.). На заднем плане находится 5-ти метровая рейка, на переднем плане направление на север указывает двухметровая рейка с красными и белыми делениями по 20 см

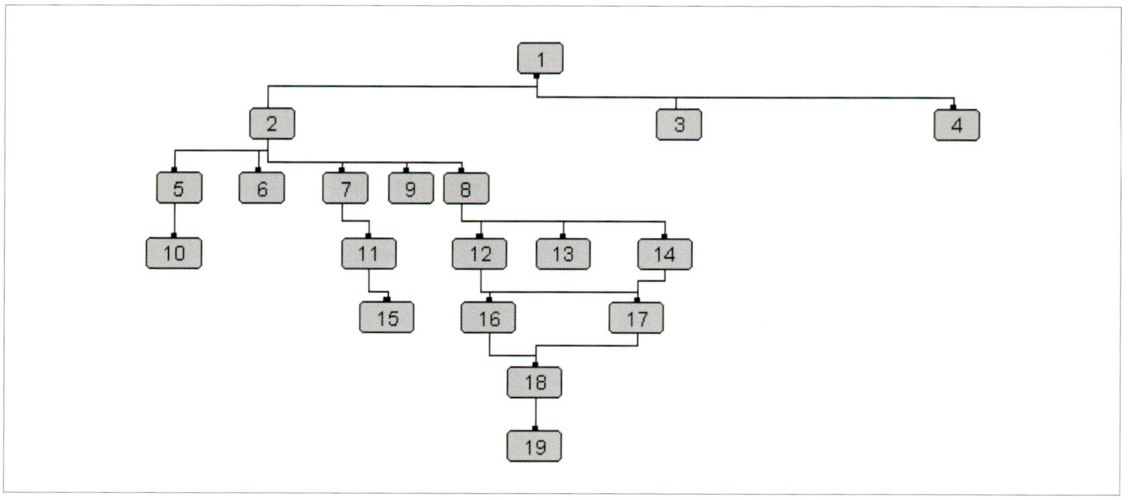

도면 11 | 크라스키노 성. 2017년. 제51구역의 토층 상관관계도(Harris Matrix 원칙을 따름): 1 - 표토와 부식토. 2 - 갈색 사질토. 3 - 다양한 크기의 모래가 섞인 명갈색 사질토. 4 - 단단한 갈색 사질토. 5 - 거친 입자의 모래가 섞인 무르고 알록달록한 갈색 사질토. 6 - 다양한 크기의 모래가 섞인 황갈색 사질토. 7 - 작은 입자의 모래가 섞인 갈색의 무른 사질토. 8 - 회갈색 사질토. 9 - 황갈색 사질토. 10 - 회색 얼룩들이 포함된 갈색 사질토. 11 - 다양한 크기의 모래가 섞인 갈색의 무른 사질토. 12 - 다양한 크기의 모래가 섞인 회갈색 사질토. 13 - 암갈색 사질토. 14 - 단단한 갈색 사질토. 15 - 다양한 크기 입자의 갈색 사질토. 16 - 회갈색 사질토. 17 - 다양한 크기의 모래가 섞인 갈색 사질토. 18 - 작은 입자의 갈색 사질토. 19 - 황갈색 사질토.

Рис 11 | Краскинское городище. 2017 г. Схема соотношения слоев в раскопе LI(по принципу Harris Matrix): 1 – дерн и гумус; 2 – супесь коричневая; 3 – супесь светло-коричневая с разнозернистым песком; 4 – супесь плотная коричневая; 5 – супесь коричневая рыхлая пятнистая с грубозернистым песком; 6 – супесь желтовато-коричневая с разнозернистым песком; 7 – супесь коричневая легкая с мелкозернистым песком; 8 – супесь серовато-коричневая; 9 – супесь желто-коричневая; 10 – супесь коричневая с серыми пятнами; 11 – супесь коричневая легкая с разнозернистым песком; 12 – супесь серовато-коричневая с разнозернистым песком; 13 – супесь темно-коричневая; 14 – супесь плотная коричневая; 15 – песок коричневый разнозернистый; 16 – супесь серовато-коричневая; 17 – супесь коричневая с разнозернистым песком; 18 – песок коричневый тонкозернистый; 19 – супесь желтовато-коричневая

도면 12 | 크라스키노 성. 2017년. 제51구역. 동벽 토층모습. 서쪽에서.

Рис 12 | Краскинское городище. 2017 г. Раскоп LI. Вид с запада на профиль восточного борта

도면 13 | 크라스키노 성. 2017년. 제51구역. 서벽 토층모습. 동쪽에서.

Рис 13 | Краскинское городище. 2017 г. Раскоп LI. Вид с востока на профиль западного борта

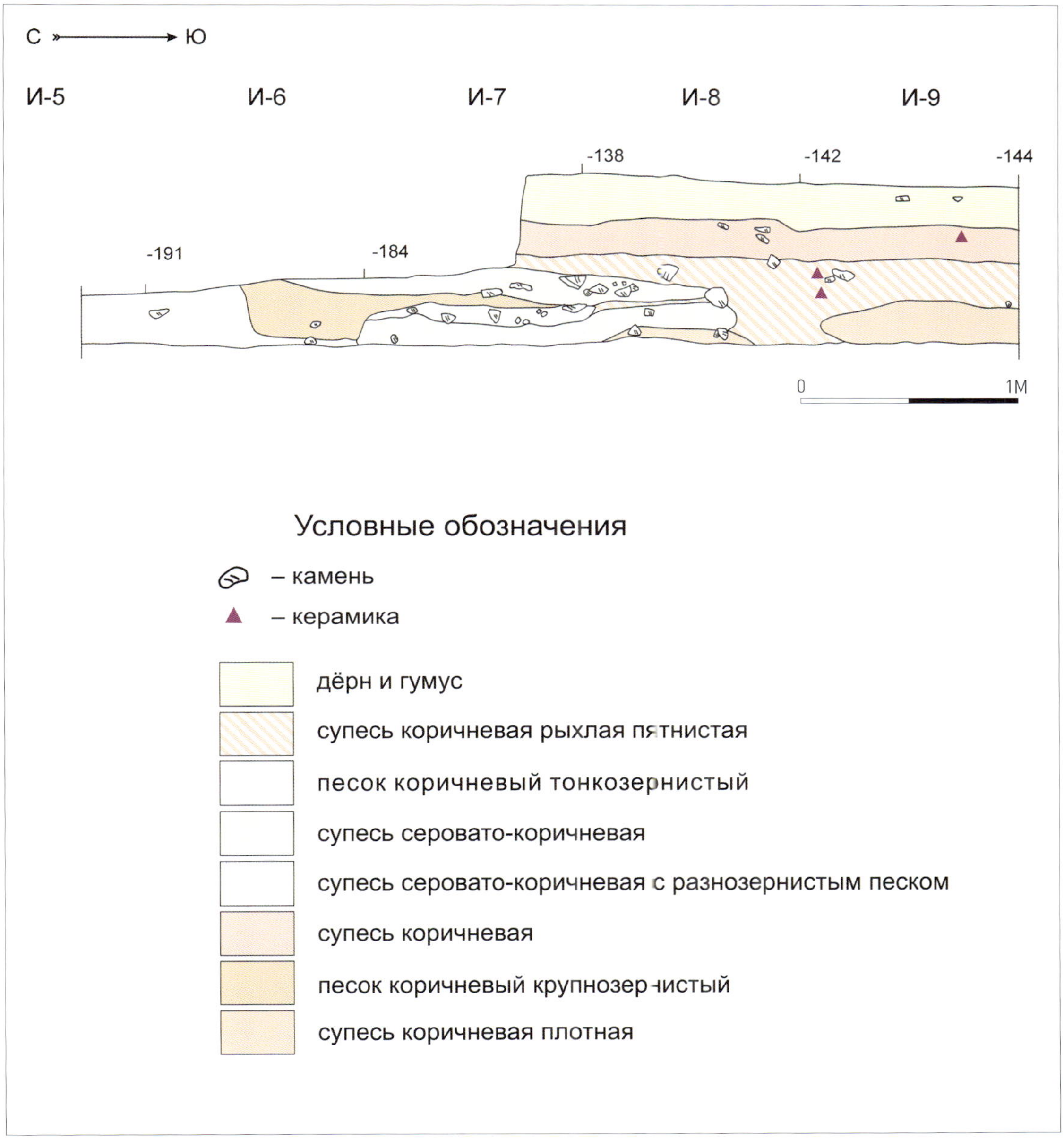

도면 14 | 크라스키노 성. 2017년. 제51구역. 동벽 토층도.

Рис 14 | Краскинское городище. 2017 г. Раскоп LI. Профиль восточного борта

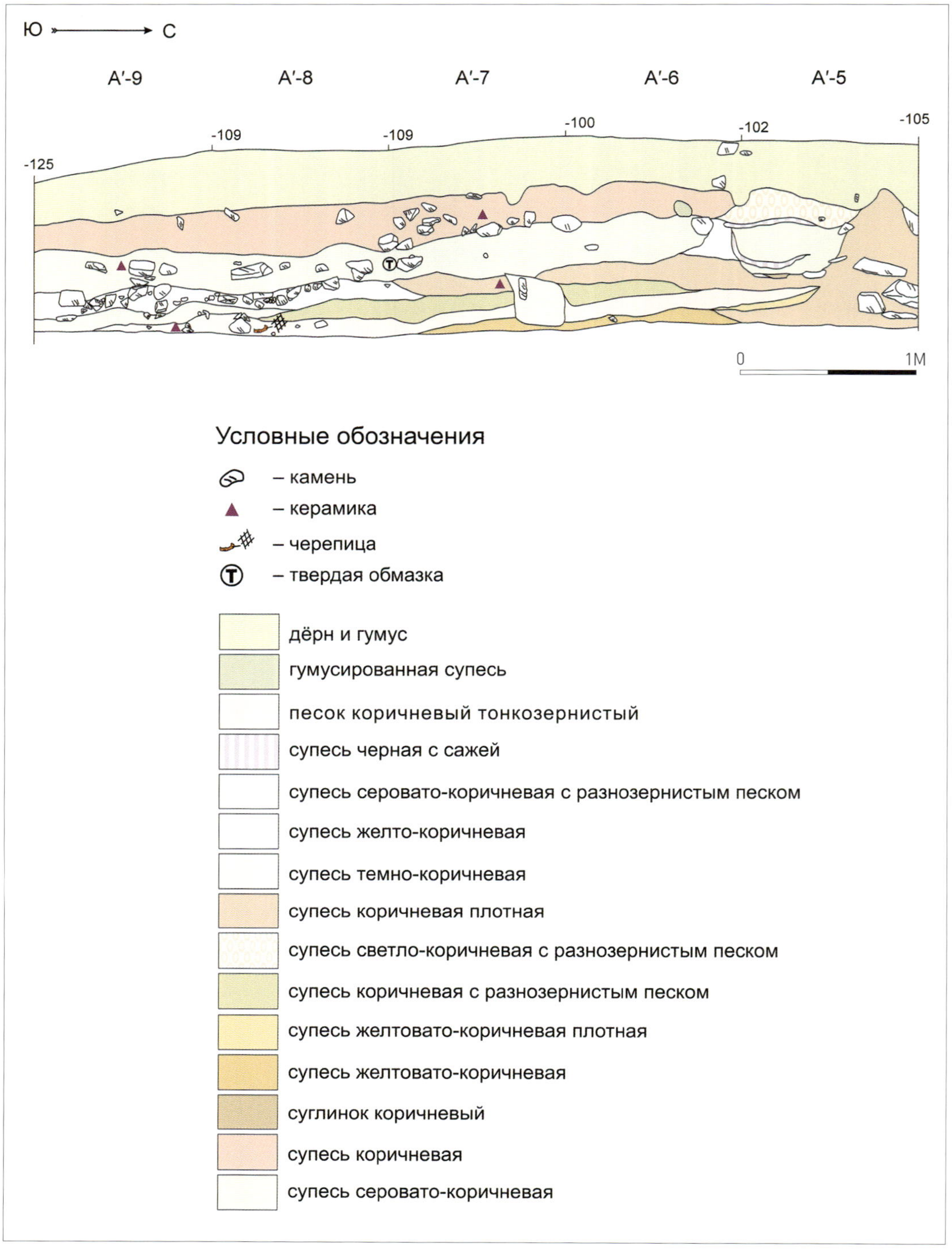

도면 15 | 크라스키노 성. 2017년. 제51구역. 서벽 토층도.

Рис 15 | Краскинское городище. 2017 г. Раскоп LI. Профиль западного борта

도면 16 | 크라스키노 성, 2017년, 제51구역, 남벽 토층모습, 북쪽에서.

Рис 16 | Краскинское городище, 2017 г. Раскоп LI. Вид с севера на профиль южного борта

도면 17 | 크라스키노 성, 2017년, 제51구역, 북벽 토층모습, 남쪽에서.

Рис 17 | Краскинское городище, 2017 г. Раскоп LI. Вид с юга на профиль северного борта

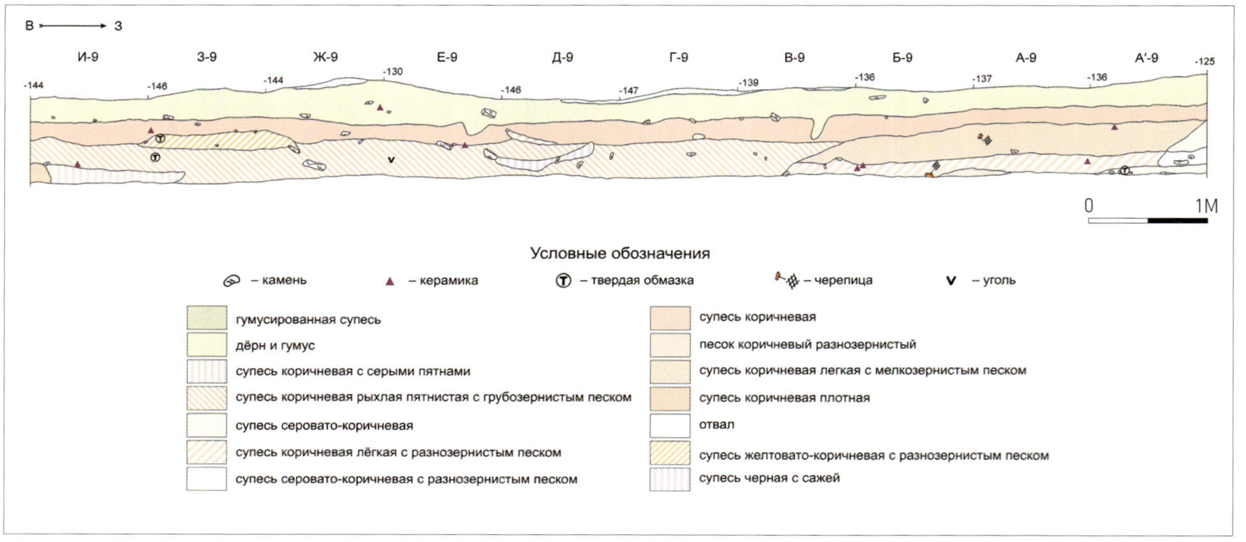

도면 18 | 크라스키노 성. 2017년. 제51구역. 남벽 토층도.

Рис 18 | Краскинское городище. 2017 г. Раскоп LI. Профиль южного борта

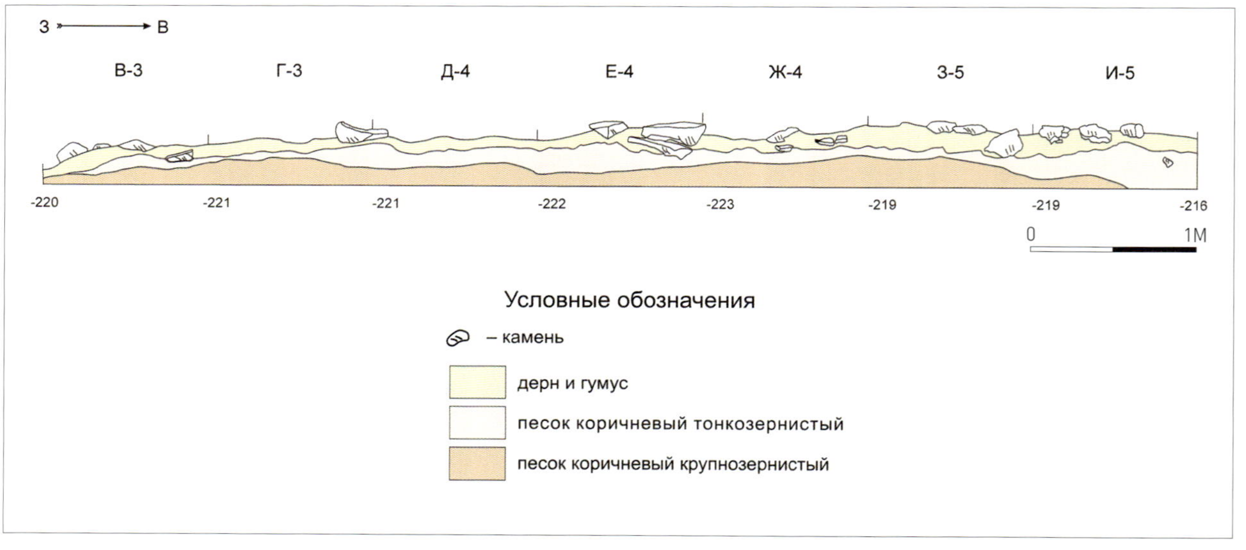

도면 19 | 크라스키노 성. 2017년. 제51구역. 북벽 토층도.

Рис 19 | Краскинское городище. 2017 г. Раскоп LI. Профиль северного борта

도면 20 | 크라스키노 성, 2017년, 제51구역, 철제 끌형 화살촉편 (№ 1, 레벨 -200㎝), 현장보존조치시설 제거 중 줘(Ж)-9방안 출토.

Рис 20 | Краскинское городище, 2017 г. Раскоп LI. Фрагмент железного долотовидного наконечника стрелы (№1, н.о. -200 см), обнаруженного в кв. Ж-9 в процессе расконсервации

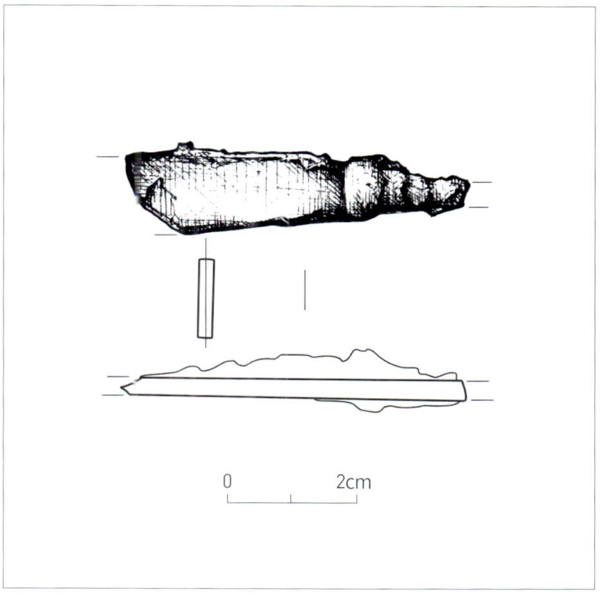

도면 21 | 크라스키노 성, 2017년, 제51구역, 철제 끌형 화살촉편 (№ 1, 레벨 -200㎝), 현장보존조치시설 제거 중 줘(Ж)-9방안 출토.

Рис 21 | Краскинское городище, 2017 г. Раскоп LI. Рисунок фрагмента железного долотовидного наконечника стрелы(№1, н.о. -200 см), обнаруженного в кв. Ж-9 в процессе расконсервации

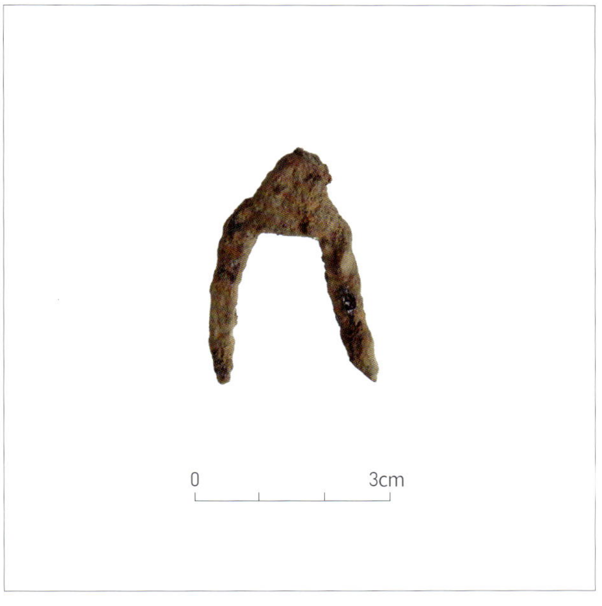

도면 22 | 크라스키노 성, 2017년, 제51구역, 철제 쌍각 미늘 (№ 2, 레벨 -190㎝), 현장보존조치시설 제거 중 붸(В)-9방안 출토.

Рис 22 | Краскинское городище, 2017 г. Раскоп LI. Железный ледоходный шип(№2, н.о. -190 см), обнаруженный в кв. В-9 в процессе расконсервации

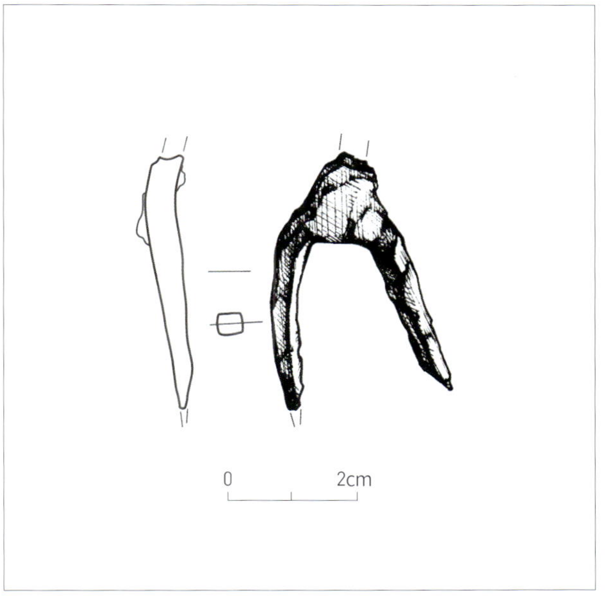

도면 23 | 크라스키노 성, 2017년, 제51구역, 철제 쌍각 미늘 (№ 2, 레벨 -190㎝) 실측도, 현장보존조치시설 제거 중 붸(В)-9방안 출토.

Рис 23 | Краскинское городище, 2017 г. Раскоп LI. Рисунок железного ледоходного шипа(№2, н.о. -190 см), обнаруженного в кв. В-9 в процессе расконсервации

도면 24 | 크라스키노 성, 2017년, 제51구역. 암키와편, 현장 보존조치시설 제거 중 수습.

Рис 24 | Краскинское городище, 2017 г. Раскоп LI. Образец плоской черепицы, найденный в процессе расконсервации раскопа

도면 25 | 크라스키노 성, 2017년, 제51구역. 암키와편들, 현장 보존조치시설 제거 중 수습.

Рис 25 | Краскинское городище, 2017 г. Раскоп LI. Образец плоской орнаментированной черепицы, найденный в процессе расконсервации раскопа

도면 26 | 크라스키노 성, 2017년, 제51구역. 윤제 토기 구연부편들, 현장 보존조치시설 제거 중 수습: 1, 2 – 옹 구연부편, 3 – 호형토기 구연부편.

Рис 26 | Краскинское городище, 2017 г. Раскоп LI. Образцы венчиков круговой керамики, собранной в процессе расконсервации раскопа: 1, 2 – фрагменты венчиков корчаг, 3 – фрагмент венчика горшковидного сосуда

도면 27 | 크라스키노 성, 2017년, 제51구역.
윤제 토기편들, 현장 보존조치시설 제거 중 수습: 1 - 저부편, 2, 3 - 구연부편.

Рис 27 | Краскинское городище, 2017 г. Раскоп LI. Фрагменты круговой керамики, собранные в процессе расконсервации раскопа: 1 – фрагмент дна, 2, 3 – фрагменты венчиков

도면 28 | 크라스키노 성, 2017년, 제51구역.
와편으로 만든 놀이 알들, 현장보존조치시설 제거 중 수습.

Рис 28 | Краскинское городище, 2017 г. Раскоп LI. Игральные фишки, изготовленные из черепицы, найденные в процессе расконсервации

도면 29 | 크라스키노 성, 2017년, 제51구역.
제4인공층 제거 후의 발굴구역 상면 모습 (방안선 포함), 동쪽에서.

Рис 29 | Краскинское городище, 2017 г. Раскоп LI. Вид с востока на поверхность раскопа после снятия 4-го пласта(с растянутой метровой сеткой)

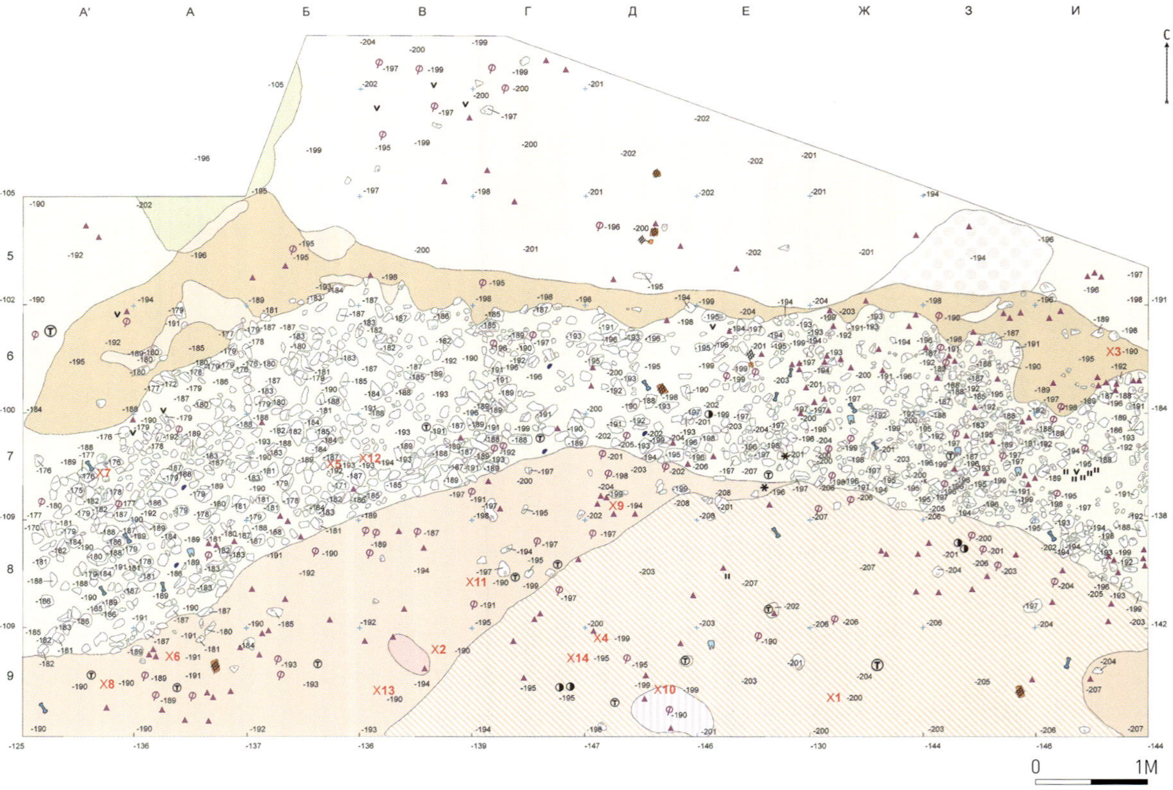

Условные обозначения

– камень
– керамика
– игральная фишка
– кости
– фрагмент бесформенного железа
– обожженная обмазка
– твёрдая обмазка
– уголь
– шлак
– черепица
– зубы
– галька
X30 – индивидуальная находка

песок коричневый тонкозернистый
супесь черная с сажей
супесь серовато-коричневая с преимущественно тонкозернистым песком и илистыми прослойками
гумусированная супесь
песок коричневый разнозернистый
супесь коричневая рыхлая пятнистая
супесь серовато-коричневая
супесь красная
песок коричневый крупнозернистый
супесь коричневая легкая с мелкозернистым песком
супесь коричневая плотная

Индивидуальные находки

1 – железный наконечник стрелы (кв. Ж-9, н.о. -200 см)
2 – железный ледоходный шип (кв. В-9, н.о. -190 см)
3 – железный гвоздь (кв. И-6, н.о. -190 см)
4 – железный гвоздь (кв. Д-9, н.о. -199 см)
5 – железный наконечник стрелы (кв. Б-7, н.о. -193 см)
6 – фрагмент чугунного изделия (кв. А-9, н.о. -191 см)
7 – железный наконечник стрелы (кв. А'-7, н.о. -192 см)
8 – кричное железо (кв. А'-9, н.о. -190 см)
9 – фрагмент дна сосуда с тамгой (кв. Д-7, н.о. -194 см)
10 – фрагмент дна сосуда с иероглифом (кв. Д-9, н.о. -199 см)
11 – фрагмент стенки сосуда с глазурью (кв. Г-8, н.о. -190 см)
12 – фрагмент концевого диска черепицы (кв. В-7, н.о. -193 см)
13 – фрагмент плоской черепицы с орнаментом (кв. В-9, н.о. -190 см)
14 – фрагмент керамического украшения (кв. Г-9, н.о. -195 см)

도면 30 | 크라스키노 성. 2017년. 제51구역. 제4인공층 제거 후의 평면도 5.

Рис 30 | Краскинское городище. 2017 г. Раскоп LI. План 5 после снятия 4-го пласта

도면 31 | 크라스키노 성. 2017년. 제51구역. 제4인공층 상면 레벨에서의 도로 돌 깐 층 해체조사 모습. 서쪽에서.

Рис 31 | Краскинское городище. 2017 г. Раскоп LI. Вид с запада на процесс разборки каменного покрытия дорожного полотна на уровне поверхности 4-го пласта. Рабочий момент

도면 32 | 크라스키노 성. 2017년. 제51구역. 제4인공층 상면 레벨에서의 2015년도 조사 시 노출 도로 돌 깐 층 해체조사 모습. 남동쪽에서.

Рис 32 | Краскинское городище. 2017 г. Раскоп LI. Вид с юго-востока на процесс разборки дорожного полотна, выявленного во время исследований 2015 г. на уровне поверхности 4-го пласта. Рабочий момент

도면 33 | 크라스키노 성, 2017년, 제51구역. 제4인공층 제거 후 아'(A')-9방안 발견 뼈와 숯 모습, 위에서.

Рис 33 | Краскинское городище, 2017 г. Раскоп LI. Вид сверху на фрагменты кости и угля, обнаруженные в кв. А´-9 после снятия 4-го пласта

도면 34 | 크라스키노 성, 2017년, 제51구역. 제4인공층 제거 후 아(A)-8방안 발견 동물 이빨 모습, 서쪽에서.

Рис 34 | Краскинское городище, 2017 г. Раскоп LI. Вид с запада на зубы животного, обнаруженные в кв. А-8 после снятия 4-го пласта

도면 35 | 크라스키노 성, 2017년, 제51구역. 제4인공층 제거 후 아'(A')-8방안 발견 뼈 모습, 북쪽에서.

Рис 35 | Краскинское городище, 2017 г. Раскоп LI. Вид с севера на фрагмент кости, обнаруженный в кв. А´-8 после снятия 4-го пласта

도면 36 | 크라스키노 성. 2017년. 제51구역. 제4인공층 제거 후 제(3)-7방안 발견 동물 이빨 모습. 위에서.

Рис 36 | Краскинское городище. 2017 г. Раскоп LI. Вид сверху на зубы животного в кв. 3-7. обнаруженные после снятия 4-го пласта

도면 37 | 크라스키노 성. 2017년. 제51구역. 제4인공층 제거 후 예(E)-6방안 발견 동물 이빨 모습. 위에서.

Рис 37 | Краскинское городище. 2017 г. Раскоп LI. Вид сверху на зубы животного. обнаруженные в кв. Е-6 после снятия 4-го пласта

도면 38 | 크라스키노 성. 2017년. 제51구역. 제4인공층 제거 중 붸(B)-4방안 (레벨 -197㎝) 출토 와편으로 만든 놀이 알 모습. 서쪽에서.

Рис 38 | Краскинское городище. 2017 г. Раскоп LI. Вид сверху на керамическую игральную фишку. изготовленную из черепицы и найденную в кв. В-4(н.о. -197 см) при снятии 4-го пласта

도면 39 크라스키노 성. 2017년. 제51구역. 발굴구역 남서쪽 부분 제4인공층 정리조사 모습. 서쪽에서.

Рис 39 Краскинское городище. 2017 г. Раскоп LI. Вид с запада на процесс разборки 4-го пласта в северо-западной части раскопа. Рабочий момент

도면 40 크라스키노 성. 2017년. 제51구역. 발굴구역 남서쪽 부분 제4인공층 정리조사 모습. 동쪽에서.

Рис 40 Краскинское городище. 2017 г. Раскоп LI. Вид с востока на процесс разборки 4-го пласта в юго-западной части раскопа. Рабочий момент

도면 41 크라스키노 성. 2017년. 제51구역. 발굴구역 남동쪽 부분 제4인공층 정리조사 모습. 남동쪽에서.

Рис 41 Краскинское городище. 2017 г. Раскоп LI. Вид с юго-востока на процесс разборки 4-го пласта в юго-восточной части раскопа. Рабочий момент

도면 42 | 크라스키노 성, 2017년, 제51구역. 제4인공층 정리조사 중 노출 새로운 도로 레벨 모습, 동쪽에서.

Рис 42 | Краскинское городище, 2017 г. Раскоп LI. Вид с востока на новый уровень дорожного полотна, проявившийся в процессе разборки 4-го пласта. Рабочий момент

도면 43 | 크라스키노 성, 2017년, 제51구역. 제4인공층 정리조사 중 노출 이(И)-7-8방안의 새로운 도로 레벨 모습, 남동쪽에서.

Рис 43 | Краскинское городище, 2017 г. Раскоп LI. Вид с юго-востока на новый уровень дороги в кв. И-7-8, проявившийся в процессе разборки 4-го пласта. Рабочий момент

도면 44 | 크라스키노 성, 2017년, 제51구역. 제4인공층 정리조사 중 노출 발굴구역 서쪽부분의 새로운 도로 레벨 모습, 남서쪽에서.

Рис 44 | Краскинское городище, 2017 г. Раскоп LI. Вид с юго-запада на новый уровень дороги в западной части раскопа, проявившийся в процессе разборки 4-го пласта. Рабочий момент

도면 45 | 크라스키노 성. 2017년. 제51구역. 제5인공층 상면의 도로 돌 깐 층 모습. 서쪽에서.

Рис 45 | Краскинское городище. 2017 г. Раскоп LI. Вид с запада на каменное покрытие дорожного полотна на поверхности 5-го пласта

도면 46 | 크라스키노 성. 2017년. 제51구역. 제5인공층 상면의 도로 돌 깐 층-토제 유물 모습. 서쪽에서. 길이 2m인 20㎝ 단위 적색-백색 폴대가 도로의 폭과 북쪽을 보여주고 있다.

Рис 46 | Краскинское городище. 2017 г. Раскоп LI. Вид с запада каменно-керамическое покрытие дорожного полотна на поверхности 5-го пласта. Двухметровая рейка с красными и белыми делениями по 20 см указывает на север и маркирует ширину дороги

도면 47 | 크라스키노 성. 2017년. 제51구역. 제4인공층 제거 후 (제5인공층 상면) 노출 이(И)-7-8방안의 잔숯이 포함된 적갈색 소토 얼룩 모습. 동쪽에서.

Рис 47 | Краскинское городище. 2017 г. Раскоп LI. Вид с востока на красновато-коричневое пятно обожженной обмазки с мелкими фрагментами угольков в кв. И-7-8, обнаруженное после снятия 4-го пласта(поверхность 5-го пласта)

도면 48 | 크라스키노 성, 2017년. 제51구역. 제4인공층 제거 후(제5인공층 상면) 노출 게(3)-5방안의 작은 입자 모래와 뻘 간층들이 섞인 회갈색 사질토 얼룩 모습. 동쪽에서.

Рис 48 | Краскинское городище. 2017 г. Раскоп LI. Вид с востока на пятно серовато-коричневой супеси с тонкозернистым песком и илистыми прослойками в кв. 3-5, обнаруженное после снятия 4-го пласта (поверхность 5-го пласта)

도면 49 | 크라스키노 성, 2017년. 제51구역. 제4인공층 제거 후(제5인공층 상면) 노출 아′(А′)-베(Б)-5-3방안의 부식 및 단단한 갈색 사질토 얼룩 모습. 서쪽에서.

Рис 49 | Краскинское городище. 2017 г. Раскоп LI. Вид с запада на пятна гумусированной и плотной коричневой супеси в кв. А´-Б-5-3, обнаруженные после снятия 4-го пласта(поверхность 5-го пласта)

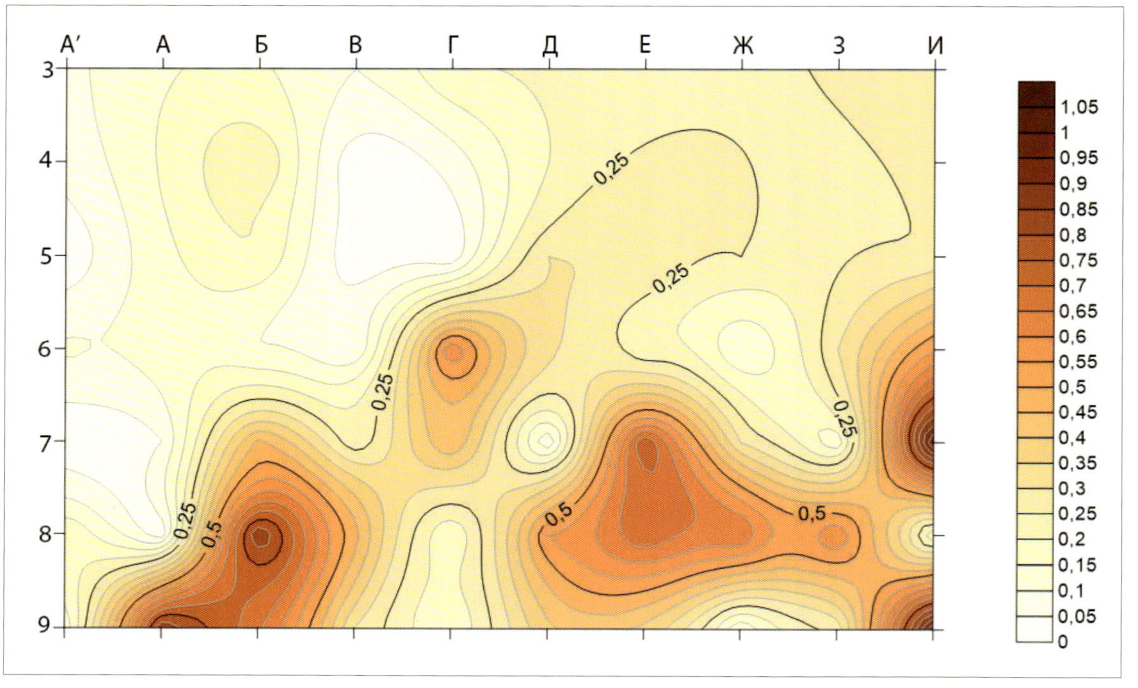

도면 50 | 크라스키노 성, 2017년, 제51구역, 제4인공층 정리조사 중 노출 토제 유물의 무게(kg) 단위 발견 분포도.

Рис 50 | Краскинское городище, 2017 г. Раскоп LI. Схема распределения по весу(в кг) керамического материала, обнаруженного в процессе разборки 4-го пласта

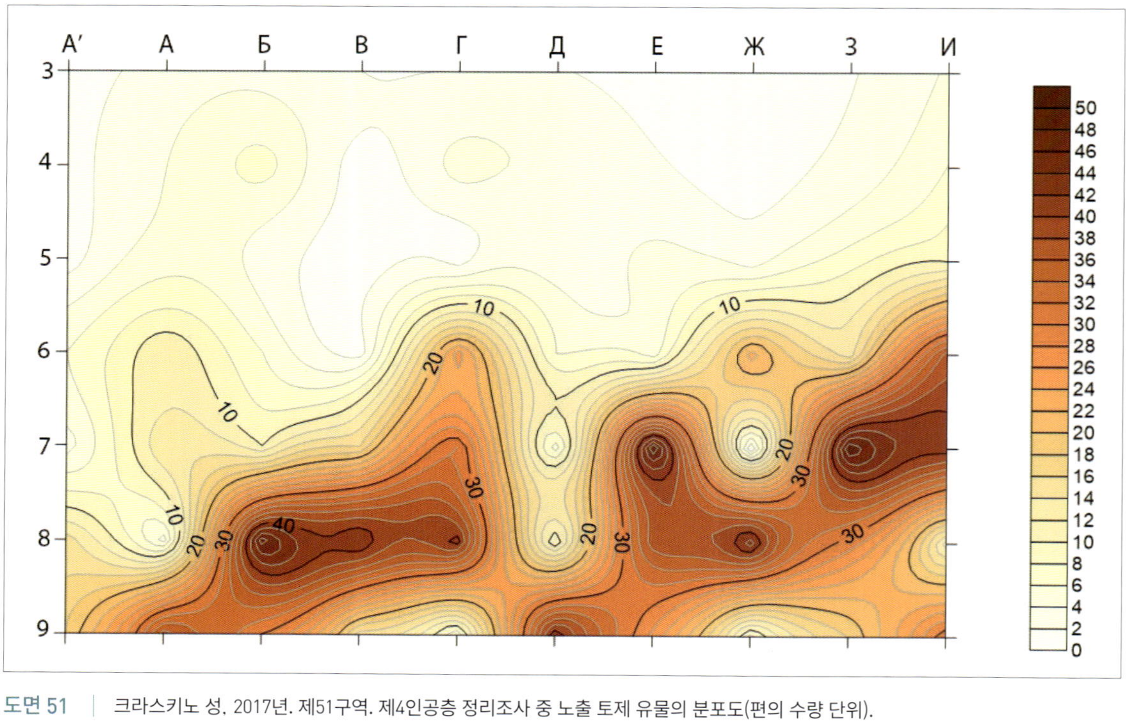

도면 51 | 크라스키노 성, 2017년, 제51구역, 제4인공층 정리조사 중 노출 토제 유물의 분포도(편의 수량 단위).

Рис 51 | Краскинское городище, 2017 г. Раскоп LI. Схема распределения керамического материала (количество фрагментов), обнаруженного в процессе разборки 4-го пласта

도면 52 | 크라스키노 성, 2017년, 제51구역. 제4인공층 정리조사 중 예(E)-8방안 출토 윤제 토기 윗부분.

Рис 52 | Краскинское городище, 2017 г. Раскоп LI. Образец верхней части кругового сосуда, обнаруженного в кв. Е-8 в процессе разборки 4-го пласта

도면 53 | 크라스키노 성, 2017년, 제51구역. 제4인공층 정리조사 중 출토 윤제 토기 구연부편들: 1 - 데(Д)-9방안, 2 - 예(E)-9방안, 3 - 아(A) - 9방안.

Рис 53 | Краскинское городище, 2017 г. Раскоп LI. Образцы венчиков круговой керамики, обнаруженные в процессе разборки 4-го пласта: 1 - в кв. Д-9, 2 - в кв. Е-9, 3 - в кв. А-9

도면 54 | 크라스키노 성, 2017년, 제51구역. 제4인공층 정리조사 중 아(A)-5방안 출토 윤제 토기 뚜껑편들(내면).

Рис 54 | Краскинское городище, 2017 г. Раскоп LI. Фрагмент крышки (внутренняя поверхность) керамического кругового сосуда, обнаруженного в кв. А-5 в процессе разборки 4-го пласта

도면 55 | 크라스키노 성, 2017년, 제51구역, 제4인공층 정리조사 중 출토 윤제 토기 구연부편들: 1, 2 – 데(Д)–7방안, 3 – 예(E)–8방안.

Рис 55 | Краскинское городище, 2017 г. Раскоп LI. Образцы венчиков круговой керамики, найденные в процессе разборки 4-го пласта: 1, 2 – в кв. Д-7, 3 – в кв. Е-8

도면 56 | 크라스키노 성, 2017년, 제51구역, 제4인공층 정리조사 중 출토 문양이 있는 윤제 토기 동체부편.

Рис 56 | Краскинское городище, 2017 г. Раскоп LI. Образец орнаментированной стенки кругового сосуда, обнаруженной в процессе разборки 4-го пласта

도면 57 | 크라스키노 성, 2017년, 제51구역, 제4인공층 정리조사 중 출토 윤제 토기편들: 1 – 이(И)–7방안 발견 대상파수편, 2 – 게(Г)–8방안 발견 문양이 있는 동체부편, 3 – 데(Д)–9방안 발견 문양이 있는 동체부편.

Рис 57 | Краскинское городище, 2017 г. Раскоп LI. Образцы круговой керамики, найденные в процессе разборки 4-го пласта: 1 – фрагмент горизонтально-ленточной ручки в кв. И-7, 2 – орнаментированная стенка сосуда в кв. Г-8, 3 – орнаментированная стенка сосуда в кв. Д-9

도면 58 | 크라스키노 성, 2017년, 제51구역, 제4인공층 정리조사 중 출토 윤제 토기 저부편들: 1 – 베(Б)–8방안, 2 – 붸(В)–7방안.

Рис 58 | Краскинское городище, 2017 г. Раскоп LI. Фрагменты доньев круговых сосудов, найденные в процессе разборки 4-го пласта: 1 – в кв. Б-8, 2 – в кв. В-7

도면 59 | 크라스키노 성, 2017년, 제51구역. 제4인공층 정리조사 중 출토 윤제 토기 저부편들: 1 – 데(Д)-8방안 발견 시루 저부편, 2 – 예(Е)-8방안.

Рис 59 | Краскинское городище, 2017 г. Раскоп LI. Фрагменты доньев круговых сосудов, обнаруженные в процессе разборки 4-го пласта: 1 – фрагмент дна пароварки в кв. Д-8, 2 – в кв. Е-8

도면 60 | 크라스키노 성, 2017년, 제51구역. 제4인공층 정리조사 중 데(Д)-5방안 출토 수키와편.

Рис 60 | Краскинское городище, 2017 г. Раскоп LI. Образец полукруглой черепицы, найденный в кв. Д-5 в процессе разборки 4-го пласта

도면 61 | 크라스키노 성, 2017년, 제51구역. 제4인공층 정리조사 중 이(И)-9방안 출토 암키와편.

Рис 61 | Краскинское городище, 2017 г. Раскоп LI. Образец плоской черепицы, найденный в кв. И-9 в процессе разборки 4-го пласта

도면 62 | 크라스키노 성, 2017년, 제51구역. 제4인공층 정리조사 중 출토 지두문이 있는 암키와편들: 1 – 예(Е)-6방안, 2 – 붸(В)-6방안, 3 – 이(И)-7방안.

Рис 62 | Краскинское городище, 2017 г. Раскоп LI. Фрагменты плоской с пальчиковым орнаментом черепицы, обнаруженные в процессе разборки 4-го пласта: 1- в кв. Е-6, 2 – в кв. В-6, 3- в кв. И-7

도면 63 | 크라스키노 성, 2017년, 제51구역. 제4인공층 정리조사 중 제(3)-8방안 출토 토기 동체부편으로 만든 놀이 알.

Рис 63 | Краскинское городище, 2017 г. Раскоп LI. Игральная фишка, изготовленная из стенки сосуда, найдена в кв. 3-8 в процессе разборки 4-го пласта

도면 64 | 크라스키노 성, 2017년, 제51구역. 제4인공층 정리조사 중 아′(A′)-7방안 출토 와편으로 만든 놀이 알.

Рис 64 | Краскинское городище, 2017 г. Раскоп LI. Игральная фишка, изготовленная из черепицы, найденная в кв. А´-7 в процессе разборки 4-го пласта

도면 65 | 크라스키노 성, 2017년, 제51구역. 제4인공층 정리조사 중 이(И)-8방안 출토 토기 동체부편으로 만든 놀이 알.

Рис 65 | Краскинское городище, 2017 г. Раскоп LI. Игральная фишка, изготовленная из стенки сосуда, найдена в кв. И-8 в процессе разборки 4-го пласта

도면 66 | 크라스키노 성, 2017년, 제51구역. 철제 못(№ 3, 레벨 -190㎝), 제4인공층 정리조사 중 이(И)-6방안 출토.

Рис 66 | Краскинское городище, 2017 г. Раскоп LI. Железный гвоздь(№3, н.о. -190 см), обнаруженный в кв. И-6 в процессе разборки 4-го пласта

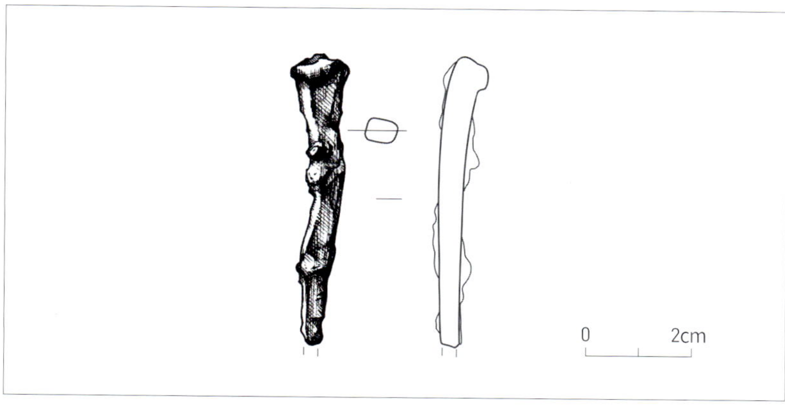

도면 67 | 크라스키노 성. 2017년. 제51구역.
철제 못(№ 3. 레벨 -190㎝) 실측도.
제4인공층 정리조사 중 이(И)-6방안 출토.

Рис 67 | Краскинское городище. 2017 г.
Раскоп LI. Рисунок железного гвоздя(№3. н.о. -190 см). обнаруженного в кв. И-6 в процессе разборки 4-го пласта

도면 68 | 크라스키노 성. 2017년. 제51구역.
철제 못(№ 4. 레벨 -199㎝).
제4인공층 정리조사 중 데(Д)-9방안 출토.

Рис 68 | Краскинское городище. 2017 г.
Раскоп LI. Вид сверху на железный гвоздь(№4. н.о. -199 см). обнаруженный в кв. Д-9 в процессе разборки 4-го пласта

도면 69 | 크라스키노 성. 2017년. 제51구역.
철제 못(№ 4. 레벨 -199㎝).
제4인공층 정리조사 중 데(Д)-9방안 출토.

Рис 69 | Краскинское городище. 2017 г.
Раскоп LI. Железный гвоздь(№4. н.о. -199 см). обнаруженный в кв. Д-9 в процессе разборки 4-го пласта

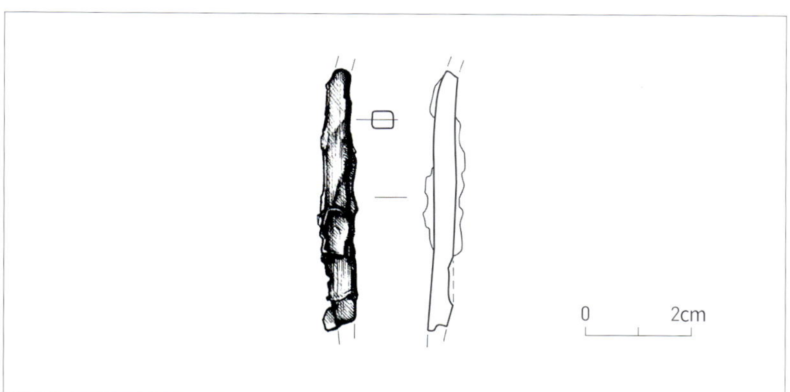

도면 70 | 크라스키노 성. 2017년. 제51구역.
철제 못(№ 4. 레벨 -199㎝) 실측도.
제4인공층 정리조사 중 데(Д)-9방안 출토.

Рис 70 | Краскинское городище. 2017 г.
Раскоп LI. Рисунок железного гвоздя(№4. н.о. -199 см). обнаруженного в кв. Д-9 в процессе разборки 4-го пласта

도면 71 | 크라스키노 성, 2017년, 제51구역.
철제 화살촉(№ 5, 레벨 -193㎝),
제4인공층 정리조사 중 베(Б)-7방안 출토.

Рис 71 | Краскинское городище, 2017 г.
Раскоп LI. Железный наконечник
стрелы(№5, н.о. -193 см),
обнаруженный в кв. Б-7
в процессе разборки 4-го пласта

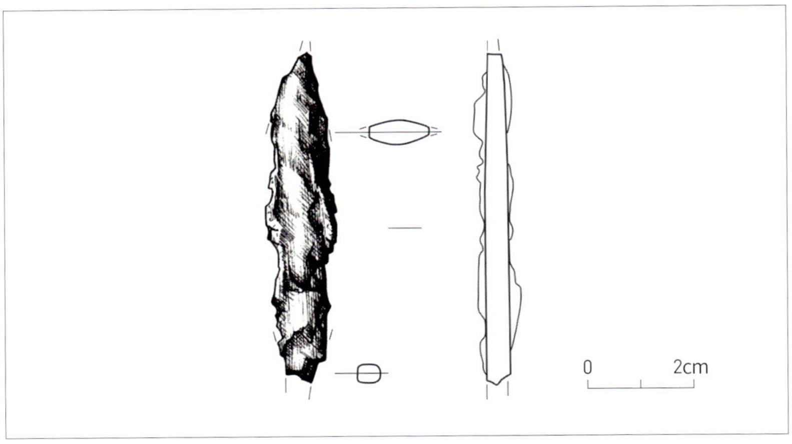

도면 72 | 크라스키노 성, 2017년, 제51구역.
철제 화살촉(№ 5, 레벨 -193㎝) 실측도,
제4인공층 정리조사 중 베(Б)-7방안 출토.

Рис 72 | Краскинское городище, 2017 г.
Раскоп LI. Рисунок железного
наконечника стрелы(№5, н.о.
-193 см), обнаруженного в кв. Б-7
в процессе разборки 4-го пласта

도면 73 | 크라스키노 성, 2017년, 제51구역.
철제 화살촉(№ 7, 레벨 -192㎝),
제4인공층 정리조사 중 아'(A')-7방안
출토 모습, 위에서.

Рис 73 | Краскинское городище, 2017 г.
Раскоп LI. Вид сверху на железный
наконечник стрелы(№7, н.о.
-192 см), обнаруженный в кв.
А´-7 в процессе разборки 4-го
пласта

도면 74 | 크라스키노 성, 2017년, 제51구역.
철제 화살촉(№ 7, 레벨 -192㎝),
제4인공층 정리조사 중 아'(A')-7방안
출토.

Рис 74 | Краскинское городище, 2017 г.
Раскоп LI. Железный наконечник
стрелы(№7, н.о. -192 см),
обнаруженный в кв. А´-7
в процессе разборки 4-го пласта

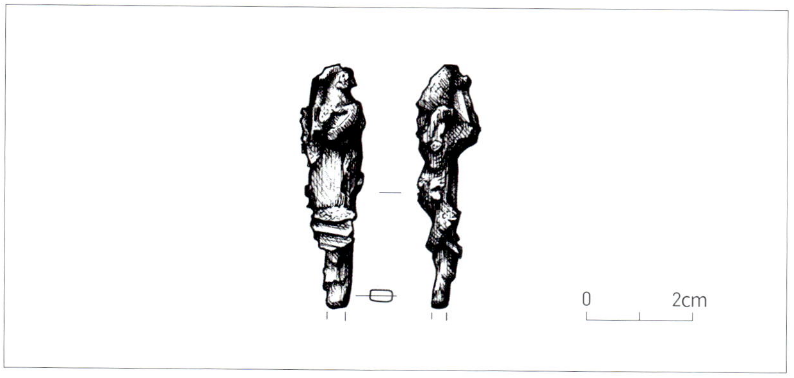

도면 75 | 크라스키노 성, 2017년, 제51구역. 철제 화살촉(No. 7, 레벨 -192㎝) 실측도. 제4인공층 정리조사 중 아'(A')-7방안 출토.

Рис 75 | Краскинское городище, 2017 г. Раскоп LI. Рисунок железного наконечника стрелы(№7, н.о. -192 см), обнаруженного в кв. A´-7 в процессе разборки 4-го пласта

도면 76 | 크라스키노 성, 2017년, 제51구역. 주철제 유물편(No. 6, 레벨 -191㎝), 제4인공층 정리조사 중 아(A)-9방안 출토모습, 위에서.

Рис 76 | Краскинское городище, 2017 г. Раскоп LI. Вид сверху на фрагмент чугунного изделия(№6, н.о. -191 см), обнаруженного в кв. A-9 в процессе разборки 4-го пласта

도면 77 | 크라스키노 성, 2017년, 제51구역. 주철제 유물편(No. 6, 레벨 -191㎝), 제4인공층 정리조사 중 아(A)-9방안 출토.

Рис 77 | Краскинское городище, 2017 г. Раскоп LI. Фрагмент чугунного изделия(№6, н.о. -191 см), обнаруженный в кв. A-9 в процессе разборки 4-го пласта

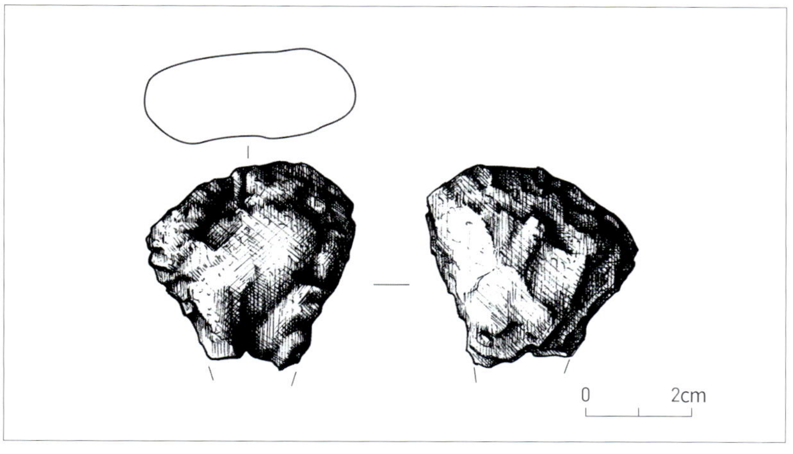

도면 78 | 크라스키노 성, 20´7년, 제51구역. 주철제 유물편(No. 6, 레벨 -191㎝) 실측도, 제4인공층 정리조사 중 아(A)-9방안 출토 모습, 위에서.

Рис 78 | Краскинское городище, 2017 г. Раскоп LI. Рисунок фрагмента чугунного изделия(№6, н.о. -191 см), обнаруженного в кв. A-9 в процессе разборки 4-го пласта

도면 79 | 크라스키노 성. 2017년. 제51구역. 선철제 유물편(No. 8. 레벨 -190㎝). 제4인공층 정리조사 중 아'(A')-9방안 출토.

Рис 79 | Краскинское городище. 2017 г. Раскоп LI. Вид сверху на фрагмент кричного железа(№8. н.о. -190 см). обнаруженного в кв. А´-9 в процессе разборки 4-го пласта

도면 80 | 크라스키노 성. 2017년. 제51구역. 선철제 유물편(No. 8. 레벨 -190㎝). 제4인공층 정리조사 중 아'(A')-9방안 출토.

Рис 80 | Краскинское городище. 2017 г. Раскоп LI. Фрагмент кричного железа(№8. н.о. -190 см). обнаруженный в кв. А´-9 в процессе разборки 4-го пласта

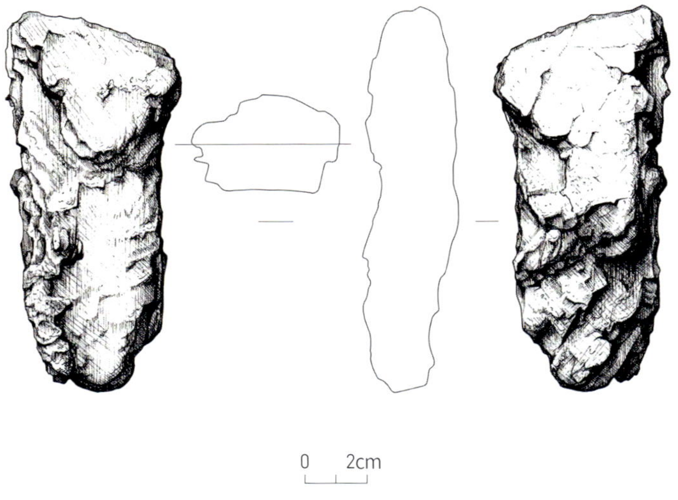

도면 81 | 크라스키노 성. 2017년. 제51구역. 선철제 유물편(No. 8. 레벨 -190㎝) 실측도. 제4인공층 정리조사 중 아'(A')-9방안 출토.

Рис 81 | Краскинское городище. 2017 г. Раскоп LI. Рисунок фрагмента кричного железа(№8. н.о. -190 см). обнаруженного в кв. А´-9 в процессе разборки 4-го пласта

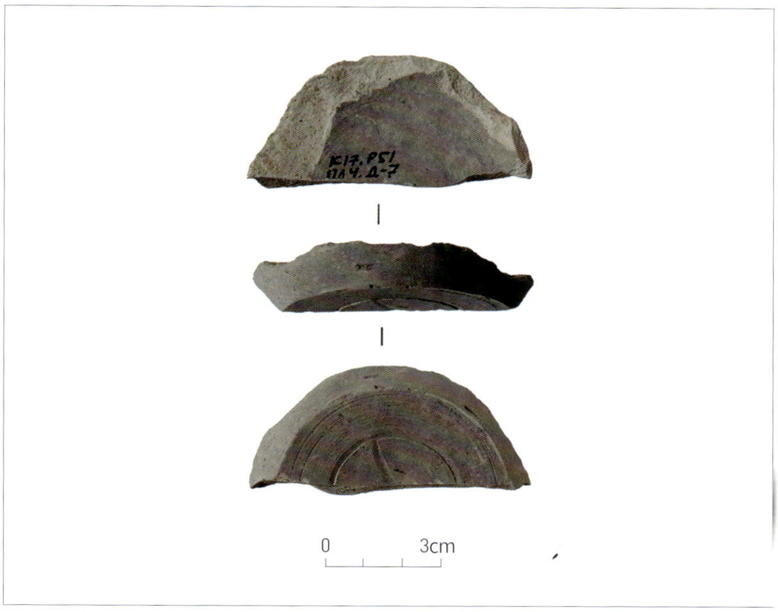

도면 82 크라스키노 성, 2017년, 제51구역.
기호가 있는 토기 저부편
(№ 9, 레벨 -194㎝),
제4인공층 정리조사 중 데(Д)-7방안 출토.

Рис 82 Краскинское городище, 2017 г. Раскоп LI. Фрагмент донышка керамического сосуда с тамгой (№9, н.о. -194 см), обнаруженный в кв. Д-7 в процессе разборки 4-го пласта

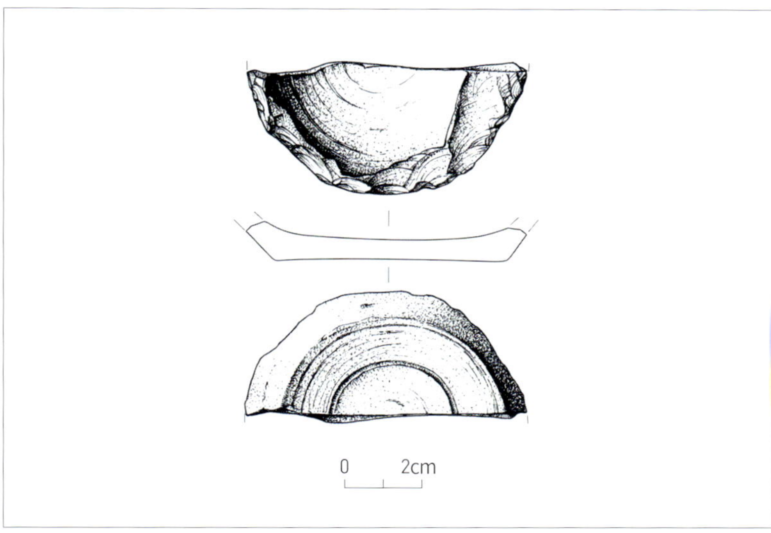

도면 83 크라스키노 성, 2017년, 제51구역.
기호가 있는 토기 저부편
(№ 9, 레벨 -194㎝) 실측도,
제4인공층 정리조사 중 데(Д)-7방안 출토.

Рис 83 Краскинское городище, 2017 г. Раскоп LI. Рисунок фрагмента донышка керамического сосуда с тамгой(№9, н.о. -194 см), найденного в кв. Д-7 в процессе разборки 4-го пласта

도면 84 크라스키노 성, 2017년, 제51구역.
한자 명문이 있는 토기 저부편
(№ 10, 레벨 -199㎝),
제4인공층 정리조사 중 데(Д)-9방안
출토모습, 위에서.

Рис 84 Краскинское городище, 2017 г. Раскоп LI. Вид сверху на фрагмент донышка керамического сосуда с иероглифом(№10, н.о. -199 см), обнаруженный в кв. Д-9 в процессе разборки 4-го пласта

도면 85 | 크라스키노 성, 2017년, 제51구역. 한자 명문이 있는 토기 저부편 (No. 10, 레벨 -199㎝), 제4인공층 정리조사 중 데(Д)-9방안 출토.

Рис 85 | Краскинское городище, 2017 г. Раскоп LI. Фрагмент донышка керамического сосуда с иероглифом(№10, н.о. -199 см), обнаруженный в кв. Д-9 в процессе разборки 4-го пласта

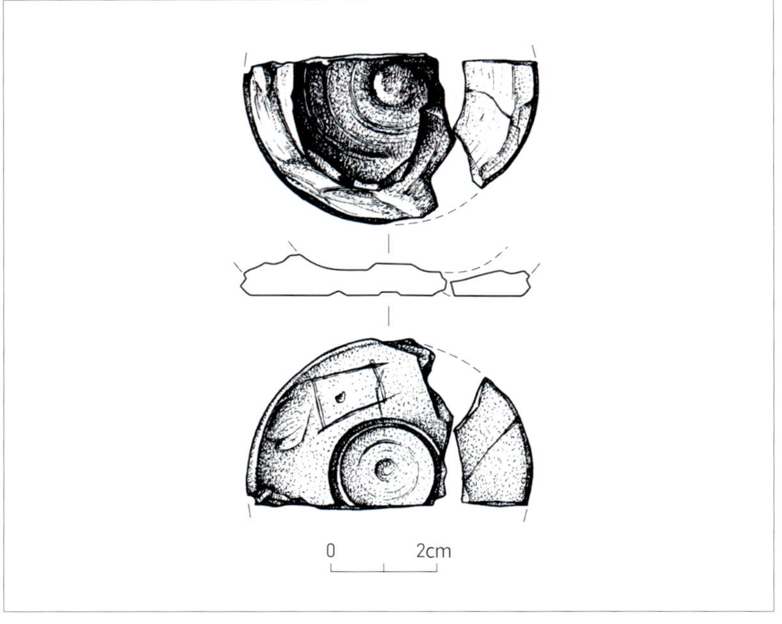

도면 86 | 크라스키노 성, 2017년, 제51구역. 한자 명문이 있는 토기 저부편 (No. 10, 레벨 -199㎝) 실측도, 제4인공층 정리조사 중 데(Д)-9방안 출토.

Рис 86 | Краскинское городище, 2017 г. Раскоп LI. Рисунок фрагмента донышка керамического сосуда с иероглифом(№10, н.о. -199 см), обнаруженного в кв. Д-9 в процессе разборки 4-го пласта

도면 87 | 크라스키노 성, 2017년, 제51구역. 시유 토기 동체부편(No. 11, 레벨 -190㎝) 출토 모습, 제4인공층 정리조사 중 게(Г)-8방안 출토.

Рис 87 | Краскинское городище, 2017 г. Раскоп LI. Фрагмент стенки керамического сосуда с глазурью (№11, н.о. -190 см), обнаруженный в кв. Г-8 в процессе разборки 4-го пласта

도면 88 | 크라스키노 성, 2017년, 제51구역, 와당편(No. 12, 레벨 -193㎝), 제4인공층 정리조사 중 뷃(B)-7방안 출토.

Рис 88 | Краскинское городище, 2017 г. Раскоп LI. Фрагмент концевого диска черепицы(№12, н.о. -193 см), обнаруженный в кв. В-7 в процессе разборки 4-го пласта

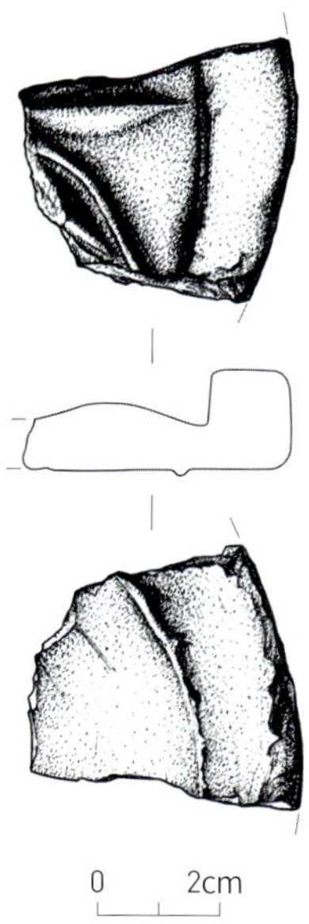

도면 89 | 크라스키노 성, 2017년, 제51구역, 와당편(No. 12, 레벨 -193㎝) 실측도, 제4인공층 정리조사 중 뷃(B)-7방안 출토.

Рис 89 | Краскинское городище, 2017 г. Раскоп LI. Рисунок фрагмента концевого диска черепицы(№12, н.о. -193 см), обнаруженного в кв. В-7 в процессе разборки 4-го пласта

도면 90 | 크라스키노 성, 2017년, 제51구역, 문양이 있는 암키와편(No. 13, 레벨 -190㎝), 제4인공층 정리조사 중 뷃(B)-9방안 출토.

Рис 90 | Краскинское городище, 2017 г. Раскоп LI. Фрагмент плоской черепицы с орнаментом(№13, н.о. -190 см), обнаруженный в кв. В-9 в процессе разборки 4-го пласта

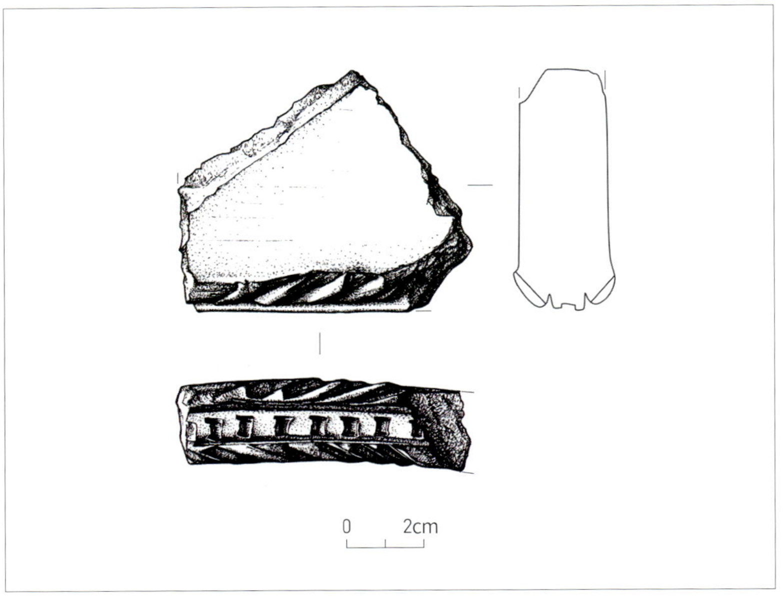

도면 91 크라스키노 성. 2017년. 제51구역. 문양이 있는 암키와편 (No. 13. 레벨 -190cm) 실측도. 제4인공층 정리조사 중 눼(B)-9방안 출토.

Рис 91 Краскинское городище. 2017 г. Раскоп LI. Рисунок фрагмента плоской черепицы с орнаментом (№13. н.о. -190 см). обнаруженного в кв. В-9 в процессе разборки 4-го пласта

도면 92 크라스키노 성. 2017년. 제51구역. 토제 장식편(No. 14. 레벨 -195cm). 제4인공층 정리조사 중 게(Г)-9방안 출토모습. 위에서.

Рис 92 Краскинское городище. 2017 г. Раскоп LI. Вид сверху на фрагмент керамического украшения(№14. н.о. -195 см). обнаруженного в кв. Г-9 в процессе разборки 4-го пласта

도면 93 크라스키노 성. 2017년. 제51구역. 토제 장식편(No. 14. 레벨 -195cm). 제4인공층 정리조사 중 게(Г)-9방안 출토.

Рис 93 Краскинское городище. 2017 г. Раскоп LI. Фрагмент керамического украшения(№14. н.о. -195 см). обнаруженный в кв. Г-9 в процессе разборки 4-го пласта

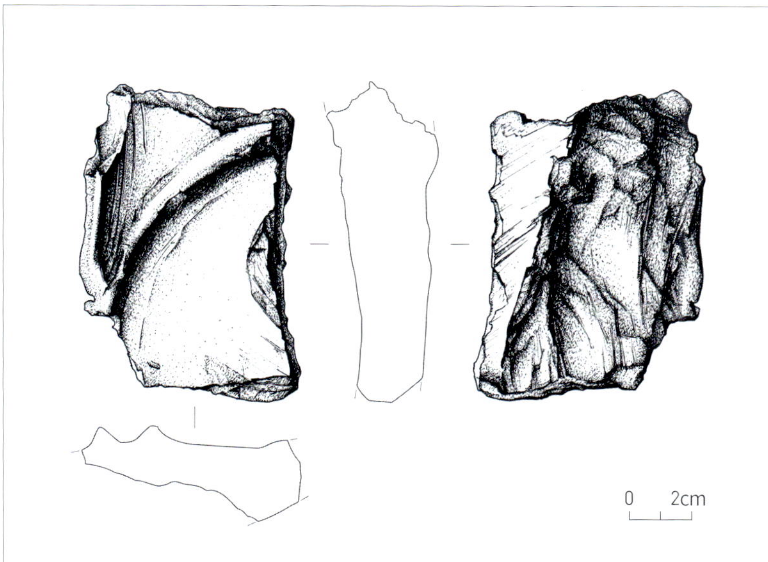

도면 94 | 크라스키노 성, 2017년, 제51구역.
토제 장식편(No. 14, 레벨 -195㎝) 실측도,
제4인공층 정리조사 중 게(Г)-9방안 출토.

Рис 94 | Краскинское городище, 2017 г. Раскоп LI. Рисунок фрагмента керамического украшения(№14, н.о. -195 см), обнаруженный в кв. Г-9 в процессе разборки 4-го пласта

도면 95 | 크라스키노 성, 2017년, 제51구역.
제5인공층 제거 후 방안선 포함
발굴구역 상면 모습, 동쪽에서.

Рис 95 | Краскинское городище, 2017 г. Раскоп LI. Вид с востока на поверхность раскопа с растянутой метровой сеткой после снятия 5-го пласта

도면 96 | 크라스키노 성, 2017년, 제51구역.
제5인공층 정리조사 중
도로 돌 깐 층 제거 후의 제5인공층 상면 모습,
서쪽에서.

Рис 96 | Краскинское городище, 2017 г. Раскоп LI. Вид с запада на поверхность 5-го пласта без каменного покрытия дороги и процесс разборки 5-го пласта. Рабочий момент

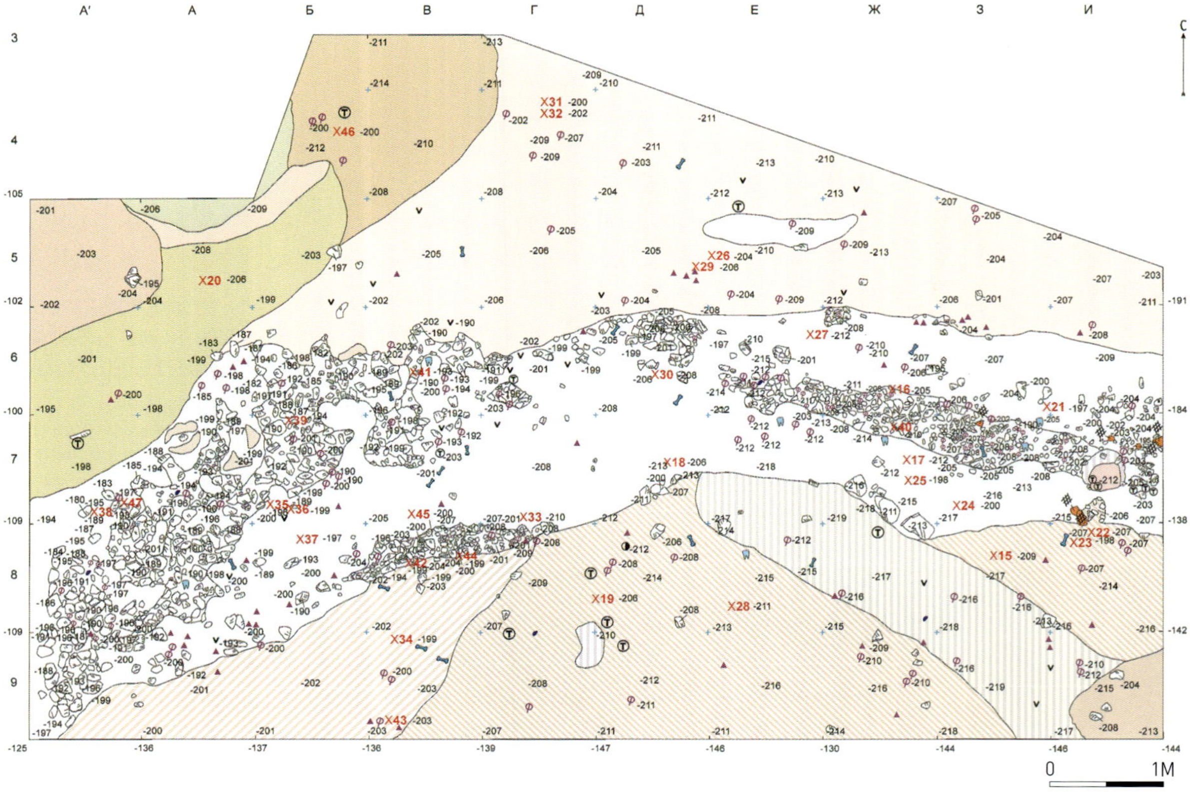

Индивидуальные находки

15 – фрагмент нижней черепицы с орнаментом (кв. З-8, н.о. -209 см)
16 – фрагмент концевого диска черепицы (кв. Ж-6, н.о. -205 см)
17 – фрагмент керамического кольца (кв. Ж-7, н.о. -212 см)
18 – фрагмент концевого диска черепицы (кв. Д-7, н.о. -206 см)
19 – керамический шарик (кв. Д-8, н.о. -206 см)
20 – фрагмент концевого диска черепицы (кв. А-5, н.о. -206 см)
21 – фрагмент железного изделия (кв. И-6, н.о. -197 см)
22 – железный гвоздь (кв. И-8, н.о. -207 см)
23 – железный гвоздь (кв. И-8, н.о. -198 см)
24 – железный гвоздь (кв. З-7, н.о. -200 см)
25 – железный гвоздь (кв. Ж-7, н.о. -198 см)
26 – фрагмент железного изделия (кв. Е-5, н.о. -204 см)
27 – железный гвоздь (кв. Е-6, н.о. -212 см)
28 – железный гвоздь (кв. Е-8, н.о. -211 см)
29 – железный гвоздь (кв. Д-5, н.о. -206 см)
30 – железный гвоздь (кв. Д-6, н.о. -208 см)
31 – железный гвоздь (кв. Г-4, н.о. -200 см)
32 – железный крюк (кв. Г-4, н.о. -202 см)
33 – железный нож (кв. Г-7, н.о. -210 см)
34 – железное изделие (кв. В-9, н.о. -199 см)
35 – железная пластина (кв. Б-7, н.о. -196 см)
36 – железная накладка (кв. Б-7, н.о. -199 см)
37 – фрагмент железного изделия (кв. Б-8, н.о. -197 см)
38 – железный наконечник стрелы (кв. А'-7, н.о. -189 см)
39 – фрагмент концевого диска черепицы (кв. Б-7, н.о. -194 см)
40 – фрагмент концевого диска черепицы (кв. Ж-7, н.о. -210 см)
41 – фрагмент изделия со взаимопересекающимися отверстиями (кв. В-6, н.о. -193 см)
42 – фрагмент керамического украшения (кв. В-8, н.о. -204 см)
43 – фрагмент крышки сосуда с глазурью (кв. В-9, н.о. -203 см)
44 – фрагмент концевого диска черепицы (кв. В-8, н.о. -199 см)
45 – фрагмент концевого диска черепицы (кв. В-8, н.о. -200 см)
46 – фрагмент концевого диска черепицы (кв. Б-4, н.о. -200 см)
47 – фрагмент концевого диска черепицы (кв. А'-7, н.о. -197 см)

Условные обозначения

– камень
– керамика
– игральная фишка
– кости
– твердая обмазка
– уголь
– зубы
– черепица
– галька
X30 – индивидуальная находка

песок коричневый тонкозернистый
супесь черная с сажей
гумусированная супесь
песок коричневый разнозернистый
супесь коричневая с серыми пятнами
супесь коричневая лёгкая с разнозернистым песком
супесь красная
супесь серовато-коричневая с разнозернистым песком
супесь коричневая рыхлая пятнистая
супесь коричневая с разнозернистым песком
песок коричневый крупнозернистый
супесь коричневая плотная

도면 97 | 크라스키노 성, 2017년, 제51구역, 제5인공층 제거 후의 평면도 6.

Рис 97 | Краскинское городище. 2017 г. Раскоп LI. План 6 после снятия 5-го пласта

도면 98 | 크라스키노 성, 2017년, 제51구역. 제5인공층 정리조사 중 발굴구역 서쪽부분 모습, 남동쪽에서.

Рис 98 | Краскинское городище, 2017 г. Раскоп LI. Вид с юго-востока на процесс разборки 5-го пласта в западной части раскопа. Рабочий момент

도면 99 | 크라스키노 성, 2017년, 제51구역. 제5인공층 정리조사 중 발굴구역 동쪽부분 모습, 남쪽에서.

Рис 99 | Краскинское городище, 2017 г. Раскоп LI. Вид с юга на процесс разборки 5-го пласта в восточной части раскопа. Рабочий момент

도면 100 | 크라스키노 성, 2017년, 제51구역. 제5인공층(제6인공층 상면) 정리조사 중 노출 도로 돌 깐 층 모습, 서쪽에서.

Рис 100 | Краскинское городище, 2017 г. Раскоп LI. Вид с запада на дорожное покрытие, проявившееся при разборке 5-го пласта(поверхность 6-го пласта)

도면 101 | 크라스키노 성, 2017년, 제51구역. 제6인공층 상면 아(A), 아'(A')-8,9방안의 도로 돌 깐 층 모습, 방안선 포함, 서쪽에서.

Рис 101 | Краскинское городище, 2017 г. Раскоп LI. Вид с запада на дорожное покрытие кв. А, А´-8,9 на поверхности 6-го пласта с растянутой метровой сеткой

도면 102 | 크라스키노 성, 2017년, 제51구역. 제6인공층 상면 붸(B)-8방안의 도로 돌 깐 층 세부 모습, 방안선 포함, 북쪽에서.

Рис 102 | Краскинское городище, 2017 г. Раскоп LI. Вид с севера на дорожное покрытие в кв. В -8 на поверхности 6-го пласта с растянутой метровой сеткой

도면 103 | 크라스키노 성, 2017년, 제51구역. 제5인공층 정리조사 시 붸(B)-7방안 노출 숯 조각 모습, 위에서.

Рис 103 | Краскинское городище, 2017 г. Раскоп LI. Вид сверху на фрагмент угля, найденного в кв. В-7 при разборке 5-го пласта

도면 104 | 크라스키노 성, 2017년, 제51구역. 제5인공층 정리조사 시 줴(Ж)-7방안의 도로 돌 깐 층 노출 모습.

Рис 104 | Краскинское городище, 2017 г. Раскоп LI. Вид с юга на процесс зачистки дорожного полотна в кв. Ж-7 при разборке 5-го пласта. Рабочий момент.

도면 105 | 크라스키노 성, 2017년, 제51구역. 제5인공층 정리조사 시 이(И)-8방안 발견 뼈 모습, 위에서.

Рис 105 | Краскинское городище, 2017 г. Раскоп LI. Вид сверху фрагмент кости, обнаруженной в кв. И -8 при разборке 5-го пласта

도면 106 | 크라스키노 성, 2017년, 제51구역. 제5인공층 정리조사 시 데(Д)-6방안 발견 뼈 모습, 위에서.

Рис 106 | Краскинское городище, 2017 г. Раскоп LI. Вид сверху фрагмент кости, обнаруженной в кв. Д-6 при разборке 5-го пласта

도면 107 | 크라스키노 성, 2017년. 제51구역. 제5인공층 정리조사 줴(Ж)-6방안 발견 뼈 모습, 위에서.

Рис 107 | Краскинское городище, 2017 г. Раскоп LI. Вид сверху на фрагмент кости, обнаруженной в кв. Ж-6 при разборке 5-го пласта

도면 108 | 크라스키노 성, 2017년. 제51구역. 제5인공층 정리조사 이(И)-7방안 노출 지두문 암키와편 모습, 위에서.

Рис 108 | Краскинское городище, 2017 г. Раскоп LI. Вид сверху фрагмент плоской черепицы с пальчиковым орнаментом, обнаруженной в кв. И-7 при разборке 5-го пласта

도면 109 | 크라스키노 성, 2017년. 제51구역. 제6인공층 상면의 제(З), 이(И)-6, 7방안 도로 돌 깐 층 모습, 방안선 포함, 동쪽에서.

Рис 109 | Краскинское городище, 2017 г. Раскоп LI. Вид с востока на дорожное покрытие в кв. З, И-6, 7 на уровне поверхности 6-го пласта с растянутой метровой сеткой

도면 110 크라스키노 성, 2017년, 제51구역. 제6인공층 상면의 예(E)-6방안 도로 돌 깐 층 모습, 방안선 포함, 북쪽에서.

Рис 110 Краскинское городище, 2017 г. Раскоп LI. Вид с севера на дорожное покрытие в кв. Е-6 на уровне поверхности 6-го пласта с растянутой метровой сеткой

도면 111 크라스키노 성, 2017년, 제51구역. 제6인공층 상면의 줴(Ж)-7-8방안 돌들 노출 모습, 방안선 포함, 위에서.

Рис 111 Краскинское городище, 2017 г. Раскоп LI. Вид сверху на камни в кв. кв. Ж-7-8 на уровне поверхности 6 пласта с метровой сеткой

도면 112 크라스키노 성, 2017년, 제51구역. 제5인공층 정리조사 시(제6인공층 상면) 이(И)-7방안 발견 단단한 소토와 그을음이 포함된 적갈색 얼룩 모습, 위에서.

Рис 112 Краскинское городище, 2017 г. Раскоп LI. Вид с севера на красновато-коричневое пятно со следами твердой обмазки и сажи в кв. И-7, обнаружено в процессе разборке 5-го пласта (поверхность 6-го пласта)

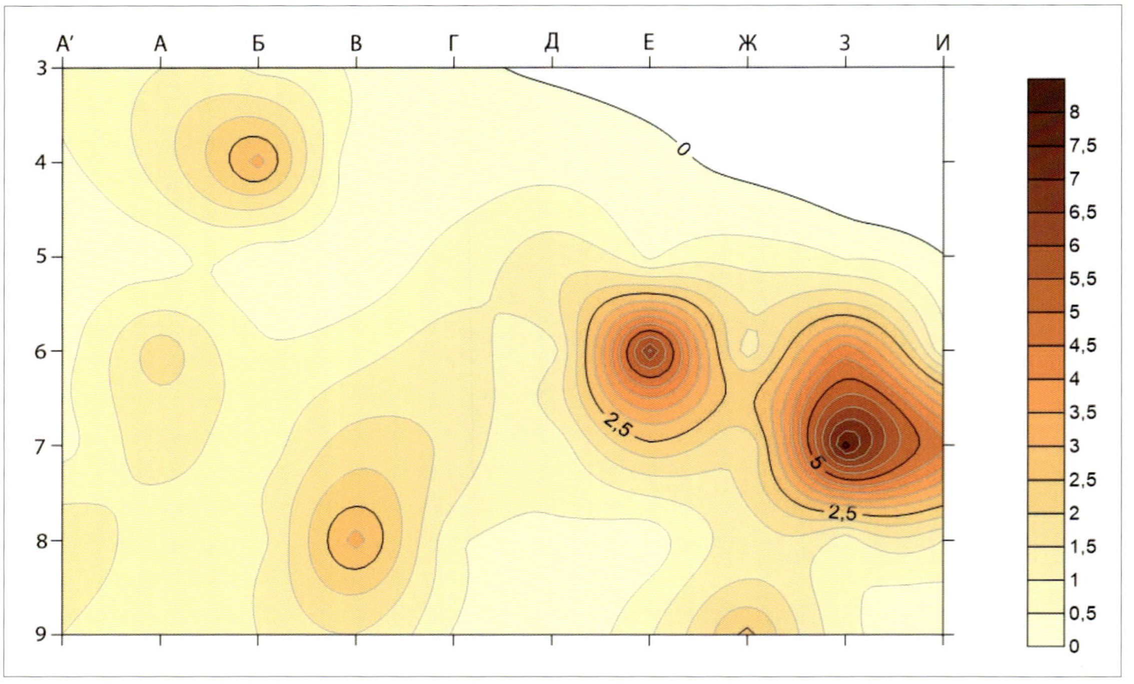

도면 113 | 크라스키노 성, 2017년, 제51구역, 제5인공층 정리조사 시 출토 토기편의 무게 단위(kg) 분포 모식도.

Рис 113 | Краскинское городище, 2017 г. Раскоп LI. Схема распределения по весу керамического материала(в кг), обнаруженного в процессе разборки 5-го пласта

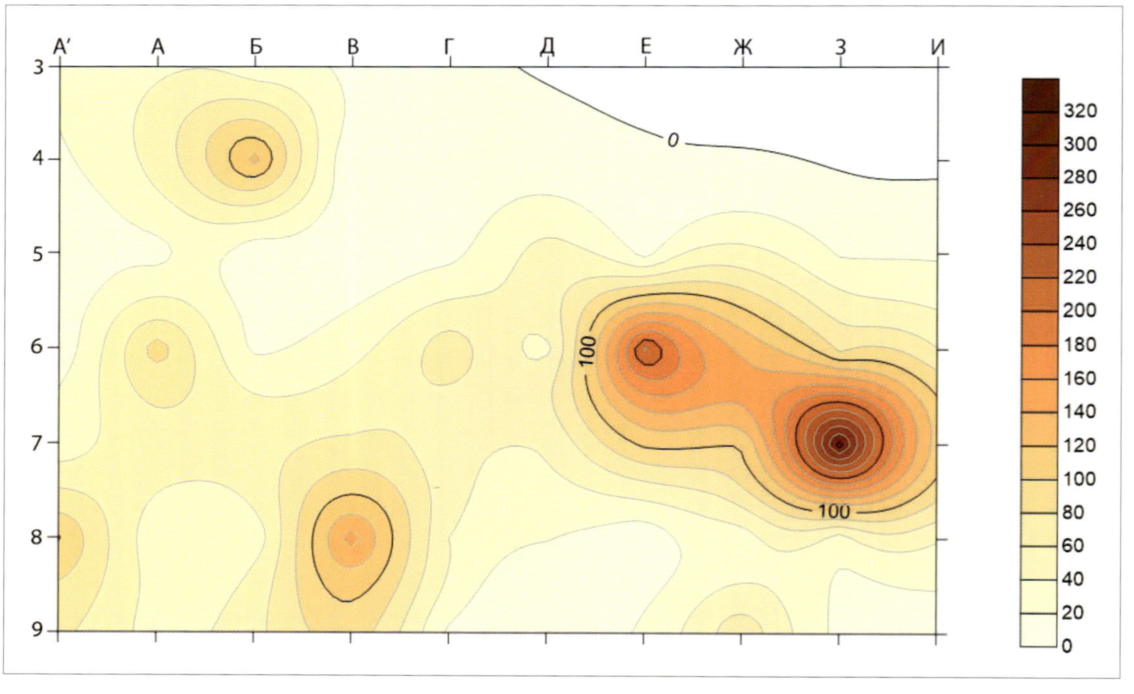

도면 114 | 크라스키노 성, 2017년, 제51구역, 제5인공층 정리조사 시 출토 토기편의 수량 단위 분포 모식도.

Рис 114 | Краскинское городище, 2017 г. Раскоп LI. Схема распределения керамического материала (количество фрагментов), обнаруженного в процессе разборки 5-го пласта

도면 115 | 크라스키노 성. 2017년. 제51구역. 제5인공층 정리조사 시 제(З)-6방안 출토 지두문 암키와.

Рис 115 | Краскинское городище. 2017 г. Раскоп LI. Образец плоской с пальчиковым орнаментом черепицы, найденной в кв. З-6 в процессе разборки 5-го пласта

도면 116 | 크라스키노 성. 2017년. 제51구역. 제5인공층 정리조사 시 붸(В)-8방안 출토 지두문 암키와.

Рис 116 | Краскинское городище. 2017 г. Раскоп LI. Образец плоской с пальчиковым орнаментом черепицы, найденной в кв. В-8 в процессе разборки 5-го пласта

도면 117 | 크라스키노 성. 2017년. 제51구역. 제5인공층 정리조사 시 베(Б)-6방안 출토 지두문 암키와.

Рис 117 | Краскинское городище. 2017 г. Раскоп LI. Образец плоской с пальчиковым орнаментом черепицы, найденной в кв. Б-6 в процессе разборки 5-го пласта

도면 118 | 크라스키노 성. 2017년. 제51구역. 제5인공층 정리조사 시 이(И)-8방안 출토 지두문 암키와.

Рис 118 | Краскинское городище. 2017 г. Раскоп LI. Образец плоской с пальчиковым орнаментом черепицы, найденной в кв. И-8 в процессе разборки 5-го пласта

도면 119 | 크라스키노 성, 2017년, 제51구역.
제5인공층 정리조사 시 출토
윤제 토기 구연부편들:
1 – 줴(Ж)–9방안, 2 – 게(Г)–8방안,
3 – 예(Е)–4방안, 4 – 데(Д)–6방안,
5 – 데(Д)–6방안, 6 – 데(Д)–4방안.

Рис 119 | Краскинское городище, 2017 г. Раскоп LI. Образцы венчиков круговой керамики, обнаруженные в процессе разборки 5-го пласта: 1 – в кв. Ж-9, 2 – в кв. Г-8, 3 – в кв. Е-4, 4 – в кв. Д-6, 5 – в кв. Д-6, 6 – в кв. Д-4

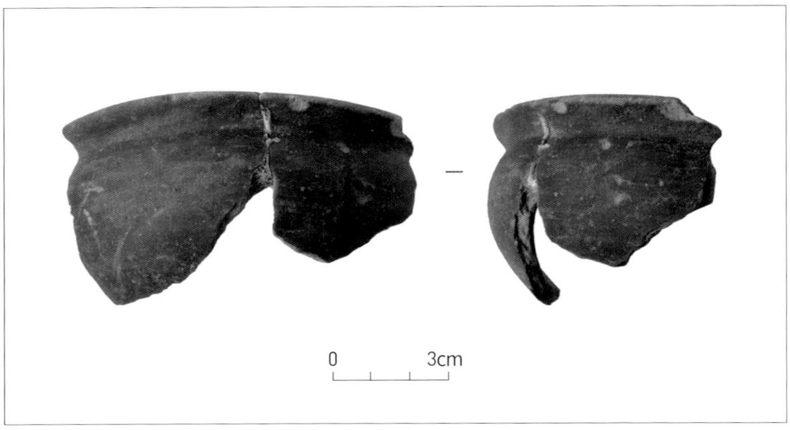

도면 120 | 크라스키노 성, 2017년, 제51구역.
제5인공층 정리조사 시 게(Г)–9방안
출토 윤제 토기 상부편.

Рис 120 | Краскинское городище, 2017 г. Раскоп LI. Фрагмент верхней части кругового сосуда, обнаруженного в кв. Г-9 в процессе разборки 5-го пласта

도면 121 | 크라스키노 성, 2017년, 제51구역.
제5인공층 정리조사 시 데(Д)–5방안
출토 마연무늬가 있는 윤제 토기 구연부편.

Рис 121 | Краскинское городище, 2017 г. Раскоп LI. Образец венчика кругового сосуда с лощёным орнаментом, обнаружен в кв. Д-5 в процессе разборки 5-го пласта

도면 122 | 크라스키노 성, 2017년, 제51구역.
제5인공층 정리조사 시
예(Е)–7,6방안 출토 뚜껑 구연부편(내면).

Рис 122 | Краскинское городище, 2017 г. Раскоп LI. Фрагмент венчика крышки(внутренняя поверхность), обнаруженноой в кв. Е-7,6 в процессе разборки 5-го пласта

도면 123 | 크라스키노 성, 2017년, 제51구역, 제5인공층 정리조사 시 출토 윤제 토기 구연부편들: 1 – 이(И)-6방안, 2 – 이(И)-8방안.

Рис 123 | Краскинское городище, 2017 г. Раскоп LI. Образцы венчиков круговых сосудов, обнаруженные в процессе разборки 5-го пласта: 1 – в кв. И-6, 2 – в кв. И-8

도면 124 | 크라스키노 성, 2017년, 제51구역, 제5인공층 정리조사 시 제(З)-7방안 출토 지두문 암키와편.

Рис 124 | Краскинское городище, 2017 г. Раскоп LI. Образец плоской с пальчиковым орнаментом черепицы, найденной в кв. З-7 в процессе разборки 5-го пласта

도면 125 | 크라스키노 성, 2017년, 제51구역, 제5인공층 정리조사 시 이(И)-6방안 출토 지두문 암키와편.

Рис 125 | Краскинское городище, 2017 г. Раскоп LI. Образец плоской с пальчиковым орнаментом черепицы, найденной в кв. И-6 в процессе разборки 5-го пласта

도면 126 | 크라스키노 성, 2017년, 제51구역, 제5인공층 정리조사 시 이(И)-8방안 출토 문양이 있는 윤제 토기 대상파수.

Рис 126 | Краскинское городище, 2017 г. Раскоп LI. Образец орнаментированной горизонтально-ленточной ручки кругового сосуда, найденной в кв. И-8 в процессе разборки 5-го пласта

도면 127 | 크라스키노 성, 2017년, 제51구역. 제5인공층 정리조사 시 베(Б)-6방안 출토 암키와편.

Рис 127 | Краскинское городище, 2017 г. Раскоп LI. Образец плоской черепицы, обнаруженной в кв. Б-6 в процессе разборки 5-го пласта

도면 128 | 크라스키노 성, 2017년, 제51구역. 제5인공층 정리조사 시 붸(В)-5방안 출토 암키와편.

Рис 128 | Краскинское городище, 2017 г. Раскоп LI. Образец плоской черепицы, обнаруженной в кв. В-5 в процессе разборки 5-го пласта

도면 129 | 크라스키노 성, 2017년, 제51구역. 제5인공층 정리조사 시 출토 윤제 토기 저부편들: 1 - 이(И)-7방안, 2 - 붸(В)-8방안, 3 - 예(Е)-4방안, 4 - 붸(В)-8방안.

Рис 129 | Краскинское городище, 2017 г. Раскоп LI. Фрагменты доньев круговых сосудов, обнаруженные в процессе разборки 5-го пласта: 1 - в кв. И-7, 2 - в кв. В-8, 3 - в кв. Е-4, 4 - в кв. В-8

도면 130 | 크라스키노 성, 2017년, 제51구역. 제5인공층 정리조사 시 붸(В)-7,8방안 출토 윤제 토기 저부편들.

Рис 130 | Краскинское городище, 2017 г. Раскоп LI. Фрагменты доньев круговых сосудов, обнаруженные в процессе разборки 5-го пласта в кв. В-7,8

도면 131 | 크라스키노 성, 2017년, 제51구역. 제5인공층 정리조사 시 예(E)-8방안 출토 암키와편.

Рис 131 | Краскинское городище, 2017 г. Раскоп LI. Образец плоской черепицы, обнаруженной в кв. Е-8 в процессе разборки 5-го пласта

도면 132 | 크라스키노 성, 2017년, 제51구역. 제5인공층 정리조사 시 베(Б)-2방안 출토 암키와편.

Рис 132 | Краскинское городище, 2017 г. Раскоп LI. Образец плоской черепицы, обнаруженной в кв. Б-2 в процессе разборки 5-го пласта

도면 133 | 크라스키노 성, 2017년, 제51구역. 제5인공층 정리조사 시 베(Б)-3,4방안 출토 암키와편.

Рис 133 | Краскинское городище, 2017 г. Раскоп LI. Образец плоской черепицы, обнаруженной в кв. Б-3,4 в процессе разборки 5-го пласта

도면 134 | 크라스키노 성, 2017년, 제51구역. 제5인공층 정리조사 시 제(З)-7방안 출토 암키와편.

Рис 134 | Краскинское городище, 2017 г. Раскоп LI. Фрагмент плоской черепицы, обнаруженной в кв. З-7 в процессе разборки 5-го пласта

도면 135 | 크라스키노 성, 2017년, 제51구역. 제5인공층 정리조사 시 게(Г)-6방안 출토 윤제 토기 동체부편.

Рис 135 | Краскинское городище, 2017 г. Раскоп LI. Образец стенки кругового сосуда, обнаруженный в кв. Г-6 в процессе разборки 5-го пласта

도면 136 | 크라스키노 성, 2017년, 제51구역. 제5인공층 정리조사 시 출토 문양이 있는 윤제 토기 동체부편들: 1 - 게(Г)-9방안, 2 - 아(А)-9방안, 3 - 제(З)-7방안, 4 - 아(А)-8방안.

Рис 136 | Краскинское городище, 2017 г. Раскоп LI. Образцы орнаментированных стенок круговых сосудов, обнаруженные в процессе разборки 5-го пласта: 1 - в кв. Г-9, 2 - в кв. А-9, 3 - в кв. З-7, 4 - в кв. А-8

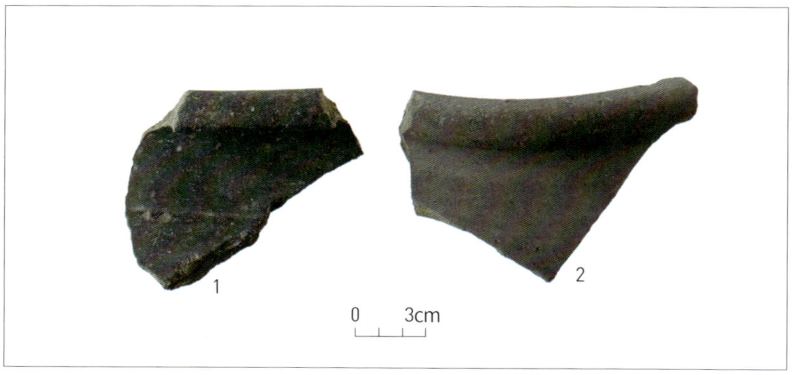

도면 137 | 크라스키노 성, 2017년, 제51구역. 제5인공층 정리조사 시 출토 윤제 토기 구연부편들: 1 - 이(И)-6방안, 2 - 줴(Ж)-9방안

Рис 137 | Краскинское городище, 2017 г. Раскоп LI. Образцы венчиков круговой керамики, обнаруженные в процессе разборки 5-го пласта: 1 - в кв. И-6, 2 - в кв. Ж-9

도면 138 | 크라스키노 성, 2017년, 제51구역. 제5인공층 정리조사 시 출토 윤제 토기 구연부편들: 1 - 데(Д)-9방안, 2 - 이(И)-7방안.

Рис 138 | Краскинское городище, 2017 г. Раскоп LI. Образцы венчиков круговой керамики, обнаруженные в процессе разборки 5 пласта: 1 - в кв. Д-9, 2 - в кв. И-7

도면 139 | 크라스키노 성, 2017년. 제51구역. 제5인공층 정리조사 시 출토 토기 동체부편(1~7)과 와편(8)으로 만든 놀이 알들:
1 – 아(А)-7방안, 레벨 -194㎝, 2 – 줴(Ж)-6방안, 레벨 -205㎝, 3 – 제(З)-7방안, 레벨 -202㎝, 4 – 줴(Ж)-6방안, 레벨 -206㎝,
5 – 이(И)-6방안, 레벨 -204㎝, 6 – 아'(А')-9방안, 레벨 -200㎝, 7 – 아(А)-7방안, 레벨 -194㎝, 8 – 게(Г)-8방안, 레벨 -208㎝.

Рис 139 | Краскинское городище, 2017 г. Раскоп LI. Игральные фишки, изготовленные из стенок сосудов(1–7) и черепицы(8), обнаруженные в процессе разборки 5-го пласта: 1 – кв. А–7(н.о. –194 см), 2 – Ж–6(н.о. –205 см), 3 – З–7(н.о. –202 см), 4 – Ж–6(н.о. –206 см), 5 – И–6(н.о. –204 см), 6 – А´–9(н.о. –200 см), 7 – А–7(н.о. –194 см), 8 – Г–8(н.о. –208 см)

도면 140 | 크라스키노 성, 2017년. 제51구역. 제5인공층 정리조사 시 출토 토기 동체부편(1, 2, 5~9)과 와편(3)으로 만든 놀이 알들:
1 – 데(Д)-7방안, 레벨 -200㎝, 2 – 게(Г)-4방안, 레벨 -207㎝, 3 – 게(Г)-5방안, 레벨 -205㎝, 4 – 붸(В)-7방안, 레벨 -191㎝,
5 – 베(Б)-8방안, 레벨 -204㎝, 6 – 제(З)-5방안, 레벨 -206㎝, 7 – 아(А)-6방안, 레벨 -185㎝, 8, 9 – 예(Е)-6방안, 레벨 -212㎝.

Рис 140 | Краскинское городище, 2017 г. Раскоп LI. Игральные фишки, изготовленные из стенок сосудов(1, 2, 5–9) и черепицы(3), обнаруженные в процессе разборки 5-го пласта: 1 – кв. Д–7(н.о. –200 см), 2 – Г–4(н.о. –207 см), 3– Г–5(н.о. –205 см) , 4–В–7(н.о. –191 см), 5– Б–8(н.о. –204 см), 6 – З–5(н.о. –206 см), 7 – А–6(н.о. –185 см), 8, 9 – Е–6(н.о. –212 см)

도면 141 | 크라스키노 성. 2017년. 제51구역. 제5인공층 정리조사 시 제(3)-8방안 발견 문양이 있는 암키와편(No. 15, 레벨 -209㎝) 출토모습. 위에서.

Рис 141 | Краскинское городище. 2017 г. Раскоп LI. Вид сверху на фрагмент плоской черепицы с орнаментом (№15, н.о. -209 см), обнаруженный в кв. 3-8 в процессе разборки 5-го пласта

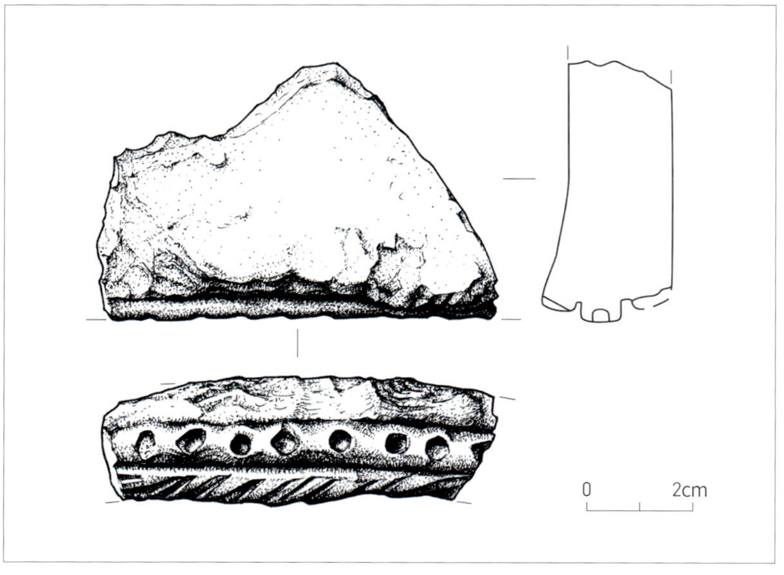

도면 142 | 크라스키노 성. 2017년. 제51구역. 제5인공층 정리조사 시 제(3)-8방안 발견 문양이 있는 암키와편(No. 15, 레벨 -209㎝) 실측도.

Рис 142 | Краскинское городище. 2017 г. Раскоп LI. Рисунок фрагмента плоской черепицы с орнаментом (№15, н.о. -209 см), обнаруженного в кв. 3-8 в процессе разборки 5-го пласта

도면 143 | 크라스키노 성. 2017년. 제51구역. 제5인공층 정리조사 시 줴(Ж)-6방안 발견 와당편(No. 16, 레벨 -205㎝) 출토 모습. 위에서.

Рис 143 | Краскинское городище. 2017 г. Раскоп LI. Вид сверху на фрагмент концевого диска черепицы(№16, н.о. -205 см), обнаруженного в кв. Ж-6 в процессе разборки 5-го пласта

도면 144 | 크라스키노 성, 2017년, 제51구역, 제5인공층 정리조사 시 줴(Ж)-6방안 발견 와당편(No. 16, 레벨 -205㎝).

Рис 144 | Краскинское городище, 2017 г. Раскоп LI. Фрагмент концевого диска черепицы(№16, н.о. -205 см), обнаруженный в кв. Ж-6 в процессе разборки 5-го пласта

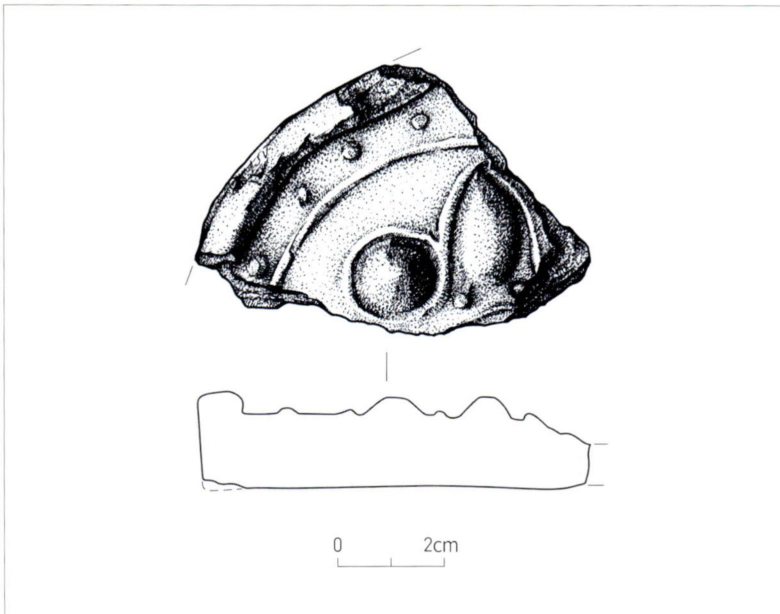

도면 145 | 크라스키노 성, 2017년, 제51구역, 제5인공층 정리조사 시 줴(Ж)-6방안 발견 와당편(No. 16, 레벨 -205㎝) 실측도.

Рис 145 | Краскинское городище, 2017 г. Раскоп LI. Рисунок фрагмента концевого диска черепицы(№16, н.о. -205 см), обнаруженного в кв. Ж-6 в процессе разборки 5-го пласта

도면 146 | 크라스키노 성, 2017년, 제51구역, 제5인공층 정리조사 시 데(Д)-7방안 발견 와당편(No. 18, 레벨 -206㎝).

Рис 146 | Краскинское городище, 2017 г. Раскоп LI. Фрагмент концевого диска черепицы(№18, н.о. -206 см), обнаруженный в кв. Д-7 в процессе разборки 5-го пласта

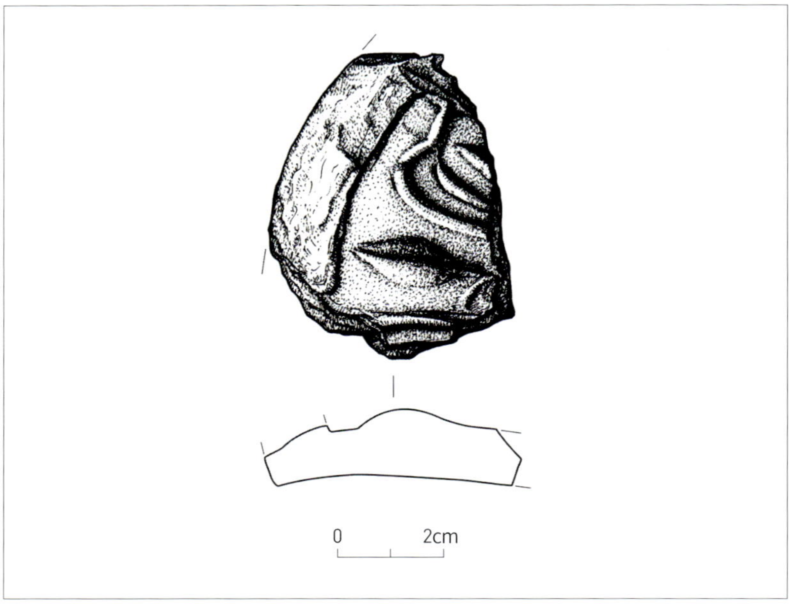

도면 147 | 크라스키노 성, 2017년, 제51구역. 제5인공층 정리조사 시 데(Д)-7방안 발견 와당편(No. 18, 레벨 -206㎝) 실측도.

Рис 147 | Краскинское городище, 2017 г. Раскоп LI. Рисунок фрагмента концевого диска черепицы(№ 18, н.о. -206 см), обнаруженного в кв. Д-7 в процессе разборки 5-го пласта

도면 148 | 크라스키노 성, 2017년, 제51구역. 제5인공층 정리조사 시 아(А)-5방안 발견 와당편(No. 20, 레벨 -206㎝) 출토모습, 위에서.

Рис 148 | Краскинское городище, 2017 г. Раскоп LI. Вид сверху на фрагмент концевого диска черепицы(№ 20, н.о. -206 см), обнаруженный в кв. А-5 в процессе разборки 5-го пласта

도면 149 | 크라스키노 성, 2017년, 제51구역. 제5인공층 정리조사 시 아(А)-5방안 발견 와당편(No. 20, 레벨 -206㎝).

Рис 149 | Краскинское городище, 2017 г. Раскоп LI. Фрагмент концевого диска черепицы(№ 20, н.о. -206 см), обнаруженный в кв. А-5 в процессе разборки 5-го пласта

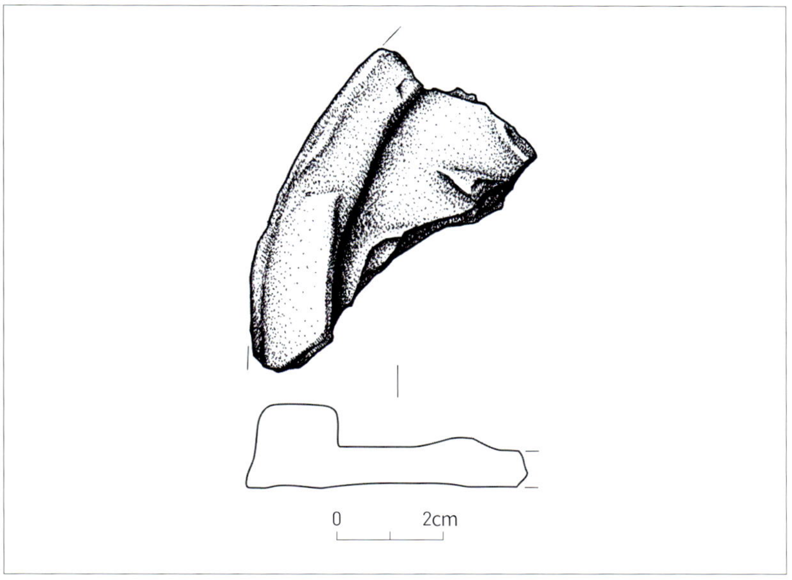

도면 150 | 크라스키노 성, 2017년, 제51구역. 제5인공층 정리조사 시 아(A)-5방안 발견 와당편(No. 20, 레벨 -206㎝) 실측도.

Рис 150 | Краскинское городище, 2017 г. Раскоп LI. Рисунок фрагмента концевого диска черепицы(№20, н.о. -206 см), обнаруженного в кв. А-5 в процессе разборки 5-го пласта

도면 151 | 크라스키노 성, 2017년, 제51구역. 제5인공층 정리조사 시 베(Б)-7방안 발견 와당편(No. 39, 레벨 -194㎝).

Рис 151 | Краскинское городище, 2017 г. Раскоп LI. Фрагмент концевого диска черепицы(№39, н.о. -194 см), обнаруженный в кв. Б-7 в процессе разборки 5-го пласта

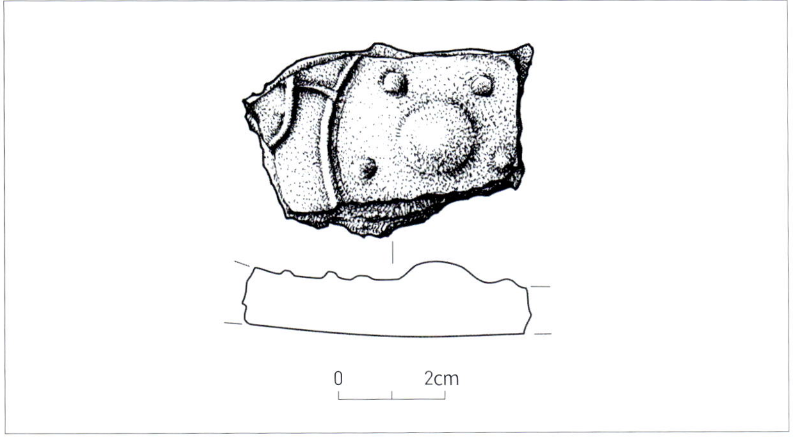

도면 152 | 크라스키노 성, 2017년, 제51구역. 제5인공층 정리조사 시 베(Б)-7방안 발견 와당편(No. 39, 레벨 -194㎝) 실측도.

Рис 152 | Краскинское городище, 2017 г. Раскоп LI. Рисунок фрагмента концевого диска черепицы(№39, н.о. -194 см), обнаруженного в кв. Б-7 в процессе разборки 5-го пласта

도면 153 | 크라스키노 성, 2017년, 제51구역. 제5인공층 정리조사 시 줴(Ж)-7방안 발견 와당편(No. 40, 레벨 -210㎝).

Рис 153 | Краскинское городище, 2017 г. Раскоп LI. Фрагмент концевого диска черепицы(№40, н.о. -210 см), обнаруженный в кв. Ж-7 в процессе разборки 5-го пласта

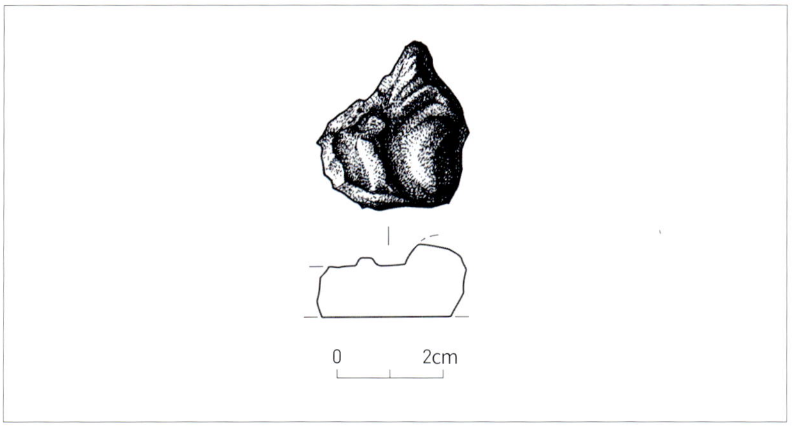

도면 154 | 크라스키노 성, 2017년, 제51구역, 제5인공층 정리조사 시 줴(Ж)-7방안 발견 와당편(No. 40, 레벨 -210㎝) 실측도.

Рис 154 | Краскинское городище, 2017 г. Раскоп LI. Рисунок фрагмента концевого диска черепицы(№40, н.о. -210 см), обнаруженного в кв. Ж-7 в процессе разборки 5-го пласта

도면 155 | 크라스키노 성, 2017년, 제51구역, 제5인공층 정리조사 시 붸(В)-8방안 발견 와당편(No. 44, 레벨 -199㎝).

Рис 155 | Краскинское городище, 2017 г. Раскоп LI. Фрагмент концевого диска черепицы(№44, н.о. -199 см), обнаруженный в кв. В-8 в процессе разборки 5-го пласта

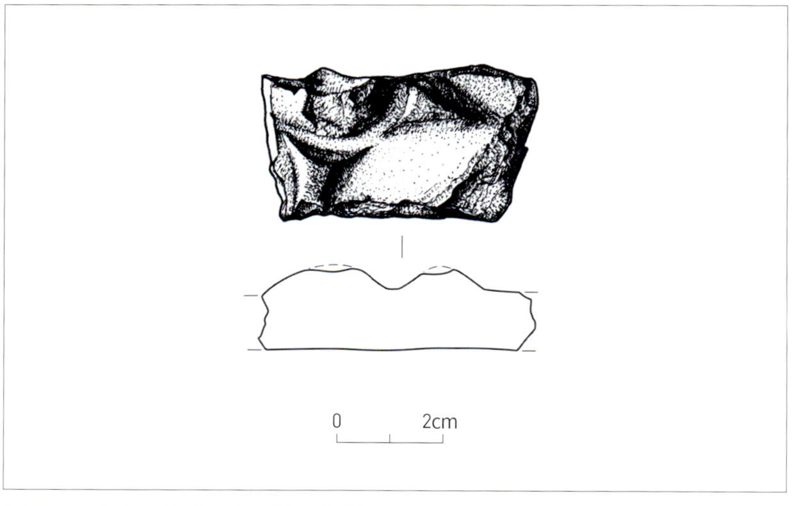

도면 156 | 크라스키노 성, 2017년, 제51구역, 제5인공층 정리조사 시 붸(В)-8방안 발견 와당편(No. 44, 레벨 -199㎝) 실측도.

Рис 156 | Краскинское городище, 2017 г. Раскоп LI. Рисунок фрагмента концевого диска черепицы(№44, н.о.-199 см), обнаруженного в кв. В-8 в процессе разборки 5-го пласта

도면 157 | 크라스키노 성, 2017년, 제51구역, 제5인공층 정리조사 시 붸(В)-8방안 발견 와당편(No. 45, 레벨 -200㎝).

Рис 157 | Краскинское городище, 2017 г. Раскоп LI. Фрагмент концевого диска черепицы(№45, н.о. -200 см), обнаруженного в кв. В-8 при разборке 5-го пласта

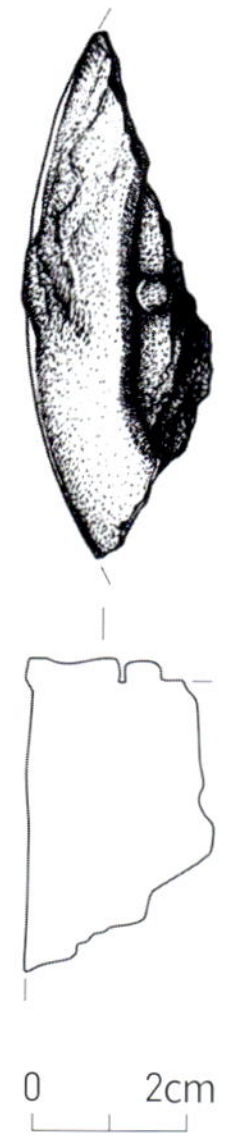

도면 158 | 크라스키노 성, 2017년, 제51구역. 제5인공층 정리조사 시 붸(B)-8방안 발견 와당편(No. 45, 레벨 -200㎝) 실측도.

Рис 158 | Краскинское городище, 2017 г. Раскоп LI. Рисунок фрагмента концевого диска черепицы(№45, н.о. -200 см), обнаруженного в кв. В-8 в процессе разборки 5-го пласта

도면 159 | 크라스키노 성, 2017년, 제51구역. 제5인공층 정리조사 시 베(Б)-4방안 발견 와당편(No. 46, 레벨 -200㎝).

Рис 159 | Краскинское городище, 2017 г. Раскоп LI. Фрагмент концевого диска черепицы(№46, н.о. -200 см), обнаруженный в кв. Б-4 в процессе разборки 5-го пласта

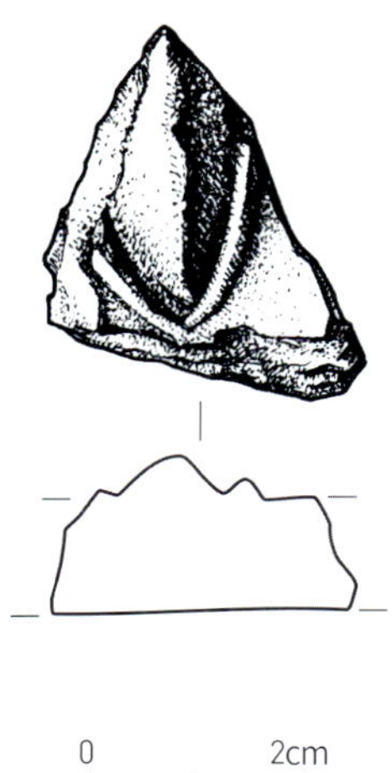

도면 160 | 크라스키노 성, 2017년, 제51구역. 제5인공층 정리조사 시 베(Б)-4방안 발견 와당편(No. 46, 레벨 -200㎝) 실측도.

Рис 160 | Краскинское городище, 2017 г. Раскоп LI. Рисунок фрагмента концевого диска черепицы(№46, н.о. -200 см), обнаруженного в кв. Б-4 в процессе разборки 5-го пласта

도면 161 | 크라스키노 성, 2017년, 제51구역. 제5인공층 정리조사 시 아'(A')-7방안 발견 와당편(No. 47, 레벨 -197㎝).

Рис 161 | Краскинское городище, 2017 г. Раскоп LI. Фрагмент концевого диска черепицы(№47, н.о. -197 см), обнаруженный в кв. А´-7 в процессе разборки 5-го пласта

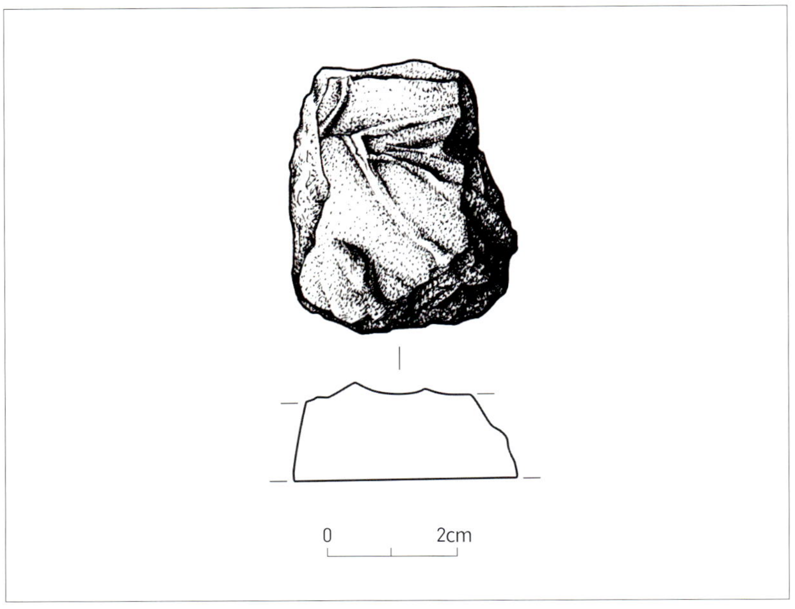

도면 162 | 크라스키노 성, 2017년, 제51구역. 제5인공층 정리조사 시 아'(A')-7방안 발견 와당편(No. 47, 레벨 -197㎝) 실측도.

Рис 162 | Краскинское городище, 2017 г. Раскоп LI. Рисунок фрагмента концевого диска черепицы(№47, н.о. -197 см), обнаруженного в кв. А´-7 в процессе разборки 5-го пласта

도면 163 | 크라스키노 성, 2017년, 제51구역. 제5인공층 정리조사 시 붸(B)-6방안 출토 상호 교차하는 구멍이 있는 토제품(No. 41, 레벨 -193㎝).

Рис 163 | Краскинское городище, 2017 г. Раскоп LI. Фрагмент изделия со взаимопересекающимися отверстиями(№41, н.о. -193 см), обнаруженный в кв. В-6 в процессе разборки 5-го пласта

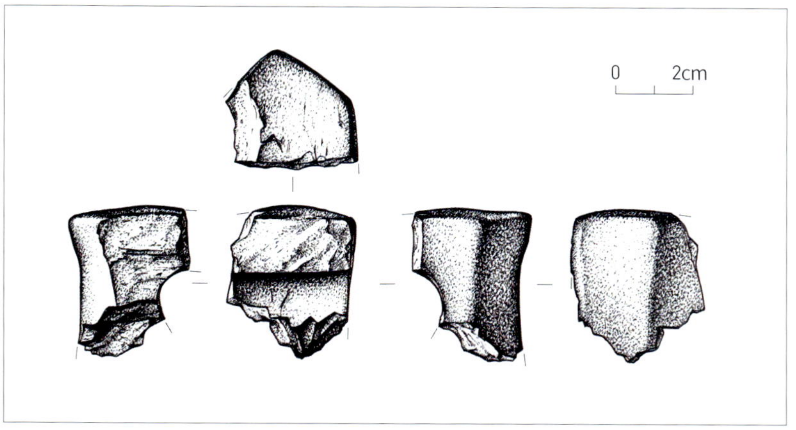

도면 164 | 크라스키노 성, 2017년, 제51구역.
제5인공층 정리조사 시 퀘(B)-6방안
출토 상호 교차하는 구멍이 있는 토제품
(No. 41, 레벨 -193㎝) 실측도.

Рис 164 | Краскинское городище, 2017 г.
Раскоп LI. Рисунок фрагмента
изделия со взаимопересекающимися
отверстиями(№41, н.о. -193 см),
обнаруженного в кв. В-6
в процессе разборки 5-го пласта

도면 165 | 크라스키노 성, 2017년, 제51구역.
제5인공층 정리조사 시 퀘(B)-8방안
출토 토제 뚜껑 장식(No. 42, 레벨 -204㎝).

Рис 165 | Краскинское городище, 2017 г.
Раскоп LI. Фрагмент
керамического украшения
крыши(№42, н.о. -204 см),
обнаруженный в кв. В-8
в процессе разборки 5-го пласта

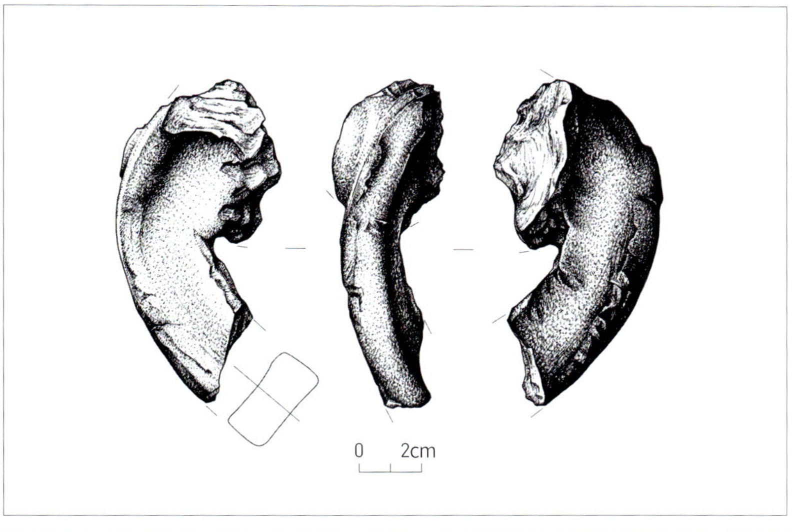

도면 166 | 크라스키노 성, 2017년, 제51구역.
제5인공층 정리조사 시 퀘(B)-8방안
출토 토제 뚜껑 장식
(No. 42, 레벨 -204㎝) 실측도.

Рис 166 | Краскинское городище, 2017 г.
Раскоп LI. Рисунок фрагмента
керамического украшения
крыши(№42, н.о. -204 см),
обнаруженного в кв. В-8
в процессе разборки 5-го пласта

도면 167 | 크라스키노 성, 2017년, 제51구역.
제5인공층 정리조사 시 퀘(B)-9방안
출토 시유기 뚜껑편(No. 43, 레벨 -203㎝).

Рис 167 | Краскинское городище, 2017 г.
Раскоп LI. Фрагмент крышки
сосуда с глазурью(№43, н.о.
-203 см), обнаруженный в кв. В-9
в процессе разборки 5-го пласта

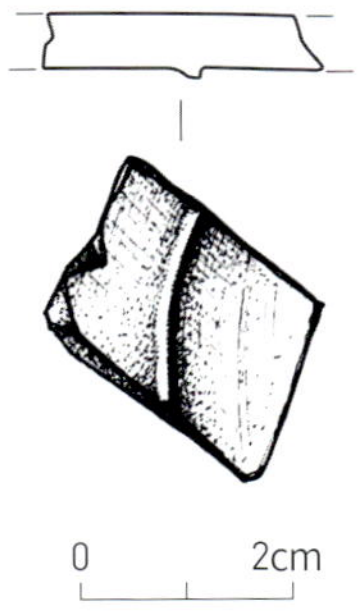

도면 168 | 크라스키노 성, 2017년, 제51구역. 제5인공층 정리조사 시 붸(В)-9방안 출토 시유기 뚜껑편(No. 43, 레벨 -203㎝) 실측도.

Рис 168 | Краскинское городище, 2017 г. Раскоп LI. Рисунок фрагмента крышки сосуда с глазурью(№43, н.о. -203 см), найденного в кв. В-9 в процессе разборки 5-го пласта

도면 169 | 크라스키노 성, 2017년, 제51구역. 제5인공층 정리조사 시 쥐(Ж)-7방안 발견 토제 고리편(No. 17, 레벨 -212㎝) 출토모습, 위에서.

Рис 169 | Краскинское городище, 2017 г. Раскоп LI. Вид сверху на фрагмент керамического кольца(№17, н.о. -212 см), обнаруженный в кв. Ж-7 в процессе разборки 5-го пласта

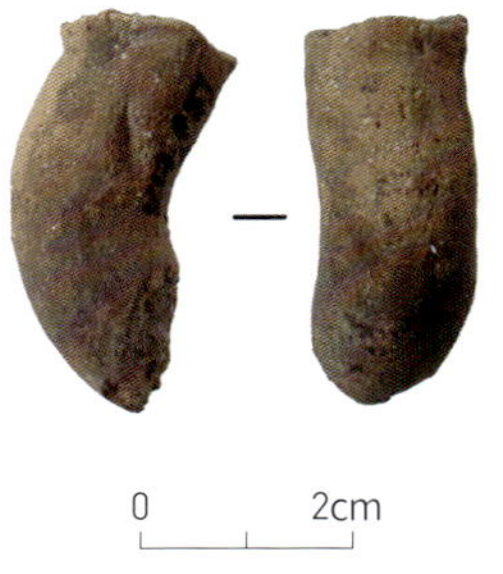

도면 170 | 크라스키노 성, 2017년, 제51구역. 제5인공층 정리조사 시 쥐(Ж)-7방안 발견 토제 고리편(No. 17, 레벨 -212㎝).

Рис 170 | Краскинское городище, 2017 г. Раскоп LI. Фрагмент керамического кольца(№17, н.о. -212 см), обнаруженный в кв. Ж-7 в процессе разборки 5-го пласта

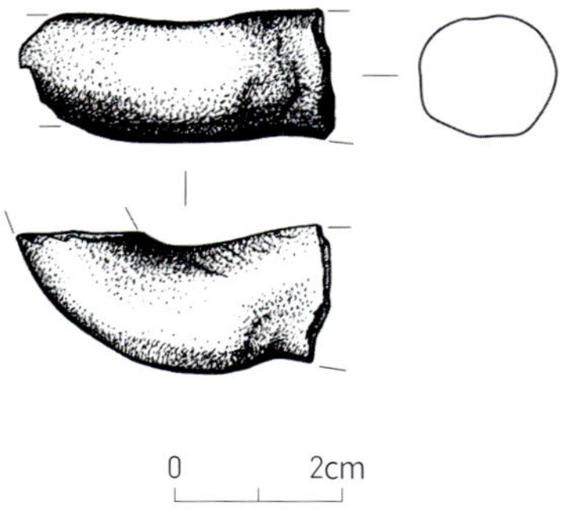

도면 171 | 크라스키노 성, 2017년, 제51구역. 제5인공층 정리조사 시 쥐(Ж)-7방안 발견 토제 고리편(No. 17, 레벨 -212㎝) 실측도.

Рис 171 | Краскинское городище, 2017 г. Раскоп LI. Рисунок фрагмента керамического кольца(№17, н.о. -212 см), обнаруженного в кв. Ж-7 в процессе разборки 5-го пласта

도면 172 | 크라스키노 성. 2017년. 제51구역. 제5인공층 정리조사 시 데(Д)-8방안 출토 토제 구슬(No. 19, 레벨 -206㎝).

Рис 172 | Краскинское городище. 2017 г. Раскоп LI. Керамический шарик (№19, н.о. -206 см), обнаруженный в кв. Д-8 в процессе разборки 5-го пласта

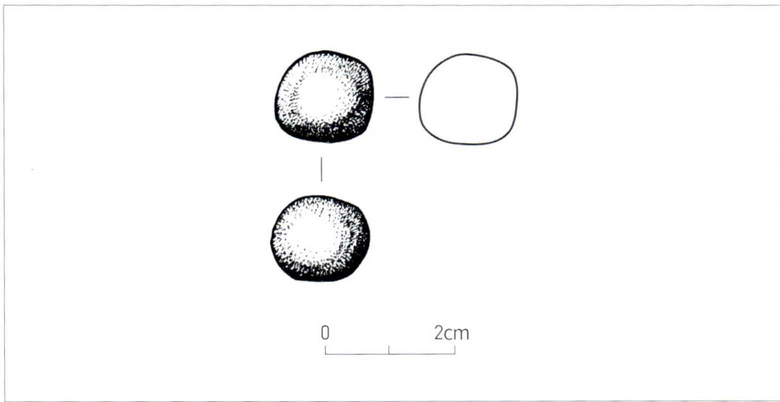

도면 173 | 크라스키노 성. 2017년. 제51구역. 제5인공층 정리조사 시 데(Д)-8방안 출토 토제 구슬(No. 19, 레벨 -206㎝) 실측도.

Рис 173 | Краскинское городище. 2017 г. Раскоп LI. Рисунок керамического шарика(№19, н.о. -206 см), обнаруженного в кв. Д-8 в процессе разборки 5-го пласта

도면 174 | 크라스키노 성. 2017년. 제51구역. 제5인공층 정리조사 시 이(И)-6방안 발견 철제 유물편(No. 21, 레벨 -197㎝) 출토모습. 위에서.

Рис 174 | Краскинское городище. 2017 г. Раскоп LI. Вид сверху на фрагмент железного изделия(№21, н.о.-197 см), обнаруженного в кв. И-6 в процессе разборки 5-го пласта

도면 175 | 크라스키노 성. 2017년. 제51구역. 제5인공층 정리조사 시 이(И)-6방안 발견 철제 유물편(No. 21, 레벨 -197㎝).

Рис 175 | Краскинское городище. 2017 г. Раскоп LI. Фрагмент железного изделия(№21, н.о.-197 см), обнаруженный в кв. И-6 в процессе разборки 5-го пласта

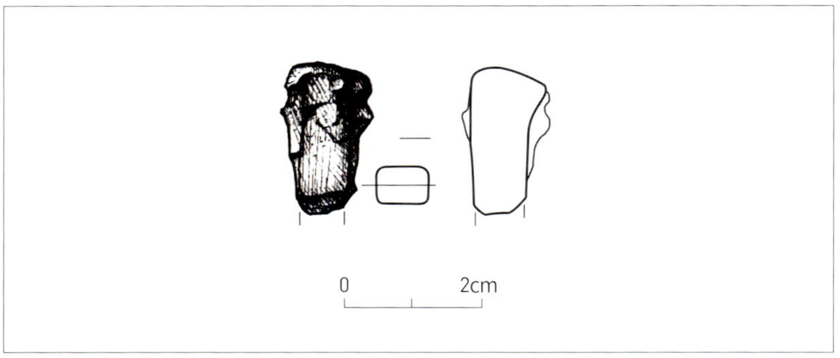

도면 176 | 크라스키노 성, 2017년, 제51구역. 제5인공층 정리조사 시 이(И)-6방안 발견 철제 유물편(№ 21, 레벨 -197㎝) 실측도.

Рис 176 | Краскинское городище, 2017 г. Раскоп LI. Рисунок фрагмента железного изделия(№21, н.о. -197 см), обнаруженного в кв. И-6 в процессе разборки 5-го пласта

도면 177 | 크라스키노 성, 2017년, 제51구역. 제5인공층 정리조사 시 예(E)-5방안 발견 철제 유물편(№ 26, 레벨 -204㎝).

Рис 177 | Краскинское городище, 2017 г. Раскоп LI. Фрагмент железного изделия(№26, н.о. -204 см), обнаруженный в кв. Е-5 в процессе разборки 5-го пласта

도면 178 | 크라스키노 성, 2017년, 제51구역. 제5인공층 정리조사 시 붸(B)-9방안 발견 철제 유물편(№ 34, 레벨 -199㎝) 출토모습, 위에서.

Рис 178 | Краскинское городище, 2017 г. Раскоп LI. Вид сверху на фрагмент железного изделия(№34, н.о.-199 см), обнаруженный в кв. В-9 в процессе разборки 5-го пласта

도면 179 | 크라스키노 성, 2017년, 제51구역. 제5인공층 정리조사 시 붸(B)-9방안 발견 철제 유물편(№ 34, 레벨 -199㎝).

Рис 179 | Краскинское городище, 2017 г. Раскоп LI. Фрагмент железного изделия(№34, н.о.-199 см), обнаруженный в кв. В-9 в процессе разборки 5-го пласта

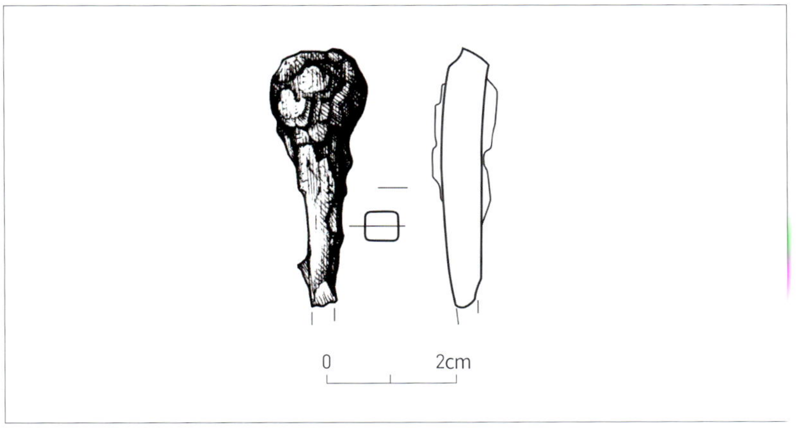

도면 180 | 크라스키노 성, 2017년. 제51구역. 제5인공층 정리조사 시 붸(B)-9방안 발견 철제 유물편(No. 34, 레벨 -199㎝) 실측도.

Рис 180 | Краскинское городище, 2017 г. Раскоп LI. Рисунок фрагмента железного изделия(№34, н.о. -199 см), обнаруженного в кв. В-9 в процессе разборки 5-го пласта

도면 181 | 크라스키노 성, 2017년. 제51구역. 제5인공층 정리조사 시 베(Б)-8방안 발견 철제 유물편(No. 37, 레벨 -197㎝) 출토모습, 위에서.

Рис 181 | Краскинское городище, 2017 г. Раскоп LI. Вид сверху на фрагмент железного изделия(№37, н.о. -197 см), обнаруженный в кв. Б-8 в процессе разборки 5-го пласта

도면 182 | 크라스키노 성, 2017년. 제51구역. 제5인공층 정리조사 시 베(Б)-8방안 발견 철제 유물편(No. 37, 레벨 -197㎝).

Рис 182 | Краскинское городище, 2017 г. Раскоп LI. Фрагмент железного изделия(№37, н.о.-197 см), обнаруженный в кв. Б-8 в процессе разборки 5-го пласта

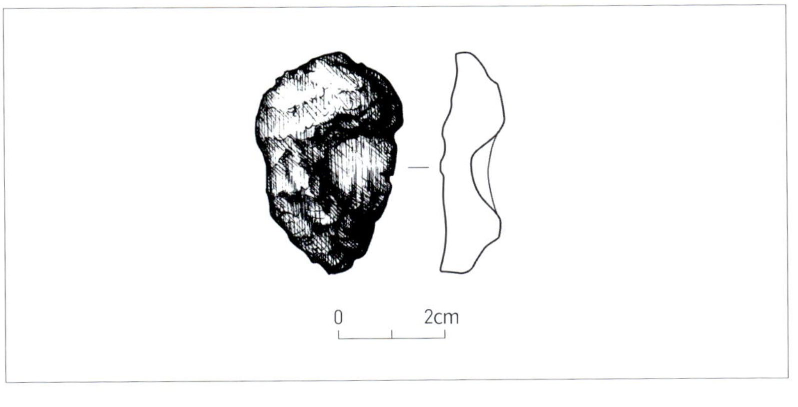

도면 183 | 크라스키노 성, 2017년. 제51구역. 제5인공층 정리조사 시 베(Б)-8방안 발견 철제 유물편(No. 37, 레벨 -197㎝) 실측도.

Рис 183 | Краскинское городище, 2017 г. Раскоп LI. Рисунок фрагмента железного изделия(№37, н.о. -197 см), обнаруженного в кв. Б-8 в процессе разборки 5-го пласта

도면 184 | 크라스키노 성, 2017년, 제51구역. 제5인공층 정리조사 시 이(И)-8방안 출토 철제 못(No. 22, 레벨 -207㎝).

Рис 184 | Краскинское городище, 2017 г. Раскоп LI. Железный гвоздь(№22, н.о.-207 см), обнаруженный в кв. И-8 в процессе разборки 5-го пласта

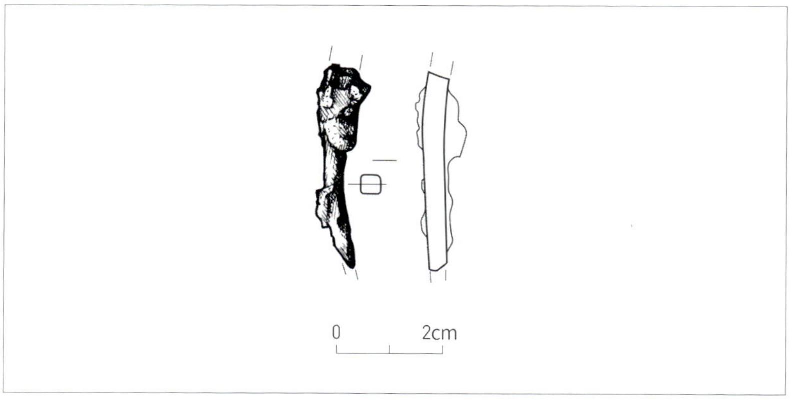

도면 185 | 크라스키노 성, 2017년, 제51구역. 제5인공층 정리조사 시 이(И)-8방안 출토 철제 못(No. 22, 레벨 -207㎝) 실측도.

Рис 185 | Краскинское городище, 2017 г. Раскоп LI. Рисунок железного гвоздя(№22, н.о.-207 см), обнаруженного в кв. И-8 в процессе разборки 5-го пласта

도면 186 | 크라스키노 성, 2017년, 제51구역. 제5인공층 정리조사 시 이(И)-8방안 발견 철제 못(No. 23, 레벨 -198㎝) 출토모습, 위에서.

Рис 186 | Краскинское городище, 2017 г. Раскоп LI. Вид сверху на железный гвоздь(№23, н.о. -198 см), обнаруженный в кв. И-8 в процессе разборки 5-го пласта

도면 187 | 크라스키노 성, 2017년, 제51구역. 제5인공층 정리조사 시 이(И)-8방안 발견 철제 못(No. 23, 레벨 -198㎝).

Рис 187 | Краскинское городище, 2017 г. Раскоп LI. Железный гвоздь(№23, н.о. -198 см), обнаруженный в кв. И-8 в процессе разборки 5-го пласта

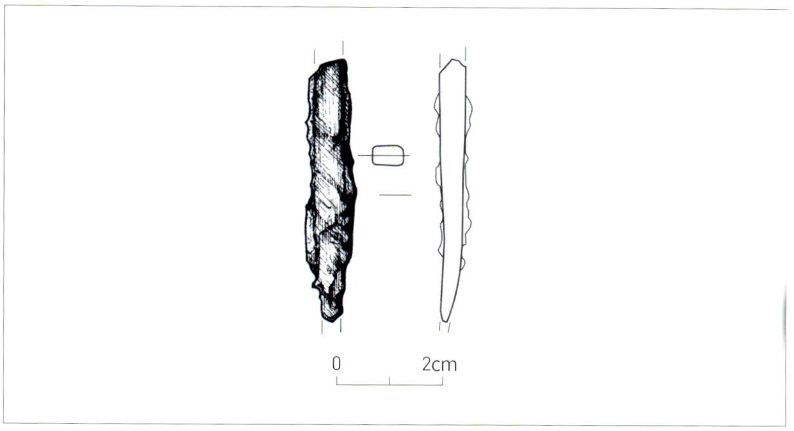

도면 188 | 크라스키노 성. 2017년. 제51구역. 제5인공층 정리조사 시 이(И)-8방안 발견 철제 못(No. 23. 레벨 -198㎝) 실측도.

Рис 188 | Краскинское городище. 2017 г. Раскоп LI. Рисунок железного гвоздя(№23. н.о. -198 см), обнаруженного в кв. И-8 в процессе разборки 5-го пласта

도면 189 | 크라스키노 성. 2017년. 제51구역. 제5인공층 정리조사 시 제(З)-7방안 발견 철제 못(No. 24. 레벨 -200㎝) 출토모습. 위에서.

Рис 189 | Краскинское городище. 2017 г. Раскоп LI. Вид сверху на железный гвоздь(№24. н.о. -200 см), обнаруженный в кв. З-7 в процессе разборки 5-го пласта

도면 190 | 크라스키노 성. 2017년. 제51구역. 제5인공층 정리조사 시 제(З)-7방안 발견 철제 못(No. 24. 레벨 -200㎝).

Рис 190 | Краскинское городище. 2017 г. Раскоп LI. Железный гвоздь(№24. н.о.-200 см), обнаруженный в кв. З-7 в процессе разборки 5-го пласта

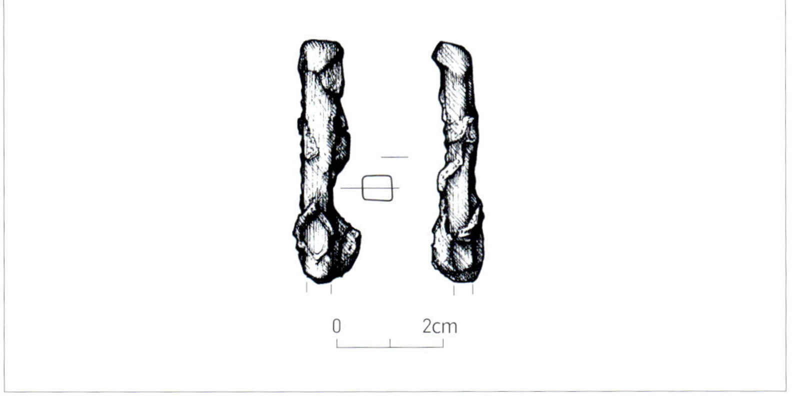

도면 191 | 크라스키노 성. 2017년. 제51구역. 제5인공층 정리조사 시 제(З)-7방안 발견 철제 못(No. 24. 레벨 -200㎝) 실측도.

Рис 191 | Краскинское городище. 2017 г. Раскоп LI. Рисунок железного гвоздя(№24. н.о.-200 см), обнаруженного в кв. З-7 в процессе разборки 5-го пласта

도면 192 | 크라스키노 성, 2017년. 제51구역. 제5인공층 정리조사 시 쥐(Ж)-7방안 발견 철제 못(No. 25, 레벨 -198㎝) 출토모습, 위에서.

Рис 192 | Краскинское городище, 2017 г. Раскоп LI. Вид сверху на железный гвоздь(№25, н.о. -198 см), обнаруженный в кв. Ж-7 в процессе разборки 5-го пласта

도면 193 | 크라스키노 성, 2017년. 제51구역. 제5인공층 정리조사 시 쥐(Ж)-7방안 발견 철제 못(No. 25, 레벨 -198㎝).

Рис 193 | Краскинское городище, 2017 г. Раскоп LI. Железный гвоздь(№25, н.о.-198 см), обнаруженный в кв. Ж-7 в процессе разборки 5-го пласта

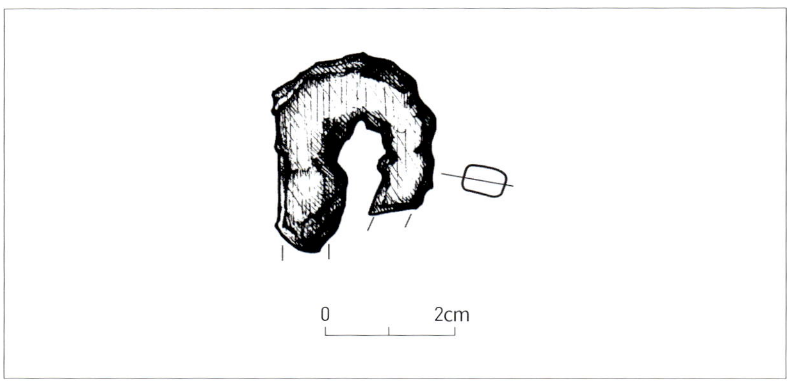

도면 194 | 크라스키노 성, 2017년. 제51구역. 제5인공층 정리조사 시 쥐(Ж)-7방안 발견 철제 못(No. 25, 레벨 -198㎝) 실측도.

Рис 194 | Краскинское городище, 2017 г. Раскоп LI. Рисунок железного гвоздя(№25, н.о.-198 см), обнаруженного в кв. Ж-7 в процессе разборки 5-го пласта

도면 195 | 크라스키노 성, 2017년. 제51구역. 제5인공층 정리조사 시 예(Е)-6방안 발견 철제 못(No. 27, 레벨 -212㎝) 출토모습, 위에서.

Рис 195 | Краскинское городище, 2017 г. Раскоп LI. Вид сверху на железный гвоздь(№27, н.о. -212 см), обнаруженный в кв. Е-6 в процессе разборки 5-го пласта

도면 196 | 크라스키노 성, 2017년. 제51구역. 제5인공층 정리조사 시 예(E)-6방안 발견 철제 못(No. 27, 레벨 -212㎝).

Рис 196 | Краскинское городище, 2017 г. Раскоп LI. Железный гвоздь(№27, н.о.-212 см), обнаруженный в кв. Е-6 в процессе разборки 5-го пласта

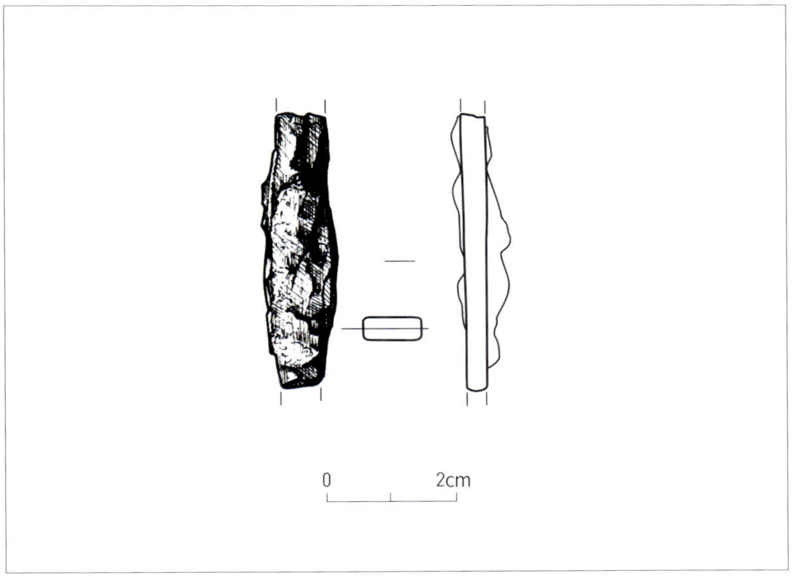

도면 197 | 크라스키노 성, 2017년. 제51구역. 제5인공층 정리조사 시 예(E)-6방안 발견 철제 못(No. 27, 레벨 -212㎝) 실측도.

Рис 197 | Краскинское городище, 2017 г. Раскоп LI. Рисунок железного гвоздя(№27, н.о.-212 см), обнаруженного в кв. Е-6 в процессе разборки 5-го пласта

도면 198 | 크라스키노 성, 2017년. 제51구역. 제5인공층 정리조사 시 예(E)-8방안 발견 철제 못(No. 28, 레벨 -211㎝) 출토모습, 위에서.

Рис 198 | Краскинское городище, 2017 г. Раскоп LI. Вид сверху на железный гвоздь(№28, н.о. -211 см), обнаруженный в кв. Е-8 в процессе разборки 5-го пласта

도면 199 | 크라스키노 성, 2017년, 제51구역, 제5인공층 정리조사 시 예(E)-8방안 발견 철제 못(No. 28, 레벨 -211㎝).

Рис 199 | Краскинское городище, 2017 г. Раскоп LI. Железный гвоздь(№28, н.о.-211 см), найденный в кв. Е-8 в процессе разборки 5-го пласта

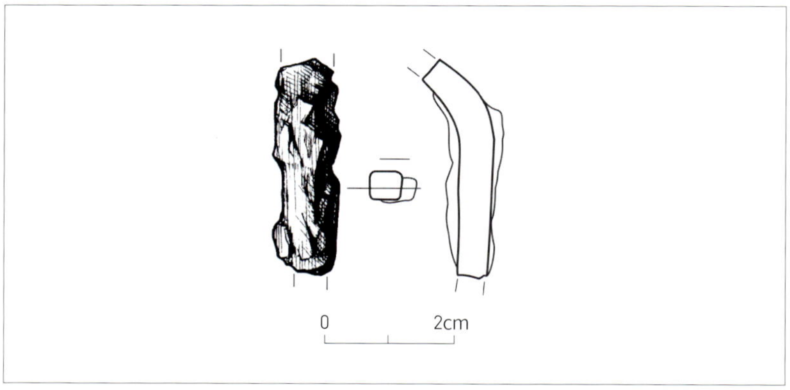

도면 200 | 크라스키노 성, 2017년, 제51구역, 제5인공층 정리조사 시 예(E)-8방안 발견 철제 못(No. 28, 레벨 -211㎝) 실측도.

Рис 200 | Краскинское городище, 2017 г. Раскоп LI. Рисунок железного гвоздя(№28, н.о.-211 см), обнаруженного в кв. Е-8 в процессе разборки 5-го пласта

도면 201 | 크라스키노 성, 2017년, 제51구역, 제5인공층 정리조사 시 데(Д)-5방안 발견 철제 못(No. 29, 레벨 -206㎝) 출토모습, 위에서.

Рис 201 | Краскинское городище, 2017 г. Раскоп LI. Вид сверху на железный гвоздь(№29, н.о. -206 см), обнаруженный в кв. Д-5 в процессе разборки 5-го пласта

도면 202 | 크라스키노 성, 2017년, 제51구역, 제5인공층 정리조사 시 데(Д)-5방안 발견 철제 못(No. 29, 레벨 -206㎝).

Рис 202 | Краскинское городище, 2017 г. Раскоп LI. Железный гвоздь(№29, н.о.-206 см), обнаруженный в кв. Д-5 в процессе разборки 5-го пласта

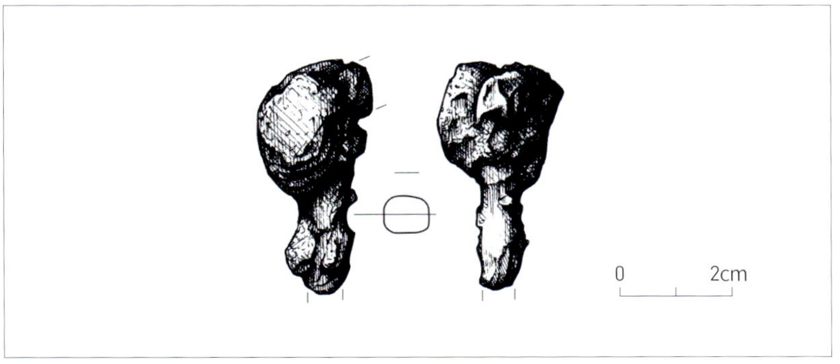

도면 203 | 크라스키노 성. 2017년. 제51구역. 제5인공층 정리조사 시 데(Д)-5방안 발견 철제 못(No. 29. 레벨 -206cm) 실측도.

Рис 203 | Краскинское городище. 2017 г. Раскоп LI. Рисунок железного гвоздя(№29. н.о.-206 см). обнаруженного в кв. Д-5 в процессе разборки 5-го пласта

도면 204 | 크라스키노 성. 2017년. 제51구역. 제5인공층 정리조사 시 데(Д)-6방안 출토 철제 못(No. 30. 레벨 -208cm).

Рис 204 | Краскинское городище. 2017 г. Раскоп LI. Железный гвоздь(№30. н.о.-208 см). обнаруженный в кв. Д-6 в процессе разборки 5-го пласта

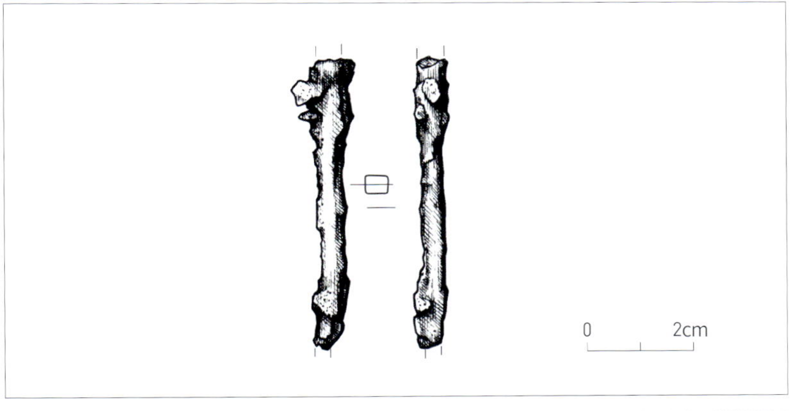

도면 205 | 크라스키노 성. 2017년. 제51구역. 제5인공층 정리조사 시 데(Д)-6방안 출토 철제 못(No. 30. 레벨 -208cm) 실측도.

Рис 205 | Краскинское городище. 2017 г. Раскоп LI. Рисунок железного гвоздя(№30. н.о.-208 см). обнаруженного в кв. Д-6 в процессе разборки 5-го пласта

도면 206 | 크라스키노 성. 2017년. 제51구역. 제5인공층 정리조사 시 게(Г)-4방안 발견 철제 못(No. 31. 레벨 -200cm) 출토모습. 위에서.

Рис 206 | Краскинское городище. 2017 г. Раскоп LI. Вид сверху на железный гвоздь(№31. н.о. -200 см). обнаруженный в кв. Г-4 в процессе разборки 5-го пласта

도면 207 | 크라스키노 성, 2017년, 제51구역. 제5인공층 정리조사 시 게(Г)-4방안 발견 철제 못(No. 31, 레벨 -200㎝).

Рис 207 | Краскинское городище, 2017 г. Раскоп LI. Железный гвоздь(№31, н.о.-200 см), обнаруженный в кв. Г-4 в процессе разборки 5-го пласта

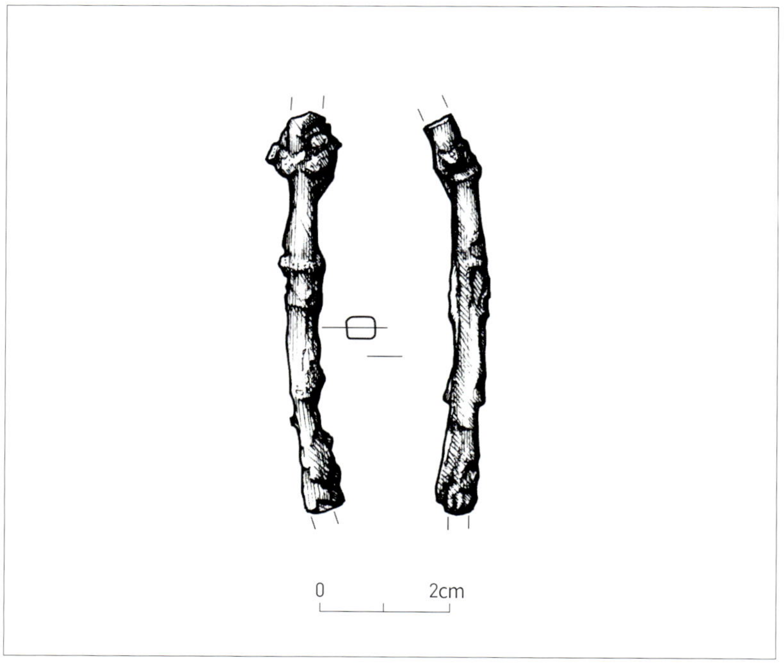

도면 208 | 크라스키노 성, 2017년, 제51구역. 제5인공층 정리조사 시 게(Г)-4방안 발견 철제 못(No. 31, 레벨 -200㎝) 실측도.

Рис 208 | Краскинское городище, 2017 г. Раскоп LI. Рисунок железного гвоздя(№31, н.о.-200 см), обнаруженного в кв. Г-4 в процессе разборки 5-го пласта

도면 209 | 크라스키노 성, 2017년, 제51구역. 제5인공층 정리조사 시 게(Г)-4방안 발견 철제 갈고리(No. 32, 레벨 -202㎝) 출토모습, 위에서.

Рис 209 | Краскинское городище, 2017 г. Раскоп LI. Вид сверху на железный крюк(№32, н.о.-202 см), обнаруженный в кв. Г-4 в процессе разборки 5-го пласта

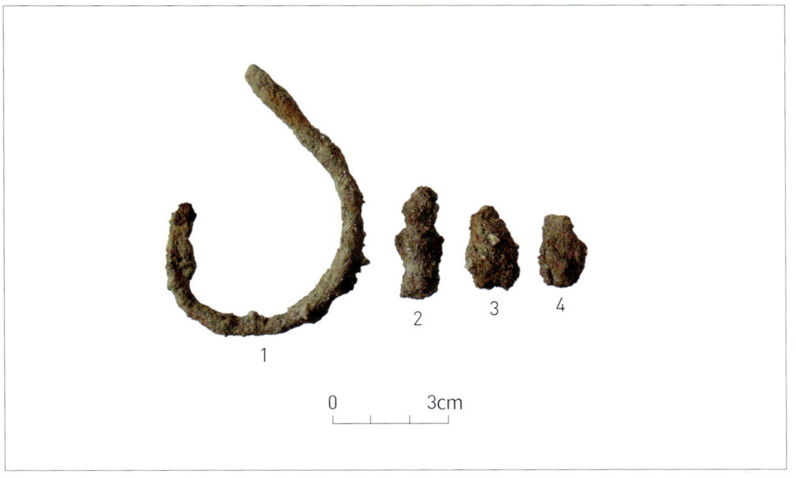

도면 210 | 크라스키노 성, 2017년, 제51구역. 제5인공층 정리조사 시 게(Г)-4방안 발견 철제 갈고리(No. 32, 레벨 -202㎝).

Рис 210 | Краскинское городище, 2017 г. Раскоп LI. Железный крюк(№32, н.о.-202 см), обнаруженный в кв. Г-4 в процессе разборки 5-го пласта

도면 211 | 크라스키노 성, 2017년, 제51구역. 제5인공층 정리조사 시 게(Г)-4방안 발견 철제 갈고리(No. 32, 레벨 -202㎝) 실측도.

Рис 211 | Краскинское городище, 2017 г. Раскоп LI. Рисунок железного крюка(№32, н.о.-202 см), обнаруженного в кв. Г-4 в процессе разборки 5-го пласта

도면 212 | 크라스키노 성, 2017년, 제51구역. 제5인공층 정리조사 시 게(Г)-7방안 발견 철제 칼(No. 33, 레벨 -210㎝) 출토모습, 위에서.

Рис 212 | Краскинское городище, 2017 г. Раскоп LI. Вид сверху на железный нож(№33, н.о. -210 см), обнаруженный в кв. Г-7 в процессе разборки 5-го пласта

도면 213 | 크라스키노 성, 2017년. 제51구역. 제5인공층 정리조사 시 게(Г)-7방안 발견 철제 칼(№ 33, 레벨 -210㎝).

Рис 213 | Краскинское городище, 2017 г. Раскоп LI. Железный нож(№33, н.о. -210 см), обнаруженный в кв. Г-7 в процессе разборки 5-го пласта

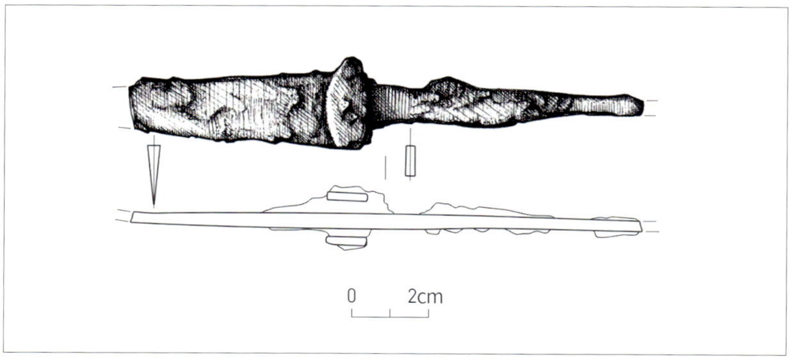

도면 214 | 크라스키노 성, 2017년. 제51구역. 제5인공층 정리조사 시 게(Г)-7방안 발견 철제 칼(№ 33, 레벨 -210㎝) 실측도.

Рис 214 | Краскинское городище, 2017 г. Раскоп LI. Рисунок железного ножа(№33, н.о.-210 см), обнаруженного в кв. Г-7 в процессе разборки 5-го пласта

도면 215 | 크라스키노 성, 2017년. 제51구역. 제5인공층 정리조사 시 베(Б)-7방안 발견 철제 판(№ 35, 레벨 -196㎝) 출토모습, 위에서.

Рис 215 | Краскинское городище, 2017 г. Раскоп LI. Вид сверху на железную пластину(№35, н.о. -196 см), обнаруженную в кв. Б-7 в процессе разборки 5-го пласта

도면 216 | 크라스키노 성, 2017년. 제51구역. 제5인공층 정리조사 시 베(Б)-7방안 발견 철제 판(№ 35, 레벨 -196㎝).

Рис 216 | Краскинское городище, 2017 г. Раскоп LI. Железная пластина (№35, н.о.-196 см), обнаруженная в кв. Б-7 в процессе разборки 5-го пласта

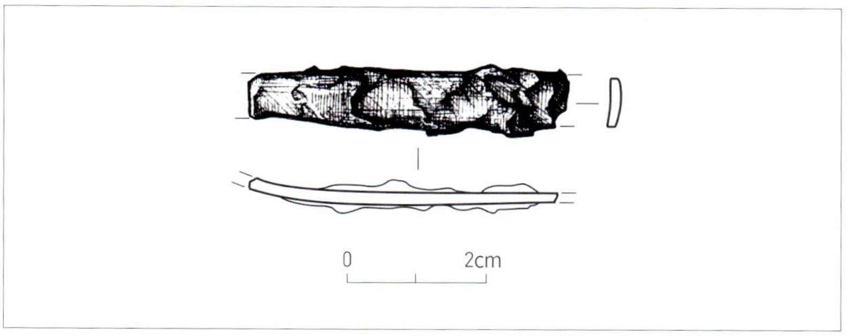

도면 217 | 크라스키노 성. 2017년. 제51구역. 제5인공층 정리조사 시 베(Б)-7방안 발견 철제 판(No. 35. 레벨 -196㎝) 실측도.

Рис 217 | Краскинское городище. 2017 г. Раскоп LI. Рисунок железной пластина(№35. н.о.-196 см), обнаруженной в кв. Б-7 в процессе разборки 5-го пласта

도면 218 | 크라스키노 성. 2017년. 제51구역. 제5인공층 정리조사 시 베(Б)-7방안 발견 철제 띠꾸미개 덮개 판 (No. 36. 레벨 -199㎝) 출토모습. 위에서.

Рис 218 | Краскинское городище. 2017 г. Раскоп LI. Вид сверху на железную накладку(№36. н.о. -199 см), обнаруженную в кв. Б-7 в процессе разборки 5-го пласта

도면 219 | 크라스키노 성. 2017년. 제51구역. 제5인공층 정리조사 시 베(Б)-7방안 발견 철제 띠꾸미개 덮개 판 (No. 36. 레벨 -199㎝).

Рис 219 | Краскинское городище. 2017 г. Раскоп LI. Железная накладка (№36. н.о. -199 см), обнаруженная в кв. Б-7 в процессе разборки 5-го пласта

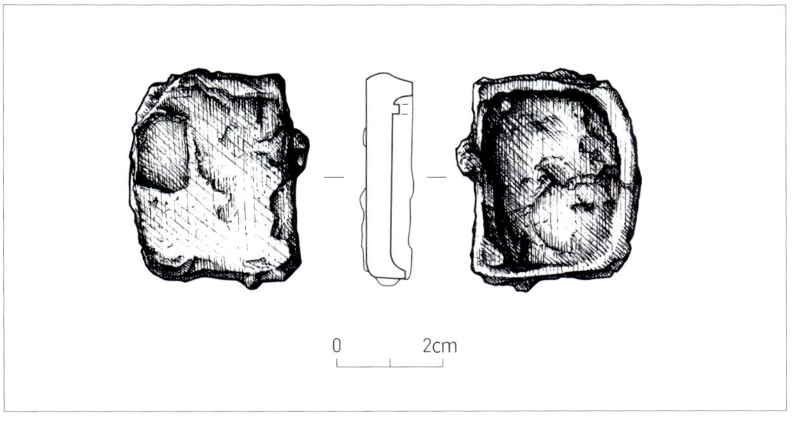

도면 220 | 크라스키노 성. 2017년. 제51구역. 제5인공층 정리조사 시 베(Б)-7방안 발견 철제 띠꾸미개 덮개 판 (No. 36. 레벨 -199㎝) 실측도.

Рис 220 | Краскинское городище. 2017 г. Раскоп LI. Рисунок железной накладки(№36. н.о. -199 см), обнаруженной в кв. Б-7 в процессе разборки 5-го пласта

도면 221 | 크라스키노 성, 2017년, 제51구역. 제5인공층 정리조사 시 아'(A')-7방안 발견 철제 화살촉(No. 38, 레벨 -189㎝) 출토모습, 위에서.

Рис 221 | Краскинское городище, 2017 г. Раскоп LI. Вид сверху на железный наконечник стрелы(№38, н.о. -189 см), обнаруженный в кв.A´-7 в процессе разборки 5-го пласта

도면 222 | 크라스키노 성, 2017년, 제51구역. 제5인공층 정리조사 시 아'(A')-7방안 발견 철제 화살촉(No. 38, 레벨 -189㎝).

Рис 222 | Краскинское городище, 2017 г. Раскоп LI. Железный наконечник стрелы(№38, н.о.-189 см), обнаруженный в кв. A´-7 в процессе разборки 5-го пласта

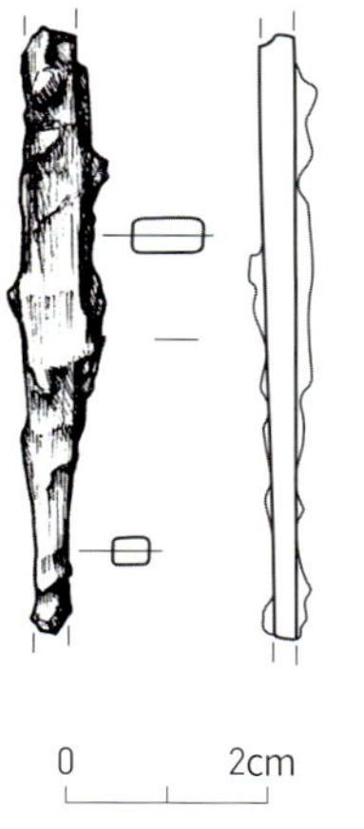

도면 223 | 크라스키노 성, 2017년, 제51구역. 제5인공층 정리조사 시 아'(A')-7방안 발견 철제 화살촉(No. 38, 레벨 -189㎝) 실측도.

Рис 223 | Краскинское городище, 2017 г. Раскоп LI. Рисунок железного наконечника стрелы(№38, н.о. -189 см), обнаруженного в кв.A´-7 в процессе разборки 5-го пласта

도면 224 | 크라스키노 성, 2017년. 제51구역.
태풍이 지나 간 후의 모습. 남동쪽에서.

Рис 224 | Краскинское городище, 2017 г.
Раскоп LI. Вид с юго-востока
на последствия циклона

도면 225 | 크라스키노 성, 2017년. 제51구역.
태풍이 지나 간 후 발굴구역 정리 작업 모습.
북서쪽에서.

Рис 225 | Краскинское городище, 2017 г.
Раскоп LI. Вид с северо-запада
на процесс осушения раскопа
после прошедшего циклона.
Рабочий момент

도면 226 | 크라스키노 성, 2017년. 제51구역.
제6인공층 상면 제(3)-9방안
물 떠낸 자리 모습. 위에서.

Рис 226 | Краскинское городище, 2017 г.
Раскоп LI. Вид с запада и сверху
на водосборник в кв. 3-9
на поверхности 6-го пласта

도면 227 | 크라스키노 성, 2017년, 제51구역. 제6인공층 상면 도로 돌 깐 층 제거 후 발굴구역 모습, 서쪽에서.

Рис 227 | Краскинское городище, 2017 г. Раскоп LI. Вид с запада на поверхность раскопа после разборки дорожного полотна на уровне поверхности 6-го пласта

도면 228 | 크라스키노 성, 2017년, 제51구역. 제6인공층 정리조사 모습, 동쪽에서.

Рис 228 | Краскинское городище, 2017 г. Раскоп LI. Вид с востока на процесс разборки 6-го пласта. Рабочий момент

도면 229 | 크라스키노 성, 2017년, 제51구역. 제7인공층 상면 방안선 포함 모습, 동쪽에서.

Рис 229 | Краскинское городище, 2017 г. Раскоп LI. Вид с востока на поверхность 7-го пласта с растянутой метровой сеткой

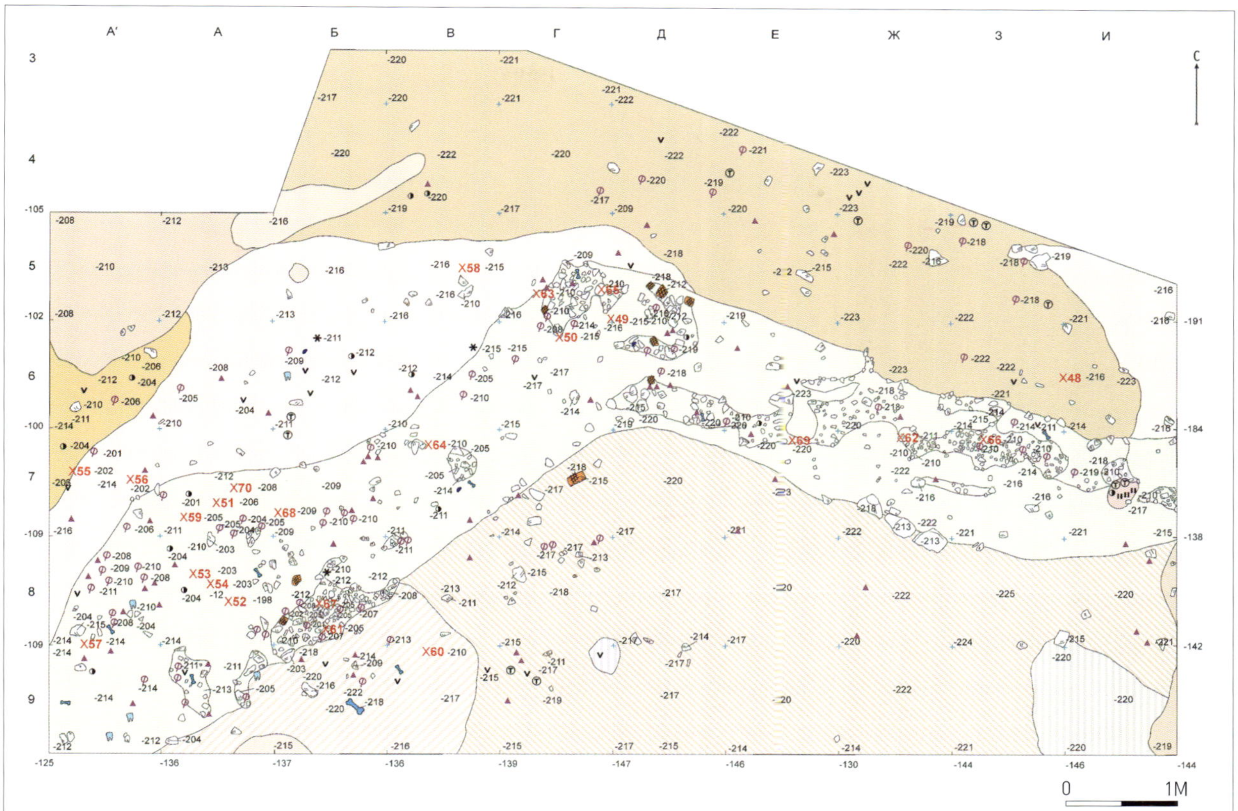

Индивидуальные находки

48 – железный шарик (кв. И-6, н.о. -216 см)
49 – железное кольцо (кв. Д-5, н.о. -215 см)
50 – фрагмент изделия со взаимопересекающимися отверстиями (кв. Г-6, н.о. -215 см)
51 – фрагмент чугунного изделия (кв. А-7, н.о. -206 см)
52 – железный гвоздь (кв. А-8, н.о. -198 см)
53 – фрагмент железного изделия (кв. А-8, н.о. -203 см)
54 – фрагмент железной пластины (кв. А-8, н.о. -203 см)
55 – фрагмент железной проволоки (кв. А'-7, н.о. -202 см)
56 – фрагмент железного изделия (кв. А'-7, н.о. -202 см)
57 – железное сверло (?) (кв. А'-8, н.о. -214 см)
58 – фрагмент железного изделия (кв. В-5, н.о. -215 см)
59 – фрагмент железного стержня (кв. А-7, н.о. -205 см)
60 – фрагмент каменного кольца (кв. В-9, н.о. -210 см)
61 – фрагмент керамического кирпича (кв. Б-8, н.о. -205 см)
62 – фрагмент керамического украшения (кв. Ж-7, н.о. -211 см)
63 –фрагмент концевого диска черепицы (кв. Г-5, н.о. -210 см)
64 – фрагмент концевого диска черепицы (кв. В-7, н.о. -210 см)
65 – оббитая стенка сосуда овальной формы (кв. Г-5, н.о. -210 см)
67 – фрагмент черепицы с орнаментом (кв. Б-8, н.о. -208 см)
68 – фрагмент черепицы с орнаментом (кв. Б-7, н.о. -209 см)
69 – фрагмент керамического украшения (кв. Е-7, н.о. -220 см)
70 – фрагмент черепицы с орнаментом (кв. А-7, н.о. -208 см)

Условные обозначения

– камень
– керамика
– игральная фишка
– кости
– фрагмент бесформенного железа
– обожженная обмазка
– твердая обмазка
– уголь
– шлак
– черепица
– зубы
– галька
X30 – индивидуальная находка

супесь черная с сажей
песок коричневый тонкозернистый
супесь желтовато-коричневая
песок коричневый разнозернистый
супесь коричневая с серыми пятнами
супесь серовато-коричневая
супесь красная
супесь коричневая лёгкая с разнозернистым песком
супесь коричневая рыхлая пятнистая
песок коричневый крупнозернистый
супесь коричневая плотная

도면 230 | 크라스키노 성. 2017년. 제51구역. 제6인공층 제거 후의 평면도 7.

Рис 230 | Краскинское городище. 2017 г. Раскоп LI. План 7 после снятия 6-го пласта

도면 231 | 크라스키노 성, 2017년, 제51구역, 제7인공층 상면 레벨에서의 발굴구역 동쪽부분 도로 잔재 노출 모습, 남동쪽에서.

Рис 231 | Краскинское городище, 2017 г. Раскоп LI. Вид с юго-востока на проявившиеся остатки дорожного полотна в восточной части раскопа на уровне поверхности 7-го пласта. Рабочий момент

도면 232 | 크라스키노 성, 2017년, 제51구역, 제7인공층 상면 레벨에서 노출된 게(Г)-5방안의 도로 잔재 모습, 서쪽에서.

Рис 232 | Краскинское городище, 2017 г. Раскоп LI. Вид с запада на проявившиеся остатки дорожного полотна в кв. Г-5 на уровне поверхности 7-го пласта. Рабочий момент

도면 233 | 크라스키노 성, 2017년, 제51구역, 제6인공층 정리조사 시 발굴구역 서쪽부분에서 노출된 도로 잔재 모습, 남서쪽에서.

Рис 233 | Краскинское городище, 2017 г. Раскоп LI. Вид с юго-запада на остатки дорожного полотна, проявившиеся в западной части раскопа при разборке 6-го пласта. Рабочий момент

도면 234 | 크라스키노 성, 2017년, 제51구역. 제6인공층 정리조사 시 제(З)-7방안에서 노출된 도로 잔재 모습, 방안선 포함, 남쪽에서.

Рис 234 | Краскинское городище, 2017 г. Раскоп LI. Вид с юга на остатки дорожного полотна, проявившиеся в кв. З-7 при разборке 6-го пласта с растянутой метровой сеткой

도면 235 | 크라스키노 성, 2017년, 제51구역. 제6인공층 정리조사 시 베(Б)-8방안에서 노출된 도로 잔재 모습, 방안선 포함, 북쪽에서.

Рис 235 | Краскинское городище, 2017 г. Раскоп LI. Вид с севера на остатки дорожного полотна, проявившиеся в кв. Б-8 при разборке 6-го пласта с растянутой метровой сеткой

도면 236 | 크라스키노 성, 2017년, 제51구역. 제6인공층 정리조사 시 아(A)-9방안 노출 동물 뼈 모습, 위에서.

Рис 236 | Краскинское городище, 2017 г. Раскоп LI. Вид сверху на фрагменты кости животного, обнаруженные в кв. А-9 при разборке 6-го пласта

도면 237 | 크라스키노 성, 2017년, 제51구역. 제6인공층 정리조사 시 베(Б)-9방안 노출 동물 턱뼈 모습, 위에서.

Рис 237 | Краскинское городище, 2017 г. Раскоп LI. Вид сверху на челюсть животного, обнаруженную в кв. Б-9 при разборке 6-го пласта

도면 238 | 크라스키노 성, 2017년, 제51구역. 제6인공층 정리조사 시 붸(В)-7방안 노출 동물 뼈 모습, 위에서.

Рис 238 | Краскинское городище, 2017 г. Раскоп LI. Вид сверху на фрагмент кости животного, обнаруженный в кв. В-7 при разборке 6-го пласта

도면 239 | 크라스키노 성, 2017년, 제51구역. 제6인공층 정리조사 시 아(А)-9방안의 도로 잔재 노출 모습, 위에서.

Рис 239 | Краскинское городище, 2017 г. Раскоп LI. Вид сверху на процесс зачистки дорожного покрытия в кв. А-9 при разборке 6-го пласта. Рабочий момент

도면 240 | 크라스키노 성. 2017년. 제51구역. 제7인공층 상면 레벨에서의 도로 돌 깐 층 모습. 남서쪽에서.

Рис 240 | Краскинское городище. 2017 г. Раскоп LI. Вид с юго-запада на дорожное покрытие на уровне поверхности 7 пласта

도면 241 | 크라스키노 성. 2017년. 제51구역. 제7인공층 상면 레벨에서의 도로 돌 깐 층 모습. 방안선 포함. 북서쪽에서.

Рис 241 | Краскинское городище. 2017 г. Раскоп LI. Вид с северо-запада на дорожное покрытие на уровне поверхности 7 пласта с растянутой метровой сеткой

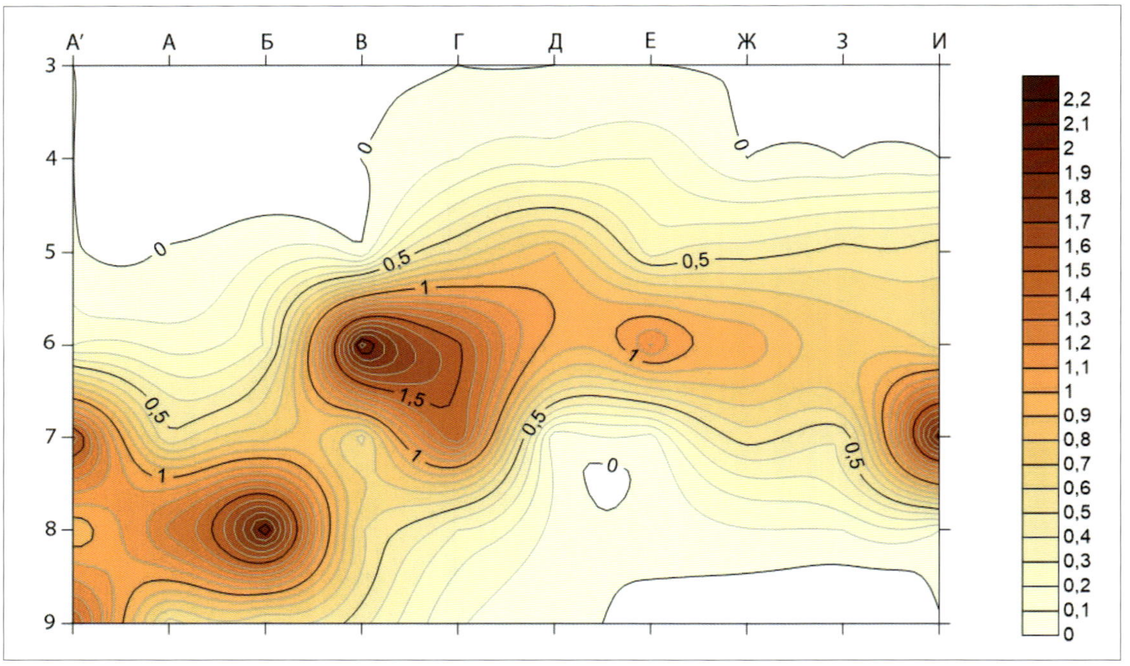

도면 242 | 크라스키노 성, 2017년, 제51구역, 제6인공층 정리조사 시 출토 토제 유물의 무게(kg) 단위 발견 분포도.

Рис 242 | Краскинское городище, 2017 г. Раскоп LI. Схема распределения по весу(в кг) керамического материала, обнаруженного в процессе разборки 6-го пласта

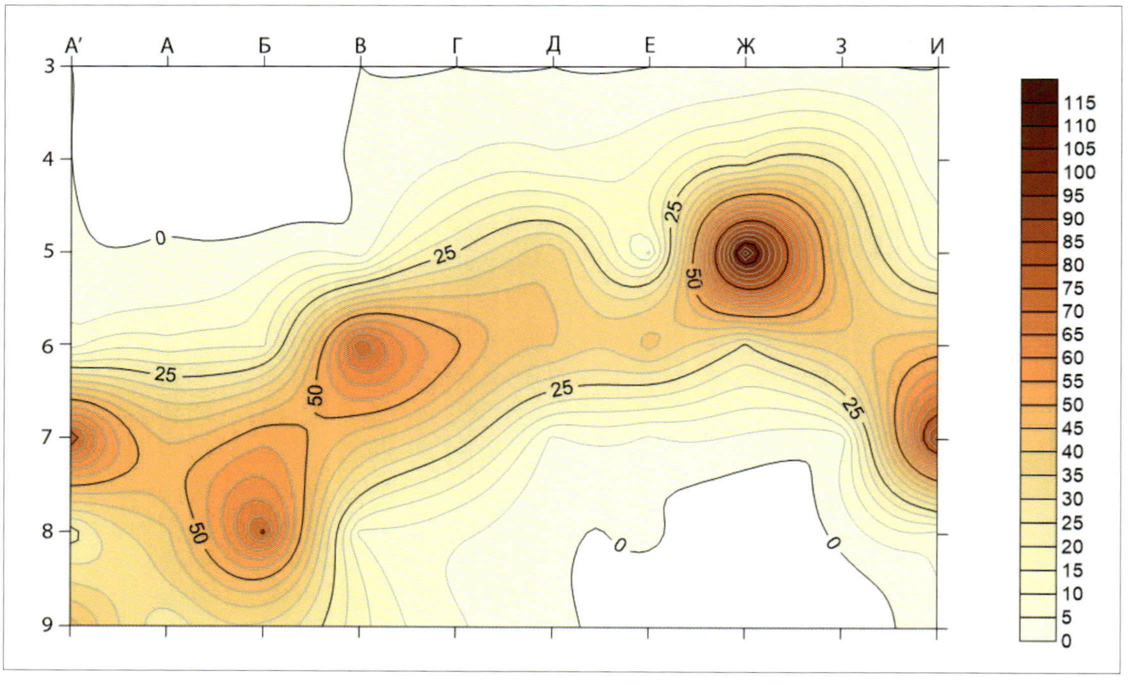

도면 243 | 크라스키노 성, 2017년, 제51구역, 제6인공층 정리조사 시 출토 토제 유물의 분포도(편의 수량 단위).

Рис 243 | Краскинское городище, 2017 г. Раскоп LI. Схема распределения керамического материала(количество фрагментов), обнаруженного в процессе разборки 6-го пласта

도면 244 | 크라스키노 성, 2017년, 제51구역. 제6인공층 정리조사 시 출토 윤제 토기 저부편들: 1 – 붸(В)–8방안, 2 – 쥐(Ж)–6방안.

Рис 244 | Краскинское городище, 2017 г. Раскоп LI. Фрагменты доньев круговых сосудов, обнаруженные в процессе разборки 6-го пласта: 1 – в кв. В-8, 2 – в кв. Ж-6

도면 245 | 라스키노 성, 2017년, 제51구역. 제6인공층 정리조사 시 출토 윤제 토기 저부편들: 1 – 베(Б)–9방안, 2 – 아'(А')–8방안.

Рис 245 | Краскинское городище, 2017 г. Раскоп LI. Фрагменты доньев круговых сосудов, обнаруженные в процессе разборки 6-го пласта: 1 – в кв. Б-9, 2 – в кв. А´-8

도면 246 | 크라스키노 성, 2017년, 제51구역. 제6인공층 정리조사 시 출토 윤제 토기 저부편들: 1 – 게(Г)–6방안, 2 – 베(Б)–9방안.

Рис 246 | Краскинское городище, 2017 г. Раскоп LI. Фрагменты доньев круговых сосудов, обнаруженные в процессе разборки 6-го пласта: 1 – в кв. Г-6, 2 – в кв. Б-9

도면 247 | 크라스키노 성, 2017년, 제51구역. 제6인공층 정리조사 시 출토 문양이 있는 윤제 토기 동체부편들: 1 – 슬립이 있는 토기편, 2 – 베(Б)–6방안, 3 – 아(А)–7방안.

Рис 247 | Краскинское городище, 2017 г. Раскоп LI. Образцы орнаментированных стенок круговых сосудов, обнаруженные в процессе разборки 6-го пласта: 1 – стенка с ангобом, 2 – в кв. Б-6, 3 – в кв. А-7

도면 248 | 크라스키노 성, 2017년, 제51구역, 제6인공층 정리조사 시 출토 문양이 있는 대상파수편들: 1 – 아'(A')–7방안, 2 – 붸(B)–7방안.

Рис 248 | Краскинское городище, 2017 г. Раскоп LI. Образцы горизонтально-ленточных орнаментированных ручек, обнаруженные в процессе разборки 6-го пласта: 1 – в кв. А´-7, 2 – в кв. В-7

도면 249 | 크라스키노 성, 2017년, 제51구역, 제6인공층 정리조사 시 출토 대상파수편들: 1 – 베(Б)–9방안, 2 – 게(Г)–5방안.

Рис 249 | Краскинское городище, 2017 г. Раскоп LI. Образцы горизонтально-ленточных ручек, обнаруженные в процессе разборки 6-го пласта: 1 – в кв. Б-9, 2 – в кв. Г-5

도면 250 | 크라스키노 성, 2017년, 제51구역, 제6인공층 정리조사 시 붸(B)–7방안 출토 수키와편.

Рис 250 | Краскинское городище, 2017 г. Раскоп LI. Образец полукруглой черепицы, найденный в кв. В-7 при разборке 6-го пласта

도면 251 | 크라스키노 성, 2017년, 제51구역. 제6인공층 정리조사 시 아(A)-7방안 출토 암키와편.

Рис 251 | Краскинское городище, 2017 г. Раскоп LI. Образец плоской черепицы, обнаруженной в кв. А-7 в процессе разборки 6-го пласта

도면 252 | 크라스키노 성, 2017년, 제51구역. 제6인공층 정리조사 시 아(A)-9방안 출토 암키와편.

Рис 252 | Краскинское городище, 2017 г. Раскоп LI. Образец плоской черепицы, обнаруженной в кв. А-9 в процессе разборки 6-го пласта

도면 253 | 크라스키노 성, 2017년, 제51구역. 제6인공층 정리조사 시 아'(A')-9방안 출토 전이 달린 윤제 토기 동체부편.

Рис 253 | Краскинское городище, 2017 г. Раскоп LI. Образец стенки кругового сосуда с козырьковым выступом, обнаруженный в кв. А´-9 в процессе разборки 6-го пласта

도면 254 | 크라스키노 성, 2017년, 제51구역, 제6인공층 정리조사 시 이(И)-6방안 출토 지두문이 있는 암키와편.

Рис 254 | Краскинское городище, 2017 г. Раскоп LI. Образец плоской черепицы с пальчиковым орнаментом, обнаруженный в кв. И-6 в процессе разборки 6-го пласта

도면 255 | 크라스키노 성, 2017년, 제51구역, 제6인공층 정리조사 시 아'(A')-9방안 출토 암키와편.

Рис 255 | Краскинское городище, 2017 г. Раскоп LI. Образец плоской черепицы, обнаруженный в кв. А´-9 в процессе разборки 6-го пласта

도면 256 | 크라스키노 성, 2017년, 제51구역, 제6인공층 정리조사 시 베(Б)-6방안 출토 문양이 있는 윤제 토기 상부편.

Рис 256 | Краскинское городище, 2017 г. Раскоп LI. Верхняя часть орнаментированного кругового сосуда, обнаруженного в кв. Б-6 в процессе разборки 6-го пласта

도면 257 | 크라스키노 성, 2017년, 제51구역, 제6인공층 정리조사 시 출토 윤제 토기 구연부편들: 1 - 게(Г)-8방안, 2 - 제(З)-9방안, 3 - 데(Д)-6방안, 4 - 아'(A')-7방안, 5 - 아(A)-9방안.

Рис 257 | Краскинское городище, 2017 г. Раскоп LI. Образцы венчиков круговых сосудов, обнаруженные в процессе разборки 6-го пласта: 1 – в кв. Г-8, 2 – в кв. З-9, 3 – в кв. Д-6, 4 – в кв. А´-7, 5 – в кв. А-9

도면 258 | 크라스키노 성, 2017년. 제51구역. 제6인공층 정리조사 시 아(А)-8방안 출토 암키와편.

Рис 258 | Краскинское городище, 2017 г. Раскоп LI. Образец плоской черепицы, обнаруженный в кв. А-8 в процессе разборки 6-го пласта

도면 259 | 크라스키노 성, 2017년. 제51구역. 제6인공층 정리조사 시 베(Б)-6방안 출토 암키와편.

Рис 259 | Краскинское городище, 2017 г. Раскоп LI. Образец плоской черепицы, обнаруженный в кв. Б-6 в процессе разборки 6-го пласта

도면 260 | 크라스키노 성, 2017년. 제51구역. 제6인공층 정리조사 시 게(Г)-6방안 출토 암키와편.

Рис 260 | Краскинское городище, 2017 г. Раскоп LI. Образец плоской черепицы, обнаруженный в кв. Г-6 в процессе разборки 6-го пласта

도면 261 | 크라스키노 성, 2017년. 제51구역. 제6인공층 정리조사 시 아'(А')-9방안 출토 지두문이 있는 암키와편.

Рис 261 | Краскинское городище, 2017 г. Раскоп LI. Образец плоской черепицы с пальчиковым орнаментом, обнаруженный в кв. А´-9 в процессе разборки 6-го пласта

도면 262 | 크라스키노 성, 2017년, 제51구역. 제6인공층 정리조사 시 베(Б)-6방안 출토 암키와편.

Рис 262 | Краскинское городище, 2017 г. Раскоп LI. Образец плоской черепицы, обнаруженный в кв. Б-6 в процессе разборки 6-го пласта

도면 263 | 크라스키노 성, 2017년, 제51구역. 제6인공층 정리조사 시 이(И)-5방안 출토 암키와편.

Рис 263 | Краскинское городище, 2017 г. Раскоп LI. Образец плоской черепицы, обнаруженный в кв. И-5 в процессе разборки 6-го пласта

도면 264 | 크라스키노 성, 2017년, 제51구역. 제6인공층 정리조사 시 제(З)-6방안 출토 지두문이 있는 암키와편.

Рис 264 | Краскинское городище, 2017 г. Раскоп LI. Образец плоской с пальчиковым орнаментом черепицы, обнаруженной в кв. З-6 в процессе разборки 6-го пласта

도면 265 | 크라스키노 성, 2017년, 제51구역. 제6인공층 정리조사 시 게(Г)-5방안 출토 지두문이 있는 암키와편.

Рис 265 | Краскинское городище, 2017 г. Раскоп LI. Образец плоской с пальчиковым орнаментом черепицы, найденной в кв. Г-5 в процессе разборки 6-го пласта

도면 266 | 크라스키노 성, 2017년, 제51구역. 제6인공층 정리조사 시 줘(Ж)-4, 5방안 출토 문양이 있는 암키와편.

Рис 266 | Краскинское городище, 2017 г. Раскоп LI. Образец плоской орнаментированной черепицы, обнаруженной в кв. Ж-4,5 в процессе разборки 6-го пласта

도면 267 | 크라스키노 성, 2017년, 제51구역. 제6인공층 정리조사 시 베(Б)-8방안 출토 문양이 있는 암키와편.

Рис 267 | Краскинское городище, 2017 г. Раскоп LI. Образец плоской орнаментированной черепицы, обнаруженный в кв. Б-8 в процессе разборки 6-го пласта

도면 268 | 크라스키노 성, 2017년, 제51구역. 제6인공층 정리조사 시 게(Г)-7방안 출토 암키와편.

Рис 268 | Краскинское городище, 2017 г. Раскоп LI. Образец плоской черепицы, обнаруженный в кв. Г-7 в процессе разборки 6-го пласта

도면 269 | 크라스키노 성, 2017년, 제51구역. 제6인공층 정리조사 시 게(Г)-7방안 출토 암키와편.

Рис 269 | Краскинское городище, 2017 г. Раскоп LI. Образец плоской черепицы, обнаруженный в кв. Г-7 в процессе разборки 6-го пласта

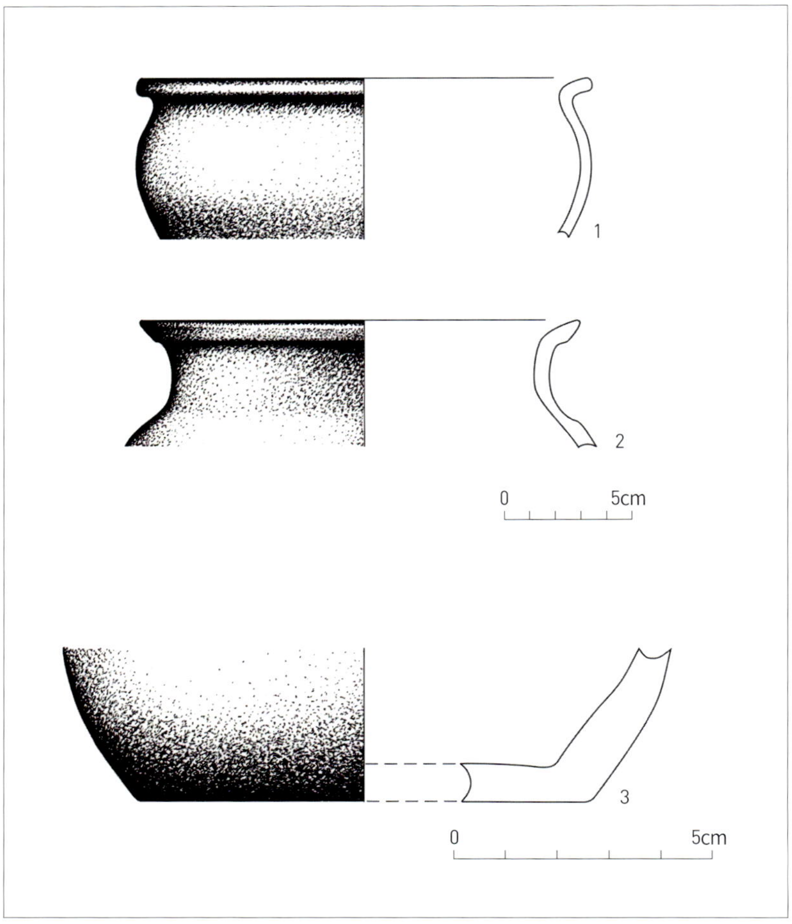

도면 270 | 크라스키노 성, 2017년, 제51구역. 제4인공층(1, 2)과 제5인공층(3) 조사 시 출토 윤제 토기들 실측도: 1 – 예(Е)-8방안, 2 – 아(А)-9방안, 3 – 아(А)-8방안.

Рис 270 | Краскинское городище, 2017 г. Раскоп LI. Графические реконструкции круговых сосудов, найденных при снятии 4-го(1, 2) и 5-го(3) пластов: 1 – в кв. Е-8, 2 – в кв. А-9, 3 – в кв. А-8

도면 271 | 크라스키노 성, 2017년, 제51구역, 제6인공층 정리조사 시 출토 와편(1, 3, 5~7)과 토기 동체부편(2, 4, 8)으로 만든 놀이 알들: 1 – 줴(Ж)-6방안, 레벨 -218㎝, 2 – 게(Г)-6방안, 레벨 -215㎝, 3 – 데(Д)-4방안, 레벨 -220㎝, 4 – 아(А)-8방안, 레벨 -210㎝, 5 – 아′(А′)-8방안, 레벨 -208㎝, 6 – 예(Е)-6방안, 레벨 -210㎝, 7 – 아(А)-7방안, 레벨 -205㎝, 8 – 아′(А′)-9방안, 레벨 -214㎝.

Рис 271 | Краскинское городище, 2017 г. Раскоп LI. Игральные фишки, изготовленные из черепицы(1, 3, 5–7) и стенок сосудов(2, 4, 8) и обнаруженные в процессе разборки 6-го пласта: 1 – Ж-6(н.о. -218 см), 2 – кв. Г-6(н.о. -215 см), 3 – Д-4(н.о. -220 см), 4 – А-8(н.о. -210 см), 5 – А´-8(н.о. -208 см), 6 – Е-6(н.о. -210 см), 7 – А-7(н.о. -205 см), 8 – А´-9(н.о. -214 см)

도면 272 | 크라스키노 성, 2017년, 제51구역. 제6인공층 정리조사 시 게(Г)-6방안 출토 상호 교차하는 구멍이 있는 토제유물 (№ 50, 레벨 -215㎝) 출토모습, 위에서.

Рис 272 | Краскинское городище, 2017 г. Раскоп LI. Вид сверху на фрагмент керамического изделия со взаимопересекающимися отверстиями(№50, н.о. -215 см), обнаруженный в кв. Г-6 в процессе разборки 6-го пласта

도면 273 | 크라스키노 성, 2017년, 제51구역. 제6인공층 정리조사 시 게(Г)-6방안 출토 상호 교차하는 구멍이 있는 토제유물 (№ 50, 레벨 -215㎝).

Рис 273 | Краскинское городище, 2017 г. Раскоп LI. Фрагмент керамического изделия со взаимопересекающимися отверстиями(№50, н.о. -215 см), обнаруженного в кв. Г-6 в процессе разборки 6-го пласта

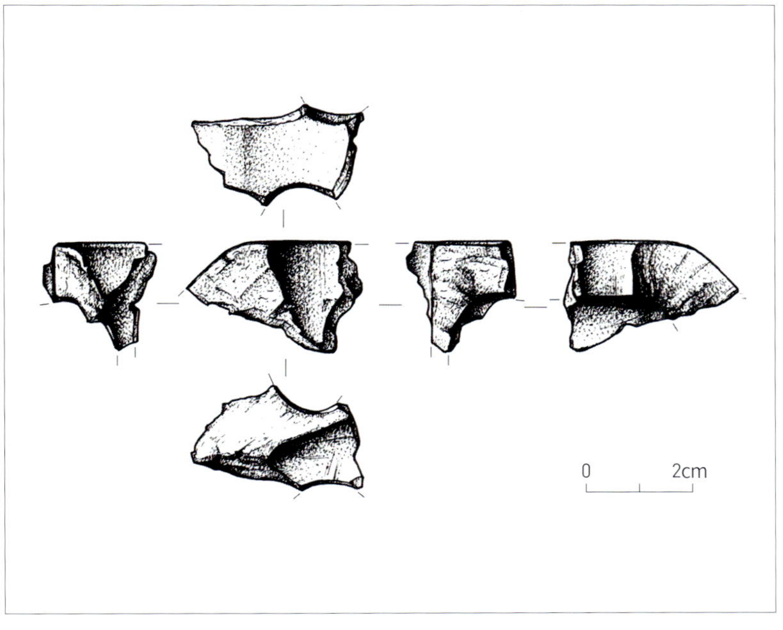

도면 274 | 크라스키노 성, 2017년, 제51구역. 제6인공층 정리조사 시 게(Г)-6방안 출토 상호 교차하는 구멍이 있는 토제유물 (№ 50, 레벨 -215㎝) 실측도.

Рис 274 | Краскинское городище, 2017 г. Раскоп LI. Рисунок фрагмента керамического изделия со взаимопересекающимися отверстиями(№50, н.о. -215 см), обнаруженного в кв. Г-6 в процессе разборки 6-го пласта

도면 275 | 크라스키노 성, 2017년, 제51구역, 제6인공층 정리조사 시 베(Б)-8방안 출토 토제 전돌편(No. 61, 레벨 -205㎝).

Рис 275 | Краскинское городище, 2017 г. Раскоп LI. Фрагмент керамического кирпича(№61, н.о. -205 см), обнаруженный в кв. Б-8 в процессе разборки 6-го пласта

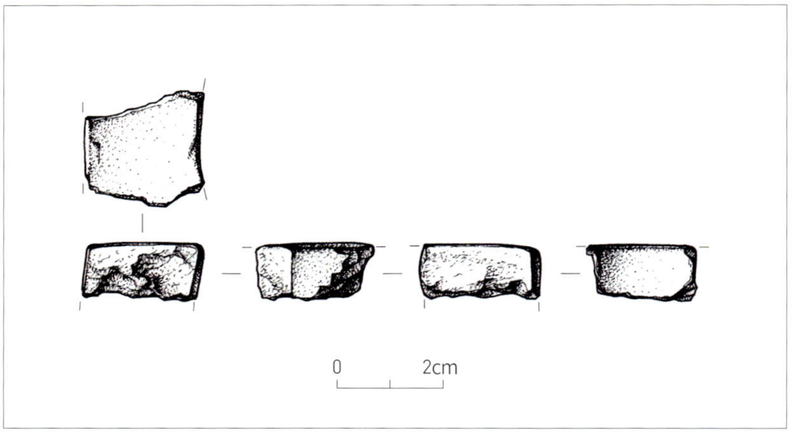

도면 276 | 크라스키노 성, 2017년, 제51구역, 제6인공층 정리조사 시 베(Б)-8방안 출토 토제 전돌편(No. 61, 레벨 -205㎝) 실측도.

Рис 276 | Краскинское городище, 2017 г. Раскоп LI. Рисунок фрагмента керамического кирпича(№61, н.о. -205 см), обнаруженный в кв. Б-8 в процессе разборки 6-го пласта

도면 277 | 크라스키노 성, 2017년, 제51구역, 제6인공층 정리조사 시 쥐(Ж)-7방안 출토 토제 뚜껑 장식(No. 62, 레벨 -211㎝).

Рис 277 | Краскинское городище, 2017 г. Раскоп LI. Фрагмент керамического украшения крыши(№62, н.о. -211 см), обнаруженный в кв. Ж-7 в процессе разборки 6-го пласта

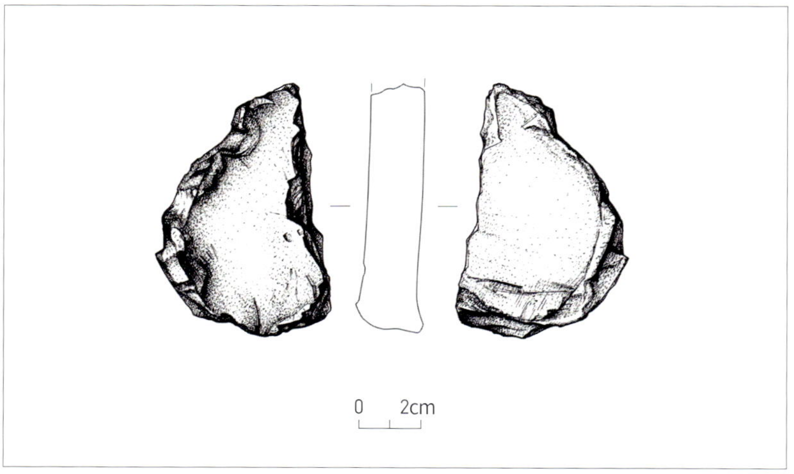

도면 278 | 크라스키노 성, 2017년, 제51구역, 제6인공층 정리조사 시 쥐(Ж)-7방안 출토 토제 뚜껑 장식(No. 62, 레벨 -211㎝) 실측도.

Рис 278 | Краскинское городище, 2017 г. Раскоп LI. Рисунок фрагмента керамического украшения крыши(№62, н.о. -211 см), обнаруженного в кв. Ж-7 в процессе разборки 6-го пласта

도면 279 | 크라스키노 성, 2017년, 제51구역, 제6인공층 정리조사 시 예(E)-7방안 출토 토제 장식편(No. 69, 레벨 -220㎝).

Рис 279 | Краскинское городище, 2017 г. Раскоп LI. Фрагмент керамического украшения(№69, н.о. -220 см), обнаруженный в кв. Е-7 в процессе разборки 6-го пласта

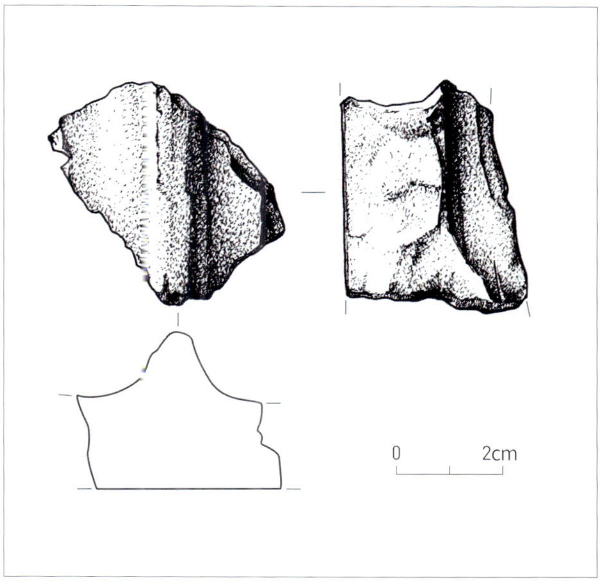

도면 280 | 크라스키노 성, 2017년, 제51구역, 제6인공층 정리조사 시 예(E)-7방안 출토 토제 장식편(No. 69, 레벨 -220㎝) 실측도.

Рис 280 | Краскинское городище, 2017 г. Раскоп LI. Рисунок фрагмента керамического украшения(№69, н.о. -220 см), обнаруженного в кв. Е-7 в процессе разборки 6-го пласта

도면 281 | 크라스키노 성, 2017년, 제51구역, 제6인공층 정리조사 시 게(Г)-5방안 출토 와당편(No. 63, 레벨 -210㎝).

Рис 281 | Краскинское городище, 2017 г. Раскоп LI. Фрагмент концевого диска черепицы(№63, н.о. -210 см), обнаруженный в кв. Г-5 в процессе разборки 6-го пласта

도면 282 | 크라스키노 성, 2017년, 제51구역, 제6인공층 정리조사 시 게(Г)-5방안 출토 와당편(No. 63, 레벨 -210㎝) 실측도.

Рис 282 | Краскинское городище, 2017 г. Раскоп LI. Рисунок фрагмента концевого диска черепицы(№63, н.о. -210 см), обнаруженного в кв. Г-5 в процессе разборки 6-го пласта

도면 283 | 크라스키노 성, 2017년, 제51구역. 제6인공층 정리조사 시 뷁(B)-7방안 출토 와당편(No. 64, 레벨 -210㎝) 출토모습, 위에서.

Рис 283 | Краскинское городище, 2017 г. Раскоп LI. Вид сверху на фрагмент концевого диска черепицы(№64, н.о. -210 см), обнаруженный в кв. B-7 в процессе разборки 6-го пласта

도면 284 | 크라스키노 성, 2017년, 제51구역. 제6인공층 정리조사 시 뷁(B)-7방안 출토 와당편(No. 64, 레벨 -210㎝).

Рис 284 | Краскинское городище, 2017 г. Раскоп LI. Фрагмент концевого диска черепицы(№64, н.о. -210 см), обнаруженный в кв. B-7 в процессе разборки 6-го пласта

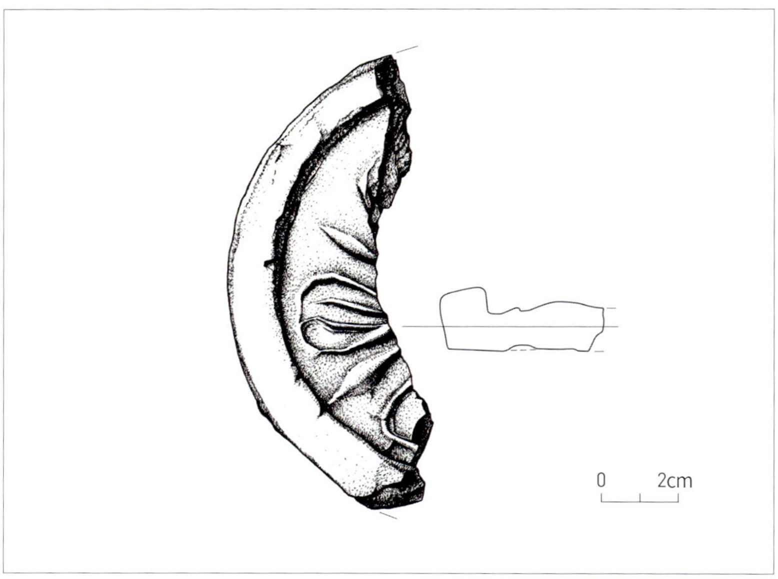

도면 285 | 크라스키노 성, 2017년, 제51구역. 제6인공층 정리조사 시 뷁(B)-7방안 출토 와당편(No. 64, 레벨 -210㎝) 실측도.

Рис 285 | Краскинское городище, 2017 г. Раскоп LI. Рисунок фрагмента концевого диска черепицы(№64, н.о. -210 см), обнаруженного в кв. B-7 в процессе разборки 6-го пласта

도면 286 | 크라스키노 성, 2017년, 제51구역, 제6인공층 정리조사 시 제(3)-7방안 출토 와당편(No. 66, 레벨 -210㎝).

Рис 286 | Краскинское городище, 2017 г. Раскоп LI. Фрагмент концевого диска черепицы(№66, н.о. -210 см), обнаруженный в кв. 3-7 в процессе разборки 6-го пласта

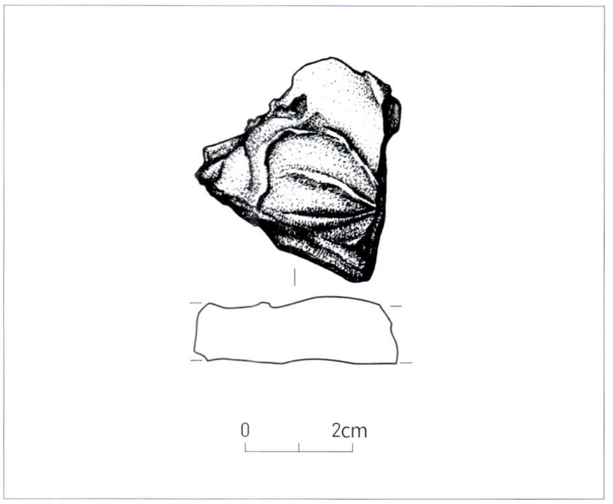

도면 287 | 크라스키노 성, 2017년, 제51구역, 제6인공층 정리조사 시 제(3)-7방안 출토 와당편(No. 66, 레벨 -210㎝) 실측도.

Рис 287 | Краскинское городище, 2017 г. Раскоп LI. Рисунок фрагмента концевого диска черепицы(№66, н.о. -210 см), обнаруженного в кв. 3-7 в процессе разборки 6-го пласта

도면 288 | 크라스키노 성, 2017년, 제51구역, 제6인공층 정리조사 시 게(Г)-5방안 출토 가장자리를 깨뜨린 타원형 토기 동체부편(No. 65, 레벨 -210㎝).

Рис 288 | Краскинское городище, 2017 г. Раскоп LI. Фрагмент стенки керамического сосуда овальной формы с оббитыми краями(№65, н.о. -210 см), обнаруженный в кв. Г-5 в процессе разборки 6-го пласта

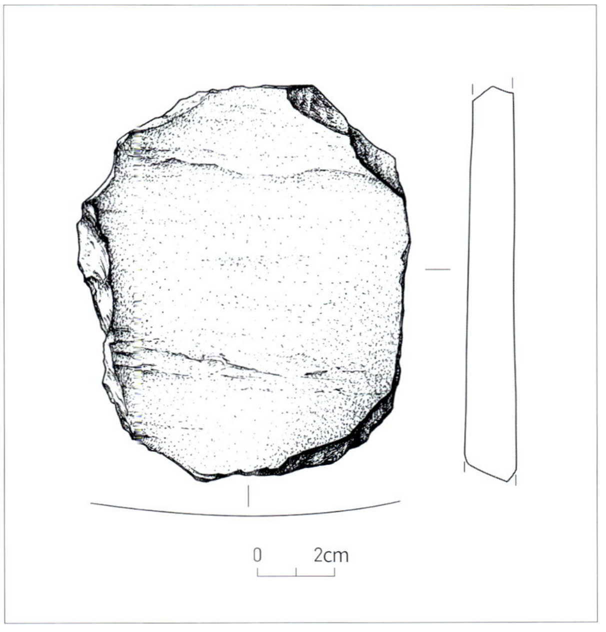

도면 289 | 크라스키노 성, 2017년, 제51구역, 제6인공층 정리조사 시 게(Г)-5방안 출토 가장자리를 깨뜨린 타원형 토기 동체부편(No. 65, 레벨 -210㎝) 실측도.

Рис 289 | Краскинское городище, 2017 г. Раскоп LI. Рисунок фрагмента стенки керамического сосуда овальной формы с оббитыми краями(№65, н.о. -210 см), обнаруженного в кв. Г-5 в процессе разборки 6-го пласта

도면 290 | 크라스키노 성, 2017년, 제51구역, 제6인공층 정리조사 시 베(Б)-8방안 출토 문양이 있는 암키와편 (№ 67, 레벨 -208㎝).

Рис 290 | Краскинское городище, 2017 г. Раскоп LI. Фрагмент плоской черепицы с орнаментом(№67, н.о. -208 см), обнаруженный в кв. Б-8 в процессе разборки 6-го пласта

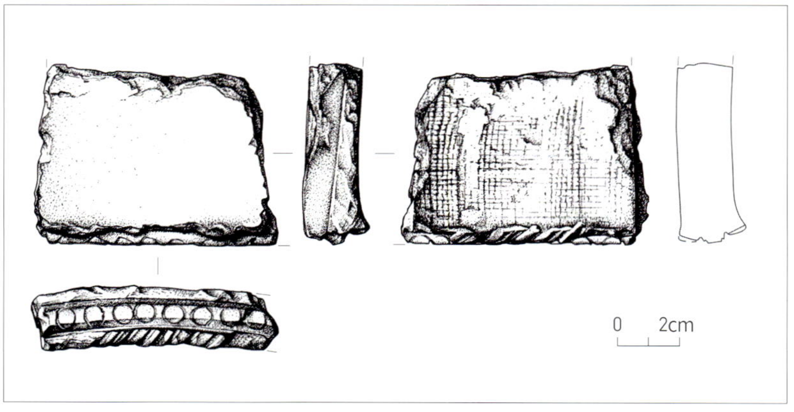

도면 291 | 크라스키노 성, 2017년, 제51구역, 제6인공층 정리조사 시 베(Б)-8방안 출토 문양이 있는 암키와편 (№ 67, 레벨 -208㎝) 실측도.

Рис 291 | Краскинское городище, 2017 г. Раскоп LI. Рисунок фрагмента плоской черепицы с орнаментом (№67, н.о. -208 см), обнаруженного в кв. Б-8 в процессе разборки 6-го пласта

도면 292 | 크라스키노 성, 2017년, 제51구역, 제6인공층 정리조사 시 베(Б)-7방안 출토 문양이 있는 암키와편 (№ 68, 레벨 -209㎝).

Рис 292 | Краскинское городище, 2017 г. Раскоп LI. Фрагмент плоской черепицы с орнаментом(№68, н.о. -209 см), обнаруженный в кв. Б-7 в процессе разборки 6-го пласта

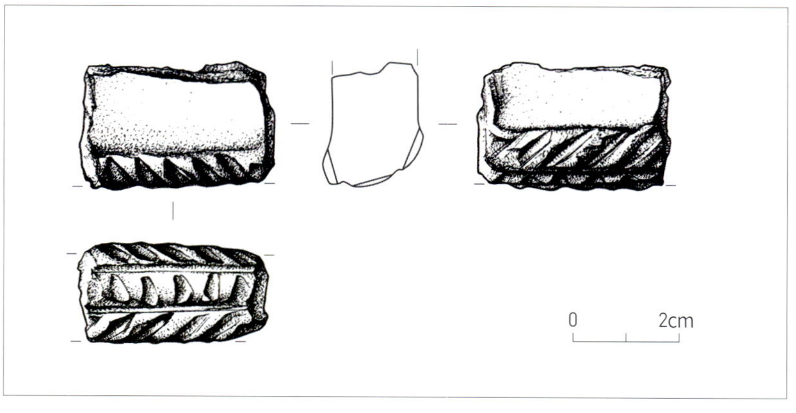

도면 293 | 크라스키노 성, 2017년, 제51구역, 제6인공층 정리조사 시 베(Б)-7방안 출토 문양이 있는 암키와편 (№ 68, 레벨 -209㎝) 실측도.

Рис 293 | Краскинское городище, 2017 г. Раскоп LI. Рисунок фрагмента плоской черепицы с орнаментом (№68, н.о. -209 см), обнаруженного в кв. Б-7 в процессе разборки 6-го пласта

도면 294 | 크라스키노 성. 2017년. 제51구역. 제6인공층 정리조사 시 아(A)-7방안 출토 문양이 있는 암키와편(No. 70, 레벨 -208㎝).

Рис 294 | Краскинское городище. 2017 г. Раскоп LI. Фрагмент плоской черепицы с орнаментом(№70, н.о. -208 см), обнаруженный в кв. А-7 в процессе разборки 6-го пласта

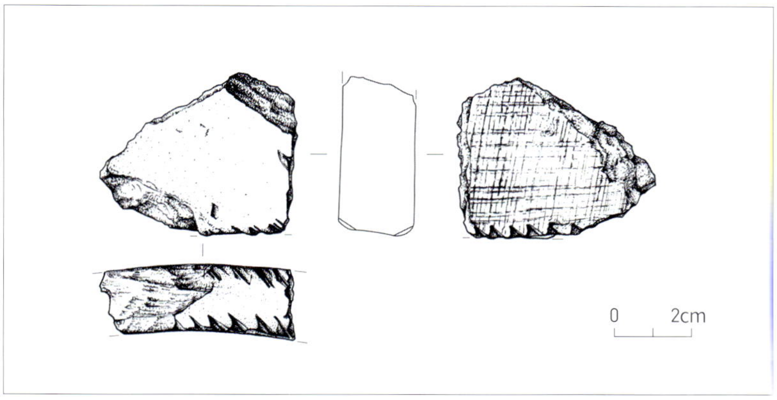

도면 295 | 크라스키노 성. 2017년. 제51구역. 제6인공층 정리조사 시 아(A)-7방안 출토 문양이 있는 암키와편(No. 70, 레벨 -208㎝) 실측도.

Рис 295 | Краскинское городище. 2017 г. Раскоп LI. Фрагмент плоской черепицы с орнаментом(№70, н.о. -208 см), обнаруженный в кв. А-7 в процессе разборки 6-го пласта

도면 296 | 크라스키노 성. 2017년. 제51구역. 제6인공층 정리조사 시 이(И)-6방안 출토 철제 구상유물(No. 48, 레벨 -216㎝).

Рис 296 | Краскинское городище. 2017 г. Раскоп LI. Железный шарик(№48, н.о. -216 см), обнаруженный в кв. И-6 в процессе разборки 6-го пласта

도면 297 | 크라스키노 성. 2017년. 제51구역. 제6인공층 정리조사 시 데(Д)-5방안 발견 철제 고리(No. 49, 레벨 -215㎝) 출토모습. 위에서.

Рис 297 | Краскинское городище. 2017 г. Раскоп LI. Вид сверху на железное кольцо(№49, н.о. -215 см), обнаруженное в кв. Д-5 в процессе разборки 6-го пласта

도면 298 | 크라스키노 성, 2017년, 제51구역. 제6인공층 정리조사 시 데(Д)-5방안 발견 철제 고리(№ 49, 레벨 -215㎝).

Рис 298 | Краскинское городище, 2017 г. Раскоп LI. Железное кольцо(№49, н.о. -215 см), обнаруженное в кв. Д-5 в процессе разборки 6-го пласта

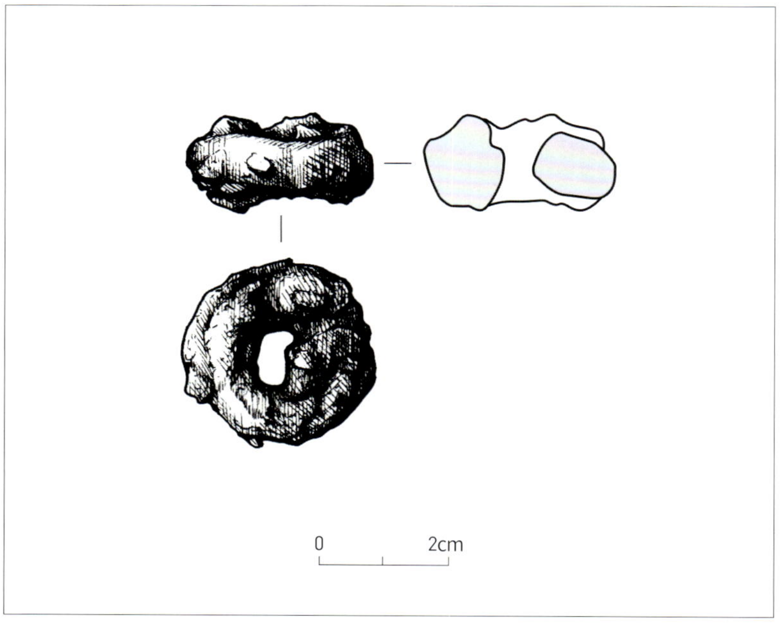

도면 299 | 크라스키노 성, 2017년, 제51구역. 제6인공층 정리조사 시 데(Д)-5방안 발견 철제 고리(№ 49, 레벨 -215㎝) 실측도.

Рис 299 | Краскинское городище, 2017 г. Раскоп LI. Рисунок железного кольца(№49, н.о. -215 см), обнаруженного в кв. Д-5 в процессе разборки 6-го пласта

도면 300 | 크라스키노 성, 2017년, 제51구역. 제6인공층 정리조사 시 아(А)-7방안 발견 주철제 유물편(№ 51, 레벨 -207㎝) 출토모습, 위에서.

Рис 300 | Краскинское городище, 2017 г. Раскоп LI. Вид сверху на фрагмент чугунного изделия(№51, н.о. -207 см), обнаруженного в кв. А-7 в процессе разборки 6-го пласта

도면 301 | 크라스키노 성, 2017년, 제51구역. 제6인공층 정리조사 시 아(A)-7방안 발견 주철제 유물편(No. 51, 레벨 -207㎝).

Рис 301 | Краскинское городище, 2017 г. Раскоп LI. Фрагмент чугунного изделия(№51, н.о. -207 см), обнаруженный в кв. А-7 в процессе разборки 6-го пласта

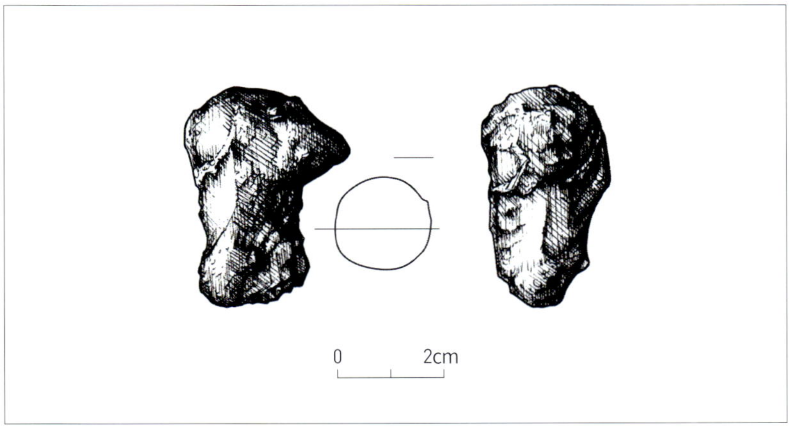

도면 302 | 크라스키노 성, 2017년, 제51구역. 제6인공층 정리조사 시 아(A)-7방안 발견 주철제 유물편(No. 51, 레벨 -207㎝) 실측도.

Рис 302 | Краскинское городище, 2017 г. Раскоп LI. Рисунок фрагмента чугунного изделия(№51, н.о. -207 см), обнаруженного в кв. А-7 в процессе разборки 6-го пласта

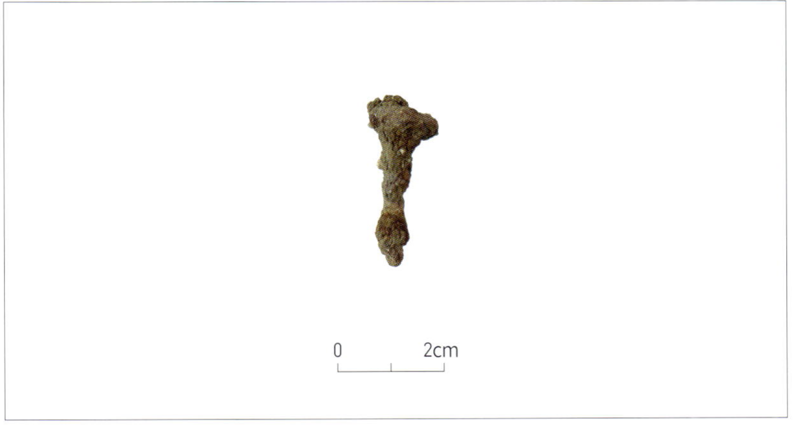

도면 303 | 크라스키노 성, 2017년, 제51구역. 제6인공층 정리조사 시 아(A)-8방안 출토 철제 못(No. 52, 레벨 -198㎝).

Рис 303 | Краскинское городище, 2017 г. Раскоп LI. Железный гвоздь(№52, н.о. -198 см), обнаруженный в кв. А-8 в процессе разборки 6-го пласта

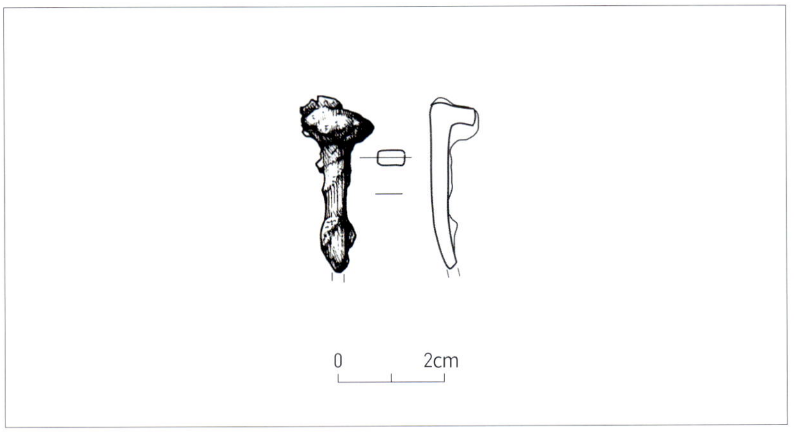

도면 304 | 크라스키노 성, 2017년, 제51구역. 제6인공층 정리조사 시 아(A)-8방안 출토 철제 못(No. 52, 레벨 -198㎝) 실측도.

Рис 304 | Краскинское городище, 2017 г. Раскоп LI. Рисунок железного гвоздя(№52, н.о. -198 см), обнаруженного в кв. А-8 в процессе разборки 6-го пласта

도면 305 | 크라스키노 성, 2017년, 제51구역. 제6인공층 정리조사 시 아(A)-8방안 출토 철제 유물편(No. 53, 레벨 -203㎝).

Рис 305 | Краскинское городище, 2017 г. Раскоп LI. Фрагмент железного изделия(№53, н.о. - 203 см), обнаруженный в кв. А-8 в процессе разборки 6-го пласта

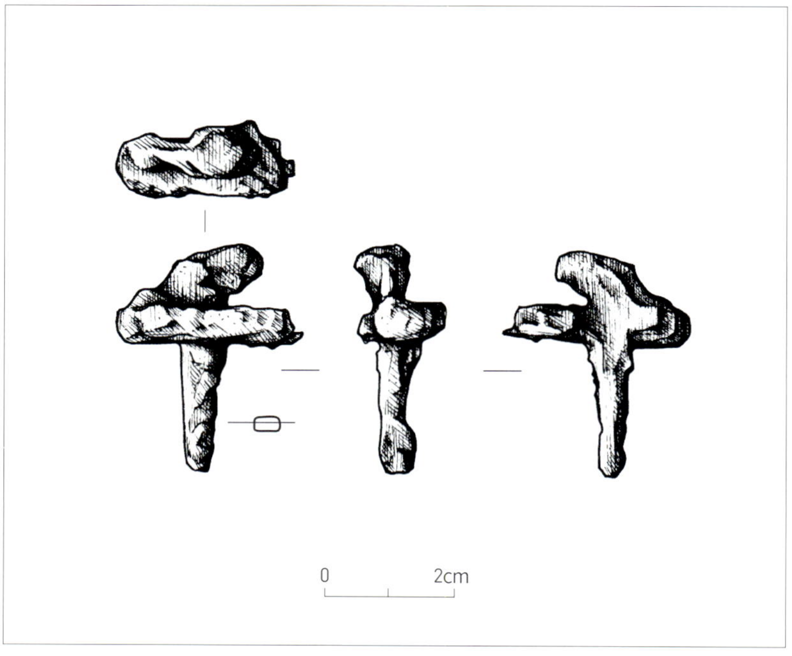

도면 306 | 크라스키노 성, 2017년, 제51구역. 제6인공층 정리조사 시 아(A)-8방안 출토 철제 유물편(No. 53, 레벨 -203㎝) 실측도.

Рис 306 | Краскинское городище, 2017 г. Раскоп LI. Рисунок фрагмента железного изделия(№53, н.о. -203 см), обнаруженного в кв. А-8 в процессе разборки 6-го пласта

도면 307 | 크라스키노 성, 2017년, 제51구역. 제6인공층 정리조사 시 아'(A')-7방안 철제 유물편(No. 56, 레벨 -202㎝) 출토 모습, 위에서.

Рис 307 | Краскинское городище, 2017 г. Раскоп LI. Вид сверху на фрагмент железного изделия(№56, н.о. -202 см), обнаруженный в кв. А´-7 в процессе разборки 6-го пласта

도면 308 | 크라스키노 성, 2017년, 제51구역. 제6인공층 정리조사 시 아'(A')-7방안 발견 철제 유물편(No. 55, 레벨 -202㎝) 출토모습, 위에서.

Рис 308 | Краскинское городище, 2017 г. Раскоп LI. Вид сверху на фрагмент железного изделия(№55, н.о. -202 см), обнаруженный в кв. А´-7 в процессе разборки 6-го пласта

도면 309 | 크라스키노 성, 2017년, 제51구역. 제6인공층 정리조사 시 아'(A')-7방안 발견 철제 유물편(No. 55, 레벨 -202㎝).

Рис 309 | Краскинское городище, 2017 г. Раскоп LI. Фрагмент железного изделия(№55, н.о. -202 см), обнаруженный в кв. А´-7 в процессе разборки 6-го пласта

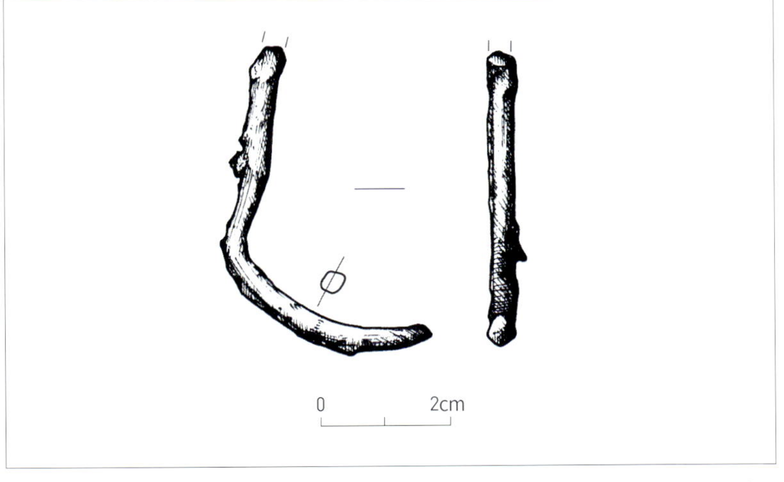

도면 310 | 크라스키노 성, 2017년, 제51구역. 제6인공층 정리조사 시 아'(A')-7방안 발견 철제 유물편(No. 55, 레벨 -202㎝) 실측도.

Рис 310 | Краскинское городище, 2017 г. Раскоп LI. Рисунок фрагмента железного изделия(№55, н.о. -202 см), обнаруженного в кв. А´-7 в процессе разборки 6-го пласта

도면 311 | 크라스키노 성, 2017년, 제51구역. 제6인공층 정리조사 시 붸(B)-5방안 철제 유물편(No. 58, 레벨 -215㎝) 출토 모습, 위에서.

Рис 311 | Краскинское городище, 2017 г. Раскоп LI. Вид сверху на фрагмент железного изделия(№58, н.о. -215 см), обнаруженного в кв. В-5 в процессе разборки 6-го пласта

도면 312 | 크라스키노 성, 2017년. 제51구역. 제6인공층 정리조사 시 아(A)-8방안 철제 판상 유물편(№ 54, 레벨 -203㎝) 출토 모습, 위에서.

Рис 312 | Краскинское городище. 2017 г. Раскоп LI. Вид сверху на фрагмент железной пластины(№54, н.о. -203 см), обнаруженный в кв. А-8 в процессе разборки 6-го пласта

도면 313 | 크라스키노 성, 2017년. 제51구역. 제6인공층 정리조사 시 아'(A')-8방안 발견 철제 천공기(№ 57, 레벨 -214㎝) 출토모습, 위에서.

Рис 313 | Краскинское городище. 2017 г. Раскоп LI. Вид сверху на железное сверло(№57, н.о. -214 см), обнаруженное в кв. А´-8 в процессе разборки 6-го пласта

도면 314 | 크라스키노 성, 2017년. 제51구역. 제6인공층 정리조사 시 아'(A')-8방안 발견 철제 천공기(№ 57, 레벨 -214㎝).

Рис 314 | Краскинское городище. 2017 г. Раскоп LI. Железное сверло(№57, н.о. -214 см), обнаруженное в кв. А´-8 в процессе разборки 6-го пласта

도면 315 | 크라스키노 성, 2017년. 제51구역. 제6인공층 정리조사 시 아'(A')-8방안 발견 철제 천공기(№ 57, 레벨 -214㎝) 실측도.

Рис 315 | Краскинское городище. 2017 г. Раскоп LI. Рисунок железного сверла(№57, н.о. -214 см), обнаруженного в кв. А´-8 в процессе разборки 6-го пласта

도면 316 | 크라스키노 성, 2017년, 제51구역, 제6인공층 정리조사 시 아(A)-7방안 출토 철제 축편(No. 59, 레벨 -205㎝).

Рис 316 | Краскинское городище, 2017 г. Раскоп LI. Фрагмент железного стержня(№59, н.о. -205 см), обнаруженный в кв. А-7 в процессе разборки 6-го пласта

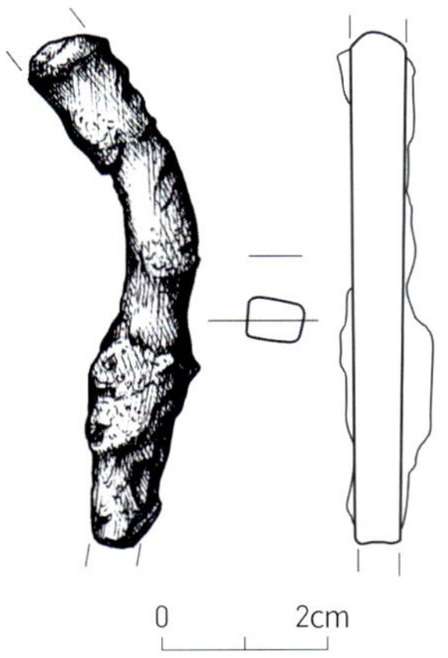

도면 317 | 크라스키노 성, 2017년, 제51구역, 제6인공층 정리조사 시 아(A)-7방안 출토 철제 축편(No. 59, 레벨 -205㎝) 실측도.

Рис 317 | Краскинское городище, 2017 г. Раскоп LI. Рисунок фрагмента железного стержня(№59, н.о. -205 см), обнаруженного в кв. А-7 в процессе разборки 6-го пласта

도면 318 | 크라스키노 성, 2017년, 제51구역, 제6인공층 정리조사 시 붸(B)-9방안 출토 토제 고리편(No. 60, 레벨 -210㎝).

Рис 318 | Краскинское городище, 2017 г. Раскоп LI. Фрагмент керамического кольца(№60, н.о. -210 см), обнаруженный в кв. В-9 в процессе разборки 6-го пласта

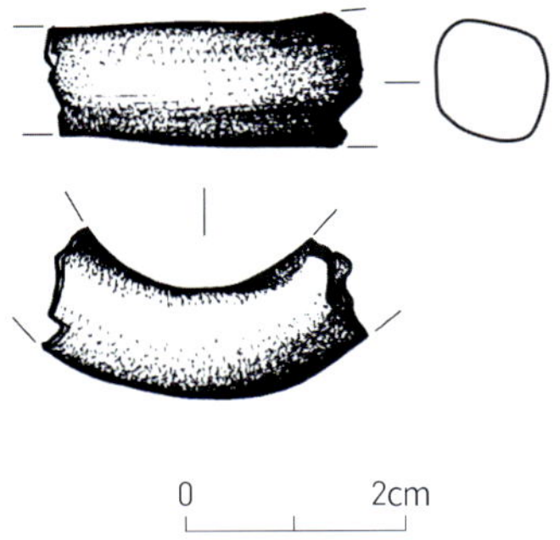

도면 319 | 크라스키노 성, 2017년, 제51구역, 제6인공층 정리조사 시 붸(B)-9방안 출토 토제 고리편(No. 60, 레벨 -210㎝) 실측도.

Рис 319 | Краскинское городище, 2017 г. Раскоп LI. Рисунок фрагмента керамического кольца(№60, н.о. -210 см), обнаруженного в кв. В-9 в процессе разборки 6-го пласта

도면 320 | 크라스키노 성, 2017년, 제51구역.
현장보존조치 후의 모습, 동쪽에서.

Рис 320 | Краскинское городище, 2017 г.
Раскоп LI. Вид с востока
на законсервированный раскоп

도면 321 | 크라스키노 성, 2017년, 제53구역.
섹터 1과 섹터 2, 발굴구역 지표면 모습,
방안선 포함, 남서쪽에서.

Рис 321 | Краскинское городище, 2017 г.
Раскоп LIII. Сектор 1 и 2.
Вид с юго-запада на дневную
поверхность раскопа с растянутой
метровой сеткой

도면 322 | 크라스키노 성, 2017년, 제53구역.
섹터 3, 발굴구역 지표면 모습, 방안선 포함,
북서쪽에서.

Рис 322 | Краскинское городище, 2017 г.
Раскоп LIII. Сектор 3.
Вид с северо-запада на дневную
поверхность раскопа с растянутой
метровой сеткой

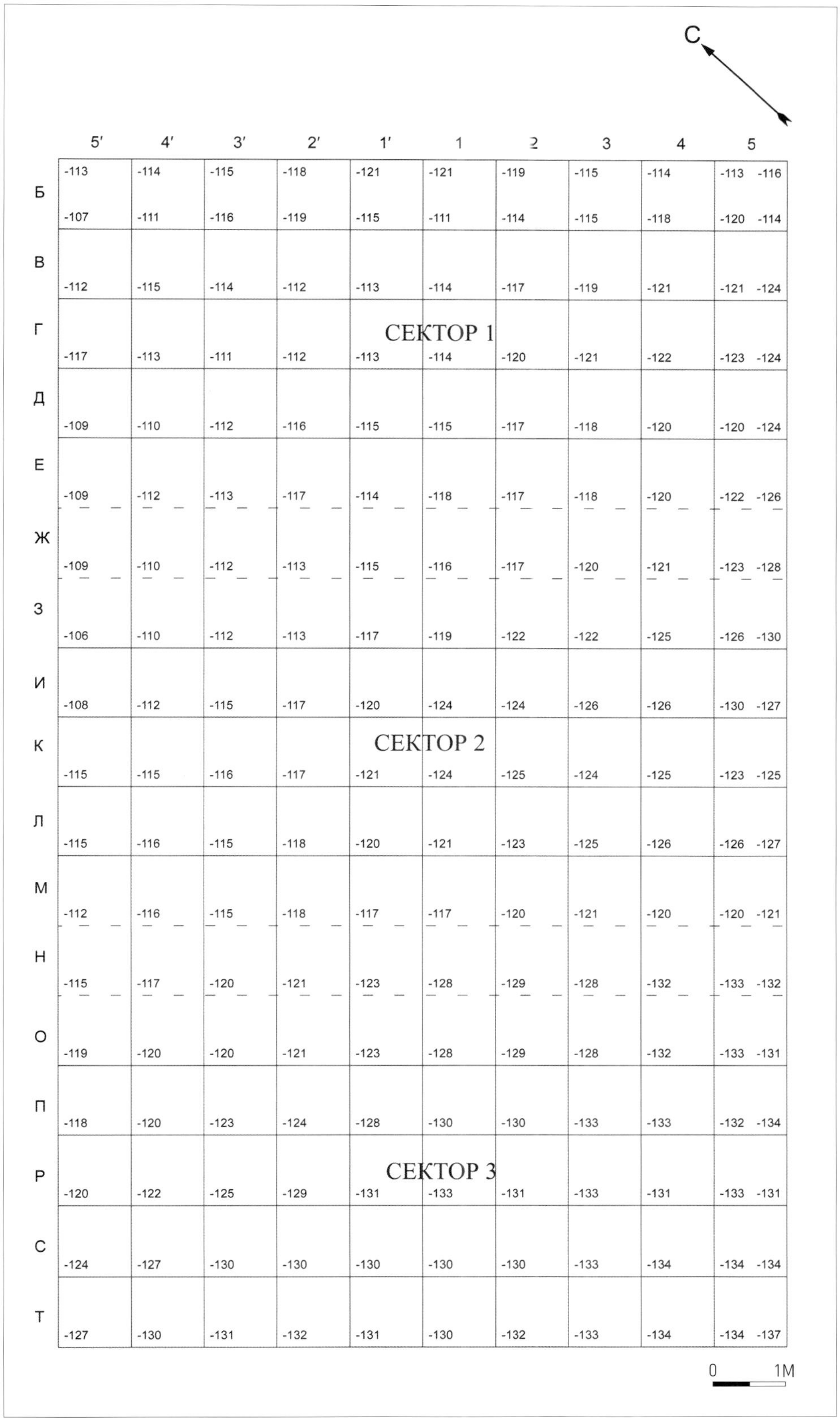

도면 323 | 크라스키노 성. 2017년. 제53구역. 섹터 1. 섹터 2. 섹터 3. 발굴그역 지표면 평면도 1.

Рис 323 | Краскинское городище. 2017 г. Раскоп LIII. Сектор 1, 2 3. План 1 дневной поверхности раскопа

도면 324 | 크라스키노 성, 2017년, 제53구역, 섹터 1과 섹터 2, 베(Б)-5-엔(Н)-5 선상 남동벽 토층 모습, 북서쪽에서.

Рис 324 | Краскинское городище, 2017 г. Раскоп LIII. Сектор 1,2. Вид с северо-запада на профиль юго-восточного борта по линии Б-5-Н-5

도면 325 | 크라스키노 성, 2017년, 제53구역, 섹터 3, 오(О)-5-떼(Т)-5 선상 남동벽 토층 모습, 북서쪽에서.

Рис 325 | Краскинское городище, 2017 г. Раскоп LIII. Сектор 3. Вид с северо-запада на профиль юго-восточного борта по линии О-5-Т-5

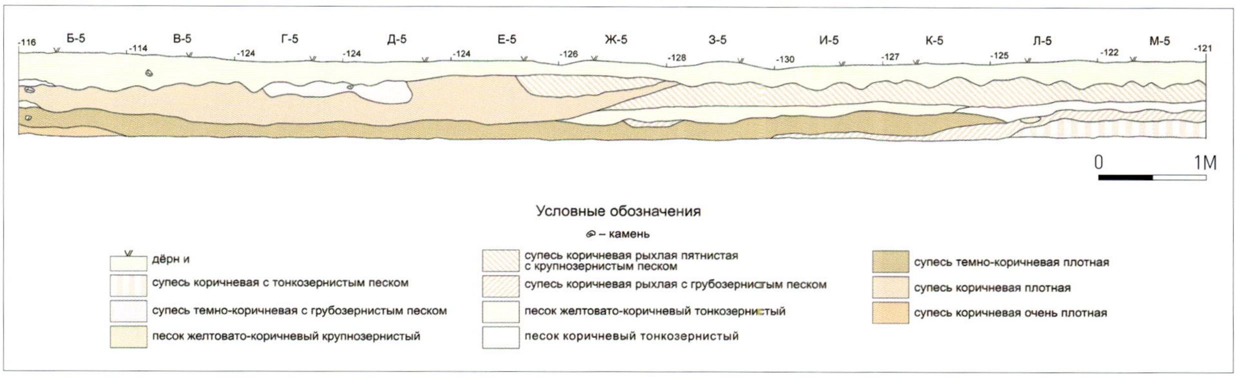

도면 326 | 크라스키노 성, 2017년, 제53구역, 섹터 1과 섹터 2, 베(Б)-5-엔(M)-5 선상 남동벽 토층도.

Рис 326 | Краскинское городище, 2017 г. Раскоп LIII. Сектор 1,2. Профиль юго-восточного борта по линии Б-5- М-5

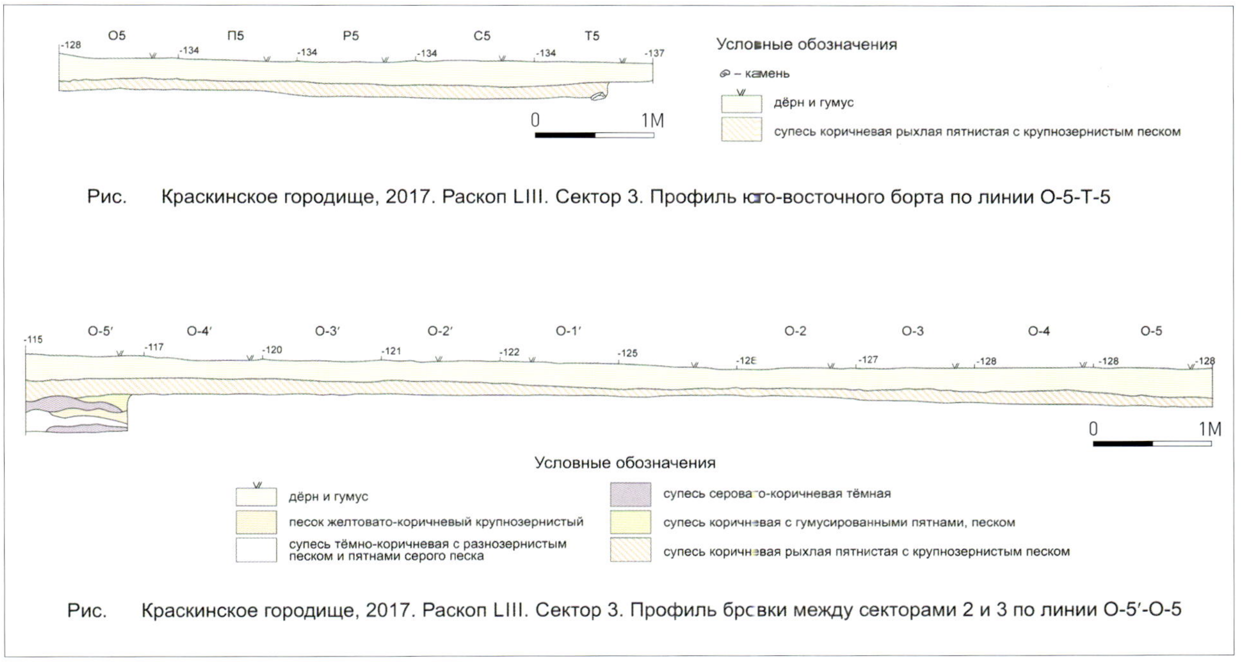

도면 327 | 크라스키노 성, 2017년, 제53구역, 섹터 3, 오(O)-5-떼(T)-5 선상 남동벽 토층도.

Рис 327 | Краскинское городище, 2017 г. Раскоп LIII. Сектор 3. Профиль юго-восточного борта по линии О-5-Т-5

도면 328 | 크라스키노 성. 2017년. 제53구역. 섹터 1과 섹터 2. 엠(M)-5'-베(Б)-5' 선상 북서벽 토층 모습. 남동쪽에서.

Рис 328 | Краскинское городище, 2017 г. Раскоп LIII. Сектор 1, 2. Вид с юго-востока на профиль северо-западного борта по линии М-5´- Б-5´

도면 329 | 크라스키노 성. 2017년. 제53구역. 섹터 3. 떼(T)-5'오(O)-5' 선상 북서벽 토층 모습. 남동쪽에서.

Рис 329 | Краскинское городище. 2017 г. Раскоп LIII. Сектор 3. Вид с юго-востока на профиль северо-западного борта по линии Т-5´- О-5´

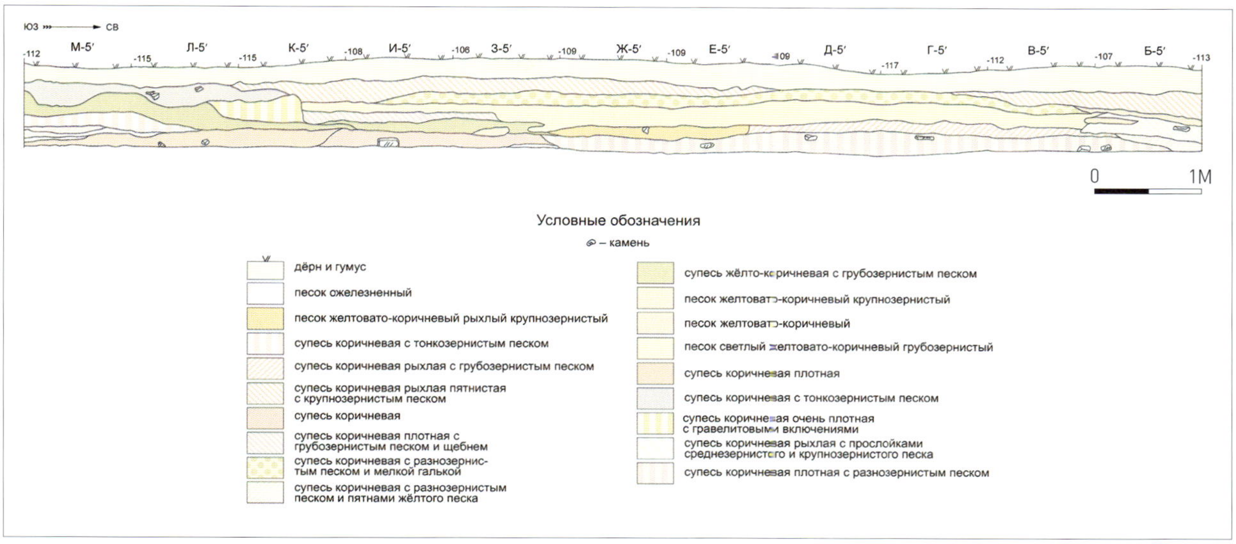

도면 330 | 크라스키노 성, 2017년. 제53구역. 섹터 1과 섹터 2. 엠(M)-5′-베(Б)-5′ 선상 북서벽 토층도.

Рис 330 | Краскинское городище, 2017 г. Раскоп LIII. Сектор 1, 2. Профиль северо-западного борта по линии М-5´- Б-5´

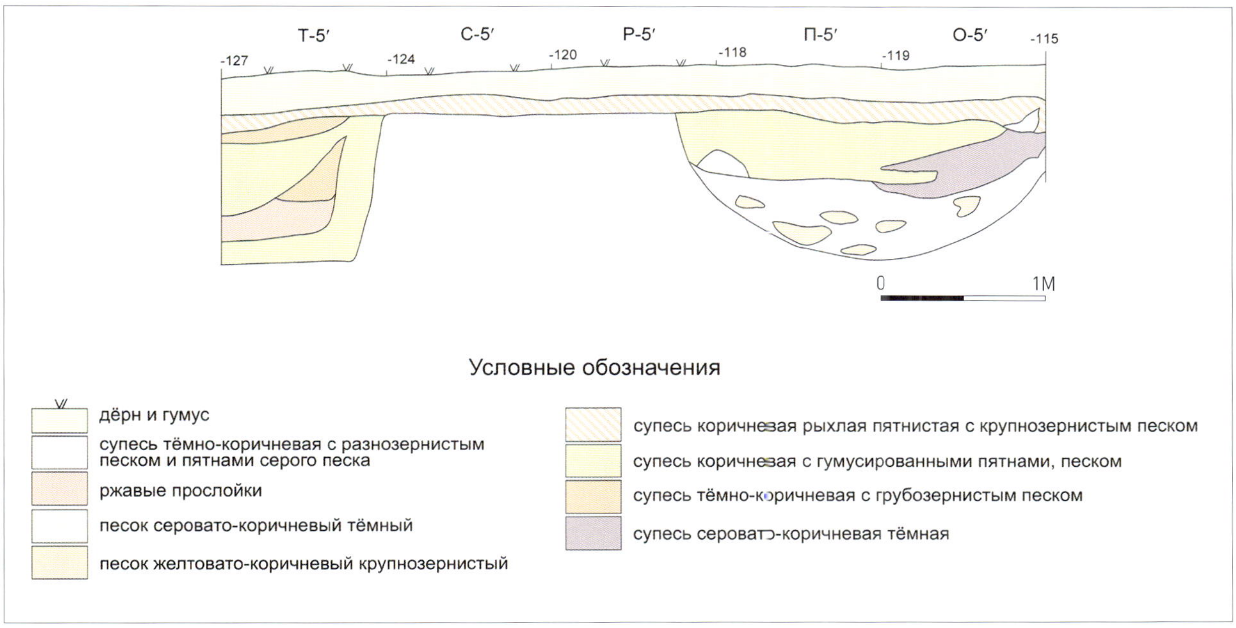

도면 331 | 크라스키노 성, 2017년. 제53구역. 섹터 3. 떼(T)-5′오(O)-5′ 선상 북서벽 토층도.

Рис 331 | Краскинское городище, 2017 г. Раскоп LIII. Сектор 3. Профиль северо-западного борта в секторе 3 по линии Т-5´- О-5´

도면 332 | 크라스키노 성, 2017년, 제53구역, 섹터 1과 섹터 2, 베(Б)-5′-베(Б)-5 선상 북동벽 토층 모습, 남서쪽에서.

Рис 332 | Краскинское городище, 2017 г. Раскоп LIII. Сектор 1, 2. Вид с юго-запада на профиль северо-восточного борта по линии Б-5´- Б-5

도면 333 | 크라스키노 성, 2017년, 제53구역, 섹터 1과 섹터 2, 줴(Ж)-5-줴(Ж)′-5 선상 섹터 1과 섹터 2 사이의 둑 토층 모습, 북동쪽에서.

Рис 333 | Краскинское городище, 2017 г. Раскоп LIII. Сектор 1, 2. Вид с северо-востока на профиль бровки между секторами 1 и 2 по линии Ж-5- Ж-5´

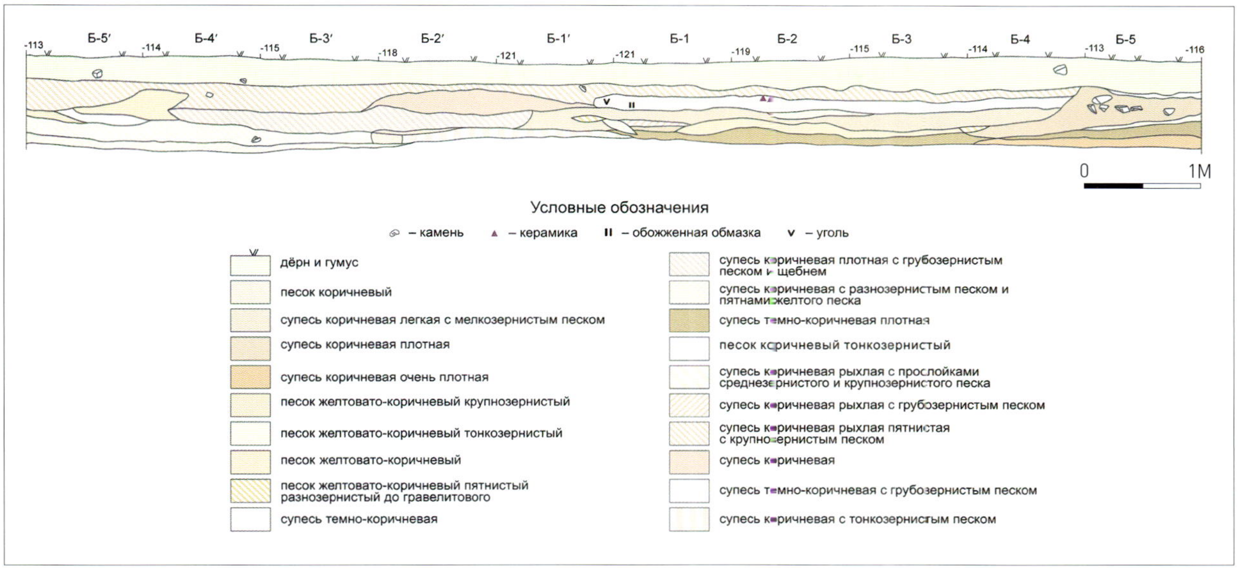

도면 334 | 크라스키노 성, 2017년, 제53구역, 섹터 1과 섹터 2, 베(Б)-5′-베(Б)-5 선상 북동벽 토층도.

Рис 334 | Краскинское городище, 2017 г. Раскоп LIII. Сектор 1, 2.Профиль северо-восточного борта по линии Б-5′-Б-5

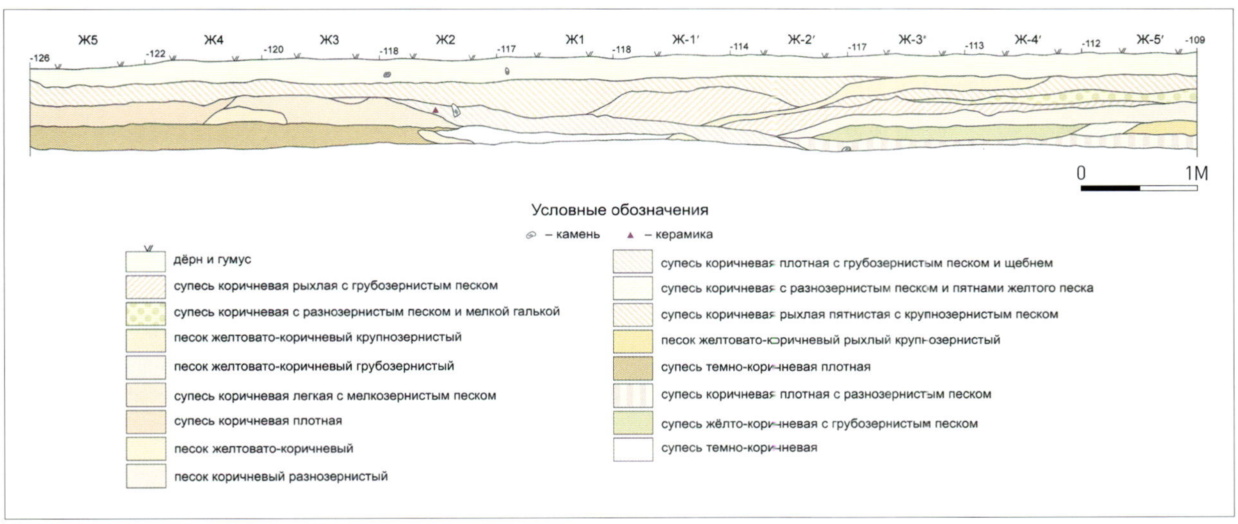

도면 335 | 크라스키노 성, 2017년, 제53구역, 섹터 1과 섹터 2, 줴(Ж)-5-줴(Ж)′-5 선상 섹터 1과 섹터 2 사이의 둑 토층도.

Рис 335 | Краскинское городище, 2017 г. Раскоп LIII. Сектор 1, 2. Профиль бровки между секторами 1 и 2 по линии Ж-5- Ж-5′

도면 336 | 크라스키노 성. 2017년. 제53구역. 섹터 1과 섹터 2. 엔(H)-5-엔(H)-5′ 선상 섹터 2와 섹터 3 사이의 둑 토층 모습. 북동쪽에서.

Рис 336 | Краскинское городище. 2017 г. Раскоп LIII. Сектор 1, 2. Вид с северо-востока на профиль бровки между секторами 2 и 3 по линии Н-5- Н-5′

도면 337 | 크라스키노 성. 2017년. 제53구역. 섹터 3. 떼(T)-5-떼(T)-5′ 선상 벽 토층 모습. 북동쪽에서.

Рис 337 | Краскинское городище. 2017 г. Раскоп LIII. Сектор 3. Вид с северо-востока на профиль борта по линии Т-5-Т-5′

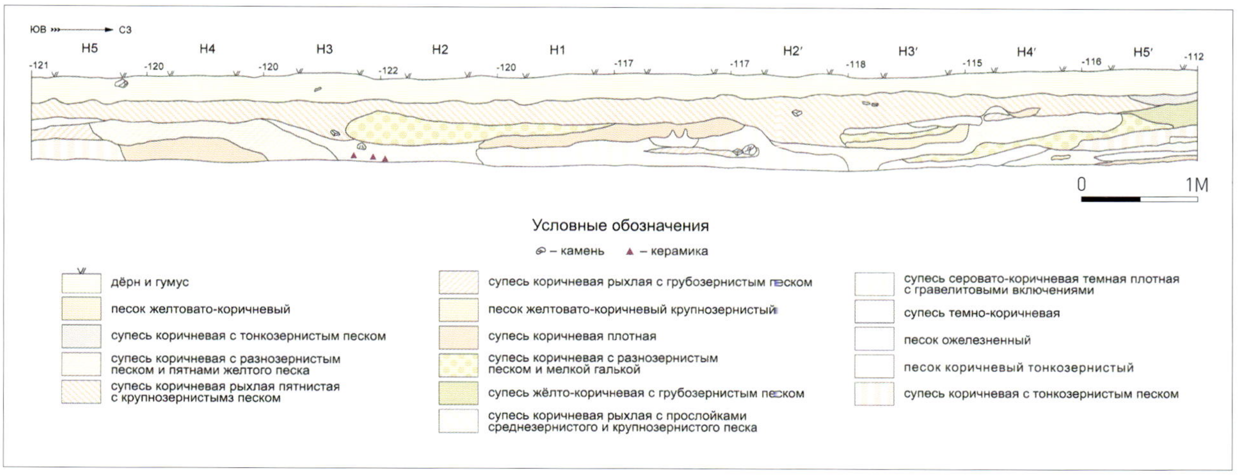

도면 338 | 크라스키노 성. 2017년. 제53구역. 섹터 3. 엔(H)-5-엔′(H′)-5 선상 섹터 2와 섹터 3 사이의 둑 토층도.

Рис 338 | Краскинское городище. 2017 г. Раскоп LIII. Сектор 3. Профиль бровки между секторами 2 и 3 по линии кв. Н-5-Н-5′

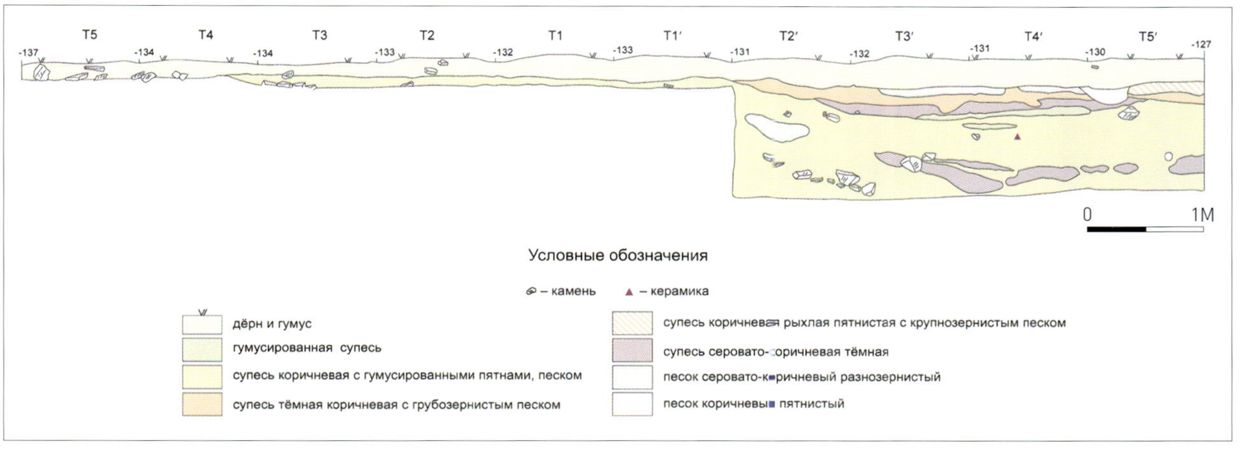

도면 339 | 크라스키노 성. 2017년. 제53구역. 섹터 1과 섹터 2. 떼(T)-5-떼(T)-5′ 선상 벽 토층도.

Рис 339 | Краскинское городище. 2017 г. Раскоп LIII. Сектор 1.2. Профиль юго-восточного борта по линии кв. Т-5-Т-5′

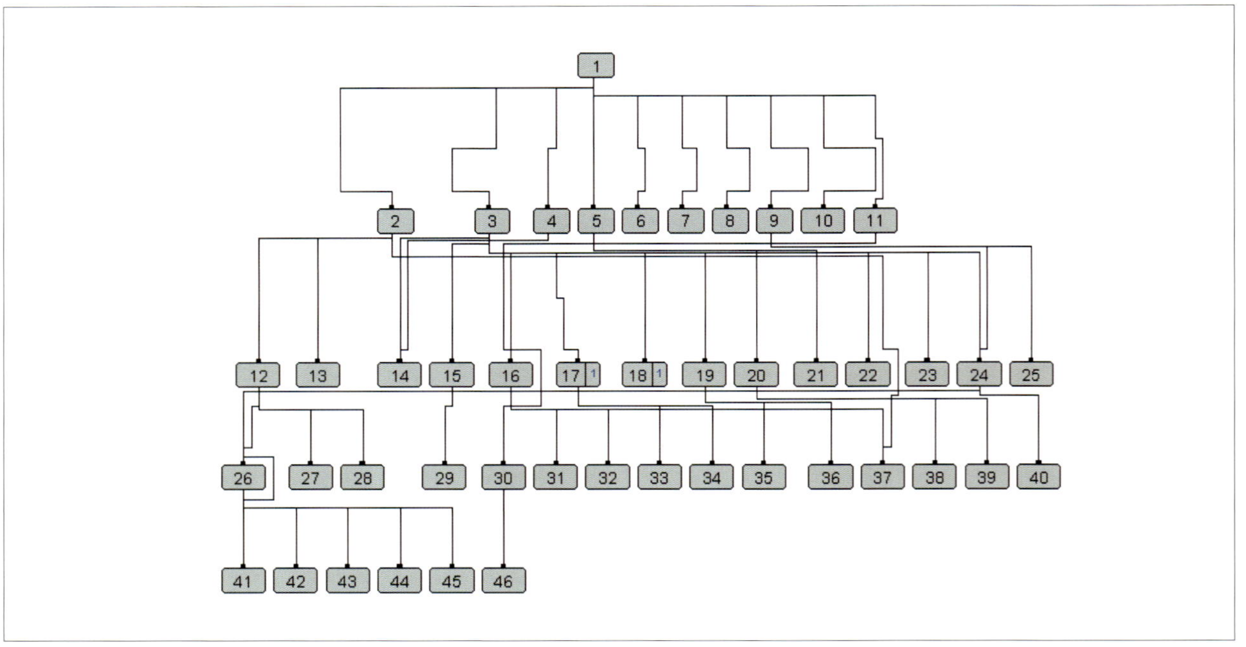

도면 340 | 크라스키노 성. 2017년. 제53구역. 발굴구역의 토층 상관관계도(Harris Matrix 원칙을 따름): 1 – 표토. 2 – 거친 입자의 모래가 섞인 단단한 갈색 사질토. 3 – 거친 입자의 모래가 섞인 갈색의 무르고 얼룩덜룩한 사질토. 4 – 굵은 입자의 모래와 잔돌이 섞인 갈색 사질토. 5 – 단단한 갈색 사질토. 6 – 작은 입자의 갈색 모래. 7 – 단단한 갈색 사질토. 8 – 거친 입자의 모래가 섞인 암갈색 사질토. 9 – 다양한 입자의 사립과 석립이 섞인 갈색의 무른 사질토. 10 – 다양한 크기의 회갈색 모래. 11 – 얼룩덜룩한 갈색 모래. 12 – 거친 입자의 모래가 섞인 갈색 사질토. 13 – 석립이 섞인 매우 단단한 갈색 사질토. 14 – 거친 입자의 밝은 황갈색 모래. 15 – 거친 입자의 황갈색 모래. 16 – 굵은 입자의 모래가 섞인 회황색의 단단한 사질토. 17 – 거친 입자의 모래와 쇄석이 섞인 단단한 갈색 사질토. 18 – 갈색 사질토. 19 – 거친 입자의 모래가 섞인 암갈색 사질토. 20 – 암갈색의 단단한 사질토. 21 – 작은 입자의 황갈색 모래. 22 – 작은 입자의 황갈색 모래. 23 – 작은 입자의 갈색 모래. 24 – 다양한 크기의 사립과 큰 사립이 섞인 갈색 사질토. 25 – 짙은 회갈색 사질토. 26 – 작은 입자의 모래가 섞인 갈색 사질토. 27 – 단단한 갈색 사질토. 28 – 갈색 사질토. 29 – 중간 크기와 큰 크기의 모래 간층들이 있는 무른 갈색 사질토. 30 – 거친 입자의 모래와 쇄석이 섞인 단단한 갈색 사질토. 31 – 거친 입자의 무른 황갈색 모래. 32 – 거친 입자의 모래가 섞인 무른 갈색 사질토. 33 – 무른 갈색 사질토. 34 – 작은 입자의 모래가 섞인 갈색 사질토. 35 – 무른 갈색 사질토. 36 – 작은 입자의 얼룩덜룩한 황색 모래가 섞인 갈색 사질토. 37 – 단단한 암갈색 사질토. 38 – 매우 단단한 갈색 사질토. 39 – 거친 입자의 모래가 섞인 무른 갈색 사질토. 40 – 짙은 회갈색 사질토. 41 – 굵은 모래와 작은 돌이 섞인 암갈색 사질토. 42 – 얼룩덜룩한 작은 입자의 황색 모래가 섞인 갈색 사질토. 43 – 중간 크기와 큰 크기의 모래 간층들이 섞인 무른 갈색 사질토. 44 – 단단한 갈색 사질토. 45 – 갈색 사질토. 46 – 다양한 크기의 모래가 섞인 단단한 갈색 사질토.

Рис 340 | Краскинское городище. 2017 г. Раскоп LIII. Схема соотношения слоев в раскопе (выполненная по принципу Harris Matrix): 1 – дерн; 2 – супесь коричневая плотная с грубозернистым песком; 3 – супесь коричневая рыхлая пятнистая с грубозернистым песком; 4 – супесь коричневая с крупнозернистым песком и мелкими камнями; 5 – супесь коричневая плотная; 6 – песок коричневый тонкозернистый; 7 – супесь коричневая плотная; 8 – супесь темно-коричневая с грубозернистым песком; 9 – супесь коричневая легкая с разнозернистым до гравелитового песком; 10 – песок серовато-коричневый разнозернистый; 11 – песок коричневый пятнистый; 12 – супесь коричневая с грубозернистым песком; 13 – очень плотная коричневая супесь с гравелитовыми включениями; 14 – песок желтовато-коричневый светлый грубозернистый; 15- песок желтовато-коричневый крупнозернистый; 16 – супесь серовато-желтая плотная с крупнозернистым песком; 17 – супесь коричневая плотная с грубозернистым песком и щебнем; 18 – супесь коричневая; 19 – супесь темно-коричневая с грубозернистым песком; 20 – супесь темно-коричневая плотная. 21 – песок желтовато-коричневый тонкозернистый; 22- песок желтовато-коричневый тонкозернистый; 23 – песок коричневый тонкозернистый; 24 – супесь коричневая с разнозернистым до крупного песком; 25 – супесь серовато-коричневая темная; 26 – супесь коричневая с тонкозернистым песком; 27 – супесь коричневая плотная; 28 – супесь коричневая; 29 – супесь коричневая рыхлая с прослойками среднезернистого и крупнозернистого песка; 30 – супесь коричневая плотная с грубозернистым песком и щебнем; 31- песок желтовато-коричневый рыхлый крупнозернистый; 32 – супесь коричневая рыхлая с грубозернистым песком; 33 – супесь коричневая легкая; 34 – супесь коричневая с тонкозернистым песком; 35 – супесь коричневая легкая; 36 – супесь коричневая с пятнами мелкозернистого желтого песка; 37 – супесь темно-коричневая плотная; 38 – супесь коричневая очень плотная; 39 – супесь коричневая рыхлая с грубозернистым песком; 40 – супесь серовато-коричневая темная; 41- супесь темно-коричневая с крупнозернистым песком и мелкими камнями; 42 – супесь коричневая с пятнами мелкозернистого желтого песка; 43 – супесь коричневая рыхлая с прослойками среднезернистого и крупнозернистого песка; 44 – супесь коричневая плотная. 45 – супесь коричневая; 46 – супесь коричневая плотная с разнозернистым песком.

도면 341 | 크라스키노 성, 2017년. 제53구역. 섹터 1과 섹터 2. 제1인공층 조사 後(제2인공층 상면)의 발굴구역 상면 모습. 방안선 포함. 북서쪽에서.

Рис 341 | Краскинское городище, 2017 г. Раскоп LIII. Сектор 1, 2. Вид с северо-запада на поверхность раскопа с растянутой метровой сеткой после снятия пласта 1(поверхность 2-го пласта)

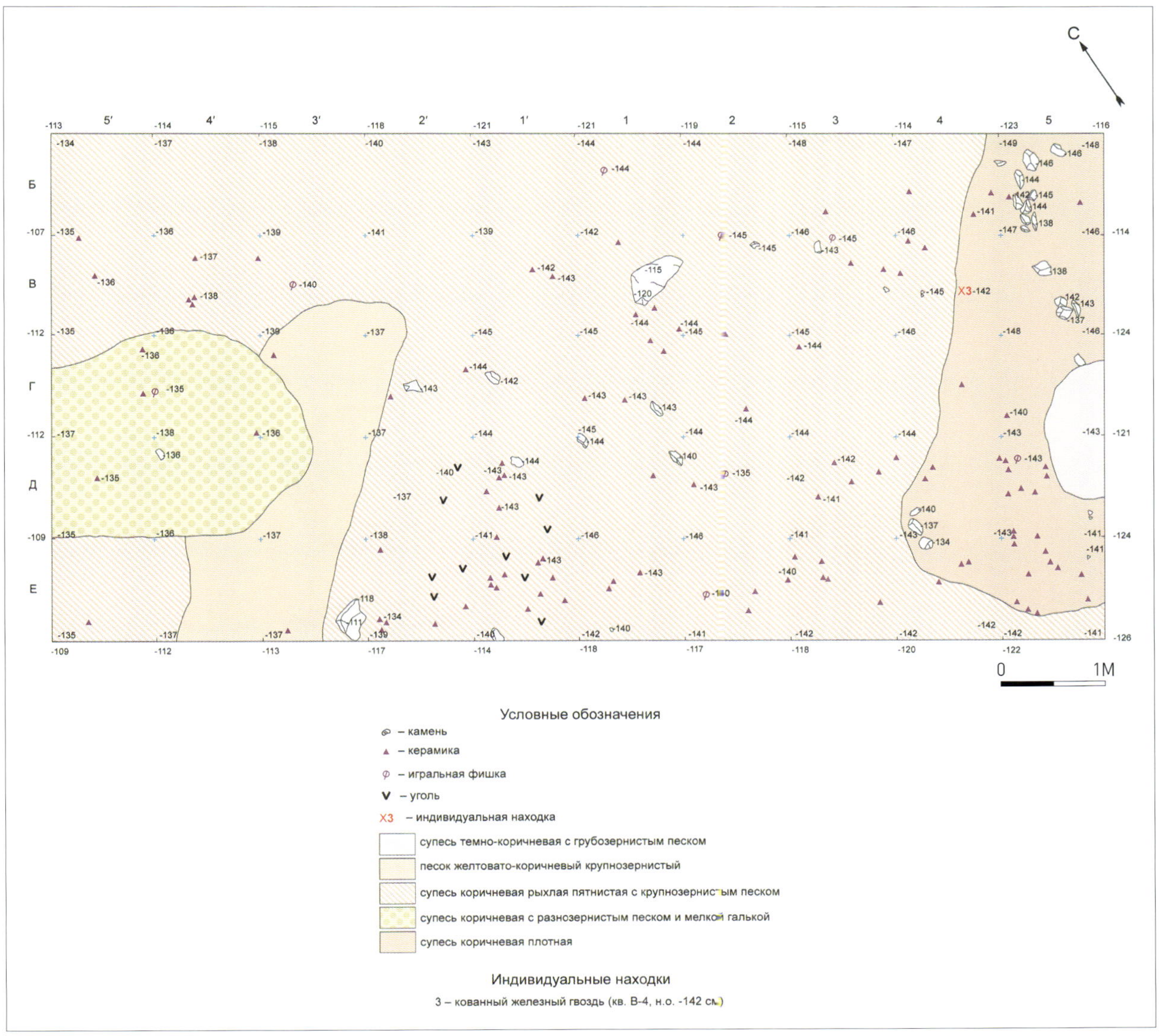

도면 342 | 크라스키노 성, 2017년. 제53구역. 섹터 1. 제1인공층 조사 後(제2인공층 상면)의 평면 도 2.

Рис 342 | Краскинское городище, 2017 г. Раскоп LIII. Сектор 1. План 2 после снятия пласта 1(поверхность 2-го пласта)

도면 343 | 크라스키노 성, 2017년, 제53구역. 섹터 1. 베(Б)-붸(В)-5 방안의 단단한 갈색 사질토 얼룩과 돌 무지 모습, 남동쪽에서.

Рис 343 | Краскинское городище, 2017 г. Раскоп LIII. Сектор 1. Вид с юго-востока на пятно плотной коричневой супеси и скопление камней в кв. Б-В-5

도면 344 | 크라스키노 성, 2017년, 제53구역. 섹터 1. 제1인공층 제거 중 출토 토기 동체부편으로 만든 놀이 알들: 1 - 붸(В)-3방안, 2 - 데(Д)-2방안, 3 - 엘(Л)-2방안.

Рис 344 | Краскинское городище, 2017 г. Раскоп LIII. Сектор 1. Игральные фишки, изготовленные из стенок сосудов, обнаружены в процессе снятия 1-го пласта: 1 - в кв. В-3, 2 - в кв. Д-2; 3 - в кв. Л-2

도면 345 | 크라스키노 성, 2017년, 제53구역. 섹터 1. 제1인공층 제거 중 붸(В)-4방안 출토 단조 철제 못(№ 3, 레벨 -142㎝).

Рис 345 | Краскинское городище, 2017 г. Раскоп LIII. Сектор 1. Кованый железный гвоздь, обнаруженный в кв. В-4(№3, н.о.-142 см) при снятии 1-го пласта

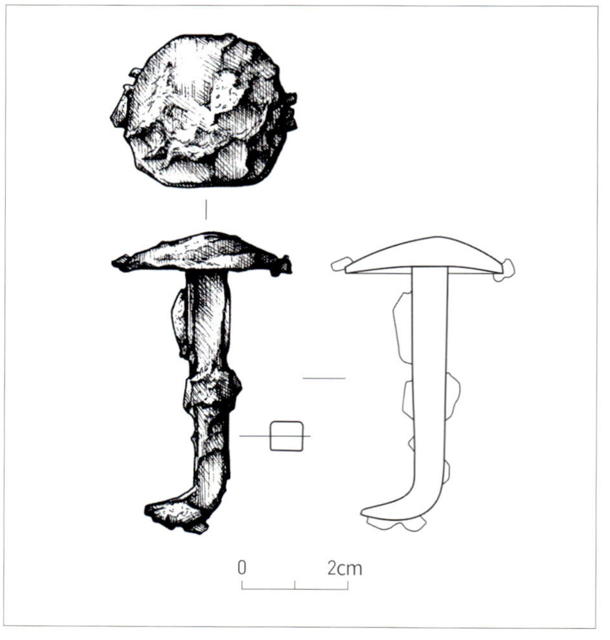

도면 346 | 크라스키노 성, 2017년, 제53구역. 섹터 1. 제1인공층 제거 중 붸(В)-4방안 출토 단조 철제 못(№ 3, 레벨 -142㎝).

Рис 346 | Краскинское городище, 2017 г. Раскоп LIII. Сектор 1. Кованый железный гвоздь(№3, н.о.-142 см), обнаруженный в кв. В-4, при снятии 1-го пласта

도면 347 | 크라스키노 성, 2017년, 제53구역.
섹터 1. 제1인공층 제거 중 출토
윤제 토기 대상파수편들:
1 - 붸(В)-1'방안, 2 - 게(Г)-3방안.

Рис 347 | Краскинское городище, 2017 г. Раскоп LIII. Сектор 1. Образцы горизонтально-ленточных ручек круговых сосудов, найденные при разборке 1-го пласта: 1 – в кв. В-1´, 2 – в кв. Г-3

도면 348 | 크라스키노 성, 2017년, 제53구역.
섹터 1. 제1인공층 제거 중 데(Д)-1'방안
출토 윤제 토기 저부편.

Рис 348 | Краскинское городище, 2017 г. Раскоп LIII. Сектор 1. Образец дна кругового сосуда, найденный при снятии 1-го пласта в кв. Д-1´

도면 349 | 크라스키노 성, 2017년, 제53구역.
섹터 1. 제1인공층 제거 중 출토
윤제 토기 구연부편들:
1 - 데(Д)-예(Е)-1'방안,
2 - 붸(В)-4'방안, 3 - 게(Г)-5방안.

Рис 349 | Краскинское городище, 2017 г. Раскоп LIII. Сектор 1. Образцы венчиков круговой керамики, обнаруженные при снятии 1-го пласта: 1 – в кв. Д-Е-1´, 2 – в кв. В-4´, 3 – в кв. Г-5

도면 350 | 크라스키노 성, 2017년, 제53구역.
섹터 1. 제1인공층 제거 중 출토
윤제 토기편들: 1 - 문양이 있는 동체부편,
게(Г)-2'방안, 2 - 저부편,
데(Д)-예(Е)-1'방안.

Рис 350 | Краскинское городище, 2017 г. Раскоп LIII. Сектор 1. Фрагменты круговой керамики, найденные при снятии 1-го пласта: 1 – орнаментированная стенка в кв. Г-2´, 2 – фрагмент дна в кв. Д-Е-1´

도면 351 | 크라스키노 성, 2017년, 제53구역.
섹터 1. 제1인공층 제거 중 출토
윤제 토기 저부편들:
1 – 예(Е)-데(Д)-1방안,
2 – 베(Б)-붸(В)-1′방안.

Рис 351 | Краскинское городище, 2017 г. Раскоп LIII. Сектор 1. Образцы доньев круговой керамики, обнаруженные при снятии 1-го пласта: 1 – в кв. Е-Д-1, 2 – в кв. Б-В-1´

도면 352 | 크라스키노 성, 2017년, 제53구역.
섹터 1. 제1인공층 제거 중 출토
윤제 토기 대상파수편들:
1 – 데(Д)-예(Е)-3방안,
2 – 이(И)-2′방안.

Рис 352 | Краскинское городище, 2017 г. Раскоп LIII. Сектор 1. Образцы горизонтально-ленточных ручек круговых сосудов, найденные при разборке 1-го пласта: 1 – в кв. Д-Е-3, 2 – в кв. И-2´

도면 353 | 크라스키노 성, 2017년, 제53구역.
섹터 1. 제1인공층 제거 중 출토
문양이 있는 윤제 토기 구연부편들:
1 – 이(И)-5방안, 2 – 이(И)-2′방안,
3 – 데(Д)-2′방안,
4 – 데(Д)-예(Е)-3방안.

Рис 353 | Краскинское городище, 2017 г. Раскоп LIII. Сектор 1. Образцы орнаментированных стенок круговых сосудов, обнаруженные при снятии 1-го пласта: 1 – в кв. И-5, 2 – в кв. И-2´, 3 – в кв. Д-2´, 4 – в кв. Д- Е-3

도면 354 | 크라스키노 성, 2017년, 제53구역.
섹터 1. 제1인공층 제거 중 출토
문양이 있는 윤제 토기 구연부편들:
1 – 베(Б)–1방안,
2 – 베(Б)–붸(В)–게(Г)–3방안.

Рис 354 | Краскинское городище, 2017 г. Раскоп LIII. Сектор 1. Образцы венчиков орнаментированной круговой керамики, обнаруженные при снятии 1-го пласта: 1 – в кв. Б-1, 2 – в кв. Б-В-Г-3

도면 355 | 크라스키노 성, 2017년, 제53구역.
섹터 1. 제1인공층 제거 중 출토
문양이 있는 윤제 토기 구연부편들:
1 – 데(Д)–예(Е)–4′방안,
2 – 데(Д)–예(Е)–5′방안.

Рис 355 | Краскинское городище, 2017 г. Раскоп LIII. Сектор 1. Образцы венчиков круговой керамики, обнаруженные при снятии 1-го пласта: 1 – в кв. Д-Е-4´, 2 – в кв. Д-Е-5´

도면 356 | 크라스키노 성, 2017년, 제53구역.
섹터 1. 제1인공층 제거 중 출토
문양이 있는 윤제 토기 구연부편들:
1 – 엘(Л)–5방안, 2 – 까(К)–5′방안.

Рис 356 | Краскинское городище, 2017 г. Раскоп LIII. Сектор 1. Образцы венчиков круговой керамики, обнаруженные при снятии 1-го пласта: 1 – в кв. Л-5, 2 – в кв. К-5´

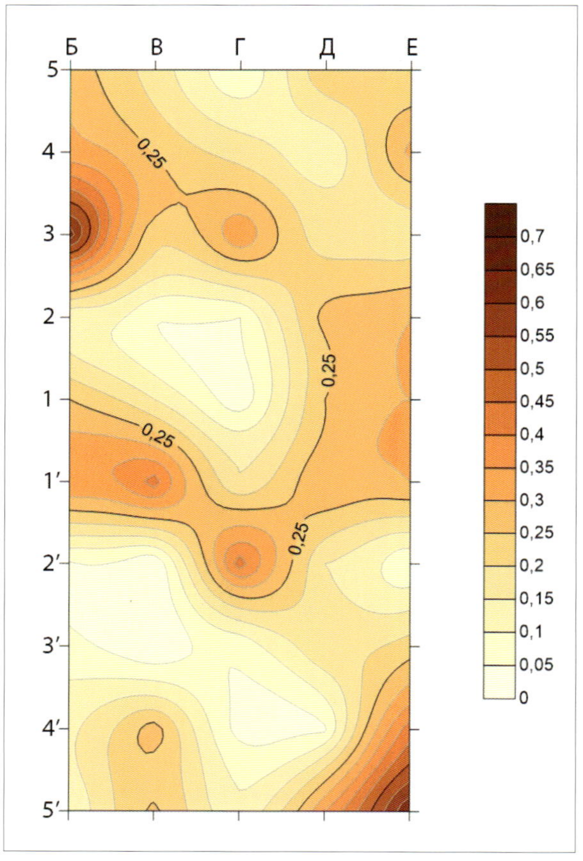

도면 357 | 크라스키노 성, 2017년, 제53구역, 섹터 1, 제1인공층 제거 중 출토 토제 유물의 무게(kg) 단위 발견 분포도.

Рис 357 | Краскинское городище, 2017 г. Раскоп LIII. Сектор 1. Схема распределения керамического материала по весу (в кг), обнаруженного в процессе разборки 1-го пласта

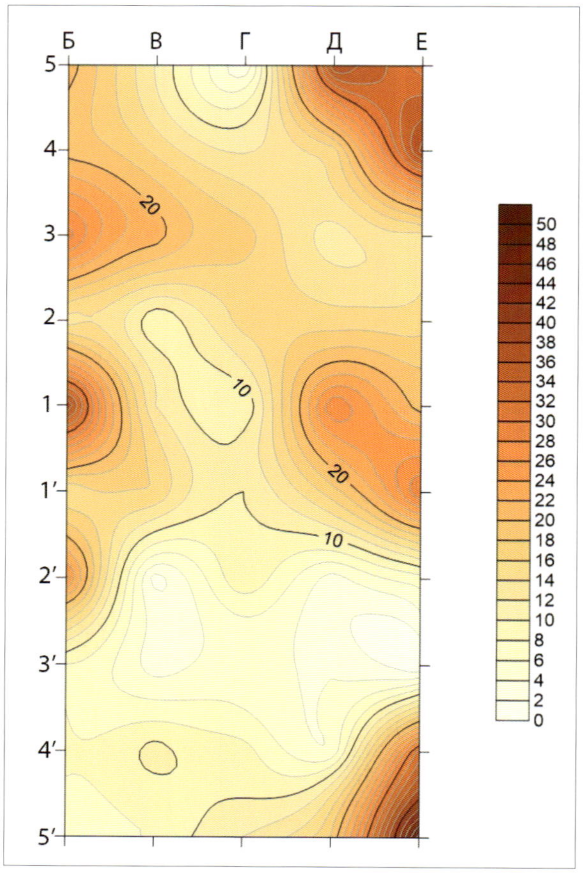

도면 358 | 크라스키노 성, 2017년, 제53구역, 섹터 1, 제1인공층 제거 중 출토 토제 유물의 분포도(편의 수량 단위).

Рис 358 | Краскинское городище, 2017 г. Раскоп LIII. Сектор 1 Схема распределения керамического материала (количество фрагментов), обнаруженного в процессе разборки 1-го пласта

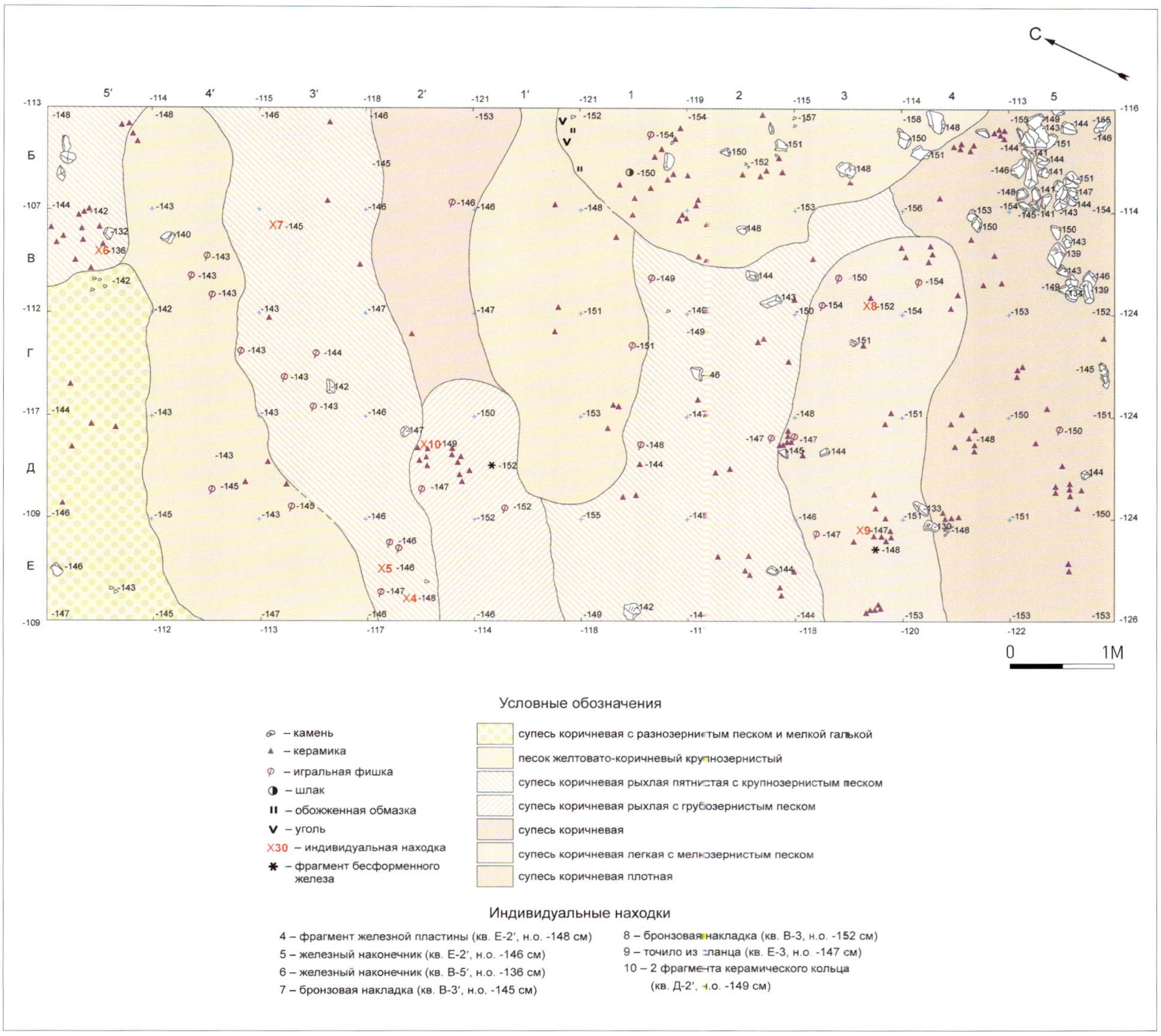

도면 359 | 크라스키노 성, 2017년, 제53구역, 섹터 1, 제2인공층 정리조사 후(제3인공층 상면)의 발굴구역 상면 평견도 3.

Рис 359 | Краскинское городище. 2017 г. Раскоп LIII. Сектор 1. План 3 поверхности раскопа после снятия 2-го пласта(поверхность 3-го пласта)

도면 360 | 크라스키노 성, 2017년, 제53구역, 섹터 1과 섹터 2, 제2인공층 정리조사 후(제3인공층 상면)의 발굴구역 상면 모습, 방안선 포함, 북서쪽에서.

Рис 360 | Краскинское городище, 2017 г. Раскоп LIII. Сектор 1, 2. Вид с северо-запада поверхность раскопа с растянутой метровой сеткой после снятия 2-го пласта(поверхность 3-го пласта)

도면 361 | 크라스키노 성, 2017년, 제53구역, 섹터 1, 제2인공층 정리조사 중 베(Б)-붸(В)-5방안의 돌 무지 조사 모습, 남동쪽에서.

Рис 361 | Краскинское городище, 2017 г. Раскоп LIII. Сектор 1. Вид с юго-востока на зачистку скопления камней в кв. Б-В-5 в процессе снятия 2-го пласта

도면 362 | 크라스키노 성, 2017년, 제53구역, 섹터 1, 제2인공층 정리조사 후 베(Б)-붸(В)-5방안의 돌 무지 모습, 남동쪽에서.

Рис 362 | Краскинское городище, 2017 г. Раскоп LIII. Сектор 1. Вид с юго-востока на скопление камней в кв. Б-В-5 после снятия 2-го пласта

도면 363 | 크라스키노 성, 2017년, 제53구역, 섹터 1, 제3인공층 상면의 베(Б)-붸(В)-1′-4방안의 돌들이 포함된 얼룩 모습, 북동쪽에서.

Рис 363 | Краскинское городище, 2017 г. Раскоп LIII. Сектор 1. Вид с северо-востока на пятно со скоплением отдельных камней, древесных углей и шлака в кв. Б-В-1′-4 на поверхности 3-го пласта

도면 364 | 크라스키노 성, 2017년, 제53구역,
섹터 1, 제2인공층 정리조사 중
뻬(B)-3방안 출토
토기 동체부편으로 만든 놀이 알
(레벨 -150㎝).

Рис 364 | Краскинское городище, 2017 г. Раскоп LIII. Сектор 1. Игральная фишка, изготовленная из стенки сосуда, обнаружена в кв. В-3(н.о. -150 см) при снятии 2-го пласта

도면 365 | 크라스키노 성, 2017년, 제53구역,
섹터 1, 제2인공층 정리조사 중
뻬(B)-4'방안 출토
윤제 토기 동체부편으로 만든 놀이 알들
(레벨 -143㎝).

Рис 365 | Краскинское городище, 2017 г. Раскоп LIII. Сектор 1. Игральные фишки, изготовленные из стенок круговых сосудов, найдены в кв. В-4´(н.о. -143 см), найденных при снятии 2-го пласта

도면 366 | 크라스키노 성, 2017년, 제53구역,
섹터 1, 제2인공층 정리조사 중
뻬(B)-1방안 출토
토기 동체부편으로 만든 놀이 알
(레벨 -149㎝).

Рис 366 | Краскинское городище, 2017 г. Раскоп LIII. Сектор 1. Игральная фишка, изготовленная из стенки сосуда, найдена в кв. В-1(н.о. -149 см) при снятии 2-го пласта

도면 367 | 크라스키노 성, 2017년, 제53구역,
섹터 1, 제2인공층 정리조사 중
예(E)-2'방안 출토
토기 동체부편으로 만든 놀이 알들
(레벨 -146㎝).

Рис 367 | Краскинское городище, 2017 г. Раскоп LIII. Сектор 1. Игральные фишки, изготовленные из стенок керамических сосудов, обнаружены в кв. Е-2´(н.о. -146 см), найденные при снятии пласта 2

도면 368 | 크라스키노 성, 2017년, 제53구역, 섹터 1, 제2인공층 정리조사 중 예(E)-2′방안 출토 철제 판편 (No. 4, 레벨 -148cm).

Рис 368 | Краскинское городище, 2017 г. Раскоп LIII. Сектор 1. Фрагмент железной пластины(№4, н.о. -148 см), найденной в кв. Е-2′ при снятии 2-го пласта

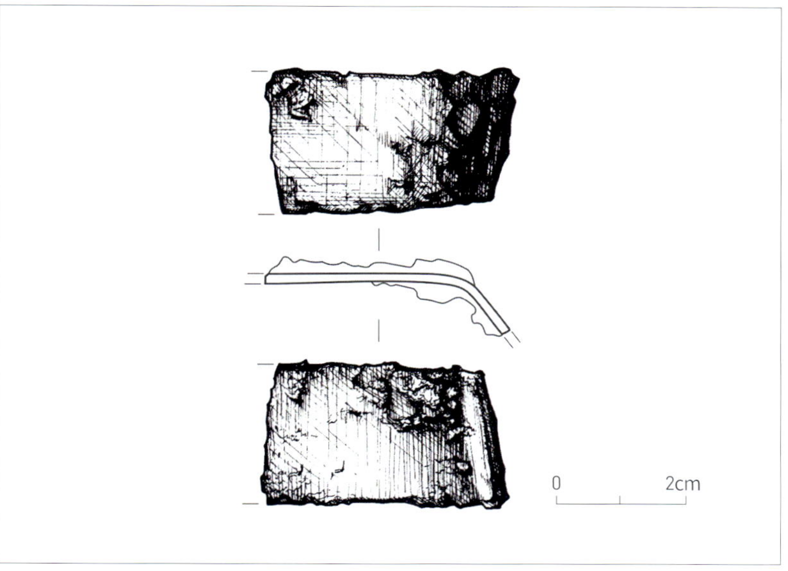

도면 369 | 크라스키노 성, 2017년, 제53구역, 섹터 1, 제2인공층 정리조사 중 예(E)-2′방안 출토 철제 판편 (No. 4, 레벨 -148cm) 실측도.

Рис 369 | Краскинское городище, 2017 г. Раскоп LIII. Сектор 1. Рисунок фрагмента железной пластины(№4, н.о. -148 см), найденной в кв. Е-2′ при снятии 2-го пласта

도면 370 | 크라스키노 성, 2017년, 제53구역, 섹터 1, 제2인공층 정리조사 중 예(E)-2′방안 출토 철제 화살촉 (No. 5, 레벨 -146cm).

Рис 370 | Краскинское городище, 2017 г. Раскоп LIII. Сектор 1. Железный наконечник стрелы(№5, н.о. -146 см), найденный в кв. Е-2′ при снятии 2-го пласта

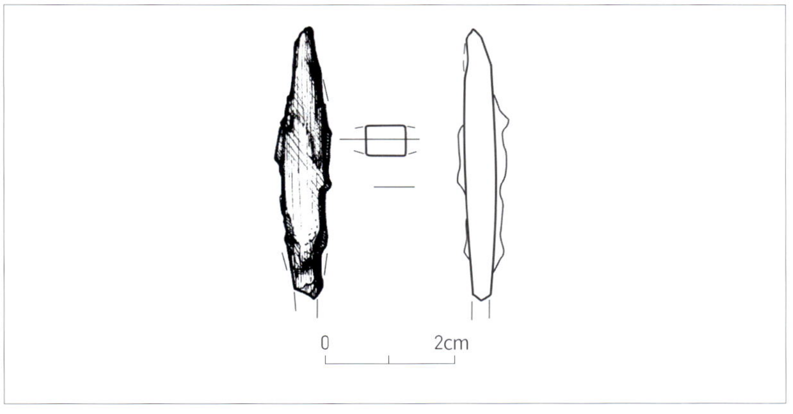

도면 371 | 크라스키노 성, 2017년, 제53구역, 섹터 1, 제2인공층 정리조사 중 예(E)-2′방안 출토 철제 화살촉 (No. 5, 레벨 -146cm) 실측도.

Рис 371 | Краскинское городище, 2017 г. Раскоп LIII. Сектор 1. Рисунок железного наконечника стрелы (№5, н.о. -146 см), найденного в кв. Е-2′ при снятии 2-го пласта

도면 372 | 크라스키노 성. 2017년. 제53구역. 섹터 1. 제2인공층 정리조사 중 뤠(B)-5′방안 출토 철제 화살촉 (No. 6. 레벨 -136㎝).

Рис 372 | Краскинское городище. 2017 г. Раскоп LIII. Сектор 1. Железный наконечник стрелы(№6. н.о. -136 см). найденный в кв. В-5´ при снятии 2-го пласта

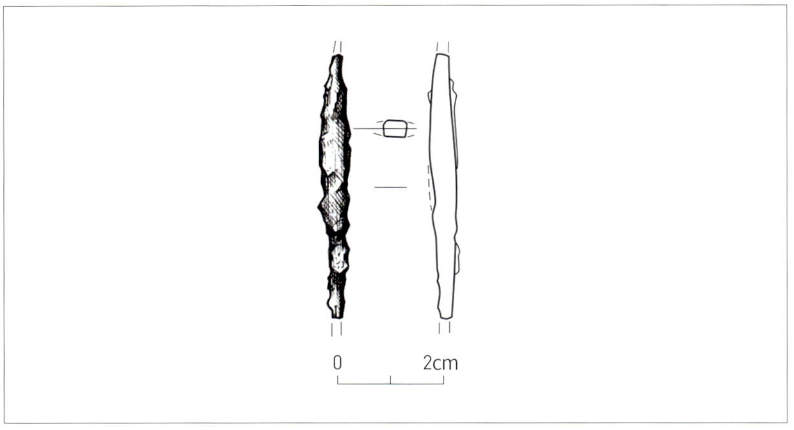

도면 373 | 크라스키노 성. 2017년. 제53구역. 섹터 1. 제2인공층 정리조사 중 뤠(B)-5′방안 출토 철제 화살촉 (No. 6. 레벨 -136㎝).

Рис 373 | Краскинское городище. 2017 г. Раскоп LIII. Сектор 1. Рисунок железного наконечника стрелы (№6. н.о. -136 см). найденного в кв. В-5´ при снятии 2-го пласта

도면 374 | 크라스키노 성. 2017년. 제53구역. 섹터 1. 제2인공층 정리조사 중 뤠(B)-3′방안 출토 청동 띠꾸미개 (No. 7. 레벨 -145㎝) 출토모습. 남서쪽에서.

Рис 374 | Краскинское городище. 2017 г. Раскоп LIII. Сектор 1. Вид с юго-запада на бронзовую поясную накладку(№7. н.о. -145 см). найденную в кв. В-3´ при снятии 2-го пласта

도면 375 | 크라스키노 성. 2017년. 제53구역. 섹터 1. 제2인공층 정리조사 중 뤠(B)-3′방안 출토 청동 띠꾸미개 (No. 7. 레벨 -145㎝).

Рис 375 | Краскинское городище. 2017 г. Раскоп LIII. Сектор 1. Бронзовая поясная накладка(№7. н.о. -145 см). найденная в кв. В-3´ при снятии 2-го пласта

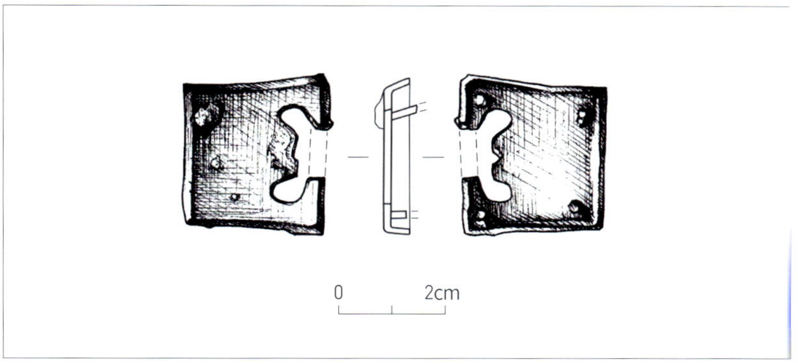

도면 376 | 크라스키노 성, 2017년, 제53구역. 섹터 1. 제2인공층 정리조사 중 붸(B)-3'방안 출토 청동 띠꾸미개 (No. 7, 레벨 -145㎝) 실측도.

Рис 376 | Краскинское городище, 2017 г. Раскоп LIII. Сектор 1. Рисунок бронзовой поясной накладки (№7, н.о. -145 см), найденной в кв. В-3´ при снятии 2-го пласта

도면 377 | 크라스키노 성, 2017년, 제53구역. 섹터 1. 제2인공층 정리조사 중 붸(B)-3방안 출토 청동 띠꾸미개 (No. 8, 레벨 -152㎝).

Рис 377 | Краскинское городище, 2017 г. Раскоп LIII. Сектор 1. Бронзовая поясная накладка, найденная при снятии 2-го пласта в кв. В-3 (№8, н.о. -152 см)

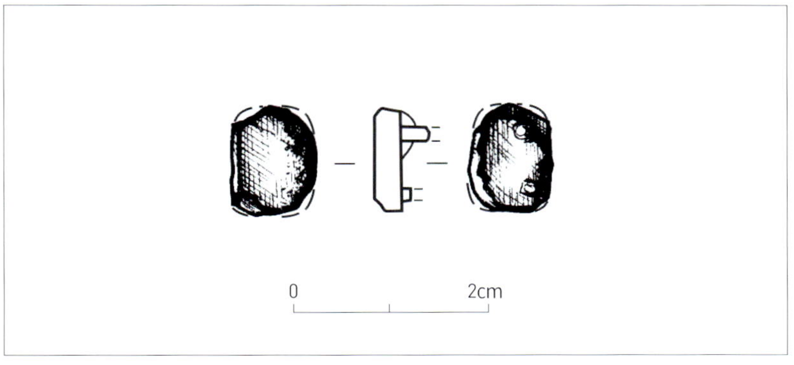

도면 378 | 크라스키노 성, 2017년, 제53구역. 섹터 1. 제2인공층 정리조사 중 붸(B)-3방안 출토 청동 띠꾸미개 (No. 8, 레벨 -152㎝) 실측도.

Рис 378 | Краскинское городище, 2017 г. Раскоп LIII. Сектор 1. Рисунок бронзовой поясной накладки (№8, н.о. -152 см), найденной в кв. В-3 при снятии 2-го пласта

도면 379 | 크라스키노 성, 2017년, 제53구역. 섹터 1. 제2인공층 정리조사 중 예(E)-3방안 출토 편암제 숫돌 (No. 9, 레벨 -147㎝).

Рис 379 | Краскинское городище, 2017 г. Раскоп LIII. Сектор 1. Каменное точило из сланца(№9, н.о. -147 см), найденное в кв. Е-3 при снятии 2-го пласта

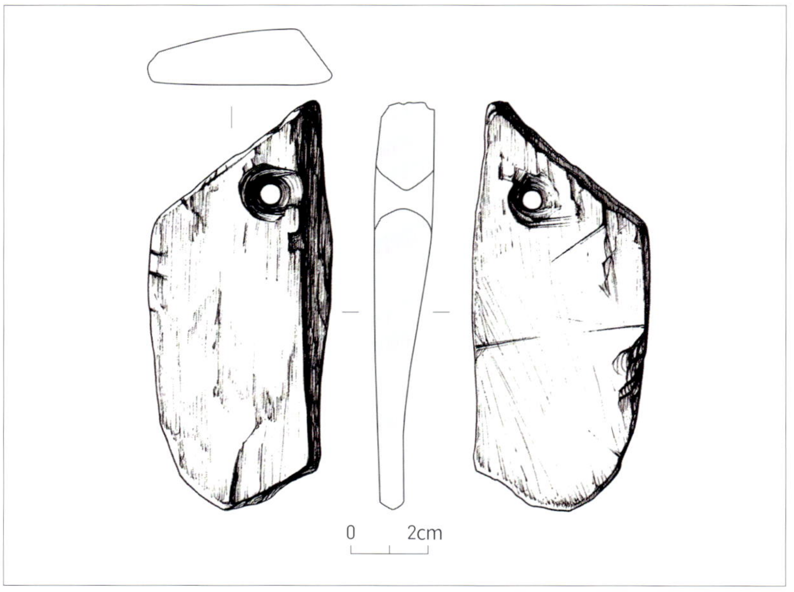

도면 380 | 크라스키노 성, 2017년, 제53구역, 섹터 1, 제2인공층 정리조사 중 예(Е)-3방안 출토 편암제 숫돌 (No. 9, 레벨 -147㎝) 실측도.

Рис 380 | Краскинское городище, 2017 г. Раскоп LIII. Сектор 1. Рисунок каменного точила из сланца(№9, н.о. -147 см), найденного в кв. Е-3 при снятии 2-го пласта

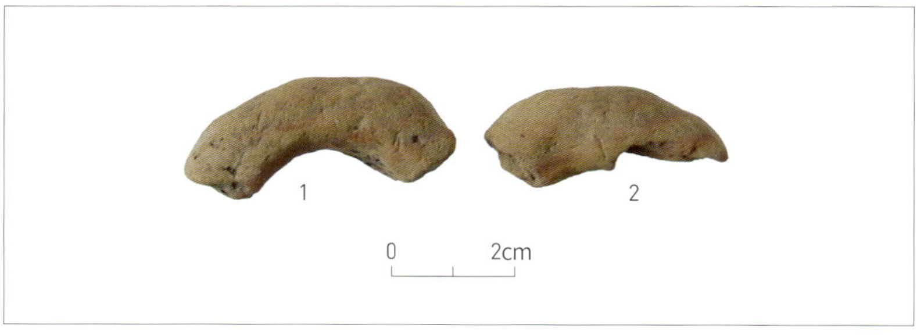

도면 381 | 크라스키노 성, 2017년, 제53구역, 섹터 1, 제2인공층 정리조사 중 데(Д)-2′방안 출토 토제 고리편 2점 (No. 10, 레벨 -149㎝).

Рис 381 | Краскинское городище, 2017 г. Раскоп LIII. Сектор 1. Два фрагмента керамического кольца(№10, н.о. -149 см), найденные в кв. Д-2′ при снятии 2-го пласта

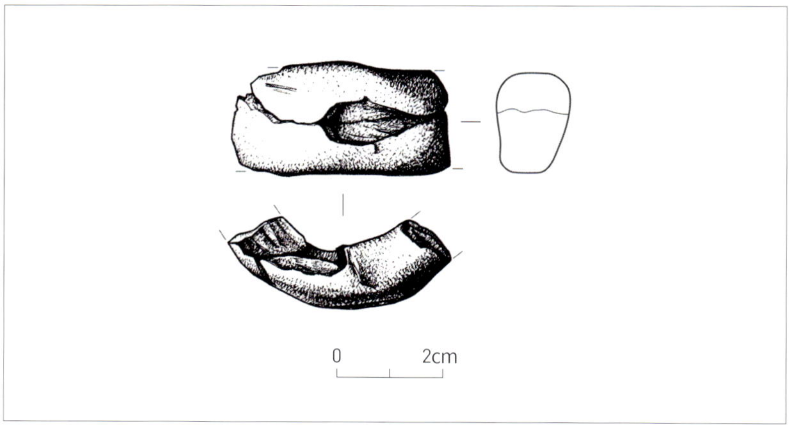

도면 382 | 크라스키노 성, 2017년, 제53구역, 섹터 1, 제2인공층 정리조사 중 데(Д)-2′방안 출토 토제 고리편 (No. 10, 레벨 -149㎝) 실측도.

Рис 382 | Краскинское городище, 2017 г. Раскоп LIII. Сектор 1. Рисунок фрагмента керамического кольца(№10, н.о. -149 см), найденного в кв. Д-2′ при снятии 2-го пласта

도면 383 | 크라스키노 성, 2017년, 제53구역, 섹터 1, 제2인공층 정리조사 중 출토 윤제 토기 구연부편들: 1 - 게(Г)-3′방안, 2 - 베(Б)-2방안.

Рис 383 | Краскинское городище, 2017 г. Раскоп LIII. Сектор 1. Образцы венчиков круговой керамики, обнаруженные при снятии 2-го пласта: 1 - в кв. Г-3′, 2 - в кв. Б-2

도면 384 | 크라스키노 성, 2017년, 제53구역. 섹터 1. 제2인공층 정리조사 중 출토 윤제 토기 구연부편들: 1 – 데(Д)-1'방안, 2 – 붸(В)-3'방안.

Рис 384 | Краскинское городище, 2017 г. Раскоп LIII. Сектор 1. Образцы венчиков круговой керамики, обнаруженные при снятии 2-го пласта: 1 – в кв. Д-1´, 2 – в кв. В-3´

도면 385 | 크라스키노 성, 2017년, 제53구역. 섹터 1. 제2인공층 정리조사 중 출토 윤제 토기 구연부편들: 1 – 예(Е)-2'방안, 2 – 데(Д)-1방안.

Рис 385 | Краскинское городище, 2017 г. Раскоп LIII. Сектор 1.Образцы венчиков круговой керамики, обнаруженные при снятии 2-го пласта: 1 – в кв. Е-2´, 2 – в кв. Д-1

도면 386 | 크라스키노 성, 2017년, 제53구역. 섹터 1. 제2인공층 정리조사 중 게(Г)-2'방안 출토 문양이 있는 윤제 토기 상부편.

Рис 386 | Краскинское городище, 2017 г. Раскоп LIII. Сектор 1. Образец верхней части орнаментированного кругового сосуда, обнаруженный в процессе снятия 2-го пласта в кв. Г-2´

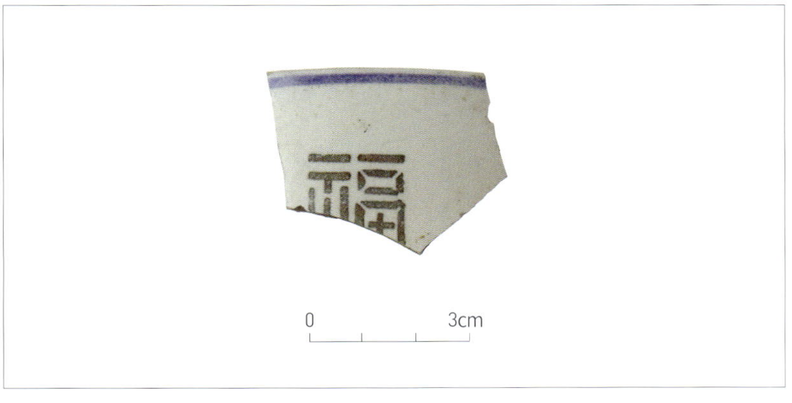

도면 387 | 크라스키노 성, 2017년, 제53구역. 섹터 1. 제2인공층 정리조사 중 베(Б)-1방안 출토 자기 구연부편.

Рис 387 | Краскинское городище, 2017 г. Раскоп LIII. Сектор 1. Образец венчика фарфорового сосуда, обнаруженный в процессе снятия 2-го пласта в кв. Б-1

도면 388 | 크라스키노 성, 2017년, 제53구역. 섹터 1. 제2인공층 정리조사 중 출토 윤제 토기 대상파수들: 1 – 예(E)-1방안, 2 – 예(E)-3방안.

Рис 388 | Краскинское городище, 2017 г. Раскоп LIII. Сектор 1. Образцы горизонтально-ленточных ручек круговых сосудов, найденные при разборке 2-го пласта: 1 – в кв. Е-1, 2 – в кв. Е-3

도면 389 | 크라스키노 성, 2017년, 제53구역. 섹터 1. 제2인공층 정리조사 중 출토 윤제 토기 손잡이편들: 1 – 귀 손잡이, 붸(B)-4′방안, 2 – 대상파수, 베(Б)-4방안.

Рис 389 | Краскинское городище, 2017 г. Раскоп LIII. Сектор 1. Образцы ручек круговых сосудов, найденные при разборке 2-го пласта: 1 – козырьковая в кв. В-4´, 2 – горизонтально-ленточная в кв. Б-4

도면 390 | 크라스키노 성, 2017년, 제53구역. 섹터 1. 제2인공층 정리조사 중 출토 윤제 토기 구연부편들: 1 – 데(Д)-2′방안, 2 – 베(Б)-1′방안.

Рис 390 | Краскинское городище, 2017 г. Раскоп LIII. Сектор 1. Образцы венчиков круговой керамики, обнаруженные при снятии 2-го пласта: 1 – в кв. Д-2´, 2 – в кв. Б-1´

도면 391 | 크라스키노 성, 2017년, 제53구역, 섹터 1, 제2인공층 정리조사 중 출토 윤제 토기 구연부편들: 1 – 게(Г)-1방안, 2 – 베(Б)-2방안, 3 – 데(Д)-2방안.

Рис 391 | Краскинское городище, 2017 г. Раскоп LIII. Сектор 1. Образцы венчиков круговой керамики, обнаруженные при снятии 2-го пласта: 1 – в кв. Г-1, 2 – в кв. Б-2, 3 – в кв. Д-2

도면 392 | 크라스키노 성, 2017년, 제53구역, 섹터 1, 제2인공층 정리조사 중 베(Б)-1방안 출토 문양이 있는 윤제 토기 동체부편.

Рис 392 | Краскинское городище, 2017 г. Раскоп LIII. Сектор 1. Образец орнаментированной стенки кругового сосуда, обнаруженной при снятии 2-го пласта в кв. Б-1

도면 393 | 크라스키노 성, 2017년, 제53구역, 섹터 1, 제2인공층 정리조사 중 출토 문양이 있는 윤제 토기 동체부편들: 1 – 수평 띠 마연무늬, 베(Б)-1방안, 2 – 수직 띠 마연무늬, 베(Б)-5′방안.

Рис 393 | Краскинское городище, 2017 г. Раскоп LIII. Сектор 1. Образцы орнаментированных стенок круговых сосудов, найденные при снятии 2-го пласта: 1 – с горизонтально-полосчатым лощением в кв. Б-1, 2 – с вертикальным полосчатым лощением в кв. Б-5′

도면 394 | 크라스키노 성, 2017년, 제53구역, 섹터 1, 제2인공층 정리조사 중 출토 문양이 있는(슬립과 수평 띠 마연무늬) 윤제 토기 동체부편들: 1 – 예(Е)-3′방안, 2 – 데(Д)-4방안, 3 – 베(Б)-1′방안.

Рис 394 | Краскинское городище, 2017 г. Раскоп LIII. Сектор 1. Образцы орнаментированных стенок круговых сосудов(с ангобом и горизонтально-полосчатым лощением), найденные при снятии 2-го пласта: 1 – в кв. Е-3′, 2 – в кв. Д-4, 3 – в кв. Б-1′

도면 395 | 크라스키노 성, 2017년, 제53구역. 섹터 1. 제2인공층 정리조사 중 데(Д)-3방안 출토 윤제 토기 뚜껑편.

Рис 395 | Краскинское городище, 2017 г. Раскоп LIII. Сектор 1. Фрагмент крышки кругового сосуда, обнаруженный в процессе разборки 2-го пласта в кв. Д-3

도면 396 | 크라스키노 성, 2017년, 제53구역. 섹터 1. 제2인공층 정리조사 중 게(Г)-3′방안 출토 윤제 토기 저부편.

Рис 396 | Краскинское городище, 2017 г. Раскоп LIII. Сектор 1. Образец дна кругового сосуда, найденный при снятии 2-го пласта в кв. Г-3′

도면 397 | 크라스키노 성, 2017년, 제53구역. 섹터 1. 제2인공층 정리조사 중 출토 윤제 토기 시루 저부편: 게(Г)-3′방안, 2 - 게(Г)-5′방안, 3 - 베(Б)-3방안.

Рис 397 | Краскинское городище, 2017 г. Раскоп LIII. Сектор 1. Образцы доньев круговых пароварок, обнаруженные при снятии 2 пласта: 1 - в кв. Г-3′, 2 - в кв. Г-5′, 3 - в кв. Б-3

도면 398 | 크라스키노 성, 2017년, 제53구역. 섹터 1. 제2인공층 정리조사 중 게(Г)-3′방안과 붸(В)-4방안 출토 물레에서 분리한 흔적이 남아있는 윤제 토기 저부편.

Рис 398 | Краскинское городище, 2017 г. Раскоп LIII. Сектор 1. Фрагменты дна кругового сосуда со следами снятия с круга, найденные при снятии 2-го пласта в кв. Г-3′ и В-4

도면 399 | 크라스키노 성, 2017년. 제53구역. 섹터 1. 제2인공층 정리조사 중 출토 윤제 토기 저부편들: 1 – 데(Д)-1방안. 2 – 게(Г)-1방안.

Рис 399 | Краскинское городище, 2017 г. Раскоп LIII. Сектор 1. Образцы доньев круговых сосудов, обнаруженные при снятии 2-го пласта: 1 – в кв. Д-1, 2 – в кв. Г-1

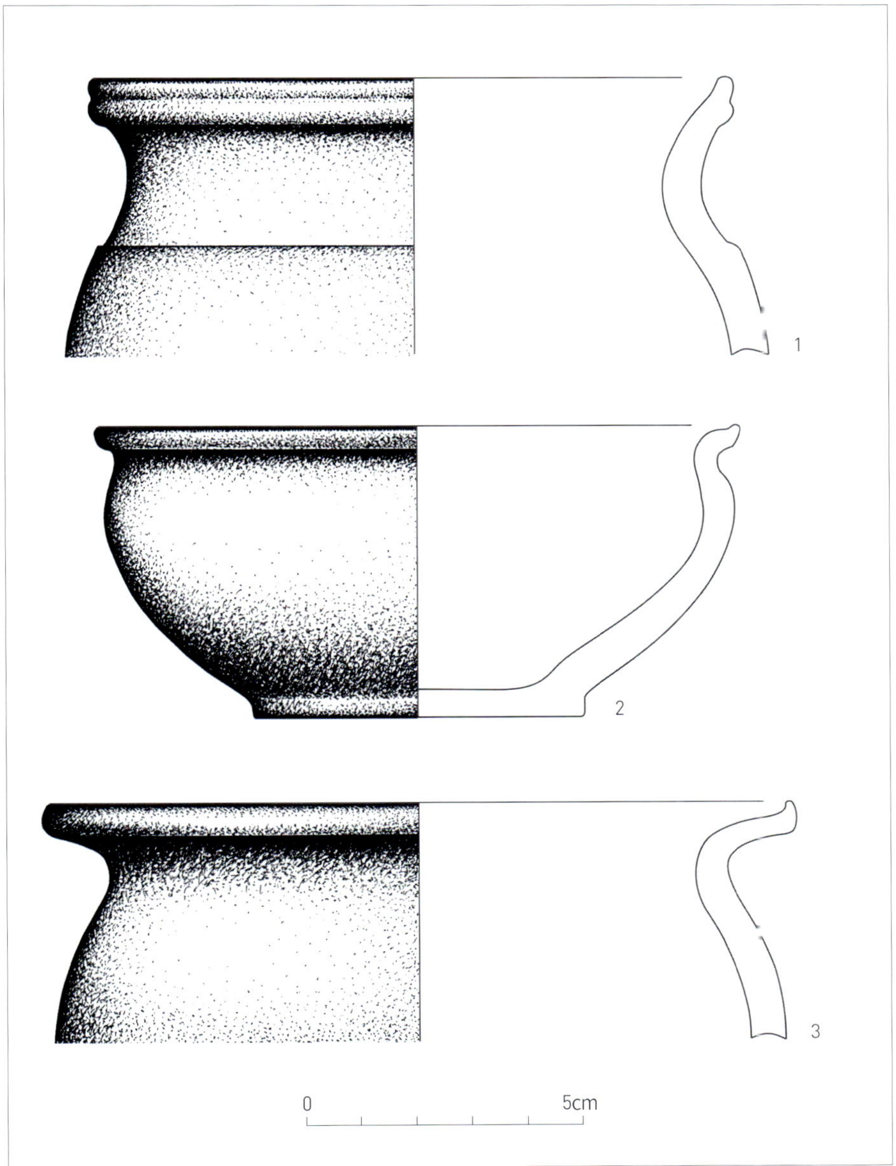

도면 400 | 크라스키노 성, 2017년. 제53구역. 섹터 1. 제2인공층(1, 2)과 제3인공층(3) 정리조사 중 출토 윤제 토기 복원도들: 1 – 게(Г)-3′방안. 2 – 데(Д)-3′방안. 3 – 베(Б)-4방안.

Рис 400 | Краскинское городище, 2017 г. Раскоп LIII. Сектор 1. Графические реконструкции круговых сосудов, найденных в процессе разборки 2 (1, 2) и 3 (3) пластов: 1 – в кв. Г-3′, 2 – в кв. Д-3′, 3 – в кв. Б-4

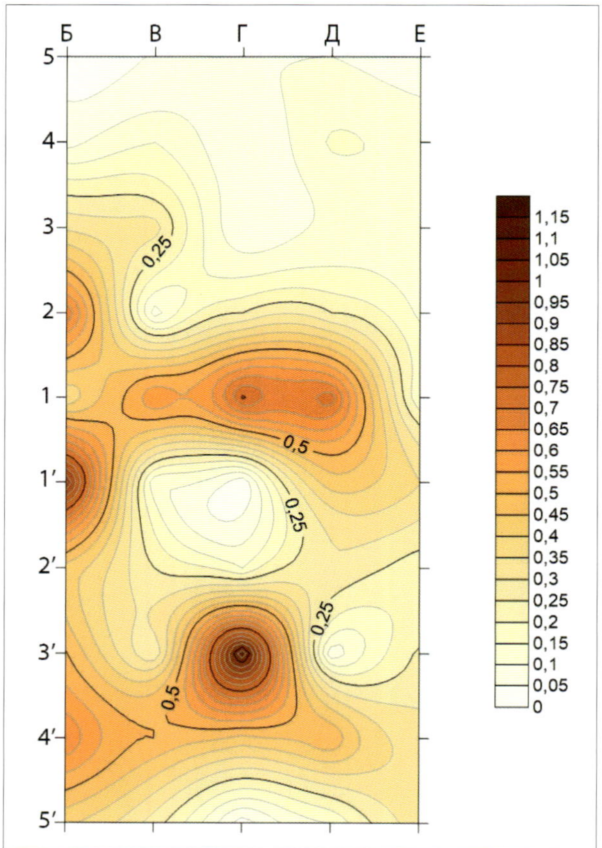

도면 401 | 크라스키노 성, 2017년, 제53구역, 섹터 1.
제2인공층 정리조사 중 출토 토기편의 무게 단위(kg) 분포 모식도.

Рис 401 | Краскинское городище, 2017 г. Раскоп LIII. Сектор 1.
Схема распределения по весу(в кг) керамического материала, обнаруженного в процессе разборки 2-го пласта

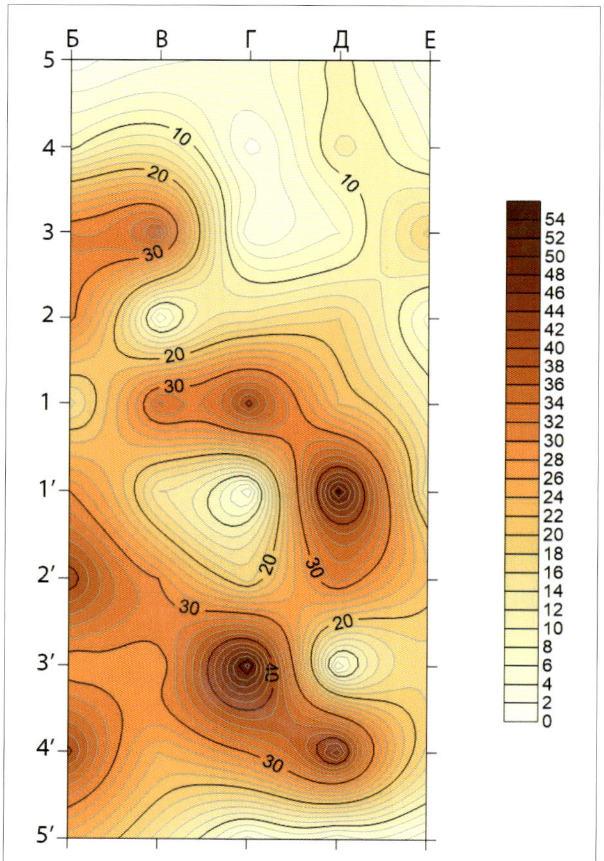

도면 402 | 크라스키노 성, 2017년, 제53구역, 섹터 1.
제2인공층 정리조사 중 출토 토기편의 수량 단위 분포 모식도.

Рис 402 | Краскинское городище, 2017 г. Раскоп LIII. Сектор 1.
Схема распределения керамического материала (количество фрагментов), обнаруженного в процессе разборки 2-го пласта

도면 403 | 크라스키노 성, 2017년. 제53구역. 섹터 1과 섹터 2. 제3인공층 정리조사 모습. 남동쪽에서.

Рис 403 | Краскинское городище, 2017 г. Раскоп LIII. Сектор 1, 2. Вид с юго-востока на процесс снятия 3-го пласта

도면 404 | 크라스키노 성, 2017년. 제53구역. 섹터 1과 섹터 2. 제3인공층 정리조사 후(제4인공층 상면)의 모습. 북서쪽에서.

Рис 404 | Краскинское городище, 2017 г. Раскоп LIII. Сектор 1, 2. Вид с северо-запада на поверхность раскопа после снятия 3-го пласта(поверхность 4-го пласта)

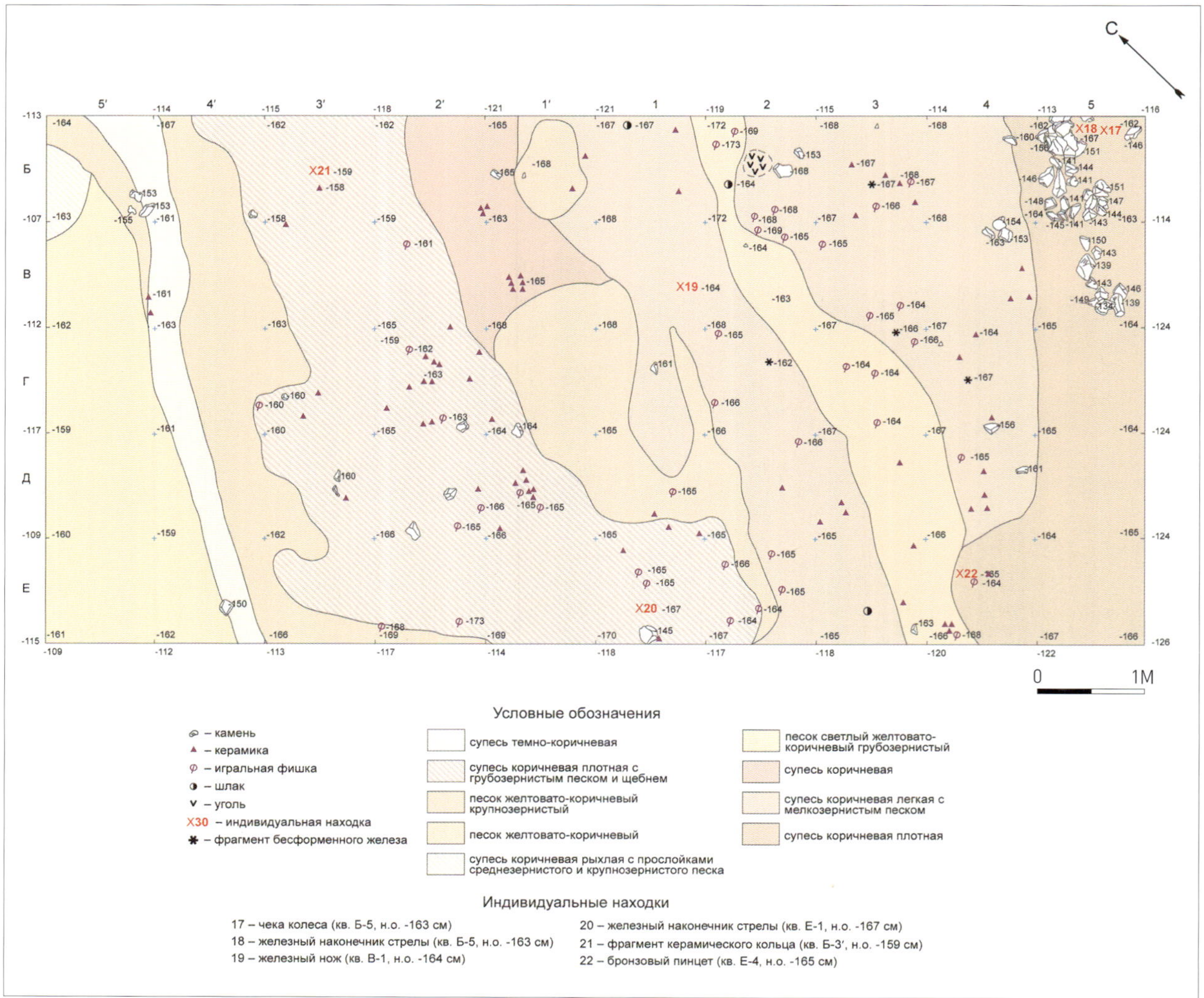

도면 405 | 크라스키노 성. 2017년. 제53구역. 섹터 1. 제3인공층 정리조사 후(제4인공층 상면)의 평면도 4.

Рис 405 | Краскинское городище. 2017 г. Раскоп LIII. Сектор 1. План 4 после снятия 3-го пласта(поверхность 4-го пласта)

도면 406 | 크라스키노 성. 2017년. 제53구역. 섹터 1. 제3인공층 정리조사 후 (제4인공층 상면)의 발굴구역 상면 모습. 남동쪽에서.

Рис 406 | Краскинское городище. 2017 г. Раскоп LIII. Сектор 1. Вид с юго-востока на поверхность раскопа после снятия 3-го пласта (поверхность 4-го пласта)

도면 407 | 크라스키노 성. 2017년. 제53구역. 섹터 1. 제3인공층 정리조사 후 (제4인공층 상면)의 게(Г)-데(Д)-2'-1'방안 노출 돌들 모습. 남쪽에서.

Рис 407 | Краскинское городище. 2017 г. Раскоп LIII. Сектор 1. Вид с юга на скопление камней, найденных в кв. Г-Д-2´-1´ после снятия 3-го пласта(поверхность 4-го пласта)

도면 408 | 크라스키노 성. 2017년. 제53구역. 섹터 1. 제3인공층 정리조사 중 출토 토기 동체부편으로 만든 놀이 알들.

Рис 408 | Краскинское городище. 2017 г. Раскоп LIII. Сектор 1. Игральные фишки, изготовленные из стенок сосудов, обнаружены в процессе разборки 3-го пласта

도면 409 | 크라스키노 성. 2017년. 제53구역. 섹터 1. 제3인공층 정리조사 중 출토 와편으로 만든 놀이 알들.

Рис 409 | Краскинское городище. 2017 г. Раскоп LIII. Сектор 1. Игральные фишки, изготовленные из черепицы, обнаружены в процессе разборки 3-го пласта

도면 410 | 크라스키노 성. 2017년. 제53구역. 섹터 1. 제3인공층 정리조사 후 베(Б)-5방안 주철제 바퀴 비녀못 (No. 17, 레벨 -163㎝)과 철제 화살촉 (No. 18, 레벨 -167㎝) 출토 모습. 남동쪽에서.

Рис 410 | Краскинское городище. 2017 г. Раскоп LIII. Сектор 1. Вид с юго-востока на чугунную чеку колеса (№17, н.о. -163 см) и железный наконечник стрелы(№18, н.о.-167 см), найденные в кв. Б-5 после снятия 3-го пласта

도면 411 | 크라스키노 성, 2017년, 제53구역. 섹터 1. 제3인공층 정리조사 후 베(Б)-5방안 출토 주철제 바퀴 비녀못 (№ 17, 레벨 -163㎝).

Рис 411 | Краскинское городище, 2017 г. Раскоп LIII. Сектор 1. Чугунная чека колеса(№17, н.о. -163 см), найденная в кв. Б-5 после снятия 3-го пласта

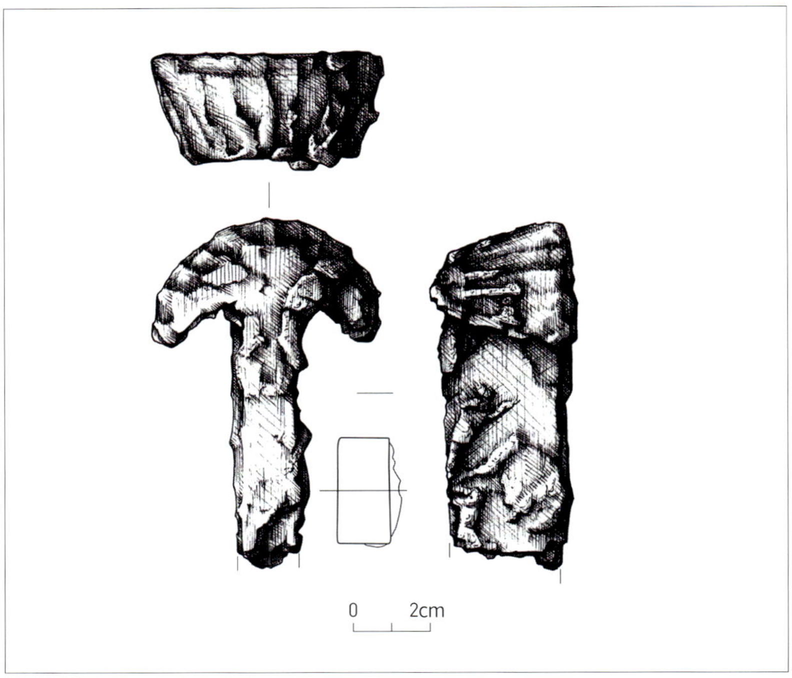

도면 412 | 크라스키노 성, 2017년, 제53구역. 섹터 1. 제3인공층 정리조사 후 베(Б)-5방안 출토 주철제 바퀴 비녀못 (№ 17, 레벨 -163㎝) 실측도.

Рис 412 | Краскинское городище, 2017 г. Раскоп LIII. Сектор 1. Рисунок чугунной чеки колеса(№17, н.о. -163 см), найденной в кв. Б-5 после снятия 3-го пласта

도면 413 | 크라스키노 성, 2017년, 제53구역. 섹터 1. 제3인공층 정리조사 후 베(Б)-5방안 출토 철제 화살촉 (№ 18, 레벨 -167㎝).

Рис 413 | Краскинское городище, 2017 г. Раскоп LIII. Сектор 1. Железный наконечник стрелы(№18, н.о. -167 см), найденный в кв. Б-5 после снятия 3-го пласта

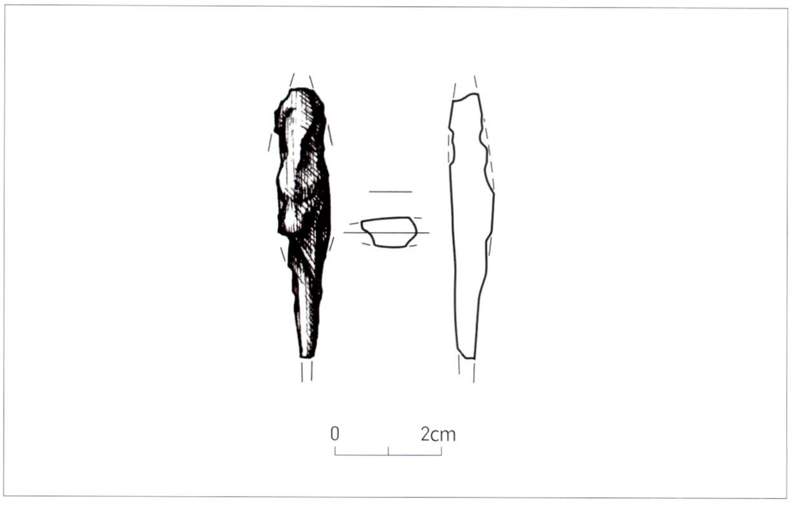

도면 414 | 크라스키노 성, 2017년, 제53구역. 섹터 1. 제3인공층 정리조사 후 베(Б)-5방안 출토 철제 화살촉 (No. 18, 레벨 -167㎝) 실측도.

Рис 414 | Краскинское городище, 2017 г. Раскоп LIII. Сектор 1. Рисунок железного наконечника стрелы (№ 18, н.о.-167 см), найденный в кв. Б-5 после снятия 3-го пласта

도면 415 | 크라스키노 성, 2017년, 제53구역. 섹터 1. 제3인공층 정리조사 후 베(Б)-5방안 출토 철제 칼 (No. 19, 레벨 -167㎝).

Рис 415 | Краскинское городище, 2017 г. Раскоп LIII. Сектор 1. Железный нож(№ 19, н.о.-167 см), найденный в кв. Б-5 после снятия 3-го пласта

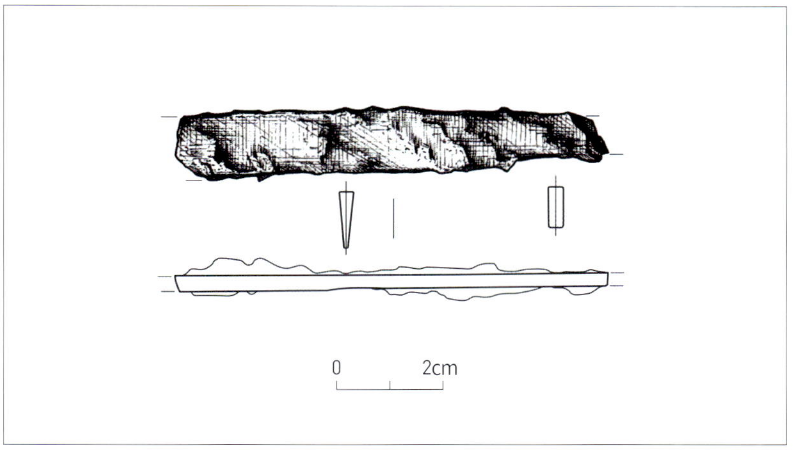

도면 416 | 크라스키노 성, 2017년, 제53구역. 섹터 1. 제3인공층 정리조사 후 베(Б)-5방안 출토 철제 칼 (No. 19, 레벨 -167㎝) 실측도.

Рис 416 | Краскинское городище, 2017 г. Раскоп LIII. Сектор 1. Рисунок железного ножа(№ 19, н.о. -167 см), найденного в кв. Б-5 после снятия 3-го пласта

도면 417 | 크라스키노 성, 2017년, 제53구역. 섹터 1. 제3인공층 정리조사 후 예(Е)-1방안 출토 철제 칼 (No. 20, 레벨 -167㎝).

Рис 417 | Краскинское городище, 2017 г. Раскоп LIII. Сектор 1. Железный нож(№ 20, н.о. -167 см), найденный в кв. Е-1 после снятия 3-го пласта

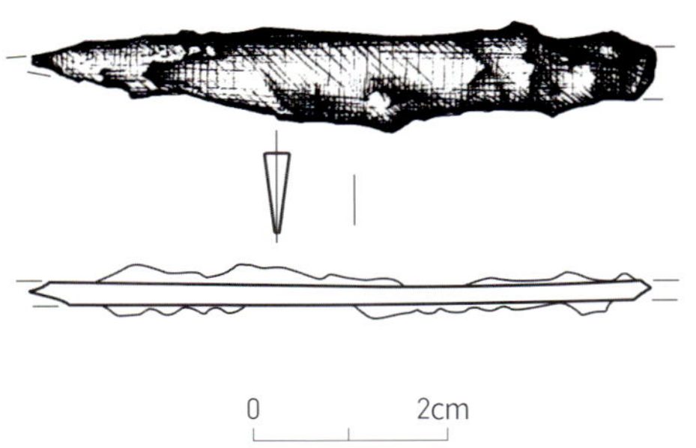

도면 418 | 크라스키노 성, 2017년, 제53구역, 섹터 1, 제3인공층 정리조사 후 예(E)-1방안 출토 철제 칼 (No. 20, 레벨 -167㎝) 실측도.

Рис 418 | Краскинское городище, 2017 г. Раскоп LIII. Сектор 1. Рисунок железного ножа(№20, н.о. -167 см), найденного в кв. Е-1 после снятия 3-го пласта

도면 419 | 크라스키노 성, 2017년, 제53구역, 섹터 1, 제3인공층 정리조사 후 베(Б)-3′방안 출토 토제 고리편 (No. 21, 레벨 -159㎝).

Рис 419 | Краскинское городище, 2017 г. Раскоп LIII. Сектор 1. Фрагмент керамического кольца(№21, н.о. -159 см), найденного в кв. Б-3′ после снятия 3-го пласта

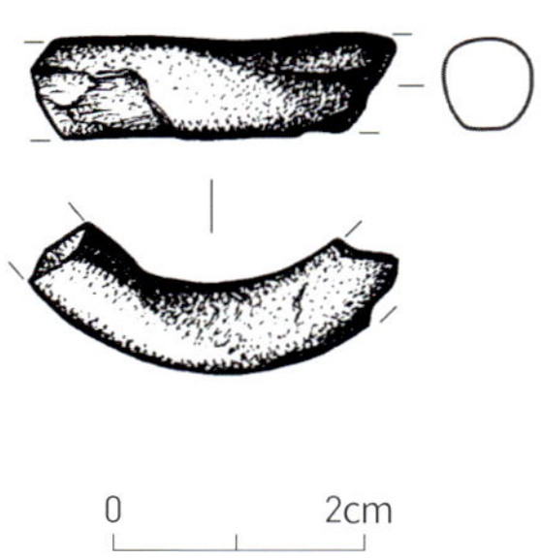

도면 420 | 크라스키노 성, 2017년, 제53구역, 섹터 1, 제3인공층 정리조사 후 베(Б)-3′방안 출토 토제 고리편 (No. 21, 레벨 -159㎝) 실측도.

Рис 420 | Краскинское городище, 2017 г. Раскоп LIII. Сектор 1. Рисунок фрагмента керамического кольца(№21, н.о.-159 см), найденного кв. Б-3′ в после снятия 3-го пласта

도면 421 | 크라스키노 성, 2017년, 제53구역, 섹터 1, 제3인공층 정리조사 후 예(E)-4방안 출토 청동 핀셋 (No. 22, 레벨 -165㎝) 출토모습, 남서쪽에서.

Рис 421 | Краскинское городище, 2017 г. Раскоп LIII. Сектор 1. Вид с востока на бронзовый пинцет(№22, н.о.-165 см), найденный в кв. Е-4 после снятия 3-го пласта

도면 422 | 크라스키노 성, 2017년, 제53구역. 섹터 1. 제3인공층 정리조사 후 예(E)-4방안 출토 청동 핀셋 (No. 22, 레벨 -165㎝).

Рис 422 | Краскинское городище, 2017 г. Раскоп LIII. Сектор 1. Бронзовый пинцет(№22, н.о.-165 см), найденный в кв. Е-4 после снятия 3-го пласта

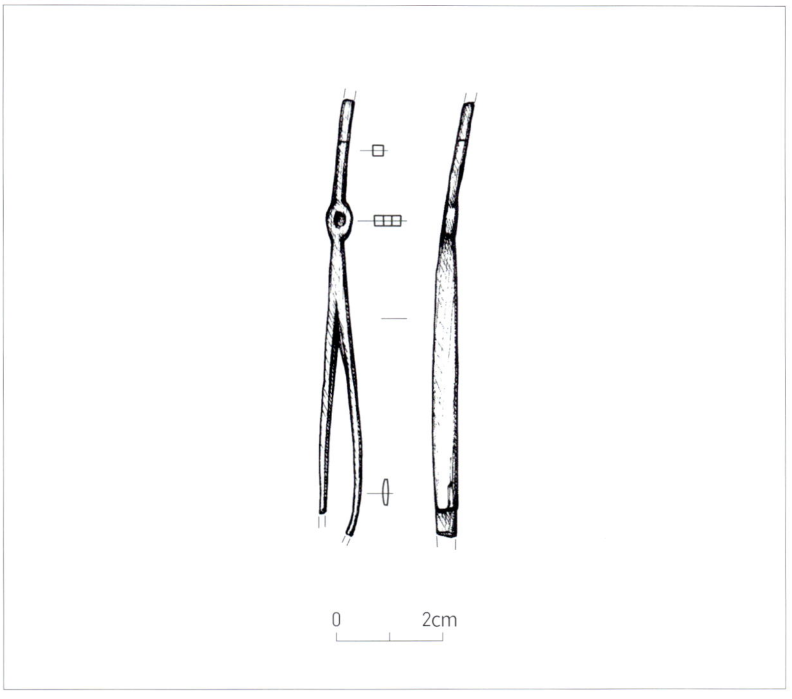

도면 423 | 크라스키노 성, 2017년, 제53구역. 섹터 1. 제3인공층 정리조사 후 예(E)-4방안 출토 청동 핀셋 (No. 22, 레벨 -165㎝) 실측도.

Рис 423 | Краскинское городище, 2017 г. Раскоп LIII. Сектор 1. Рисунок бронзового пинцета(№22, н.о. -165 см), найденного в кв. Е-4 после снятия 3-го пласта

도면 424 | 크라스키노 성, 2017년, 제53구역. 섹터 1. 제3인공층 정리조사 중 출토 문양이 있는 윤제 토기 동체부편들:
1 – 수평의 띠 모양 마연문양과 수직의 지그재그 모양 마연문양이 있는 것.
2 – 수직의 띠 모양 마연문양이 있는 것.

Рис 424 | Краскинское городище, 2017 г. Раскоп LIII. Сектор 1. Образцы орнаментированных стенок круговых сосудов, найденные при снятии 3-го пласта:
1 – с горизонтальным лощением и вертикальным лощеным зигзагом, 2 – с вертикальными лощеными полосами

도면 425 | 크라스키노 성, 2017년, 제53구역. 섹터 1. 제3인공층 정리조사 중 베(Б)-3′방안 출토 문양이 있는 윤제 토기 동체부편.

Рис 425 | Краскинское городище, 2017 г. Раскоп LIII. Сектор 1. Образец орнаментированной стенки кругового сосуда, найденный при снятии 3-го пласта в кв. Б-3′

도면 426 | 크라스키노 성, 2017년, 제53구역. 섹터 1. 제3인공층 정리조사 중 데(Д)-3′방안 출토 문양이 있는 윤제 토기 동체부편.

Рис 426 | Краскинское городище, 2017 г. Раскоп LIII. Сектор 1. Образец орнаментированной стенки кругового сосуда, найденный при снятии 3-го пласта в кв. Д-3′

도면 427 | 크라스키노 성, 2017년, 제53구역. 섹터 1. 제3인공층 정리조사 중 붸(В)-4방안 출토 문양이 있는 윤제 토기 대상파수편.

Рис 427 | Краскинское городище, 2017 г. Раскоп LIII. Сектор 1. Образец орнаментированной горизонтально-ленточной ручки кругового сосуда, найденный в кв. В-4 при разборке 3-го пласта

도면 428 | 크라스키노 성. 2017년. 제53구역. 섹터 1. 제3인공층 정리조사 중 게(Г)-4방안 출토 문양이 있는 윤제 토기 대상파수편.

Рис 428 | Краскинское городище. 2017 г. Раскоп LIII. Сектор 1. Образец горизонтально-ленточной ручки кругового сосуда, найденный в кв. Г-4 при разборке 3 пласта

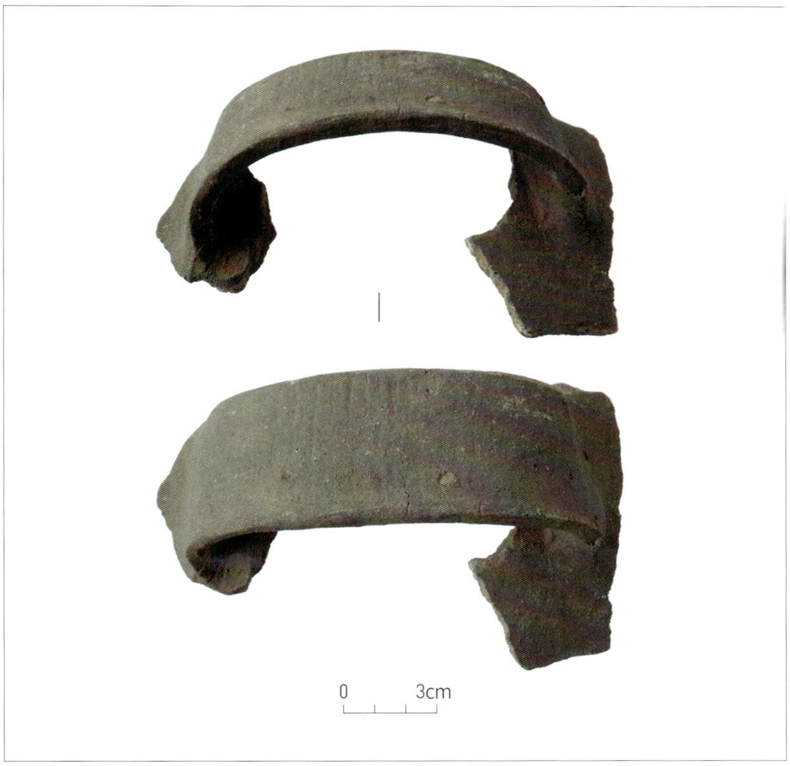

도면 429 | 크라스키노 성. 2017년. 제53구역. 섹터 1. 제3인공층 정리조사 중 베(Б)-3′방안 출토 문양이 있는 윤제 토기 대상파수편.

Рис 429 | Краскинское городище. 2017 г. Раскоп LIII. Сектор 1. Образец горизонтально-ленточной ручки кругового сосуда, найденный в кв. Б-3´ при разборке 3-го пласта

도면 430 | 크라스키노 성. 2017년. 제53구역. 섹터 1. 제3인공층 정리조사 중 출토 윤제 토기(시루) 저부편들: 1 - 붸(В)-5방안. 2 - 베(Б)-2방안.

Рис 430 | Краскинское городище. 2017 г. Раскоп LIII. Сектор 1. Образцы доньев круговых сосудов (пароварок), обнаруженные при снятии 3-го пласта: 1 – в кв. В-5. 2 – в кв. Б-2

도면 431 | 크라스키노 성. 2017년. 제53구역. 섹터 1. 제3인공층 정리조사 중 게(Г)-2방안 출토 슬립을 입힌 수평의 띠 모양 마연문양이 있는 윤제 토기편.

Рис 431 | Краскинское городище. 2017 г. Раскоп LIII. Сектор 1. Фрагмент дна кругового ангобированного с горизонтально-полосчатым лощением сосуда, найденный в кв. Г-2 при снятии 3-го пласта

도면 432 | 크라스키노 성. 2017년. 제53구역. 섹터 1. 제3인공층 정리조사 중 붸(В)-5방안 출토 윤제 토기 저부편.

Рис 432 | Краскинское городище. 2017 г. Раскоп LIII. Сектор 1. Фрагмент дна кругового сосуда, найденный в кв. В-5 при снятии 3-го пласта

도면 433 | 크라스키노 성. 2017년. 제53구역. 섹터 1. 제3인공층 정리조사 중 베(Б)-3′방안 출토 윤제 토기 저부편.

Рис 433 | Краскинское городище. 2017 г. Раскоп LIII. Сектор 1. Фрагмент дна кругового сосуда, найденный при снятии 3 пласта в кв. Б-3´

도면 434 | 크라스키노 성. 2017년. 제53구역. 섹터 1. 제3인공층 정리조사 중 데(Д)-3방안 출토 물레에서 분리한 흔적이 남아있는 윤제 토기 저부편.

Рис 434 | Краскинское городище. 2017 г. Раскоп LIII. Сектор 1. Образец дна кругового сосуда со следами снятия с круга, найден в кв. Д-3 при снятии 3-го пласта

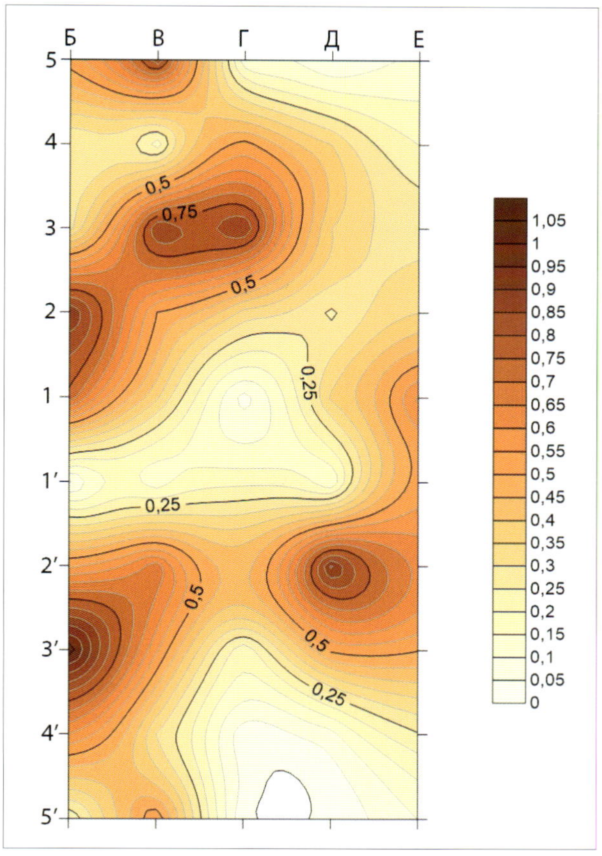

도면 435 | 크라스키노 성, 2017년, 제53구역, 섹터 1.
제3인공층 정리조사 중 출토 토기편의 무게 단위(kg) 분포 모식도.

Рис 435 | Краскинское городище, 2017 г. Раскоп LIII. Сектор 1.
Схема распределения по весу(в кг) керамического материала, обнаруженного в процессе разборки 3-го пласта

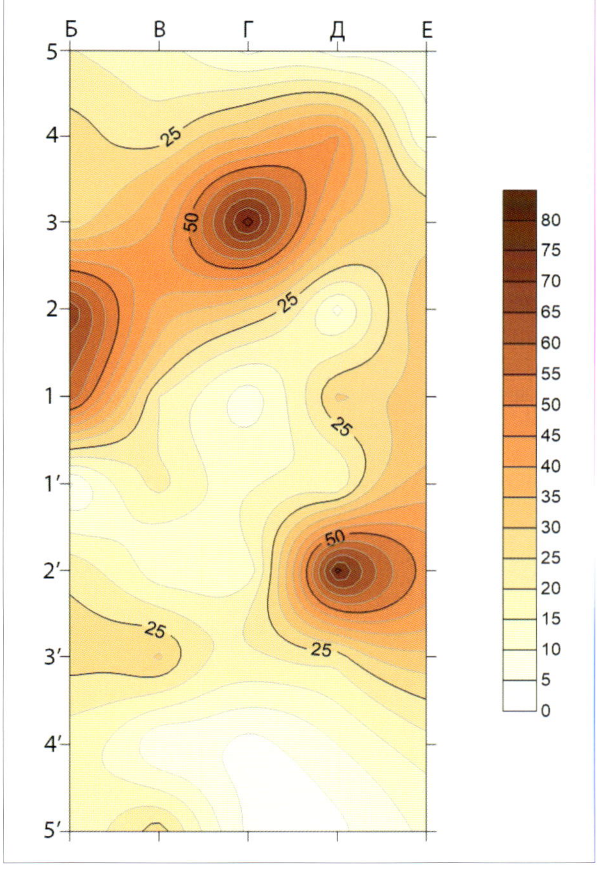

도면 436 | 크라스키노 성, 2017년, 제53구역, 섹터 1.
제3인공층 정리조사 중 출토 토기편의 수량 단위 분포 모식도.

Рис 436 | Краскинское городище, 2017 г. Раскоп LIII. Сектор 1.
Схема распределения керамического материала (количество фрагментов), обнаруженного в процессе разборки 3-го пласта

도면 437 | 크라스키노 성, 2017년. 제53구역. 섹터 1. 제4인공층 정리조사 모습. 북서쪽에서.

Рис 437 | Краскинское городище, 2017 г. Раскоп LIII. Сектор 1. Вид с северо-запада на процесс снятия 4-го пласта

도면 438 | 크라스키노 성, 2017년. 제53구역. 섹터 1과 섹터 2. 제4인공층 정리조사 후 방안선 포함 발굴구역 상면 (제5인공층 상면) 모습. 북서쪽에서.

Рис 438 | Краскинское городище, 2017 г. Раскоп LIII. Сектор 1, 2. Вид с северо-запада на поверхность раскопа с растянутой метровой сеткой после снятия 4-го пласта(поверхность 5-го пласта)

도면 439 | 크라스키노 성, 2017년. 제53구역. 섹터 1. 제4인공층 정리조사 후 방안선 포함 발굴구역 상면 (제5인공층 상면) 모습. 북서쪽에서.

Рис 439 | Краскинское городище, 2017 г. Раскоп LIII. Сектор 1. Вид с северо-запада на поверхность раскопа после снятия 4-го пласта (поверхность 5-го пласта)

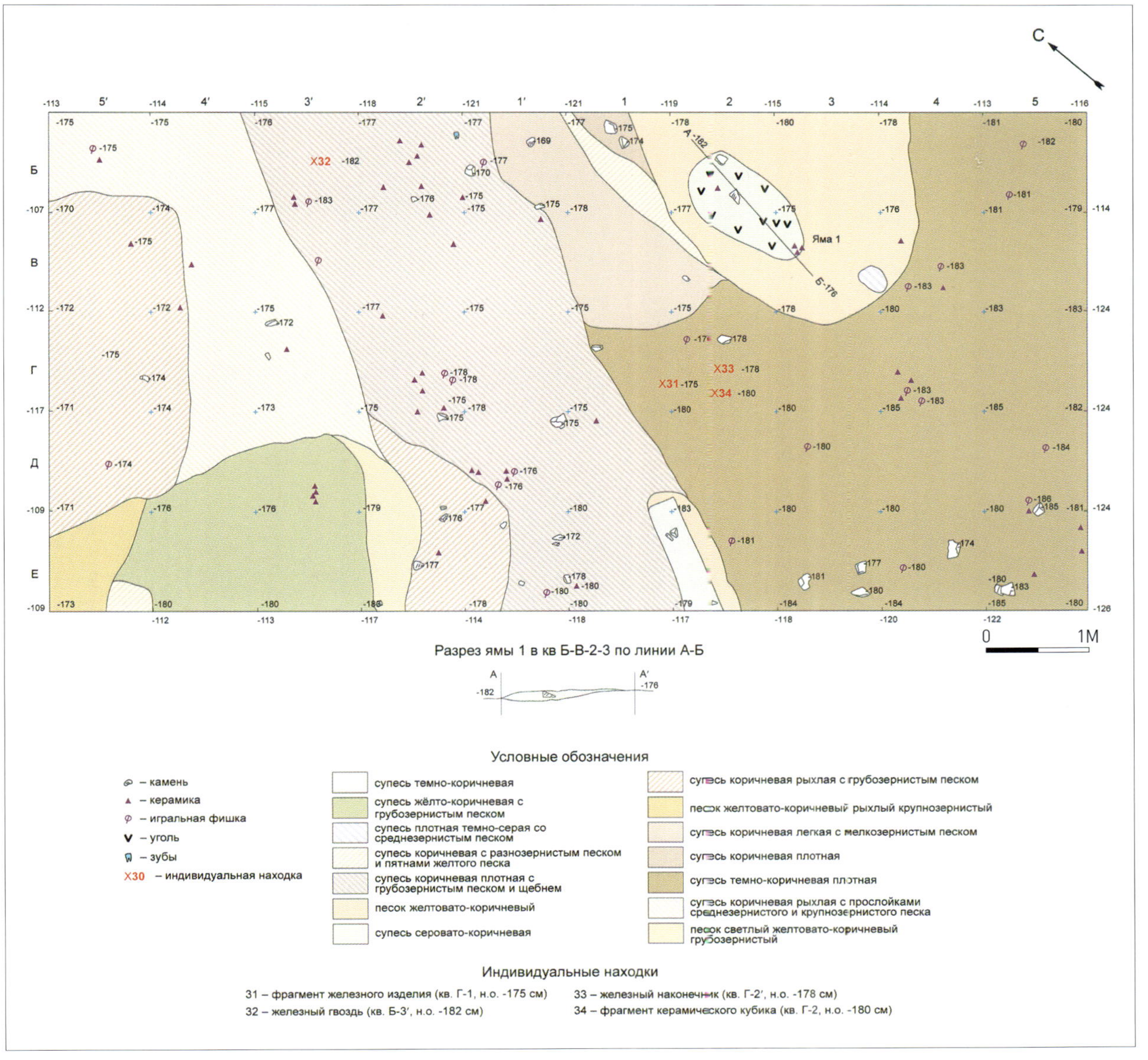

도면 440 | 크라스키노 성. 2017년. 제53구역. 섹터 1. 제4인공층 정리조사 후(제5인공층 상면)의 평면도 5.

Рис 440 | Краскинское городище. 2017 г. Раскоп LIII. Сектор 1. План 5 после снятия 4-го пласта(поверхность 5-го пласта)

도면 441 | 크라스키노 성. 2017년. 제53구역. 섹터 1. 제4인공층 정리조사 후 베(Б)-예(Е)-1′-5방안에서 노출된 암갈색의 단단한 사질토 얼룩 모습. 남쪽에서.

Рис 441 | Краскинское городище. 2017 г. Раскоп LIII. Сектор 1. Вид с юга на пятно темно-коричневой плотной супеси, обнажившейся в кв. Б-Е-1´-5 после снятия 4-го пласта

도면 442 크라스키노 성. 2017년. 제53구역. 섹터 1. 제4인공층 정리조사 후 베(Б)-2′-1′방안 발견 동물의 턱뼈 모습. 남서쪽에서.

Рис 442 Краскинское городище. 2017 г. Раскоп LIII. Сектор 1. Вид с юго-запада на остатки челюсти животного в кв. Б-2´-1´, обнаруженную после снятия 4-го пласта

도면 443 | 크라스키노 성, 2017년, 제53구역. 섹터 1. 제4인공층 정리조사 중 베(Б)-3′방안 출토 와편으로 만든 놀이 알 (레벨 -185㎝).

Рис 443 | Краскинское городище, 2017 г. Раскоп LIII. Сектор 1. Игральная фишка, изготовленная из черепицы, найдена в кв. Б-3′ (н.о. -185 см) при снятии 4-го пласта

도면 444 | 크라스키노 성, 2017년, 제53구역. 섹터 1. 제4인공층 정리조사 중 예(Е)-1′방안 출토 와편으로 만든 놀이 알 (레벨 -183㎝).

Рис 444 | Краскинское городище, 2017 г. Раскоп LIII. Сектор 1. Игральная фишка, изготовленная из черепицы, найдена в кв. Е-1′ (н.о.-183 см) при снятии 4-го пласта

도면 445 | 크라스키노 성, 2017년, 제53구역. 섹터 1. 제4인공층 정리조사 중 데(Д)-4′방안 출토 석제 놀이 알들 (레벨 -185㎝).

Рис 445 | Краскинское городище, 2017 г. Раскоп LIII. Сектор 1. Каменные игральные фишки, найденные в кв. Д-4′(н.о.-185 см) при снятии 4-го пласта

도면 446 | 크라스키노 성, 2017년, 제53구역. 섹터 1. 제4인공층 정리조사 중 데(Д)-3방안(레벨 -180㎝)과 데(Д)-5방안(레벨 -186㎝) 출토 토기 동체부편으로 만든 놀이 알들.

Рис 446 | Краскинское городище, 2017 г. Раскоп LIII. Сектор 1. Игральные фишки, изготовленные из стенок керамических сосудов, найдены в кв. Д-3(н.о.-180 см) и Д-5(н.о. -186 см) при снятии 4-го пласта

도면 447 | 크라스키노 성, 2017년, 제53구역. 섹터 1. 제4인공층 정리조사 중 게(Г)-1방안 출토 철제 유물편 (№ 31, 레벨 -168㎝) 출토모습, 북서쪽에서.

Рис 447 | Краскинское городище, 2017 г. Раскоп LIII. Сектор 1. Вид с северо-запада на фрагмент железного изделия (№31, н.о.-168 см), найденный в кв. Г-1 при снятии 4-го пласта

도면 448 | 크라스키노 성, 2017년, 제53구역. 섹터 1. 제4인공층 정리조사 중 게(Г)-1방안 출토 철제 유물편 (№ 31, 레벨 -168㎝).

Рис 448 | Краскинское городище, 2017 г. Раскоп LIII. Сектор 1. Фрагмент железного изделия(№31, н.о. -168 см), найденный кв. Г-1 при снятии 4-го пласта

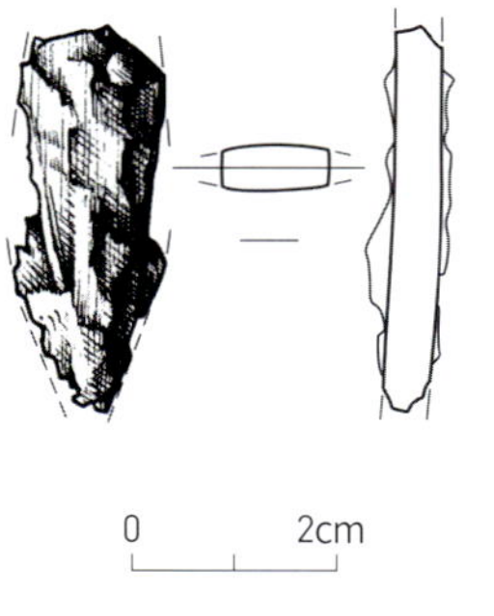

도면 449 | 크라스키노 성, 2017년, 제53구역. 섹터 1. 제4인공층 정리조사 중 게(Г)-1방안 출토 철제 유물편 (№ 31, 레벨 -168㎝) 실측도.

Рис 449 | Краскинское городище, 2017 г. Раскоп LIII. Сектор 1. Рисунок фрагмента железного изделия (№31, н.о. -168 см), найденного в кв. Г-1 при снятии 4-го пласта

도면 450 | 크라스키노 성, 2017년, 제53구역. 섹터 1. 제4인공층 정리조사 중 베(Б)-3′방안 출토 철제 못 (№ 32, 레벨 -182㎝).

Рис 450 | Краскинское городище, 2017 г. Раскоп LIII. Сектор 1. Железный гвоздь(№32, н.о. -182 см), найденный в кв. Б-3′ при снятии 4-го пласта

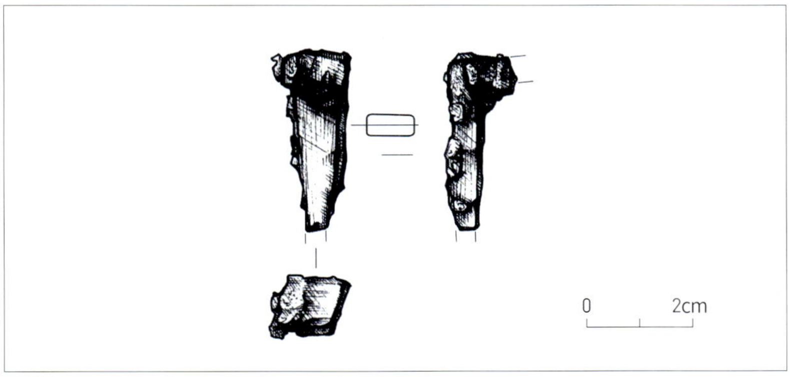

도면 451 | 크라스키노 성, 2017년, 제53구역. 섹터 1. 제4인공층 정리조사 중 베(Б)-3′방안 출토 철제 못 (№ 32, 레벨 -182㎝) 실측도.

Рис 451 | Краскинское городище, 2017 г. Раскоп LIII. Сектор 1. Рисунок железного гвоздя(№32, н.о. -182 см), найденного в кв. Б-3′ при снятии 4-го пласта

도면 452 | 크라스키노 성, 2017년, 제53구역. 섹터 1. 제4인공층 정리조사 중 게(Г)-2′방안 출토 철제 화살촉 (№ 33, 레벨 -178㎝) 출토모습, 북동쪽에서.

Рис 452 | Краскинское городище, 2017 г. Раскоп LIII. Сектор 1. Вид с северо-востока на железный наконечник стрелы (№33, н.о.-178 см), найденный в кв. Г-2′ при снятии 4-го пласта

도면 453 | 크라스키노 성, 2017년, 제53구역. 섹터 1. 제4인공층 정리조사 중 게(Г)-2′방안 출토 철제 화살촉 (№ 33, 레벨 -178㎝).

Рис 453 | Краскинское городище, 2017 г. Раскоп LIII. Сектор 1. Железный наконечник стрелы(№33, н.о. -178 см), найденный в кв. Г-2′ при снятии 4-го пласта

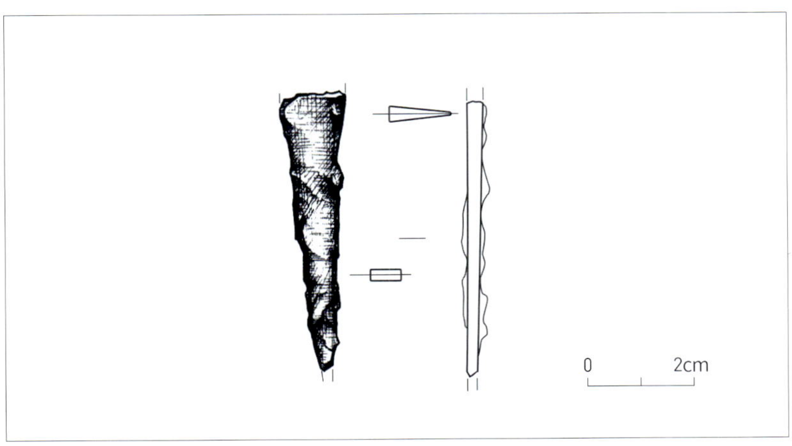

도면 454 | 크라스키노 성, 2017년, 제53구역. 섹터 1. 제4인공층 정리조사 중 게(Г)-2′방안 출토 철제 화살촉 (№ 33, 레벨 -178㎝) 실측도.

Рис 454 | Краскинское городище, 2017 г. Раскоп LIII. Сектор 1. Рисунок железного наконечника стрелы (№33, н.о.-178 см), найденного в кв. Г-2′ при снятии 4-го пласта

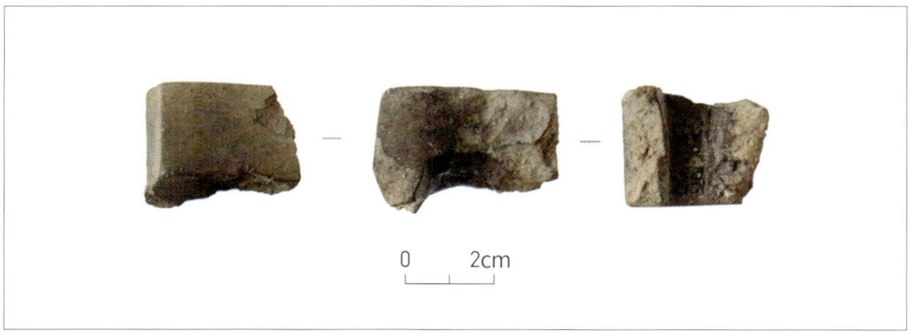

도면 455 | 크라스키노 성, 2017년, 제53구역.
섹터 1. 제4인공층 정리조사 중
게(Г)-2방안 출토 토제 입방체편
(No. 34, 레벨 -180㎝).

Рис 455 | Краскинское городище, 2017 г. Раскоп LIII. Сектор 1. Фрагмент керамического кубика(№34, н.о. -180 см), найденный в кв. Г-2 при снятии пласта

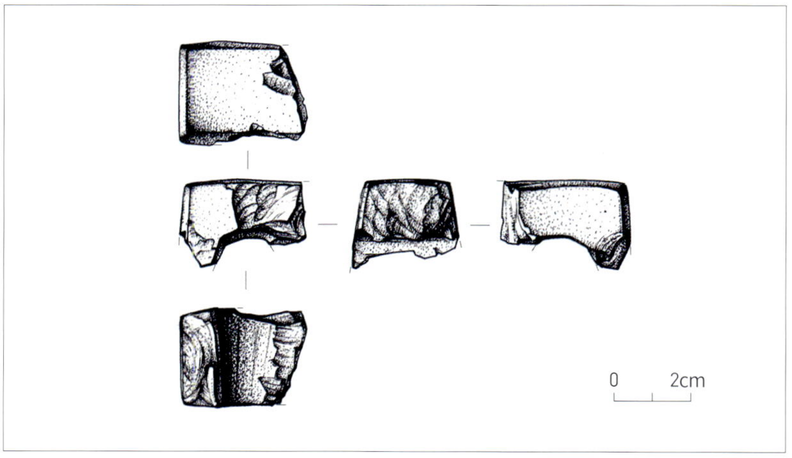

도면 456 | 크라스키노 성, 2017년, 제53구역.
섹터 1. 제4인공층 정리조사 중 게(Г)-2
방안 출토 토제 입방체편
(No. 34, 레벨 -180㎝) 실측도.

Рис 456 | Краскинское городище, 2017 г. Раскоп LIII. Сектор 1. Рисунок фрагмента керамического кубика (№34, н.о. -180 см), найденного в кв. Г-2 при снятии 4-го пласта

도면 457 | 크라스키노 성, 2017년, 제53구역.
섹터 1. 제4인공층 정리조사 중
예(E)-1방안 출토 윤제 토기 구연부편.

Рис 457 | Краскинское городище, 2017 г. Раскоп LIII. Сектор 1. Фрагмент венчика круговой керамики, обнаруженного в кв. Е-1 при снятии 4-го пласта

도면 458 | 크라스키노 성, 2017년, 제53구역.
섹터 1. 제4인공층 정리조사 중 출토
윤제 토기 구연부편들: 1 - 예(E)-1'방안,
2 - 베(Б)-3'방안.

Рис 458 | Краскинское городище, 2017 г. Раскоп LIII. Сектор 1. Образцы венчиков круговой керамики, обнаруженные при снятии 4-го пласта: 1 - в кв. Е-1', 2 - в кв. Б-3'

도면 459 | 크라스키노 성, 2017년, 제53구역.
섹터 1, 제4인공층 정리조사 중 출토
윤제 토기 구연부편들: 1 - 베(Б)-5′방안,
2 - 붸(В)-2′방안.

Рис 459 | Краскинское городище, 2017 г. Раскоп LIII. Сектор 1. Образцы венчиков круговой керамики, обнаруженные при снятии 4-го пласта: 1 - в кв. Б-5´, 2 - в кв. В-2´

도면 460 | 크라스키노 성, 2017년, 제53구역.
섹터 1, 제4인공층 정리조사 중 출토
문양이 있는 윤제 토기 동체부편들:
1 - 예(Е)-4′방안, 2 - 베(Б)-1방안,
3 - 예(Е)-2방안, 4 - 베(Б)-5′방안.

Рис 460 | Краскинское городище, 2017 г. Раскоп LIII. Сектор 1. Образцы орнаментированных стенок круговых сосудов, найденные при снятии 4-го пласта: 1 - в кв. Е-4´, 2 - в кв. Б-1, 3 - в кв. Е-2, 4 - в кв. Б-5´

도면 461 | 크라스키노 성, 2017년, 제53구역.
섹터 1, 제4인공층 정리조사 중 출토
수평의 띠 모양 문양이 있는
윤제 토기 손잡이편들: 1 - 게(Г)-3′방안,
2 - 데(Д)-1방안.

Рис 461 | Краскинское городище, 2017 г. Раскоп LIII. Сектор 1. Образцы орнаментированных горизонтально-ленточных ручек круговых сосудов, найденные при разборке 4-го пласта: 1 - в кв. Г-3´, 2 - в кв. Д-1

도면 462 | 크라스키노 성, 2017년, 제53구역.
섹터 1, 제4인공층 정리조사 중 출토
대상파수 자국이 남아있는
윤제 토기 동체부편들: 1 - 베(Б)-3′방안,
2 - 베(Б)-2′방안.

Рис 462 | Краскинское городище, 2017 г. Раскоп LIII. Сектор 1. Образцы стенок круговых сосудов с остатками горизонтально-ленточных ручек, найденных при разборке 4-го пласта: 1 - в кв. Б-3´, 2 - в кв. Б-2´

도면 463 | 크라스키노 성, 2017년, 제53구역. 섹터 1. 제4인공층 정리조사 중 베(Б)-4방안 출토 안쪽에 덧붙임 한 돌기가 나있는 토기 동체부편.

Рис 463 | Краскинское городище, 2017 г. Раскоп LIII. Сектор 1. Фрагмент стенки сосуда с козырьковым налепным выступом изнутри, обнаружен в кв. Б-4 в процессе разборки 4-го пласта

도면 464 | 크라스키노 성, 2017년, 제53구역. 섹터 1. 제4인공층 정리조사 중 출토 윤제 토기 저부편들: 1 – 베(Б)-3′방안, 2 – 예(Е)-1′방안.

Рис 464 | Краскинское городище, 2017 г. Раскоп LIII. Сектор 1. Образцы доньев круговых сосудов, обнаруженные при снятии 4-го пласта: 1 – в кв. Б-3´, 2 – в кв. Е-1´

도면 465 | 크라스키노 성, 2017년, 제53구역. 섹터 1. 제4인공층 정리조사 중 게(Г)-5방안 출토 윤제 토기 저부편.

Рис 465 | Краскинское городище, 2017 г. Раскоп LIII. Сектор 1. Фрагмент дна кругового сосуда, найденный в кв. Г-5 при снятии 4-го пласта

도면 466 | 크라스키노 성, 2017년, 제53구역. 섹터 1. 제4인공층 정리조사 중 데(Д)-1′방안 출토 시루 저부편.

Рис 466 | Краскинское городище, 2017 г. Раскоп LIII. Сектор 1. Фрагмент дна пароварки, найденной в кв. Д-1´ при снятии 4-го пласта

도면 467 | 크라스키노 성, 2017년, 제53구역. 섹터 1. 제4인공층 정리조사 중 예(E)-2방안 출토 윤제 토기 저부편.

Рис 467 | Краскинское городище, 2017 г. Раскоп LIII. Сектор 1. Образец дна кругового сосуда, найденный при снятии 4-го пласта в кв. Е-2

도면 468 | 크라스키노 성, 2017년, 제53구역. 섹터 1. 제4인공층 정리조사 중 데(Д)-3′방안 출토 윤제 토기 저부편.

Рис 468 | Краскинское городище, 2017 г. Раскоп LIII. Сектор 1. Фрагмент дна кругового сосуда, найденный в кв. Д-3′ при снятии 4-го пласта

도면 469 | 크라스키노 성, 2017년, 제53구역. 섹터 1. 제4인공층 정리조사 중 베(Б)-1′방안 출토 윤제 토기 저부편.

Рис 469 | Краскинское городище, 2017 г. Раскоп LIII. Сектор 1. Фрагмент дна кругового сосуда, найденный в кв. Б-1′ при снятии 4-го пласта

도면 470 | 크라스키노 성, 2017년, 제53구역. 섹터 1. 제4인공층 정리조사 중 베(Б)-5′방안 출토 암키와편.

Рис 470 | Краскинское городище, 2017 г. Раскоп LIII. Сектор 1. Образец плоской черепицы, найденный в кв. Б-5′ при снятии 4-го пласта

도면 471 | 크라스키노 성. 2017년. 제53구역. 섹터 1. 제4인공층 정리조사 중 예(E)-4방안 출토 지압문이 있는 암키와편.

Рис 471 | Краскинское городище. 2017 г. Раскоп LIII. Сектор 1. Образец плоской черепицы с пальчиковым орнаментом, найденный в кв. Е-4 при снятии 4-го пласта

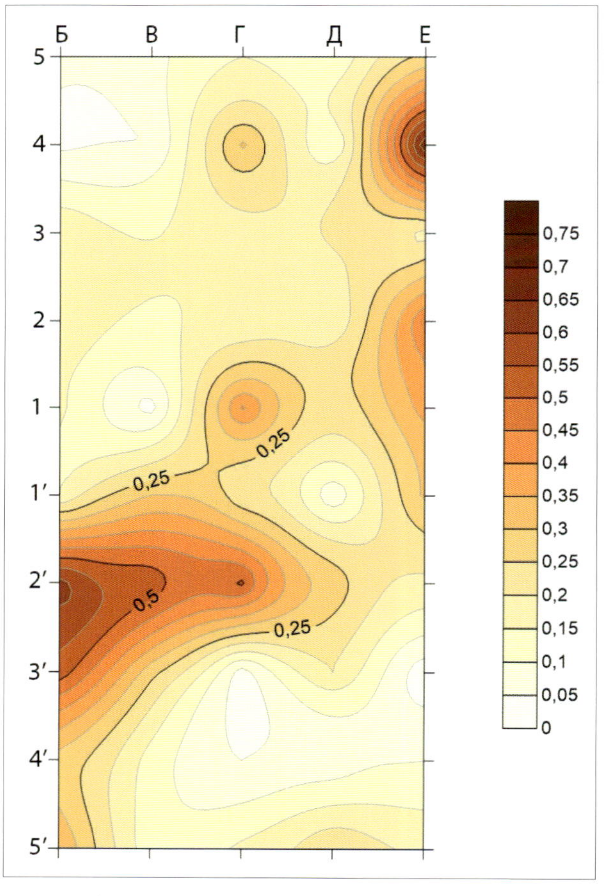

도면 472 | 크라스키노 성. 2017년. 제53구역. 섹터 1. 제4인공층 정리조사 중 출토 토기편의 무게 단위(kg) 분포 모식도.

Рис 472 | Краскинское городище. 2017 г. Раскоп LIII. Сектор 1. Схема распределения по весу(в кг) керамического материала, обнаруженного в процессе разборки 4-го пласта

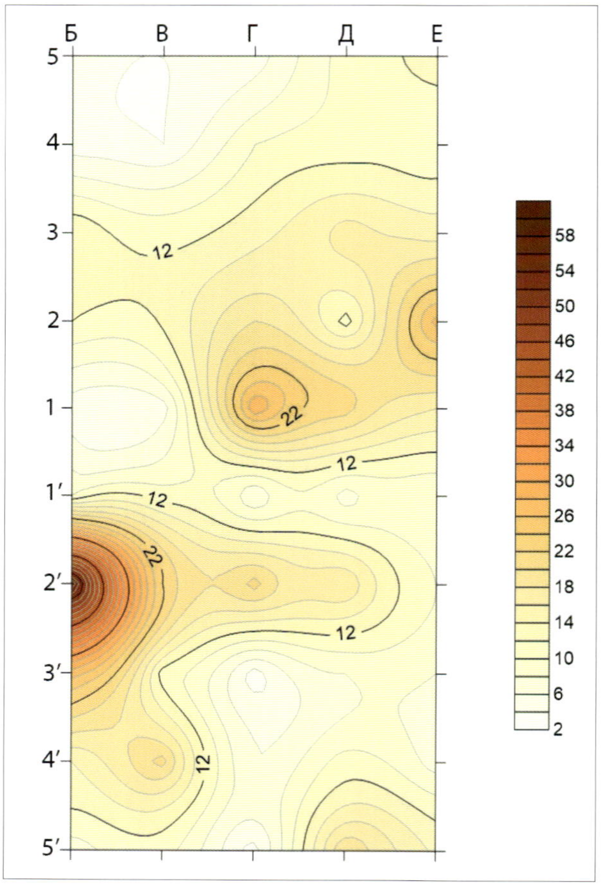

도면 473 | 크라스키노 성. 2017년. 제53구역. 섹터 1. 제4인공층 정리조사 중 출토 토기편의 수량 단위 분포 모식도.

Рис 473 | Краскинское городище. 2017 г. Раскоп LIII. Сектор 1. Схема распределения керамического материала (количество фрагментов), обнаруженного в процессе разборки 4-го пласта

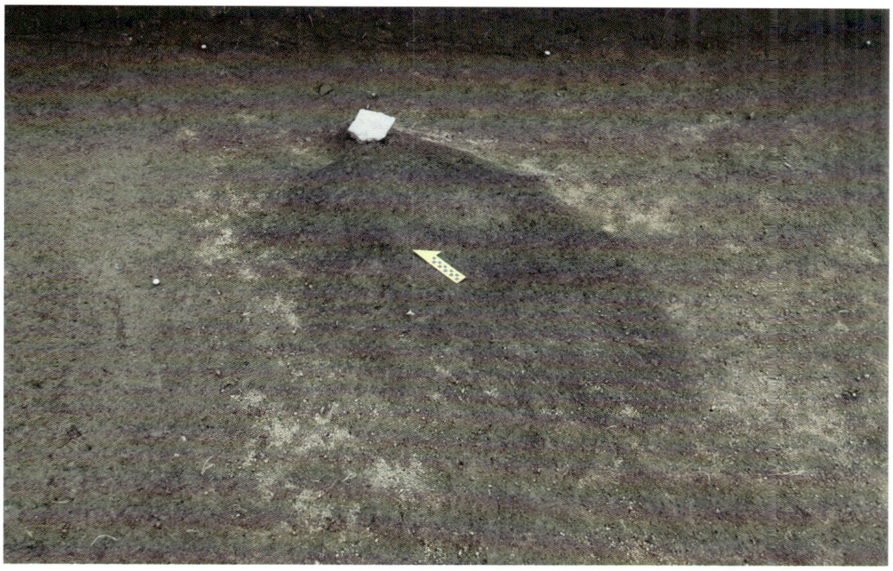

도면 474 | 크라스키노 성, 2017년. 제53구역. 섹터 1. 제4인공층 정리조사 후 발굴구역 상면의 베(Б)-붸(В)-2-3방안 노출 구덩이 1의 윤곽 모습. 남서쪽에서.

Рис 474 | Краскинское городище. 2017 г. Раскоп LIII. Сектор 1. Вид с юго-запада на контуры ямы 1 в кв. Б-В-2-3 на поверхности раскопа после снятия 4-го пласта

도면 475 | 크라스키노 성, 2017년. 제53구역. 섹터 1. 제4인공층 정리조사 후 베(Б)-붸(В)-2-3방안 노출 구덩이 1의 아(А)-베(Б)선 토층 모습. 서쪽에서.

Рис 475 | Краскинское городище. 2017 г. Раскоп LIII. Сектор 1. Вид с запада на профиль ямы 1 по линии АБ в кв. Б-В-2-3 после снятия 4-го пласта

도면 476 | 크라스키노 성, 2017년. 제53구역. 섹터 2. 제1인공층 정리조사 후의 방안선 포함 발굴구역 상면 (제2인공층 상면) 모습. 남서쪽에서.

Рис 476 | Краскинское городище. 2017 г. Раскоп LIII. Сектор 2. Вид с юго-запада на поверхность раскопа с растянутой метровой сеткой после снятия 1-го пласта(поверхность 2-го пласта)

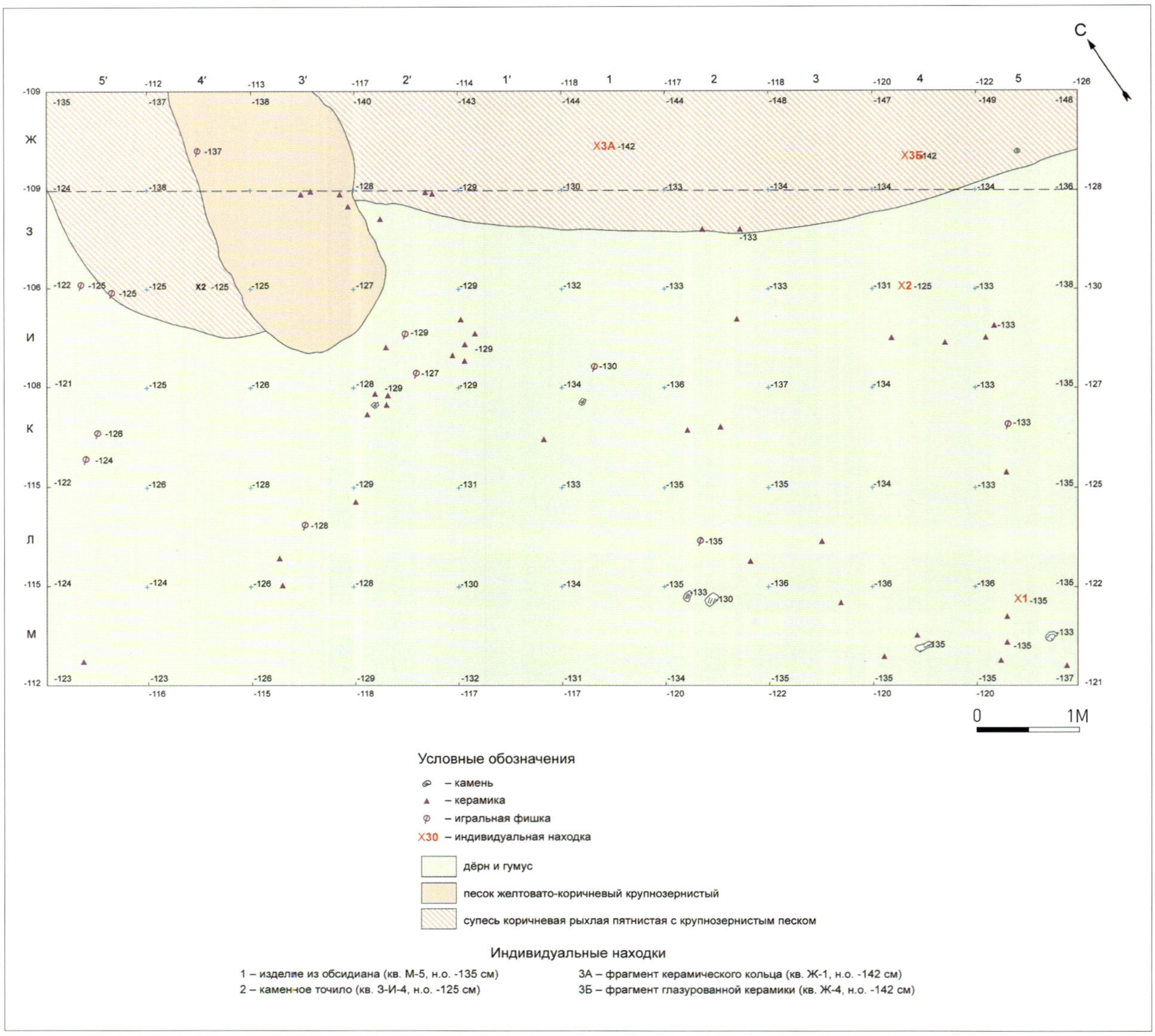

도면 477 | 크라스키노 성. 2017년. 제53구역. 섹터 2. 제1인공층 정리조사 후(제2인공층 상면)의 평면도 2.

Рис 477 | Краскинское городище. 2017 г. Раскоп LIII. Сектор 2. План 2 после снятия 1-го пласта(поверхность 2-го пласта)

도면 478 | 크라스키노 성, 2017년, 제53구역. 섹터 2. 제1인공층 제거 중 엠(M)-5방안 출토 흑요석제 유물(No. 1, 레벨 -135㎝).

Рис 478 | Краскинское городище, 2017 г. Раскоп LIII. Сектор 2. Изделие из обсидиана(№1, н.о.-135 см), найденное в кв. М-5 при снятии 1-го пласта

도면 479 | 크라스키노 성, 2017년, 제53구역. 섹터 2. 제1인공층 제거 중 제(3)-이(И)-4방안 출토 숫돌 (No. 2, 레벨 -125㎝).

Рис 479 | Краскинское городище, 2017 г. Раскоп LIII. Сектор 2. Каменное точило(№2, н.о.-125 см), найденное в кв. 3-И-4 при снятии 1-го пласта

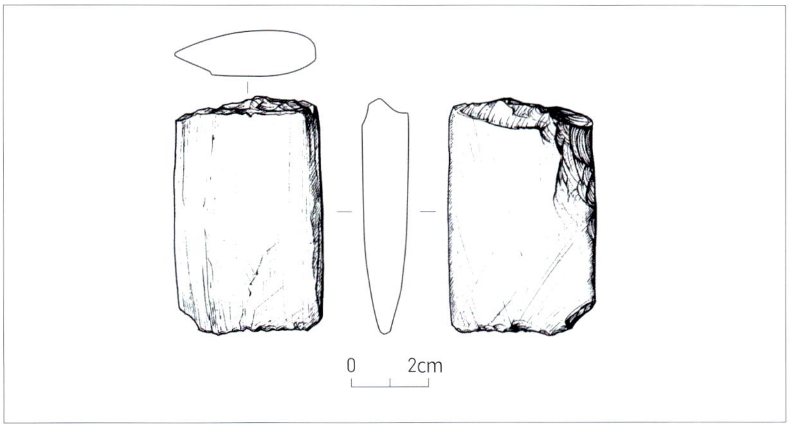

도면 480 | 크라스키노 성, 2017년, 제53구역. 섹터 2. 제1인공층 제거 중 제(3)-이(И)-4방안 출토 숫돌 (No. 2, 레벨 -125㎝) 실측도.

Рис 480 | Краскинское городище, 2017 г. Раскоп LIII. Сектор 2. Рисунок каменного точила(№2, н.о. -125 см), найденного в кв. 3-И-4 при снятии 1-го пласта

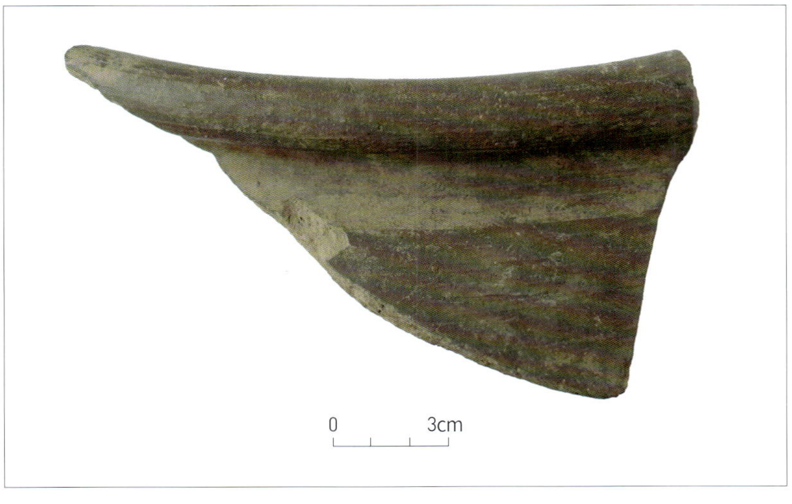

도면 481 | 크라스키노 성, 2017년, 제53구역. 섹터 2. 제1인공층 제거 중 까(К)-2′방안 출토 윤제 토기 구연부편.

Рис 481 | Краскинское городище, 2017 г. Раскоп LIII. Сектор 2. Фрагмент венчика круговой керамики, обнаруженный в кв. К-2′ при снятии 1-го пласта

도면 482 | 크라스키노 성. 2017년. 제53구역. 섹터 2. 제1인공층 제거 중 제(З)-이(И)-3방안 출토 19세기 자기편.

Рис 482 | Краскинское городище. 2017 г. Раскоп LIII. Сектор 2. Фрагмент фарфоровидного сосуда XIX в., обнаруженный в кв. З-И-3 при снятии 1-го пласта

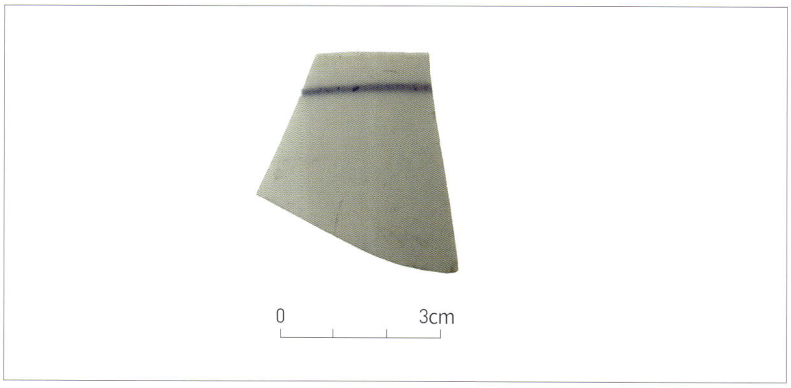

도면 483 | 크라스키노 성. 2017년. 제53구역. 섹터 2. 제1인공층 제거 중 엠(М)-2′방안 출토 자기 완편.

Рис 483 | Краскинское городище. 2017 г. Раскоп LIII. Сектор 2. Фрагмент фарфоровой чаши, обнаруженной в кв. М-2′ при снятии 1-го пласта

도면 484 | 크라스키노 성. 2017년. 제53구역. 섹터 2. 제1인공층 제거 중 엘(Л)-까(К)-4′방안 출토 자기 완편.

Рис 484 | Краскинское городище. 2017 г. Раскоп LIII. Сектор 2. Фрагменты фарфоровидной чаши, обнаруженные в кв. Л-К-4′ при снятии 1-го пласта

도면 485 | 크라스키노 성. 2017년. 제53구역. 섹터 2. 제1인공층 제거 중 출토 문양이 있는 윤제 토기 동체부편들:
1, 2 – 수평의 띠 모양 문양이 있는 것,
3 – 지그재그 모양의 마연문양이 있는 것.

Рис 485 | Краскинское городище. 2017 г. Раскоп LIII. Сектор 2. Образцы орнаментированных стенок круговых сосудов, обнаруженные при снятии 1-го пласта:
1, 2 – с горизонтально-полосчатым лощением,
3 – с лощеным зигзагом

도면 486 | 크라스키노 성, 2017년, 제53구역.
섹터 2. 제1인공층 제거 중 출토
윤제 토기 구연부편들:
1 – 제(З)-이(И)-4′방안,
2 – 이(И)-2′방안,
3 – 제(З), 이(И)-1′방안.

Рис 486 | Краскинское городище, 2017 г. Раскоп LIII. Сектор 2. Образцы венчиков круговой керамики, обнаруженные при снятии 1-го пласта: 1 – в кв. З-И-4´, 2 – в кв. И-2´, 3 – в кв. З, И-1´

도면 487 | 크라스키노 성, 2017년, 제53구역.
섹터 2. 제1인공층 제거 중 출토
19-20세기의 한국 쌀 씻는 토기편들:
1 – 구연부편, 2 – 동체부 내면.

Рис 487 | Краскинское городище, 2017 г. Раскоп LIII. Сектор 2. Образцы корейской рисомойки XIX-XX вв., найденные в процессе снятия 1-го пласта: 1 – фрагмент венчика, 2 – фрагмент стенки изнутри

도면 488 | 크라스키노 성, 2017년, 제53구역.
섹터 2. 제1인공층 제거 중 출토
윤제 토기 저부편들: 1 – 제(З)-2′방안,
2 – 까(К)-2방안, 3 – 까(К)-1방안,
4 – 제(З)-이(И)-4′방안.

Рис 488 | Краскинское городище, 2017 г. Раскоп LIII. Сектор 2. Образцы доньев круговой керамики, обнаруженные при снятии 1-го пласта: 1 – в кв. З-2´, 2 – в кв. К-2, 3 – в кв. К-1, 4 – в кв. З-И-4´

도면 489 | 크라스키노 성, 2017년, 제53구역.
섹터 1. 제1인공층 제거 중 출토
문양이 있는 대상파수편들:
1 – 까(К)-2방안, 2 – 이(И)-1방안,
3 – 까(К)-2′방안.

Рис 489 | Краскинское городище, 2017 г. Раскоп LIII. Сектор 1. Образцы орнаментированных горизонтально-ленточных ручек круговых сосудов, найденные при разборке 1-го пласта: 1 – в кв. К-2, 2 – в кв. И-1, 3 – в кв. К-2´

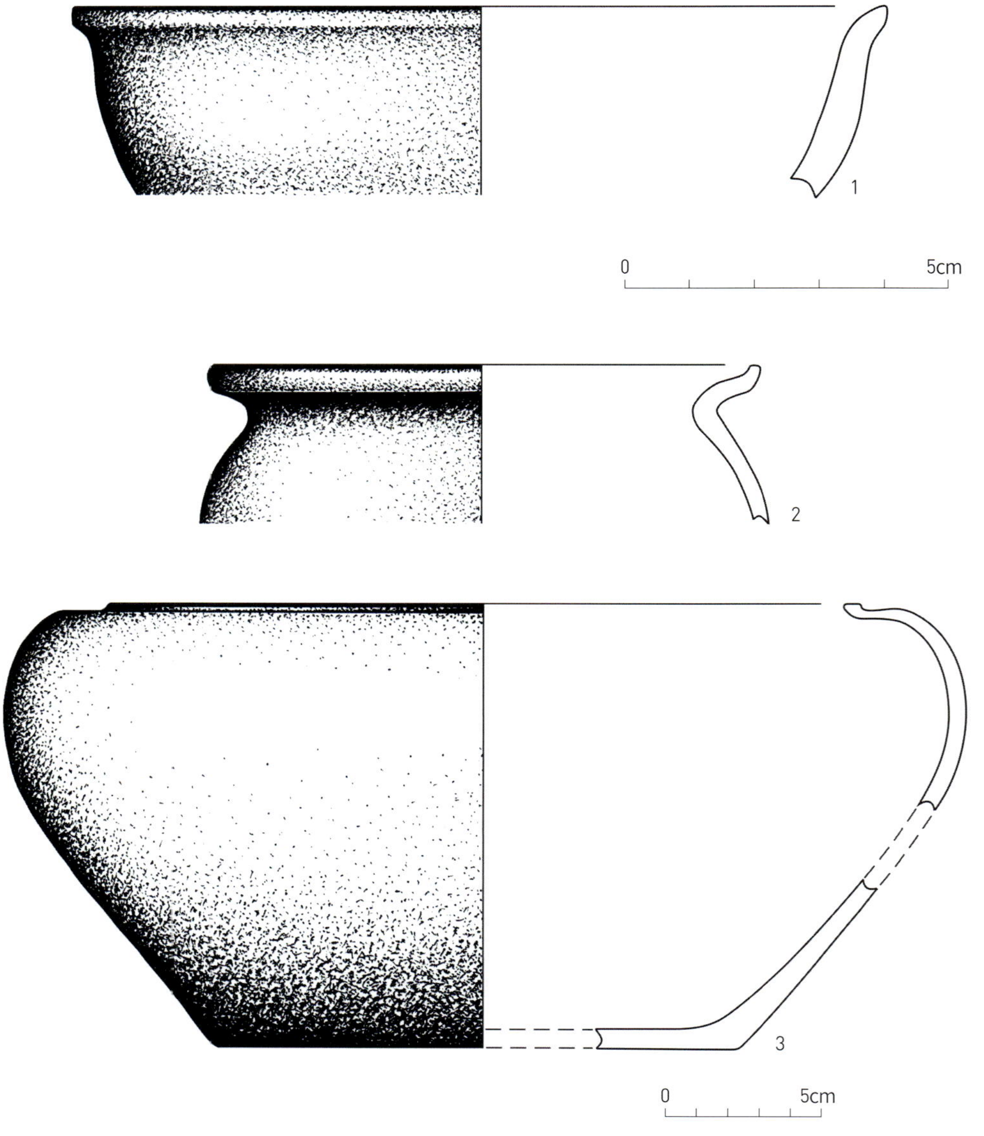

도면 490 | 크라스키노 성, 2017년, 제53구역, 섹터 2, 제1인공층(1)과 제2인공층(2, 3) 정리조사 중 출토 윤제 토기 복원도들: 1 – 이(И)-3', 4'방안, 2 – 제(З), 이(И)-1'방안, 3 – 제(З)-1'방안.

Рис 490 | Краскинское городище, 2017 г. Раскоп LIII. Сектор 2. Графические реконструкции круговых сосудов, найденных при снятии 1-го (1) и 2-го (2, 3) пластов: 1 – в кв. И-3´,4´, 2 – в кв. З,И -1´, 3 – в кв. З-1´

도면 491 | 크라스키노 성, 2017년, 제53구역, 섹터 1, 제1인공층 제거 중 엠(М)-3'방안 출토 문양이 있는 와편.

Рис 491 | Краскинское городище, 2017 г. Раскоп LIII. Сектор 1. Фрагмент орнаментированной черепицы, найденный при разборке 1-го пласта в кв. М-3´

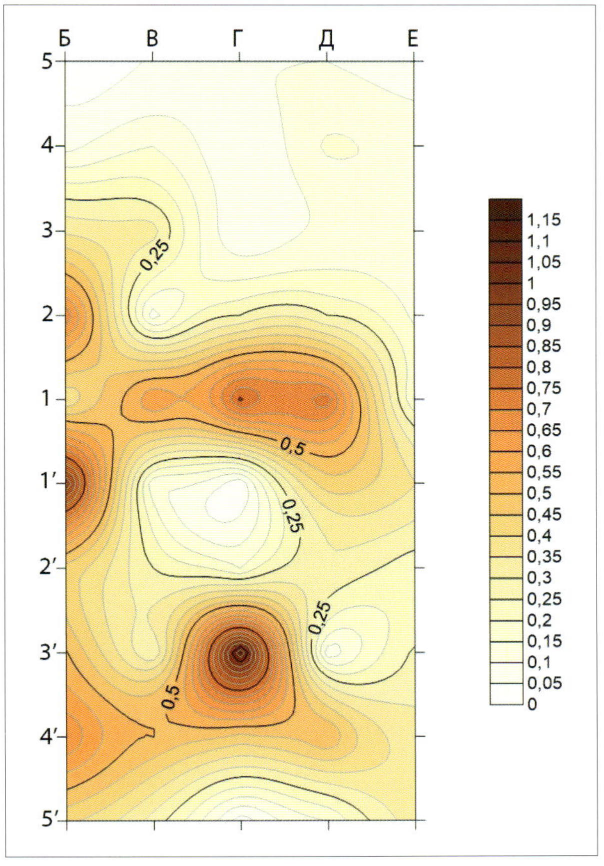

도면 492 | 크라스키노 성, 2017년. 제53구역. 섹터 1.
제2인공층 정리조사 중 출토 토기편의 무게 단위(kg) 분포 모식도.

Рис 492 | Краскинское городище, 2017 г. Раскоп LIII. Сектор 1.
Схема распределения по весу(в кг) керамического материала, обнаруженного в процессе разборки 2-го пласта

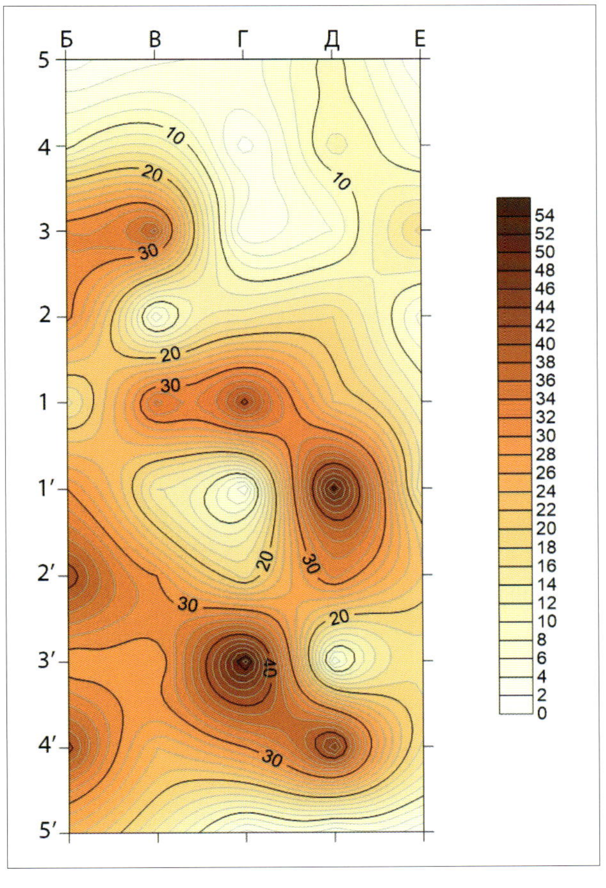

도면 493 | 크라스키노 성, 2017년. 제53구역. 섹터 1.
제2인공층 정리조사 중 출토 토기편의 수량 단위 분포 모식도.

Рис 493 | Краскинское городище, 2017 г. Раскоп LIII. Сектор 1.
Схема распределения керамического материала (количество фрагментов), обнаруженного в процессе разборки 2-го пласта

도면 494 | 크라스키노 성. 2017년. 제53구역. 섹터 2. 제2인공층 정리조사 모습. 북쪽에서.

Рис 494 | Краскинское городище. 2017 г. Раскоп LIII. Сектор 2. Вид с севера на процесс снятия 2-го пласта

도면 495 | 크라스키노 성. 2017년. 제53구역. 섹터 2. 제2인공층 정리조사 후의 발굴구역 상면(제3인공층 상면) 모습. 북서쪽에서.

Рис 495 | Краскинское городище. 2017 г. Раскоп LIII. Сектор 2. Вид с северо-запада на поверхность раскопа после снятия 2-го пласта(поверхность 3-го пласта)

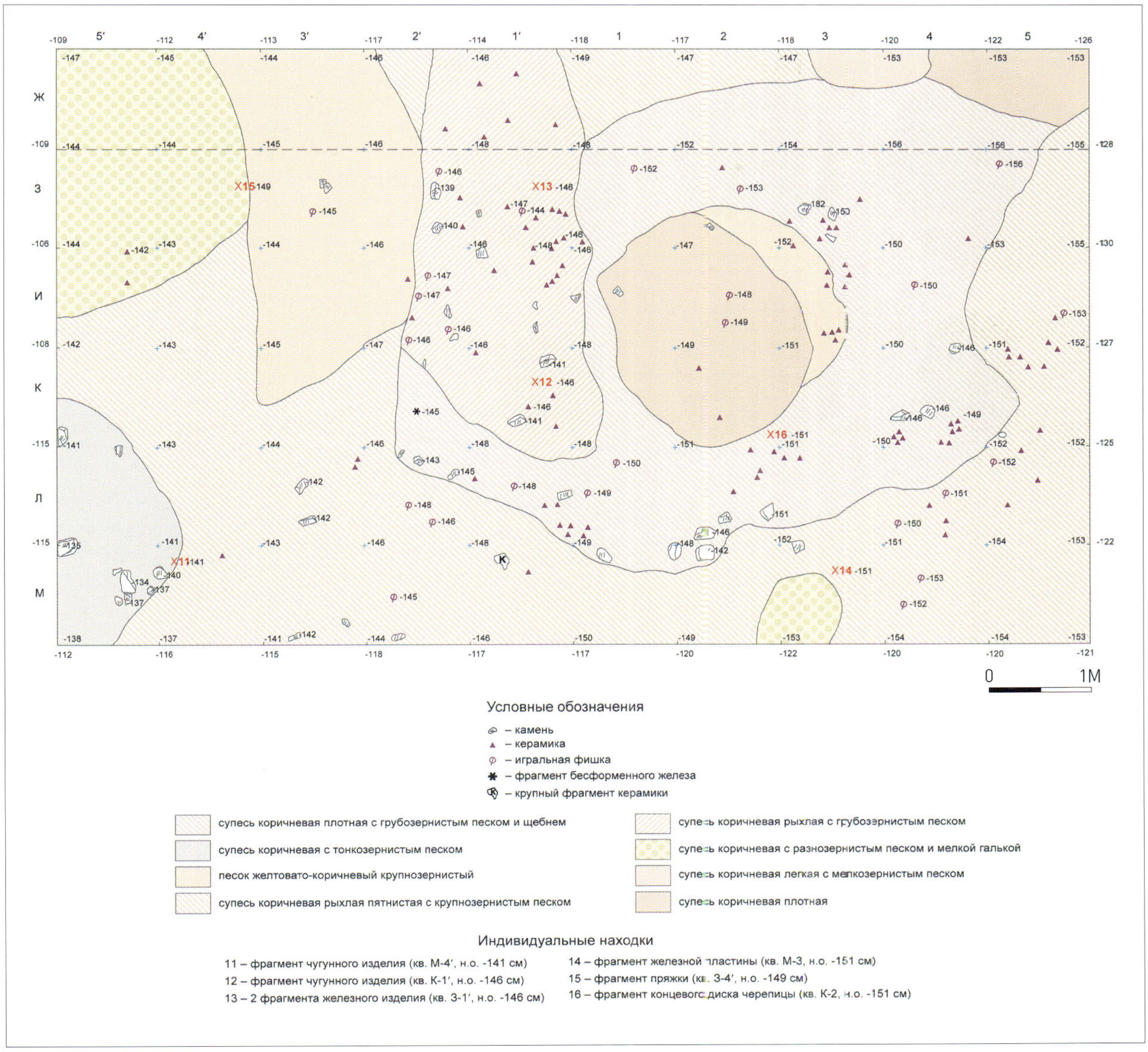

도면 496 | 크라스키노 성. 2017년. 제53구역. 섹터 2. 제2인공층 정리조사 후(제3인공층 상면)의 평면도 3.

Рис 496 | Краскинское городище. 2017 г. Раскоп LIII. Сектор 2. План 3 после снятия 2-го пласта(поверхность 3-го пласта)

도면 497 | 크라스키노 성. 2017년. 제53구역. 섹터 2. 제2인공층 정리조사 후의 거친 입자의 모래와 쇄석이 포함된 단단한 갈색 사질토층이 있는 저(3)-까(K)-1-3방안의 발굴구역 상면(제3인공층 상면) 모습. 북쪽에서.

Рис 497 | Краскинское городище. 2017 г. Раскоп LIII. Сектор 2. Вид с севера на поверхность раскопа после снятия 2-го пласта(поверхность 3-го пласта) в кв. З-К-1-3 со слоем плотной коричневой супеси с грубозернистым песком и щебнем

도면 498 | 크라스키노 성, 2017년. 제53구역. 섹터 2. 제2인공층 정리조사 중 출토 놀이 알들:
1, 2, 3, 5 – 토기 동체부편으로 제작 (제(З)-1'방안, 레벨 -144㎝; 제(З)-1방안, 레벨 -152㎝; 이(И)-5방안, 레벨 -153㎝; 제(З)-2방안, 레벨 -153㎝), 4 – 와편으로 제작6 엘(Л)-4방안, 레벨 -151㎝, 6 – 돌로 제작 이(И)-2방안, 레벨 -149㎝.

Рис 498 | Краскинское городище, 2017 г. Раскоп LIII. Сектор 2. Игральные фишки, найденные при снятии 2-го пласта: 1,2,3,5 – изготовлены из стенок керамических сосудов (кв. З-1´, н.о. -144 см; кв. З-1, н.о. -152 см; кв. И-5, н.о. -153 см; З-2, н.о. -153 см), 4 – изготовлена из черепицы(кв. Л -4, н.о.-151 см), 6 – изготовлена из камня(кв. И-2, н.о. -149 см)

도면 499 | 크라스키노 성, 2017년. 제53구역. 섹터 2. 제2인공층 정리조사 중 엠(M)-4'방안 출토 주철제 바퀴 차관편 (№ 11, 레벨 -141㎝).

Рис 499 | Краскинское городище, 2017 г. Раскоп LIII. Сектор 2. Фрагмент чугунной втулки колеса(№11, н.о. -141 см), найденного в кв. М-4´ при снятии 2-го пласта

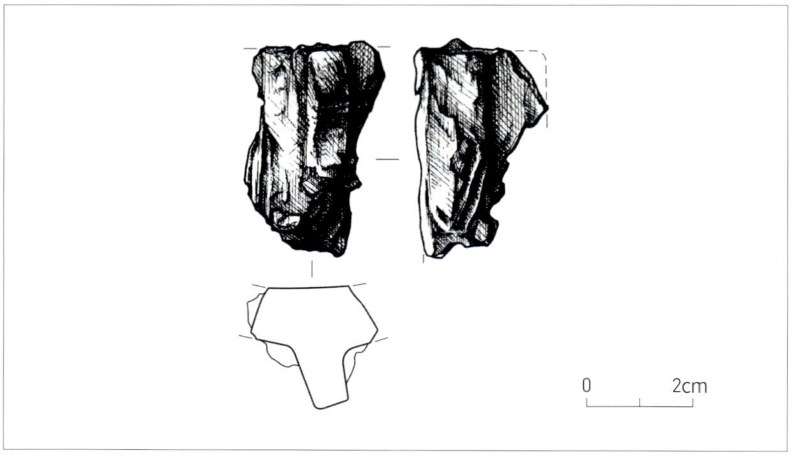

도면 500 | 크라스키노 성, 2017년. 제53구역. 섹터 2. 제2인공층 정리조사 중 엠(M)-4'방안 출토 주철제 바퀴 차관편 (№ 11, 레벨 -141㎝) 실측도.

Рис 500 | Краскинское городище, 2017 г. Раскоп LIII. Сектор 2. Рисунок фрагмента чугунной втулки колеса(№11, н.о. -141 см), найденного в кв. М-4´ при снятии 2-го пласта

도면 501 | 크라스키노 성, 2017년. 제53구역. 섹터 2. 제2인공층 정리조사 중 까(K)-1'방안 출토 철제 유물편 (№ 12, 레벨 -146㎝).

Рис 501 | Краскинское городище, 2017 г. Раскоп LIII. Сектор 2. Фрагмент железного изделия(№12, н.о. -146 см), найденного в кв. К-1´ при снятии 2-го пласта

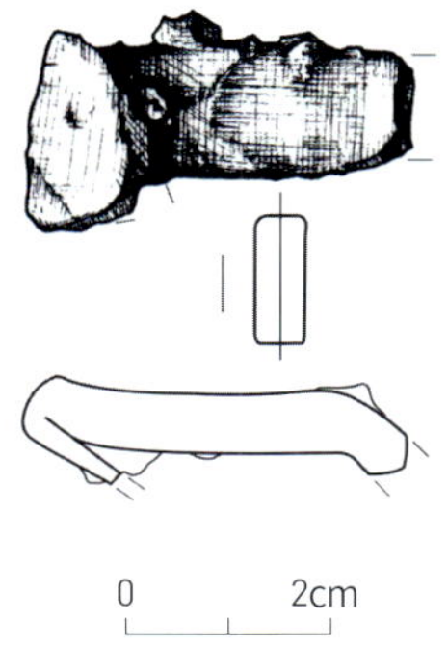

도면 502 | 크라스키노 성, 2017년, 제53구역. 섹터 2. 제2인공층 정리조사 중 까(К)-1′방안 출토 철제 유물편 (No. 12, 레벨 -146㎝) 실측도.

Рис 502 | Краскинское городище, 2017 г. Раскоп LIII. Сектор 2. Рисунок фрагмента железного изделия (№12, н.о. -146 см), найденного в кв. К-1´ при снятии 2-го пласта

도면 503 | 크라스키노 성, 2017년, 제53구역. 섹터 2. 제2인공층 정리조사 중 이(И)-1′방안 출토 철제 유물편 (No. 13, 레벨 -146㎝).

Рис 503 | Краскинское городище, 2017 г. Раскоп LIII. Сектор 2. Два фрагмента железного изделия(№13, н.о.-146 см), найденного в кв. И-1´ при снятии 2-го пласта

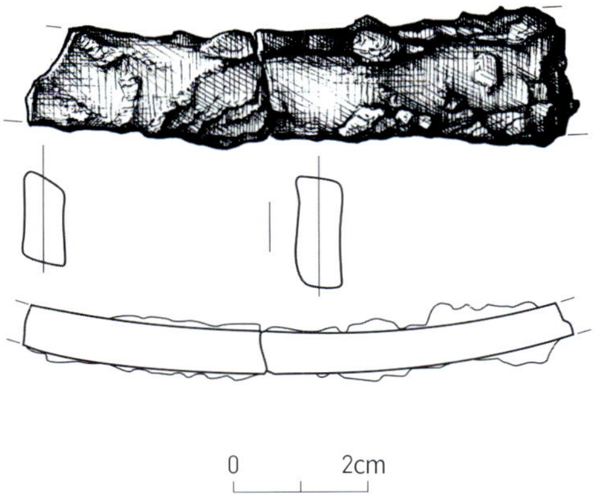

도면 504 | 크라스키노 성, 2017년, 제53구역. 섹터 2. 제2인공층 정리조사 중 이(И)-1′방안 출토 철제 유물편 (No. 13, 레벨 -146㎝) 실측도.

Рис 504 | Краскинское городище, 2017 г. Раскоп LIII. Сектор 2. Рисунок железного изделия, состоящего из двух фрагментов(№13, н.о. -146 см), найденного в кв. И-1´ при снятии 2-го пласта

도면 505 | 크라스키노 성, 2017년, 제53구역. 섹터 2. 제2인공층 정리조사 중 엠(М)-3방안 출토 판 모양 철제 유물편 (No. 14, 레벨 -151㎝).

Рис 505 | Краскинское городище, 2017 г. Раскоп LIII. Сектор 2. Фрагмент железной пластины, найденной в кв. М-3 при снятии 2-го пласта (№14, н.о. -151 см)

도면 506 | 크라스키노 성, 2017년, 제53구역. 섹터 2. 제2인공층 정리조사 중 제(3)-4′방안 출토 철제 버클편 (No. 15, 레벨 -149㎝).

Рис 506 | Краскинское городище, 2017 г. Раскоп LIII. Сектор 2. Фрагмент железной пряжки(№15, н.о. -149 см), найденной в кв. 3-4′ при снятии 2-го пласта

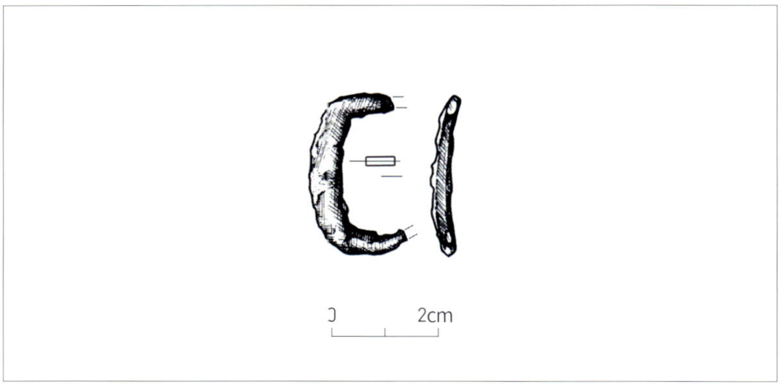

도면 507 | 크라스키노 성, 2017년, 제53구역. 섹터 2. 제2인공층 정리조사 중 제(3)-4′방안 출토 철제 버클편 (No. 15, 레벨 -149㎝) 실측도.

Рис 507 | Краскинское городище, 2017 г. Раскоп LIII. Сектор 2. Рисунок фрагмента железной пряжки (№15, н.о.-149 см), найденной в кв. 3-4′ при снятии 2-го пласта

도면 508 | 크라스키노 성, 2017년, 제53구역. 섹터 2. 제2인공층 정리조사 중 까(К)-2방안 출토 와당편 (No. 16, 레벨 -151㎝).

Рис 508 | Краскинское городище, 2017 г. Раскоп LIII. Сектор 2. Фрагмент концевого диска черепицы(№16, н.о.-151 см), найденного в кв. К-2 при снятии 2-го пласта

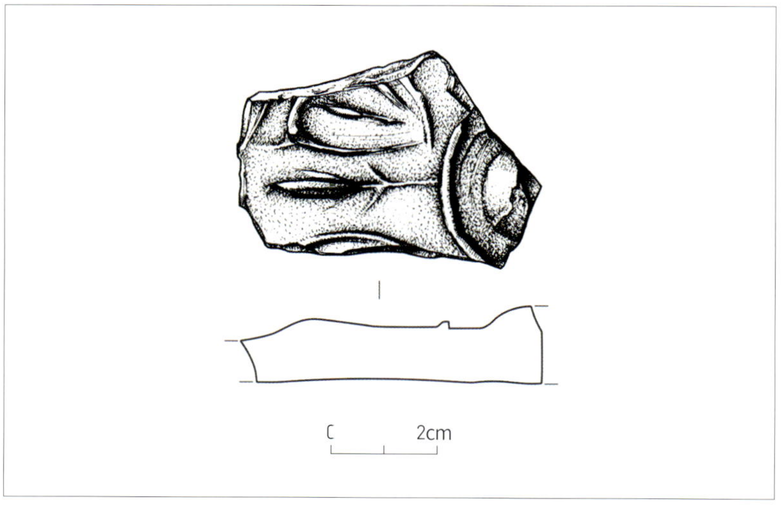

도면 509 | 크라스키노 성, 2017년, 제53구역. 섹터 2. 제2인공층 정리조사 중 까(К)-2방안 출토 와당편 (No. 16, 레벨 -151㎝) 실측도.

Рис 509 | Краскинское городище, 2017 г. Раскоп LIII. Сектор 2. Рисунок фрагмента концевого диска черепицы(№16, н.о.-151 см), найденного в кв. К-2 при снятии 2-го пласта

도면 510 | 크라스키노 성. 2017년. 제53구역.
섹터 2. 제2인공층 정리조사 중 출토
윤제 토기 구연부편들: 1 – 제(3)-1′방안.
2 – 제(3)-1′방안.

Рис 510 | Краскинское городище. 2017 г.
Раскоп LIII. Сектор 2. Образцы
венчиков круговой керамики,
обнаруженные при снятии 2-го
пласта: 1 – в кв. 3-1′, 2 – в кв. 3-1′

도면 511 | 크라스키노 성. 2017년. 제53구역.
섹터 2. 제2인공층 정리조사 중
제(3)-1′방안 출토 윤제 토기 구연부편.

Рис 511 | Краскинское городище. 2017 г.
Раскоп LIII. Сектор 2. Фрагмент
венчика кругового сосуда,
обнаруженный в процессе снятия
2-го пласта в кв. 3-1′

도면 512 | 크라스키노 성. 2017년. 제53구역.
섹터 2. 제2인공층 정리조사 중 출토
윤제 토기 구연부편들: 1 – 제(3)-1방안.
2 – 제(3)-1′방안. 3 – 이(И)-1′방안.

Рис 512 | Краскинское городище. 2017 г.
Раскоп LIII. Сектор 2. Образцы
венчиков круговой керамики,
обнаруженные при снятии 2-го
пласта: 1 – в кв. 3-1, 2 – в кв. 3-1′,
3 – в кв. И-1′

도면 513 | 크라스키노 성, 2017년, 제53구역, 섹터 2, 제2인공층 정리조사 중 제(3)-1'방안 출토 윤제 토기편.

Рис 513 | Краскинское городище, 2017 г. Раскоп LIII. Сектор 2. Фрагменты кругового сосуда, найденные в кв. З-1´ при разборке 2-го пласта

도면 514 | 크라스키노 성, 2017년, 제53구역, 섹터 2, 제2인공층 정리조사 중 출토 문양이 있는 윤제 토기 동체부편들: 1 - 까(К)-1'방안, 2 - 이(И)-1'방안, 3 - 까(К)-1방안, 4 - 제(З)-1'방안.

Рис 514 | Краскинское городище, 2017 г. Раскоп LIII. Сектор 2. Образцы орнаментированных стенок круговых сосудов, найденные при снятии 2-го пласта: 1 – в кв. К-1´, 2 – в кв. И-1´, 3 – в кв. К-1, 4 – в кв. З-1´

도면 515 | 크라스키노 성, 2017년, 제53구역, 섹터 2, 제2인공층 정리조사 중 출토 문양이 있는 윤제 토기 동체부편들: 1 - 제(З)-1방안, 2 - 이(И)-4'방안, 3 - 까(К)-1'방안.

Рис 515 | Краскинское городище, 2017 г. Раскоп LIII. Сектор 2. Образцы орнаментированных стенок круговых сосудов, найденные при снятии 2-го пласта: 1 – в кв. З-1, 2 – в кв. И-4´, 3 – в кв. К-1´

도면 516 | 크라스키노 성, 2017년, 제53구역. 섹터 2. 제2인공층 정리조사 중 출토 윤제 토기 대상파수부편들: 1 – 이(И)-2′방안, 2 – 제(З)-5방안, 5 – 까(К)-1′방안.

Рис 516 | Краскинское городище, 2017 г. Раскоп LIII. Сектор 2. Образцы горизонтально-ленточных ручек круговых сосудов, найденные при разборке 2-го пласта: 1 – в кв. И-2′, 2 – в кв. З-5, 3 – в кв. К-1′

도면 517 | 크라스키노 성, 2017년, 제53구역. 섹터 2. 제2인공층 정리조사 중 제(З)-1′방안 출토 윤제 토기 저부편.

Рис 517 | Краскинское городище, 2017 г. Раскоп LIII. Сектор 2. Фрагмент дна кругового сосуда, найденный при снятии 2-го пласта в кв. З-1′

도면 518 | 크라스키노 성, 2017년, 제53구역. 섹터 2. 제2인공층 정리조사 중 출토 윤제 토기 저부편들: 1 – 제(З)-3방안, 2 – 이(И)-3′방안.

Рис 518 | Краскинское городище, 2017 г. Раскоп LIII. Сектор 2. Образцы доньев круговых сосудов, обнаруженные при снятии 2-го пласта: 1 – в кв. З-3, 2 – в кв. И-3′

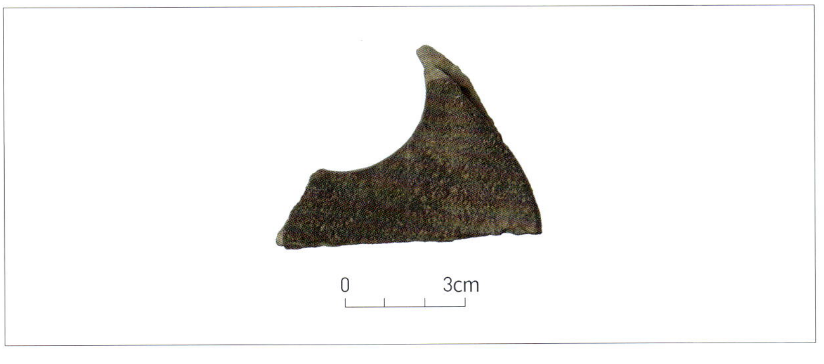

도면 519 | 크라스키노 성, 2017년, 제53구역. 섹터 2. 제2인공층 정리조사 중 제(З)-3방안 출토 윤제 토기 시루 저부편.

Рис 519 | Краскинское городище, 2017 г. Раскоп LIII. Сектор 2. Фрагмент дна круговой пароварки, найденный в кв. З-3 при снятии 2-го пласта

도면 520 | 크라스키노 성, 2017년, 제53구역, 섹터 2, 제2인공층 정리조사 중 엘(Л)-5′방안 출토 문양이 있는 암키와.

Рис 520 | Краскинское городище, 2017 г. Раскоп LIII. Сектор 2. Образец плоской орнаментированной черепицы, найденный в кв. Л-5´ в процессе разборки 2-го пласта

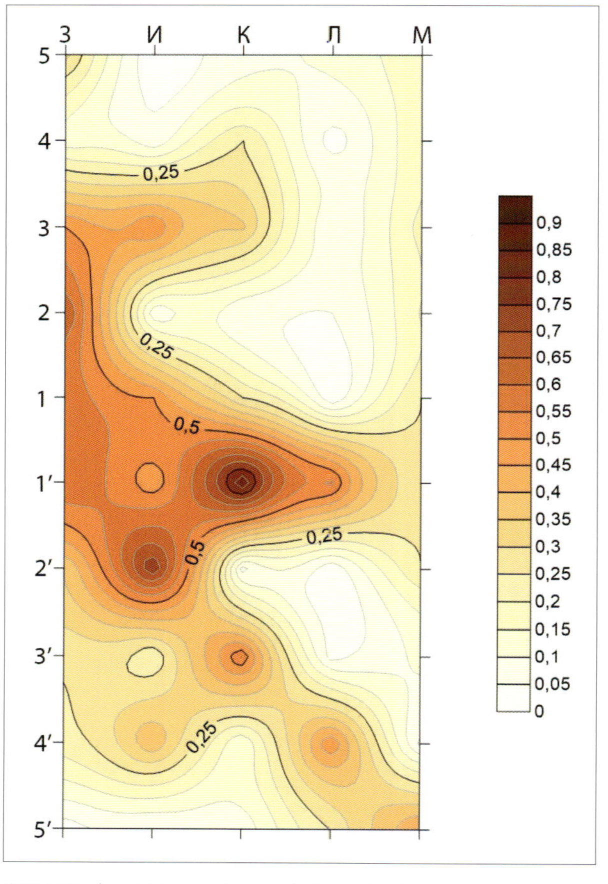

도면 521 | 크라스키노 성, 2017년, 제53구역, 섹터 2. 제2인공층 정리조사 중 출토 토기편의 무게 단위(kg) 분포 모식도.

Рис 521 | Краскинское городище, 2017 г. Раскоп LIII. Сектор 2. Схема распределения по весу(в кг) керамического материала, обнаруженного в процессе разборки 2-го пласта

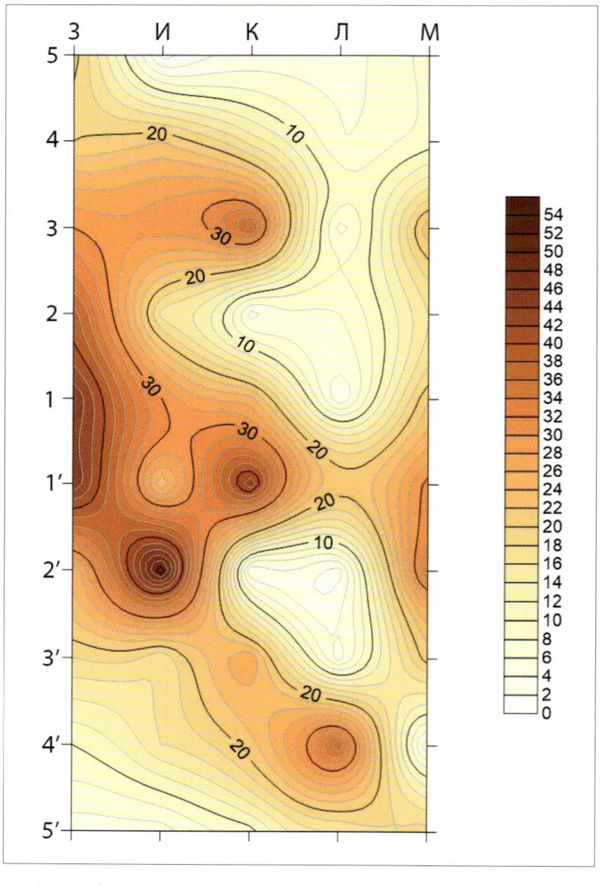

도면 522 | 크라스키노 성, 2017년, 제53구역, 섹터 2. 제2인공층 정리조사 중 출토 토기편의 수량 단위 분포 모식도.

Рис 522 | Краскинское городище, 2017 г. Раскоп LIII. Сектор 2. Схема распределения керамического материала (количество фрагментов), обнаруженного в процессе разборки пласта 2.

도면 523 | 크라스키노 성, 2017년, 제53구역, 섹터 2, 제3인공층 정리조사 모습, 동쪽에서.
Рис 523 | Краскинское городище, 2017 г. Раскоп LIII. Сектор 2. Вид с востока на процесс снятия 3-го пласта

도면 524 | 크라스키노 성, 2017년, 제53구역, 섹터 2, 제3인공층 정리조사 후(제4인공층 상면)의 방안선 포함 발굴구역 상면 모습, 북서쪽에서.
Рис 524 | Краскинское городище, 2017 г. Раскоп LIII. Сектор 2. Вид с северо-запада на поверхность раскопа с растянутой метровой сеткой после снятия 3-го пласта(поверхность 4-го пласта)

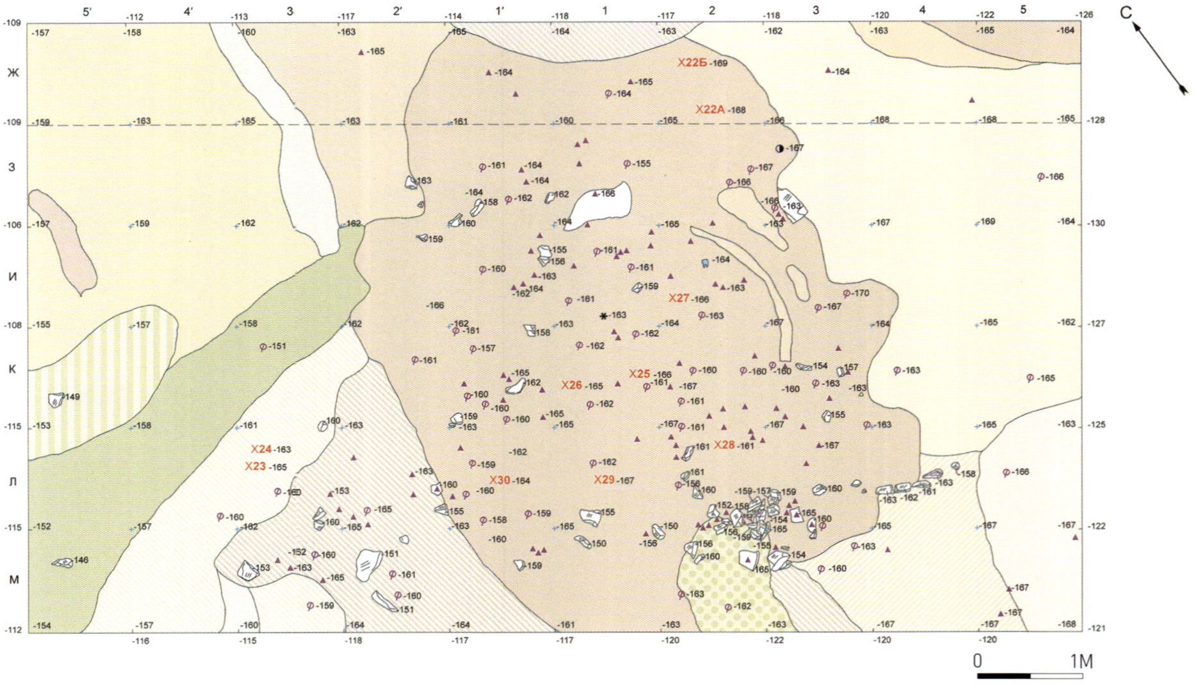

Индивидуальные находки

22А – фрагмент издегия со взаимопересекающимися отверстиями (кв. Ж-2, н.о. -168 см)
22Б – фрагмент чугунного изделия (кв. Ж-2, н.о. -169 см)
23 – фрагмент железного гвоздя (кв. Л-3′, н.о. -165 см)
24 – фрагмент железного гвоздя (кв. Л-3′, н.о. -163 см)
25 – фрагмент железного гвоздя (кв. К-1, н.о. -166 см)
26 – фрагмент железной пластины (кв. К-1, н.о. -165 см)
27 – фрагмент бронзовой пряжки (кв. И-2, н.о. -166 см)
28 – бронзовая накладка (кв. Л-2, н.о. -161 см)
29 – фрагмент концевого диска черепицы (кв. Л-1, н.о. -167 см)
30 – керамическая бусина (кв. Л-1′, н.о. -164 см)

Условные обозначения

– камень
– керамика
– игральная фишка
– фрагмент бесформенного железа
– шлак
– зубы
Х30 – индивидуальная находка

- супесь темно-коричневая
- песок коричневый тонкозернистый
- супесь коричневая плотная с грубозернистым песком и щебнем
- супесь коричневая рыхлая пятнистая с крупнозернистым песком
- супесь коричневая с разнозернистым песком и пятнами желтого песка
- песок желтовато-коричневый крупнозернистый
- песок желтовато-коричневый
- песок светлый желтовато-коричневый грубозернистый
- супесь коричневая с разнозернистым песком и мелкой галькой
- песок желтовато-коричневый тонкозернистый
- супесь коричневая
- супесь жёлто-коричневая с грубозернистым песком
- супесь коричневая плотная
- супесь коричневая очень плотная с гравелитовыми включениями
- супесь коричневая рыхлая с прослойками среднезернистого и крупнозернистого песка

도면 525 | 크라스키노 성. 2017년. 제53구역. 섹터 2. 제3인공층 정리조사 후(제4인공층 상면)의 평면도 4.

Рис 525 | Краскинское городище. 2017 г. Раскоп LIII. Сектор 2. План 4 после снятия 3-го пласта(поверхность 4-го пласта)

도면 526 | 크라스키노 성, 2017년. 제53구역. 섹터 2. 제3인공층 정리조사 후의 예(Е)-엘(Л)-1′-4방안의 단단한 갈색 사질토 얼룩 모습. 북쪽에서.

Рис 526 | Краскинское городище. 2017 г. Раскоп LIII. Сектор 2. Вид с севера на пятно плотной коричневой супеси в кв. Е-Л-1′-4 после снятия 3-го пласта

도면 527 | 크라스키노 성, 2017년. 제53구역. 섹터 2. 제3인공층 정리조사 후 엘(Л)-엠(М)-2-4방안에서 노출된 석열. 남동쪽에서.

Рис 527 | Краскинское городище. 2017 г. Раскоп LIII. Сектор 2. Вид с юго-востока на ряд камней, выявленных в кв. Л-М-2-4 после снятия 3-го пласта

도면 528 | 크라스키노 성, 2017년. 제53구역. 섹터 2. 제3인공층 정리조사 후 엘(Л)-4방안에서 노출된 석열. 남서쪽에서.

Рис 528 | Краскинское городище. 2017 г. Раскоп LIII. Сектор 2. Вид с юго-запада на ряд камней в кв. Л-4, обнаруженных после снятия 3-го пласта

도면 529 | 크라스키노 성, 2017년, 제53구역. 섹터 2, 제3인공층 정리조사 시 출토 와편으로 만든 놀이 알들:
1 - 까(К)-4방안, 레벨 -164㎝,
2 - 줴(Ж)-3방안, 레벨 -165㎝.

Рис 529 | Краскинское городище, 2017 г. Раскоп LIII. Сектор 2. Игральные фишки, изготовленные из черепицы и найденные при снятии 3-го пласта 3: 1 – в кв. К-4, н.о. -164 см, 2 – в кв. Ж-3, н.о. -165 см

도면 530 | 크라스키노 성, 2017년, 제53구역. 섹터 2, 제3인공층 정리조사 시 출토 놀이 알들: 1, 2 - 와편으로 제작 까(К)-1′방안, 레벨 -165㎝,
3 - 토기 동체부편으로 제작б 엘(Л)-4′방안, 레벨 -165㎝.

Рис 530 | Краскинское городище, 2017 г. Раскоп LIII. Сектор 2. Игральные фишки, найденные при снятии 3-го пласта: 1,2 – изготовлены из черепицы(кв. К-1´, н.о. -165 см; кв. К-2, н.о. -166 см), 3 – изготовлена из стенки керамического сосуда(кв. Л-4´, н.о. -165 см)

도면 531 | 크라스키노 성, 2017년, 제53구역. 섹터 2, 제3인공층 정리조사 시 출토 돌로 만든 놀이 알들: 1 - 제(З)-1방안, 레벨 -160㎝, 2 - 엘(Л)-1방안, 레벨 -163㎝.

Рис 531 | Краскинское городище, 2017 г. Раскоп LIII. Сектор 2. Каменные игральные фишки, найденные при снятии 3-го пласта: 1 – в кв. З-1(н.о. -160 см), 2 – в кв. Л-1(н.о. -163 см)

도면 532 | 크라스키노 성, 2017년, 제53구역. 섹터 2, 제3인공층 정리조사 시 출토 구멍이 있는 토기 동체부편으로 만든 놀이 알(까(К)-3방안, 레벨 -160㎝).

Рис 532 | Краскинское городище, 2017 г. Раскоп LIII. Сектор 2. Игральная фишка, изготовленная из стенки керамического сосуда с отверстием и найденная при снятии 3-го пласта(кв. К-3, н.о. -160 см)

도면 533 | 크라스키노 성, 2017년, 제53구역. 섹터 2. 제3인공층 정리조사 시 줴(Ж)-2방안 출토 철제 못편 (No. 23, 레벨 -169㎝).

Рис 533 | Краскинское городище, 2017 г. Раскоп LIII. Сектор 2. Фрагмент железного гвоздя(№23, н.о. -169 см), найденного в кв. Ж-2 при снятии 3-го пласта

도면 534 | 크라스키노 성, 2017년, 제53구역. 섹터 2. 제3인공층 정리조사 시 엘(Л)-3'방안 출토 철제 못편 (No. 24, 레벨 -163㎝).

Рис 534 | Краскинское городище, 2017 г. Раскоп LIII. Сектор 2. Фрагмент железного гвоздя(№24, н.о. -163 см), найденного в кв. Л-3´ при снятии 3-го пласта

도면 535 | 크라스키노 성, 2017년, 제53구역. 섹터 2. 제3인공층 정리조사 시 까(К)-1방안 출토 철제 못편 (No. 25, 레벨 -166㎝).

Рис 535 | Краскинское городище, 2017 г. Раскоп LIII. Сектор 2. Фрагмент железного гвоздя(№25, н.о. -166 см), найденного в кв. К-1 при снятии 3-го пласта

도면 536 | 크라스키노 성, 2017년, 제53구역. 섹터 2. 제3인공층 정리조사 시 까(К)-1방안 출토 판 모양 철제 유물편 (No. 26, 레벨 -172㎝).

Рис 536 | Краскинское городище, 2017 г. Раскоп LIII. Сектор 2. Фрагмент железной пластины(№26, н.о. -172 см), найденной в кв. К-1 в процессе снятия 3-го пласта

도면 537 | 크라스키노 성, 2017년, 제53구역, 섹터 2, 제3인공층 정리조사 시 까(К)-1방안 출토 청동 버클편 (No. 27, 레벨 -172㎝).

Рис 537 | Краскинское городище, 2017 г. Раскоп LIII. Сектор 2. Фрагмент бронзовой пряжки(№27, н.о. -172 см), найденной в кв. К-1 при снятии 3-го пласта

도면 538 | 크라스키노 성, 2017년, 제53구역, 섹터 2, 제3인공층 정리조사 시 엘(Л)-2방안 출토 청동 띠꾸미개 (No. 28, 레벨 -161㎝).

Рис 538 | Краскинское городище, 2017 г. Раскоп LIII. Сектор 2. Бронзовая поясная накладка(№28, н.о. -161 см), найденная в кв. Л-2 в процессе разборки 3-го пласта

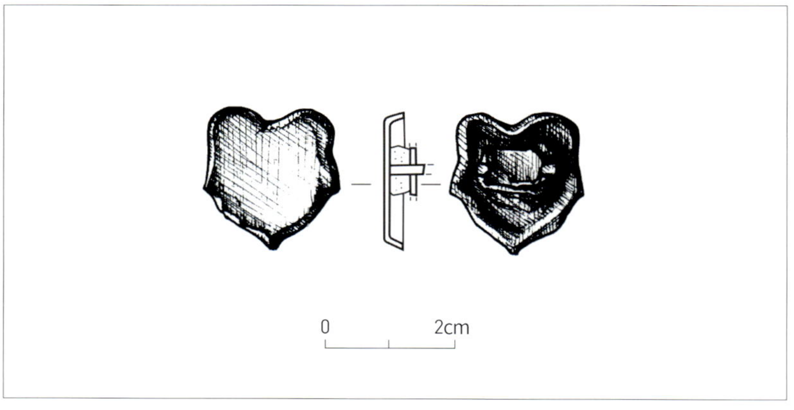

도면 539 | 크라스키노 성, 2017년, 제53구역, 섹터 2, 제3인공층 정리조사 시 엘(Л)-2방안 출토 청동 띠꾸미개 (No. 28, 레벨 -161㎝) 실측도.

Рис 539 | Краскинское городище, 2017 г. Раскоп LIII. Сектор 2. Рисунок бронзовой накладки(№28, н.о. -161 см), найденной в кв. Л-2 в процессе разборки 3-го пласта

도면 540 | 크라스키노 성, 2017년, 제53구역, 섹터 2, 제3인공층 정리조사 시 엘(Л)-1방안 출토 와당편 (No. 29, 레벨 -167㎝).

Рис 540 | Краскинское городище, 2017 г. Раскоп LIII. Сектор 2. Фрагмент концевого диска черепицы(№29, н.о.-167 см), найденной в кв. Л-1 при снятии 3-го пласта

도면 541 | 크라스키노 성, 2017년. 제53구역. 섹터 2. 제3인공층 정리조사 시 엘(Л)-1′방안 출토 토제 구슬 (No. 30, 레벨 -164㎝).

Рис 541 | Краскинское городище, 2017 г. Раскоп LIII. Сектор 2. Керамическая бусина(№30, н.о. -164 см), найденная в кв. Л-1′ при снятии 3-го пласта

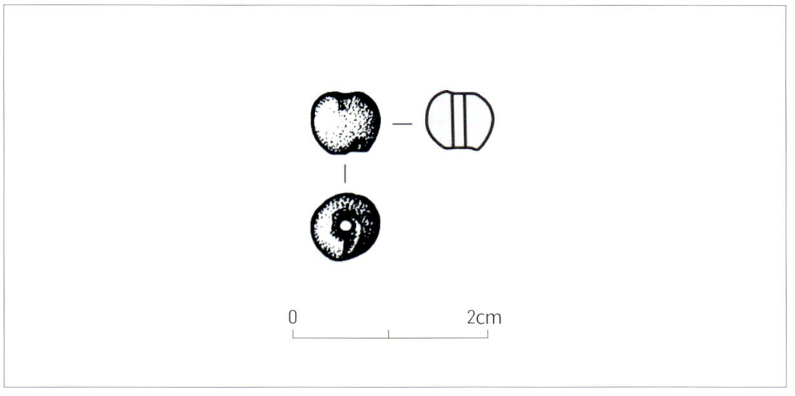

도면 542 | 크라스키노 성, 2017년. 제53구역. 섹터 2. 제3인공층 정리조사 시 엘(Л)-1′방안 출토 토제 구슬 (No. 30, 레벨 -164㎝) 실측도.

Рис 542 | Краскинское городище, 2017 г. Раскоп LIII. Сектор 2. Рисунок керамической бусины(№30, н.о.-164 см), найденной в кв. Л-1′ при снятии 3-го пласта

도면 543 | 크라스키노 성, 2017년. 제53구역. 섹터 2. 제3인공층 정리조사 후 엘(Л)-3 - 엘(Л)-엠(M)-2방안 토기편 출토 모습. 서쪽에서.

Рис 543 | Краскинское городище, 2017 г. Раскоп LIII. Сектор 2. Вид с запада на фрагмент керамического сосуда в кв. Л-3 - Л-М-2, обнаруженный после снятия 3-го пласта

도면 544 | 크라스키노 성, 2017년. 제53구역. 섹터 2. 제3인공층 정리조사 후 엘(Л)-3방안의 돌무지와 지두문이 있는 기와 출토 모습. 남동쪽에서.

Рис 544 | Краскинское городище, 2017 г. Раскоп LIII. Сектор 2. Вид с юго-востока на крупный фрагмент черепицы с пальчиковым орнаментом, найденный возле остатков каменной кладки в кв. Л-3, обнаружен после снятия 3-го пласта

도면 545 | 크라스키노 성, 2017년, 제53구역. 섹터 2. 제3인공층 정리조사 후 엘(Л)-3 – 엘(Л)-엠(M)-2방안 돌무지 모습. 북동쪽에서.

Рис 545 | Краскинское городище, 2017 г. Раскоп LIII. Сектор 2. Вид с северо-востока на остатки каменной ограды в кв. Л-3 – Л-М-2, расчищенной после снятия 3-го пласта

도면 546 | 크라스키노 성, 2017년, 제53구역. 섹터 2. 제3인공층 정리조사 중 출토 윤제 토기 구연부편들: 1 – 엘(Л)-1′방안, 2 – 엘(Л)-3′방안, 3 – 엠(M)-1방안.

Рис 546 | Краскинское городище, 2017 г. Раскоп LIII. Сектор 2. Образцы венчиков круговой керамики, обнаруженные при снятии 3-го пласта: 1 – в кв. Л-1´, 2 – в кв. Л-3´, 3 – в кв. М-1

도면 547 | 크라스키노 성, 2017년, 제53구역. 섹터 2. 제3인공층 정리조사 중 까(K)-1′방안 출토 윤제 토기 구연부편.

Рис 547 | Краскинское городище, 2017 г. Раскоп LIII. Сектор 2. Фрагмент венчика круговой керамики, обнаруженный при снятии 3-го пласта К-1´

도면 548 | 크라스키노 성, 2017년, 제53구역. 섹터 2. 제3인공층 정리조사 중 엠(M)-1방안 출토 윤제 토기 상부편.

Рис 548 | Краскинское городище, 2017 г. Раскоп LIII. Сектор 2. Верхняя часть кругового сосуда, найденная в процессе снятия 3-го пласта в кв. М-1

도면 549 | 크라스키노 성, 2017년, 제53구역, 섹터 2, 제3인공층 정리조사 중 출토 윤제 토기 구연부편들: 1 – 엘(Л)–3방안, 2 – 엠(M)–2방안.

Рис 549 | Краскинское городище, 2017 г. Раскоп LIII. Сектор 2. Образцы венчиков круговой керамики, обнаруженные при снятии 3-го пласта: 1 – в кв. Л-3, 2 – в кв. М-2

도면 550 | 크라스키노 성, 2017년, 제53구역, 섹터 2, 제3인공층 정리조사 중 출토 윤제 토기 구연부편들: 1 – 엘(Л)–2′방안, 2 – 엠(M)–2방안.

Рис 550 | Краскинское городище, 2017 г. Раскоп LIII. Сектор 2. Образцы венчиков круговой керамики, обнаруженные при снятии 3-го пласта: 1 – в кв. Л-2′, 2 – в кв. М-2

도면 551 | 크라스키노 성, 2017년, 제53구역, 섹터 2, 제3인공층 정리조사 중 출토 윤제 토기 구연부편들: 1 – 엘(Л)–3방안, 2 – 이(И)–1′방안.

Рис 551 | Краскинское городище, 2017 г. Раскоп LIII. Сектор 2. Образцы венчиков круговой керамики, обнаруженные при снятии 3-го пласта: 1 – в кв. Л-3, 2 – в кв. И-1′

도면 552 | 크라스키노 성, 2017년, 제53구역. 섹터 2. 제3인공층 정리조사 중 출토 윤제 토기 대상파수편들: 1 – 까(К)-2방안, 2 – 이(И)-1방안, 3 – 제(З)-1방안, 4 – 엘(Л)-3방안.

Рис 552 | Краскинское городище, 2017 г. Раскоп LIII. Сектор 2. Образцы горизонтально-ленточных ручек круговых сосудов, найденные при разборке 3-го пласта: 1 – в кв. К-2, 2 – в кв. И-1, 3 – в кв. З-1, 4 – в кв. Л-3

도면 553 | 크라스키노 성, 2017년, 제53구역. 섹터 2. 제3인공층 정리조사 중 출토 문양이 있는 윤제 토기 동체부편들: 1 – 제(З)-1방안, 3 – 엘(Л)-1방안, 3 – 제(З)-1방안, 4 – 엘(Л)-3방안.

Рис 553 | Краскинское городище, 2017 г. Раскоп LIII. Сектор 2. Образцы орнаментированных стенок круговых сосудов, найденные при снятии 3-го пласта: 1 – в кв. З-1, 2 – в кв. Л-1, 3 – в кв. З-1, 4 – в кв. Л-3

도면 554 | 크라스키노 성, 2017년, 제53구역. 섹터 2. 제3인공층 정리조사 중 출토 문양이 있는 윤제 토기 동체부편들: 1 – 수평의 띠 모양 마연문양이 있는 것, 2 – 수평의 돌대가 있는 것.

Рис 554 | Краскинское городище, 2017 г. Раскоп LIII. Сектор 2. Образцы орнаментированных стенок круговых сосудов, найденные при снятии 3-го пласта: 1 – с горизонтально-полосчатым лощением, 2 –с горизонтальным выступом

도면 555 크라스키노 성, 2017년, 제53구역. 섹터 2. 제3인공층 정리조사 중 까(K)-3방안 출토 문양이 있는 토기 동체부편.

Рис 555 Краскинское городище, 2017 г. Раскоп LIII. Сектор 2. Образец орнаментированной стенки сосуда, обнаруженный в процессе разборки 3-го пласта в кв. К-3

도면 556 크라스키노 성, 2017년, 제53구역. 섹터 2. 제3인공층 정리조사 중 엘(Л)-3방안 출토 윤제 토기 바닥.

Рис 556 Краскинское городище, 2017 г. Раскоп LIII. Сектор 2. Образец дна кругового сосуда со следами снятия с круга, найденный в кв. Л-3 при снятии 3-го пласта

도면 557 크라스키노 성, 2017년, 제53구역. 섹터 2. 제3인공층 정리조사 중 출토 윤제 토기 저부편들: 1 – 제(З)-1′방안, 2 – 까(K)-1′방안.

Рис 557 Краскинское городище, 2017 г. Раскоп LIII. Сектор 2. Образцы доньев круговых сосудов, обнаруженные при снятии 3-го пласта: 1 – в кв. З-1´, 2 – в кв. К-1´

도면 558 | 크라스키노 성. 2017년. 제53구역. 섹터 2. 제3인공층 정리조사 중 까(K)-2방안 출토 윤제 토기 저부편.

Рис 558 | Краскинское городище. 2017 г. Раскоп LIII. Сектор 2. Фрагмент дна кругового сосуда, найденный в кв. К-2 при снятии 3-го пласта

도면 559 | 크라스키노 성. 2017년. 제53구역. 섹터 2. 제3인공층 정리조사 중 출토 윤제 토기 저부편들: 1 - 이(И)-1방안, 2 - 제(З)-1′방안.

Рис 559 | Краскинское городище. 2017 г. Раскоп LIII. Сектор 2. Образцы доньев круговых пароварок, обнаруженные при снятии 3-го пласта: 1 - в кв. И-1, 2 - в кв. З-1′

도면 560 | 크라스키노 성. 2017년. 제53구역. 섹터 2. 제3인공층 정리조사 중 이(И)-5′방안과 까(K)-3′방안 출토 윤제 토기 저부편.

Рис 560 | Краскинское городище. 2017 г. Раскоп LIII. Сектор 2. Фрагмент дна кругового сосуда, найденный при снятии 3-го пласта в кв. И-5′ и К-3′

도면 561 | 크라스키노 성, 2017년. 제53구역, 섹터 2. 제3인공층 정리조사 중 까(К)-1′방안 출토 윤제 토기 저부편.

Рис 561 | Краскинское городище, 2017 г. Раскоп LIII. Сектор 2. Фрагмент дна кругового сосуда, найденный в кв. К-1′ при снятии 3-го пласта

도면 562 | 크라스키노 성, 2017년. 제53구역, 섹터 2. 제3인공층 정리조사 중 출토 윤제 토기 시루 저부편들: 1 - 엘(Л)-2방안, 2 - 까(К)-3′방안, 3 - 제(3)-4방안.

Рис 562 | Краскинское городище, 2017 г. Раскоп LIII. Сектор 2. Образцы доньев круговых пароварок, обнаруженные при снятии 3-го пласта: 1 - в кв. Л-2, 2 - в кв. К-3′, 3 - в кв. 3-4

도면 563 | 크라스키노 성, 2017년. 제53구역, 섹터 2. 제3인공층 정리조사 중 출토 윤제 토기 시루 저부편들: 1 - 엠(М)-3′방안, 2 - 엠(М)-5′방안.

Рис 563 | Краскинское городище, 2017 г. Раскоп LIII. Сектор 2. Образцы доньев круговых пароварок, обнаруженные при снятии 3-го пласта: 1 - в кв. М-3′, 2 - в кв. М-5′

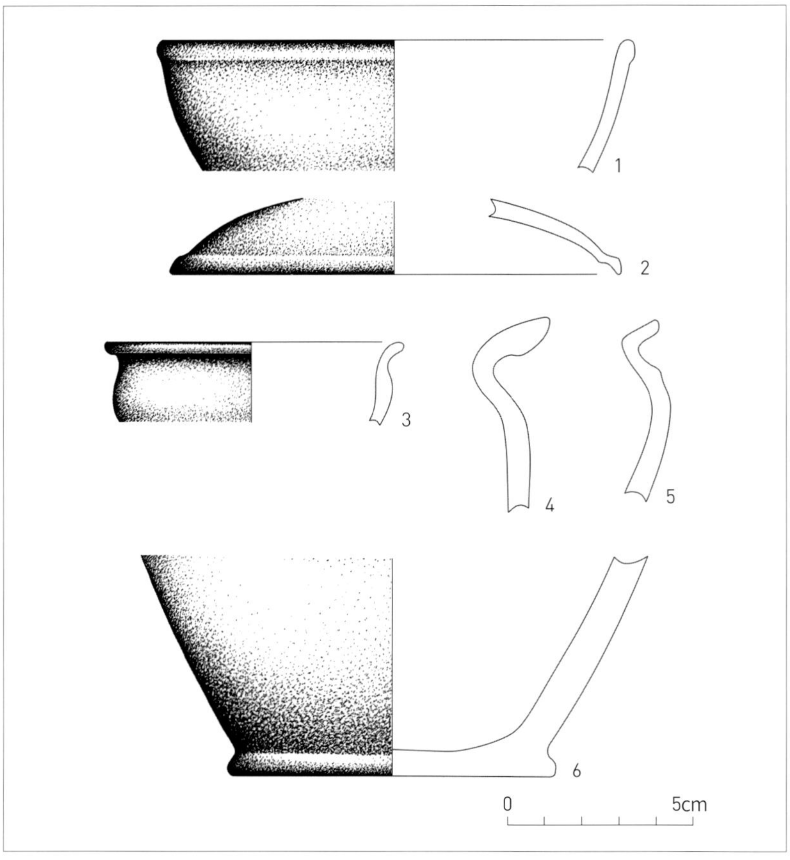

도면 564 | 크라스키노 성, 2017년, 제53구역. 섹터 2. 제3인공층 정리조사 중 출토 윤제 토기 복원도들: 1 – 엔(Н)–1′방안, 2 – 엘(Л)–1′방안, 3 – 엠(М)–2방안, 4 – 엘(Л)–2′방안, 5 – 엘(Л)–2방안, 6 – 이(И)–5방안, 엘(Л)–2′방안, 까(К)–3, 5′방안, 제(З)–3′방안.

Рис 564 | Краскинское городище, 2017 г. Раскоп LIII. Сектор 2. Графические реконструкции круговых сосудов, найденных при снятии 3-го пласта: 1 – в кв. Н-1´, 2 – в кв. Л-1´, 3 – в кв. М-2, 4 – в кв. Л-2´, 5 – в кв. Л-2, 6 – в кв. И-5, Л-2´, К-3,5´, З-3´

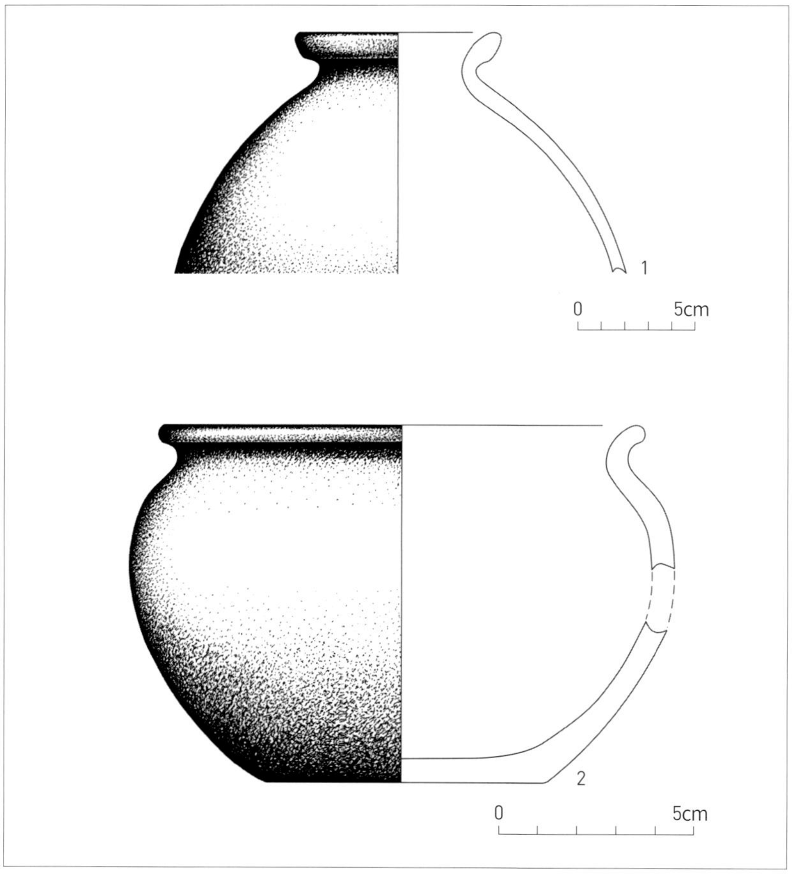

도면 565 | 크라스키노 성, 2017년, 제53구역. 섹터 2. 제3인공층 정리조사 중 출토 윤제 토기 복원도들: 1 – 엠(М)–1, 2방안, 2 – 까(К)–1′방안.

Рис 565 | Краскинское городище, 2017 г. Раскоп LIII. Сектор 2. Графические реконструкции круговых сосудов, найденных при снятии 3-го пласта: 1 – в кв. М-1,2, 2 – в кв. К-1´

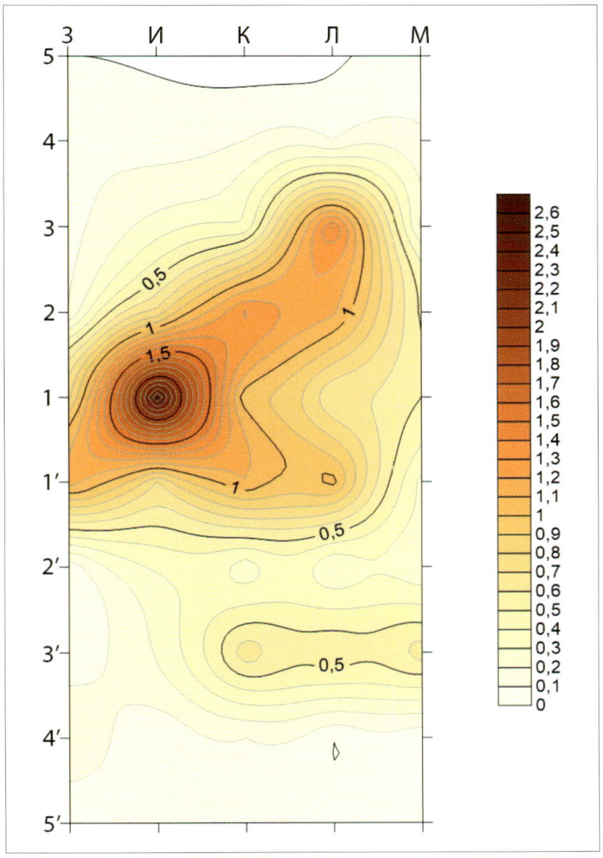

도면 566 | 크라스키노 성, 2017년, 제53구역, 섹터 2, 제3인공층 정리조사 중 출토 토기편의 무게 단위(kg) 분포 모식도.

Рис 566 | Краскинское городище, 2017 г. Раскоп LIII. Сектор 2. Схема распределения по весу(в кг) керамического материала, обнаруженного в процессе разборки 3-го пласта

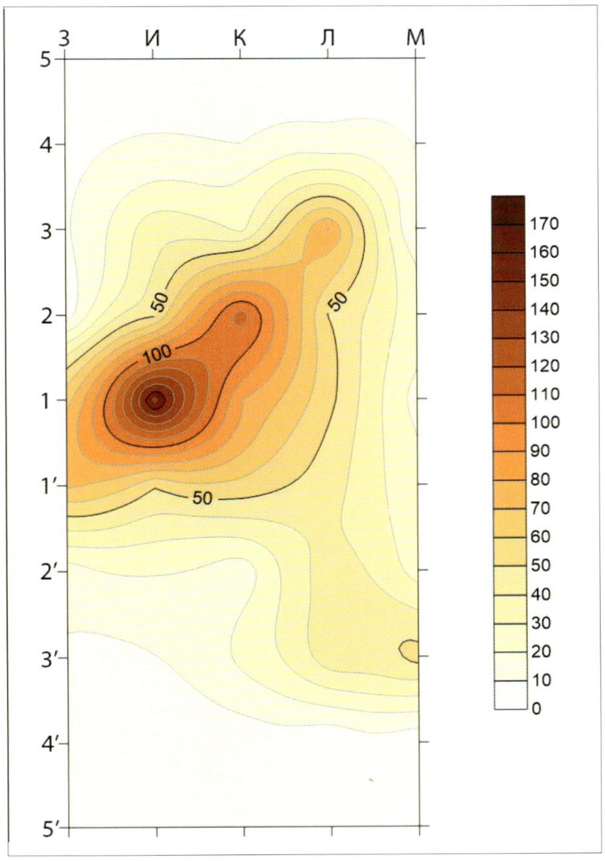

도면 567 | 크라스키노 성, 2017년, 제53구역, 섹터 2, 제3인공층 정리조사 중 출토 토기편의 수량 단위 분포 모식도.

Рис 567 | Краскинское городище, 2017 г. Раскоп LIII. Сектор 2. Схема распределения керамического материала (количество фрагментов), обнаруженного в процессе разборки 3-го пласта

도면 568 | 크라스키노 성. 2017년. 제53구역. 섹터 2. 제4인공층 정리조사 모습. 남쪽에서.

Рис 568 | Краскинское городище. 2017 г. Раскоп LIII. Сектор 2. Вид с юга на процесс снятия 4-го пласта

도면 569 | 크라스키노 성. 2017년. 제53구역. 섹터 2. 제4인공층 정리조사 후(제5인공층 상면)의 방안선 포함 발굴구역 상면 모습. 북서쪽에서.

Рис 569 | Краскинское городище. 2017 г. Раскоп LIII. Сектор 2. Вид с северо-запада на поверхность раскопа с растянутой метровой сеткой после снятия 4-го пласта(поверхность 5-го пласта)

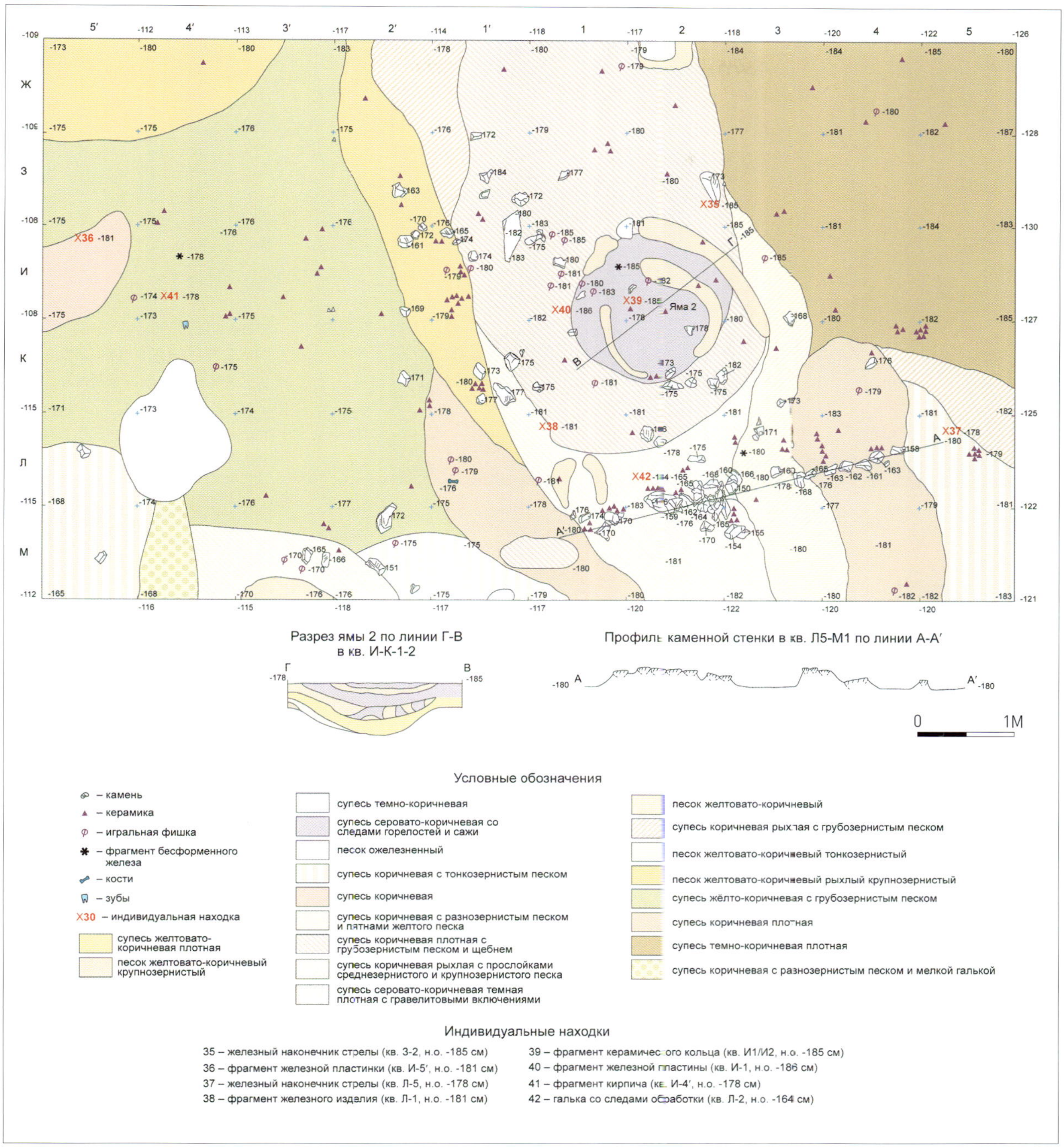

도면 570 | 크라스키노 성. 2017년. 제53구역. 섹터 2. 제4인공층 정리조사 후(제5인공층 상면)의 평면도 5.

Рис 570 | Краскинское городище. 2017 г. Раскоп LIII. Сектор 2. План 5 после снятия 4-го пласта(поверхность 5-го пласта)

도면 571 | 크라스키노 성, 2017년, 제53구역. 섹터 2. 제4인공층 정리조사 후의 발굴구역 상면 모습. 남동쪽에서.

Рис 571 | Краскинское городище. 2017 г. Раскоп LIII. Сектор 2. Вид с юго-востока на поверхность раскопа после снятия 4-го пласта

도면 572 | 크라스키노 성, 2017년, 제53구역. 섹터 2. 제4인공층 정리조사 후 출토 놀이 알들: 1~3 - 토기 동체부편으로 제작 (까(К)-4'방안, 레벨 -179㎝, 줴(Ж)-1-2방안, 구덩이 3, 레벨 -184㎝, 엘(Л)-1'방안, 레벨 -179㎝), 4 - 와편으로 제작, 엘(Л)-1방안, 레벨 -181㎝.

Рис 572 | Краскинское городище. 2017 г. Раскоп LIII. Сектор 2. Игральные фишки, найденные после снятия 4-го пласта: 1-3 - изготовленные из стенок керамических сосудов (в кв. К-4´, н.о. -179 см; в кв. Ж-1-2, яма 3, н.о. -184 см; в кв. Л-1´, н.о. -179 см); 4 - фишка, изготовленная из черепицы(кв. Л-1, н.о. -181 см)

도면 573 | 크라스키노 성, 2017년, 제53구역. 섹터 2. 제4인공층 정리조사 중 출토 토기 동체부편으로 만든 놀이 알들 (이(И)-1방안, 레벨 -184㎝).

Рис 573 | Краскинское городище. 2017 г. Раскоп LIII. Сектор 2. Игральные фишки, изготовленные из стенок керамических сосудов и найденные в процессе снятия 4-го пласта(кв.И-1, н.о. -184 см)

도면 574 | 크라스키노 성, 2017년, 제53구역, 섹터 2. 제4인공층 정리조사 시 제(3)-2방안 출토 철제 화살촉 (No. 35, 레벨 -185㎝).

Рис 574 | Краскинское городище, 2017 г. Раскоп LIII. Сектор 2. Железный наконечник стрелы(№35, н.о. -185 см), найденный в кв. 3-2 в процессе разборки 4-го пласта

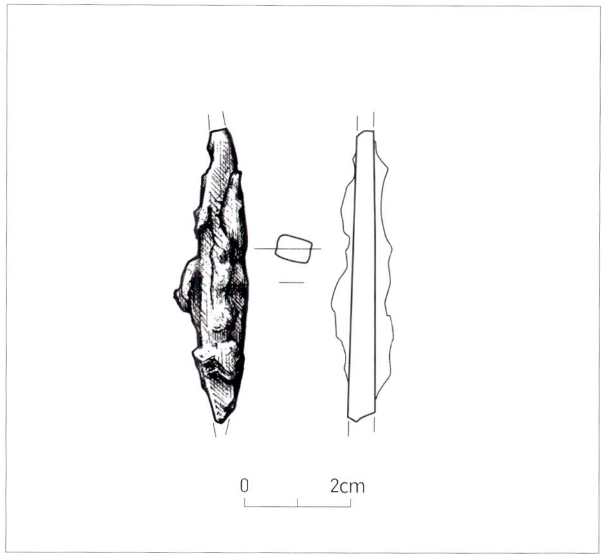

도면 575 | 크라스키노 성, 2017년, 제53구역, 섹터 2. 제4인공층 정리조사 시 제(3)-2방안 출토 철제 화살촉 (No. 35, 레벨 -185㎝) 실측도.

Рис 575 | Краскинское городище, 2017 г. Раскоп LIII. Сектор 2. Рисунок железного наконечника стрелы(№35, н.о. -185 см), найденного в кв. 3-2 в процессе разборки 4-го пласта

도면 576 | 크라스키노 성, 2017년, 제53구역, 섹터 2. 제4인공층 정리조사 시 제(3)-2방안 출토 철제 화살촉 (No. 37, 레벨 -185㎝).

Рис 576 | Краскинское городище, 2017 г. Раскоп LIII. Сектор 2. Железный наконечник стрелы(№37, н.о. -185 см), обнаруженный в кв. 3-2 при снятии 4-го пласта

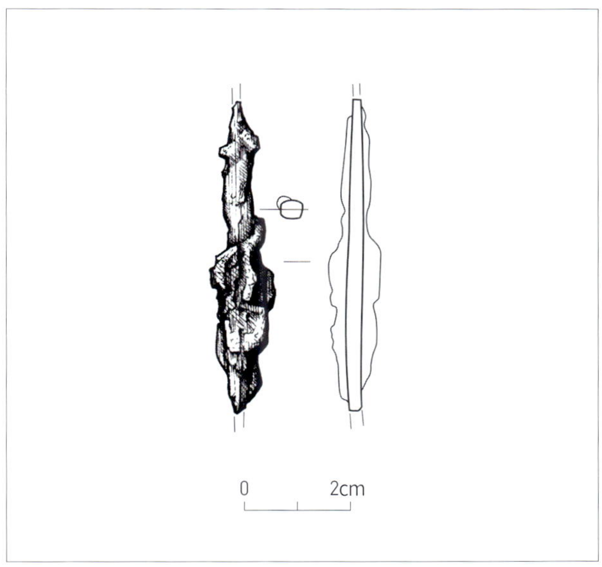

도면 577 | 크라스키노 성, 2017년, 제53구역, 섹터 2. 제4인공층 정리조사 시 제(3)-2방안 출토 철제 화살촉 (No. 37, 레벨 -185㎝) 실측도.

Рис 577 | Краскинское городище, 2017 г. Раскоп LIII. Сектор 2. Железный наконечник стрелы(№37, н.о.-185 см), найденный в кв. 3-2 в процессе разборки 4-го пласта

도면 578 | 크라스키노 성, 2017년, 제53구역, 섹터 2, 제4인공층 정리조사 시 아(A)-1'방안 출토 철제 유물편(No. 38, 레벨 -181㎝).

Рис 578 | Краскинское городище, 2017 г. Раскоп LIII. Сектор 2. Фрагмент железного изделия(№38, н.о. -181 см), обнаруженного в кв. А-1´ при снятии 4-го пласта

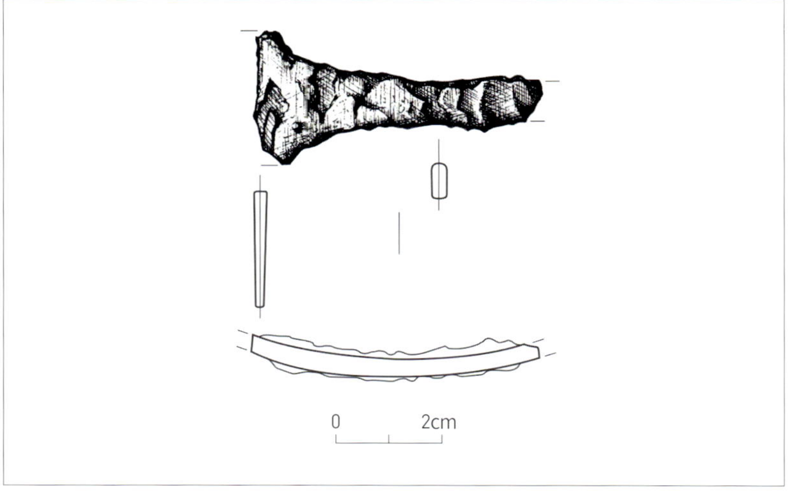

도면 579 | 크라스키노 성, 2017년, 제53구역, 섹터 2, 제4인공층 정리조사 시 아(A)-1'방안 출토 철제 유물편(No. 38, 레벨 -181㎝) 실측도.

Рис 579 | Краскинское городище, 2017 г. Раскоп LIII. Сектор 2. Рисунок фрагмента железного изделия (№38, н.о. -181 см), обнаруженного в кв. А-1´ при снятии 4-го пласта

도면 580 | 크라스키노 성, 2017년, 제53구역, 섹터 2, 제4인공층 정리조사 시 이(И)-1-이(И)-2방안 출토 토제 고리편(No. 39, 레벨 -185㎝).

Рис 580 | Краскинское городище, 2017 г. Раскоп LIII. Сектор 2. Фрагмент керамического кольца(№39, н.о. -185 см), найденного в кв. И-1-И-2 в процессе разборки 4-го пласта

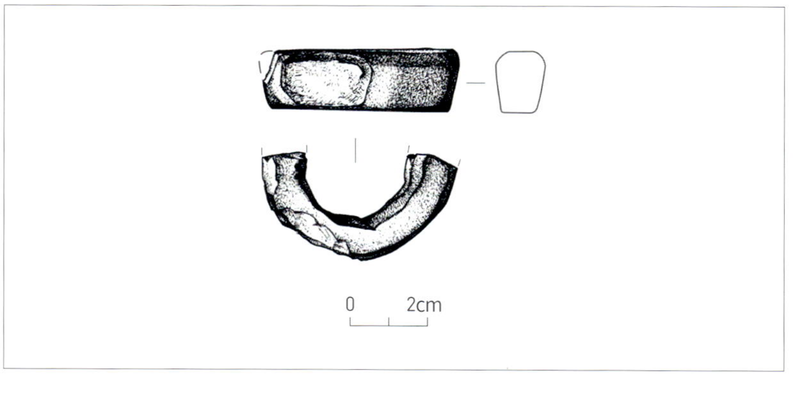

도면 581 | 크라스키노 성, 2017년, 제53구역, 섹터 2, 제4인공층 정리조사 시 이(И)-1-이(И)-2방안 출토 토제 고리편(No. 39, 레벨 -185㎝) 실측도.

Рис 581 | Краскинское городище, 2017 г. Раскоп LIII. Сектор 2. Рисунок фрагмента керамического кольца(№39, н.о. -185 см), найденного в кв. И-1-И-2 в процессе разборки 4-го пласта

도면 582 | 크라스키노 성, 2017년, 제53구역. 섹터 2. 제4인공층 정리조사 시 이(И)-1방안 출토 철제 칼의 날편 (No. 40, 레벨 -186㎝).

Рис 582 | Краскинское городище, 2017 г. Раскоп LIII. Сектор 2. Фрагмент лезвия железного ножа(№40, н.о. -186 см), найденного в кв. И-1 в процессе разборки 4-го пласта

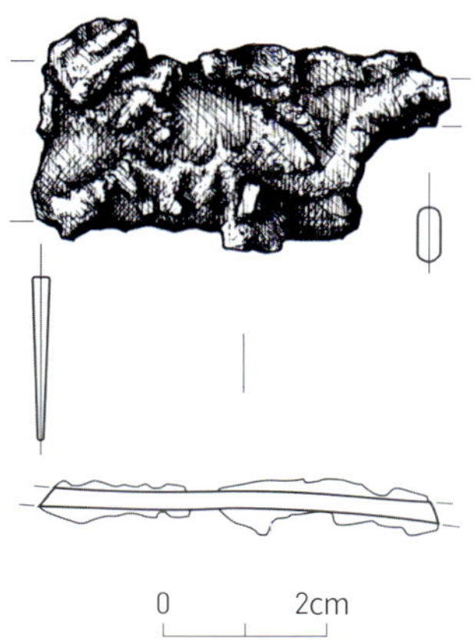

도면 583 | 크라스키노 성, 2017년, 제53구역. 섹터 2. 제4인공층 정리조사 시 이(И)-1방안 출토 철제 칼의 날편 (No. 40, 레벨 -186㎝) 실측도.

Рис 583 | Краскинское городище, 2017 г. Раскоп LIII. Сектор 2. Сектор 2. Рисунок фрагмента лезвия железного ножа(№40, н.о. -186 см), найденного в кв. И-1 в процессе разборки 4-го пласта

도면 584 | 크라스키노 성, 2017년, 제53구역. 섹터 2. 제4인공층 정리조사 시 이(И)-4'방안 출토 토제 벽돌편 (No. 41, 레벨 -178㎝).

Рис 584 | Краскинское городище, 2017 г. Раскоп LIII. Сектор 2. Фрагмент глиняного кирпича(№41, н.о. -178 см), найденного в кв. И-4´ при снятии 4-го пласта

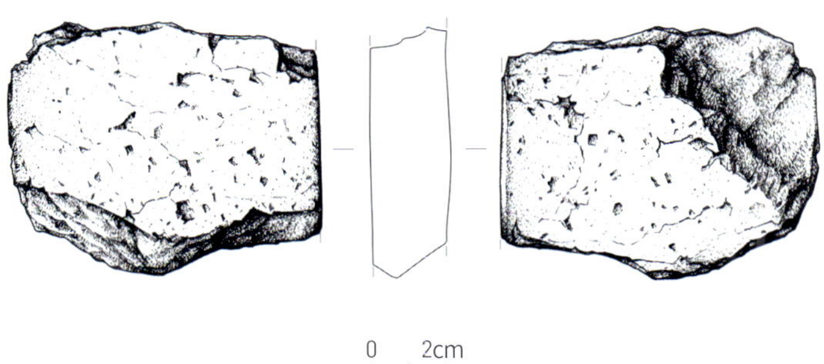

도면 585 | 크라스키노 성, 2017년, 제53구역. 섹터 2. 제4인공층 정리조사 시 이(И)-4'방안 출토 토제 벽돌편 (No. 41, 레벨 -178㎝) 실측도.

Рис 585 | Краскинское городище, 2017 г. Раскоп LIII. Рисунок фрагмента глиняного кирпича(№41, н.о. -178 см), найденного в кв. И-4´ при снятии 4-го пласта

도면 586 | 크라스키노 성. 2017년. 제53구역. 섹터 2. 제4인공층 정리조사 시 엘(Л)-2방안 출토 사용 흔적이 있는 강돌 (№ 42, 레벨 -164㎝).

Рис 586 | Краскинское городище. 2017 г. Раскоп LIII. Сектор 2. Галька со следами работы(№42, н.о. -164 см), найденная в кв. Л-2 в процессе разборки 4-го пласта

도면 587 | 크라스키노 성. 2017년. 제53구역. 섹터 2. 제4인공층 정리조사 후 방안선 포함 이(И), 까(К)-1, 2방안의 구덩이 2 윤곽선 모습. 남서쪽에서.

Рис 587 | Краскинское городище. 2017 г. Раскоп LIII. Сектор 2. Вид с юго-запада на границы ямы 2 в кв. И,К-1,2 после снятия 4-го пласта на раскопе с растянутой метровой сеткой

도면 588 | 크라스키노 성. 2017년. 제53구역. 섹터 2. 이(И), 까(К)-1, 2방안에 위치하는 구덩이 2의 붸(В)-게(Г)선 단면 토층 모습. 북쪽에서. (제4인공층 정리조사 후 발굴구역 상면)

Рис 588 | Краскинское городище. 2017 г. Раскоп LIII. Сектор 2. Вид с севера на разрез ямы 2 в кв. И, К-1, 2 по линии В-Г (поверхность раскопа после снятия 4-го пласта)

도면 589 | 크라스키노 성. 2017년. 제53구역. 섹터 2. 이(И). 까(К)-1. 2방안에 위치하는 구덩이 2의 내부조사 후 모습. 남서쪽에서. (제4인공층 정리조사 후 발굴구역 상면)

Рис 589 | Краскинское городище. 2017 г. Раскоп LIII. Сектор 2. Вид с юго-запада на выбранную яму 2 в кв. И,К-1,2(поверхность раскопа после снятия 4-го пласта)

도면 590 | 크라스키노 성. 2017년. 제53구역. 섹터 2. 이(И). 까(К)-1. 2방안에 위치하는 구덩이 2의 내부조사 후 모습. 북동쪽에서. (제4인공층 정리조사 후 발굴구역 상면)

Рис 590 | Краскинское городище. 2017 г. Раскоп LIII. Сектор 2. Вид с северо-востока на выбранную яму 2 в кв. И,К-1,2(поверхность раскопа после снятия 4-го пласта)

도면 591 | 크라스키노 성. 2017년. 제53구역. 섹터 2. 제4인공층 정리조사 중 엠(М)-2방안 출토 윤제 토기 구연부편.

Рис 591 | Краскинское городище. 2017 г. Раскоп LIII. Сектор 2. Фрагмент венчика кругового сосуда, обнаруженный в кв. М-2 при снятии 4-го пласта

도면 592 | 크라스키노 성. 2017년. 제53구역. 섹터 2. 제4인공층 정리조사 중 엠(М)-2방안 출토 윤제 토기 구연부편.

Рис 592 | Краскинское городище. 2017 г. Раскоп LIII. Сектор 2. Фрагмент венчика кругового ссоуда, обнаруженный в кв. М-2 при снятии 4-го пласта

도면 593 | 크라스키노 성, 2017년, 제53구역. 섹터 2. 제4인공층 정리조사 중 줴(Ж)-1, 2방안 출토 윤제 토기 구연부편.

Рис 593 | Краскинское городище, 2017 г. Раскоп LIII. Сектор 2. Фрагмент венчика круговой керамики, обнаруженный в кв. Ж-1,2 при снятии 4-го пласта

도면 594 | 크라스키노 성, 2017년, 제53구역. 섹터 2. 제4인공층 정리조사 중 엘(Л)-4방안 출토 윤제 토기 상부편.

Рис 594 | Краскинское городище, 2017 г. Раскоп LIII. Сектор 2. Фрагмент верхней части кругового сосуда, обнаруженный в кв. Л-4 при снятии 4-го пласта

도면 595 | 크라스키노 성, 2017년, 제53구역. 섹터 2. 제4인공층 정리조사 중 줴(Ж)-1, 2방안 출토 윤제 토기 구연부편.

Рис 595 | Краскинское городище, 2017 г. Раскоп LIII. Сектор 2. Фрагмент венчика кругового сосуда, обнаруженный в кв. Ж-1,2 при снятии 4-го пласта

도면 596 | 크라스키노 성, 2017년, 제53구역. 섹터 2. 제4인공층 정리조사 중 이(И)-2방안 출토 문양이 있는 윤제 토기 동체부편.

Рис 596 | Краскинское городище, 2017 г. Раскоп LIII. Сектор 2. Фрагмент орнаментированной стенки кругового сосуда, найденный в кв. И-2 при снятии 4-го пласта

도면 597 | 크라스키노 성, 2017년, 제53구역. 섹터 2. 제4인공층 정리조사 중 출토 문양이 있는 윤제 토기 동체부편들: 1 – 엠(M)-3′방안, 2 – 엘(Л)-5′방안.

Рис 597 | Краскинское городище, 2017 г. Раскоп LIII. Сектор 2. Образцы орнаментированных стенок круговых сосудов, найденные при снятии 4-го пласта: 1 – в кв. М-3′, 2 – в кв. Л-5′

도면 598 | 크라스키노 성, 2017년, 제53구역. 섹터 2. 제4인공층 정리조사 중 이(И)-1-2방안 출토 문양이 있는 윤제 토기 동체부편.

Рис 598 | Краскинское городище, 2017 г. Раскоп LIII. Сектор 2. Фрагмент орнаментированной стенки кругового сосуда, найденный в кв. И-1-2 при снятии 4-го пласта

도면 599 | 크라스키노 성, 2017년, 제53구역. 섹터 2. 제4인공층 정리조사 중 엠(M)-2방안 출토 지두문이 있는 암키와편.

Рис 599 | Краскинское городище, 2017 г. Раскоп LIII. Сектор 2. Фрагменты плоской черепицы с пальчиковым орнаментом, найденные в кв. М-2 при разборке 4-го пласта

도면 600 | 크라스키노 성, 2017년, 제53구역, 섹터 2, 제4인공층 정리조사 중 이(И)-3′방안 출토 윤제 토기 저부편.

Рис 600 | Краскинское городище, 2017 г. Раскоп LIII. Сектор 2. Фрагмент дна кругового сосуда, найденный в кв. И-3´ при снятии 4-го пласта

도면 601 | 크라스키노 성, 2017년, 제53구역, 섹터 2, 제4인공층 정리조사 중 까(К)-4방안 출토 윤제 토기 저부편.

Рис 601 | Краскинское городище, 2017 г. Раскоп LIII. Сектор 2. Фрагмент дна кругового сосуда, найденный в кв. К-4 при снятии 4-го пласта

도면 602 | 크라스키노 성, 2017년, 제53구역, 섹터 2, 제4인공층 정리조사 중 이(И)-2방안 출토 윤제 토기 시루 저부편.

Рис 602 | Краскинское городище, 2017 г. Раскоп LIII. Сектор 2. Фрагмент дна круговой пароварки, найденный в кв. И-2 при снятии 4-го пласта

도면 603 | 크라스키노 성, 2017년, 제53구역, 섹터 2, 제4인공층 정리조사 중 줴(Ж)-1-2방안 출토 윤제 토기 시루 저부편.

Рис 603 | Краскинское городище, 2017 г. Раскоп LIII. Сектор 2. Фрагмент дна круговой пароварки, найденный в кв. Ж-1-2 при снятии 4-го пласта

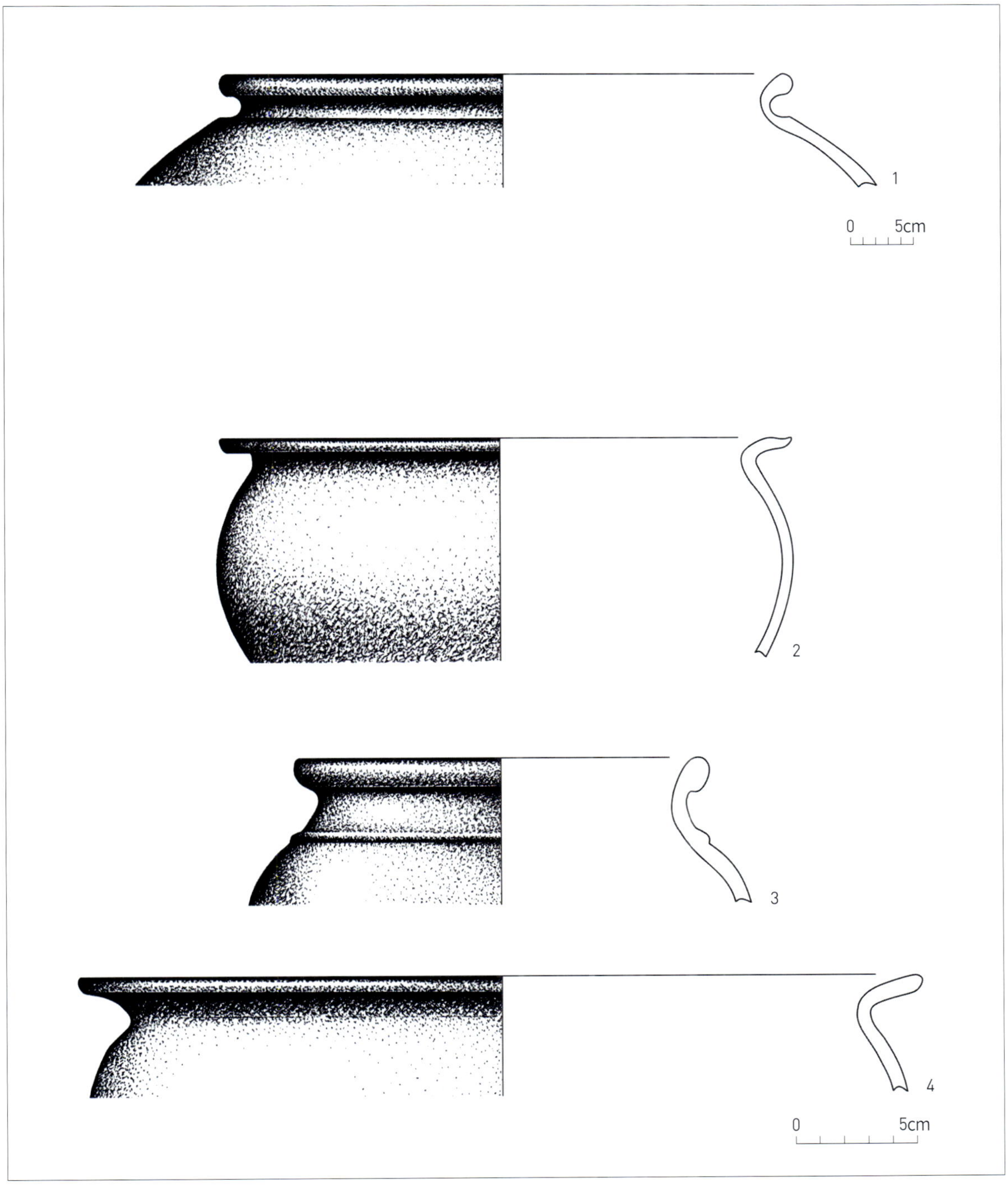

도면 604 | 크라스키노 성, 2017년. 제53구역. 섹터 2. 제4인공층 정리조사 중 출토 윤제 토기 복원도들: 1 – 엠(M)-2방안, 2 – 엘(Л)-4방안, 3 – 엠(M)-3방안, 4 – 줴(Ж)-2, 1방안.

Рис 604 | Краскинское городище, 2017 г. Раскоп LIII. Сектор 2. Графические реконструкции круговых сосудов, найденных при снятии 4-го пласта: 1 – в кв. М-2, 2 – в кв. Л-4, 3 – в кв. М-2, 4 – в кв. Ж-2, 1

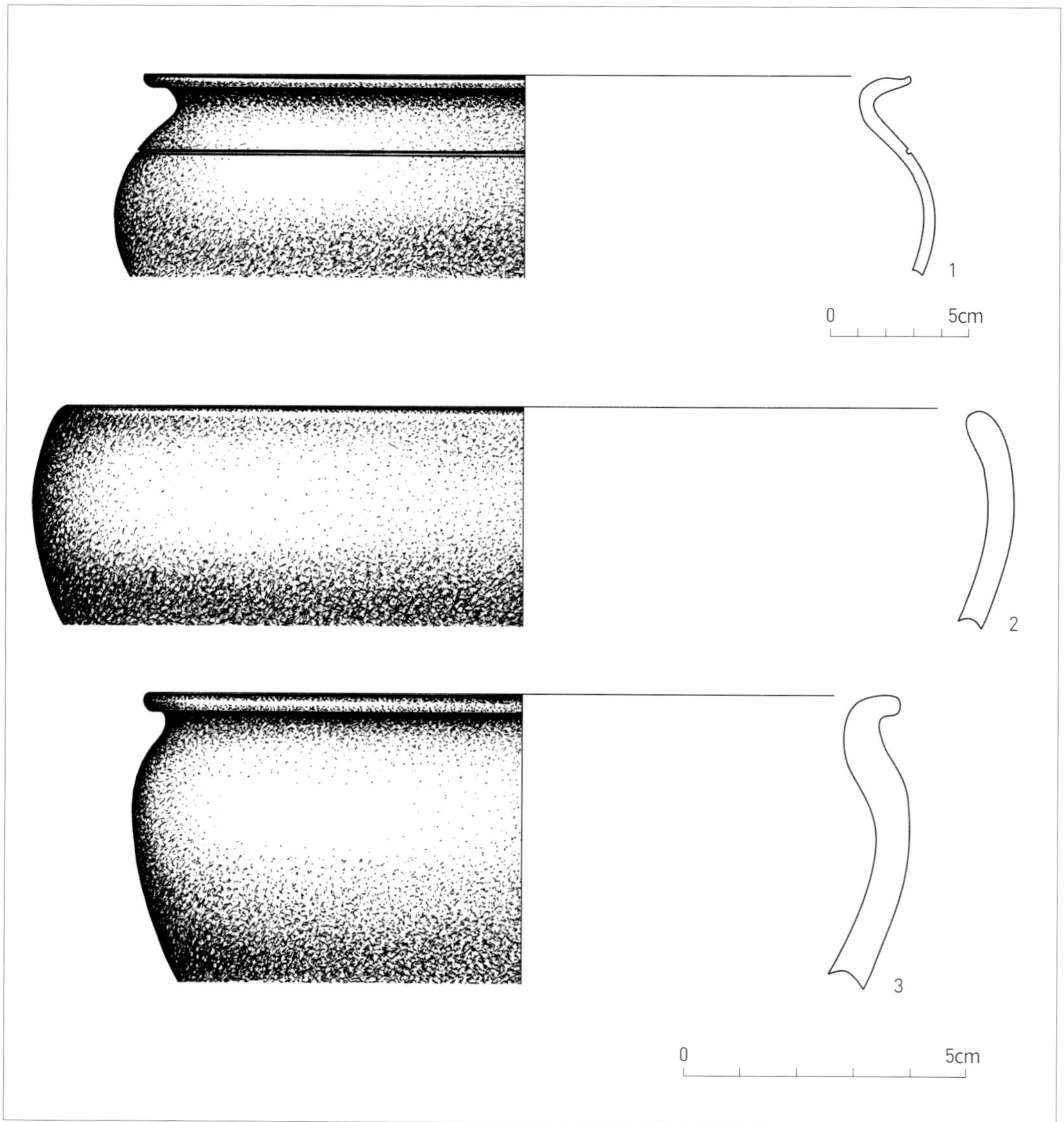

도면 605 | 크라스키노 성. 2017년. 제53구역. 섹터 2. 제4인공층(1)과 제5인공층(2. 3) 정리조사 중 출토 윤제 토기 복원도들: 1 – 줴(Ж)–1. 2방안. 2 – 까(К)–5′방안. 3 – 까(К)–3′방안.

Рис 605 | Краскинское городище. 2017 г. Раскоп LIII. Сектор 2. Графические реконструкции круговых сосудов. найденных при снятии 4-го (1) и 5-го (2. 3) пластов: 1 – в кв. Ж-1. 2. 2 – в кв. К-5´. 3 – в кв. К-3´

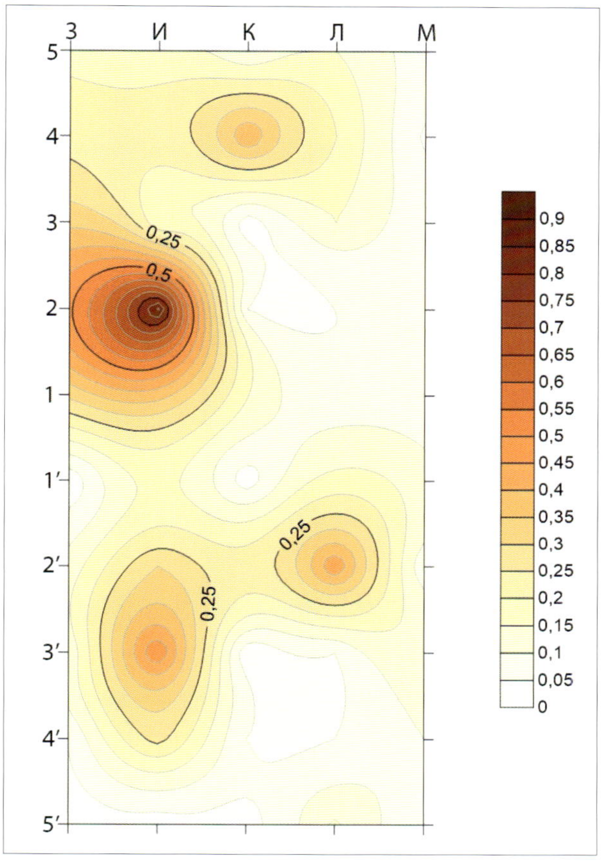

도면 606 | 크라스키노 성. 2017년. 제53구역. 섹터 2. 제4인공층 정리조사 중 출토 토기편의 무게 단위(kg) 분포 모식도.

Рис 606 | Краскинское городище. 2017 г. Раскоп LIII. Сектор 2. Схема распределения по весу(в кг) керамического материала, обнаруженного в процессе разборки 4-го пласта

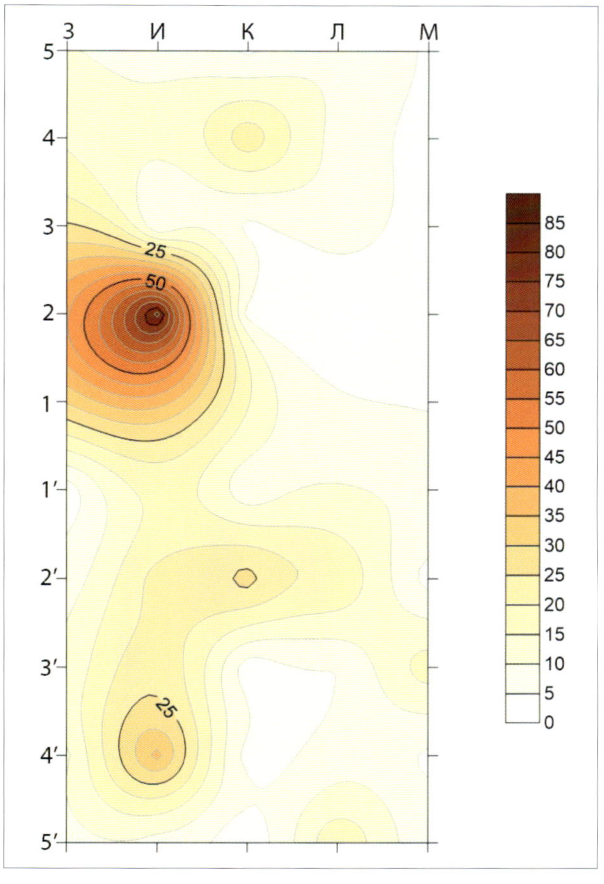

도면 607 | 크라스키노 성. 2017년. 제53구역. 섹터 2. 제4인공층 정리조사 중 출토 토기편의 수량 단위 분포 모식도.

Рис 607 | Краскинское городище. 2017 г. Раскоп LIII. Сектор 2. Схема распределения керамического материала (количество фрагментов), обнаруженного в процессе разборки 4-го пласта

도면 608 | 크라스키노 성, 2017년, 제53구역, 섹터 3, 제1인공층 정리조사 모습, 북서쪽에서.

Рис 608 | Краскинское городище, 2017 г. Раскоп LIII. Сектор 3. Вид с северо-запада на процесс снятия 1-го пласта

도면 609 | 크라스키노 성, 2017년, 제53구역, 섹터 3, 제1인공층 정리조사 후 방안선 포함 발굴구역 상면 모습, 남동쪽에서.

Рис 609 | Краскинское городище, 2017 г. Раскоп LIII. Сектор 3. Вид с юго-востока на поверхность раскопа с растянутой метровой сеткой после снятия 1-го пласта

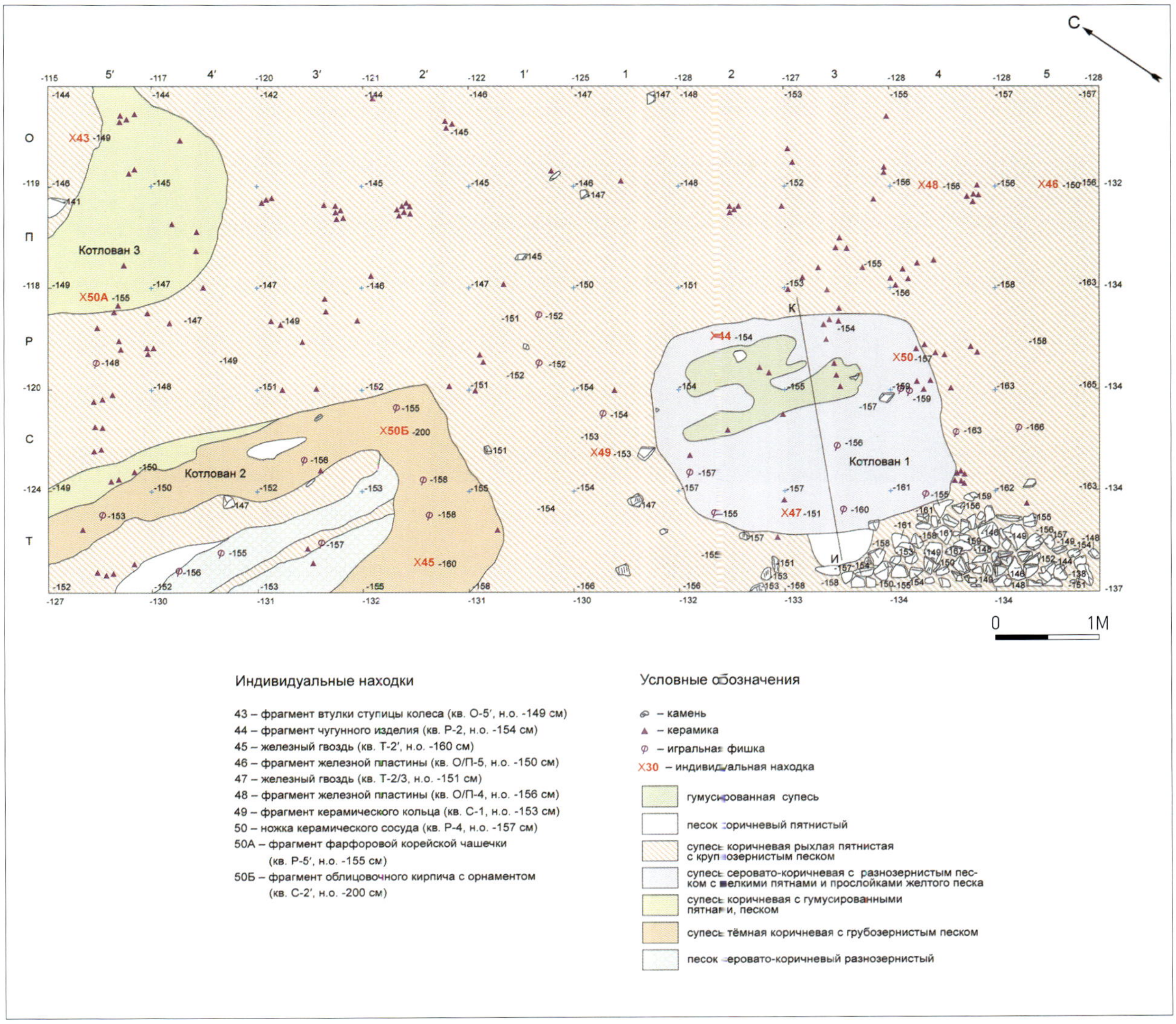

도면 610 | 크라스키노 성. 2017년. 제53구역. 섹터 3. 제1인공층 정리조사 후(제2인공층 상면)으 평면도 2.

Рис 610 | Краскинское городище. 2017 г. Раскоп LIII. Сектор 3. План 2 после снятия 1-го пласта(поверхность пласта 2)

도면 611 | 크라스키노 성, 2017년, 제53구역. 섹터 3. 제1인공층 정리조사 후 발굴구역 상면의 구덩이 1 윤곽선과 떼(T)-3-5방안의 돌무지 모습. 북동쪽에서.

Рис 611 | Краскинское городище, 2017 г. Раскоп LIII. Сектор 3. Вид с северо-востока на контуры котлована 1 и скопление камней в кв. Т-3-5 на поверхности раскопа после снятия 1-го пласта

도면 612 | 크라스키노 성, 2017년, 제53구역. 섹터 3. 제1인공층 정리조사 중 오(О)-3'방안 출토 윤제 토기 상부편.

Рис 612 | Краскинское городище, 2017 г. Раскоп LIII. Сектор 3. Фрагмент верхней части кругового сосуда, найденного в кв. О-3´ при снятии 1-го пласта

도면 613 | 크라스키노 성, 2017년, 제53구역. 섹터 3. 제1인공층 정리조사 중 오(О)-뻬(П)-5방안 출토 문양이 있는 윤제 토기 동체부편.

Рис 613 | Краскинское городище, 2017 г. Раскоп LIII. Сектор 3. Фрагмент орнаментированной стенки кругового сосуда, найденный в кв. О-П-5 при снятии 1-го пласта

도면 614 | 크라스키노 성, 2017년, 제53구역. 섹터 3. 제1인공층 정리조사 중 출토 (마연) 문양이 있는 윤제 토기 동체부편들.

Рис 614 | Краскинское городище, 2017 г. Раскоп LIII. Сектор 3. Образцы орнаментированных стенок круговой керамики(лощеный орнамент), обнаруженные при снятии 1-го пласта

도면 615 | 크라스키노 성. 2017년. 제53구역. 섹터 3. 제1인공층 정리조사 중 떼(T)-2방안 출토 윤제 토기 저부편.

Рис 615 | Краскинское городище. 2017 г. Раскоп LIII. Сектор 3. Фрагмент дна кругового сосуда, найденный в кв. Т-2 при снятии 1 пласта

도면 616 | 크라스키노 성. 2017년. 제53구역. 섹터 3. 제1인공층 정리조사 중 에르(P)-에쓰(C)-4방안 출토 물레에서 떼어낸 자국이 남아있는 윤제 토기 저부편.

Рис 616 | Краскинское городище. 2017 г. Раскоп LIII. Сектор 3. Фрагмент дна кругового сосуда со следами снятия с круга, найденный в кв. Р-С-4 при снятии 1-го пласта

도면 617 | 크라스키노 성. 2017년. 제53구역. 섹터 3. 제1인공층 정리조사 중 에쓰(C)-2방안 출토 물레에서 떼어낸 자국이 남아있는 윤제 토기 저부편.

Рис 617 | Краскинское городище. 2017 г. Раскоп LIII. Сектор 3. Фрагмент дна кругового сосуда со следами снятия с круга, найденный в кв. С-2 при снятии 1-го пласта

도면 618 | 크라스키노 성. 2017년. 제53구역. 섹터 3. 제1인공층 정리조사 중 에르(P)-에쓰(C)-2방안 출토 윤제 토기 저부편.

Рис 618 | Краскинское городище. 2017 г. Раскоп LIII. Сектор 3. Фрагмент дна кругового сосуда, найденный в кв. Р-С-2 при снятии 1-го пласта

도면 619 | 크라스키노 성, 2017년, 제53구역. 섹터 3. 제1인공층 정리조사 중 떼(T)-3방안 출토 윤제 토기 저부편.

Рис 619 | Краскинское городище, 2017 г. Раскоп LIII. Сектор 3. Фрагмент дна кругового сосуда, найденный в кв. Т-3 при снятии 1-го пласта

도면 620 | 크라스키노 성, 2017년, 제53구역. 섹터 3. 제1인공층 정리조사 중 떼(T)-3방안 출토 문양이 있는 윤제 토기 동체부편.

Рис 620 | Краскинское городище, 2017 г. Раскоп LIII. Сектор 3. Фрагмент орнаментированной стенки кругового сосуда, найденный в кв. Т-3 при снятии 1-го пласта

도면 621 | 크라스키노 성, 2017년, 제53구역. 섹터 3. 제1인공층 정리조사 중 에쓰(C)-4′방안 출토 암키와편.

Рис 621 | Краскинское городище, 2017 г. Раскоп LIII. Сектор 3. Фрагмент плоской черепицы, найденный в кв. С-4´ при снятии 1-го пласта

도면 622 | 크라스키노 성, 2017년, 제53구역. 섹터 3. 제1인공층 정리조사 중 떼(T)-2방안 출토 수키와편.

Рис 622 | Краскинское городище, 2017 г. Раскоп LIII. Сектор 3. Фрагмент полукруглой черепицы, найденный в кв. Т-2 при снятии 1-го пласта

도면 623 | 크라스키노 성, 2017년. 제53구역. 섹터 3. 제1인공층 정리조사 중 출토 윤제 토기 저부편들.

Рис 623 | Краскинское городище, 2017 г. Раскоп LIII. Сектор 3. Образцы доньев круговых сосудов, найденные при разборке 1-го пласта

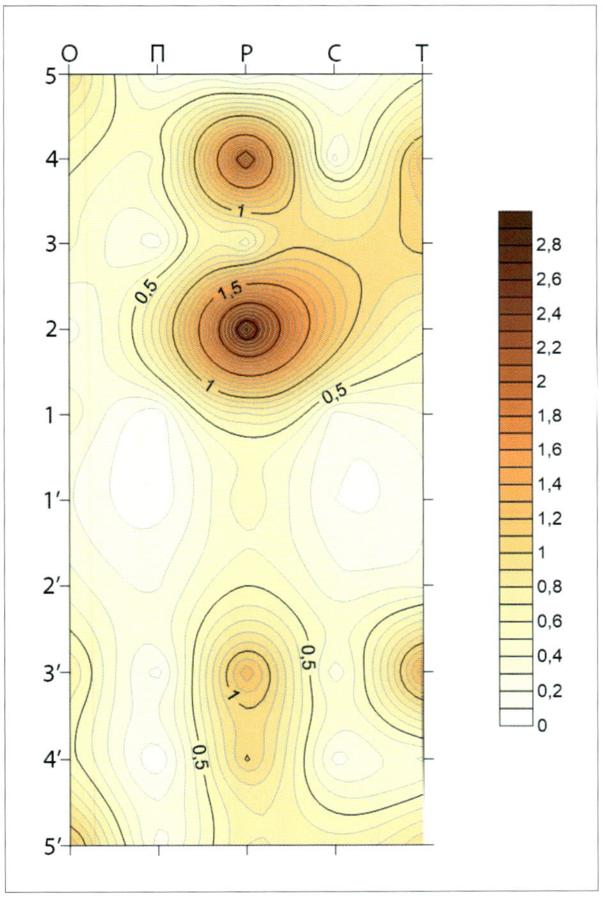

도면 624 | 크라스키노 성, 2017년. 제53구역. 섹터 3. 제1인공층 정리조사 중 출토 토기편의 무게 단위(kg) 분포 모식도.

Рис 624 | Краскинское городище, 2017 г. Раскоп LIII. Сектор 3. Распределение фрагментов керамических сосудов по весу(в кг) в 1-м пласте

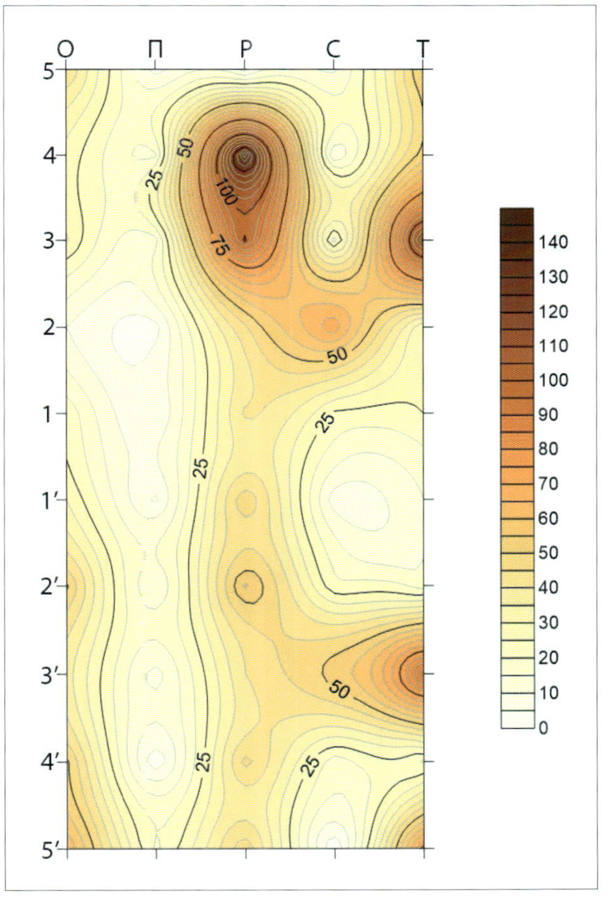

도면 625 | 크라스키노 성, 2017년. 제53구역. 섹터 3. 제1인공층 정리조사 중 출토 토기편의 수량 단위 분포 모식도.

Рис 625 | Краскинское городище, 2017 г. Раскоп LIII. Сектор 3. Распределение фрагментов керамических сосудов (количество фрагментов) в 1-ом пласте

도면 626 | 크라스키노 성, 2017년, 제53구역, 섹터 3, 제1인공층 정리조사 중 출토 토기 동체부편으로 만든 놀이 알들:
1 – 떼(T)-3'방안(구덩이 2, 레벨 -160㎝),
2 – 에쓰(C)-5방안(레벨 -160㎝),
3 – 떼(T)-4'방안(레벨 -155㎝),
4 – 에쓰(C)-3'방안(레벨 -156㎝),
5 – 떼(T)-2'방안(레벨 -158㎝).

Рис 626 | Краскинское городище, 2017 г. Раскоп LIII. Сектор 3. Игральные фишки, изготовленные из стенок керамических сосудов и найденные при снятии 1-го пласта: 1 – в кв. Т-3´(котлован 2, н.о. -160 см); 2 – в кв. С-5(н.о.-160 см); 3 – кв. Т-4´(н.о. -155 см); 4 – в кв. С-3´(н.о. -156 см); 5 – Т-2´(н.о. -158 см)

도면 627 | 크라스키노 성, 2017년, 제53구역, 섹터 3, 제1인공층 정리조사 중 에르(P)-1방안 출토 규화목편(레벨 -153㎝).

Рис 627 | Краскинское городище, 2017 г. Раскоп LIII. Сектор 3. Фрагмент окаменелого дерева в кв. Р-1(н.о. -153 см), найденный при снятии 1-го пласта

도면 628 | 크라스키노 성, 2017년, 제53구역, 섹터 3, 제1인공층 정리조사 중 오(O)-5방안 출토 규화목편(레벨 -157㎝).

Рис 628 | Краскинское городище, 2017 г. Раскоп LIII. Сектор 3. Фрагмент окаменелого дерева, найденный в кв. О-5(н.о. -157 см), при снятии 1-го пласта

도면 629 | 크라스키노 성, 2017년, 제53구역, 섹터 3, 제1인공층 정리조사 중 오(O)-5방안 출토 철제 판상 유물편 (No. 46, 레벨 -150㎝).

Рис 629 | Краскинское городище, 2017 г. Раскоп LIII. Сектор 3. Фрагмент железной пластины(№46, н.о. -150 см), найденной кв. О-5 при снятии 1-го пласта

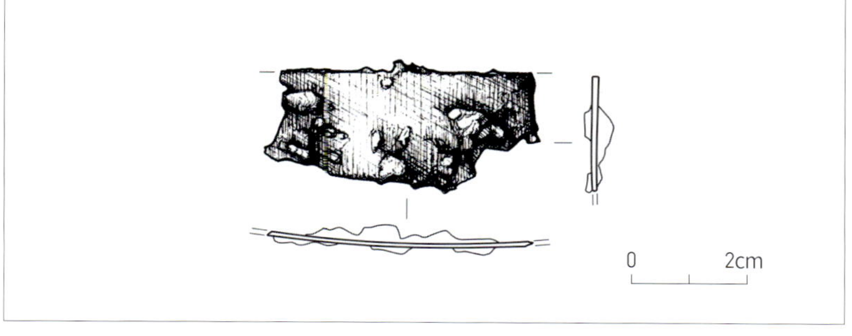

도면 630 | 크라스키노 성, 2017년, 제53구역, 섹터 3, 제1인공층 정리조사 중 오(O)-5방안 출토 철제 판상 유물편 (No. 46, 레벨 -150㎝) 실측도.

Рис 630 | Краскинское городище, 2017 г. Раскоп LIII. Сектор 3. Рисунок фрагмента железной пластины (№46, н.о. -150 см), найденной кв. О-5 при снятии 1-го пласта

도면 631 | 크라스키노 성, 2017년, 제53구역, 섹터 3, 제1인공층 정리조사 중 에쓰(C)-1방안 출토 토제 고리편 (No. 49, 레벨 -153㎝).

Рис 631 | Краскинское городище, 2017 г. Раскоп LIII. Сектор 3. Фрагмент керамического кольца(№49, н.о. -153 см), найденный в кв. С-1 при снятии 1-го пласта

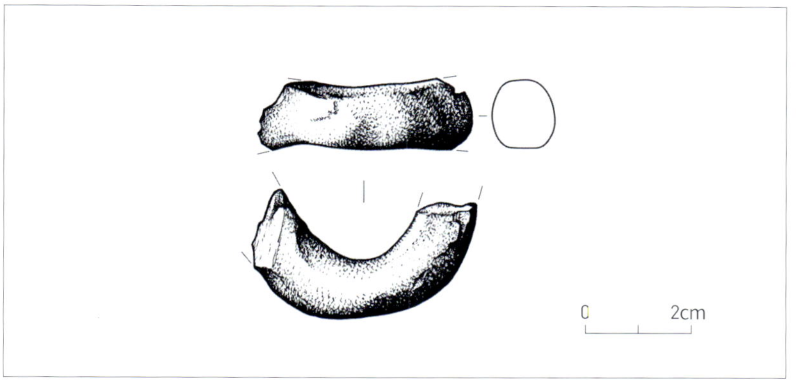

도면 632 | 크라스키노 성, 2017년, 제53구역, 섹터 3, 제1인공층 정리조사 중 에쓰(C)-1방안 출토 토제 고리편 (No. 49, 레벨 -153㎝) 실측도.

Рис 632 | Краскинское городище, 2017 г. Раскоп LIII. Сектор 3. Рисунок фрагмента керамического кольца(№49, н.о. -153 см), найденного в кв. С-1 при снятии 1-го пласта

도면 633 | 크라스키노 성, 2017년, 제53구역, 섹터 3, 제1인공층 정리조사 후 발굴구역 상면의 에르(P)-떼(T)-1-4방안 수혈 구덩이 1의 윤곽선 모습. 북동쪽에서.

Рис 633 | Краскинское городище, 2017 г. Раскоп LIII. Сектор 3. Вид с северо-востока на контуры котлована 1 в кв. Р-Т-1-4 на поверхности раскопа после снятия 1-го пласта

도면 634 | 크라스키노 성, 2017년, 제53구역, 섹터 3.(제1인공층 정리조사 후) 에르(P)-떼(T)-1-4방안 수혈 구덩이 1의 이(И)-까(К) 선 토층 모습. 남동쪽에서.(이(И)-까(К) 선 토층도는 도면 359 평면도 3 참조).

Рис 634 | Краскинское городище, 2017 г. Раскоп LIII. Сектор 3. Вид с юго-востока на профиль бровки котлована 1 по линии ИК в кв. Р-Т-1-4(после снятия 1-го пласта)(разрез по линии ИК см. на плане 3 на рис. 359)

도면 635 | 크라스키노 성, 2017년. 제53구역. 섹터 3. 제1인공층 정리조사 중 출토 윤제 토기 구연부편(수혈 구덩이 1, 에르(P)-떼(T)-1-4방안).

Рис 635 | Краскинское городище, 2017 г. Раскоп LIII. Сектор 3. Фрагмент венчика кругового сосуда, найденный при снятии 1-го пласта(котлован 1, кв. Р-Т-1-4)

도면 636 | 크라스키노 성, 2017년. 제53구역. 섹터 3. 제1인공층 정리조사 중 출토 윤제 토기 구연부편(수혈 구덩이 1, 에르(P)-떼(T)-1-4방안).

Рис 636 | Краскинское городище, 2017 г. Раскоп LIII. Сектор 3. Фрагмент венчика кругового сосуда, найденный при снятии 1-го пласта(котлован 1, кв. Р-Т-1-4)

도면 637 | 크라스키노 성, 2017년. 제53구역. 섹터 3. 제1인공층 정리조사 중 에르(P)-떼(T)-1-4방안 수혈 구덩이 1 출토 윤제 토기 구상 동체부편.

Рис 637 | Краскинское городище, 2017 г. Раскоп LIII. Сектор 3. Фрагмент стенки кругового сосуда с шаровидным туловом, обнаруженный при разборке 1-го пласта в котловане 1, в кв. . Р-Т-1-4

도면 638 | 크라스키노 성, 2017년, 제53구역.
섹터 3. 제1인공층 정리조사 중 출토
마연문양이 있는 윤제 토기 대상파수편들:
1 – 떼(T)-4'방안, 2 – 수혈 구덩이 1,
에르(P)-떼(T)-1-4방안.

Рис 638 | Краскинское городище, 2017 г. Раскоп LIII. Сектор 3. Образцы горизонтально-ленточных ручек с лощеным орнаментом от круговых сосудов, найденные при разборке 1 пласта: 1 – в кв. Т-4´, 2 – в котловане 1, в кв. Р-Т-1-4

도면 639 | 크라스키노 성, 2017년, 제53구역.
섹터 3. 제1인공층 정리조사 중
에르(P)-떼(T)-1-4방안
수혈 구덩이 1 출토 윤제 토기 저부편.

Рис 639 | Краскинское городище, 2017 г. Раскоп LIII. Сектор 3. Фрагмент дна кругового сосуда, найденный при снятии 1 пласта в котловане 1, в кв. Р-Т-1-4

도면 640 | 크라스키노 성, 2017년, 제53구역.
섹터 3. 에르(P)-떼(T)-1-4방안
수혈 구덩이 1 조사 후 모습. 북동쪽에서.

Рис 640 | Краскинское городище, 2017 г. Раскоп LIII. Сектор 3. Вид с северо-востока на выбранный котлован 1 в кв. Р-Т-1-4

도면 641 | 크라스키노 성. 2017년. 제53구역. 섹터 3. 제1인공층 정리조사 중 에르(P)-2방안 출토 주철제 유물편 (No. 44. 레벨 -154cm).

Рис 641 | Краскинское городище. 2017 г. Раскоп LIII. Сектор 3. Фрагмент чугунного изделия(№44. н.о. -154 см). обнаруженный в кв. Р-2 в процессе разборки 1-го пласта

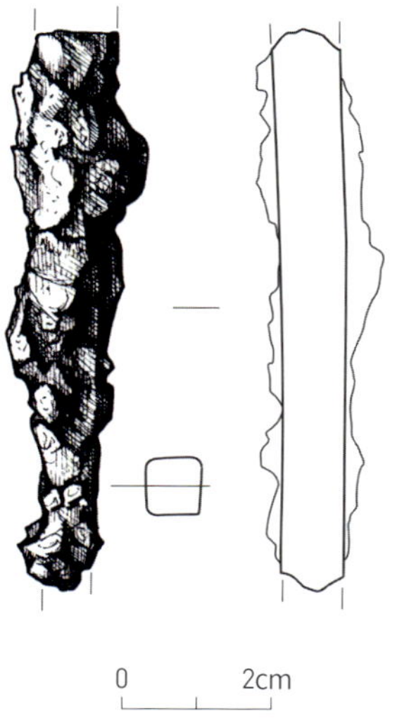

도면 642 | 크라스키노 성. 2017년. 제53구역. 섹터 3. 제1인공층 정리조사 중 에르(P)-2방안 출토 주철제 유물편 (No. 44. 레벨 -154cm) 실측도.

Рис 642 | Краскинское городище. 2017 г. Раскоп LIII. Сектор 3. Рисунок фрагмента чугунного изделия(№44. н.о. -154 см). обнаруженного в кв. Р-2 в процессе разборки 1-го пласта

도면 643 | 크라스키노 성. 2017년. 제53구역. 섹터 3. 제1인공층 정리조사 중 떼(T)-2-3방안 출토 철제 못 (No. 47. 레벨 -151cm).

Рис 643 | Краскинское городище. 2017 г. Раскоп LIII. Сектор 3. Железный гвоздь(№47. н.о. -151 см). найденный в кв. Т-2-3 в процессе снятия 1-го пласта

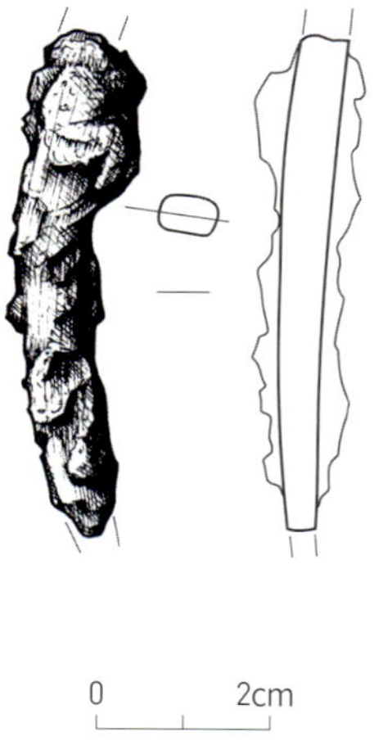

도면 644 | 크라스키노 성. 2017년. 제53구역. 섹터 3. 제1인공층 정리조사 중 떼(T)-2-3방안 출토 철제 못 (No. 47. 레벨 -151cm) 실측도.

Рис 644 | Краскинское городище. 2017 г. Раскоп LIII. Сектор 3. Рисунок железного гвоздя(№47. н.о. -151 см). найденного в кв. Т-2-3 в процессе снятия 1-го пласта

도면 645 | 크라스키노 성. 2017년. 제53구역. 섹터 3. 제1인공층 정리조사 중 에르(P)-4방안 출토 토제 삼족기 다리 (№ 50. 레벨 -157㎝).

Рис 645 | Краскинское городище. 2017 г. Раскоп LIII. Ножка керамического трипода(№50. н.о.-157 см). найденного в кв. Р-4 в процессе снятия 1-го пласта

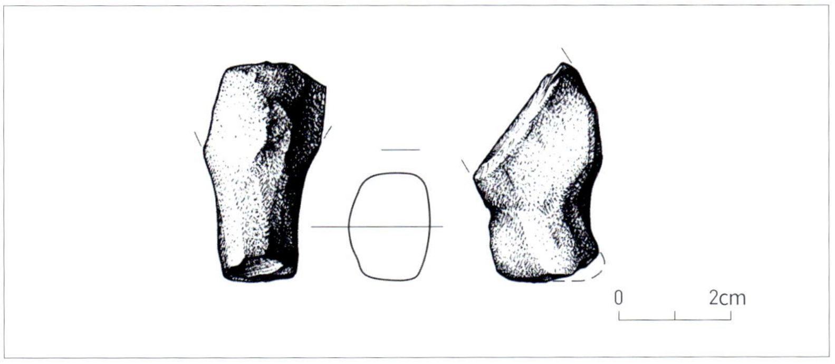

도면 646 | 크라스키노 성. 2017년. 제53구역. 섹터 3. 제1인공층 정리조사 중 에르(P)-4방안 출토 토제 삼족기 다리 (№ 50. 레벨 -157㎝) 실측도.

Рис 646 | Краскинское городище. 2017 г. Раскоп LIII. Сектор 3. Рисунок ножки керамического трипода (№50. н.о.-157 см). найденного в кв. Р-4 в процессе снятия 1-го пласта

도면 647 | 크라스키노 성. 2017년. 제53구역. 섹터 3. 제1인공층 정리조사 후 발굴구역 상면 에르(P)-떼(T)-5′-1′방안 수혈 구덩이 2 윤곽선 모습. 북동쪽에서.

Рис 647 | Краскинское городище. 2017 г. Раскоп LIII. Сектор 3. Вид с северо-востока на границы котлована 2 в кв. Р-Т-5′-1′ на поверхсоти раскопа после снятия 1-го пласта

도면 648 | 크라스키노 성. 2017년. 제53구역. 섹터 3. 제1인공층 정리조사 후 발굴구역 상면 에르(P)-떼(T)-5′-1′방안 수혈 구덩이 2 조사 후 모습. 동쪽에서.

Рис 648 | Краскинское городище. 2017 г. Раскоп LIII. Сектор 3. Вид с востока на выбранный котлован 2 в кв. Р-Т-5′-1′ на поверхности раскопа после снятия 1-го пласта

도면 649 | 크라스키노 성. 2017년. 제53구역. 섹터 3. (제1인공층 정리조사 후) 북서벽 구간 떼(T)-5′방안 수혈 구덩이 2 토층 모습. 남동쪽에서.

Рис 649 | Краскинское городище. 2017 г. Раскоп LIII. Сектор 3. Вид с юго-востока на профиль котлована 2 в кв. Т-5´ на участке северо-западного борта(после снятия 1-го пласта)

도면 650 | 크라스키노 성. 2017년. 제53구역. 섹터 3. (제1인공층 정리조사 후) 에르(P)-떼(T)-5′-1′방안 수혈 구덩이 2 바닥의 돌무지 모습. 북동쪽에서.

Рис 650 | Краскинское городище. 2017 г. Раскоп LIII. Сектор 3. Вид с северо-востока на скопление камней на дне котлована 2 в кв. Р-Т-5´-1´ после его выборки(после снятия 1-го пласта)

도면 651 | 크라스키노 성, 2017년, 제53구역. 섹터 3. (제1인공층 정리조사 후) 에르(P)-떼(T)-5'-1'방안 수혈 구덩이 2 바닥의 돌무지 모습. 남서쪽에서.

Рис 651 | Краскинское городище, 2017 г. Раскоп LIII. Сектор 3. Вид с юго-запада на скопление камней на дне котлована 2 в кв. Р-Т-5´-1´ после его выборки(после снятия 1-го пласта)

도면 652 | 크라스키노 성, 2017년, 제53구역. 섹터 3. 제1인공층 정리조사 중 떼(T)-2'방안 출토 철제 못 (No. 45, 레벨 -160㎝).

Рис 652 | Краскинское городище, 2017 г. Раскоп LIII. Сектор 3. Железный гвоздь(№45, н.о. -160 см), найденный в кв. Т-2´ при снятии 1-го пласта

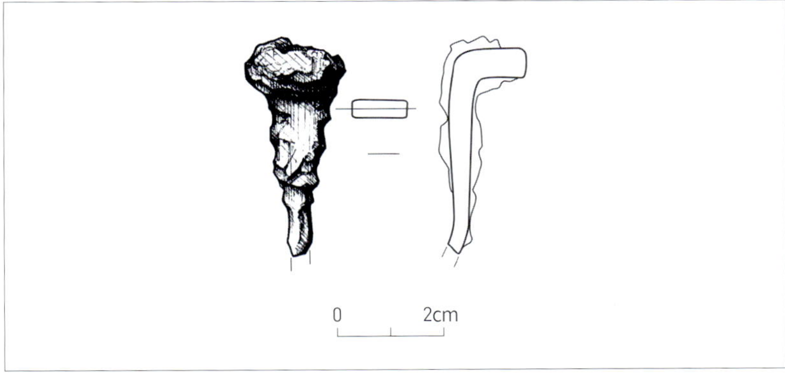

도면 653 | 크라스키노 성, 2017년, 제53구역. 섹터 3. 제1인공층 정리조사 중 떼(T)-2'방안 출토 철제 못 (No. 45, 레벨 -160㎝) 실측도.

Рис 653 | Краскинское городище, 2017 г. Раскоп LIII. Сектор 3. Рисунок железного гвоздя(№45, н.о. -160 см), найденный в кв. Т-2´ при снятии 1-го пласта

도면 654 | 크라스키노 성, 2017년, 제53구역. 섹터 3. (제1인공층 정리조사 후) 수혈 구덩이 2의 내부퇴적토 조사 중 에스(C)-2'방안 출토 문양이 있는 전돌편 (No. 50б, 레벨 -200㎝).

Рис 654 | Краскинское городище, 2017 г. Раскоп LIII. Сектор 3. Фрагмент облицовочного кирпича с орнаментом(№50б, н.о. -200 см), обнаруженного в кв. С-2´ в процессе выборки заполнения котлована 2(после снятия 1-го пласта)

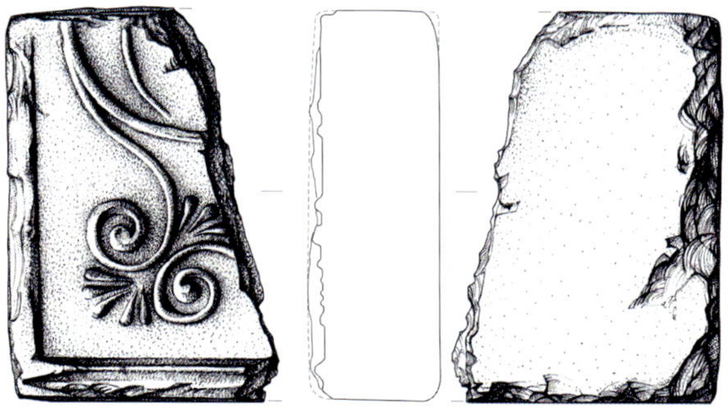

도면 655 | 크라스키노 성, 2017년, 제53구역, 섹터 3, (제1인공층 정리조사 후) 수혈 구덩이 2의 내부퇴적토 조사 중 에쓰(C)-2'방안 출토 문양이 있는 전돌편(№ 50б, 레벨 -200㎝) 실측도.

Рис 655 | Краскинское городище, 2017 г. Раскоп LIII. Сектор 3. Рисунок фрагмента облицовочного кирпича с орнаментом(№50б, н.о. -200 см), обнаруженного в кв. С-2´ в процессе выборки заполнения котлована 2(после снятия 1-го пласта)

도면 656 | 크라스키노 성, 2017년, 제53구역, 섹터 3, 제1인공층 정리조사 후 발굴구역 상면 오(O)-에르(P)-5'-4'방안 수혈 구덩이 3 윤곽선 모습, 남서쪽에서.

Рис 656 | Краскинское городище, 2017 г. Раскоп LIII. Сектор 3. Вид с юго-запада на контуры котлована 3 в кв. О-Р – 5´-4´ на поверхности раскопа после снятия пласта 1

도면 657 | 크라스키노 성, 2017년, 제53구역, 섹터 3, (제1인공층 정리조사 후) 오(O)-에르(P)-5'방안 북서벽 수혈 구덩이 3 토층 모습, 남동쪽에서.

Рис 657 | Краскинское городище, 2017 г. Раскоп LIII. Сектор 3. Вид с юго-востока на профиль котлована 3 на участке северо-западного борта в кв. О-Р – 5´ (после снятия 1-го пласта)

도면 658 | 크라스키노 성. 2017년. 제53구역. 섹터 3. 제1인공층 정리조사 중 및 수혈 구덩이들 출토 윤제 토기 구연부편들: 1 – 에쓰(C)-2′방안. 2 – 떼(T)-2.3방안. 3 – 에르(P).에쓰(C)-4방안. 4 – 오(O)-뻬(П)-5′방안(수혈 구덩이 3). 5 – 떼(T)-4′방안. 6 – 오(O)-3방안 (수혈 구덩이 3).

Рис 658 | Краскинское городище. 2017 г. Раскоп LIII. Сектор 3. Образцы венчиков круговой керамики, обнаруженные при снятии 1-го пласта и выборки котлованов: 1 – в кв. С-2´. 2 – в кв. Т-2.3. 3 – в кв. Р.С-4. 4 – в кв. О-П-5´ (котлован 3). 5 – в кв. Т-4´. 6 – в кв. О-3(котлован 3)

도면 659 | 크라스키노 성. 2017년. 제53구역. 섹터 3. 제1인공층 정리조사 중 떼(T)-3′방안 (수혈 구덩이 3) 출토 윤제 토기 구연부편.

Рис 659 | Краскинское городище. 2017 г. Раскоп LIII. Сектор 3. Фрагмент венчика кругового сосуда, найденный при снятии 1-го пласта в кв. Т-3´(котлован 3)

도면 660 | 크라스키노 성. 2017년. 제53구역. 섹터 3. 제1인공층 정리조사 중 오(O)-5′방안 출토 주철제 바퀴 차관편 (No. 43. 레벨 -149㎝).

Рис 660 | Краскинское городище. 2017 г. Раскоп LIII. Сектор 3. Фрагмент чугунной втулки ступицы колеса (№43. н.о. -149 см). найденной в кв. О-5´ при снятии 1-го пласта

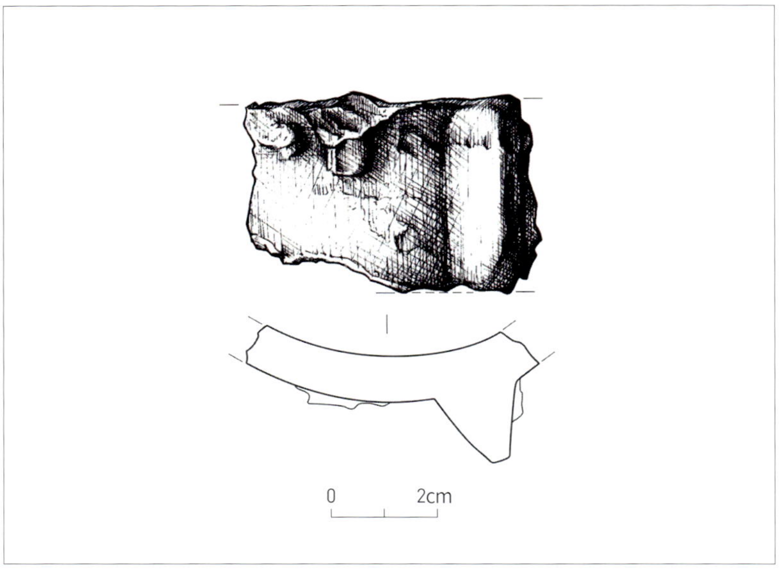

도면 661 | 크라스키노 성, 2017년, 제53구역. 섹터 3. 제1인공층 정리조사 중 오(O)-5'방안 출토 주철제 바퀴 차관편 (No. 43, 레벨 -149㎝) 실측도.

Рис 661 | Краскинское городище, 2017 г. Раскоп LIII. Сектор 3. Рисунок фрагмента чугунной втулки ступицы колеса(№43, н.о. -149 см), найденной в кв. O-5´ при снятии 1-го пласта

도면 662 | 크라스키노 성, 2017년, 제53구역. 섹터 3. 제1인공층 정리조사 중 에르(P)-5'방안 출토 한국 자기 완편 (No. 50a, 레벨 -155㎝) 출토모습.

Рис 662 | Краскинское городище, 2017 г. Раскоп LIII. Сектор 3. Вид с северо-востока на фрагмент фарфоровой корейской чашечки(№50а, н.о. -155 см), найденной в кв. Р-5´ в процессе разборки 1-го пласта

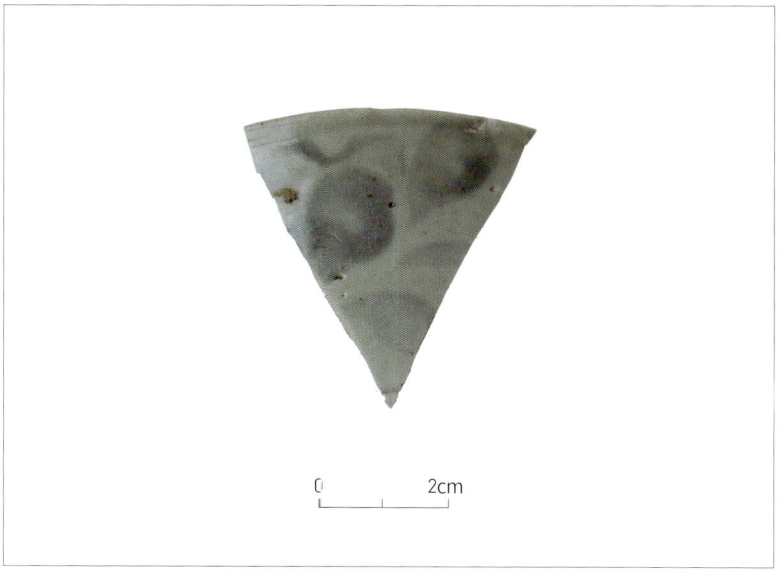

도면 663 | 크라스키노 성, 2017년, 제53구역. 섹터 3. 제1인공층 정리조사 중 에르(P)-5'방안 출토 한국 자기 완편 (No. 50a, 레벨 -155㎝).

Рис 663 | Краскинское городище, 2017 г. Раскоп LIII. Сектор 3. Фрагмент фарфоровой корейской чашечки (№50а, н.о.-155 см), обнаруженной кв. Р-5´ при снятии 1-го пласта

도면 664 | 크라스키노 성, 2017년, 제53구역. 섹터 3. 제1인공층 정리조사 후 및 수혈 구덩이들 내부 조사 후 방안선 포함 발굴구역 상면 모습. 남동쪽에서.

Рис 664 | Краскинское городище, 2017 г. Раскоп LIII. Сектор 3. Вид с юго-востока на поверхность раскопа с растянутой метровой сеткой после снятия 1-го пласта и выборки заполнения котлованов

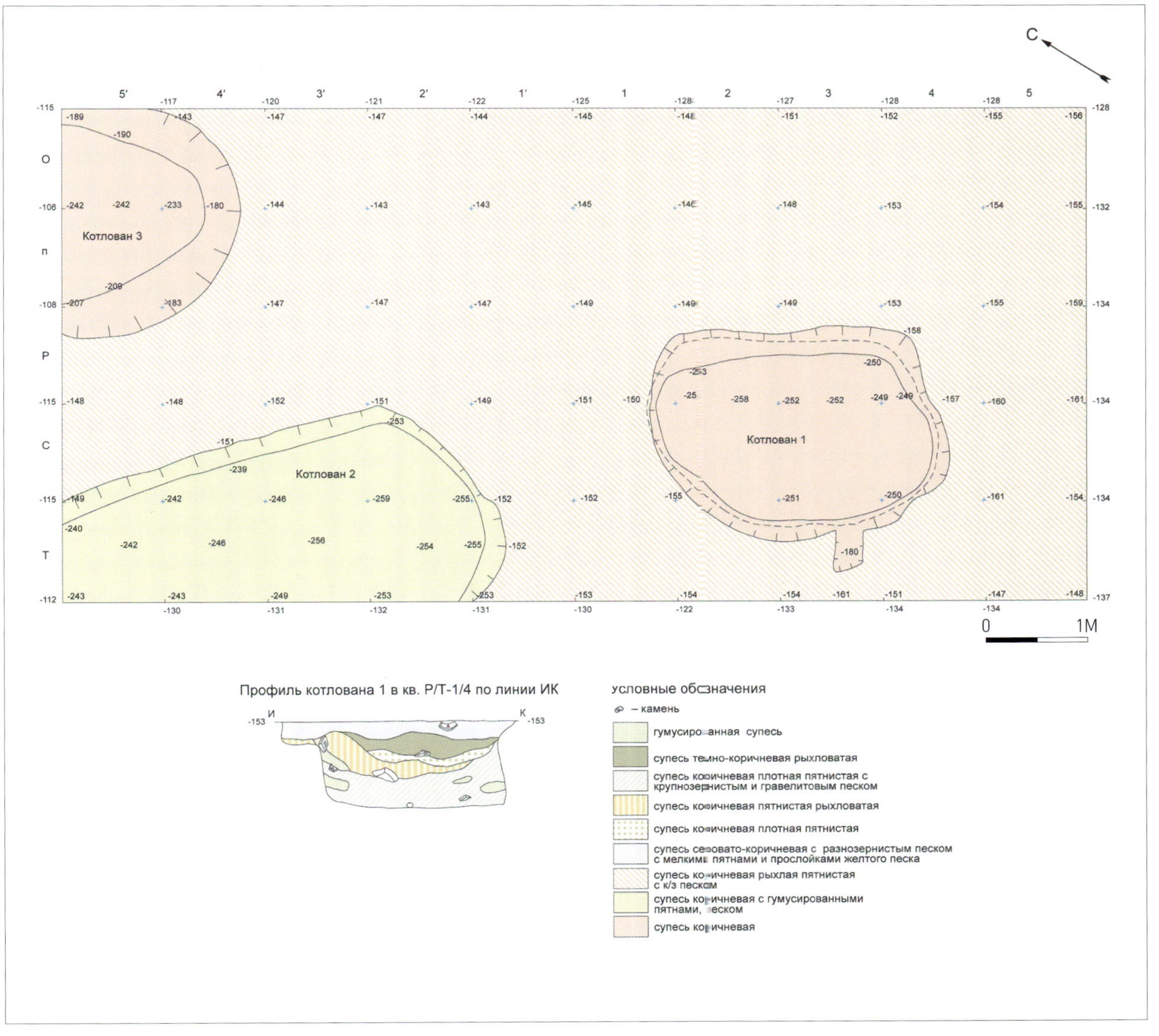

도면 665 | 크라스키노 성, 2017년, 제53구역. 섹터 3. 제1인공층 정리조사 후 및 수혈 구덩이들 내부 조사 후의 평면도 3.

Рис 665 | Краскинское городище, 2017 г. Раскоп LIII. Сектор 3. План 3 после снятия 1-го пласта и выборки заполнения котлованов

도면 666 | 크라스키노 성, 2017년, 제53구역.
섹터 1과 섹터 2. 섹터 1과 섹터 2 사이의 둑 제거 모습. 북쪽에서.

Рис 666 | Краскинское городище, 2017 г.
Раскоп LIII. Сектор 1, 2.
Вид с севера на процесс снятия бровки между секторами 1 и 2

도면 667 | 크라스키노 성, 2017년, 제53구역.
섹터 1과 섹터 2. 제5인공층 정리조사 모습. 서쪽에서.

Рис 667 | Краскинское городище, 2017 г.
Раскоп LIII. Сектор 1, 2.
Вид с запада на процесс снятия 5-го пласта в секторах 1 и 2

도면 668 | 크라스키노 성, 2017년, 제53구역.
섹터 1과 섹터 2. 제5인공층 정리조사 후 방안선 포함 발굴구역 상면 모습. 서쪽에서.

Рис 668 | Краскинское городище, 2017 г.
Раскоп LIII. Сектор 1, 2.
Вид с запада на поверхность раскопа с растянутой метровой сеткой после снятия 5-го пласта

도면 669 | 크라스키노 성, 2017년, 제53구역.
섹터 1과 섹터 2. 제5인공층 정리조사 후 구들이 일부 남아있는 주거지 윤곽선을 포함하는 발굴구역 상면 모습. 남동쪽에서.

Рис 669 | Краскинское городище, 2017 г.
Раскоп LIII. Сектор 1, 2. Вид с юго-востока на поверхность раскопа с контурами остатков жилища с частично сохранившимся каном после снятия 5-го пласта

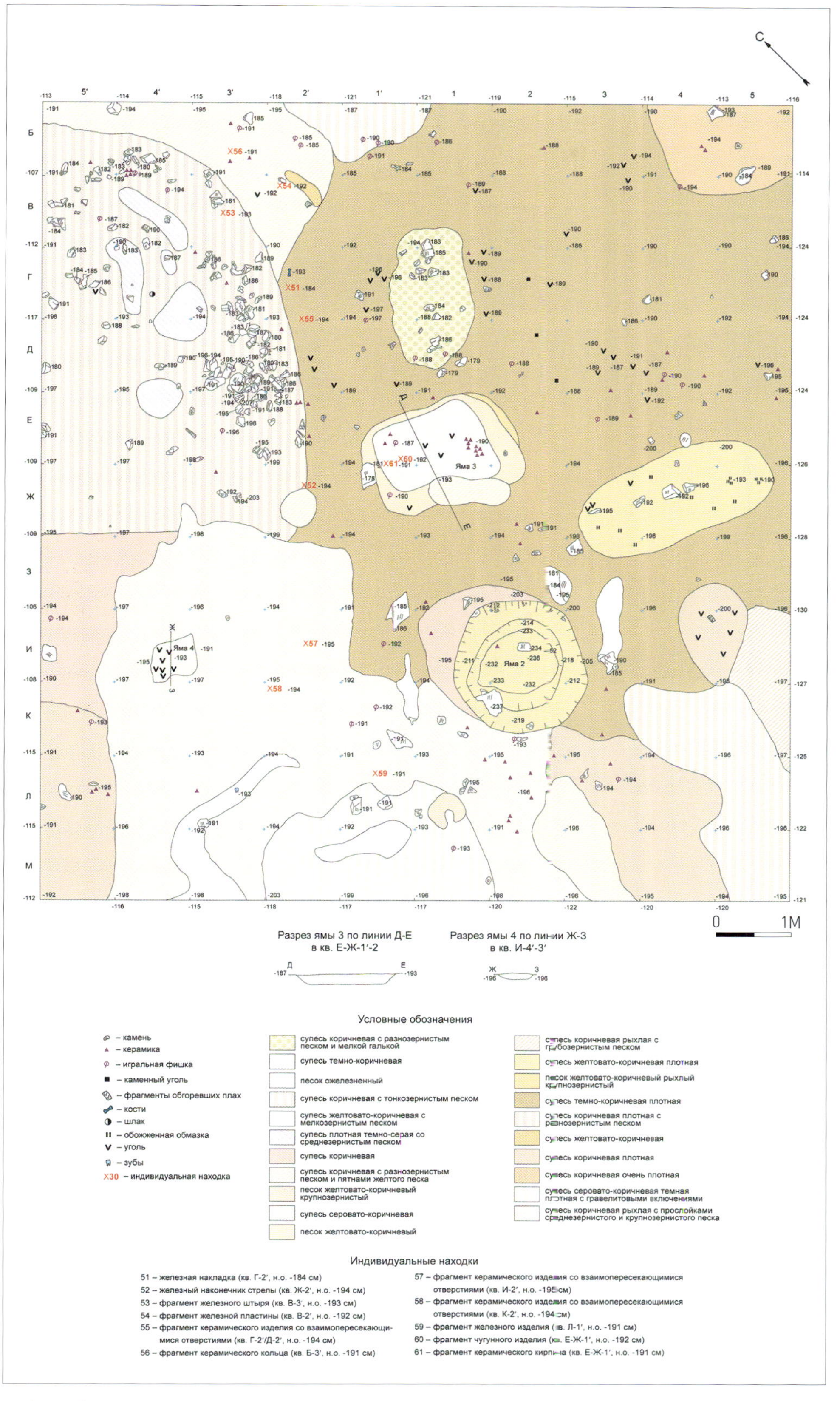

도면 670 | 크라스키노 성. 2017년. 제53구역. 섹터 1과 섹터 2. 제5인공층 정리조사 후 제6인공층 상면의 평면도 6.

Рис 670 | Краскинское городище. 2017 г. Раскоп LIII. Сектор 1. 2. План 6 после снятия пласта 5. поверхность пласта 6

도면 671 | 크라스키노 성, 2017년, 제53구역.
섹터 1과 섹터 2. 제5인공층 정리조사 후 발굴구역 남쪽 부분 예(Е)-제(З)-2-5방안 상면 모습. 북동쪽에서.

Рис 671 | Краскинское городище, 2017 г.
Раскоп LIII. Сектор 1, 2.
Вид с северо-востока на южный участок поверхности раскопа в кв. Е-З-2-5 после снятия 5-го пласта

도면 672 | 크라스키노 성, 2017년, 제53구역.
섹터 1과 섹터 2. 제5인공층 정리조사 후 구들을 포함하는 발굴구역 북쪽 부분 베(Б)-줴(Ж)-5′-2′방안 상면 모습. 북서쪽에서.

Рис 672 | Краскинское городище, 2017 г.
Раскоп LIII. Сектор 1, 2.
Вид с северо-запада на участок поверхности раскопа в кв. Б-Ж-5´-2´ с остатками кана после снятия 5-го пласта

도면 673 | 크라스키노 성, 2017년, 제53구역.
섹터 1과 섹터 2. 제5인공층 정리조사 후 구들을 포함하는 발굴구역 북쪽 부분 베(Б)-줴(Ж)-5′-2′방안 상면과 작은 돌들 무지와 다양한 크기의 사립이 섞인 갈색 사질토 타원형 얼룩 부분 붸(В)-데(Д)-1-1′방안 모습. 남서쪽에서.

Рис 673 | Краскинское городище, 2017 г.
Раскоп LIII. Сектор 1, 2. Вид с юго-запада на участок поверхности раскопа после снятия 5-го пласта в кв. Б-Ж-5´-2´ с остатками кана и на овальное пятно коричневой супеси с разнозернистым песком со скоплением некрупных камней в кв. В-Д-1-1´

도면 674 | 크라스키노 성, 2017년, 제53구역.
섹터 1과 섹터 2. 제5인공층 정리조사 후 예(Е)-제(З)-3-5방안의 돌들이 포함된 황갈색의 단단한 사질토 얼룩 모습. 북서쪽에서.

Рис 674 | Краскинское городище, 2017 г.
Раскоп LIII. Сектор 1, 2.
Вид с северо-запада на пятно желтовато-коричневой плотной супеси с камнями в кв. Е-З-3-5 после разборки 5-го пласта

도면 675 | 크라스키노 성, 2017년, 제53구역, 섹터 2.
제5인공층 정리조사 중 쥐(Ж)-2′방안 출토 철제 화살촉
(No. 52, 레벨 -194㎝).

Рис 675 | Краскинское городище, 2017 г. Раскоп LIII. Сектор 2.
Железный наконечник стрелы(№52, н.о.- 194 см), обнаруженный в кв. Ж-2′ при снятии 5-го пласта

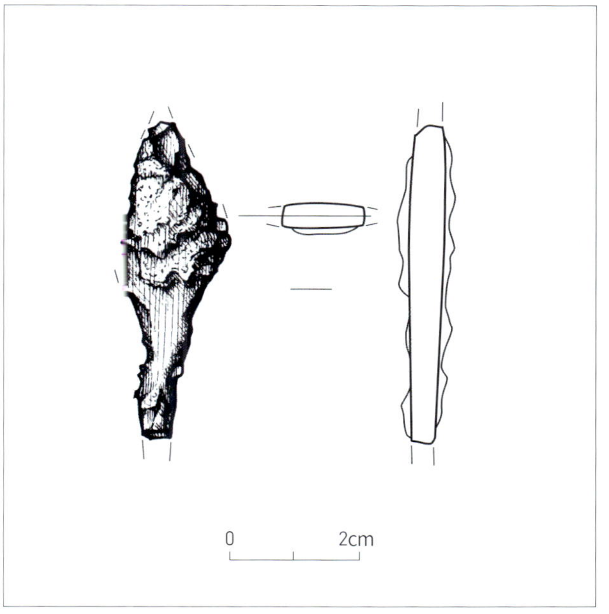

도면 676 | 크라스키노 성, 2017년, 제53구역, 섹터 2.
제5인공층 정리조사 중 쥐(Ж)-2′방안 출토 철제 화살촉
(No. 52, 레벨 -194㎝) 실측도.

Рис 676 | Краскинское городище, 2017 г. Раскоп LIII. Сектор 2.
Рисунок железного наконечника стрелы(№52, н.о. -194 см), обнаруженного в кв. Ж-2′ при снятии 5-го пласта

도면 677 | 크라스키노 성, 2017년, 제53구역, 섹터 1.
제5인공층 정리조사 중 붸(В)-2′방안 출토 철제 심봉편
(No. 53, 레벨 -193㎝).

Рис 677 | Краскинское городище, 2017 г. Раскоп LIII. Сектор 1.
Обломок железного штыря(№53, н.о. -193 см), найденный кв. В-2′ в процессе разборки 5-го пласта

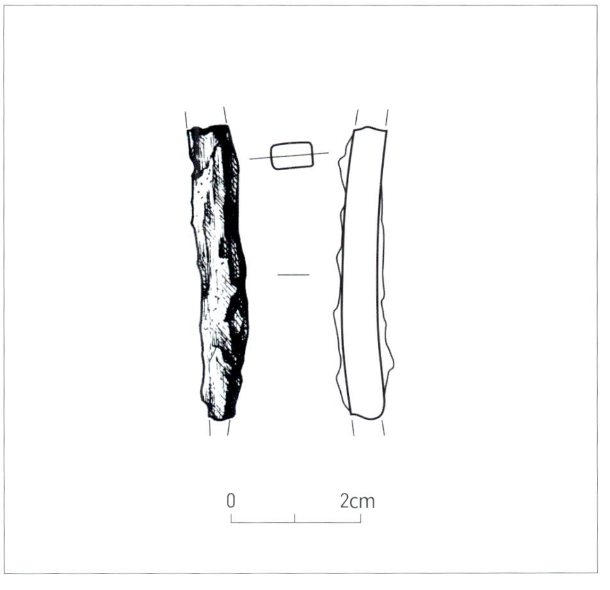

도면 678 | 크라스키노 성, 2017년, 제53구역, 섹터 1.
제5인공층 정리조사 중 붸(В)-2′방안 출토 철제 심봉편
(No. 53, 레벨 -193㎝) 실측도.

Рис 678 | Краскинское городище, 2017 г. Раскоп LIII. Сектор 1.
Рисунок обломка железного штыря(№53, н.о. -193 см), найденного кв. В-2′ в процессе разборки 5-го пласта

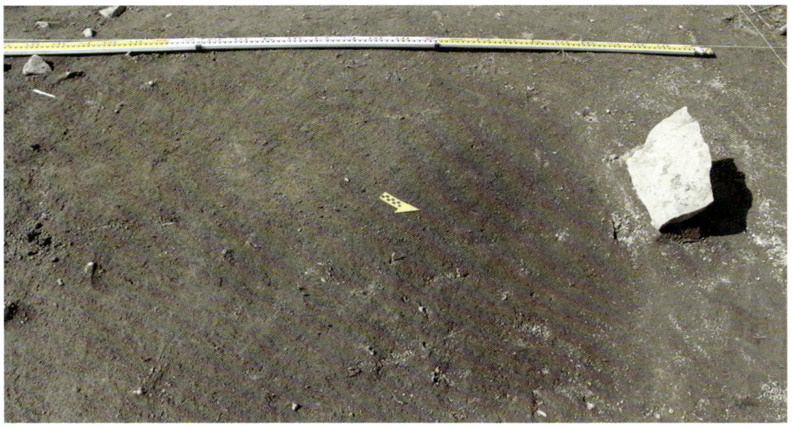

도면 679 | 크라스키노 성, 2017년, 제53구역. 섹터 1과 섹터 2. 제5인공층 정리조사 후 예(E)-쥬(Ж)-1′-2방안 암갈색 사질토 얼룩(구덩이 3) 모습. 북동쪽에서.

Рис 679 | Краскинское городище, 2017 г. Раскоп LIII. Сектор 1, 2. Вид с северо-востока на пятно темно-коричневой супеси(яма 3) в кв. Е-Ж-1´-2 после снятия 5-го пласта

도면 680 | 크라스키노 성, 2017년, 제53구역. 섹터 1과 섹터 2. 제5인공층 정리조사 후 발굴구역 상면 예(E)-쥬(Ж)-1′-2방안 구덩이 3 모습. 남쪽에서.

Рис 680 | Краскинское городище, 2017 г. Раскоп LIII. Сектор 1, 2. Вид с юга на остатки ямы 3 в кв. Е-Ж-1´-2 на поверхности раскопа после снятия 5-го пласта

도면 681 | 크라스키노 성, 2017년, 제53구역. 섹터 1과 섹터 2. (제5인공층 정리조사 후) 예(E)-쥬(Ж)-1′-2방안 구덩이 3 내부퇴적토의 동물 뼈와 턱뼈 모습. 북동쪽에서.

Рис 681 | Краскинское городище, 2017 г. Раскоп LIII. Сектор 1, 2. Вид с северо-востока на кость и челюсть животного в заполнении ямы 3 в кв. Е-Ж-1´-2(после снятия 5-го пласта)

도면 682 | 크라스키노 성, 2017년, 제53구역. 섹터 1과 섹터 2. (제5인공층 정리조사 후) 예(E)-쥬(Ж)-1′-2방안 구덩이 3 정리조사 후 모습. 남서쪽에서.

Рис 682 | Краскинское городище, 2017 г. Раскоп LIII. Сектор 1, 2. Вид с юго-запада на выбранную яму 3 в кв. Е-Ж-1´-2(после снятия 5-го пласта)

도면 683 | 크라스키노 성, 2017년. 제53구역, 섹터 1과 섹터 2. 제5인공층 정리조사 중 예(Е)-줴(Ж)-1'방안 출토 주철제 유물편 (№ 60, 레벨 -192㎝).

Рис 683 | Краскинское городище, 2017 г. Раскоп LIII. Сектор 1, 2. Фрагмент чугунного изделия(№60, н.о. -192 см), найденный в кв. Е-Ж-1´ в процессе разборки 5-го пласта

도면 684 | 크라스키노 성, 2017년. 제53구역, 섹터 1과 섹터 2. 제5인공층 정리조사 중 예(Е)-줴(Ж)-1'방안 출토 토제 전돌편 (№ 61, 레벨 -192㎝).

Рис 684 | Краскинское городище, 2017 г. Раскоп LIII. Сектор 1, 2. Фрагмент керамического кирпича(№61, н.о. -192 см), найденный в кв. Е-Ж-1´ в процессе снятия 5-го пласта

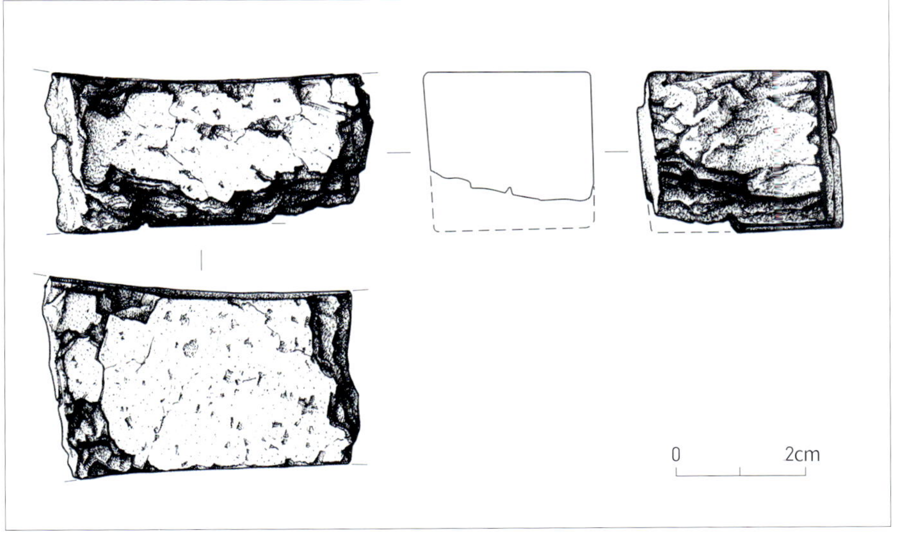

도면 685 | 크라스키노 성, 2017년. 제53구역, 섹터 1과 섹터 2. 제5인공층 정리조사 중 예(Е)-줴(Ж)-1'방안 출토 토제 전돌편 (№ 61, 레벨 -192㎝) 실측도.

Рис 685 | Краскинское городище, 2017 г. Раскоп LIII. Сектор 1, 2. Рисунок фрагмента керамического кирпича(№61, н.о. -192 см), найденный в кв. Е-Ж-1´ в процессе снятия 5-го пласта

도면 686 크라스키노 성, 2017년, 제53구역. 섹터 2. 제5인공층 정리조사 후 이(И)-4′, 3′방안 잔숯과 재가 섞인 회갈색 사질토 얼룩(구덩이 4) 모습. 북서쪽에서.

Рис 686 Краскинское городище, 2017 г. Раскоп LIII. Сектор 2. Вид с северо-запада на пятно серо-коричневой супеси с мелкими углями и сажей в кв. И-4´, 3´(яма 4) на раскопе после снятия 5-го пласта

도면 687 크라스키노 성, 2017년, 제53구역. 섹터 2. 제5인공층 정리조사 후 이(И)-4′, 3′방안 구덩이 4 토층 모습. 북서쪽에서.

Рис 687 Краскинское городище, 2017 г. Раскоп LIII. Сектор 2. Вид с северо-запада на профиль ямы 4 в кв. И-4´, 3´ на раскопе после снятия 5-го пласта

도면 688 크라스키노 성, 2017년, 제53구역. 섹터 2. 제5인공층 정리조사 후 이(И)-4′, 3′방안 구덩이 4 조사 후 모습. 북서쪽에서.

Рис 688 Краскинское городище, 2017 г. Раскоп LIII. Сектор 2. Вид с северо-запада на выбранную яму 4 в кв. И-4´,3´ на поверхности раскопа после снятия 5-го пласта

도면 689 | 크라스키노 성. 2017년. 제53구역. 섹터 2. 제5인공층 정리조사 중 까(К)-1방안 출토 토기 동체부편으로 만든 놀이 알(레벨 -191㎝).

Рис 689 | Краскинское городище. 2017 г. Раскоп LIII. Сектор 2. Игральная фишка, изготовленная из стенки керамического сосуда и найденная в кв. К-1´(н.о. -191 см) при снятии 5-го пласта

도면 690 | 크라스키노 성. 2017년. 제53구역. 섹터 2. 제5인공층 정리조사 중 출토 놀이 알들: 1 - 와편으로 제작, 까(К)-5'방안, 레벨 -193㎝, 2, 4 - 토기 동체부편으로 제작, 엠(М)-1방안, 레벨 -193㎝, 이(И)-1'방안, 레벨 -192㎝, 3 - 돌로 제작, 엘(Л)-3방안, 레벨 -194㎝.

Рис 690 | Краскинское городище. 2017 г. Раскоп LIII. Сектор 2. Игральные фишки, найденные в процессе сянтия 5-го пласта: 1 - изготовлена из обломка черепицы(кв. К-5´, н.о. -193 см), 2,4 - изготовлены из стенок керамических сосудов(кв. М-1, н.о. -193 см; кв. И-1´, н.о. -192 см), 3 - изготовлена из камня(кв. Л-3, н.о. -194 см)

도면 691 | 크라스키노 성. 2017년. 제53구역. 섹터 1. 제5인공층 정리조사 중 베(Б)-1방안 출토 와편으로 만든 놀이 알(레벨 -186㎝).

Рис 691 | Краскинское городище. 2017 г. Раскоп LIII. Сектор 1. Игральная фишка, изготовленная из обломка черепицы и найденная в кв. Б-1(н.о. -186 см) в процессе снятия 5-го пласта

도면 692 | 크라스키노 성. 2017년. 제53구역. 섹터 1. 제5인공층 정리조사 중 붸(В)-4'방안 출토 와편으로 만든 놀이 알(레벨 -194㎝).

Рис 692 | Краскинское городище. 2017 г. Раскоп LIII. Сектор 1. Игральная фишка, изготовленная из обломка черепицы и найденная в кв. В-4´(н.о. -194 см) при снятии 5-го пласта

도면 693 | 크라스키노 성, 2017년, 제53구역. 섹터 1. 제5인공층 정리조사 중 출토 놀이 알들: 1 – 토기 동체부편으로 제작, 붸(В)–5′방안, 레벨 –187cm, 2 – 돌로 제작, 베(Б)–1′방안, 레벨 –190cm.

Рис 693 | Краскинское городище, 2017 г. Раскоп LIII. Сектор 1. Игральные фишки, найденные в процессе разборки 5-го пласта: 1 – игральная фишка, изготовленная из стенки керамического сосуда в кв. В-5´ (н.о. –187 см); 2 – каменная игральная фишка из кв. Б-1´(н.о. –190 см)

도면 694 | 크라스키노 성, 2017년, 제53구역. 섹터 1. 제5인공층 정리조사 중 출토 놀이 알들: 1 – 돌로 제작, 예(Е)–1′방안, 레벨 –187cm, 2~4 – 토기 동체부편으로 제작, 붸(В)–4방안(레벨 –194cm), 베(Б)–1′방안(레벨 –190cm), 붸(В)–1방안(레벨 –189cm).

Рис 694 | Краскинское городище, 2017 г. Раскоп LIII. Сектор 1. Игральные фишки, найденные при снятии 5-го пласта: 1 – игральная фишка из камня из кв. Е-1´(н.о. –187 см); 2-4 – игральные фишки, изготовленные из стенок керамических сосудов и обнаруженные в кв. В-4(н.о. –194 см), в кв. Б-1´(н.о. –190 см), в кв. В-1(н.о. –189 см)

도면 695 | 크라스키노 성, 2017년, 제53구역. 섹터 1. 제5인공층 정리조사 중 게(Г)–2′방안 출토 장방형 투공이 있는 철제 띠꾸미개(№ 51, 레벨 –184cm).

Рис 695 | Краскинское городище, 2017 г. Раскоп LIII. Сектор 1. Железная накладка с прямоугольной прорезью(№51, н.о. –184 см), найденная в кв. Г-2´ в процессе снятия 5-го пласта

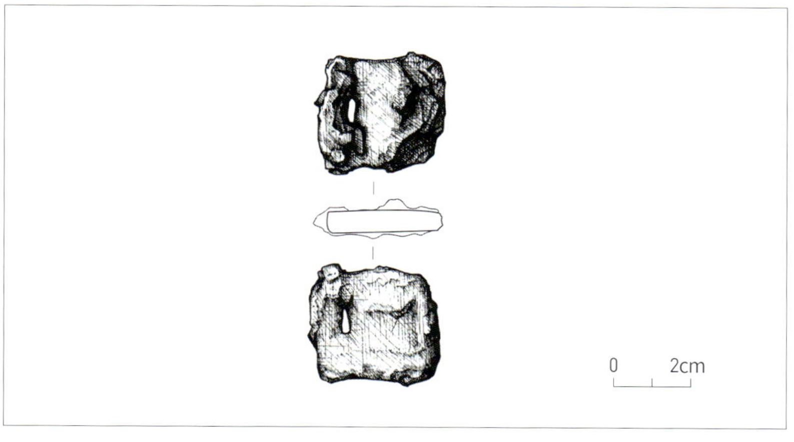

도면 696 | 크라스키노 성, 2017년, 제53구역. 섹터 1. 제5인공층 정리조사 중 게(Г)–2′방안 출토 장방형 투공이 있는 철제 띠꾸미개(№ 51, 레벨 –184cm) 실측도.

Рис 696 | Краскинское городище, 2017 г. Раскоп LIII. Сектор 1. Рисунок железной накладки с прямоугольной прорезью (№51, н.о. –184 см), найденной в кв. Г-2´ в процессе снятия 5-го пласта

도면 697 | 크라스키노 성, 2017년, 제53구역. 섹터 1. 제5인공층 정리조사 중 붸(В)-2′방안 출토 철제 판상 유물편 (№ 54, 레벨 -192㎝).

Рис 697 | Краскинское городище, 2017 г. Раскоп LIII. Сектор 1. Фрагмент железной пластины(№54, н.о. -192 см), найденный в кв. В-2′ при снятии 5-го пласта

도면 698 | 크라스키노 성, 2017년, 제53구역. 섹터 1. 제5인공층 정리조사 중 데(Д)-2′방안 출토 상호 교차하는 구멍이 있는 토제 유물편 (№ 55, 레벨 -194㎝).

Рис 698 | Краскинское городище, 2017 г. Раскоп LIII. Сектор 1. Фрагмент керамического изделия со взаимопересекающимися отверстиями(№55, н.о. -194 см), найденный в кв. Д-2′ при снятии 5-го пласта

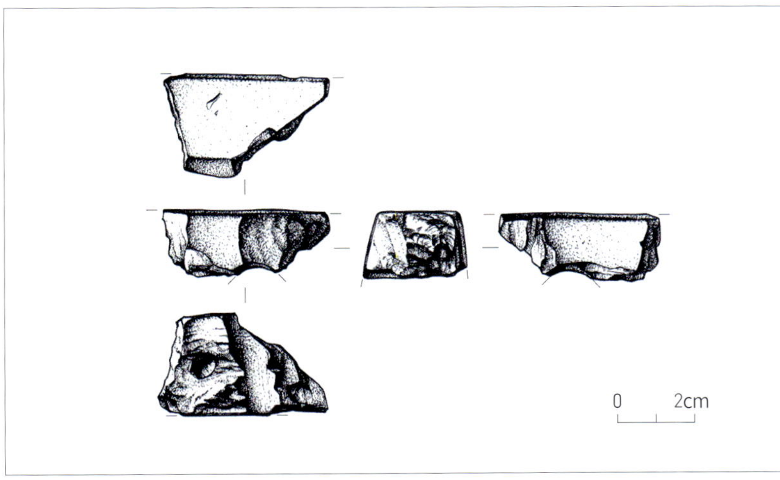

도면 699 | 크라스키노 성, 2017년, 제53구역. 섹터 1. 제5인공층 정리조사 중 데(Д)-2′방안 출토 상호 교차하는 구멍이 있는 토제 유물편 (№ 55, 레벨 -194㎝) 실측도.

Рис 699 | Краскинское городище, 2017 г. Раскоп LIII. Сектор 1. Рисунок фрагмента керамического изделия со взаимопересекающимися отверстиями(№55, н.о. -194 см), найденного в кв. Д-2′ при снятии 5-го пласта

도면 700 | 크라스키노 성, 2017년, 제53구역. 섹터 1. 제5인공층 정리조사 중 베(Б)-3′방안 출토 토제 고리편 (№ 56, 레벨 -191㎝) 출토모습.

Рис 700 | Краскинское городище, 2017 г. Раскоп LIII. Сектор 1. Вид с северо-востока на фрагменты керамического кольца(№56, н.о. -191 см), найденного в кв. Б-3′ при снятии 5-го пласта

도면 701 | 크라스키노 성, 2017년, 제53구역, 섹터 1, 제5인공층 정리조사 중 베(Б)-3′방안 출토 토제 고리편 (No. 56, 레벨 -191㎝).

Рис 701 | Краскинское городище, 2017 г. Раскоп LIII. Сектор 1. Керамическое кольцо(№56, н.о. -191 см), найденное в кв. Б-3′ при снятии 5-го пласта

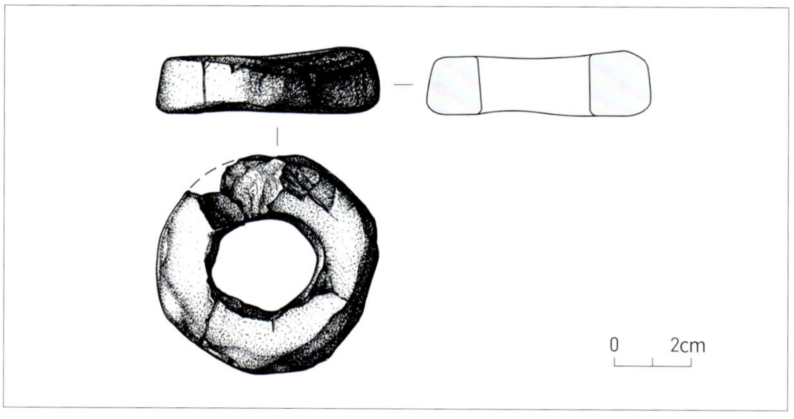

도면 702 | 크라스키노 성, 2017년, 제53구역, 섹터 1, 제5인공층 정리조사 중 베(Б)-3′방안 출토 토제 고리편 (No. 56, 레벨 -191㎝) 실측도.

Рис 702 | Краскинское городище, 2017 г. Раскоп LIII. Сектор 1. Рисунок керамического кольца(№56, н.о. -191 см), найденного в кв. Б-3′ при снятии 5-го пласта

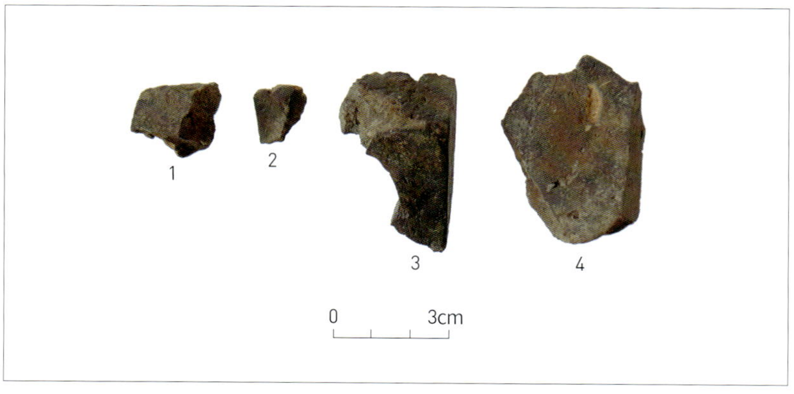

도면 703 | 크라스키노 성, 2017년, 제53구역, 섹터 1, 제5인공층 정리조사 중 이(И)-2′방안 출토 상호 교차하는 구멍이 있는 토제 유물편 4점(No. 57, 레벨 -195㎝).

Рис 703 | Краскинское городище, 2017 г. Раскоп LIII. Сектор 1. Четыре фрагмента керамического изделия со взаимопересекающимися отверстиями(№57, н.о. -195 см), найденные в кв. И-2′ в процессе разборки 5-го пласта

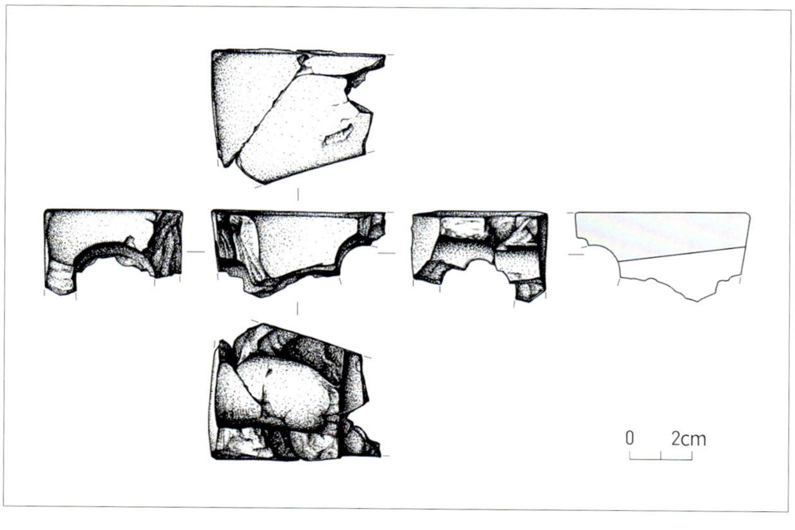

도면 704 | 크라스키노 성, 2017년, 제53구역, 섹터 1, 제5인공층 정리조사 중 이(И)-2′방안 출토 상호 교차하는 구멍이 있는 토제 유물편 4점(No. 57, 레벨 -195㎝) 실측도.

Рис 704 | Краскинское городище, 2017 г. Раскоп LIII. Сектор 1. Рисунок четырех фрагментов керамического изделия со взаимопересекающимися отверстиями(№57, н.о. -195 см), найденных кв. И-2′ при снятии 5-го пласта

도면 705 | 크라스키노 성, 2017년, 제53구역.
섹터 1. 제5인공층 정리조사 중
까(К)-2′방안 출토
상호 교차하는 구멍이 있는 토제 유물편
(No. 58, 레벨 -194㎝).

Рис 705 | Краскинское городище, 2017 г. Раскоп LIII. Сектор 1. Фрагмент керамического изделия со взаимопересекающимися отверстиями(№58, н.о. -194 см), найденный в кв. К-2′ в процессе разборки 5-го пласта

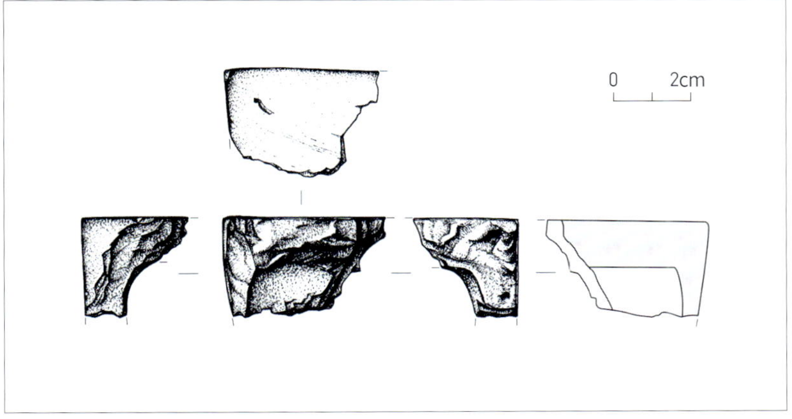

도면 706 | 크라스키노 성, 2017년, 제53구역.
섹터 1. 제5인공층 정리조사 중
까(К)-2′방안 출토
상호 교차하는 구멍이 있는 토제 유물편
(No. 58, 레벨 -194㎝) 실측도.

Рис 706 | Краскинское городище, 2017 г. Раскоп LIII. Сектор 1. Рисунок фрагмента керамического изделия со взаимопересекающимися отверстиями(№58, н.о. -194 см), найденного в кв. К-2′ в процессе разборки 5-го пласта

도면 707 | 크라스키노 성, 2017년, 제53구역.
섹터 1. 제5인공층 정리조사 중
예(Е)-5방안 출토 윤제 토기 상부편.

Рис 707 | Краскинское городище, 2017 г. Раскоп LIII. Сектор 1. Верхняя часть кругового сосуда, обнаруженная в кв. Е-5 при разборке 5-го пласта

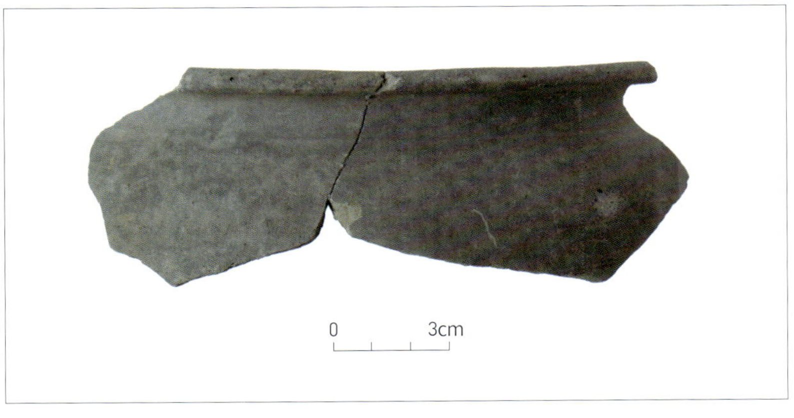

도면 708 | 크라스키노 성, 2017년, 제53구역.
섹터 1. 제5인공층 정리조사 중
예(Е)-3′방안 출토 윤제 토기 구연부편.

Рис 708 | Краскинское городище, 2017 г. Раскоп LIII. Сектор 1. Фрагмент венчика кругового сосуда, обнаруженный в кв. Е-3′ при разборке 5-го пласта

도면 709 | 크라스키노 성. 2017년. 제53구역. 섹터 1. 제5인공층 정리조사 중 이(И)-3방안 출토 윤제 토기 구연부편.

Рис 709 | Краскинское городище. 2017 г. Раскоп LIII. Сектор 1. Фрагмент венчика кругового сосуда, найденный в кв. И-3 при разборке 5-го пласта

도면 710 | 크라스키노 성. 2017년. 제53구역. 섹터 1. 제5인공층 정리조사 중 베(Б)-2방안 출토 윤제 토기 구연부편.

Рис 710 | Краскинское городище. 2017 г. Раскоп LIII. Сектор 1. Фрагмент венчика кругового сосуда, найденный в кв. Б-2 при разборке 5-го пласта

도면 711 | 크라스키노 성. 2017년. 제53구역. 섹터 1. 제5인공층 정리조사 중 출토 윤제 토기 대상파수편들:
1 - 게(Г)-데(Д)-2′방안,
2 - 데(Д)-1′방안, 3 - 붸(В)-3방안.

Рис 711 | Краскинское городище. 2017 г. Раскоп LIII. Сектор 1. Образцы горизонтально-ленточных ручек круговых сосудов, обнаруженные в процессе разборки 5-го пласта:
1 - в кв. Г-Д-2′, 2 - в кв. Д-1′,
3 - в кв. В-3

도면 712 | 크라스키노 성. 2017년. 제53구역. 섹터 1. 제5인공층 정리조사 중 예(Е)-1방안 출토 문양이 있는 윤제 토기 동체부편.

Рис 712 | Краскинское городище. 2017 г. Раскоп LIII. Фрагмент орнаментированной стенки кругового сосуда, обнаруженный в кв. Е-1 при разборке 5-го пласта

도면 713 | 크라스키노 성. 2017년. 제53구역. 섹터 1. 제5인공층 정리조사 중 출토 문양이 있는 윤제 토기 동체부편들: 1 - 데(Д)-2′방안, 2 - 데(Д)-3′방안, 3 - 게(Г)-3′방안.

Рис 713 | Краскинское городище. 2017 г. Раскоп LIII. Сектор 1. Образцы орнаментированных стенок круговых сосудов, обнаруженные в процессе разборки 5-го пласта: 1 - в кв. Д-2´, 2 - в кв. Д-3´, 3 - в кв. Г-3´

도면 714 | 크라스키노 성. 2017년. 제53구역. 섹터 1. 제5인공층 정리조사 중 붸(В)-3방안 출토 문양이 있는 윤제 토기 동체부편.

Рис 714 | Краскинское городище. 2017 г. Раскоп LIII. Сектор 1. Образец орнаментированной стенки кругового сосуда, обнаруженный в кв. В-3 при разборке 5-го пласта

도면 715 | 크라스키노 성. 2017년. 제53구역. 섹터 1. 제5인공층 정리조사 중 베(Б)-5방안 출토 윤제 토기 저부편.

Рис 715 | Краскинское городище. 2017 г. Раскоп LIII. Сектор 1. Фрагмент дна кругового сосуда, обнаруженный в кв. Б-5 в процессе разборки 5-го пласта

도면 716 | 크라스키노 성, 2017년, 제53구역.
섹터 1. 제5인공층 정리조사 중
게(Г)-데(Д)-2′방안 출토
윤제 토기 시루 저부편.

Рис 716 | Краскинское городище, 2017 г.
Раскоп LIII. Сектор 1. Образец
дна круговой пароварки,
обнаруженный в кв. Г-Д-2´
в процессе разборки 5-го пласта

도면 717 | 크라스키노 성, 2017년, 제53구역.
섹터 1. 제5인공층 정리조사 중
예(E)-1′방안 출토 윤제 토기 저부편.

Рис 717 | Краскинское городище, 2017 г.
Раскоп LIII. Сектор 1. Фрагмент
дна кругового сосуда,
обнаруженный в кв. Е-1´
в процессе разборки 5-го пласта

도면 718 | 크라스키노 성, 2017년, 제53구역.
섹터 1. 제5인공층 정리조사 중
붸(В)-1방안 출토 수키와편.

Рис 718 | Краскинское городище, 2017 г.
Раскоп LIII. Сектор 1. Фрагмент
полукруглой черепицы, найденный
в кв. В-1 при разборке 5-го пласта

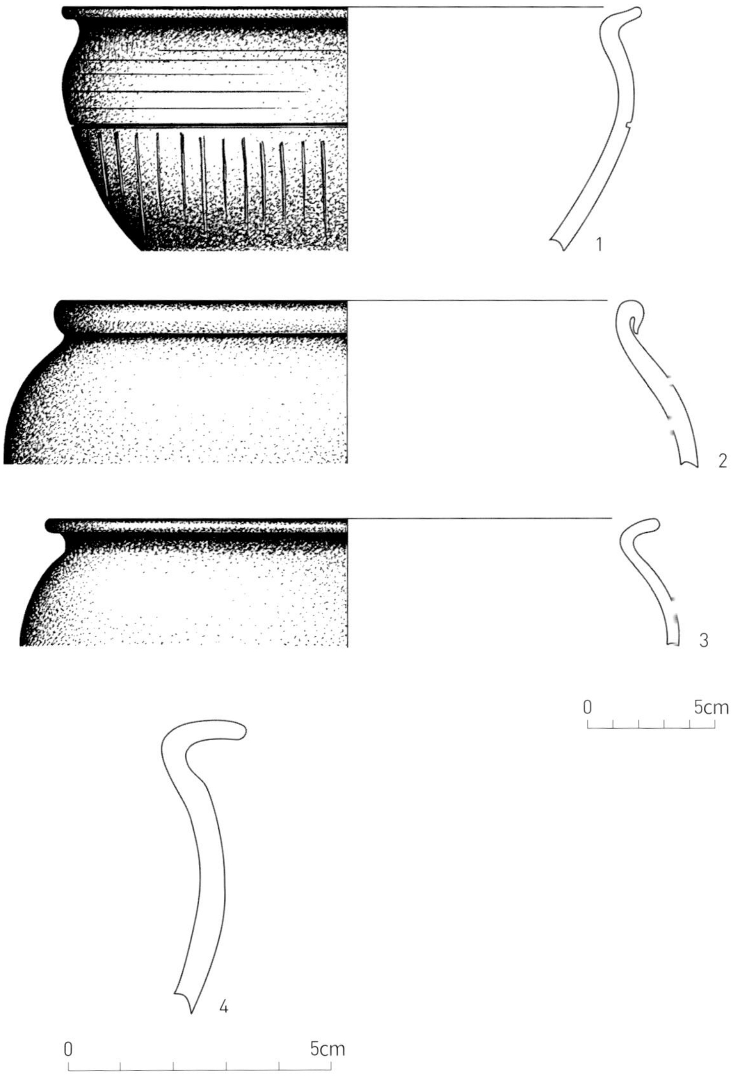

도면 719 | 크라스키노 성, 2017년, 제53구역, 섹터 1, 제5인공층 정리조사 중 출토 윤제 토기 복원도(1~3)와 단면도(4): 1 – 예(Е)-5방안, 2 – 예(Е)-3′방안, 3 – 이(И)-3방안, 4 – 베(Б)-2방안.

Рис 719 | Краскинское городище, 2017 г. Раскоп LIII, Сектор 1. Графические реконструкции(1–3) и профили(4) круговых сосудов, найденных в процессе снятия 5-го пласта: 1 – в кв. Е-5, 2 – в кв. Е-3´, 3 – в кв. И-3, 4 – в кв. Б-2

도면 720 | 크라스키노 성, 2017년, 제53구역, 섹터 1, 제5인공층 정리조사 중 데(Д)-4방안 출토 암키와편.

Рис 720 | Краскинское городище, 2017 г. Раскоп LIII, Сектор 1. Фрагмент плоской черепицы, найденный в кв. Д-4 при разборке 5-го пласта

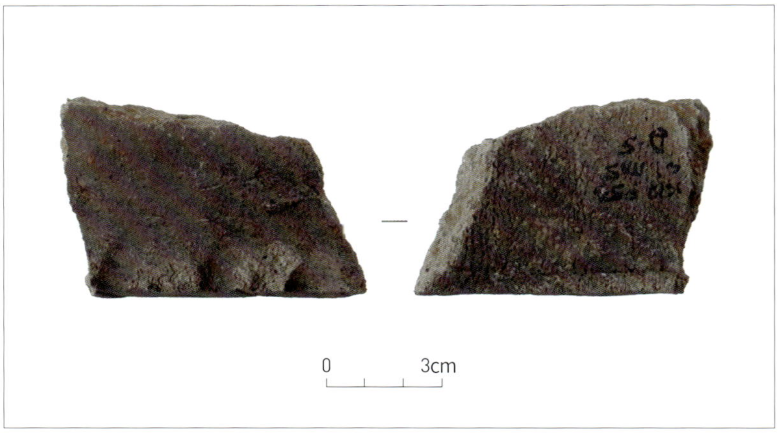

도면 721 | 크라스키노 성, 2017년, 제53구역. 섹터 1. 제5인공층 정리조사 중 데(Д)-5방안 출토 지두문이 있는 암키와편.

Рис 721 | Краскинское городище, 2017 г. Раскоп LIII. Сектор 1. Фрагменты плоской с пальчиковым орнаментом черепицы, обнаруженные в кв. Д-5 при снятии 5-го пласта

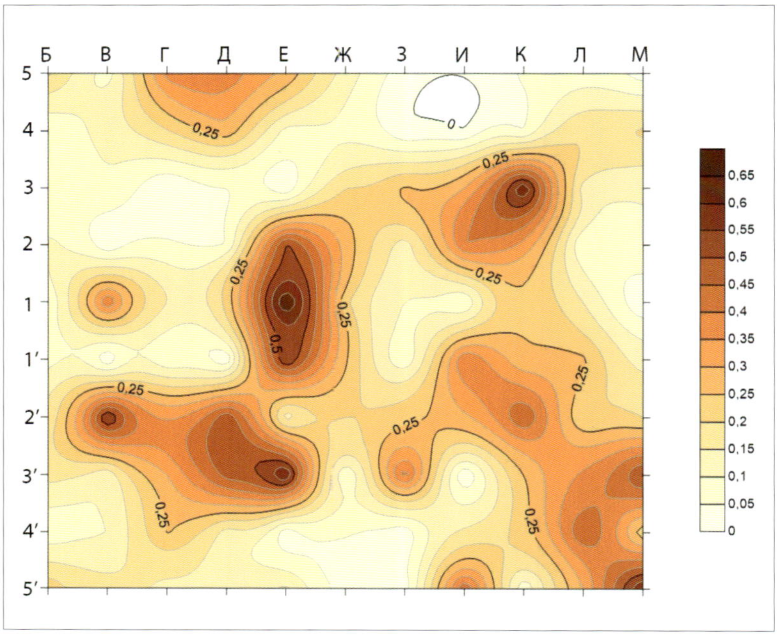

도면 722 | 크라스키노 성, 2017년, 제53구역. 섹터 1과 섹터 2. 제5인공층 정리조사 중 출토 토기편의 무게 단위(kg) 분포 모식도.

Рис 722 | Краскинское городище, 2017 г. Раскоп LIII. Сектор 1, 2. Схема распределения керамического материала по весу(в кг) в процессе снятия 5-го пласта

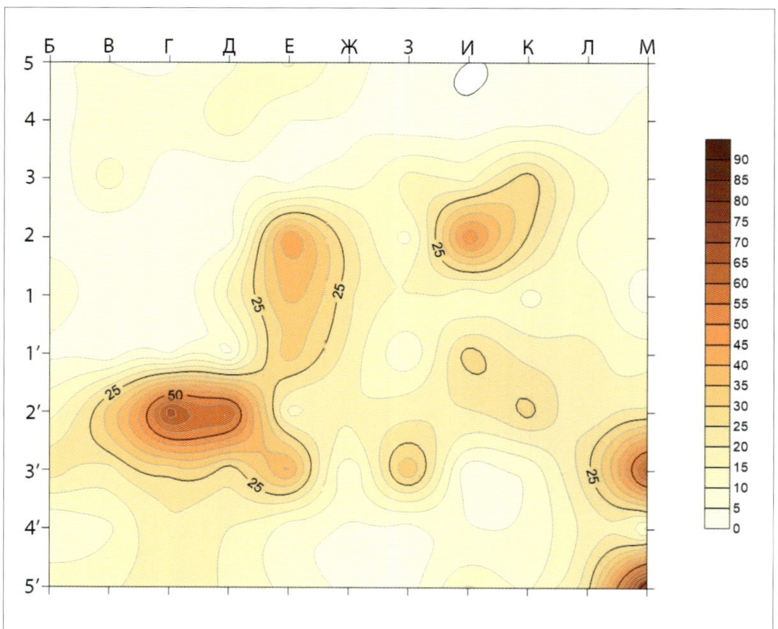

도면 723 | 크라스키노 성, 2017년, 제53구역. 섹터 1과 섹터 2. 제5인공층 정리조사 중 출토 토기편의 수량 단위 분포 모식도.

Рис 723 | Краскинское городище, 2017 г. Раскоп LIII. Сектор 1,2. Схема распределения керамического материала(количество фрагментов) в процессе снятия 5-го пласта

도면 724 | 크라스키노 성. 2017년. 제53구역. 발굴구역 현장보존조치 모습. 북쪽에서.

Рис 724 | Краскинское городище. 2017 г. Раскоп LIII. Вид с севера на процесс консервации раскопа

도면 725 | 크라스키노 성. 2017년. 제53구역. 발굴구역 현장보존조치 후 모습. 남서쪽에서

Рис 725 | Краскинское городище. 2017 г. Раскоп LIII. Вид с юго-запада на законсервированный раскоп

국문 요약

크라스키노 성은 연해주 남부의 하산지구에 위치한다. 이 유적은 발해 동경용원부 염주의 치소였고 그리고 발해 일본도 육로 구간의 종점이자 해로 구간의 출발점이었다. 크라스키노 성에 대한 발굴조사는 1980년에 시작되었다. 2004~2006년에는 고구려연구재단이, 2007~2015년과 2017년에는 동북아역사재단이 이 유적에서 러시아와 공동으로 발굴조사를 수행하였다.

2017년에는 유적의 북서쪽에 설정한 제51구역과 유적의 북쪽 부분에 설정한 제53구역에서 각각 발굴조사를 실시하였다.

제51구역은 크라스키노 성의 서벽과 절터 담장이 만나는 곳의 남쪽에 위치한다. 이곳은 1995년과 1996년에 조사한 제12구역 및 1997년에 조사한 제14구역의 일부를 포함한다. 제12구역에서는 사역의 담장과 그 남쪽의 도로 상면이, 제14구역에서는 성벽 단면에 대한 조사가 각각 이루어졌다. 제51구역은 사역 담장 남쪽의 도로와 성벽의 내면을 포함한다.

성벽 안쪽과 사역 담장의 바깥쪽을 따라 나 있는 도로는 크라스키노 성의 서문지에서 시작하여 사역의 정문까지 이어지는 것으로 판단된다. 2017년에는 층위를 달리하는 2개의 도로 사용면을 노출시켰다. 도로의 상면은 건조 상태를 유지하기 위해 크고 작은 돌을 깔았다. 돌들 사이에서 작게 깨트린 와편, 토기편, 놀이 알, 동물 뼈, 슬래그, 각종 개별 유물들 등이 발견되었는데 대부분 인위적으로 채워 넣었을 것이다. 도로에서는 절터에서 발견된 것과 동일한 와당편들도 다수 발견되어 와당의 변화 과정을 연구하는 데 많은 도움을 줄 것으로 기대된다.

제53구역은 2015년에 조사를 하였던 제50구역을 남쪽으로 확장한 것이다. 제53구역은 크기가 10×17m인데 내부를 다시 3개의 섹터로 나누어 조사를 진행하였다. 이곳에서는 모두 2개의 건축면이 확인되었다. 위의 제1건축면에서는 석축 구조물과 구덩이들이 조사되었다. 석축구조물은 돌들이 가지런하게 열을 맞추고 있는 곳과 돌들이 흐트러진 부분으로 이루어져 있다. 전체 길이는 약 3.3m이다. 구덩이들 중에는 경제적 용도로 사용된 것들도 있을 것이다. 아래의 제2건축면에서는 구덩이들과 함께 1기의 주거지가 확인되었다. 이 주거지는 구들이 있는 주거지인데 상면만 노출된 상태로 조사가 마무리되었다. 한편 제53구역의 가장 남쪽 섹터 3에서는 한인 이주민들이 남긴 움 등이 확인되었다.

제53구역에서 조사된 구들 주거지는 크라스키노 성의 내부구획을 이해하는 데 많은 도움을 주었다. 다시 말해서 크라스키노 성의 북쪽 가운데 부분은 동북-남서 방향의 도로를 사이에 두고 양쪽으로 남쪽에는 구들 주거지, 북쪽에는 저장구덩이와 구들 주거지 등이 배치되어 있었음을 알게 되었다.

2017년도 발굴조사에서도 다량의 유물이 출토되었다. 가장 많은 수량으로 발견된 것은 토기편이다. 도로에서는 와편과 놀이 알도 많이 발견되었다. 그 외에 철제 화살촉, 수레바퀴 차관과 비녀 못, 철제 칼, 못, 철게 꺾쇠, 청동 띠꾸미개, 청동 핀셋, 토제 고리, 토제 입방체유물, 구슬, 자기편 등 다수의 개별 유물이 출토되었다.

Резюме

Краскинское городище находится в Хасанском районе в южной части Приморского края. Этот памятник был центром пальхэского округа Ёмджу области Ёнвонбу, и конечным участком сухопутной дороги, откуда начиналась морская дорога из Пальхэ в Японию. Раскопки городища Краскино начались в 1980 году. Фонд по изучению Когурё в 2004 – 2006 гг. и Фонд истории Северо-Восточной Азии в 2007 – 2015 и 2017 гг. проводили совместные с Россией раскопки на этом памятнике.

В 2017 году были проведены раскопки на раскопе 51, который находится в северо-западной части памятника, и на раскопе 53, который находится в центрально-северной части памятника.

Раскоп 51 расположен к югу от места, где встречаются западная стена городища Краскино и ограда храмового комплекса. Сюда входят части раскопа 12, исследованного в 1995 и 1996 годах, и раскопа 14, исследованного в 1997 году. В раскопе 12 были исследованы часть забора храмового комплекса и поверхность дороги к югу от него, а в раскопе 14 – разрез крепостной стены. Раскоп 51 включает в себя дорогу к югу от забора храмового комплекса и внутреннюю часть стены.

Считается, что дорога, проходящая вдоль внутренней части крепостной стены и внешней части забора храмового комплекса, начинается от западных ворот Краскинского городища и доходит до ворот храмового комплекса. В 2017 году были выявлены два уровня дороги. Верхняя поверхность дорог была выложена крупными и мелкими камнями, чтобы она оставалась сухой. Среди камней были обнаружены небольшие кусочки черепицы, фрагменты керамики, игральные фишки, кости животных, куски шлака и различные индивидуальные находки, большинство из которых были положены туда искусственно. На дороге обнаруживаются много таких же фрагментов черепицы, какие были найдены в храмовом комплексе, и мы надеемся, что это очень поможет в изучении процесса изменения черепицы.

Раскоп 53 располагается к югу от раскопа 50, который был исследован в 2015 году. Раскоп 53 имеет размер 10 × 17 м, и его исследовали, разделив его внутреннюю часть еще на три сектора. Здесь были выявлены два строительных горизонта. В первом, верхнем горизонте были исследованы каменные структуры и ямы. Каменная структура состоит из частей, где камни выложены ровными рядами и где камни лежат беспорядочно. Общая длина около 3,3 м. Предполагается, что некоторые из ям использовались в хозяйственных целях. Во втором, нижнем строительном горизонте был выявлено жилище и ямы. Это жилище с каном, и его исследование было завершено после выявления его верхней поверхности. С другой стороны, в самом южном секторе 3 раскопа 53 были обнаружены землянки, оставленные корейскими переселенцами.

Жилище с каном, исследованное в раскопе 53, оказали большую помощь в понимании разделения внутренней части Краскинского городища на кварталы. Иными словами, было обнаружено, что центрально-северная часть Краскинского городища разделялась дорогой с северо-востока на юго-запад, и в южной части были расположены жилища с каном, а в северной части погреба и жилища с каном.

В ходе раскопок в 2017 году было найдено большое количество артефактов. Большую часть находок составляют фрагменты керамики. На дороге было найдено также много фрагментов черепицы и игральные фишки. Кроме того, были обнаружены другие индивидуальные находки, в том числе железные наконечники стрел, чугунные втулки ступицы тележных колес и чеки, железные ножи, гвозди, железные скобы, бронзовые поясные украшения, бронзовый пинцет, глиняные кольца, фрагменты керамического изделия со взаимопересекающимися отверстиями, бусины, фрагменты фарфора и т.д.

Summary

Kraskino fortress is located in the Khasan area in the southern part of Primorsky Krai. This site was the center of Yoemju County, Yongwonbu Region of Balhae, and there was the end of the land road from which the sea route from Balhae to Japan began. Excavations of the Kraskino site began in 1980. Goguryeo Research Foundation in 2004-2006 and the Northeast Asian history foundation in 2007-2015 and in 2017 conducted joint excavations with Russia on this site.

In 2017, excavations were carried out at the pit 51, which is located in the northwestern part of the site, and at the pit 53, in the central-northern part of the site.

The pit 51 is located south of the place where the western wall of the Kraskino fortress and the fence of the temple complex met. It includes parts of the pit 12, studied in 1995 and 1996, and the pit 14, explored in 1997. In the pit 12, part of the fence of the temple complex and the road surface to the south of it were investigated, and in the pit 14 a section of the fortress wall was studied. The pit 51 includes the road south of the temple complex fence and the inside of the wall.

It's considered that the road passing along the inner part of the fortress wall and the outer part of the fence of the temple complex begins from the western gate of the Kraskino fortress and reaches the gate of the temple complex. In 2017, two road levels were identified. The upper surface of the roads was laid with large and small stones to keep it dry. Among the stones were found small pieces of tile, fragments of ceramics, playing chips, animal bones, pieces of slag and various individual finds, most of which were put there artificially. On the road, there are many of the fragments of tiles which are identical to the tiles found in the temple complex, and we hope that this will be very helpful in studying the process of changing tiles.

The pit 53 is located south of the pit 50, which was investigated in 2015. The pit 53 has a size of 10×17 m, and for investigation its interior was divided into three sectors. Two construction horizons were identified here. In the first, upper horizon, stone structures and holes were explored. The stone structure consists of parts where the stones are laid in regular rows and where the stones are laid randomly. Total length is about 3.3 m. It is assumed that some of the holes were used for household purposes. In the second, lower building horizon a dwelling and holes were revealed. This is a dwelling with kang, and his research was completed after revealing its upper surface. On the other hand, in the southernmost sector 3 of the pit 53, dugouts of Korean immigrants were discovered.

The dwelling with kang, investigated in the pit 53, was of great help in understanding the division of the inner part of the Kraskino fortress into quarters. In other words, it was discovered that the central-northern part of the Kraskino fortress was divided by road from the north-east to south-west, and in the southern part there were dwellings with kangs, and in the northern part there were cellars and dwellings with kangs.

During the excavations in 2017, a large number of artifacts were found. Most of the finds are fragments of ceramics. On the road, there were also found many fragments of tiles and gaming chips. In addition, other individual finds were found, including iron arrowheads, cast iron hubs of cart wheels and checks, iron knives, nails, iron braces bronze belt ornamentations, bronze pincers, clay rings, fragments of ceramic artifacts with mutually intersecting holes, beads, porcelain fragments, etc.

연해주 크라스키노 발해성 2017년도 발굴조사

초판 1쇄 인쇄 2019년 10월 23일
초판 1쇄 발행 2019년 10월 30일

엮은이 동북아역사재단 한국고중세사연구소, 러시아과학원 극동지소 역사학고고학민족학연구소
펴낸이 김도형
펴낸곳 동북아역사재단

등 록 제312-2004-050호(2004년 10월 18일)
주 소 03739 서울시 서대문구 통일로 81(미근동267) NH농협생명빌딩
전 화 02-2012-6065
팩 스 02-2012-6189
홈페이지 www.nahf.or.kr
제작·인쇄 역사공간

ISBN 978-89-6187-487-8 93910

• 이 도서의 국립중앙도서관 출판예정도서목록(CIP)은 서지정보유통지원시스템
홈페이지(http://seoji.nl.go.kr)와 국가자료종합목록 구축시스템(http://kolis-net.nl.go.kr)에서
이용하실 수 있습니다. (CIP제어번호 : CIP2019042369)

• 책값은 뒤표지에 있습니다. 잘못된 책은 바꾸어 드립니다.